KB266756

G L O B A L
박영시
미래가
보인다
글·로·벌·미·래 2030
국제미래학회 공저
안종배 · 제롬 글렌 · 이남식 · 박진 · 차원용 · 박영숙
최윤식 · 엄길청 · 김병희 · 이민영 · 이기현 · 이순종
이상규 · 김세원 · 정윤희 · 최창섭 · 김광옥 · 임주환
서재철 · 이주연 · 정국환 · 조병완 · 김경철 · 류청산
이제호 · 엄창섭
F U T U R E

 **제 1 부 미래 메가 트렌드**

제2부 미래 경제 · 경영

〈 미래가 보인다, 미래는 준비된 자의 선택을 기다리고 있다 〉

세계적인 경영학자인 피터 드러커는 '미래에는 먼저 예측하고 준비하는 자만이 살아남는다'고 하였다. 빛의 속도로 변화가 가속화되고 있는 상황에서 미래를 예측하고 이에 대해 준비하는 것은 어느 때보다 중요한 과업이다. 이는 개인과 기업 그리고 기관과 국가를 불문하고 생존과 발전을 위한 필수 과업인 것이다.

이에 따라 세계적인 미래학자이자 국제미래학회 공동회장인 제롬 글렌이 주도한 유엔 밀레니엄 프로젝트는 2,000년부터 미래의 총괄적인 트렌드를 예측한 보고서(State of Future)를 발간하고 있고 핀란드와 같은 선진국들은 정부 차원에서 국민과 기업을 위해 미래에 관한 연구보고서를 정기적으로 출간하여 미래에 대비토록 하고 있다.

하지만 그동안 우리나라에서는 이러한 선진 미래보고서의 번역서만 출간되었고 체계적인 미래연구 보고서가 제시되지 못하였다. 이는 그동안 미래 분야에 대한 연구가 일천하고 이에 대한 심도 있는 연구를 할 수 있는 연구단체가 없었기 때문이기도 하다.

다행히 박영숙 유엔미래포럼 한국대표와 안종배 국제미래학회 학술위원장의 노력으로 전세계 저명한 미래학자가 참여하는 국제미래학회가 2007년 한국에 본부를 두고 출범케 되었다. 이후에 국내에도 미래학에 대한 관심을 가지고 각 전문영역별로 미래를 연구하는 미래학자들이 늘어나게 되었다.

그동안 국제미래학회는 제롬 글렌, 테드고든, 티모시 맥, 짐 데이토, 호세 코르데이로 등 세계적인 미래학자들을 초청하여 국제미래학술포럼을 10여 회 개최하면서 이들을 통해 국내에 미래학에 대한 관심과 미래연구방법론을 확산하여 왔다. 이러한 활동의 결실로 국제미래학회에는 이제 해외 미래학자뿐만 아니라 국내의 석학들과 전문가들 1,000여 명도 함께 동참하고 있다. 또한 세계적인 미래학자들이 대한민국을 보면 미래가 보인다고 할 만큼 우리나라의 미래지향적인 발전은 주목의 대상이 되고 있다.

이에 미래학 및 전문 분야별로 국내외 최고의 전문성을 인정받고 있는 국제미래학회의 전문 분야별 연구위원장 26분이 함께 모여 세계 최초로 주요 전문 분야를 총괄하는 미래학 저서를 출간키로 하였고 국제미래학회는 2년간의 기획과 1년간의 집필을 통해 본 저서를 이번에 출간케 되었다.

　국제미래학회 학술위원장인 안종배 교수의 기획과 총괄로 진행된 본 저술 프로젝트는 세계적인 미래학자인 제롬 글렌과 국내 최고의 미래학자인 박영숙 대표 및 이남식 계원예술대 총장 및 이순종 서울대학교 미술대학 학장을 포함하여 국내 최고의 분야별 전문가 26분이 참여하여 국문으로 먼저 발간되고 이어서 영문과 디지털 출판으로 전세계를 대상으로 발간될 예정이다.

　본서는 미래학 전문가뿐만 아니라 미래에 대한 관심을 가진 일반인과 청소년들에게도 미래 세상에 대한 예견과 준비를 할 수 있도록 쉽게 저술되었다. 이 저술은 대학의 교양과목으로도 활용할 수 있도록 교수진을 위한 강의안도 준비되었다.

　본서는 크게 6개 부문 26개 전문 영역의 미래를 다루고 있다. 크게는 미래 트렌드 및 아시아와 과학기술의 미래를 담은 '미래 메가 트렌드' 부문, 그리고 기후에너지와 세계경제와 경영의 미래를 담은 '경제와 경영' 부문, 한국문화 및 디자인과 콘텐츠 그리고 종교의 미래를 담은 '문화와 콘텐츠' 부문, 미디어와 언론 및 정보통신과 스마트 산업의 미래를 담은 '미디어와 ICT' 부문, 정부와 미래도시 및 교통의 미래를 담은 '정부와 도시' 부문, 교육과 의료산업 및 인간의 몸의 미래를 담은 '교육과 의료' 부문으로 구성되어 있다.

　본서를 통해 미래에 대한 이해를 높이고 미래를 준비하는 모든 분들에게 통찰력을 제공할 수 있게 되기를 바라며 미래학 분야에서도 대한민국이 세계적인 경쟁력을 갖추는 초석이 되길 바란다.

2013년 1월 15일

저술 총괄: 국제미래학회 학술위원장 안종배
저술 위원: 제롬 글렌, 이남식, 박 진, 차원용, 박영숙, 최윤식, 엄길청, 김병희, 이민영,
　　　　　이기현, 이순종, 이상규, 김세원, 정윤희, 최창섭, 김광옥, 임주환, 서재철,
　　　　　이주언, 정국환, 조병완, 김경철, 류청산, 이제호, 엄창섭

제 3 부　미래 문화 · 콘텐츠

제4부 미래 미디어 · ICT

제5부 미래 정부·도시

미래 교육 · 의료

PART 1

제 1 부

미래 메가 트렌드

제 01 장

글로벌 미래 변화 트렌드

　지구촌은 대부분의 비관론자들이 알고 있는 것보다는 훨씬 더 좋아지고 있다. 그러나 미래의 위험은 대부분의 낙천주의자들이 말하는 것보다는 훨씬 나쁘다. 밀레니엄 프로젝트의 16년간 지속되어온 글로벌미래예측연구는 언론에서 이야기하는 것보다는 올해 여러 국가에서 더 많은 미래개선책에 협력한 사실을 알린다. 우리는 살아가면서 하루 동안 많은 좋은 결정을 하고 또 잘못된 결정한 것을 지나고 나서 매일 매일 또는 매년 후회하고 한탄하지만, 그래도 지구촌 문제가 여기까지 발전하고 개선되어 온 것은 기적이라고 할 수도 있다.

　세계가 더 평화롭고, 더 나은 교육을 받으며, 더 풍성하며, 더 건강한 삶을 더 오래 살고 있으며 통신이나 인터넷 망은 더욱더 많이 연결이 되었음을 알린다. 그러나 아직 지구촌 절반의 지역에서는 상황이 잠재적으로 불안정하다. 지구촌의 똑똑한 시위대는 한 나라의 파워 엘리트들에 의해 진행되는 비윤리적인 의사결정을 더 이상 용납하지 않는다는 것을 알 수 있다. 점점 교육 및 인터넷에 연결된 세대는 힘의 남용에 반대하는 트렌드가 상승한다.

그림 1-1 미래 친환경 건물 모형

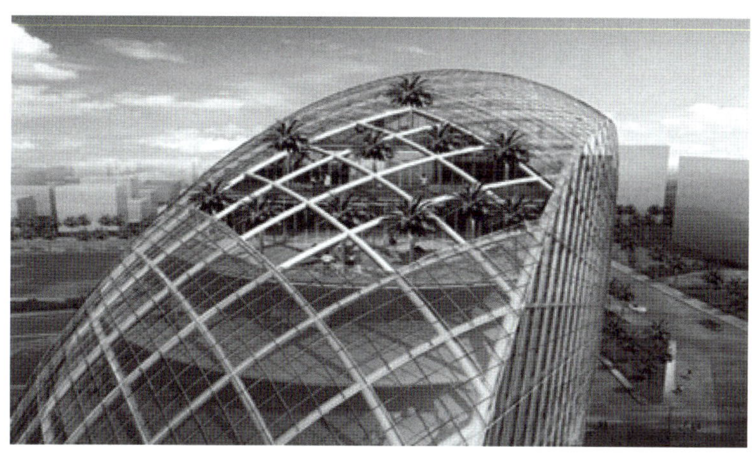

우리의 생명을 유지해주는 식품가격이 상승하고 있고, 지구촌의 지하수는 점점 고갈되고 있다. 부패와 조직범죄는 증가하였고, 환경 생존능력이 저하되고, 부채와 경제 불안은 증가하고, 기후변화가 지속되고 있으며, 빈부격차가 위험하게 확대되고 있다. 그러나 극심한 빈곤은 1981~2010년 사이 52%에서 20%로 떨어졌다.

지구촌의 가장 큰 도전이 자원 문제라는 것이 점점 더 명확해지고 있다. 현재의 각국가 의사결정구조가 충분히 빠르지 못하기 때문에 글로벌 도전과제를 해결하기 위해서는 새로운 의사결정구조를 가져야 한다는 점이 분명해진다. '지속가능한 개발에 관한 리오+20 UN회의' 이후 각국 정부는 자신들의 이익을 위해 행동하지 않기 때문에 정부의 조치를 기다리지 않고 스스로 노력하려는 NGO, 기업, 대학, 지방정부의 지도자들이 행동하기 시작하였다. 기후변화로 땅을 잃고 농사를 지을 수 없는 사람들이 분개하여 일어나고 있다.

새로운 형태의 정치적 상황에서 협업하고 행동하려는 시민자체조직 행동이 일어나고 있다. 아랍의 봄, 깨어나라(Awakenings) 같은 행동들이 일어나고 있으며, 또 스스로 제조하려는 제조업체들이 오픈소스로 3D프린터 프로그램을 공유하면서 누구나 다 손쉽게 자신이 디자인한 물건을 만든다. makerbot.com, adafruit.com 같은 웹사이트가 등장하여 지역에서 자체적으로 모든 물건을 제조하기 시작하였다. avaaz.org 같은 웹사이트는 정치적 파워를 모으려는 사람들이 함께 행동하기 위해 모이는 곳이다.

그 외에 공공 민간 파트너십과 관심사로 연합하는 단체들은 질병과 빈곤퇴치를 위해 지구촌을 더 현명한 땅으로 만들기 위해 모였다. 간단한 스마트폰으로 나눌 수 있는 정보나 슈퍼컴퓨터로 통신하는 시스템은 인간의 의사결정 역량강화를 하고 있다. 이러한 변화의 가속도가 결국 실시간으로 지구촌 내의 모든 올바른 의사결정을 위해 정보의 피드백 시스템이 연결되어 누구나 다 가장 좋은 의사결정을 할 수가 있게 인간과 기계를 연결시켜 주는 시대가 언젠가는 오리라고 가정하는 것이 합리적인 가정인 듯하다.

그러나 역사는 좋은 아이디어와 좋은 기술이 의도와는 달리 부정적으로 사용되는 결과를 낳는다는 사실을 역사가 우리에게 가르치고 있다. 이 인류에게 이로운 기술과 기능은 결국 한명의 개인이 바이오대량살상 생물학무기를 만들고 배포할 수 있으며, 한 개인과 조직범죄가 인류에게 엄청난 재해를 끼칠 수도 있을 수 있다.

국제범죄는 오늘날 점점 더 권력을 갖고 강해지는데, 국제범죄 조직의 예산이 이미 지구촌의 모든 국방예산을 더한 것보다 2배나 많다.

그러나 이렇게 우리가 책에서 설명하고 있는 이러한 미래의 가능한 위협들이 피할 수 없는 위협이나 위험은 아니다. 지구촌에는 너무나 훌륭한 해결방안들이 일반인들에게는 잘 알려져 있지 않지만 이미 개발되고 있고 상당한 진전을 이루고 있다.

1. 기후변화

지구온난화는 IPCC(국가 간 유엔기후변화협약)의 예상보다 훨씬 빨리 나빠지고 있다. NOAA에 따르면, 2012년 첫 6개월간 1895년 이래 지속적으로 기록을 해온 미국의 온난화 기록 중 가장 높은 기온을 기록한 것이다. 미국은 또한 56년만의 최악의 가뭄을 겪어서 국제곡물가가 크게 증가할 것으로 예측된다. 미국에서 생산되는 옥수수와 콩 생산량이 줄어들고 이 생산량저하는 국제곡물가 증가로 이어진다.

인류가 배출하고 있는 온실가스가 연간 CO_2로 약 49.5기가 톤이다, 자연은 매년 인간이·배출하는 이 온실가스의 절반 정도를 흡수해준다. 그러나 자연이 온실가스를 흡수하는 능력이 점점 저하되고 있다. 환경오염 때문이다. 지구 생태계 정화 서비스는 자연이 자정능력을 복원하지 못할 정도로 빠르게 고갈되고 있다. 빙하가 녹고 있으며, 북극 얼음이 점점 얇아지고 있고, 산호초가 죽어 가고 있다.

그림 1-2 지구 온난화로 빙하가 녹고 있는 그린랜드

지난 수백 년 동안 급속한 인구증가와 경제성장은 생명체를 지원할 환경 자생능력이 감소하였다. 앞으로 다가오는 수백 년의 이 환경오염의 영향력은 우리가 상상하는 것보다 훨씬 클 것이다. 이제 미국과 중국이 아폴로프로젝트 같은 환경복원 프로젝트를 10년치 목표와 기후변화 해결을 위한 R&D 프로그램을 위한 협약을 해야 한다. 이 두 나라가 온실가스배출(GHG)의 최대 배출국이며 가장 큰 경제력을 갖추고 있기 때문이다.

2. 물 부 족

1990년 이후 20억 명 이상이 개선된 식수에 접근할 수 있게 되었다. 하지만 아직도 7,830만 명이 식수를 공급받지 못하고 있다. 그리고 지하수레벨은 지속적으로 세계 각국에서 떨어지고 있어 지하수 고갈현상으로 이어지고 있다. 인류에게 공급되는 물 공급의 40%가 두 개 국가를 가로지르는 강에서 얻는다. 곧 지구촌은 인류에게 현재 제공되는 식수의 40% 정도를 더 요구하게 된다. 물 전생의 위험이 있다는 이야기다.

느리지만 지속되는 히말라야 빙하 붕괴는 아시아에서 가장 큰 환경위협 중 하나다. 히말라야 산의 빙하가 지구촌의 물 공급 40%를 담당하고 있고, 또 일곱 개의 아시아의 거대한 강줄기를 통해 흘러 아시아 인구의 40%에게 물을 제공하고 있다. 담수화기술

의 발달, 즉 해수압력 증기분사 시스템, 탄소나노튜브를 통해 여과장치, 역삼투압 기술 개발 등이 진전되고 있다. 이런 기술들이 하수오염을 줄여주어 깨끗한 물을 공급해주고 물 효율성을 높여준다.

또한 해수농업 등을 통해서 해안이나 연안 농업에 농업용수로 바닷물을 이용하는 기술도 나와 있다. 그 외 수직농업, 식물농장, 수경법, 아쿼포닉 즉 건물의 수직 도시농업 설치, 물고기 양식, 축산 없이 가정이나 공장에서 배양육 생산, 육식감소·채식강화, 하수도관 재정비로 누수현상 없애는 프로그램, 오수 재활용법 등 새로운 기술들이 많이 나왔다.

38년 후에 세계의 인구는 20억 명이 더 증가한다. 이는 우리가 경험해보지 못한 엄청난 자원의 수요증가를 가지고 온다. 대부분의 인구증가는 가난한 아시아 국가에서 일어난다. 오늘 아시아의 인구는 42억 명이다. 2050년이 되면 59억 명이 되리라는 추산이다. 2030년까지만 해도 아시아인구의 66%가 중산층이 된다. 이들 중 30억 명이 더 많은 에너지를 사용하고 더 높은 삶의 질을 원한다.

3. 인구와 자원

세계출산율은 1900년대에 평균 6명에서 현재 2.5명으로 줄었고 저출산이 지속되고 있다. 인구 역동성은 고출산율, 고사망률에서 저출산율, 저사망률로 변했다. 이렇게 출산율이 지속적으로 저하되는 상황이라면 2100년에는 지구촌 인구가 62억으로 줄어들 것이라고 본다. 그런데 고령인구를 부양할 청장년층이 모자라게 된다. 2050년까지 65세 이상 인구가 15세 이하 인구보다 더 많아지며 새로운 개념의 은퇴가 도입되지 않을 수 없게 된다.

오늘 현재 인간의 평균수명은 68세인데 2100년이 되면 신기술 개발이 없다는 상황에서 81세로 증가한다. 2050년까지 65세인구가 15세인구보다 많아지면서 은퇴에 대한 새로운 개념이 필요하게 된다. 과학적 의료보건 기술개발로 인간은 현재보다 20~30년 더 생산적인 삶을 지속할 수 있다는 예측이므로, 65세에 은퇴가 20~30년 늘어날 수 있다.

사람들은 더 오랫동안 일을 하게 되며 자영업, 재택근무, 파트타임 일자리, 일자리 순환제도 등을 통해 경제적인 고령인구 부양책임을 청장년층으로부터 줄여주지 않으

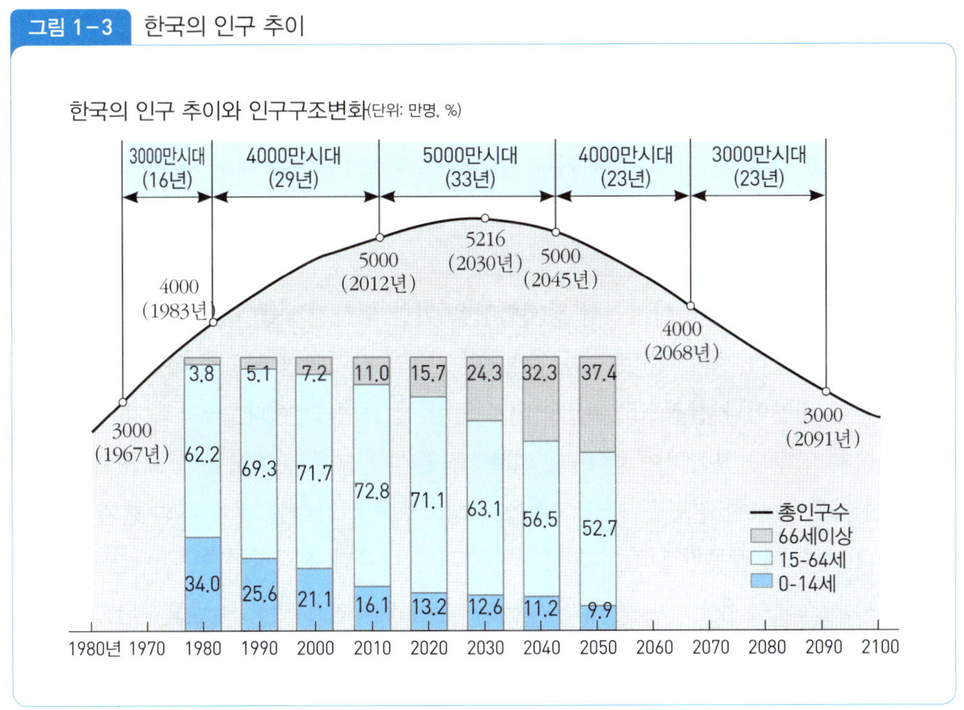

※ 출처: 통계청

면 안 된다. 젊은이들에게 경제적 부담을 줄여주면서 현재의 생활수준을 유지하기 위한 노력이 일어나게 된다. 고용의 새로운 개념을 들여오지 않을 경우 정치적인 불안은 피할 수 없다.

경제 변동성이 지속적으로 일어나고 교육제도의 재건, 인구변화 등으로 더 투명한 민주주의 제도의 요구가 증가하고 있다. 민주주의는 20년 넘게 개선되고 있지만, 프리덤 하우스는 정치와 시민 자유권리가 2011년에서 하락하였고 이는 지난 6년간 지속되고 있다고 발표하였다. 새로운 민주주의는 독재 권력의 남용 등으로 사회적 불안과 불만을 증가시키며, 화합 과정을 둔화시키고, 인권감소로 이어지고 있어서 시민의 신뢰를 얻을 수 있는 새로운 시스템이 만들어져야 한다. 따라서 교육받고, 정확한 정보를 제공받은 시민들이 민주주의 발전에는 반드시 필요하다.

그래서 이데올로기적 반 정보캠페인, 정보전쟁, 정치적 동기로 발생하는 정부의 검열제도, 언론인들의 자체 검열, 이익집단의 인터넷이나 미디어 통제 등이 진실을 추구하는 모든 노력을 강화시키도록 바꿔어야 한다. 다양한 검열을 방지하는 방법에 대한 자세한 내용과 노력은 중요하다.

인류의 밝은 미래를 구축하기 위해 우리는 더 나은 의사결정을 내릴 수 있도록 장기목표와 미래의 글로벌적인 다각적, 장기적인 미래예측이 필요하다. 달에 착륙하거나 천연두의 전멸 같은 것은 이기적이거나 단기적인 경제성장만을 위한 것이 아니라 인류복지에 이바지하려는 이기심을 버린 많은 사람들의 영감으로 인해 불가능한 일을 성취한 경우다.

단기적인 견해, 각국의 이기적인 경제발전을 위한 의사결정들이 많은 지구촌의 문제를 발생시키고 있다. 이들 중 유로화 위기, 워싱턴의 정치적인 영향력 부재로 리오+20에서 충분한 대안이나 결정으로 이끌어내지 못한 점 등이 그 예다. 국가적 세계적 기업전략은 이제 너무나 복잡하여 더 이상 의사결정권자가 모든 존재하는 정보를 수집하고 이해하여 가장 중요한 결심을 하고 그것을 정책으로 이어간다는 것이 거의 불가능한 시대가 왔다. 동시에 잘못한 결정이나 정책의 결과가 너무나 심각하여 이제는 집단지성을 이용한 새 시스템이 유연하며 지속가능한 지구촌을 만드는데 반드시 필요하다.

4. 정보통신

20억 명 이상이 인터넷을 사용하고 있다. 또 60억 명 이상이 휴대전화에 가입하고 셀 수 없는 수많은 하드웨어 기기들이 실시간 멀티 네트워크시스템을 통해 국가 간 개인 간 통신(intercommunicating)을 허용하고 있다. 이런 상황은 인간의 삶에 일상으로 자리 잡았다. 인류는 문명이라는 글로벌신경조직망을 점점 더 완벽하게 구축하고 있다.

에릭슨(Ericsson)은 2017년까지 지구촌인구의 85%가 고속망 인터넷으로 연결될 것이라고 예측하였다. 인류는 기본 환경을 유비쿼터스 컴퓨팅으로 온갖 인간의 행동을 읽고 이해할 수 있는 의식기술시대로 가고 있다. 여기에는 개개인의 인류를 위한 다양한 복지나 자선행위로부터 국제조직범죄에 이르기까지 모든 것들이 연결된다. 그러므로 새로운 형태의 문명이 탄생하여 지구촌에 존재하는 인간의 마음, 정보, 기술을 모두 융합하여 진화시켜나갈 것이다.

새로운 유럽위기와 유럽경기침체는 유럽경제를 -0.3% 성장으로 만들지만 IMF는 2012년 세계경제 성장률을 3/5%로 추정했다. 세계인구가 1% 증가하면 인류는 전통적인 삶의 질 표준으로는 2.5%가 더 부유층으로 소속된다고 본다. 세계은행(World Bank)에 따르면, 빈곤층 즉 하루 1.25달러로 살아가는 층이 1981년에 전 세계의 52% 즉 19억 4천만 명이던 것이 2010년에는 세계인구 20% 즉 12억 9천 명으로 감소하였다고 발표하였다. 이런 추세라면 10억 명은 2015년이 되어도 극빈층으로 머물게 된다.

5. 국가장기정책

세계 실업률은 2010년 8.3%에서 2011년 9%로 증가했다. 지역 경제 권력의 이동이 신속하게 이뤄지는데 BRICs나 다른 신흥경제국의 영향력이 급속히 강화되고 있다. 뿐만 아니라 다국적기업의 영향력도 신속하게 성장하고 있다. 개발도상국이나 중산층의 국가들은 노동력 과잉이 노동력 부족인 선진국으로 이동하는 것이 필요해진다. 이것은 또 개발도상국들의 두뇌유출 즉 브레인 드레인으로 이어지게 되어 문제를 일으킨다.

온라인 컴퓨터가 이러한 미스매치를 적절하게 연결시켜주는 프로그램들이 개발되고 특히 자국 내에서 해외에 노동력을 제공할 수 있는 프로그램 개발로 유학생이나 해외 인구들이 모국으로 돌아가서 이런 문제를 해결할 수 있다. 지구촌은 지구촌 빈국과 부국을 연결하는 파트너십을 위해 장기적인 전략을 기획해야 한다. 이러한 계획은 자유시장과 글로벌 윤리를 바탕으로 규정과 규칙들을 만들어 함께 사용해야 한다.

6. 인류 건강

인류의 건강은 지속적으로 개선되고 있다. 말라리아, 홍역, 심지어 HIV/AIDS와 같은 질병의 사망률도 지속적으로 감소하고 있다. HIV 감염은 지난 12년 동안 21%나 감소하고, 에이즈 관련 사망은 2004년과 2010년 사이에 19%로 떨어졌다. 미국 식약청(FDA)은 트루바다라(Truvada)라는 새로운 약을 허용하였는데, 이는 감염이 되지 않은 일반인들에게 HIV감염의 위험을 줄이는 약이다.

하지만 새로운 전염병이 지난 40년 동안 매년 발견되고 있는데 그 중 20개 질병은 이제 약에 내성이 생겼으며, 소멸되었던 질병들 즉 콜레라, 황열병, 페스트, 디프테리아들이 재발병하고 있으며 여러 명의 환자들이 다시 나타났다. 지난 6년간 1,100개 이상의 전염병이 확인되었다. HIV, SARS, 그리고 신종플루(돼지독감)를 줄이기 위한 국제협력 진전으로 더 나은 세계보건시스템을 구축하였다. 지난 20년간 보건의료서비스의 극적인 개선은 경제위기 속에서도 전 세계 보건예산을 절감하는 성과를 보였다.

2012년 세계 GDP는 약 80조 달러이며 글로벌 공공부채는 약 40조 달러 정도다. 빌 게이츠와 건강 프로그램을 지원하는 단체들이 G20 국가들에게 2015년부터 연간 800억 달러를 모으자는 제안을 내었고 이로서 더 건강한 세상을 만드는 데 기여하자는 운동을 함께 벌이고 있다. 세계적인 고령화 추세로 인해 개발도상국이나 선진국에서 심혈관질환이 첫 번째 사망원인으로 변했다.

그러나 전염병이 두 번째로 인명피해를 많이 주는데, 주로 폐렴, 설사, 말라리아, 그리고 홍역 등이며 사망자는 5세 미만 아동들이다. 이들 전염병으로 사망하는 67% 정도는 아동으로 보건체계 개선으로 예방이 가능한 분야다. 그럼에도 불구하고, 지난 20년 동안 5세 미만 아동 30% 정도가 생명을 연장시킨 것으로 드러났다. 전염병의 사망률은 1998년 25%에서 2010년 16%로 낮아졌다.

7. 의사결정 역량강화

이런 빛의 속도로 변하는 미래사회, 만물의 연관과 관계성 강화, 선택가능성의 엄청난 확장, 의사결정에 관여하는 사람이나 문화의 증가 등이 미래사회에 대한 불확실성, 불예측성, 모호함의 극대화, 그리고 놀라움을 배가시켜준다. 이 복잡성 증가는 인간이 전문가의 조언 및 컴퓨터로부터 더 자세하고 정확한 정보를 바탕으로 결정하도록 강요한다.

인간 신체의 운동에 자율신경계가 모든 것을 종합판단하고 몸을 움직이게 하듯이 인류와 문명에는 이제 컴퓨터 시스템이 매일매일 모든 것을 결정하는데 점점 더 큰 역할을 하게 된다. 변화의 가속은 가장 옳은 결정을 하기 위해 모든 단계의 정보와 완전한 정보를 가지고 결정을 내릴 필요가 있으며 이로서 좋은 결정과 결정하는데 시간을 줄일 수 있다. 그 결과, 세계 각종 기관 및 의사결정과정은 아직 대부분은 비효율적이며 느리고 나쁜 정보를 그대로 가지고 진행된다. 대부분의 조직과 기관의 현 의사결정구조는 미래예측과 변화의 가속도에 알맞게 반응하지 못하는 시스템이다.

따라서 국가기관이 사회불안 혹은 폭동이 일어날 것을 예측도 하지 못하며 빠른 의사결정으로 그런 변화에 대응하기에 충분하지도 않다. 그래서 중동의 아랍의 봄처럼 국민들의 불만이 새로운 정부시스템이나 구조를 갖춰 더 좋은 국가 혹은 기업을 운영할 때까지 지속되는 현상이 일어나는 것이다. 이것은 또한 국가, 도시, 읍, 면 단위의 적은 운영주체까지 번져가서 결국 선거에서 변화를 갈망하고 이를 실현해줄 사람에게 권력이동이 일어날 수 있다.

오늘날 이러한 지구촌의 과제나 현상은 정부, 기업, NGO, 대학 혼자만의 힘으로 해결할 수 있는 것이 없다. 그래서 이제는 정부대표, 기업대표, NGO대표, 대학대표 및 똑똑한 개개인들이 모여서 집단으로 의사결정을 하고 그 결정된 사안을 정책으로 옮겨 실천하여야 한다.

8. 갈등과 평화

세계의 대부분 지역은 현재 평화롭게 살고 있다. 하지만 지구촌의 절반은 아직도 글로벌 지역 간의 불균형 발전, 지하수고갈, 에너지수요증대, 낮은 정부나 기관 시스템, 부적절한 법률제도, 식품·물·에너지·가격 인상 등으로 인해서 오는 사회 불균형과 폭력에 지속적으로 노출되어 있다.

지역에 따라서는 정치, 경제, 환경 조건으로 인해 이민이나 노동이주가 급증할 것이라고 예측되는데, 이러한 노동이주 등은 서로 간에 많은 새로운 갈등을 만들 수가 있다. 기후변화의 미래 영향을 덧붙여보면 2050년까지 4억 명이 더 살기 좋은 나라로 또는 지역으로 이주할 것으로 예측되면서 이주를 가는 민족과 이주를 받아들이는 민족들 간의 갈등이 심화될 것으로 판단된다.

9. 민주주의 발전

그러나 세계는 민주주의 발전, 국제 교역과 글로벌 뉴스 미디어 확산, 인터넷,

NGO, 위성감시, 자원 접근성의 개선, UN의 개혁과 국제적 국가 기관들의 노력으로 인해 더 평화로운 땅으로 바뀌고 있다.

핵무기의 수는 1985년 65,000에서 2011년에는 11,540개로 줄어들었다. 1,000명 이상의 전쟁 관련된 사망이 있을 경우를 전쟁이라고 규정할 때, 전쟁은 지난 20년간 지속적으로 감소하였다. 하지만 지난 2년간은 아랍의 봄이란 민주주의 시위대 확산으로 증가한 것으로 드러났다. 테러는 종래의 국제적인 조직적 공격에서부터 아주적은 소규모 그룹이나 개개인이 일으키는 테러로 변해가고 있다.

한편 우편주문 DNA서비스가 나왔고 미래 분자제조기 및 제약제조기 등으로 언젠가는 한명의 개인이 생화학무기를 개발하여 대량살상무기로 사용할 수 있는 사회가 다가온다. 공공장소에서의 유비쿼터스 센서 시스템과 더 훌륭한 보건 교육시스템들은 이러한 미래의 위협을 줄이기 위해 필요하다. 정부 및 산업단지는 다른 정부, 경쟁자, 해커, 그리고 국제조직범죄들에 의해 매일 사이버공격(간첩 또는 파괴자)들의 손아래 있게 된다는 사실을 알아야 한다. 그것은 지적 소프트웨어 무기 경쟁은 피할 수 없는 현상이 될 것이다. 백 캐스팅 평화시나리오들이 나와서 가능한 모든 갈등에 대한 평화적인 대안 시나리오들을 개발하는 민주시민 참여 정책이 마련되어야 한다.

10. 여 성

지난 수세기 동안 여성들이 사회개혁의 가장 강력한 주동자 중 하나였었고 인류의 평화와 행복에 대한 글로벌 도전을 찾아내는 중요한 구성원이었음은 이미 밝혀졌다. 여성은 점점 더 자신의 의견을 개신하고 홍보하고 있으며, 자신들의 역할의 정당성을 요구하고 있으며 다양한 의사결정에 참여하고 있다.

여성의 국회의원 진출이 19.8%로 증가하고 있으며 32개국에서는 30% 이상이 여성 국회의원이다. 여성이 국회에서 총 273명의 임원 중 14.3%를 차지한다. 주정부 혹은 연방정부의 수장 즉 대통령이 20명이나 된다. 남성위주의 가부장적 구조는 점점 전 세계적으로 도전받고 있다.

여성이 세계 유료 고용인구의 41%를 차지한다. 그러나 간부직은 단지 20%만 차지하고 있을 뿐이다. 이제는 정치 경제 평등원칙에서 양성평등이 불가피해졌다. 한편, 여성

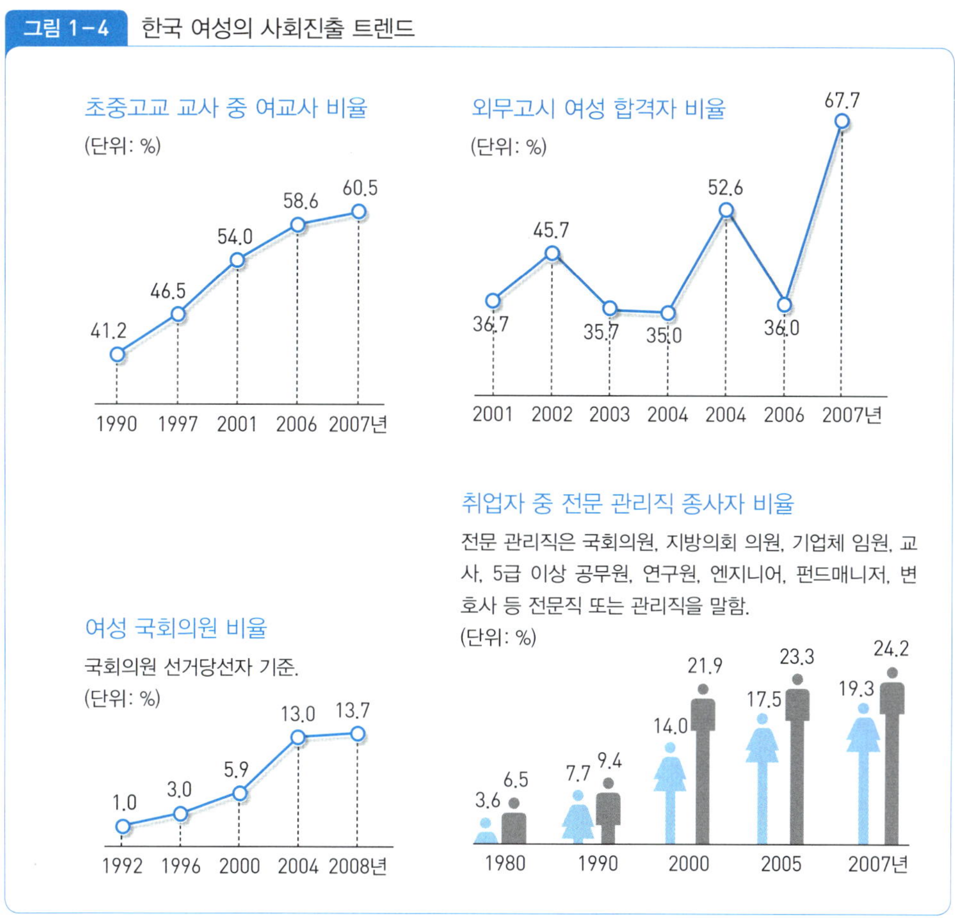

※ 출처: 통계청

에 대한 폭력은 오늘날 연간 사망자의 수치로 보았을 때 대규모 전쟁으로 인해 일어난다. 일부 지역에서는 아직도 여성의 일평생 동안 폭력에 노출되는 경우가 70% 정도로 높다. 빈곤층 약 70%는 여성이며 이들 중 7억 7,500만 명은 아직도 문맹자이며 이는 여성인구의 64%를 차지한다.

11. 국제조직범죄

세계는 천천히 다국적 범죄조직의 위협의 거대한 권력에 대해 서서히 눈을 떠가고 있다. 하지만 아직도 이런 조직범죄에 대항하는 어떤 글로벌 전략을 채택하지 않았다. 이러한 전략부재로 국제범죄조직의 수익이 연간 3조 달러를 넘길 정도로 성장해버렸다.

조직범죄의 정부정책이나 의사결정을 사고할 수 있어서 정부의 민주주의 발전이나 정부의 능력은 하나의 구호에 지나지 않을 수 있다. '마약과 범죄에 대한 UN기구'는 전체 조직범죄에 대응하기 위한 국가전략을 개발하기 위해 모든 국가가 공동으로 노력할 것을 촉구했다. 조직범죄 소탕을 위해서 글로벌 전략과 협력을 개발하고 실현해야만 한다.

12. 에 너 지

지난 38년간 세계는 추가적으로 33억 명에 충분한 전기생산능력을 강화해야 했다. 인구 증가 때문이다. 오늘날 13억 명 즉 세계 20%가 전기가 없다. 그런데 2050년까지 20억 명이 더 증가하므로 전기 생산이 그만큼 더 늘어야만 한다. 핵발전소의 노화와 화석연료 전력생산공장을 대체하여야 하는 나쁜 상황이다. 지구촌인구 30억 명이 아직도 요리와 난방에 전통적인 바이오매스연료에 의존하고 있다.

즉 나무를 때서 밥을 하고 방을 덥힌다. 더 부유하고 더 높은 삶의 질을 원하는 인구를 위해 장기적인 전략은 우리의 에너지 수요가 2050년이 되면 예상을 할 수 없을 정도로 늘어나게 된다. 그러나 에너지 생산 첨단기술은 2050년이 되면 상당히 발전할 것이라고 보며, 오늘날 상상할 수 없었던 기술이 나올 것으로 예산된다. 그러므로 지구촌은 기본적으로 화석연료에서 대체에너지로 그리고 충분하고 안전한 에너지를 생산하도록 전략을 짜서 날로 늘어나는 부국들의 에너지 수요를 충족시켜야만 한다.

새로운 에너지 생산의 절반은 이미 신재생에너지에서 나온다. 정부 간 유엔기후변화협약(IPCC)의 최선의 시나리오는 2050년까지 지구촌의 에너지 수요의 77%가 신재생에너지로 추정하고 있다. 그리고 세계야생동물기금은 100%까지 가능하다는 주장을 내놓았다. 지열, 풍력, 태양광, 그리고 바이오연료의 생산 단가가 내려가고 있다. 이산화탄소배출의 가격을 정하면 그것이 투자 증가를 가지고 오며 기술개발로 연결될 것이다.

전체 화석연료의 개발 비용과 환경오염 비용을 고려할 때, 광산에서 생산 작업, 운송, 생산라인 보호를 위한 시스템, 냉각수 처리, 청소, 폐기물 저장 등을 고려해 볼 때

신재생에너지가 에너지 효율면에서 훨씬 더 값이 저렴하다. 그러나 새로운 기술이나 인간의 습관 변화에 큰 변환이 일어나지 않으면 세계의 에너지 발전이 2050년이 되어도 여전히 인간과 자연에 가장 해로운 화석연료를 쓰고 있을 것이다. 2010년에 세계는 화석연료에 4,090억 달러를 사용하였고, 2009년에는 1,100억 달러를 사용하였지만 이는 아주 비효율적이고 지속가능하지 않은 발전 모델이다.

13. 과학기술발전

과학기술의 지속적인 발전은 기본적으로 가능한 모든 것을 변화시키고 있으며, 과학기술 지식은 미래에 대한 희망의 지도를 바꾸고 있으며 이는 또 전 지구적으로 이루어지고 있다. 전산 화학, 전산 생물학, 전산 물리학은 과학의 본질을 변화시키면서 그 급속한 진전은 무어의 법칙을 따른다. 3D 프린터에 대한 R&D는 산업, 정보, 및 바이오 혁명을 일으키고 있다. 합성생명공학은 DNA를 조합하여 완전히 지금까지 존재하지 않았던 생명체를 만들 수 있으며 값싼 바이오연료를 생산가능하게 되었고, 더 정확한 제약, 더 건강한 식품, 오염을 처리할 수 있는 신기술, 그리고 현재에는 상상도 할 수 없는 것들이 가능해지는 사회를 만든다.

인조합성바이오공학이 DNA를 합성하여 지구촌에 존재하지 않은 새로운 생명체를 만들어낸다. 값싼 바이오연료를 생산하는 생명체를 만들고, 고정밀 의약, 건강식품, 오염을 처리하는 신기술 등 인간이 상상할 수 없는 다양한 해결책을 개발해낸다. 나노 로봇이 나노규모의 빌딩블록으로 완전히 새로운 합성소재와 구조를 만들어주기 때문이다. 나노공학과 합성인조바이오공학은 인간에게 그 누구도 생각지 못했던 지속가능한 사회를 만들고 혜택과 효율성을 갖다 준다.

하지만 이러한 기술이 환경에 해를 주지 않을까 의문점을 가지게 한다. CERN 유럽원자력개발구는 힉스(Highs) 같은 보손(boson)입자를 발견했는데 바로 이 입자가 다양한 미립자를 서로 엉키고 붙여서 질량을 취득하게 하고 크기를 늘려주어 무엇인가를 만들고 짓게 해주는 기본 능력을 갖게 해준다고 밝혔다. 에너지의 응용프로그램에서 에너지 대량생산 등이 가능하게 해주는 미립자다. 이렇게 세계 이곳 저곳에서 새로운 기술을 매초 매순간 발명하는데 같은 것을 지구촌 곳곳에서 개발하여 낭비할 것이 아니라 이제는 과학의 발전을 모두가 이해하고 결과를 나눠가지며 그 결과 문명의 변화를 예측하며 이런 모든 것을 기록하고 분석하고 추적하는 글로벌 집단지성 시스템이 반드시 필요해졌다.

14. 윤리도덕

과학기술발전이 가속화되고 이제는 종전의 윤리평가의 수단이나 잣대로 혜택과 피해를 가릴 수가 없게 되었다. 인간이 자신의 신체를 복제하거나 소멸되었던 공룡을 재생시키는 것이 윤리적인지, 현존하지 않는 새로운 형태의 생명체를 만들어내는 것은 또 윤리적인지 판단하기 어렵다. 종교 철학을 바탕으로 공공도덕과 도덕적 근거에 의한 의사결정이란 판단이 어렵다. 인간은 이제 매일 또는 매초 새로운 현상에 도전을 받고 있다.

많은 사람들이 여러 종교의 근본적인 철학에 따라 오래된 전통을 설정하지만 불행하게도, 도덕적 우위를 주장하는 종교와 그 이념은 이제 인간이 과학기술을 추구하면서 전 세계에서 충돌을 겪고 있다. 그리고 반복에 갈등이 증가하고 있다. 오늘날의 글로벌 과제를 해결하는 데 꼭 필요한 국가, 기관, 종교, 이데올로기적 경계를 넘어 협력하고 협업, 공생하도록 만들어주는 도덕적 의지와 글로벌 윤리가 필요하다.

글로벌 윤리에 대한 공동책임을 지고 의사결정을 해야 하며 그래야 상생하고 성장하게 된다. 기업의 사회적 책임 프로그램, 윤리적 마케팅, 사회적 투자가 증가하고 있다. 새로운 기술은 더 쉽게 더 많은 사람들에게 그 어느 때보다도 빠른 속도로 모든 일을 더 빨리 더 잘하게 만들어준다. 개개인이 자신의 신념이나 활동을 위해 특정 윤리문제를 중심으로 인터넷에서 그룹을 만들고 대규모 네트워크를 만들고 있다. 뉴스 미디어, 블로그, 휴대폰 카메라, 윤리위원회, NGO들이 지구촌의 비윤리적 결정과 부정부패 관행을 더 쉽고 빨리 노출시켜서 시정하려 하고 있다. 익명(Anonymous)이라는 국제 시민조직은 자체적으로 조직된 국제네트워크와 최첨단의 소프트웨어전문가들을 모아서 아랍 봄(Arab Spring), 위키릭스(Wikileaks), 그리고 오큐파이(Occupy) 즉 점령운동을 벌리고 또 경찰폭력을 고발하는 데 새로운 국제권력으로 부상하고 있다.

글로벌 윤리는 문명의 규범을 정의하는 ISO표준과 국제조약의 발전을 통해 전 세계

그림 1−5 건강한 미디어 사용과 클린콘텐츠 확산을 위한 클린콘텐츠 운동의 글로벌 확산을 위한 협약

적으로 새롭게 정의되고 있다. 또한 파워엘리트에 의해 저질러지는 비윤리적인 의사결정을 용납하지 못하며 행동하려 하는 사람들의 시위활동이 점점더 강화되고 탄력을 받고 있다. 2008년 금융위기시에 비윤리적인 의사결정의 확산을 비난하고 책임을 묻는 시위들이 확산되고 있지만 또 다른 미래의 위기를 방지하기 위해서는 아직도 충분해보이지 않는다. 우리는 글로벌 의사결정에 꼭 필요한 윤리·도덕적 요소를 선택할 때 인센티브를 더 많이 주는 시스템을 만들어야 한다.

그리고 가정교육에서도 부모들에게 윤리도덕과 가치의 기준을 만드는 등 교육을 위한 효율적인 전략이 필요하다. 합법적인 권위에 대한 존중을 장려하고 인간의 정체성을 존중하고 롤 모델 즉 성공적인 리더를 영향을 홍보하고 글로벌 교육향상을 위해 효율적인 전략을 짜서 더 밝은 세상과 자신들이 원하고 신뢰하는 가치를 향해 행동할 수 있는 용기를 격려하여야 한다. 미디어 프로그램에서 "내게 좋고 너에게도 좋으며 세상에도 좋은 의사결정하기" 같은 예능프로그램을 만들어서 윤리와 가치교육을 재미있게 실시해야 한다.

15. 대안과 방법들

지속가능한 성장, 지하수 고갈, 식량·물·에너지가 상승, 인구증가, 자원고갈, 기후변화, 테러, 질병 변화, 재난재해 등으로 앞으로 10~20년 안에 지구촌은 수십 억 명의 해수면상승이나 침수로 인한 이주 등 상당히 불안정한 시대를 맞게 된다. 이를 예방하기 위해서는 신기술 개발로 융복합적인 전략을 통해 이를 기술적으로 막아야 한다.

그 분야가 그린나노제조업(green nanotech manufacturing), 의료나 에너지 분야 인조합성바이오기술발달(synthetic biology for medicine and energy), 인간지능향상프로그램(methods to increase human intelligence), 건축물과 건축자재에서 에너지를 생산토록 재구성하는 건축기술(retrofitting energy plants to produce construction material and buildings to produce energy), 해안 지역에서 바닷물로 농사짓는 해수농업(transferring agriculture from freshwater to saltwater on coastal regions of the word), 전기차(electric vehicles), 동물 없는 배양육(growing pure meat without growing animals), 도시의 만물지능 네트워크(using the principles of urban systems ecology to make cities become conscious-technologies) 등에 대규모 투자를 하는 것이 유일한 대안이다.

우리는 우리의 미래를 위해 그리고 우리의 문명발전을 위해 지금까지 말로만 하고 행동하지 않는 모든 소음을 잘라내고 신속히 가장 중요하고 필요로 하는 지능을 함께 모아 지구촌문제를 해결해야 한다. 하루 종일 우리가 받아들이는 쓸모없는 정보들을 걸러내고 진정 우리가 필요로 하고 유용한 정보만을 받아들여서 10년 후를 대비하면 우리가 살아가는 세상을 얼마나 더 효율적이고 편리하게 만들 수 있을지를 생각해야 한다. 이렇게 하면 10년 후는 세상이 달라질 것이다.

제02장

기술 · 인문 융합의 미래

I 기술-인문 융합의 대두

지난 20세기는 과학기술의 세기라 할 만큼 과학기술의 진보가 인류 역사에 큰 변화를 일으키게 되었다. 특히 핵기술(Nuclear technology), 운송기술(Transportation technology), 석유화학기술(Petro-chemical technology), 정보통신기술(Information Tele- communication technology), 바이오제약기술(Bio-pharmaceutical technology) 등의 발전은 에너지의 공급, 인구의 급격한 증가 및 이동, 수명의 연장, 지식의 소통 등에 과학기술이 획기적인 변혁을 일으키는 혁신의 중심에 서게 되었다. 물론 부작용도 만만치 않아서 20세기는 양차 세계대전을 비롯한 수많은 분쟁의 소용돌이 속에 휩싸였으며 과도한 화석연료의 사용으로 인한 지구온난화를 비롯한 기후변화로 인류의 지속가능성에 대한 위협이 증대되는 시기가 되었다. 또한 지역 간 국가 간의 빈부격차의 심화로 국제사회의 불안정성이 대두되게 되었다.

사실 과학과 기술이 인류의 삶의 질을 증진시키고 인간의 존엄성을 향상시키는데 크게 기여하였으나 과학과 기술의 발전과 더불어 더욱 세분화되고 전문화되면서 문제를 해결하거나 대안을 제시하는 역량과 효율이 떨어지는 현상도 나타나게 되었다. 21세기에 들어 이러한 현상에 대한 자각과 반성을 통하여 과학기술 R&D의 새로운 트렌드로 과학기술 분야 간의 융합과 통섭의 개념이 대두되기 시작하였다[1] [2]

18세기 중엽에서부터 시작된 산업혁명으로 인한 산업경제시대가 200년을 지속되다가 20세기 후반을 IT의 발전으로 지식경제가 열렸다면 21세기는 다양한 분야 사이의 융합을 통한 창조경제 시대가 예견되고 있으며 이러한 창조경제 시대에서는 기술과 인문의 융합이 창조적인 발상의 출발점이 되어 새로운 삶의 가치를 창출하는데 기여하게 될 것으로 기대한다.

1. 기술-인문 융합의 필요성

기술 분야 간의 융합은 새로운 가능성을 낳는 것은 사실이나 결국 그 궁극적인 목표는 인간의 삶에 새로운 가치를 제공하는데 있다고 볼 수 있다. 미국을 중심으로 한 NBIC의 경우 그 목표는 인간성능의 향상에 두고 있으며 유럽을 중심으로 한 CTEKS의 경우는 미래의 지식기반 사회를 주도할 기술의 개발에 그 목표를 두고 있다. 결국 인류 사회가 안고 있는 많은 문제들을 해결할 수 있는 기술들을 목표로 하고 있는 만큼 기술 개발과 관련하여 비전-목표-임무(Vision-Goal-Mission)의 설정에 있어 이를 뒷받침 할 인문학적인 통찰력이 요구된다. 인문학은 기본적으로 인간다움(Human Conditions)을 탐구하는 학문[3]으로 문학, 철학, 역사학, 종교학, 법학을 비롯 사회학, 인류학, 심리학 등 분석적이며 비판적이고 사변적인 방법론을 사용하여 인간과 사회를 조명하는 광범위

---

1 Converging Technologies for Improving Human Performance
- NANOTECHNOLOGY, BIOTECHNOLOGY, INFORMATION TECHNOLOGY AND COGNITIVE SCIENCE, NSF/DOC-sponsored report, Mihail C. Roco and William Sims Bainbridge (eds.), National Science Foundation, June 2002.

2 Converging Technologies – Shaping the Future of European Societies, Alfred Nordmann, European Commission Report, 2004.

3 인문학, wikipedia, www.wiki.org.

한 지식체계이며 그 외에도 예술과 같이 창조적인 표현을 통하여 아름다움을 추구함으로써 인간의 차별성을 나타내고 문화를 창출하는 전반적인 영역으로 기술이 인간다움의 증진 ─ 즉 인간과 사회와 어떤 상호작용을 하게 될 지에 대한 인문학적인 분석을 통하여 보다 바람직한 기술개발의 방향을 설정하기 위하여 그 필요성이 더욱 증대되고 있다고 본다.

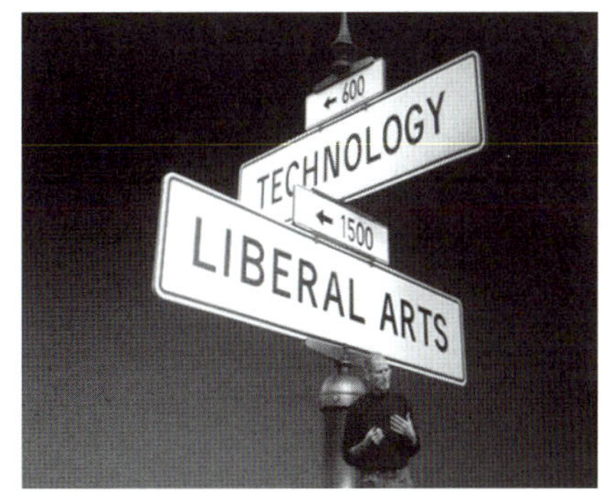

특히 2010년 애플의 스티브잡스가 WWDC (Worldwide Developers Conference)에서 "We're not just a tech company, even though we invent some of the highest technology products in the world," he said. "It's the marriage of that plus the humanities and the liberal arts that distinguishes Apple." 와 같이 언급함으로써 기술-인문의 융합에 관한 관심을 더욱 촉발시키게 되었다. 즉 애플이 만들어내는 혁신의 원천이 단지 기술에만 의존하는 것이 아니라 인류학이나 인지심리학, 또는 typography와 같은 심미성을 요구하는 인문학적인 융합을 통해서 이루어진다는 것을 강조하였다.[4]

그간의 과학기술의 발전은 자연의 현상을 설명하는 것으로부터 출발하여 이를 삶의 질의 향상에 활용하는 방향으로 발전해 왔다. 하지만 산업화의 과정에서 환경문제를 유발시키거나 우주개발, 핵개발 휴먼지놈프로젝트 등 거대과학의 분야로 발전하면서 지속가능한 미래를 위해서는 과학기술의 발전 방향이 사회에 미치는 그리고 인류의 삶에 미치는 영향을 먼저 고려하지 않으면 안 되게 되었다.

반면 인문학과 과학기술간의 융합은 대부분 인문학의 제 분야에서 급속하게 발전하는 과학기술과 자연스럽게 융합되어 인문학의 연구나 확산을 촉진시키는 형태로 이루어져 왔다. 예를 들자면 도서관이 전자도서관으로 바뀐다든지, 문헌의 데이터베이스화, e-learning 등 새로운 기술의 출현에 따라 기존의 인문학을 업그레이드 시키는 방향이 주류였다.[5]

그러나 21세기에 들어서서 인터넷과 모바일 기술의 발전은 급속히 지식을 확산시킴

---

4 Steve Jobs supports the humanities and liberal arts, http://snoekbrown.com/tag/ steve-jobs/

5 The Rush to Technology: A View from the Humanists, Massey-Burzio, Virginia, Library Trends, v47 n4 p620-39 Spr 1999.

그림 2-1

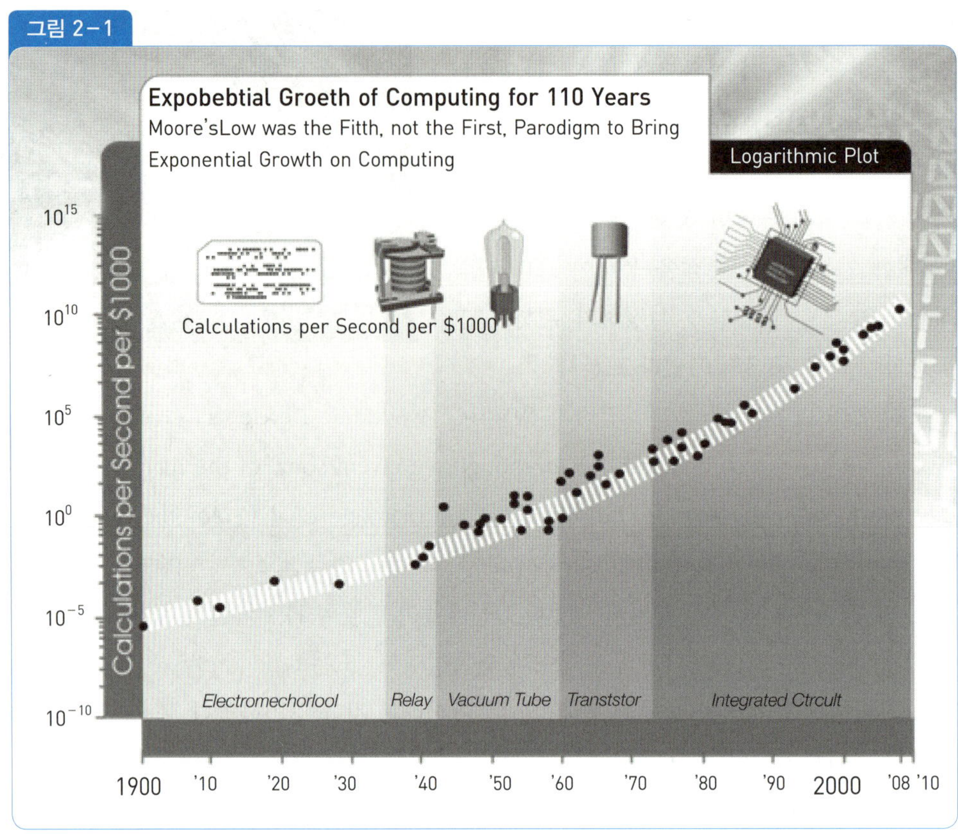

으로써 영역 간의 벽을 낮추고 허무는 계기가 되었으며 서로 다른 영역의 지식이 상호 작용함으로써 과학기술의 발전 속도가 지수적(logarithmic)으로 증가하게 되었다.[6]

　즉 새로운 과학기술이 서로 다른 지식간의 융합을 촉진함으로써 우리가 전에 예견하지 못했던 폭발적인 시너지가 형성되어 우리가 꿈꾸는 일들을 실현가능하게 하고 있다. 따라서 우리가 꾸는 "꿈"이 그 어느 시기보다 중요하게 되었으며, 또한 이 꿈이 얼마나 우리의 미래를 건강하게 할 것인가에 대한 고려가 대단히 중요하게 되었다. 이러한 영역은 그간 과학 기술자들에게는 적절한 교육훈련의 기회가 적었기 때문에 창조시대에는 다양한 인문의 분야의 전문가들―인류학, 심리학, 사회학 또는 예술가, 디자이너들― 의 창의성과 인문학적인 직관력이 과학기술개발 프로세스에 어떻게 참여하고 융합되는가 하는 것이 중요하다고 할 수 있다.

6　Ray Kurzweil, The Singularity is Near: When Humans Transcend Biology, Viking Adults, 2009.

2. 기술-인문 융합의 접근

지식과 기술이 나날이 심화되는 현대사회에서 인문과 기술의 양방향 지식을 섭렵하고 있는 인재를 육성하는 일은 어려운 일이다. 오히려 불가능에 가깝다고 할 수 있다. 사실 기술과 인문간 융합에 대한 시도가 활발하게 진행되고 있는 선진국의 경우 이러한 현상을 오래전부터 직시하고 서로 다른 영역의 지식을 효과적으로 활용하기 위한 방법을 연구하는데 많은 노력을 기울여 왔다. 그 결과 MIT, 스탠포드 등 대학을 중심으로 다학제간 교육과 연구가 꾸준히 이루어졌으며, 이는 오늘날 애플, 구글, 페이스북 등 혁신기업이 성장하는 밑거름이 되었다.

기술-인문 융합을 기반으로 하는 대표적인 기업으로 데이비드 켈리에 의해 설립된 IDEO를 꼽을 수 있다. 그간 IDEO는 애플의 마우스, 팜의 PDA, 삼성의 모니터 등 수많은 혁신제품을 탄생시킨 바 있으며, 수년간 글로벌 혁신기업의 대표적인 사례로 선정된 바 있다. 이러한 IDEO의 핵심 원동력은 크게 두 가지로 나누어 볼 수 있다. 첫째, 고객의 눈높이에서 문제점을 바라보고 접근하는 관찰 중심의 기획 프로세스이고, 둘째, 디자인, 심리학, 언어학 등 다양한 개개인의 창의성을 효과적인 조직의 창의성으로 이끌어내기 위한 독특한 브레인스토밍 운영방식이다.[7] 이러한 IDEO사의 창의적인 기획방식은 ABC방송의 '나이트라인' 프로그램의 '5일 안에 쇼핑카트의 새로운 디자인 제작' 프로젝트를 통해 확인할 수 있다. 이 밖에도 구글의 '70-20-10' Rule, IBM의 'Jam Innovation' 등은 내부 또는 외부의 창의적 아이디어를 수렴하고 이를 기업의 혁신을 만들어가는 도구로 활용되고 있다.

이러한 혁신기업들은 각자 활용하고 있는 수단이나 방식에는 차이점이 있으나 공통점을 살펴보면 수평적인 조직구조를 바탕으로 한 커뮤니케이션이 목적이라는 것이다. 이 커뮤니케이션의 범위는 기술개발자간에만 이루어지는 것이 아니라 내부직원, 고객, 심지어 경쟁사까지도 포함하고 있다. 결국, 오늘날 혁신기업의 경쟁원천은 서로 다른 지식간의 효과적인 커뮤니케이션을 통해 창조적인 아이디어를 촉진하고 이를 기업전략으로 이어나가기 위한 효과적인 도구의 활용이라고 할 수 있다.

최근 우리나라도 기술-인문 융합에 대한 필요성을 인식하기 시작했다. '12년 4월 지

---

[7] 유쾌한 이노베이션, 톰켈리 조너선 리트먼 지음/이종인 옮김, 세종서적

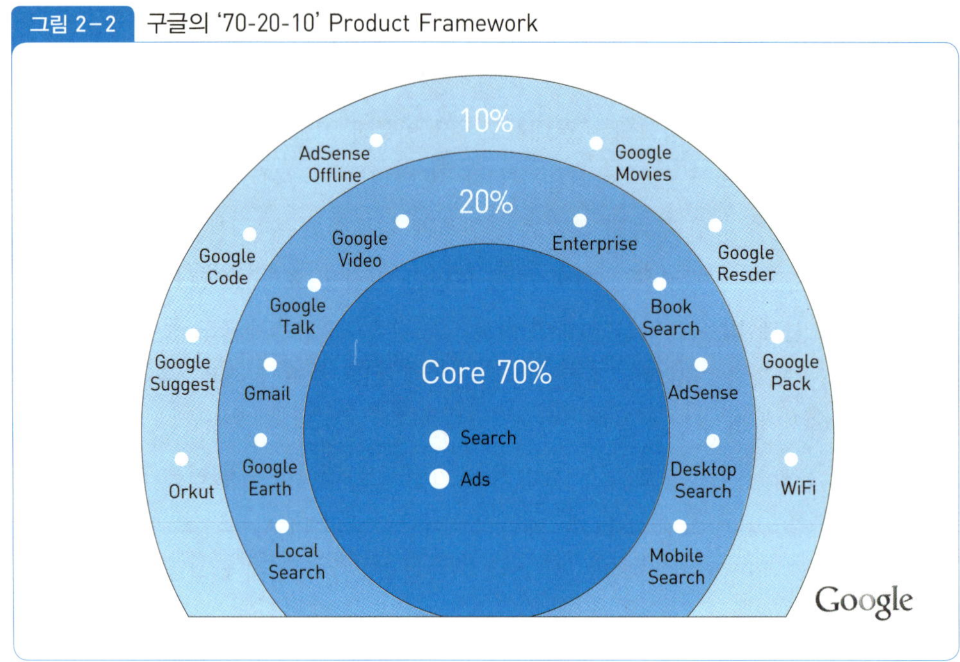

※ 출처: http://becausewethink.blogspot.kr/2007/09/googles-70-20-10-formula.html

식경제부 주도하에 기술과 인문의 커뮤니케이션과 융합연구 활성화를 통해 새로운 고부가가치 창출을 목적으로 기술인문융합창작소가 설립되었다. 대학로 내에 위치한 기술인문융합창작소는 대학, 기업 및 연구소 등 민간의 소통·융합의 열린 공간으로 기술과 인문 간 협력 네트워크를 촉진하고 학제간 융합연구를 활성화하는 허브 역할 수행을 위해 다양한 프로그램을 진행하고 있다.

그림 2-3 기술인문융합창작소 비전

비전	기술 중심의 인문 융합을 통한 선도·창의적 산업경쟁력 강화			
전략 목표	• 기술혁신주체의 창의적 융합촉진을 위한 산업기술 생태계 조성 • 창조적이고 창의적인 고부가가치 혁신형 R&D패러다임 선도			
추진 과제	개방·융합형 지식 네트워크 구축	융합정책 발굴 및 확산 인프라 구축	기술인문융합형 미래예측	융합인재 양성 및 확산

　새로운 시도인 만큼 외부의 많은 관심과 우려가 집중되고 있다. 다만, 아직까지 우리나라가 기술-인문 융합에 대한 접근이 초기수준인 점을 감안한다면 단기적인 성과에 집착하기 보다는 장기적인 지원과 격려 속에서 융합 활성화를 위한 실험적인 다학제적 실험과 연구가 활발하게 진행될 수 있기를 기대한다.

Ⅱ 기술-인문 융합의 기대효과

　기술-인문의 융합현상은 현재 글로벌 시장의 판도를 뒤흔들고 있을 뿐만 아니라, 향후 우리 미래의 삶을 바꾸어 놓을 핵심 키워드가 될 것으로 예상된다. 세계적인 미래학자인 짐 데이터(James Dator)는 "상상력과 창조성이 국가경쟁력의 중심이 되고 있으며, 앞으로 상상력과 감성을 기반으로 하는 경제·사회가 도래할 것이다"라고 언급한 바 있으며, 핸리 젠킨스(Henry Jenkins)는 "융합사회는 매체의 융합과정에 의해 단순히 기술변화의 양상만 드러나는 것이 아니라 기존의 산업, 시장, 장르 그리고 정보 수용자간의 관계를 변화시킬 것"으로 예측한 바 있다.

우리는 일상 속에서 이미 기술과 인문이 융합된 사례들을 빈번하게 접하고 있다. 가장 쉽게 접할 수 있는 사례로 영화를 들 수 있다. 1960년대에 제작된 '스타트랙'에서부터 2009년 제작된 '아바타'에 이르기까지 우리는 영화 속에서 현재에는 존재하지 않는 미래의 생활과 제품들을 쉽게 간접 체험할 수 있으며, 이러한 간접 체험의 경험과 상상력은 과학기술이 발전함에 따라 점차 현실화되고 있다. 스타트랙에서 사용되었던 무선 통신 단말기는 오늘날 PDA를 거쳐 스마트폰으로 진화했으며, 터미네이터에서 등장한 T-800의 다기능 안구는 구글안경으로 제품화되어 출시되었다.

최근 글로벌 경제의 양극화, 불확실성이 가속화되는 상황에서 그간의 기술개발의 목적은 경제적 성장에만 초점을 두고 진행되어 온 탓에 많은 부정적인 문제점들을 야기했다. 이제는 기술개발의 관점을 'I'가 아닌 'We'의 관점에서 접근할 필요성이 있다. 'We'의 관점으로 전환하기 위해서는 인문학적인 통찰력을 기술개발 과정에 활용할 필요가 있으며 이를 통해 현재 전 지구적으로 직면하고 있는 제 3세계에 대한 지원, 온난화, 범죄증가 감소와 더불어 인류가 공존하는 건설적인 미래사회 설계에도 기여할 것으로 기대된다.

1. 사회적 문제에 대한 융합적 접근

2010년도 G20 정상회담의 의제는 인구구조 변화, 기후변화, 식량문제 등 미래사회의 이슈해결을 위한 공동의 협력과 신사업 발굴에 관심이 집중되었다. 그간 미국과 EU를 중심으로 유지되어오던 환율통제와 자원배분 중심에서 우리나라를 비롯한 개도국의 참여기회가 확대됨에 따라 선진국과 개도국간의 공통의 관심사인 사회적 현안에 대한 해결과제가 새로운 비즈니스의 기회로 부각되고 있는 것이다.

ICT(Information & Communication Technology) 기술의 발달은 이러한 사회적 문제 해결을 위한 새로운 수단으로 각광받고 있다. 최근 스마트 오피스 시스템을 도입하는 기업이 점차 늘고 있다. 스마트 오피스는 도심에 있는 본사 사무실에 출근하지 않고도 주거지 인근에서 원격업무를 처리할 수 있는 IT 기반 사무실을 의미하는데 출퇴근시 발생하는 에너지 소비와 오염물질 배출을 감소시킬 수 있을 뿐만 아니라 여성의 사회적 진출의 증가에 따른 저출산 문제 해소에도 기여할 것으로 예상되고 있다. 온라인을 통한 사이버 교육은 많은 사람들에게 교육의 기회를 제공할 수 있다. 실제로 하버드대학과 MIT대학은 2012년 5월 공동으로 온라인 배움터인 edX를 설립하여 운영하고 있다. edX의 운영 프로그램은 'For anyone', 'anywhere', 'anytime'을 지향하고 있으며, 일방적으로 온라인 강좌를 통해 지식을 전달하던 수동적인 교육방식에서 벗어나 수강생간 토론이 가능하며, 진척도 평가 기능을 통해 교수와 수강생간 상호작용이 가능하도록 설계되었다.[8] 이러한 온라인 교육 플랫폼의 확대는 향후 전세계인에게 동등한 지식의 공유와 교육의 기회를 제공하게 될 것으로 기대된다.

그러나 ICT 기술이 사회문제 해결을 위한 도구임에도 불구하고, 상황과 현실에 맞도록 적절한 설계와 적용이 뒷받침 되어야 비로소 순 기능을 할 수 있다. 가령 인터넷 환경이 구축되지 못한 제 3세계를 상대로 스마트 오피스 시스템을 구축한다던지 온라인 교육을 제공한다 하더라도 많은 사람들이 혜택을 누리지 못할 것이며 오히려 편의를 제공하고자 했던 ICT 인프라가 산업폐기물로 전락할 것임은 자명한 사실이다.

ICT와 같은 첨단기술 이외에 최근 사회적 문제 해결을 위해 상대적으로 투자비용이 적은 기존기술과 인프라를 활용하려는 움직임이 활발하다. 바로 적정기술(appropriate technology: AT)의 활용이다. 적정기술은 1966년 독일 경제학자 에른스트 슈마허가 개발도상국에 적합한 소규모 기술개발을 위한 중간기술개발그룹인 'ITDG(현재는 Practical Action)'라는 조직을 설립한 것이 현대적인 시초이다.[9]

지금까지 우리에게 잘 알려진 적정기술 사례로는 매사추세츠 공과대학 미디어 연구소의 교수진이 설립한 비영리 단체로 전세계 아이들에게 100달러짜리 컴퓨터를 보급하려는 프로젝트를 추진하고 있는 OLPC(The One Laptop per Child), 수자원이 오염되어 있는 개발도상국, 제 3세계 사람들과 그곳을 여행하는 여행자, 구호활동을 하고 있는 요원, 선교사 등에게 먹을 수 있는 식수 공급을 목적으로 스위스의 사회적 기업인 베스터가드 프랑센(Vestergaard Frandsen)에서 디자인한 휴대용 필터 정수기인 라이프스트로우(LifeStraw) 그리고 남아프리카 공화국 출신의 디자이너 피에트 헨드릭스(Piet Hendrukse)가 아프리카 사람들의 장거리 식수 운반과정의 불편함을 덜어주기 위해 디자인한 물통 Q-drum 등이 있다.[10]

---

8 https://www.edx.org
9 wikipedia, www.wiki.org.
10 wikipedia, www.wiki.org.

그림 2-4 디자이피에트 헨드릭스(Piet Hendrukse)가 디자인한 Q-drum

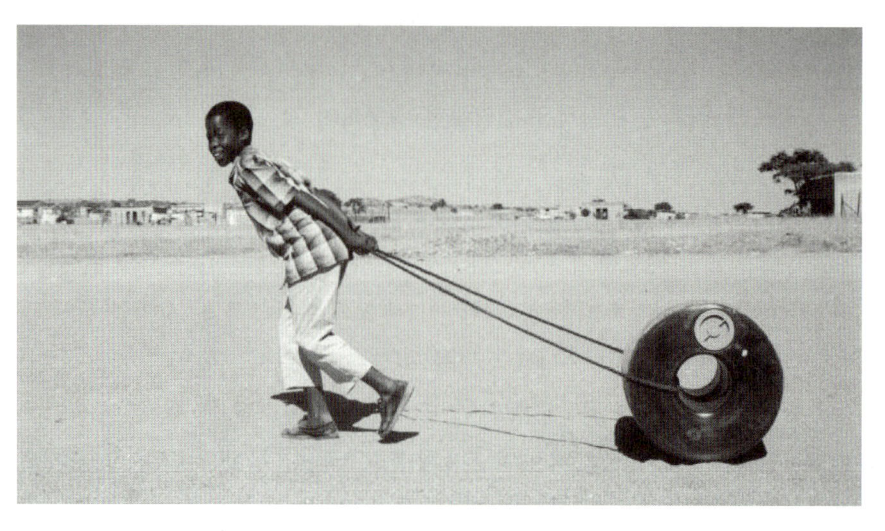

  미국과 일본 등 선진국들은 소득 2만불 달성한 시점에서 삶의 질 증진과 사회적 문제 해결을 위한 각종 정책과 제도 수립에 본격적으로 관심을 갖기 시작했다. 미국은 '89년 장애인 공학관련 지원법, 보조공학법 등을 제정하는 등 국가적 차원이 제도적 기반이 마련되었으며, '06년 카네기멜론 대학과 피츠버그 대학이 예산지원을 받아 QoLT센터(Quality of Life Technology Center)를 설립하였다. QoLT센터에서는 고령자와 장애인이 독립적인 사회생활을 영위할 수 있도록 지원하고 QoLT 개발기술에 대한 수요자 체험하고 이를 피드백하는 과정을 통해 적정기술 개발을 진행하고 있다. 일본 역시 '05년 사회문제 해결을 위한 '사회기술연구개발센터'를 설치하고, 경제적 위기, 저출산 고령화, 안전, 안심 등 일본 내 사회이슈와 더불어 지구온난화, 물 부족, 자원고갈, 빈곤 등 세계적 이슈에 대한 문제해결형 정책연구와 기술개발 업무를 수행하고 있다.

  우리나라는 '07년 국가과학기술위원회를 중심으로 기술기반 삶의 질 향상 종합대책을 수립한 바 있다. 종합대책에는 삶의 질 관련 연구개발 강화와 관련 법·제도 및 추진체계 정비 등 광범위한 정책이 포함되어 있으나 한정된 R&D투자 규모와 유관 부처간 역할분담이 미흡한 탓에 가시적인 성과를 내지 못했다는 평가를 받고 있다. 장애인을 대상으로 정부에서 실시한 복지사업에 대한 설문조사(사회통계조사, 11년) 결과에도 응답자의 78.8%가 '계속적으로 확대'가 필요하다고 응답한 바 있어 아직까지 사회적 문제 해결을 위한 정부의 관심과 노력은 부족한 상황이다.

OECD는 R&D를 인간·문화·사회를 망라하는 지식의 축적분을 늘리고 그것을 새롭게 응용함으로써 활용성을 높이기 위해 체계적으로 이루어지는 창조적인 모든 활동으로 정의하고 있다.[11] 그러나 대다수의 저소득층은 그동안 경제적인 수익성이 없다는 이유로 과학기술의 혜택에서 소외되고 배제되어 왔던 것이 사실이다. 과학기술이 사회적 약자에 대한 배려와 국민의 삶의 질 향상을 위한 역할을 수행하기 위해서는 개발 이전에 개인의 삶과 사회에 미치는 영향을 충분히 고려할 필요성이 있다. 즉, 기존의 공급자 중심의 접근방식이 아닌 수요자 중심의 새로운 접근이 요구되며, 이러한 관점의 전환을 위해서는 기술개발 과정에 인문의 직관적 사고와 디자인의 상상력이 더해져야 한다. 이러한 다학제적 관점의 융합연구가 활성화됨으로써 우리는 보다 안전하고 따뜻한 미래를 상상할 수 있을 것이다.

2. 창조적 미래시나리오 도출

앨빈 토플러의 말처럼 21세기는 단순한 기술의 개발을 넘어서 융합을 통해 새로운 가치를 창출하는 '융합의 시대'이다. 세계 경제의 패러다임이 단순한 기술의 개발을 넘어서 융합을 통해 새로운 가치를 창출하는 시대로 급속히 전환하고 있다. 지난 2002년 미국 과학재단은 미래 과학기술의 틀로서 '융합기술(Convergence Technology)'를 제시하고, 그 개념을 '인간의 능력을 향상시키기 위해 나노기술(NT), 바이오(BT), 정보(IT), 인지과학(CS) 등 네 가지 첨단 기술 간에 이루어지는 상승적 결합'으로 정의하였다. 그리고 10여 년이 지난 지금, 전세계는 서로 다른 2개 이상의 기술, 산업, 인문학 등이 소통하는 융합시대에 접어들었다. 이는 국경과 학문 등 다양한 분야에서 '경계'가 붕괴되고, '이종 배합'이라는 기술 트렌드 속에서는 '나와 다른 것'을 공감하는 지혜와 감성이 중요해졌기 때문이다.

세계적인 렌터카 에이비스(Avis)는 고객의 과거 렌터카 사용 데이터를 바탕으로 고객의 미래 소비행태를 예측 분석하여 마케팅 비용을 50%나 줄였다. 최근 화두가 되고

---

11 wikipedia, www.wiki.org.

있는 빅데이터는 개개인의 세밀한 비정형 데이터를 분석해서 미래를 예측하고 능동적으로 대응하기 위한 도구 중의 하나이다. 이러한 데이터 분석기법은 분석할 데이터가 충분히 축적되지 않은 분야나 기존 제품과는 완전히 다른 혁신 분야에서 활용하는 데에는 한계가 있다. 그럼에도 불구하고 IDC에 따르면, 전세계 빅데이터 시장은 2010년 32억 달러에서 오는 2015년에는 169억 달러 규모에 달할 것으로 예측된다. 이는 연평균 40%의 성장률(CAGR)에 해당되는 것으로 전체 정보통신기술(ICT) 시장 성장률의 약 7배에 달하는 수치다. 이처럼 많은 국가, 기업 등은 다가올 미래 사회의 변화에 대비하고, 불확실성에 따른 위험요인에 효과적으로 대응하기 위하여 미래예측 활동을 강화하고 있다.

지금까지의 미래예측은 대부분 델파이법 등을 활용해서 '2030년경에는 로봇이 인간이 공존한다', '2040년이 되면 바이오전자 정신프로세스 하이브리드 인간이 나온다'라는 식의 기술적 접근이 주를 이룬다. 물론 이러한 기술적 접근은 거시적 환경분석기법(STEEP[12])을 활용하여, 고령화 추세 등 사회, 경제, 정책 등 기술 외적인 변수를 반영하고 있다. 그러나 기술적 접근은 단순히 '미래가 어떻게 될 것이다(What will be)', 또는 '미래는 어떻게 될 수 있다(What could be)'라는 식의 결과를 도출하게 된다. 현재의 기술적, 환경적 틀 안에서 선형적 예측을 하기 때문에, 우리가 상상할 수 있는 '보편적 미래예측'에 머무르는 경향이 있다.

따라서 인간의 본성을 탐구하고 역사적인 안목을 중시하는 인문학 지식을 활용해야 창조적인 미래를 예측하고 그에 따른 시나리오를 도출해 낼 수 있다. 특히 기존의 변수를 넘나드는 인문학적 상상력은 오히려 불확실성이 높은 거시적 트렌드를 읽어 내고, '미래가 어떻게 되어야만 한다(What should be)'는 미래시나리오를 도출하는데 매우 중요한 요소이다. 그렇다고 해서 인문학적 접근만 고수할 경우, 실현가능성이 결여된 공상소설에 그치게 된다. 따라서 기술이 원하는 미래가 아니라, 사람이 원하는 미래를 예측하고, 시나리오를 만들기 위해서는 기술과 인문의 융합적 접근이 필수적이다.

지멘스, 인텔, IBM, 엑손모빌, GE 등은 사내에 미래 연구 및 예측을 담당하는 부서를 설립하거나 미래 예측가를 영입하고 있다. 세계 최대 전기/전자 업체인 지멘스(Siemens)는 다양한 미래의 모습을 시각화하기 위해 '호라이즌 2020(Horizons 2020)'이

---

12 STEEP은 사회적(Social), 기술적(Technological), 경제적(Economic), 환경적(Environmental), 정책적(Political) 등의 관점에서 거시적 트렌드를 분석하는 기법을 말한다.

라는 시나리오 경영을 시행하고 있다. 이 시나리오에서는 향후 15년에서 20년을 예측 대상기간을 설정하고 있다. 이는 이 정도의 미래는 현재의 연장선으로 보기에는 다소 멀게 느껴지고, 허구의 세계로 생각하기에는 너무 가까운 기간이기 때문이다. 인텔은 지난 2010년에 인간의 근본적인 속성에 대한 연구를 토대로, 컴퓨터와 인터넷, 모바일 기술의 미래 발전 방향이나 인간과의 소통방식 연구를 강화하기 위해 '상호작용 경험 (Interaction & Experience Research)' 연구소를 설립했다. 공학이 아닌 문화인류학을 전공한 연구소장의 주도하에 엔지니어, 디자이너, 인류학자, 심리학자, SF소설 작가 등 다양한 지식의 전문가들이 미래 컴퓨팅 기술을 연구하고 있다. IBM 또한 최근 5년간 자연과학자, 엔지니어, 인문학자 등이 공동참여하여 '글로벌 혁신 전망(Global Innovation Outlook)'을 발표하고 있다. 이 미래예측 보고서는 건강, 에너지 및 환경, 전 세계 수자원의 미래에 이르기까지 다양하고 중요한 이슈를 다루고 있다.

최근 소비자의 제품선택 기준에 있어, 뛰어난 기술이 여전히 중요한 가운데 '감성'이 구매의 결정적 요인으로 부상함에 따라, 인문학적 요소는 먼 미래예측뿐만 아니라 신제품 기획과 같은 가까운 미래예측에도 중요한 역할을 한다. 제품을 사용하는 소비자의 니즈는 단순한 기능보다는 차별성과 감성을 중시하며, 기술에 감성이 융합되어 있는 디자인과 컨셉, 매력과 브랜드 이미지 등을 추구하고 있다. 이에 따라 기업들은 이에 대응해 디자인, 촉감, UI(User Interface) 등 구매자의 감성에 영향을 미치는 '감성파워'를 구축하는데 주력하고 있다. Apple은 기술의 발달로 인해 제품의 기능과 품질이 모두 비슷해지면서 디자인이 소비자의 선택을 좌우하는 가장 중요한 요소가 되었음을 일찌감치 파악했다. 이에 디자인과 기술을 융합한 창조성을 확보하기 위해 주력하였으며, Apple 제품을 생각하면 누구나가 쉽게 떠올릴 수 있는 대표적인 Iconic 디자인을 적용하여 소비자의 가치를 창조했다. iMac, iPod, iPhone 등이 그 대표적인 사례이다.

iMac

IPod

Mighty Mouse

이러한 애플의 제품은 '기술+감성의 융합시대'를 정확히 이해하고 있는 제품으로 평가되고 있으며, 뛰어난 기술뿐만 아니라 디자인과 같은 감성적인 가치가 복합화될 때 소비자에게 새로운 가치를 제공할 수 있음을 잘 나타내는 사례라 할 수 있다. 애플 이외에도 인문학적 지식과 가치를 이용해 성공한 사례는 이미 무척 많다. 스탠퍼드대학에서 중세역사와 철학을 전공한 칼리 피오리나 전 HP회장은 "중세가 르네상스 시대로 이행한 것에서 디지털 시대의 도래에 대한 영감을 얻었다"고 이야기할 정도로, 인문학적 지식은 비즈니스에 대한 통찰력을 위한 필수요소가 되고 있다.

3. 싱귤래리티(Singularity)의 도래

　지난 수세기 동안 우리는 과학기술의 놀라운 진화과정을 직접 체험해 왔으며, 이러한 과학기술의 발전이 인류의 풍요로움만을 가져다 주지 못할 것이라는 우려가 제기되어 왔다. 실제로 우리 주변에서 과학기술의 역효과에 따른 결과를 어렵지 않게 찾아볼 수 있다. 향후 다가오는 미래에는 과학기술의 진화속도가 더욱 가속화 될 것이며, 일부에서는 기계문명이 인간을 통제하는 세상에 도래할 것이라는 우려가 있다. 영화 터미네이터는 이러한 상상력을 바탕으로 제작되었으며, 맹목적인 과학기술 발전을 추구하는 것에 대한 메시지를 제시하고 있다.

　싱귤래리티(Singularity)는 천체물리학에서 블랙홀 내 무한대 밀도와 중력의 한 점을 뜻하는 용어로, 레이 커즈와일(Kurzweil)이 저술한 '특이점이 온다(*The Singularity is near*)'에서는 사회경제적인 의미로 차용하여 너머를 알 수 없을 정도로 커다란 단속적 변화가 이뤄지는 시점(A point in space-time at which the space-time curvature becomes infinite)으로 정의한 바 있다. 레이 커즈와일이 이야기하는 싱귤래리티는 과학기술의 진화에 대한 부정적인 측면보다는 긍정적인 측면을 상상하고 있다. 인공지능이 인간의 지능에 도달하는 시점이 곳 싱귤래리티이며 이 시점인 2045년이 지나면 질병, 에너지, 식량난이 일시에 해결 가능할 것으로 전망하고 있다. 레이 커즈와일은 자신의 이론을 기반으로 NASA와 구글 등의 투자를 받아 싱귤래리티 대학을 설립하였다. 싱귤래리티 대학은 정형화된 교육에서 벗어나 이종지식간 융합과 협업을 통해 새롭게 탄생하는 기술을 이해하고 그 기술이 인류에게 다가오는 거대한 도전들을 해결하는 것을 목표로

그림 2-5

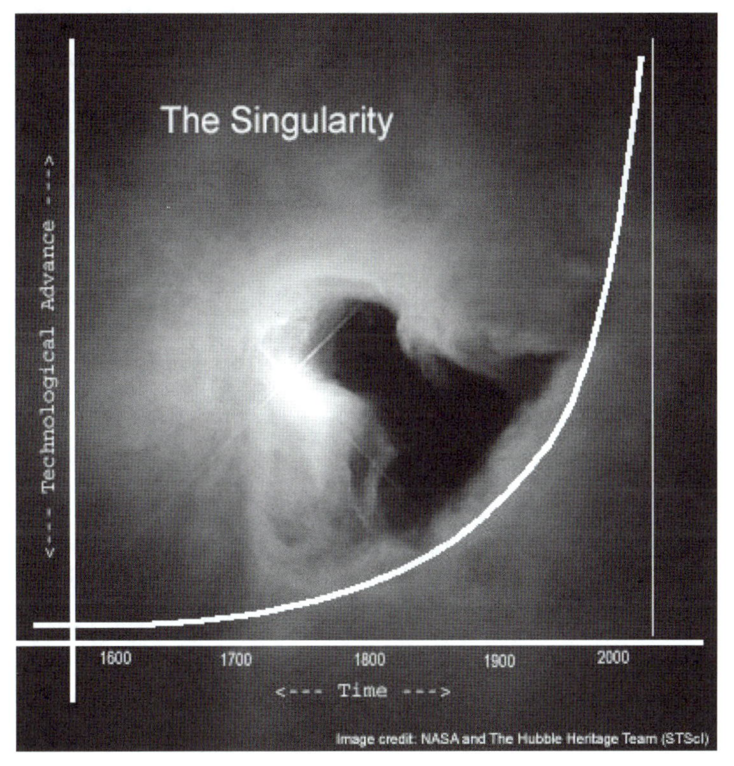

※ 출처: NASA and The Hubble Heritage Team

하고 있다.[13]

우리는 지금껏 그래왔듯이 앞으로도 과학기술의 산물이 주는 긍정과 부정의 양면을 경험하게 될 것이다. 또한, 먼 과거부터 현재까지의 사실을 유추함으로써 가까운 미래에 어떤 행태로든 싱귤래리티가 도래할 것에 대해서도 어느 정도 예측할 수 있다. 다만, 레이 커즈와일이 주장하는 바처럼 모두가 원하는 긍정적인 미래를 어떻게 만들어 갈 것인가에 대한 고민은 숙제로 남아있다. 앞으로 제2, 제3의 싱귤래리티에 관한 초학문적 연구가 꾸준하게 진행된다면 미래가 우리에게 주는 불확실성을 긍정적인 시각에서 바라보게 될 수 있을 것이다.

---

13 http://singularityu.org

아시아의 미래와 한국의 역할

    21세기에 세계의 중심은 빠른 속도로 아시아로 이동하고 있다. 19세기는 유럽, 20세기는 미국, 그리고 21세기는 아시아·태평양의 시대라고 한다. 한국, 중국, 일본 그리고 동남아의 ASEAN을 포함한 동아시아의 경제 규모는 이미 미국이나 유럽연합(EU)을 능가했으며, 중국경제는 2030년대에 미국을 추월하여 세계최대 경제 강국으로 부상할 것으로 전망된다. 최근 유럽재정위기로 인한 도미노현상으로 미국과 중국의 수출이 타격을 받고 글로벌경제의 침체가 우려되나 전체적인 흐름으로 볼때 아시아경제가 지속적으로 부상하고 있는 것은 사실이다. 대한민국은 동북아시아의 지정학적 중심에 위치하여 강대국과 약소국, 그리고 선진국과 개도국을 연결하는 교량역할을 하면서, 아시아의 선도적인 중견국가(Middle Power)로서 남북 분단과 고령화 사회의 도전을 극복하고, 아시아의 미래발전을 위해 기여할 수 있는 역할이 커지고 있다. 특히 지속가능한 경제발전, 지역협력과 통합, 민주주의와 인권, 녹색성장, 그리고 문화소통 등 다섯 가지 중요분야에서 한국의 적극적인 촉진자 역할이 기대되고 있다.

 Ⅰ 아시아의 미래전망

1. 아시아의 세기

동아시아로부터 서남아시아와 중앙아시아를 거쳐 중동과 터키까지를 포함한 넓은 의미의 아시아 지역에는 현재 세계 70억 인구의 57%가 넘는 약 40억의 인구가 살고 있으며, 세계 국민총생산(GDP)의 약 35.7%를 차지하는 거대한 경제활동이 이루어지고 있다. 아시아개발은행(ADB)은 『아시아 미래 대예측』에서 두 가지 시나리오를 가정하여 2050년의 아시아 미래를 그리고 있다. 첫 번째 시나리오는 아시아가 2050년에 GDP 174조 달러로 세계 GDP의 52%를 차지하면서 1인당 평균소득이 40,800달러에 이르러 '아시아 세기'(Asian Century)를 실현할 것으로 전망한다. 반면 아시아 주요 신흥국들이 남미의 브라질과 같은 중진국의 함정에 빠질 경우 아시아 GDP는 65조 달러로 세계 GDP의 31%를 차지하는 데에 그치고 1인당 소득도 20,600달러 수준에 머물 것으로 예측한다.

한편, 2005년에 나온 골드만 삭스(Goldman Sachs) 투자은행의 2050년 전망 세계경제보고서에 따르면 중국이 2040년께 GDP 기준 경제규모에서 미국을 앞지른 뒤 2050년에는 48조 5천 71억 달러로 미국(37조 6천 660억 달러)을 크게 앞설 것으로 관측했다. 또한 한국과 멕시코, 인도네시아, 베트남, 방글라데시, 파키스탄, 필리핀 등 11개국을 차기 경제대국후보(Next-11)로 선정하고 아시아 국가들의 성장이 두드러질 것으로 예상했다. 이렇듯 아시아가 앞으로 세계의 중심이 되리라는 데에는 의심의 여지가 없다.

미국 국가정보위원회(NIC)가 최근 발간한 '글로벌트렌드(Global Trend) 2030'보고서는 2030년에 아시아가 경제규모, 군사지출, 기술투자 등 주요 지표 모든 분야에서 북미와 유럽을 합친 것보다 커질 것이라고 전망하고 있다.

그러나 빌 에뭇트(Bill Emmott) 전 이코노미스트 편집장이 지적하듯이 아시아의 세 강국인 중국, 일본, 인도가 역내 주도권을 놓고 삼각경쟁을 하고 있기 때문에 아시아의 미래는 불안정성도 내포하고 있다.

아시아에서 주목해야 할 것은 중국의 부상에 따른 세력균형의 변화이다. 인구 14억에 가까운 중국은 이미 2011년에 일본을 제치고 세계 제2위의 경제대국의 자리를 차지했으며, 이는 동아시아에서 중국과 일본의 관계, 그리고 더 넓게 아시아·태평양에서는 중국과 미국의 관계, 소위 G2관계에 그 직접적인 영향을 미치고 있다. 최근 동중국해와 남중국해에서 표출되고 있는 중국과 일본 및 중국과 동남아 국가 간 해양영토분쟁은 관련국 간에 민족주의적인 갈등을 야기하며 지역의 평화와 안정에 위협이 되고 있다. 아시아·태평양 지역에서의 중국과 미국 간 전략적 경쟁(strategic rivalry)은 점차 심화되고 있는 양상을 보이고 있다.

2. 한국의 역할

그러나 이러한 불안요인에도 불구하고 아시아에서는 미래의 평화와 번영을 위한 공동 노력이 꾸준히 이루어지고 있다. 그 과정에서 성공적인 경제발전과 역동적인 정치민주화를 이룬 대한민국이 아시아의 선도적인 중견국가로서 중요한 역할을 하고 있다.

첫째로 아시아 국가들의 공통당면과제는 무엇보다도 지속가능한 경제발전이다. 이를 위해서 각국은 미래 성장동력을 확보하고, 자유무역을 통해 경제영토를 늘리고자 할 것이다. 한국은 아시아의 대표적인 경제발전국으로써 역내 자유무역과 투자를 촉진하고 개도국의 개발을 지원하는 역할을 계속 수행할 것으로 기대된다.

둘째로 아시아의 지역협력과 통합을 위한 프로세스도 진행되고 있다. 비록 유럽에는 미치지 못하지만, 동남아의 ASEAN을 비롯하여 동북아의 한중일 삼국협력체제, 그리고 ASEAN+3, ASEAN+6, 동아시아 정상회의(EAS), 아시아·태평양경제협력체(APEC) 등 지역적 협력의 범위와 깊이가 점차 확대되고 있다. 한국은 이러한 과정에서 지역협력을 촉진하고 지역평화를 유지하기 위해 적극 기여하고 있다. 한국은 적어도 2030년경에는 한반도에서 냉전의 마지막 유물인 남북북단을 극복하고 남북한 경제공동체를 통한 국가통합을 사실상 성취할 것으로 전망되고 있다.

셋째로 아시아에서 민주주의와 인권의 중요성도 확산되고 있다. 아시아 국가들은 정치체제와 이념이 서로 다를지라도 예외 없이 민주주의를 표방하고 인권을 지향하고 있으며, 특히 스마트폰 등 정보통신의 발달로 실시간 소통에 의한 '디지털 민주주의'(Digital Democracy)를 경험하고 있다. 한국의 경우 아시아에서 가장 활력 있는 정치민주화를 성취한 나라로써, 인류 보편적 가치인 인권에 대한 의식이 높고, SNS가 가장 발달돼 있으며, 최근에는 활발한 '경제민주화' 논의를 통해 성장과 분배의 문제를 진지하게 논의하고 있다.

넷째로 녹색성장은 아시아의 미래와 직결되어 있는 도전이자 기회이다. 중국, 일본, 인도 등 아시아의 강국과 싱가포르, 베트남, 인도네시아, 말레이시아 등 동남아 국가들은 국가정책차원에서 탄소감축과 신재생에너지개발을 추진하고 있고, 글로벌 기후변화에 대응한 친환경정책도 채택하고 있다. 한국은 탄소배출거래 입법과 자발적 감축목표제시 등 아시아에서 녹색성장의 주도국으로서 기술혁신을 통한 녹색경제 성장과 안전한 원자력산업의 발전을 통한 녹색에너지 개발에 앞장서고 있다.

마지막으로 아시아의 미래를 위한 문화소통이 절실히 필요하다. 아시아의 다양한 인종과 문화, 종교와 관습의 벽을 넘어 아시아적 가치를 찾고, 아시아 시민으로서의 건전한 정체성을 확립해 나가는 것은 지역을 넘어 지구촌의 평화와 번영에 이바지하는 길이다. 한국은 중국과 일본의 영향을 받은 아시아의 문화강국으로서 "한류"(Korean Wave)라는 매력적인 소프트 파워를 통한 글로벌 문화소통과 함께 21세기 다문화사회를 열어가는 선도적인 역할을 수행할 것이다.

Ⅱ 지속가능한 경제성장

1. 중국과 동남아시아

오늘날 아시아 국가들은 각기 주어진 여건에 따라 다양한 도전을 극복하며 서로 다른 수준에서 경제발전을 이루어 나가고 있다.

예를 들어 중국의 경우 해안과 내륙 지역 간 불균형, 경제성장률 둔화, 빈부 간 소득격차, 환경오염, 에너지 수요 등의 도전요인들이 있고, 일본의 경우 장기 경제침체, 심각한 재정적자, 고령화 사회, 지진과 해일 등 자연재해, 원전 사고로 인한 반핵정서 등의 어려움에 직면해 있다. 또한 인도는 중공업, 농업, 섬유산업 분야 취약, 사회 인프라 시설 부족, 숙련공 부족, 유통망 부족, 교통체증, 전력부족, 환경오염 등 해결해야 할 과제가 많다.

그러나 이러한 도전에 대하여 아시아의 국가들은 나름의 대책을 마련하고 있다. 중국은 국가적인 거시경제 조정, 전략적 산업 개발, 농업 발전, 내수확대 및 개혁개방 추진, 과학기술, 녹색성장, 에너지 외교 등 일련의 국가정책을 통하여 지속가능한 성장을 모색하고 있다. 일본은 신성장동력의 개발, 소비세 증세, 정치사회적 개혁 등을 통하여 침체된 사회에 활력을 불어 넣어줄 묘책을 모색하고 있다. 그리고 인도는 세계최대의 민주주의국가로서 청년인구와 노동인구 활용, 외국인 직접투자 유치, 내수시장 확대, IT산업진흥 등 첨단기술개발에 노력을 기울이고 있다. 특히 중국과 인도의 경우 소위 21세기 신흥 BRICs(브라질, 러시아, 인도, 중국) 경제의 아시아지역 견인자로서 아시아의 성장 동력을 제공하고 있다.

다만, 2012년에 불거진 유럽재정위기의 여파로 중국의 대선진국 수출이 감소하면서 대중국 수출에 의존하고 있는 신흥국들의 경제에도 파급효과가 미치고 있어 주목된다. 무엇보다도 중국과 인도의 소위 친디아(Chindia)경제의 성장엔진이 약화되는 것은 아닌지 우려가 나오고 있고, 중국은 성장률이 8%에서 7%대로, 그리고 인도는 7%에서 5~6%내로 각기 하향전망치가 나오고 있다. BRICs 경제 중에서 브라질과 러시아도 수출과 성장에 어려움을 겪고 있다. 이에 따라 신흥국 수출비중이 큰 한국에도 충격이 예상된다. 한국은 2011년 말 기준 중국과 동남아 시장에 각각 전체 수출의 24%와 13% 정도를 의존하고 있는데, 글로벌 경기침체의 여파로 양지역에 대한 수출이 5% 이상 감소하고 있는 상황이다. 이는 한국의 성장률을 둔화시키는 부담요인으로 작용할 수밖에 없다.

다행이 최근에는 2013년 중국경제에 대한 낙관적인 전망이 다시 나오고 있다. HSBC은행은 2013년 중국 GDP 성장을 8.6%로 분석하고 있으며, 골드만삭스 역시 8.1% 성장할 것으로 보고 있다. 중국 사회과학원도 최근 중국 GDP 성장치를 8.2%에서 8.5%로 상향 조정한바 있다.

동남아시아의 경우 인종적·민족적·종교적 다양성을 극복하고 상호신뢰구축과 경제발전을 통한 지역통합을 위해서 다각적인 노력을 기울여왔다. ASEAN의 종주국을 자처하는 인도네시아는 무력분쟁, 정치 불안정, 빈부격차, 자연재해 등의 도전요소들을 극복하고 풍부한 천연자원과 우수한 시장성 및 노동력을 바탕으로 연평균 8%대의 고도성장을 유지해오고 있으며, 일본과 한국을 모델로 삼는 '동방정책'(Look East Policy)

을 추진해온 말레이시아는 풍부한 자원과 세계 유통망의 중심지에 위치한 지정학적 이점을 살려 관광산업과 섬유무역을 발전시키고 있다. 동남아권 유교 국가로 인구 1억을 바라보는 베트남도 인플레이션과 무역수지적자를 극복하고 농업발전, 외국인직접투자 유치 그리고 젊은 노동력 활용을 통해 아시아의 차기 경제 강국으로 부상하고 있다. ASEAN의 최선진국인 말레이반도 남단의 도시국가 싱가포르는 높은 국가경쟁력을 발휘해 노동력 부족, 인플레이션, 높은 생활비용, 과열된 건설경기, 외국인 노동자 문제 등과 같은 도전을 극복하면서, 개방적인 선진경제시스템을 구축하여 지속적인 경제 성장을 보이고 있다. 태국은 미국, 일본과 전통적인 우호협력관계를 유지하면서 중국과도 경제, 통상협력관계를 증진시키고 있으며, 2011년 홍수사태에 대한 피해복구 노력과 함께 수출, 제조업, 외국인관광, 농가소득향상, 고부가가치 첨단기술산업투자를 추진하고 있다.

　필리핀은 인프라 및 산업기반부족, 빈부격차, 낮은 농업생산성, 인구증가율, 실업률 등 요인으로 인해 ASEAN 국가 중 상대적으로 발전 속도가 늦지만, 부패청산과 광범위한 개혁추진 그리고 최근 미국과의 관계회복, 일본의 공적개발원조(ODA)지원, 중국과의 관계증진 노력을 통해 경제성장을 도모하고 있다.

　이에 비해 1인당 GDP 4만 달러에 가까운 브루나이 다루살람 왕국은 풍부한 석유 수입과 친서방정책을 바탕으로 2035년까지 1인당 국민소득과 국민의 삶의 질을 세계 10위권에 진입시키기 위한 장기발전계획을 수립시행하고 있다. 마지막으로 후발주자인 캄보디아는 부패퇴치 및 개혁을 통해 경제성장과 빈곤감축을 추진하는 "사각전략"(Rectangular Strategy)을, 라오스는 인민혁명당을 중심으로 개혁개방정책과 함께 사회경제개발5개년 계획을 추진하고 있으며, 인구 6천 3백만이 넘는 미얀마 연방 공화국은 장기간 군사통치체제에서 과도기적인 민주화과정으로 이행하면서 미국의 경제제재완화와 함께 경제개혁 개방정책을 채택하고 있다.

2. 한국은 성장촉진자

　이렇듯 역동적인 발전 양상을 보이는 아시아 가운데에서도 한국이 경험한 급속도의 정치 및 경제발전의 속도는 독보적이다. 한국 전쟁 후 원조수혜국으로 시작해 연간

10%가 넘는 고속성장을 거듭하며 이룩한 "한강의 기적"은 이제 OECD 회원국으로서 후발개도국을 돕는 원조공여국이자 중요한 성장촉진자(Growth Stimulator)의 역할까지 계속 진행 중이다.

1960년대 한국의 인구는 2,700만 명에 불과했고 1인당 GDP는 겨우 80달러의 수준이었다. 이후 한국은 중화학공업과 해외수출을 통한 눈부신 경제성장을 이루면서, 2012년에 한국 인구는 처음으로 5천만을 넘었으며, 1인당 GDP는 23,680달러에 달해 영국에 이어 세계 7번째로 소위 "20K-50M클럽"(1인당 소득 2만 불, 인구 5천만 명)에 가입하였다.

이러한 성공적인 압축 성장 경험을 공유하기 위해 한국은 아시아의 여러 나라들과 지식공유사업(KSP: Knowledge Sharing Program)과 정보화(Informatization)정책지원사업, 외국인 사업연수 프로그램을 다양하게 실시하고 있으며, 아시아개발은행(ADB), 세계은행(World Bank)을 통한 아시아개도국 발전 지원, 유학생 초청 프로그램 등에도 적극적으로 참여하고 있다.

한국의 고도 경제성장의 비밀에 대해서 많은 평가와 진단이 있으나, 그 중에서도 정부의 수출주도전략, 국민의 근면성, 높은 교육열, 기업가정신, 그리고 꾸준한 연구개발(R&D)투자를 통한 기술 경쟁력향상 등이 중요한 요인으로 작용했다고 판단된다. 그 결과 한국은 1997~1998년의 아시아 외환위기, 그리고 2008년 글로벌 금융위기를 상대적으로 잘 극복할 수 있었다. 대부분의 선진국이 아직도 2008년 금융위기 이전 GDP 수준을 극복하지 못한데 비해, 주요국 중 한국과 독일은 일자리가 2008년 위기 이전 수준으로 회복되었다. 국가채무 비율도 OECD국가 중 양호한 편에 속한다. 그렇기 때문에 2012년 유럽금융위기의 와중에 대부분 국가들의 국제신용등급이 떨어지는 반면, 한국의 신용등급(credit rating)은 오히려 상향조정되었다. 한국을 대표하는 글로벌 브랜드 중 삼성전자가 2012년 인터브랜드 조사결과 일본의 도요타자동차를 제치고 한국 기업 중 처음으로 'Top10'(9위)에 올랐고, 현대자동차는 독일 아우디를 제치고 53위, 기아자동차는 87위에 랭크됐다. 연구개발(R&D)분야에 있어서도 정부예산은 지난 5년간 총 68조가 투입되었고, 한국의 연평균 증가율은 중국에 이어 세계 2위, GDP비중은 2012년에 세계 3위 수준에 올라있다.

그러나 2012년 유럽재정위기의 여파로 세계경제가 위축되면서 한국경제도 적지 않은 영향을 받고 있다. 중앙은행인 한국은행은 2012년 경제성장률 전망치를 이전의

3.5%에서 3%로 크게 낮추었다. 2012년 상반기 한국의 유럽과 중국에 대한 수출도 작년 동기 대비 각각 16%, 2.5%씩 줄었다. 다행히 한미 FTA 때문에 미국에 대한 수출은 10% 정도 증가했으나, 조선산업, 자동차, 철강 등 전체적인 수출부진과 최근 원고(高) 현상까지 겹쳐서 3분기(7월~9월) 경제성장률이 3년만에 처음으로 1.6%를 기록하여 1%대로 떨어졌다. 민간소비의 신규투자가 부진한 것도 부정적인 요인으로 작용하고 있다. 수출과 내수환경이 모두 압박요인으로 작용하고 있는 것이다.

이러한 어려운 환경에서 한국경제가 활로를 찾기 위해서는 안으로는 과도하게 팽창한 가계부채의 조정과 함께, 바깥으로는 수출시장확대를 위한 FTA의 활용도를 제고하고, 새로운 FTA를 개척해 나가야 할 것이다.

한국은 아시아지역의 자유무역 선도자(Free Trade Promoter) 역할도 하고 있다. 한국은 이미 아시아에서 싱가포르를 비롯한 ASEAN 및 인도와 FTA(또는 CEPA)를 체결하였고, 현재 중국, 인도네시아, 베트남, 호주, 뉴질랜드와 자유무역 협정을 교섭중이며, 이와 별도로 한·중·일 3국 자유무역협정을 추진 중이다.

한국은 아시아에서 미국 및 유럽(EU)과 자유무역협정을 동시에 맺고 있는 유일한 나라이기도 한데, 현재 교섭중인 한중 FTA가 성사될 경우 한국은 세계에서 미국, EU, 중국 등 세계 3대 경제권과 모두 FTA를 맺은 유일한 나라가 될 것이다. 이렇게 한국은 자

그림 3-1 한국의 글로벌 FTA 네트워크

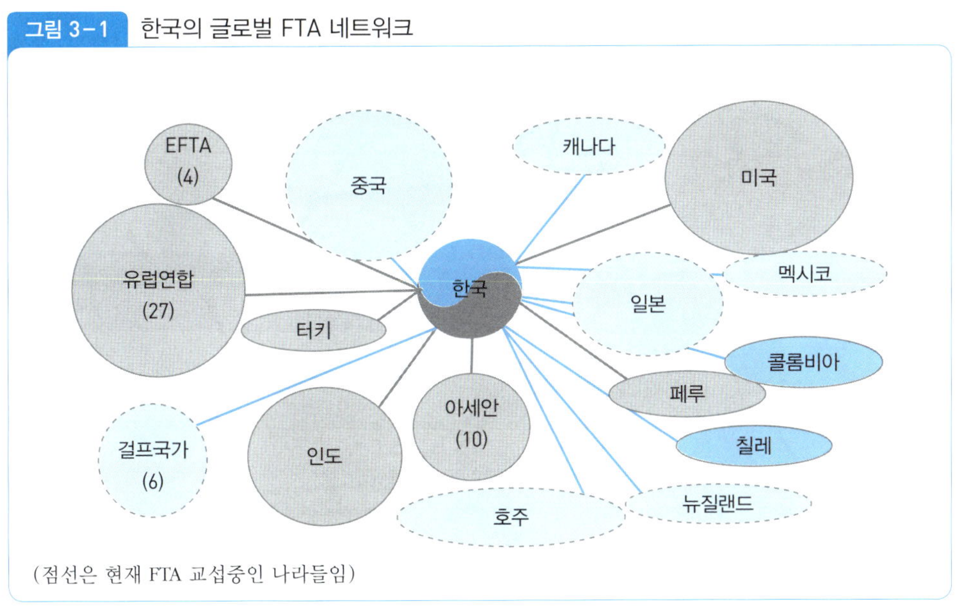

(점선은 현재 FTA 교섭중인 나라들임)

유무역 네트워크의 확대를 통해 아시아는 물론 글로벌 자유무역 네트워크의 허브(Hub) 국가로 부상하고 있다. 현재 ASEAN+3(한국, 중국, 일본)에 인도, 호주, 뉴질랜드를 추가한 ASEAN+6가 지역적 포괄경제동반자(RCEP)협정을 추진 중에 있으며, 2030년경에는 동북아의 한·중·일 FTA와 동남아의 ASEAN이 결합한 동아시아자유무역지대(EAF-TA) 창설은 물론 아시아·태평양지역으로 자유무역의 틀이 크게 확대될 것이다.

자유무역 확대와 함께 개도국들의 성장을 지원하기 위해 한국은 1991년 설립한 한국국제협력단(KOICA)을 통해 아시아를 비롯한 지구촌의 주요 개도국에 체계적으로 공적개발원조(ODA)를 제공하고 있다. 원조규모로는 현재 세계 제17위이며, 2011년 한국의 ODA 규모는 13억 2,000만 달러로 이는 국민 총소득(GNI) 대비 약 0.15%의 규모인데, 2015년에는 그 규모를 0.25%로 늘릴 예정이다. 또한 한국은 세계에서 미국, 일본에 이어 세 번째로 많은 숫자의 해외자원봉사자를 파견하고 있다. 이렇듯 한국은 아시아의 지속가능한 발전을 위하여 경험공유 및 개발지원을 통해 다양하게 기여하고 있으며 앞으로 한국의 이러한 개발지원자(Development Supporter) 역할은 더욱 커질 것으로 전망된다.

그림 3-2 아시아-태평양 FTA 네트워크

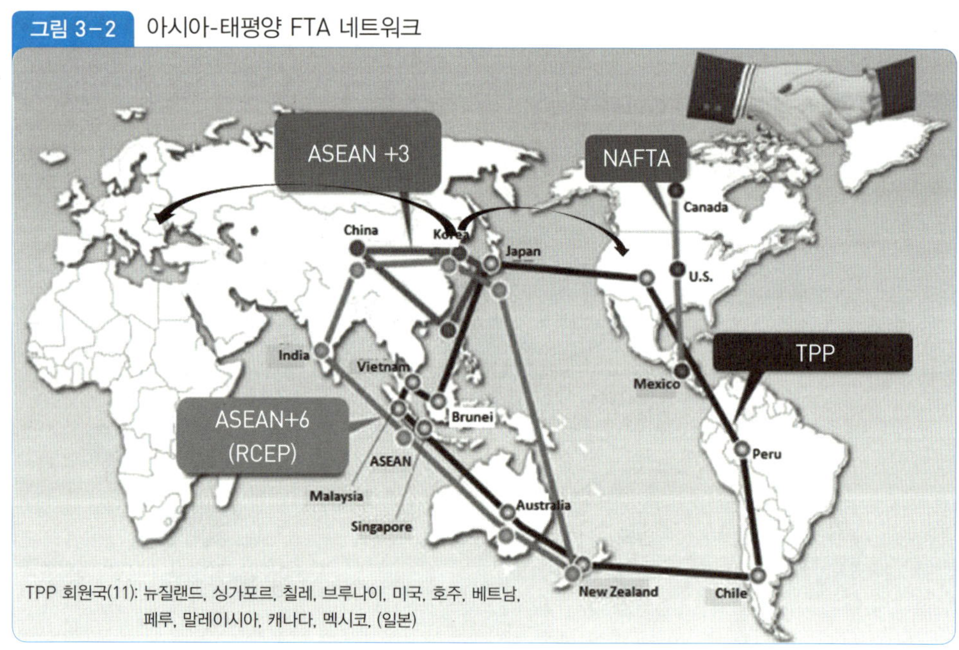

※ 출처: 아주경제신문(2011. 11. 20), '한국무역, TPP 한중 FTA 투트랙 전략 짠다'

Ⅲ 지역협력 및 통합

1. 동북아시아와 동남아시아

아시아 지역협력은 다층적, 입체적으로 확대되고 있다. 동북아시아의 경우 한·중·일 3국간의 협력과 소통을 위한 3국정상회의가 매년 정례화 되어 2008년 이후 이미 다섯 차례 개최되었고, 이를 제도적으로 뒷받침하기 위한 한·중·일 협력사무소(TCS)도 서울에 설치되어 현재 활발히 가동 중이다. 앞서 말한 바와 같이 한·중·일 3국 FTA체결도 논의 중이다.

한·중·일 3국은 세계 GDP의 20%, 수출의 19%를 차지하고 있는 커다란 경제권을 형성하고 있다.

한·중·일 3국간에는 서로 경제발전의 격차가 있고 희망하는 개방의 수준이 다르며 역사문제, 영토분쟁 등 정치안보적인 갈등요인이 있으므로 쉬운 협상은 아니지만 그만큼 지역협력과 통합을 위해서는 큰 중요성을 가지고 있는 협상이다. 동북아 3국간 경제통합이 이루어지지 않는다면 넓은 의미의 동아시아 경제협력은 어려워질 것이다.

동남아시아의 경우 한국은 서울에 한-ASEAN 센터를 설립하여 한국과 아세안 회원국 간 무역증대와 투자촉진, 관광 활성화 및 문화교류 확대를 통한 동아시아 지역협력을 추진하고 있으며, 인도네시아의 자카르타에 있는 ASEAN본부에 별도로 대사를 임명, 파견할 예정이다. 한국은 또한 ASEAN국가들과는 이미 FTA를 체결하였으며, ASEAN+3, ASEAN+6 등 지역협력의 틀을 동북아와 서남아, 대양주로 점차 확대해 나가고 있는 추세이다.

한국은 ASEAN국가들과 메콩강지역발전을 위한 한-메콩(Mekong) 외교장관회의를 비롯하여, 한-ASEAN대화, 한-ASEAN 협력기금사업을 추진하고 있으며, ASEAN통합 이니셔티브(Initiative for ASEAN Integration)의 주요기여국으로 지원하고 있다. 또한 KOICA를 통한 무상원조(한국의 대외무상원조의 20%)와 대외경제개발협력기금(EDCF)을 통한 유상원조를 제공하고 있는데, 그 중 베트남(21%), 인도네시아(21%), 필리핀(8%)을 '최우선 지원국'으로 지정하고 있다. ASEAN은 중국에 이어 한국의 제2의 무역 파트너이며, 한국의 최대투자시장이고, 제2의 해외건설시장이자, 한국에서 일하는 외국근로자의 65%를 공급하는 중요한 전략적 파트너이다.

현재 ASEAN과 한국, 중국, 일본, 인도, 호주, 뉴질랜드를 비롯한 16개국 간에 역내포괄적경제동반자협정(RCEP)협상이 진행되고 있으며, 미국과 러시아가 참여하는 18개국 동아시아 정상회의(East Asia Summit)도 열리고 있다. 또한 미국이 참여하고 주도하는 환태평양파트너십(TPP)협상과, 더 범위를 넓혀 21개국이 참여하는 아시아·태평양경제협력체(APEC) 등 광범위한 다자협력대화도 진행 중이다. 한편 러시아는 2012년 9월 블라디보스톡 APEC 정상회담 주최를 통하여 아시아·태평양지역과의 무역투자자유화와 지역경제통합, 그리고 녹생성장과 식량안보강화 등 적극적인 접근을 모색하고 있다. 이러한 상황에서 아시아에서 자유무역확대를 통한 한국의 지역 통합자(Regional Integrator) 역할은 앞으로 한국경제가 성장함에 따라 더욱 활성화될 것이다.

2. 유럽발 금융위기

1997~98년의 아시아 금융위기에 이어, 2008년 미국발 금융위기로 인하여 아시아 금융시장은 두 번째 큰 충격을 받았다. 이어 최근 2012년의 유럽발 금융위기는 또 한번 아시아 국가들의 경제를 불안하게 하고 있다. 유로존 위기가 해결되지 않으면 결국 미국의 기업과 은행 시스템, 소비자들이 부정적인 영향을 받아 경제가 위축될 것이고, 그로 인해 이미 둔화되고 있는 중국 수출이 더욱 타격을 받으면서 중국경제가 경착륙하고, 그 결과 중국시장에 상품을 수출해 왔던 한국을 비롯한 많은 아시아 신흥국들의 경제에 이중, 삼중으로 타격을 줄 수 있기 때문이다. 세계 3대경제권의 실물경제가 동반 추락하는 가운데 한국의 무역수지흑자도 2012년 상반기에 107억 달러로 작년의 흑자(153억 달러)에 비해 30.5%나 감소했다.

특히 유럽연합에 대한 한국의 2012년 상반기 무역수지 흑자(6억 6천만 달러)는 지난해(75억 9천만 달러)에 비해 무려 91.3%나 급격하게 감소했다. 한미 FTA와 한-EU FTA 덕분에 관세 인하된 자동차와 자동차부품의 수출은 10~15% 늘었지만, 무선통신기기, 선박, 가전제품 수출은 크게 감소했기 때문이다. 한편 금융분야에서는 ASEAN+3의 한국을 포함한 동아시아 13개 국가들이 체결한 치앙마이 이니셔티브 다자화기금(CMIM)

협약이 중요한 역할을 하고 있다. 이는 통화 협력을 제도화 한 것으로 동아시아에서는 최초의 구속력 있는 다자협력으로 평가된다.

아시아 금융위기에 보다 효과적으로 대처하기 위해 2012년 ASEAN 10개국과 한중일은 CMIM의 기금 규모를 1,200억 달러에서 2,400억 달러로 증액하기로 하고, 기금의 성격을 사후지원에서 위기예방으로 전환시켰다. 현재 중국과 일본은 각각 32%인 384억 달러, 한국은 16%에 해당하는 192억 달러, 그리고 ASEAN 10개국이 나머지 20%인 240억 달러를 지원하도록 되어있다. 동북아시아의 한국·중국·일본은 외환보유고 협력을 통한 위기 극복을 위해 같은 해 약 170억 달러 규모의 통화 스와프 협정을 체결하기도 했다.

이와 아울러 한국은 세계금융안전망(Global Financial Safety Net)을 확대하기 위해 적극적 역할을 수행하고 있다. 한국은행은 아시아·태평양 지역 내 금융안정위원회 통합회의(FSB Regional Consultative Group for Asia)의 초대 의장국으로서의 역할을 충실히 수행하고 있고, 아울러 동아시아·대양주 중앙은행 임원회의(EMEAP) 의장직과 동남아 중앙은행기구(SEACEN) 의장직을 동시에 수행하고 있다. 한국은 세계금융안전망의 강화를 위해 서울 G20정상회담에서 중앙은행 간 스왑협정 체결을 제안하는 등 세계금융위기 대응에 선제적인 역할을 수행하고 있다.

3. 지역안보협력

아시아지역에는 평화적으로 해결되어야 할 안보 과제가 산적해있다. 우선 동북아시아지역에는 북한 핵과 미사일 위협 등 대량살상무기 문제를 비롯한 한반도 군사긴장과 대만해협을 사이에 둔 미국과 중국 간의 긴장, 동중국해에서 일본과 중국 간 센카쿠(Senkaku, 중국명 댜오위(Diaoyu))열도 영토문제, 일본과 러시아 간의 북방영토 문제, 한국과 일본 간의 독도 문제 등이 진행 중이다. 남중국해에서는 중국과 동남아의 필리핀, 베트남, 말레이시아, 브루나이 등 국가들과 해상영토분쟁이 있으며, 서남아지역에는 인도와 파키스탄의 해묵은 영토분쟁 등이 있다.

동북아지역에서 한국은 일본과 동해바다의 독도(獨島)를 놓고 지속적인 갈등관계에 있으며, 중국과는 제주도 남쪽의 암초인 이어도(離於島)의 수역관할권을 놓고 신경전을 벌이고 있다.

이러한 지역안보 문제들은 관련 국가들 간의 경제협력과 정치대화를 바탕으로 신뢰구축을 통해 평화적으로 해결해 나가야 할 것이다.

예를 들어 남중국해에서 중국은 관련국들과 개별적인 양자문제로서 해결할 것을 주장하고 있는데 대해 관련ASEAN 국가들은 해상영토 분쟁의 평화적인 해결을 위한 다자적인 "행동선언"(Declaration of Conduct)이 보다 구속력 있는 "행동강령"(Code of Conduct)으로 ASEAN정상회의에서 공식 채택되기를 희망하고 있다. 아시아 사회는 아직 그 가치와 그 비전이 광범위하게 공유되지 못하고 있고, 각국의 지정학적 차이와 민족주의적인 감정대립으로 인하여 기본적인 신뢰구축이 제대로 이루어지지 못하고 있기 때문에 유럽연합(EU)이나 북대서양 조약기구(NATO)와 비교했을 때 아시아 지역통합은 아직 미흡하지만 아시아에서도 다자적 안보협력의 틀이 정착되면 아시아 통합의 가능성과 잠재력은 크다.

아시아에서 다자간 안보협력은 경제협력보다 상대적으로 덜 제도화된 상태이다. 지역적인 다자주의(Multilateralism)에 의한 신뢰구축의 사례로 아세안지역포럼(ARF)과 상하이협력기구(SCO)를 꼽을 수 있다. 1994년 창설된 ARF는 ASEAN이 주도적으로 만들어낸 아태지역 최초의 공식적 정부차원의 다자간 안보대화협의체이다. ARF는 대화를 통한 국가 간 상호신뢰 및 이해증진을 목표로 하고 있으며, 현재 ASEAN 10개국을 포함 동북아의 한국, 중국, 일본 삼국과 관련국으로서 미국, 러시아, 인도, 호주 그리고 EU 등 총 25개의 회원국이 가입되어 있다. 한편 중국과 러시아의 주도적 협력하에 1996년 출범한 상하이협력기구(SCO)도 카자흐스탄, 키르기스스탄, 타지키스탄, 우즈베키스탄 등 중앙아시아 국가들과 함께 아시아에서 군사협조를 통해 미일동맹세력을 견제하며 중앙아시아 안보협력을 위해 가동되고 있다. 초기에는 테러리즘, 분리주의, 극단주의 배격을 강조하며 출발하였지만, 그 협력분야는 점차 국경지역에서의 신뢰구축과 정치, 안보, 외교, 경제, 무역, 에너지 분야로 확장되고 있다. 인도, 파키스탄, 이란도 곧 회원국으로 가입할 것임을 발표했다.

4. 한국은 평화구축자

한국은 아시아에서 한-미 동맹과, 한-일 협력, 그리고 한-중 전략적 동반자 관계 등 다양한 협력의 틀을 통해 지역평화 및 안보에 적극 기여하고 있다. 한국은 북한 핵 문제의 당사국으로서 미국, 중국, 일본, 러시아와 함께 6자회담에 참여하고 있고, 남북경제협력을 위해 북한 내 개성공단을 지속적으로 가동하고 있으며, 새로 출범한 북한 김정은 체제와의 실질적인 대화와 관계개선을 위한 방안을 신중하게 모색하고 있다. 다만 최근 북한은 사정거리 1만km가 넘는 대륙간탄도탄(ICBM)을 개발하기 위한 것으로 추정되는 3단 장거리 로켓트를 발사하여 한반도와 동북아는 물론 UN을 비롯한 국제사회에 안보불안을 조성하고 있고, 제3차 핵실험도 준비 중에 있는 것으로 관측되고 있어서 한반도에 새로운 안보위기가 조성될 가능성을 항상 내재하고 있다. 한국은 또한 ARF와 아세안 국방장관회의에도 적극 참여하고 있다. ARF는 남한과 북한이 동시에 참여하는 역대 유일의 정부 간 다자안보협의체라는 점에서 의미가 크다. 그런 의미에서 한국은 아시아지역에서 평화구축자(Peace Maker)로서의 역할을 앞장서서 하고 있는 것이다.

한반도에서 남북통일이 과연 가능할 것인가, 그리고 언제, 어떻게 이루어질 것인가에 대해서는 국내외적으로 활발한 논의가 이루어지고 있다. 남북한은 과거 유럽의 동·서독과 달라서 서로 동족상잔의 전쟁을 치렀고, 유럽과 같은 경제공동체나 집단안보체제도 없고, 또한 북한에 대한 중국의 식량과 에너지 지원이 계속되고 있기 때문에 독일식 통일모델이 한반도에 그대로 적용될 수 없는 것이 사실이다. 더군다나 북한은 구동독과 달리 핵무기를 개발하고 있기도 하다. 따라서 실용적인 통일 방안은 정치, 군사문제보다는 우선 남북대화와 교류 협력을 통한 남북한 경제공동체를 먼저 이루고, 사회문화적인 동질성을 회복해가면서 정치, 군사적인 신뢰구축을 통하여 점진적인 통합으로 가는 길일 것이다. 골드만 삭스와 러시아의 세계경제국제관계연구소(IMEMO) 등 기관이 분석한 바에 의하면 대략 2030년경에는 남북통합이 실질적으로 이루어질 것으로 기대된다.

골드만 삭스의 2009년 분석에 따르면 남북통일이 될 경우 통합된 한반도 경제의 GDP는 유럽의 프랑스와 독일을 능가할 것이며 30~40년 내에는 일본도 능가할 수 있다고 한다. 또한 2050년까지 통일된 한국은 인구 6천 5백만(고령화로 인하여 감소된 수

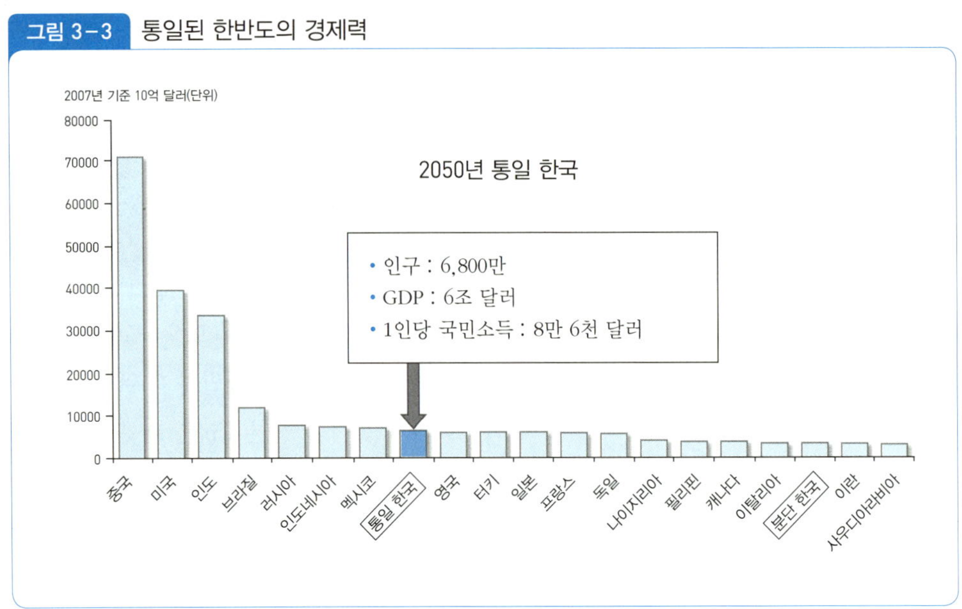

※ 출처: 골드만 삭스 보고서 No. 188, 통일 한국? 북한 위험 재평가하기, (2009. 9)

치), GDP 6조 달러 이상, 일인당 국민소득 8만 6천 달러의 경제규모를 가지고 중국, 미국, 인도, 브라질, 러시아, 인도네시아, 멕시코에 이어 세계 8강의 대열에 오를 것으로 분석하고 있다.

러시아의 국책연구기관인 IMEMO의 2011년 11월에 나온 "2030년 전략적 세계전망" 특별보고서에 의하면 2011~30년 시기의 후반에는 한반도가 완전통일은 아닐지라도 북한경제가 점차 한국경제에 흡수되어 통일과정의 실질적 단계로 접어들 것으로 분석하고 있으며, 한국 주도의 한반도 통일은 러시아의 국익에 부합할 것으로 결론 내리고 있다.

5. '원 아시아(One Asia)'는 가능한가?

21세기 아시아의 시대에 하나로 통합된 아시아 즉 '원 아시아'(One Asia)의 가능성은 얼마나 될까? 앞서 살펴본 아시아의 지역협력과 통합의 움직임 그리고 자유무역의 틀 확대는 아시아가 경제통합, 안보협력, 문화교류, 지식공유 등의 노력을 통해 하나의 공동체로 탄생할 미래비전을 보여주고 있다.

'원 아시아'문제를 깊이 연구해온 매일경제신문의 장대환 회장도 지적하고 있듯이 현재 진행되고 있는 세계화(globalization)의 추세는 아시아에서 지역공동체(regional community)의 발전을 가속화시키고 있다. 이것은 세계경제의 큰 축을 이루는 북미자유무역연합(NAFTA)이나 유럽연합(EU)에 버금가는 아시아연합(Asian Union)의 탄생을 그 핵심개념으로 하고 있다. 특히 주목할 만한 것은 동아시아에서 ASEAN+3(한국, 중국, 일본)와 이를 보다 확대한 ASEAN+6(인도, 호주, 뉴질랜드 포함)의 협력의 틀이 RCEP이라는 지역포괄공동체의 형태로 발전적으로 형성되고 있다는 것이다.

자유무역확대 이외에도 글로벌경제위기에 대처하기 위한 아시아 금융안전망확충, 아시아금융기구설립, 공동투자기금조성, 녹색성장 등 환경협력, 그리고 아시아 기업간 다양한 협력증대를 통하여 아시아의 경제, 금융, 투자, 에너지, 환경, 기업분야의 다층적 통합이 앞으로 지속적으로 확대되어 나갈 것으로 예상된다.

아시아경제공동체를 향한 그동안의 몇 가지 진전도 주목된다. 예를 들어 아시아의 수도와 중요지점을 도로망으로 연결하는 아시아 고속도로(Asian Highways) 프로젝트, 아시아개도국간 무역증진을 위한 아시아태평양무역협정(APTA), 그리고 아시아태평양 교통장관회의에서 서명된 아시아횡단철도(Trans-Asia Railways) 프로젝트 등이다.

이와 아울러 아시아지역 평화와 안보를 위한 다자간 대화와 협력의 메커니즘을 정착시키는 일도 적극 추진해야 할 것이다. 예를 들어 한·중·일 3국 정상회담, 6자회담, ASEAN 및 ASEAN+3, 동아시아정상회의(EAS), ARF, 상하이협력기구(SCO) 등 이슈와 지역에 따른 입체적인 분쟁예방 및 해결방식이 필요할 것이다.

또한 정치적으로는 아시아 민주주의와 인권의 확대, 그리고 국경과 인종을 초월한 문화소통과 차세대지도자 및 청소년교류도 아시아 통합을 위해 빼놓을 수 없는 중요한 분야이다.

특히 정치 및 안보분야에서는 대량살상무기(WMD)확산방지와 군비축소노력 이외에도 테러방지, 해적퇴치, 난민구호, 마약거래 및 인신매매 단속 등 인간안보(human security) 영역의 협력과 동시에 사이버 범죄 등 비전통적 안보사안에 있어서의 협력이 점차 중요해지고 있다.

이러한 공동의 노력을 통하여 아시아의 통합 과정이 어느 정도 진척되면 이를 구조적으로 제도화하고 통합을 조정하기 위한 아시아협의회(Asian Council)의 창설도 추진할 수 있을 것이다.

"하나의 아시아"(One Asia)를 향한 지역통합은 아직도 갈 길이 멀다. 유럽연합(EU)의 경우 자유무역지대로부터 시작하여 단일통화연합의 단계를 거쳐 지금은 외교안보공동정책(CFSP)을 시행하고 있는데 비해, 아시아의 지역통합은 아직도 본격적인 단계에 미치지 못하고 있는 것이다. 그러나 아시아 지역통합에 관한 다양한 논의는 꾸준히 이루어지고 있다. 예를들어 원아시아재단이 주최하는 원아시아컨벤션(One Asia Convention)에서는 아시아 전역의 회원들과 관심 있는 학자, 전문가 및 학생들이 모여 아시아 공동체를 위하여 정치와 경제, 역사와 교육, 그리고 문화와 예술 분야에서 구체적으로 발전의 청사진을 심도 있게 논의하고 있다. 아시아 국가들이 더욱 긴밀한 지역공동체를 만들기 위해서는 경제와 안보 분야에서의 협력과 통합뿐만 아니라, 공통의 가치, 규범, 그리고 시민의식을 공유함으로써 아시아공동체의 정체성(identity)을 가지고 미래를 향해 나가려는 진취적인 노력이 필요한데, 여기에 성공적인 개발 경험을 보유하고 국제사회에 기여하는 한국의 역할이 막중함은 두말 할 나위가 없다.

Ⅳ 민주주의와 인권

1. 중국의 네티즌 파워

국민이 자발적으로 주권을 행사하는 민주주의의 지속적인 발전은 대부분 아시아 국가들이 지향하고 있는 정치적 목표이다. 서구민주주의의 발상지인 유럽과 미국에 비해 아시아에서는 과거 권위주의적인 문화에 의하여 민주주의의 발전이 상대적으로 뒤쳐졌던 것도 사실이나, 이제 아시아의 정치발전을 논하는 데 있어서 민주주의와 인권문제는 가장 중요한 평가의 척도가 되고 있다. 특히, 경제발전과 정치민주화를 어떻게 조화시키고 양립시킬 수 있는가에 대한 실질적 논의가 많은 아시아 국가에서 이루어지고 있다.

이와 함께 21세기에 들어 정보통신기술의 발달로 인터넷 공간에서 시민사회의 여론을 실시간에 표출시키는 디지털 민주주의(Digital Democracy)가 대두함에 따라 아시아 국가들의 네티즌 파워(Netizen Power)가 크게 강화되고 있다. 유엔미래보고서에 따르면 아시아는 세계 인터넷사용자의 45%가 거주하고 있다고 한다. 특히 네티즌 5억 인구가 넘는 시대에 진입한 중국의 경우 정치적으로는 공산당 일당 지도체제하에서 사회주의 시장경제를 유지하고 있으나 경제적으로는 지역 간 소득불균형, 빈부격차 등 심각한 사회문제들이 발생하고 있다. 민주개혁과 인권신장을 위한 국민들의 요구가 늘어날 수밖에 없는데, CCTV와 인민일보 등 주요 언론매체를 중국당국이 검열하고 있는 상황에서 그 공백을 중국의 네티즌들이 '웨이보'(Weibo, 중국판트위터) 등 인터넷과 SNS 공간에서 메꾸고 있는 것이다. 최근 중국에서 SNS를 통해 정부정책을 취소시키거나 굴복시킨 사례가 속출하고 있는 것은 이와 같은 맥락에서이다. 쓰촨성 스팡시 합금공장건설계획이 주민들의 환경오염반대로 백지화된 과정에서 환경보호운동가와 대학생 등 네티즌들이 웨이보에 대량으로 올린 글들이 시위대를 눈덩이처럼 불어나게 한 것이라든지, 광둥성 중산시에서 발생한 농민공과 주민들 간의 유혈충돌 사건이 웨이보를 통해 소식이 전해지면서 사태가 확산된 것이라든지 하는 사례가 그것이다. 중국 네티즌들은 또한 보시라이(薄熙來) 사건, 천광청(陳光誠) 사건 등을 통해 고위층의 부정부패 척결과 민주화 및 인권에 대한 다양한 의견을 제시하고 있다.

이것은 중국에서 과거에 전례가 없던 일이며, 앞으로 지속될 것으로 보인다. 중국이 경제발전을 성취할수록 민주화와 인권에 대한 국민들의 요구가 커질 수밖에 없고, 정치적으로 수용이 불가피하기 때문이다. 시진핑(習近平, Xi Jinping) 차기 국가주석을 중심으로 한 제 5세대로의 리더십 교체를 이룬 중국이 과연 어느 정도의 정치적 개혁과 민주화를 수용함으로써 중국 인민들의 점증하는 요구를 해소할 수 있을 것인가 하는 것이 중국 정치 미래의 관건이 될 것이다.

2012년 12월에 나온 미국 국가정보위원회(NIC)의 '글로벌트렌드 2030' 보고서는 2030년에 '미국이 중국에 뒤져 세계경제의 2위로 내려 앉으면서, 글로벌패권은 사라진다'라고 전제하면서도 다만 중국의 권력이 다극화된 세계에서 얼마나 커질지는 확실치 않다고 전망하고 있다. 중국정부가 지속가능하고 혁신에 기반한 경제모델로 전환하는데 실패할 경우, 중국은 아시아에서 '1등급 국가'로 남기는 해도 오히려 영향력이 줄어들 수 있다는 것이다.

2. 일본의 정치적 도전

일본은 제2차 세계대전 이후 민주주의와 시장경제를 발전시켜온 아시아의 선진국으로서 일찍이 미국, 영국, 프랑스 등 서방선진국들의 모임인 G7클럽에 참여하면서 국제사회에서 아시아를 대표하는 역할을 해왔다. 그러나 90년대 이후 부동산거품이 꺼지고 장기침체와 정치 불안정에 고전해 왔으며, 최근에는 동일본대지진과 해일, 후쿠시마 원전 사고 등 자연재해로 인한 충격도 겪게 되었다. 현재 일본사회는 정치, 사회적 개혁을 통한 탈출구를 찾는 방향으로 가고 있는데, 집권 민주당 정부가 소비세 증세와 원전정책 혼선 등으로 지지율 하락을 보이면서 이에 맞서 평화헌법 개정과 집단적 자위전 주장 등 우경화하는 목소리가 커지면서 결국 2012년 12월 총선에서 아베신조(安倍晉三) 총재가 이끄는 자민당이 압승하며 3년 3개월만에 정권을 탈환했다. 아울러 일본의 핵무장론을 주장하는 '일본유신회'도 약진을 하여 민주당에 필적하는 제3당에 올랐다. 일본문제에 정통한 국제정치 석학 조셉 나이(Joseph Nye) 하버드대 교수는 최근 파이낸셜타임즈(FT) 기고문에서 "진정한 문제는 일본이 지나치게 강력해지고 있는 것이 아니라, 오히려 너무 약해지고 국내 지향적이 될 수 있다는 것"이라고 분석했다. 나이 교수는 "일본의 대중정서가 점점더 국수주의적인 방향으로 이동"하고 있으며, 이러한 국수주의적인 분위기가 "상징적이고 대중영합적인 입장으로 귀결되면 주변국들의 적대감을 불러일으킬 수 있다"고 지적했다. 향후 일본의 민주주의는 과거사에 대한 진지한 반성에서 출발하기보다는 일본의 국익추구와 평화헌법의 제약을 벗어난 '정상국가화'에 초점을 맞출 것으로 보인다. 일본 민주주의의 미래는 객관적 역사에 대한 올바른 인식과 아시아 주변국들이 공감할 수 있는 열린 국제주의의 수용이 관건이 될 것이다.

3. 북한의 미래

한반도에서 북한은 미래가 불확실한 상태로 조심스런 변화가 진행되고 있다. 근본적으로는 핵과 미사일을 개발하는 '선군정치'와 폐쇄적인 '주체사상'을 기반으로 한 3대 세습체제를 출범시키는 한편, 경제정책의 실패로 인한 인민들의 생활고를 개선하기 위해 중국과의 경제협력 및 투자유치, 그리고 부분적인 인센티브 시스템 도입 등을 시도하는 중이다. 새로 출범한 김정은 체제는 군 수뇌부를 경질하고 6.28 조치를 통해 생산된 농산물의 7:3배분 및 중소기업과 공장의 독립예산제, 월급제도입 등을 실험하고 있다. 또한 북한 지도부가 참관한 모란봉악단 공연에 디즈니 캐릭터(Disney Character)와 같은 서방 대중문화가 등장하면서 표면상변화의 조짐을 보여주고 있는 것이 주목된다.

앞으로 북한의 미래는 군비증강을 통한 선군정치보다는 당면한 인민들의 경제난을 극복하기 위해 어떤 방식의 개혁, 개방을 추진할 것인가에 달려있다. 이 과정에서 상대적으로 기득권을 상실한 군부의 반응, 중국에 대한 과도한 경제적 의존, 그리고 핵개발에 따른 국제적 고립 등이 김정은 체제가 극복해야 할 3가지 과제가 될 것이다.

북한의 점진적인 개혁개방을 위해서는 베트남식 경제발전모델이 의미가 있으나, 실제적으로 가장 효과적인 방법은 남북 간의 경제교류와 협력이다. 한국입장에서도 미래 한반도 통일을 생각할 때 북한이 경제적으로 중국에 과도하게 의존하는 것보다는 남북 간 경제협력을 통해 무역과 투자를 활성화하는 것이 바람직하다. 북한 내에 한국의 123개 기업이 투자하여 공장을 가동 중인 개성공단의 경우, 이미 5만 3천 명이 넘는 북한 근로자들이 출퇴근하면서 일을 하고 있다. 남북 간에 미래의 경제공동체를 이루는 데 있어서 개성공단은 하나의 중요한 '기회의 창문'이며 앞으로 더욱 확대되어 나가야 할 것이다.

그러나 북한체제의 취약성의 본질은 바로 인권문제에 있다. 북한의 심각한 인권침해 상황은 국제적인 관심과 우려를 자아내고 있으며 UN을 비롯한 미국과 유럽의회에서도 이 문제는 진지하게 논의되고 있다. 중동에서 발생한 "자스민 혁명(Jasmine Revolution)"의 바람이 정보가 차단된 통제사회인 북한에는 아직 불고 있지 않는 것으로 보인다. 한국에서는 국회에서 "북한 인권법"이 논의중이고, 그러는 사이에 자유와 생존을 찾아 북한을 탈출하여 남한사회에서 정착한 탈북민의 숫자가 이미 2만 5천 명을 넘어서고 있다. 어떤 의미에서는 남북 간에 이미 작은 통일은 시작되고 있는 셈이다.

20여 년 전 소련이 붕괴하고 베를린장벽이 무너지면서 급속도로 이루어진 독일통일의 모델이 한반도에 그대로 적용이 될 수는 없겠지만, 독일의 경험을 되새겨 볼 때 다음 세 가지 교훈을 얻을 수 있을 것이다. 첫째는 통일은 남북 간에 꾸준한 교류와 협력이 필요하며, 예기치 않은 시점에서 이루어질 수 있다는 점이다. 둘째는 북한주민 스스로가 억압과 통제보다는 자유와 통일을 선택해야 한다는 점이다. 셋째는 따라서 남한은 통일에 대비한 만반의 준비를 갖추고 있어야 한다는 점이다.

상기 미국의 국가정보위원회(NIC) 보고서도 2030년경에 한반도의 통일 가능성을 전망하면서 통일 한국은 동북아 질서재편의 변수가 될 것이라고 지적하고 있다.

4. 동남아의 정치민주화

동남아에서는 필리핀, 태국, 인도네시아, 말레이시아 등 주요국들이 나름대로 민주주의를 정착시키고 발전시키기 위해 노력하고 있다. 인도네시아가 주도하는 '발리민주주의 포럼'(Bali Democracy Forum)은 2008년 출범이래 역내 민주주의 증진과 공고화를 위해 대표적인 대화와 협력의 장으로 역할을 하고 있다. 또한 필리핀과 한국이 공동으로 주도하고 있는 '국제아시아정당회의'(International Conterence of Asian Political Parties)도 2000년 마닐라에서 창립된 이후 22개 국가들의 참여하에 정치적 교류와 신뢰 및 협력의 틀을 넓히고 있다. 싱가포르에서도 권위적인 가부장적 리더십에서 유연하고 포용적인 리더십으로의 전환이 관측되고 있다. 베트남은 정치적으로 중앙집권적인 공산체제를 유지하면서도 개혁개방을 통해 활력 있는 시장경제와 외국투자유치를 적극 추진하고 있으며, 캄보디아와 라오스도 지속가능성장과 일자리창출, 그리고 외국자본유치를 통한 개방정책을 지향하고 있다. 가장 주목되는 것은 과거 50년간 군사정권을 겪은 미얀마의 민주화과정이다. 15년간 가택연금생활을 마친 아웅산 수치 여사가 2년 전부터 공개적인 정치활동을 하고 있으며 군사정권으로부터 문민 민주주의로의 전환을 시도하고 있다. 물론 여러 가지 장애요인도 있으나, 미얀마의 민주화의 미래는 미얀마 국민들뿐만 아니라 동남아의 정치민주화에도 적지 않은 촉매역할을 할 것으로 보인다. 미얀마는 지정학적으로 중국이 인도양으로 진출하는 요충지역이며 인도가 동남아로 진출하는 관문에 위치해 있다. 미국도 인도양과 동남아에 대한 전략적 접근을 강화하고 중국의 영향력을 견제하기 위해 미얀마와의 우호협력관계에 공을 들이고 있다. 최근 재선된 이후에 미국의 대통령으로서는 처음으로 미얀마를 방문한 오바마 대통령은 미얀마의 민주화 개혁을 높이 평가하고, 정치·경제 개혁조치가 미얀마에 발전기회를 줄 것으로 생각하며 앞으로 이러한 진전이 계속되도록 적극 돕겠다고 약속한 바 있다.

5. 한국은 민주화의 선구자

한국은 과거 식민통치와 민족해방, 한국전쟁과 빈곤의 고통, 그리고 군사정권을 거치면서 아시아의 그 어느 나라보다도 치열한 민주화와 인권 투쟁을 경험한 나라이다. '한강의 기적'으로 불리는 경제 개발과 동시에 전 세계의 주목을 받은 '서울의 봄'과 광주민주항쟁 등을 거치며 산업화와 민주화를 동시에 성취한 나라로서 그 과정에서 많은 희생과 고통이 있었고, 문민화와 수평적 정권 교체를 경험했다. 이러한 한국의 현대사 궤적은 무엇보다도 민주주의와 인권에 대한민국 국민들의 열망이 높았음을 보여주고 있다. 한국은 그런 의미에서 아시아 민주화의 선구자(Democratic Pioneer)라고 해도 과언이 아니다. 한국은 그동안 자신이 몸소 체험한 역동적인 민주화 경험을 바탕으로 민주주의와 인권신장의 중요성을 여러 아시아 국가들과 공유하여 왔다. 한국 국민들의 민주 의식, 인권 의식이 한국 정치 발전의 튼튼한 주춧돌이 되었고, 시민사회와 NGO 및 NPO 활동, 그리고 학계와 언론계의 양심의 목소리가 민주화의 밑거름이 되었다. 한국은 아시아 민주주의와 인권발전의 옹호자(Human Rights Advocator)로서 앞으로도 적극적인 기여와 역할을 해야 할 것이다.

표 3-1 국가별 민주주의 지수(2011) - "충만한 민주주의" 국가(항목별 점수)

	순위	평점	선거과정 및 다원주의	정부기능	정치참여	정치문화	시민의 자유
노르웨이	1	9.80	10.00	9.64	10.00	9.83	10.00
아이슬란드	2	9.65	10.00	9.64	8.89	10.00	9.71
뉴질랜드	5	9.26	10.00	9.29	8.89	8.13	10.00
호주	6	9.22	10.00	8.93	7.78	9.38	10.00
스위스	7	9.09	9.58	9.29	7.78	9.38	9.41
캐나다	8	9.08	9.58	9.29	7.78	8.75	10.00
독일	14	8.34	9.58	8.21	6.67	8.13	9.12
영국	18	8.16	9.58	7.86	6.11	8.13	9.12
미국	19	8.11	9.17	7.50	7.22	8.13	8.53
일본	21	8.08	9.17	8.21	6.11	7.50	9.41
대한민국	22	8.06	9.17	7.86	7.22	7.50	8.53
스페인	25	8.02	9.58	7.50	6.11	7.50	9.41

※출처: 이코노미스트 인텔리전스유닛(EIU), 세계민주화 지수 2011

영국의 "이코노미스트 인텔리전스유닛"(Economist Intelligence Unit)이 2011년 발간한 "민주주의 지수"(Democracy Index)보고서를 보면 한국은 서방선진국인 노르웨이(1위), 호주(6위), 스위스(7위), 캐나다(8위), 독일(14위), 영국(18위), 미국(19위) 등과 함께 "충만한 민주주의"(Full Democracies)국가로서 아시아에서 일본과 함께 어깨를 나란히 하고 있다(일본 21위, 한국 22위). 이는 유럽의 선진국인 프랑스(29위), 이탈리아(31위) 보다 높은 순위이며, 같은 아시아지역에서 대만(37위), 인도(39위), 태국(58위), 인도네시아(60위), 몽골(69위), 필리핀(75위), 홍콩(80위), 싱가포르(81위), 방글라데시(83위), 캄보디아(101위)보다 훨씬 앞서 있고, 권위주의정부(Authoritarian Regimes)로 분류되어있는 러시아(117위), 중국(141위), 베트남(143위), 라오스(156위), 미얀마(161위), 북한(167위)과는 대조적인 위치에 있다.

6. SNS와 "경제민주화"

21세기 한국 민주주의 발전의 새로운 동력을 제공하는 것이 바로 SNS의 힘이다. 한국은 현재 스마트폰 보급률 세계 1위 국가로서 국민의 60% 이상인 3천만 명이 스마트폰을 쓰며 본격적인 '디지털 민주주의'시대를 맞이하고 있다. 세계에서 제일 빠른 속도로 스마트폰이 보급되며 24시간 실시간으로 개인적인 인터넷 대화는 물론 정치적인 의사소통이 언제, 어디서든지 가능한 공간이 형성된 덕분이다.(대표적 SNS인 '카카오톡'은 가입자가 4천 2백만 명을 넘었고 '한국형 트위터'를 표방하는 '미투데이'도 현재 누적 가입자 수가 875만 명이다.) 이러한 정보통신기술의 혁명이 한국 민주주의의 발전을 위한 '문화혁명'을 일으키고 있다.

유엔미래보고서도 지적하듯이 디지털첨단기술의 발달로 정부와 국민이 직접 소통할 수 있는 '신직접민주주의'가 가능해지고 있다. 그러한 변혁의 물결의 최선두에 한국이 놓여있는 것이다.

최근 들어서는 대통령선거를 계기로 정치민주화에 이어 빈부격차와 사회적인 양극화 문제의 해소 그리고 대기업과 중소기업의 동반성장을 위한 "경제민주화"(Economic Democratization)에 대한 논의가 정치사회적으로 활발히 논의되고 있다. 그 논의의 중점은 경제질서의 공정성(fairness)과 기업지배구조의 개선에 있다. 성장과 분배를 조화하고 효율성과 공평성을 타협하는 한국 사회의 경제민주화에 대한 진지한 논의는 한국 정치사회 발전에 또 하나의 계기가 될 것으로 보이며, 이는 아시아지역의 경제발전뿐만 아니라 민주주의와 사회통합을 위해서도 의미 있는 메시지를 줄 것으로 보인다.

2012년 12월에 실시된 제18대 대통령선거에서 새누리당의 박근혜 후보는 민주당의 문재인 후보를 누르고 대한민국의 최초의 여성 대통령에 당선되었다. 박근혜 정부는 국정쇄신과 국민대통합을 지향하면서 중산층 70% 재건을 목표로 대기업과 중소기업이 상생하는 경제민주화와 맞춤형 복지정책을 추구할 것으로 예상된다.

Ⅴ 녹색성장과 에너지

1. 아시아와 녹색경제

녹색성장은 이미 전 세계적인 중요한 화두이다. 온실가스 배출을 규제해 왔던 교토의정서(Kyoto Protocol)의 시효가 2012년 말에 만료되므로 이를 대체하고 실효성을 제고시킬 새로운 기후 협약의 체결이 필요한 시점이다. 유엔미래보고서에 따르면 2011년 자연재해로 인한 전 세계적 경제적 손실은 2,700억 달러이며, 그 90%를 아시아가 차지하고 있다. 따라서 아시아의 여러 나라들은 각기 자국의 녹색성장을 위한 정책적 노력뿐만 아니라 국제적인 협력과 파트너십을 통한 녹색경제와 녹색에너지개발을 추진하고 있다. 한-ASEAN 녹색성장 세미나(2011, 싱가포르), 한·중·일 환경장관회의, 동아시아 해양회의 등은 아시아지역 녹색성장과 환경 보전을 위한 지역 협력의 좋은 예이다.

탄소배출량이 세계 최대인 중국은 2011~16년 기간 중 경제성장률 대비 에너지소비 및 이산화탄소 배출량을 16~17% 줄이기로 계획하고 지난 2011년 태양광, 풍력 등 신재생에너지와 그린에너지에 544억 달러를 투자했다. 중국은 또한 매년 평균 88%의 수준으로 그린에너지 발전을 위한 연구비를 증가시켜 투자하고 있다. 일본도 2020년까지 온실가스 배출량을 1990년보다 25% 줄이기로 계획하고 첨단기술을 이용한 녹색성장에 박차를 가하고 있다. 2020년까지 대형 축전지 설치비용을 절반까지 보조하고, 태양광 발전소 건설 지원, 축전지 보급 확대, 해상풍력발전과 함께 2015년까지 대형풍차 작업선 조기 실용화, 천연가스 연료를 사용하는 선박 국제 기준 마련 등을 적극적으로 추진하고 있다.

인구 13억의 인도는 지난 2009년부터 태양열 에너지 연구 사업에 본격적으로 뛰어 들었으며 최근에는 태양열로 가는 기차를 개발했다. 싱가포르는 이미 1990년대부터 '싱가포르 녹색계획'을 추진해오며 '깨끗하고 푸른 싱가포르(Clean and Green Singapore)' 환경운동을 통해 전 국민의 환경의식을 고취시켜온 결과, 2012 지멘스 평가 "아시아 최고 친환경 도시"로 선정되었다. 비교적 후발 주자인 동남아시아 각국의 경우, 인도네시아는 2010년부터 녹색경제 프로그램 추진하고 있고, 말레이시아는 정부 차원에서 재생에너지 부문 투자를 촉진시키며 에너지 절약 프로그램을 발표하여 2020년까지 온실가스배출량을 2005년 기준으로 40% 삭감하기 위한 녹색성장 노력을 기울이고 있다. 베트남은 '전력개발 계획(Electricity Development Plan to 2015)'을 발표하고 신재생에너지원 확보 및 발전소 투자 추진을 통해 외국 신재생에너지 관련 기업의 베트남 진출을 유치하고 있다.

2. 한국은 녹색성장의 촉진자

한국은 아시아에서 녹색성장의 촉진자(Green Growth Facilitator)로서 선도적인 역할을 하고 있다. 한국정부는 녹색경제 440억 달러 투입, 4대강 사업, 온실가스 감축, 태양에너지 보일러 보급, 공공시설 조명을 절약형 LED 조명으로 교체하는 등 다양한 녹색성장 공약을 발표하고 실행에 옮기고 있다.

국회 차원에서는 아시아에서 처음으로 「탄소배출권 거래제도」를 이미 입법화하였는가 하면(2012.5), 자발적인 탄소 감축 목표를 설정하고 이를 달성하기 위해 노력하고 있다. 한국은 강제적인 감축의무는 없지만 2020년까지 BAU(Business as Usual: 기존 온실가스 감축 정책을 계속 유지할 경우 미래 온실가스 배출량 추이) 대비 30%의 감축 목표를 설정하고 있다.

최근 카타르 도하(Doha)에서 개최된 18차 기후변화협약 당사국(COP 18) 총회에서는 선진국들의 온실감축의무를 규정한 교토의정서(Kyoto Protocol)를 2020년까지 8년 간 연장하고 새로운 기후변화협약 협상은 2015년까지 완료한다는 방침을 재확인했다. 다만 미국은 중국, 인도 등 주요 개도국의 불참을 이유로 의무감축국에서 빠졌고, 러시아, 일본, 뉴질랜드도 더 이상 참여를 거부했으며, 캐나다는 아예 교토의정서를 탈퇴해 버렸다. 이에 따라 연장된 교토의정서는 전 세계 온실가스배출량의 약 15%만 규제할 수 있게 되었다.

현재 유럽연합(EU)은 2015년 이전에 감축목표를 현 20%에서 30%로 상향조정하여 미국과 중국을 압박할 것으로 예상되며, 한국은 탄소배출량 순위 세계 7위 수준으로 2015년까지 새로운 기후변화체제를 만들기 위한 협상과정에서 온실가스 감축 압력은 커질 것으로 예상된다.

지난 2010년에는 한국정부가 주도하여 녹색기술센터(GTC)와 함께 글로벌 저탄소 녹색성장을 위한 싱크탱크인 글로벌녹색성장연구소(GGGI)를 설립했다. GGGI는 그동안 개도국의 녹색성장 지원 사업에 주력해 왔으며, 아시아에서는 캄보디아, 몽골, 베트남, 필리핀을 포함한 개도국에 녹색성장 사업 전략을 지원하고 있고 덴마크, UAE, 일본, 독일, 영국 등 10여 개 국가의 재정적 지원을 받고 있다. 한승수 전 국무총리가 이사회 의장으로 활약한 GGGI는 최근 브라질에서 열린 'UN 지속가능발전 정상회의'에서 덴마크의 라르스라스무센 전 총리가 새로 의장직을 맡아 비영리재단법인에서 정식 국제기구로 전환되었는데, 라스무센 의장은 "한국은 전 세계의 녹색성장과 관련해 선진국과 개발도상국 사이에서 '완벽한 가교자'(a perfect bridge builder)가 될 것"이라는 기대를 밝힌 바 있다. 녹색성장을 통한 아시아의 새로운 패러다임의 선도국으로서 한국의 역할이 강화될 것으로 보인다.

한국정부가 주도해온 GGGI조직이 국제기구로 공식 출범함에 따라, 새로 회원국으로 서명할 예정인 멕시코를 포함해 현재 18개인 회원국 수를 2년 내 25개국까지 늘리고 GGGI조직도 두 배로 확대하며 OECD의 세계은행(World Bank) 등 국제기구와의 협력도 강화할 계획을 가지고 있다. 또한 한국이 최근 녹색기후기금(Green Climate Fund)의 사무국을 인천 송도로 유치하게 되어 국제적인 녹색성장을 위한 한국의 역할에 더욱 박차를 가하게 되었다. 녹색경제를 위한 기술, 전략과 자본이 결합된 삼각(triangle) 협력체제가 출범하게 된 것이다.

유엔미래보고서는 한국도 대규모 투자와 집중적인 연구개발(R&D)을 통하여 이산화탄소 포집 및 저장기술(carbon capture and storage)을 최대한 제고할 필요가 있다는 점을 지적하고 있다. 한국은 이미 2010년에 '국가 CCS 종합추진계획'을 발표한바 있으며 2030년 세계시장점유율 20% 달성을 목표로 하는 CCS 상용화 추진계획을 천명한바 있다.

전 세계 인구의 절반 이상을 차지하고 있는 광대한 아시아 지역은 역동적인 경제성장과 함께 심각한 환경오염 문제에 직면하고 있다. 특히 동북아시아의 경우 산업발전과 굴뚝 산업의 영향 그리고 석탄과 같은 에너지 수요의 증가로 인해 황산화물, 질소산화물 등의 배출 증대 등 심각한 대기오염 문제를 겪고 있다.

한국정부와 NGO들은 이러한 환경문제의 심각성을 인식하고, 환경문제의 예방과 해결에 필요한 인식과 지식, 정책을 교육하는 환경교육 프로그램을 아시아 개발도상 국가들을 대상으로 진행하고 있다. 또한 중국의 사막화 방지를 위하여 중국 지방공무원들에게 사막화방지 선진기술을 전수하고 있으며, NGO 및 지방자치단체들과 청년해외자원봉사단을 중심으로 사막에 나무를 심는 활동을 전개하고 있다.

깨끗한 수자원 확보도 아시아의 시급한 과제이다. 유엔미래보고서에 따르면 아시아에는 세계 인구의 60%가 살고 있지만 공급받고 있는 물은 그 절반인 30%가 채 안 된다. 예를 들어 중국은 세계 인구의 22%에 달하는 자국 인구에게 전세계 깨끗한 물의 8%를 공급하고 있고, 인도는 전 세계 인구 17%에게 농사를 위해 단지 5%의 물을 공급하고 있다. 또한 동남아시아 4개국은 GDP의 약 2%에 해당되는 예산을 부족한 위생설비를 보충하는데 사용하고 있으며, 메콩강은 양쯔강, 갠지스강, 인더스강과 함께 세계에서 오염도가 높은 수준에 속한다.

한국은 또한 수질오염을 막기 위하여 우수한 수자원 관개기술을 아시아의 여러 국가에 수출하고 있다. 한국수력원자력의 K-Water프로젝트는 통합수자원관리체제를 추진하고, 수자원 사업 기술을 베트남, 필리핀, 방글라데시, 캄보디아, 이라크, 인도 등지에 수출 및 교육하고 있다.

3. 녹색성장과 원자력발전

지속가능한 녹색성장을 위해서 가장 시급한 과제는 에너지 문제 해결이다. 아시아에서는 대표적으로 중국, 한국, 일본, 인도, 싱가포르가 에너지 부족 문제를 겪고 있으며, 자원국으로 손꼽히는 인도네시아, 말레이시아, 베트남의 경우에도 에너지 부족은 예외가 아니다.

아시아의 녹색성장 국가들은 에너지 부족에 대한 해답의 일부분을 원자력 산업발전에서 찾으려 하고 있다. 한국은 세계 제5위의 원자력 발전국으로서 현재 22기의 원전을 가동중이며 앞으로 탄소감축을 위한 원자력발전을 2022년까지 48% 비중으로 확대해 나갈 예정이다. 또한 한국은 선진 원전기술을 바탕으로 독자적으로 개발한 1000MW급 차세대 원전모델 APR 1400을 2017년까지 UAE에 4기 수출하기로 하였고, 베트남, 인도네시아, 터키 등과도 현재 수주 협상중이다. 또한 소듐냉각고속로(SFR)와 초고온가스로(VHTR) 등 '제4세대' 핵발전기술 개발을 진행하고 있다. 올해에는 세계 최초로 "SMART"소형 원전 표준 체계를 개발하여 인허가를 획득하였는데, 이 기술은 500MW급 중소형 화력 발전소의 대체 수요로 충분한 경제성을 가진 것으로 평가되어 소규모 전력망 국가를 비롯하여, 인구분산형 국가, 물 부족 국가들의 담수화 작업을 위한 에너지난 해소에 큰 도움을 줄 것으로 보인다. 현재 15기의 원전을 가동하고 있고 27기의 원전을 건설중인 중국은 2020년까지 발전 능력을 확대하여 미국에 이어 세계 2위의 원전 발전 능력을 갖추는 것을 목표로 하고 있다. 인도 또한 20개의 원자로를 가동중이고 7개를 건설중에 있다. 일본의 경우 2011년 충격적인 대지진과 해일로 인한 후쿠시마 원전사고 이후 40여 년간 가동중이던 54기의 원전 가동을 중단했으나 사용 후 핵연료의 재처리는 계속할 방침이고 전력 사태 부족으로 인한 경제난을 염려하여 지난 7월부터 원전일부를 재가동하기 시작했다. 반면에 인도는 핵에너지 비율을 현제 3%에서 2030년까지 13%로 늘여나갈 계획이다.

원자력은 대기오염을 일으키지 않는 깨끗한 대체자원이지만, 에너지를 공급하는 분열반응에서 발생하는 방사능노출 등 해로운 오염물질을 배출시키고 있어 안전성 문제가 심각하게 대두되고 있다. 특히 후쿠시마 원전사태 이후 원자력 안전성(nuclear safety) 확보는 세계적인 당면과제로 대두되고 있다. 그러나 전력수요의 증가, 환경에 대한 국제적인 관심과 기후변화협약 등에 의해 이산화탄소를 발생시키는 화력발전의 증가가 어려운 만큼, 태양력, 풍력 등 대체에너지원의 실용화가 되기까지 원자력 발전의 역할은 필수적이라고 본다. 한국정부는 효율적인 원자력 발전을 도모하고 안전한 핵폐기물 처리를 위한 방안 마련을 원전 운영의 최우선 순위로 삼고 있다.

지난 3월 서울에서 개최되었던 서울핵안보정상회의(Nuclear Security Summit)에서도 한국정부는 의장국으로서 핵 테러 대응을 위한 국제적 협력방안과 핵물질의 불법거래 방지, 핵물질·원전 등 핵관련 시설들의 방호를 주요 아젠다로 삼고 20개국 정상들과 핵 안보 강화와 원자력 산업의 안전성 확보를 위한 주도적인 논의를 펼쳤다.

또한 한국은 사용 후 핵연료 등 핵폐기물 처리와 안정적인 핵연료 공급을 위해 방안을 모색하고 있는데, 한·미 원자력 협력 협정의 2014년 만료를 앞두고 미국과 개정 협상을 통하여 평화적인 핵에너지 사용을 제고하기 위한 방안에 대한 협의를 진행하고 있다. 이러한 노력이 순조롭게 진행되면 2030년경 한국은 아시아는 물론 국제사회에서 핵에너지의 평화적 사용기술과 원전의 안전성 확보에 있어 다섯 손가락에 꼽히는 대표적인 국가가 될 것이다.

4. "스마트 그리드"와 신재생에너지

유엔미래보고서는 세계적 에너지수요가 2050년까지 2000년 수준의 3배가 필요할 것으로 전망하고 있다. 예를 들어 아시아에서 중국의 경우 현재는 1인당 에너지 소비가 미국의 절반이지만 2035년경에는 미국보다 70% 이상 더 많은 에너지를 소비할 것으로 예측하고 있다. 한국은 아시아에서 에너지혁신자(Energy Innovator)로서의 역할을 수행하고 있다. 좋은 예가 저탄소 녹색성장의 핵심정책으로 적극 추진하고 있는 "스마트 그리드(Smart Grid)" 사업이다. 스마트 그리드는 기존 전력망에 첨단정보기술(IT)을 접목한 시스템으로, 전력공급자와 소비자가 양방향으로 실시간 정보를 교환하며 에너지 효율을 최적화하는 차세대 전력망을 말한다. 스마트 그리드 기술은 효율적인 에너지 사용뿐만 아니라 소비자가 실시간으로 전기사용 행태나 전기요금 등을 알 수 있어 소비자의 자발적인 에너지 절약에도 도움이 된다. 한국정부는 2030년까지 세계 최초 국가단위의 스마트 그리드 구축을 목표로 하고 있다.

화석연료를 대체할 신재생에너지에 대한 투자도 아시아에서 본격적으로 이루어지고 있다. 중국은 미국, 유럽, 일본을 합한 것보다도 더 많은 석탄을 사용하고 있지만 재생에너지 투자분야에서는 세계선두를 달리고 있고, 일본도 후쿠시마 핵발전소 재난 이후 핵발전을 잠정중단하고 대체에너지 개발과 우주해양에너지 기술개발에 투자를 하고 있다. 한국의 경우에도 전력망 첨단화와 더불어 신재생에너지 연구도 활발히 진행중인데, 2030년까지 1차 에너지소비 중 신재생에너지의 비중을 11%까지 확대하기 위하여 원자력 기술과 함께 태양광, 풍력 에너지 산업을 적극적으로 육성해나가고 있다. 한국과 외국과의 신재생에너지 산업 협력도 활발히 이루어지고 있다. 2010년에는 UAE와 함께 양국의 신재생에너지 기업이 참여하는 '신재생에너지 협력 포럼'을 개최하여 양국의 신재생에너지 현황을 공유하고 분야별로 구체적인 협력사업 논의를 한 바 있다. 뿐만 아니라 10차례에 걸친 APEC 에너지장관회의와 에너지전문가 그룹회의 참가 및 개최를 통해 APEC회원국 간의 기술협력 확대에도 앞장서고 있다. UN은 2012년을 '재생에너지의 해'로 선언하고 청정에너지와 바이오연료 등 전 지구적인 차원에서 새로운 에너지원을 찾는 노력을 경주하고 있다.

Ⅵ 문화소통 확대

1. 아시아적 가치와 아시아문화

아시아 문화권은 전통적으로 유교, 불교, 힌두교, 이슬람교, 토속신앙 등 종교적 다양성을 가지고 있고 각 민족과 국가의 문화적 특성을 매우 중요시한다. '아시아적 가치'(Asian Value)로 불리는 아시아의 독특한 유교적 문화는 1970~80년대 눈부신 고도성장을 이룩한 동아시아 국가들의 경제발전 원동력으로 여겨졌다. '아시아의 네 마리 호랑이'(Four Asian Tigers)로 일컬어졌던 한국, 홍콩, 타이완, 싱가포르 등 신흥공업국들의 경제성장은 가족 중심적이고, 연장자를 존경하며 사회적 조화와 근면성실, 그리고 윤리, 도덕의식에 바탕을 둔 아시아의 뿌리 깊은 유교전통에 기인한다고 보고 이를 긍정적인 아시아적 가치로 설명한 것이다.

그러나 1997~98년 아시아 외환위기 중 아시아 금융시장에서 세계 금융자본이 철수하면서 일부 국가들의 외환 보유고가 바닥을 드러내고, 국제통화기금(IMF)의 긴급구제금융을 받게 되자, 서구의 경제학자들은 아시아의 유교적 가치에 비판을 가하기 시작

그림 3-4 국가별 1인당 구매력 비교

2010		$US	2050		$US
1	싱가포르	56,532	1	싱가포르	137,710
2	노르웨이	51,226	2	홍콩	116,639
3	미국	45,511	3	타이완	114,093
4	홍콩	45,301	4	한국	107,752
5	스위스	42,470	5	미국	100,802
6	네덜란드	40,736	6	사우디아라비아	98,311
7	호주	40,525	7	캐나다	96,375
8	오스트리아	39,075	8	영국	91,130
9	캐나다	38,640	9	스위스	90,956
10	스웨덴	36,438	10	오스트리아	90,158

※ 출처: 싱가포르 스트레이츠 타임즈, 부(富) 보고서, 2012. 8. 15., 나이트 프랭크, 시티 프라이빗뱅크

했다. 과거 아시아 국가들의 경제성장의 원동력이었던 아시아적 가치가 이번에는 족벌자본주의를 키우는 토양이자 관료주의를 심화시키는 부정적 요인으로 작용했다고 판단한 것이다. 아시아의 전통적 가치와 서구의 가치가 사회적 갈등을 일으키는 요인으로 주목되기도 했다.

　80년대가 아시아에서 일본의 시대였다면, 90년대 급속도로 팽창한 중국, 인도를 비롯한 BRICs의 등장, 그리고 21세기에 새로 부상하는 신흥경제권으로 한국과 인도네시아를 비롯한 MIST(멕시코, 인도네시아, 한국, 터키)의 등장을 볼 때 앞으로도 '아시아적 가치'에 대한 논의는 계속 될 것이다. 아시아는 지역이 넓고, 민족, 종교, 문화도 다양하므로 획일적인 하나의 틀로 묶어 정의하는 데에는 무리가 있는 것은 사실이다. 다만 유엔미래보고서도 지적하듯이 문화예술의 탈서구화가 이루어지고 브랜드 창출도 아시아인을 중심으로 형성되면서 미래에는 문화예술의 중심이 아시아로 이동할 것으로 전망된다. 소비인구가 가장 많은 아시아의 국민들의 취향에 따라갈 수밖에 없다는 지적이다. 이러한 점에서 중국의 젊은 신세대문화와 인도사회의 문화가 주목받고 있다.

2. "한류", 매력있는 소프트파워

한국은 자생적인 토착문화와 함께 아시아에서 중국의 전통적인 유교문화와 인도에서 발생한 불교문화, 그리고 근대 일본의 산업문화를 흡수하고 발전시킨 나라이다. 이러한 문화적 역동성은 한국은 성공적인 산업화와 민주화를 거쳐 21세기 정보화시대에 아시아를 대표하는 "한류"(Korean Wave)라고 하는 매력 있는 소프트파워(Soft Power)를 가진 문화소통국(Cultural Communicator)으로 자리잡고 있다.

오늘날의 "한류"는 아시아를 넘어 전 세계로 뻗어 나가고 있다. 과거 중국과 대만에서 최고의 인기를 끌었던 한국TV드라마 '대장금'과 일본에서 안방시청자들을 사로잡은 '겨울연가'와 '가을동화' 시리즈를 시작으로 TV드라마, 영화, 뮤직비디오, 공연 등을 통해 '한류'는 아시아문화권에 급속하게 퍼지기 시작했다. 1996년에 시작된 부산국제영화제는 세계적으로 인기 있는 영화제이자 아시아 영화의 최대 축제로 자리매김하고 있고, 한국의 젊은 대중가요 K-Pop은 아시아, 유럽 그리고 미국에서도 열풍을 일으키고 있다. 한국의 유명 아이돌 그룹인 '슈퍼주니어'는 대만 음원사이트에서 110주 연속 1위라는 대기록을 달성하였고, 한국 연예기획사인 'SM 엔터테인먼트'가 2011년 소속가수들과 함께 프랑스의 파리에서 개최한 대형 콘서트에는 이틀 동안 만 4천여 명의 유럽 팬들이 몰렸는데, 콘서트 관객의 98% 이상이 유럽 현지인들이었던 것으로 조사되었다. 한국의 유명 걸그룹 '원더걸스'는 2009년 한국인 아티스트로는 최초로 미국 빌보드 차트 40위권 대에 진입했는가 하면, 최근에는 인기가수 "싸이"(Psy)의 "강남스타일" 뮤직비디오는 YouTube 10억 회 이상의 조회수를 기록했고 미국 빌보드 차트 2위에 올라 세계적인 열풍을 일으켰다. K-Pop 이외에도 드라마, 영화, 뮤지컬, 한식, 의류, 화장품, IT제품 등 다양한 한류 상품과 콘텐츠들이 중국, 일본, 동남아, 중앙아시아 등 아시아를 비롯한 해외 시장에 진출하여 세계인들의 관심과 사랑을 받고 있다.

한류 콘텐츠뿐만 아니라 서울을 비롯한 한국의 도시들도 매력적인 문화 도시들로 인정받고 있다. 일례로 인도영화 '갱스터-사랑이야기'(Gangster-A Love Story)와 태국영화 '꾸언믄호'(Hello Stranger) 그리고 필리핀 영화 '킴미도라'(Kimmy Dora)의 속편은 모두 한국에서 촬영을 하였다. 한국의 문화적 매력이 세계 영화인들을 매료시키고 나아가 영화를 통해 한국문화를 접한 외국인들의 한국방문이 늘어나고 있어 관광산업에도 긍정적인 영향을 미치고 있다.

3. 한국은 다문화사회의 화합자

최근 한국을 찾는 중국, 일본, 동남아 관광객이 기하급수적으로 늘고 있는 것과 동시에 일자리를 찾아, 또는 국제결혼을 통해 한국에 장기체류하거나 가정을 이루고 정착하는 아시아인구가 계속 늘고 있다. 이는 한국사회의 다문화현상을 촉진하는 결과를 가져오고 있는데, 바람직한 문화소통은 쌍방소통이라는 점에서 볼 때 한국은 한류문화 수출과 동시에 다양한 아시아 문화를 편견 없이 받아들이고 서로 소통하는 중심채널의 역할을 하게 된 것이다.

다시 말해서 한국은 21세기 다문화사회의 화합자(Multicultural Harmonizer)가 되고 있다. 아시아 문화의 상호작용과 쌍방소통이라는 관점에서 볼 때 아시아 게임 산업의 발전을 빼놓을 수 없을 것이다. 현재 한국, 중국, 일본을 비롯한 아시아의 게임 산업시장, 특히 온라인 게임 산업은 세계 시장의 약 70%를 차지하면서 급속도로 비중이 커지고 있으며 모바일게임(Mobile Game)의 경우 아시아에서 스마트폰의 광범위한 보급으로 그 증가세는 가히 폭발적이라고 볼 수 있다. 이는 문화적 측면에서 융합적인 콘텐츠 개발을 촉진시키고 있으며, 이러한 면에서 국내 내수시장이 이미 포화상태에 이른 한국이 동북아의 중국, 일본 등과 협력하여 북미, 유럽, 동남아, 남미 시장 진출에 선도적인 역할을 할 것으로 전망된다.

Ⅶ   맺음말

21세기를 새롭게 열어가는 아시아의 미래와 그 속에서 한국의 역할을 위에서 살펴보았다. 지속가능성장, 지역협력 및 통합, 민주주의와 인권, 녹색성장과 에너지, 그리고 문화소통의 다섯 가지 분야에서 아시아가 당면한 여러 도전요인들은 한국이 성공적인 국가발전의 경험을 아시아공동체와 공유하면서 함께 부닥치고 풀어나가야 할 과제들이다. 지난 반세기 동안 산업화, 민주화, 정보화, 세계화를 압축적으로 경험한 한국은 아시아의 미래성장과 발전 및 평화와 번영을 위해 앞으로 더욱 중요한 역할을 할 것으로 전망된다.

물론 아시아의 미래가 반드시 장미빛인 것만은 아니다. 서두에 ADB도 지적했듯이, 아시아가 향후 발전과정에서 중진국의 함정에 빠질 수도 있다. 2012년 유럽에서 시작되어 미국, 중국 등 전 세계를 강타한 유로존 위기(Eurozone Crisis)는 아시아지역 경제에도 큰 파장을 주고 있는 것도 사실이다. 또한 유엔미래보고서도 지적하고 있듯이 점점 심각해지는 환경오염, 물부족, 에너지부족, 빈부격차 등이 아시아의 경제성장을 위협하고 있다. 그러나 미국, 유럽 등 선진국들의 경제가 당분간 성장의 동력을 회복하기 어려울 것으로 전망되고 있는 이 시점에서 세계의 눈은 풍부한 노동력과 방대한 성장 잠재력을 가지고 있는 아시아에 집중되고 있다. 중국과 인도 등 BRICS 경제와 한국과 인도네시아 등 MIST경제의 성장세가 둔화되고 있기는 하지만, 자유무역과 내수확대 그리고 산업기술의 혁신을 통해 아시아경제는 세계경제의 활력을 되찾게 해 줄 성장엔진으로 부상하고 있는 것이다.

표 3-2	국가 경쟁력 순위(2012)		
2012 순위	국가	2011 순위	변화
1	홍콩	1	−
2	미국	1	−1
3	스위스	5	+2
4	싱가포르	3	−1
7	대만	6	−1
9	독일	10	+1
11	네덜란드	14	+3
14	말레이시아	16	+2
15	호주	9	−6
18	영국	20	+2
19	이스라엘	17	−2
22	한국	22	−
23	중국	19	−4
27	일본	26	−1
30	태국	27	−3

※출처: 스위스 국제경영연구원(IMD)

　　다만 21세기에 "아시아의 시대"를 열기 위해서는 경제력만으로는 불가능하다. 아시아는 앞서 살핀 바와 같이 지역간 격차, 소득간 격차, 인구고령화, 에너지 부족, 환경오염, 영토 갈등 및 안보 문제 등 극복해 나가야 할 많은 도전요인들을 가지고 있다. 특히 아시아의 인구변동과 고령화문제는 심각한 수준이다. 아시아 인구는 현재 약 42억 명 수준인데 2050년에는 59억 명으로 증가할 것으로 예상된다. 인구증가의 대부분은 저소득층이 많은 아시아도시에서 발생할 것으로 보인다. 유엔미래보고서는 2050년까지 세계인구의 약 20%가 60세 이상이 될 것이며, 그 중 20%가 80세 이상이 될 것으로 전망하고 있다. 중국에서는 2035년에는 1명의 아동이 2명의 노인을 부양해야 할 것이며, 중국은 부유해지기도 전에 늙어버릴지도 모른다고 예측하고 있다. 또한 2050년에는 일본 전체인구의 38%, 한국 전체인구의 35%가 65세 이상 고령인구화 할 것으로 전망하고 있다. 노동인구의 상대적 감소는, 경제성장률에 영향을 주고 이민의 증가와 사회갈등으로 이어질 수 있다. 아시아 각국은 이러한 중장기적인 도전요인들을 극복해 가면서 공통의 가치와 행동규범을 만들어내고 상호 문화 소통을 통해 새로운 평화번영의 시대를 열어가야 할 것이다. 그 과정에서 한국은 아시아 국가들과 함께 경제발전과 정치민주화의 경험을 공유하고, 자유무역과 투자의 틀을 확대하고, 남북한 평화통일을 성취하여 동북아에 새로운 역사를 열며, 다문화 사회속에서 아시아의 협력과 통합을 이끌어가는 선진 문화강국으로써의 사명과 역할을 다해야 할 것이다.

참고문헌

- 김우상. 2011. 「대한민국 중견외교, 신한국 책략Ⅲ」. 세창출판사
- 매일경제 세계지식포럼사무국. 2008. 「다보스리포트, 힘의이동」. 매일경제신문사
- 박영숙, 제롬글렌, 테드고든, 엘리자베스 플로레스큐. 2011. 「유엔미래보고서 2025」, 2012 「유엔미래보고서 2030」. 교보문고
- 박종철 김흥규, 안형도, 이대우, 전경만, 정정숙. 2006. 「한국의 동북아시대 구상-이론적 기초와 체계」. 도서출판 오름
- 샤르마, 루치르(Sharma, Ruchir). 2012. 「브레이크아웃 네이션(Breakout Nations)：2022 세계경제의 운명을 바꿀 국가들」. (서정아 옮김) 토네이도
- 세종연구소. 2006. 「한국의 국가전략 2020」
- 안충영, 이창재. 2003. 「동북아 경제협력: 통합의 첫걸음」. 박영사
- 안충영. 2007. 「빗장을 풀어야 한국이 산다」. 박영사
- 앨트먼, 대니얼(Altman, Daniel). 2011. 「10년 후의 미래(Outrageous Fortunes)：세계경제의 운명을 바꿀 12가지 트렌드」. (고영태 옮김) 청림출판
- 이코노미스트(The Economist). 2011. 「2011 세계경제 대전망(The World in 2011)」. (25주년 특별판) 한국경제신문
- 자오지청(趙啓正). 2012. 「중국은 어떻게 세계와 소통하는가」. (이희옥 옮김) 나남
- 중앙일보 중국연구소. 2010. 「2010-2011 차이나 트렌드」. 중앙books
- 최원식, 백영서, 신윤환, 강태웅. 2009. 「동아시아의 오늘과 내일」. 논형
- 프리드먼, 조지(Friedman, George). 2010 「100년 후(Next 100 Years), 22세기를 지배할 태양의 제국시대가 온다」. (손민중 옮김) 김영사
- 한국국방연구원(KIDA)편. 2005. 「2025년 미래대예측」. 김&정
- Ahn, Choong Yong &Sahoo, Pravakar. 2012. 「India-Korea：Dialogue for a 21st Century Partnership」. Academic Foundation
- Chang, Dae-Whan. 2011. 「One Asia Momeutum: Asia is the Future of the World and the Future of Korea」. Maeil Business Newspaper
- Emmott, Bill. 2009. 「Rivals: How the Struggle between China, India and Japan will Shape Our Next Decade」. Penguin Books

- Friedberg, Aaron L. 2011. 「A Contest for Supremacy: China, America and the Struggle for Mastery in Asia」, Norton

- Friedman, Thomas L. 2008. 「Hot, Flat, and Crowded: Why We Need a Green Revolution - And How It Can Renew America」, FSG

- Mahbubani, Kishore. 2011. 「Can Asians Think?」, Marshall Cavendish Editions

- Mahbubani, Kishore. 2008. 「The New Asian Hemisphere: The Irresistible Shift of Global Power to the East」, PublicAffairs, New York

- Moller, Jorgen Orstrom. 2011. 「How Asia Can Shape the World: From the Eea of Plenty to the Era of Scarcities」, ISAS, Singapore

- NIC(National Intelligence Counicl), Office of the Director of National Intelligence, 2012. 「Global Trends 2030: Alternative Worlds」

- Shome, Parthasarathi&Ahn, Choong Yong. 2012. 「Korea-India: Deepening Partnership for the 21 Century」, KIEP

제 **04** 장

과학기술의 미래

2030년의 과학기술의 미래!! 과학기술이 아닌 것이 무엇이 있겠는가? 하지만 여러 저자들과 협의하여 중복되는 것을 제외하고 중요한 것만 몇 가지 짚어보자. 우선 과학기술의 2030년 주요 트렌드와 발전방향에서는 과거에도 존재했고 지금도 존재하며 앞으로도 존재할 天地人의 창조 비밀(지식)을 찾아내는 것이 과학기술의 궁극적 목표라고 설정하고 싶다. 구체적인 트렌드로는 테라와 피코시대에 진입하게 될 것이고, 생각하는 대로 이루어지는 세상이 열리게 될 것이며, 지식경제에서 분자경제시대로 진입하게 될 것이다. 天地人!! 그것은 시간의 기술, 공간의 기술, 인간의 기술을 의미한다. 시간의 기술로는 홀로그램과 홀로그래픽 시대로 진입하게 될 것이고, 일곱 가지 무지개 색을 만들어 자연색을 구현하게 될 것이며, 빛에 저장하고 빛으로 전송하는 나노포토닉스 시대를 열게 될 것이다. 공간의 기술로는 지구를 보호하고 자연을 보호하기 위해 고감도 환경시스템이 구축될 것이고 현대판 노아의 방주에 도전하는 생명의 백과사전 생물망이 도래할 것이다. 인간의 기술로는 100달러 게놈시대가 열릴 것이고, 중풍환자가 일을 하는 시대가 열릴 것이며, 굿바이 대머리 등의 재생의학과 바이오 리듬(자

명종)을 마음대로 조절하는 시간생물학이 태동하게 될 것이다. 이러한 시대가 열리는가 안 열리는가는 전적으로 우리 과학자들의 손과 머리에 달려 있으며 또한 우리 후손들의 비전에 달려있다.

I 과학기술의 주요 트렌드와 발전방향

1. 변함없는 天地人이 과학기술의 궁극적 목표

특이점(Singularity)→블랙홀(Black Hole)→빅뱅(Big Bang)을 통해 창조된 우주(Universe)를 구성하고 있는 天(時間), 地(空間, 宇宙), 人(人間)이 바로 과학기술의 궁극적인 연구대상이다. 왜냐하면 天地人은 창세 이후 과거에도 존재했었고 지금도 존재하며 앞으로도 변함없이 존재할 것이기 때문이며, 이 변함없는 天地人이 바로 미래의 부(富)를 창조하는 블루오션 시장이기 때문이다. 그러므로 우리는 天地人 안에 숨겨진 창조의 비밀을 우리가 발견해야 할 지식(知識)으로 본다. 이때 지식이란 시간+공간+인간이 어떻게 창조되었는지 그 창조기술에 도전하여 그 기술들을 조화롭게 융합함으로써 또 다른 창조에 도전하는 것이다.

천(天)은 시간(Time)을 의미한다. 시간은 우리에게 대단히 중요하다. 아인슈타인의 특수상대성 이론(Special theory of relativity)에 따라 시간은 상대적이다. 짧은 한평생을 달리다 보면 시간은 정말 부족하다. 그래서 시간은 모든 객체의 역사다. 그것은 기록(Record, Book)을 의미하며, 기록을 하려면 빛(Light)이 필요하고, 이때 빛은 에너지(Energy)와 파동(Wave)으로 이루어져 있다. 따라서 이와 같은 시간을 구성하는 요소들을 보다 효율적으로 이용하는 과학기술을 발견하면 그것이 바로 미래의 부(富)가 되는 것이다.

지(地)는 지구와 우주를 의미한다. 따라서 우주에 도전해야 한다. 2003~2012년까지 미국의 코브 탐사위성(COBE)과 윌킨손극초단파이방성 탐사위성(WMAP), 유럽의 거대하드론입자충돌기(LHC)와 허첼(Herschel) 및 플랭크(Planck) 우주망원경, 중력렌

즈망원경(Gravitational lensing), 그리고 국제우주측량프로젝트(SDSS) 등의 과학적 측정 결과가 분석되면서, 우주 초기의 모습과 블랙홀, 그리고 힉스 입자(Higgs particle)가 발견되어 과학적으로 설명되고 있다. 우주의 나이가 137억년이며, 현재까지 인류가 이해한 우주는 전체 우주의 겨우 4.6%였음이 드러나고 있다. 언젠가 우리는 우주를 구성하는 실체를 이해하여 우주에 대한 새로운 인식으로 새로운 우주시대를 열어갈 것이다. 아마도 2030년이면 23%의 암흑물질(Dark matter)과 72%의 암흑에너지(Dark energy)로 이루어진 우주가 과학적으로 설명되어 우리에게 다가올 것이다. 또한 만물의 이론(TOE)도 중력뿐 아니라 암흑물질과 암흑에너지, 그리고 암흑류(Dark Flow)와 반물질(Anti-matter)까지도 포함하는 시도가 있을 것이다.

인(人)은 인간을 의미하고, 인간은 건강과 장수를 위한 인간 생명의 메커니즘을 발견하는 바이오기술(BT)을 의미한다. 질병을 퇴치하고 오래 사는 생명의 나무(Tree of Life)를 발견하면 노벨생리의학상을 수여하게 되고 이는 미래의 부(富)를 창조하는 원동력이 되는 것이다. 인간의 또 다른 목표는 건강하게 오래 살아 선대 조상들보다 더욱 멋진 사랑과 예술을 창조하는 것이다. 사랑과 예술!! 그것이 과학기술의 최종 목표이다.

2. 테라(Tera)와 피코(pico)시대의 도래

국제단위계(Int'l System of Units)[1]에는 융합(融合, Convergence)과 분화(分化, 分裂, Divergence)라는 두 가지가 있는데, 이 둘은 우주, 물리, 화학, 생물 관점에서 서로 연관성이 있는 상보성(Complementarity)이다.

우선 하나는 시간과 공간상에 정보나 물질을 쌓아 올리는(Building-Blocks) 융합 단위이다. 10의 0승인 1을 1세대 기준으로, 10의 3승은 천(Thousand)을 의미하는 2세대의 킬로(kilo), 10의 6승은 백만(Million)을 의미하는 3세대의 메가(Mega), 그리고 10의

---

1 국제단위계 - 원래는 엑사, 페타, 테라, 기가, 메가, 킬로, 헥토(hecto, 10의 2승, h), 데카(deca, 10의 1승, da), 데시(deci, 10의 마이너스 1승, d), 센티(centi, 10의 마이너스 2승, c), 밀리, 마이크로, 나노, 피코, 펨토, 아토 등 16가지였으나, 1991년 10월 4일에 프랑스 파리에서 열린 국제도량형총회(CGPM, 國際度量衡總會)에서 제타, 요타, 젭토, 욕토 4가지를 추가하기로 결의하여 모두 20가지가 되었다.
http://www.economicexpert.com/a/Yocto.htm
http://www.bipm.org/en/si/si_brochure/chapter3/prefixes.html

그림 4-1 국제 단위계(國際單位系, System international d'unites, International system of units)

시공융합 (상향식 방법의 기술 및 집적된 정보나 물질의 량)	요타(yotta)	Y	10의 24승	자(秭, Septillion)
	제타(zetta)	Z	10의 21승	십해(垓, Sextillion)
	엑사(exa)	E	10의 18승	백경(Quintillion)
	페타(peta)	P	10의 15승	천조(Quadrillion)
	테라(tera)	T	10의 12승(5세대)	조(Trillion)
	기가(giga)	G	10의 9승(4세대)	십억(Billion)
	메가(mega)	M	10의 6승(3세대)	백만(Million)
	킬로(kilo)	k	10의 3승(2세대)	천(Thousand)
			10의 0승(1세대)	1
시공분열 (하향식 방법의 기술, 분리된 물질의 크기 및 시간의 제어 단위)	밀리(milli)	m	10의 마이너스 3승	천분의 1(Thousandth)
	마이크로(micro, micron)	μ	10의 마이너스 6승	백만분의 1(Millionth)
	나노(nano)	n	10의 마이너스 9승	십억분의 1(Billionth)
	피코(pico)	p	10의 마이너스 12승	조분의 1(Trillionth)
	펨토(femto)	f	10의 마이너스 15승	천조분의 1(Quadrillionth)
	아토(atto)	a	10의 마이너스 18승	백경분의 1(Quintillionth)
	젭토(zepto)	z	10의 마이너스 21승	십해분의 1(Sextillionth)
	욕토(yocto)	y	10의 마이너스 24승	자(秭)분의 1(Septillionth)

9승은 십억(Billion)을 의미하는 4세대인 기가(Giga) 등으로, 상향식(Bottoms-up, Up-stream) 방법의 기술을 이용하여 쌓아 올린 집적된 정보나 물질의 개수나 양을 의미한다. 따라서 2012년 현재, 현존하는 컴퓨터들의 메모리 용량이나 정보 데이터를 처리해 주는 마이크로프로세서 기능들은 이미 4세대인 기가 단에 들어와 있고, 네트워킹 시스템들은 3.5세대의 메가 단에 진입하였다. 따라서 누가 먼저 다음 5세대인 테라(tera, 조, Trillion) 단에 진입하는 기술을 발견하느냐에 따라 미래의 부가 결정될 것으로 보이지만, 대략 2020년에는 테라 단에 진입하고 2030년에는 테라시대를 열 것으로 예측된다.

다른 하나는 시간과 공간상에 물질을 작게 나누고(Building-Downs) 분화(분열)시키고 빠르게 제어하는 공정 단위이다. 10의 0승인 1을 1세대 기준으로 10의 마이너스 3승은 천분의 1(Thousandth)을 의미하는 2세대의 밀리(milli), 10의 마이너스 6승은 백만분의 1(Millionth)인 3세대의 마이크로(micro 또는 micron), 그리고 10의 마이너스 9승은 10억분의 1(Billionth)을 의미하는 4세대의 나노(nano) 등으로, 하향식(Top-down, Downstream) 방법의 기술을 이용하여, 잘게 쪼개고 나누고 분리된 물질의 크기(길이, 넓이, 무게, 온도, 속도, 진동수, 반응, 상호작용 능력 등)와 분화된 물질을 제어하는 시간의 단위를 의미한다. 따라서 크기나 길이를 말할 때는 10억분의 1미터인 나노미터(nm), 시간을 말할 때는 10억분의 1초인 1나노초(ns), 그리고 화학에서 분자의 양을 말할 때는 10억분의 1리터인 1나노리터(nl), 10억분의 1그램인 1나노그램(ng)으로 사용한다. 따라서 누가 먼저 다음 5세대인 피코(pico, 조분의 1, Trillionth)에 진입하는 공정기술을 발견하느냐에 따라 미래의 부가 결정될 것으로 보이지만, 대략 2020년에는 피코 단에 진입하고 2030년에는 피코시대를 열 것으로 예측된다.

3. 생각하는 대로 이루어지는 세상, 뇌(Brain) 중심 시대

생각하는 대로 이루어지는 세상이 도래할까? 그럴 가능성이 매우 높다. 모든 행위에 대해 지시를 내리고 최종 결정하는 곳이 두뇌이다. 그래서 두뇌를 4차원의 브레인(Brain)이라고 한다. 이곳에서 오감을 인지하고 프로세싱하고(감성) 그 결과인 감정을 표현한다. 이것 뿐이랴!! 의지, 자유, 사랑과 예술도 이곳에서 모두 결정한다. 지금의 멀티터치(Multi-touch)에서 5년 후이면 터치프리(Touch free)로 갈 것이고 2020년이면 감각이나 감성을 쌍방향으로 인터페이스되는 컴퓨팅 디바이스들이 쏟아져 나올 것이다(차원용 외, 2010). 2030년이면 두뇌의 5개 뇌파를 이식이든(invasive) 비이식이든(non-invasive) 인지해 기계와 인터페이스 시키면 생각하는 대로 움직이는 자동차, 로봇, 컴퓨터 등이 등장할 것이다. 정상인은 능력을 더욱 향상시킬 것이요, 고령자는 재활용으로 사용해 고용 창출에 기여할 것이다. 따라서 두뇌-기계 인터페이스(BMI), 감성을 자극하고 증강하는 인식, 자연언어(Natural language) 인식, 생체신호(Biosignal) 인식, 피부(Skin)를 통신으로 이용하는 인체매질통신, 텔레파시통신, 텔레키네시스(염동) 등의 휴먼인터페이스 기술에 도전해야 한다. 그리하려면 인지과학(Cognitive science)과 신경과학(Neuroscience) 등의 학문을 섭렵해야 한다.

4. 지식경제에서 분자경제시대로

2013년 지금은 정보화 사회 즉 정보경제(Information economy)이다. 정보란 가공되지 않은 데이터로 대부분 무료이다. 이러한 정보는 데이터베이스에 저장되어 있다. 이 정보를 데이터마이닝하여 소비자들이 필요한 지식을 가공하여 제공하는 것이 오늘날 어

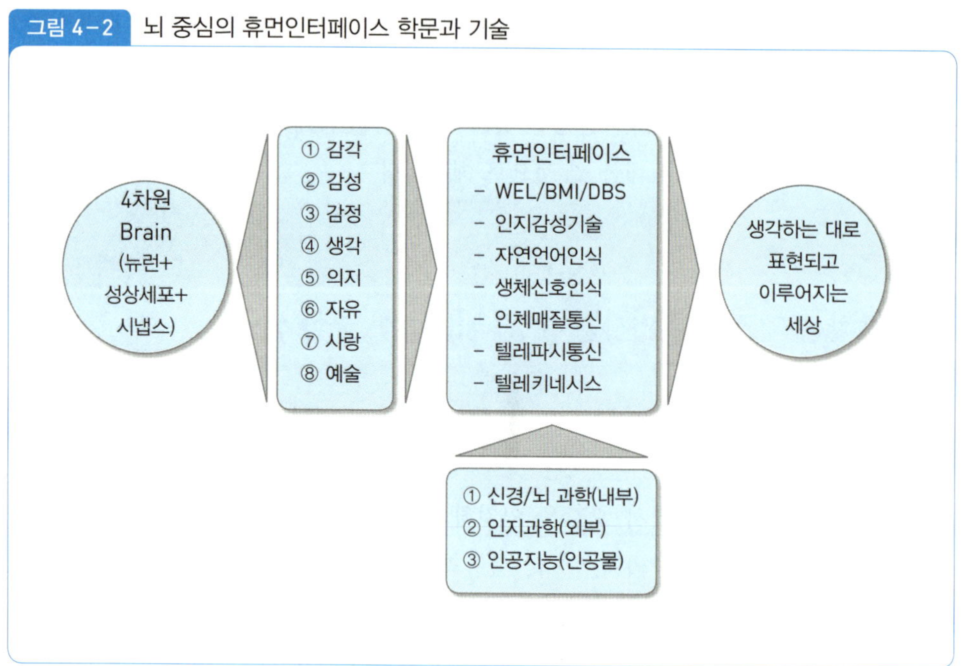

그림 4-2   뇌 중심의 휴먼인터페이스 학문과 기술

※출처: 차원용, 2009

플(App)이다. 어플의 상당수는, 예를 들어 애플사의 경우 2012년 8월 말 현재 70만개가 등록되어 있는데 51%가 유료이다. 반면 구글사에 등록된 어플은 45만개인데 70%가 무료이다.[2] 지식은 유료이다. 이러한 지식경제가 2015년부터 완연히 등장한다. 그러다가 2030년이면 분자사회 즉 분자경제(Molecular economy)가 도래한다(Mullhall, 2004).

모든 제품은 118개의 원자들로[3] 이루어진 분자들로 구성되어 있다. 첫 번째 분자경제의 특징은 세포, 혈액, 유전자, 단백질, 맛 분자, 냄새분자들이다. 이러한 분자들이 거래되는 경제가 도래한다. 스마트폰으로 장미꽃을 상대방에게 보내면 그 장미꽃의 냄새분자가 코딩된 스마트폰에서 장미꽃이 디스플레이 되면서 냄새도 같이 나오게 된다. 이 뿐이랴!! 100달러 게놈 비즈니스가 등장한다. 누구나 저렴한 비용으로 본인의 유전자를 사전에 진단하고 예방할 수 있다. 두 번째는 모든 제품 또한 분자들로 구성되어 있다. 그 제품을 만드는 요리법 또는 공정프로세스(이를 지식이라 한다)만 다운받으면 집에서 초콜렛도 만들어 먹고 전자제품도 원하는 대로 찍어 낼 수 있다. 이를 가능

---

2 http://148apps.biz/app-store-metrics/

3 http://www.webelements.com/

그림 4-3 시간 축에 따른 시대별 사회와 경제

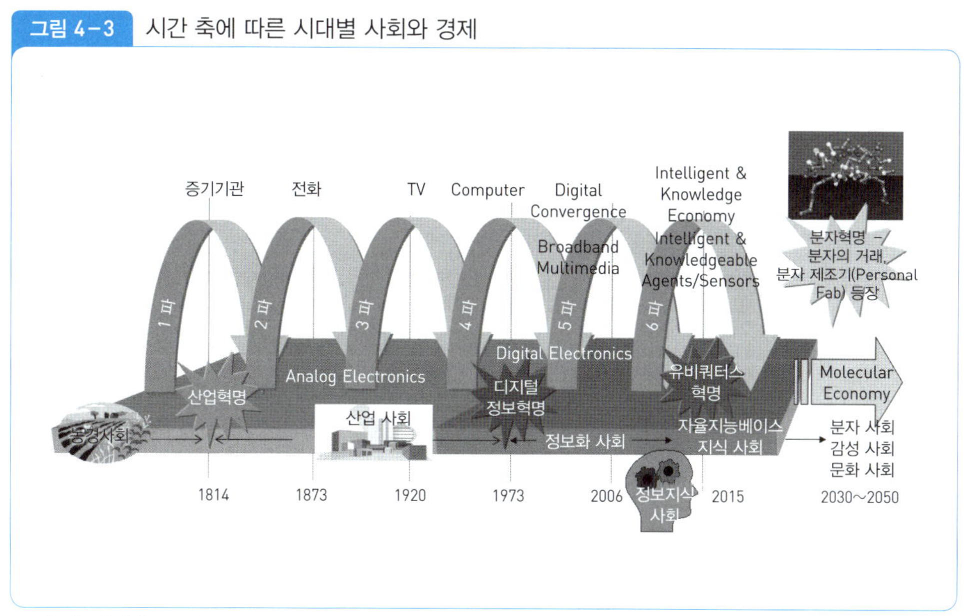

※출처: 차원용, 2006

케 하는 것이 만능조립장치(Universal Assembler)(Drexler, 1986) 즉 3차원 프린터이다. 3차원 프린터는 집에서 음식도 만들뿐만 아니라 병원에서 장기도 찍어 낼 수 있다. 가장 유명한 것이 코넬 대학의 Fab@Home이다.[4] 따라서 분자경제를 준비하는 학생들과 기업들은 2030년에 축복받을 것이다.

우스개 소리가 있다. 사과의 혁명이다. 사과는 세상을 변화하게 했다. 이브와 아담의 사과에서, 만유인력을 발견한 뉴톤의 사과, 폴 세잔의 정물화 속의 사과, 그리고 지금 잘 나가는 애플사의 사과 로고이다. 그러면 애플사의 사과 다음은 무엇일까? 정답은 사과를 직접 만드는 기업이 등장할 것이다. 지금 현재 자기복제(Self-replication)와 자기조립(Self-assembly)의 메커니즘을 찾아냈다. 이것이 바로 줄기세포다. 그러나 자기조직화(Self-organization)의 메커니즘은 아직 찾아내지 못했으나, 2030~2045년에 찾아내면 사과를 만드는 것은 아무것도 아니다. 쌀도 만들고 보리도 만들 것이다.

---

4 http://www.fabathome.org/

Ⅱ 시간의 기술

1. 시간을 기록하기(홀로그램, 홀로그래픽)

우선 시간에 따라 공간에 기록하는 기술들인 메모리(Memory, RFID, Tag, Sensor 등), 시간에 따라 인간의 행동과 역사를 기록하는 두뇌의 해마(Hippocampus)와 유전자(DNA)의 인트론(Intron) 메커니즘 기술, 기록을 잘 할 수 있도록 정보와 지식의 데이터를 처리해주는 마이크로프로세서(Microprocessor), 기록을 잘 보여주게 하는 디스플레이(Display) 기술, 이 기록을 먼 곳까지 보낼 수 있는 유무선 통신기술, 기록을 효과적으로 보관하는 데이터베이스와 이를 보호하기 위한 암호화(Encryption)기술, 그리고 소비경제학 개념의 시간을 줄이는 기술을 발견하면 이 기술들은 미래의 부를 책임지게 된다. 이렇게 정리해 놓고 보면 정보기술(IT)은 바로 시간의 기록에 속한 기술임을 알 수 있다. 무엇보다도 2030년경이면 화면에서 영상이 튀어 나와 공간에 디스플레이 되는 홀로그램(Hologram, 저장장치)과 홀로그래픽(Holographic, 디스플레이)의 시대가 도래할 것이다.

2. 기록을 위한 빛의 기술, 100% 자연색인 무지개 빛의 시대

메모리에 기록을 하려면 빛이 필요하다. 또한 디스플레이에서 기록을 잘 보이게 하려면 발광하는 다이오드 기술들과 백라이트(Backlight) 기술들이 필요하다. 빛이 없으면 아마도 '한석봉' 선생님을 제외하곤 아무도 기록할 수 없을 것이다. 또한 빛이 없으면 우리 인간은 볼 수도 없다. 그만큼 빛의 기술은 아주 중요하다. 전기에너지를 빛의 에너지로 전환해주는 형광등이 없으면 그것은 어둠이다. 우리는 이미 창조된 빛의 스펙트럼 광선들인 감마선-베타선-알파선-X선-자외선-가시광선-적외선-마이크로선-라디오선 등을 발견하고 이를 광 가속기를 이용하여 만들어내 사용함으로써 부를 창조하고 있으며, 각국은 태양빛의 광선들보다 더욱 높은 전자볼트의 광선을 발견하기 위해 전쟁을 치루고 있다. 또한 광학응집(Optical Coherence)의 양자광학(Quantum Optics)의 원리를 발견하고 레이저를 만들어 레이저 광학기기, 원자시계, GPS 정밀 측정 및 통신 기술에 사용하고 있다.[5] 가시광선의 스펙트럼들인 무지개 색을 융합한 빛을 발견하면 게임은 끝이다. 지금은 빨강–파랑–녹색이 융합된 빛이지만, 2006년 스위스과학기술원은 분자가 중합하여 생기는 화합물인 폴리머(polymer)로 만들어진 인공 로봇 근육(robotic muscles)으로 조정되는 수천 개의 아주 작은 슈퍼 프리즘(Super Prisms)을 통해 7가지 무지개 색을 만들어, 100%의 자연적인 색을 스크린에서 즐길 수 있는 세상을 열고 있다(Aschwanden et al., 2006).

3. 빛에 저장하고 빛으로 전송하기

작금의 문제는 광케이블이나 FTTH(Fiber To The Home)가 아니라 바로 컴퓨터의 마이크로프로세서나 반도체 칩이 문제이다. 이들은 데이터를 저장하거나 처리할 때 모두 아날로그적인 구리선을 이용하기 때문이다. 따라서 빛의 속도로 달려오던 정보들은 컴퓨터의 게이트웨이를 지나는 순간 달팽이 속도(Snail's Pace)로 느려진다. 컴퓨터 내의 모든 컴퍼넌트들이 아날로그 선(Wire)으로 연결되어 있기 때문이다. 마찬가지로 빛의 속도로 집(Home)으로 달려오던 정보들은 집의 게이트웨이를 지나는 순간 온통 아날로그적인 기기들로 가득찬 가전제품들 때문에 그 속도는 엄청 느려진다. 또한 광신호들(Optical Signals)을 예리한 코너(Sharp corners) 주위로 방향을 바꾸게 하는 것은 아직 어렵기 때문에, 그래서 전–광–통합칩(All–Optical Integrated Circuits)이나 전–광–통신 또는 광학전자 디바이스(Opto–Electronic Devices)를 개발하는 것은 아직 불가능하다. 빛들은 직진하기 때문에, 원하는 대로 마음대로 빛을 구부릴 수 없기 때문이다.

[5] 2005년 노벨 물리학상은, 미국의 글라우버(Roy J. Glauber)가 광학응집(결집, 결맞음)의 양자이론을 세운 공로로, 미국의 홀(John L. Hall)과 독일의 한슈(Theodor W. Hansch)가 광학주파수콤기술(광학 주파수를 빗으로 빗듯이 통제 조절하는 기술)을 포함한 레이저베이스 정밀 분광학 기술을 개발한 공로로 수상하였다. 3분의 공로는 그간의 맥스웰과 아인슈타인의 양자역학(Quantum Mechanics)을 양자광학(Quantum Optics)으로 발전시켰는데, 다시 말하면 맥스웰과 아인슈타인의 공로는 태양의 일반 빛(Light)이나 금속에서 나오는(예, 백열등이나 태양전지) 빛(Light)을 대상으로 연구한 반면 이들은 이들 빛을 마음대로 조절할 수 있는 양자광학, 즉, 통제 조절이 불가능한 일반 빛과는 달리 통제조절이 가능한 레이저 빛에 대한 이론 및 실용성을 연구하여 수상하였다. http://nobelprize.org/nobel_prizes/physics/laureates/2005/index.html

그러므로 이를 해결하는 방법은 마이크로프로세서나 트랜지스터들이 바로 빛으로 작동하게 만드는 것이며, 온통 구리선에 의한 전자들의 흐름을 빛(Light)으로 대체해야 한다. 이를 나노포토닉스(Nanophotonics) 기술이라 한다. 아직은 실리콘 물질에 의존해야 하기 때문에 실리콘 나노포토닉스(Silicon nanophotonics)라 하는데, 이러한 광전자와 광통신 시대가 열리려면, (1) 빛을 발하는 광원으로서의 레이저(Laser) 기술의 발견, (2) 빛에 데이터를 엔코딩하는 모듈레이터(Modulator) 기술의 발견, (3) 입력되는 시그널을 감지하는 감지기(Detector) 기술, (4) 시그널을 걸러 내는 필터(Filter) 기술, (5) 수백억 개의 트랜지스터로 이루어진 실리콘 매트릭스 안에서 레이저 빛이나 광 신호들(Optical signals)의 방향을 마음대로 구부리고 방향을 조절할 수 있는 3차원 광학 파장가이드(3-D optical waveguides) 기술, (6) 데이터들을 원하는 곳으로 보낼 수 있고, 칩(Chip) 위에서 광네트워크(Optical networks)를 구성할 수 있는 광 스위치(Switch) 기술, (7) 이를 광통신(Fiber networks)으로 연결하는 기술, 그리고 (8) 광섬유를 통해 장거리를 달려와 약해진 광신호들을 증폭하는 광자 로직 게이트(Logic gate) 기술이 필요하다. 이 모든 기술이 하나의 칩으로 통합될 때 이를 실리콘 광학 원 칩(SPOC, Silicon Photonics One Chip)이라 말할 수 있는데, 대략 2030년경이 가면 완전히 해결될 것으로 보인다. 빛이 전자의 구리선을 대체하면 열이나 전기소모의 문제도 해결되고 크기나 데이터의 변형이나 손실 문제도 해결될 수 있으며, 용량과 속도도 테라비트로 향상시킬 수 있다.

그림 4-4　IBM이 개발하고 있는 모듈레이터

※출처: IBM.com

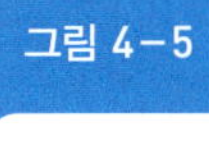

그림 4-5 Intel이 개발하고 있는 1Tbps(25×40 Gbps)의 하이브리드 실리콘 레이저(Hybrid Silicon Laser)와 실리콘 광학 원 칩(Silicon Photonics One Chip)

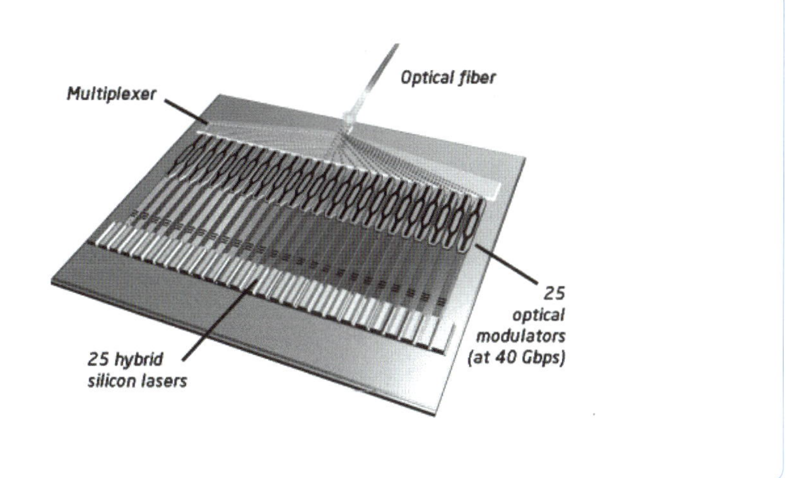

※출처: Intel.com

Ⅲ 공간의 기술

1. 지구는 우주선, 녹색기술 및 환경기술 - 고감도 환경기후시스템이 온다

우리가 살고 있는 지구(地球)는 태양으로부터 세 번째 궤도를 돌고, 달을 위성으로 갖고 있으며, 엷은 대기층으로 둘러싸여 있고, 특유한 지구자기(地球磁氣)를 갖고 있다. 그런데 이 지구는 70억 인구와 지금까지 밝혀진 전체 생물종의 10%인 180만 종의 생물종들을 가득 싣고 스스로 자전하고 태양을 공전하며 초속 30km로 움직이는 우주선(Space shuttle)이라는 점이다. 그러나 우리는 이 우주선에 대한 사용 매뉴얼을 아직 갖고 있지 못하다. 도대체 이 우주선이 어떻게 만들어졌으며 어떤 법칙으로 어떤 시스템과 에너지로 움직이는지 그 창조 지식을 발견해야 한다. 또한 사람과 180만 종의 생물종을 싣고 있는 우주선이므로 이 우주선을 잘 보호하고 유지해야 할 녹색기술 및 환경기술이 중요하고, 지구를 잘 보호해서 대대손손 잘 살아갈 수 있는 지속가능한 기술

(Sustainable technology)이 필요하다. 그러므로 이 지구에 침을 뱉거나 담배꽁초나 쓰레기를 마구 버리는 사람들은 아주 나쁜 인간들이다. 아니 자기가 사는 우주선에 어떻게 침을 뱉을 수 있는가? 요즈음 지구 온난화(Greenhouse Effects)로 전 세계가 난리이다. 2007년에 우리 한국도 이제 4계절이 아닌 아열대성 기후로 변했다. 온도가 2도 올라갔기 때문이다. 지구가 앞으로 다가오는 수십 년 동안 또는 수세기 동안 얼마나 뜨거워질 것인가는 전적으로 우리가 대기에 내뿜는 온실 가스(Greenhouse gases)에 대하여 얼마나 기후 시스템이 예민하게 반응하느냐에 전적으로 달려있다. 과학자들은 결국 이 가능한 민감도의 범위를 좁힐 수 있는 환경기후시스템을 연구개발하기 시작했으며, 지구 내부에서는 어떤 작용이 일어나는지 연구하기 시작했다. 지난 40년간 지구 내부를 아주 정교한 지진 영상으로 관찰하여 지구 내부의 복잡한 엔진을 볼 수 있다는 희망을 주었으나, 그것만으로 도대체 지구 내부가 어떻게 작동하는지에 대한 논쟁을 잠식시키지는 못했다. 하지만 2030년경이면 많은 연구를 통해 이 복잡한 지구행성이라는 기계를 해부할 수 있을 것이며, 지구가 어떻게 움직이고 있는지 밝혀낼 것이다.

2. 노아의 방주에 도전 - 생명의 백과사전과 생물망이 온다

하버드대 에드워드 윌슨(Edward O. Wilson) 교수가 공식 제안한 현대판 노아의 방주(Noah's Ark)인 생명의 백과사전(Encyclopedia of Life, EOL)[6] 프로젝트가 2007년에 시작되었다. 아직 밝혀지지 않은 지구상의 90%의 생물종들을 찾는 프로젝트이다. 지금까지 밝혀진 생물종은 10%의 180만 종이다. 앞으로 10년 동안 지구상에 존재하는 1억 종 이상의 생물체를 발견하고 시스템생물학(Systems Biology)[7]을 이용하여 이들의 사진, 동영상, 계통도, 소리, 서식지 분포도 등을 3차원으로 만들어 웹에 제공할 것이다. 그 결

---

6 http://www.eol.org/home.html

7 정보기술을 이용하는 생물학을 의미한다. 한국에서는 생물/생명정보학(Bioinformatics)이라 표현하지만 실제 Science지나 Nature지의 논문들은 시스템생물학(Systems Biology)이라는 표현을 사용한다. Nature지도 2007년에 Systems Biology 라는 새로운 분야를 Life Sciences에 추가했다.

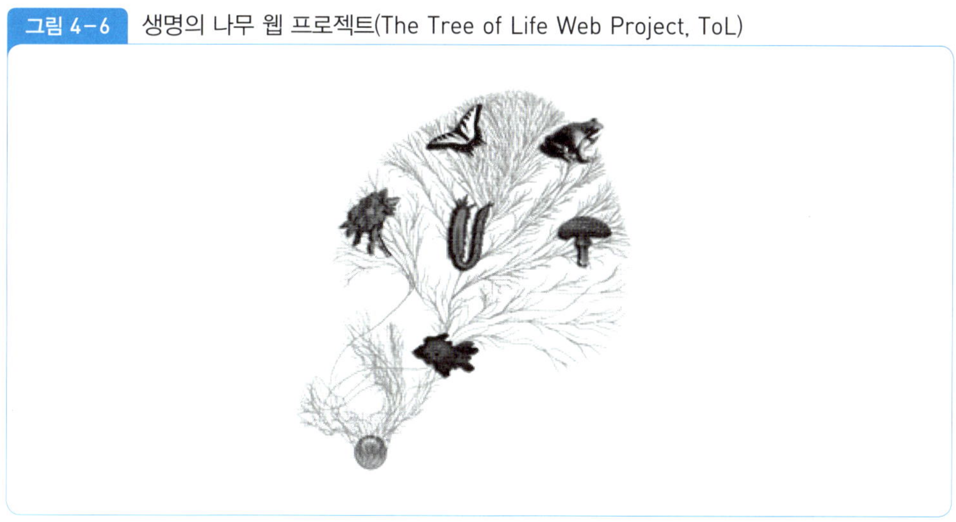

그림 4-6 생명의 나무 웹 프로젝트(The Tree of Life Web Project, ToL)

※출처: tolweb.org

과는 생물보존뿐만 아니라 유익한 교육정보가 될 것으로 기대되지만, 언젠가는 결국 1억 종의 생물체에 바코드 태그(tags)를 달아 생물망(Net of BioLife)이 탄생할 것을 예고하고 있으므로 악적인 목표가 아니라 선적인 목표로 접근하고 활용해야 할 것이다.

노르웨이 정부 또한 지구 최후의 날(Doomsday)을 대비한 현대판 노아의 방주인 최후의 날 저장고(Doomsday Vault)인 씨앗 및 유전자의 방주를 만든다. 노르웨이 북부(North Pole)에서 1000㎞ 떨어진 스발바드 섬에 스발바드 국제종자 저장고(Svalbard International Seed Vault)[8]를 2007년 3월에 착공하여 종자(種子) 450만 종을 2008년까지 완공하여 저장했다. 문명구조연대(ARC)는 아예 달나라에 지구상의 모든 생물종의 유전자(DNA) 표본 및 관련 인간의 지식을 보내자는 계획을 수립하고 추진하고 있다. 캐나다 빅토리아(Victoria)대학의 노아의 방주 탐사단(NOAA's Arc Ocean Explorer)[9]은 대양에 서식하는 각종 생물체들의 종 및 그들의 메커니즘을 발견하고자 노력하고 있으며, 생명의 나무 웹 프로젝트(The Tree of Life Web Project, ToL)[10] 또한 땅의 여신이란 뜻인 데메테르(Demeter)라는 슈퍼컴퓨터를 이용하여 생명의 나무에 도전하고 있다.

이러한 도전을 통한 창조 지식의 발견은 환경보존, 지구보존 및 식량보존이라는 녹

8 http://www.norway.gr/News_and_events/Curent-affairs/Older-articles1/The-Svalbard-Global-Seed-Vault/
9 http://oceanexplorer.noaa.gov/history/history.html
10 http://tolweb.org/tree/phylogeny.html

색문화의 창조라는 목표 이외에 이들의 에너지와 파동을 잘 활용하자는 것이고 — 이를 생체모방학(Biomimetics)이라고 한다 — 궁극적으로는 언젠가 인간이 달나라나 화성에 가서 살 때 이들 생물종의 유전자들을 가져가서 우주생물학(Astrobiology, Exobiology)에 활용하고자 하는 것이다.

Ⅳ 인간의 기술

1. 100달러 게놈 시대

2020년이면 맞춤식 의료/의약 서비스 시대를 여는 500달러의 비용으로 하루만에 본인의 게놈을 분석할 수 있는 다양한 게놈 분석기들이 개발되고, 2030년이면 100달러의 비용으로 1시간만에 게놈을 분석하는 시대가 열릴 것이다. 만약 이러한 기술들이 상용화된다면 이는 바로 맞춤식 의료/의약 시대를 앞당기게 될 것이고 이는 더 나아가 원격의료(telemedicine)나 유-헬스(u-Health) 시스템으로의 융합을 앞당기게 될 것으로 기대하고 있다.

우선 100달러 게놈이 오는 배경을 살펴보자. 국제컨소시엄인 인간게놈프로젝트(Human Genome Project: HGP)[11]와 미국 생명공학벤처 기업인 셀렐라(Celera Genomics: CRA)사가 1990년부터 공동 추진한 인간게놈프로젝트의 결과는 2001년 2월에 발표되고, 2003년 4월에 최종 마무리되었는데, 총 13년간의 프로젝트였다. 여기에 사용된 유전자는 익명의 세 명의 여성과 남성 두 명의 것이었다. 남자 두 명은 바로 셀렐라사의 벤터(Craig Venter) 박사와 1953년 오른쪽 방향으로 꼬인(Right-Handed) B형 유전자 분자 모델의 이중나선(Double helix)을 발견하여 1962년 노벨생리의학상을 수상한 왓슨(James Watson) 박사이다. 13년간 이에 들어간 총 비용은 무려 30억 달러에 달했으며, 2007년 5월 31일에 새로운 정보기술과 새로운 고속처리(High-Throughput) 방법을 이

---

11 http://www.genome.gov/

표 4-1 인간 게놈 분석 비용

연 도	분석시간	비용(달러)	비 고
2030	1시간	100	
2020	하루	500	
2015	3주	1,000	
2008	6주	6만	
2007	2개월	200만	James Watson
1990-2003	13년	인당 6억	게놈프로젝트(5명)

※출처: 차원용, 2010

용해 454[12]라는 기업이 2개월 만에 왓슨 박사의 게놈을 다시 분석하여 DVD에 담아 전달했는데, 이때 들어간 비용은 기존 비용의 1/10보다 적은 2백만 달러로 떨어졌었다.

그러다가 지금은 한 사람의 게놈을 분석하는데 들어가는 시간이 6주로 비용은 무려 6만 달러로 떨어졌는데, 이는 아직도 비싼 비용이라 일반인들이 접근하기엔 너무 문턱이 높다. 그러나 많은 과학자들은 이러한 추세로 간다면 앞으로 2015년이면 1,000달러의 비용으로 본인의 게놈을 분석할 시대가 올 것으로 기대하고 있다. 또한 2030년에는

그림 4-7 DNA의 아버지(DNA's Daddy), 왼쪽은 50년 전 사진, 오른쪽은 현재의 사진

※ 50년 전에 B형 유전자의 구조를 발견하여 노벨상을 수상한 왓슨 박사가 2007년 5월 31일 454기업이 분석한 본인의 게놈 복사본을 DVD로 전달 받았다. 이는 향후 개인별 유전자 염기 분석의 이정표가 될 것이다.

※ 출처: National Library of Medicine

12 http://www.454.com/

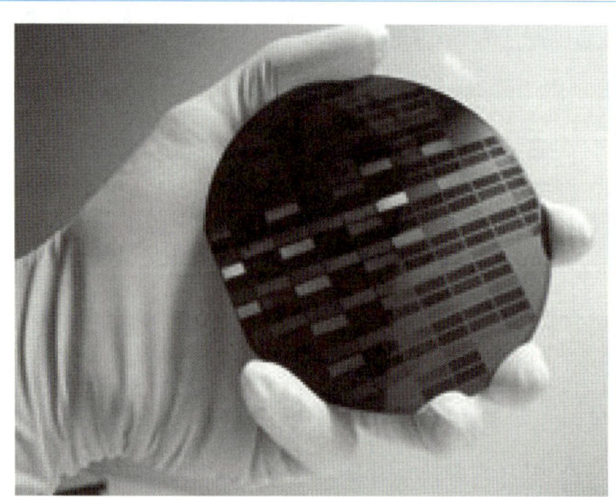

> **그림 4-8** 저렴한 게놈 분석 나노유체디바이스(Nanofluidics device) 랩온어칩(Lab-on-a-chip)

※ 길다란 DNA 분자들을 100 나노크기의 채널로 흘려 넣어 분석하는 바이오나노매트릭스(BioNanomatrix)가 개발한 저렴한 비용의 DNA 분석 디바이스. 각각의 직사각형은 하나의 나노분석칩(Nanoanalyzer Chip)으로 총 50,000개의 채널들로 구성되어 있다.

※ 출처: bionanomatrix.com

100달러의 비용으로 게놈을 분석하는 시대를 열기 위해 몇몇 기업들은 혁신에 박차를 가하고 있다.

2. 중풍(마비)환자가 일을 하다(신경과학의 미래)

조그마한 마이크로 또는 나노 크기의 두뇌 칩(Brain Chip)들이 인간의 두뇌나 두뇌의 감각중추기관에 이식되기 시작하여 각종 퇴행성 뇌질환(Degenerative Brain Diseases)이나 신경퇴행성 질환(Neurodegenerative Diseases) 치료가 가능해지고 장애자들이나 중풍(마비) 환자들이 정상인과 똑같이 일을 하게 될 것이다.

미국 남가주대학(USC)의 버거(Theodore Berger) 박사는 두뇌 칩을 해마에 이식하는 연구를 진행하고 있고, 미국 듀크(Duke)대학 의대는 2003년 원숭이의 운동중추기관에 칩을 이식하여 생각하는 대로 950킬로미터 거리의 로봇팔을 움직이는 기술을 선보였으며(Carmena et al., 2003), 2005년에 미국 브라운(Brown)대학의 도노휴(John Donoghue) 신경과학자와 사이버키네틱스(Cyberkinetics)사는 머리카락 굵기의 전극 100개로(100

그림 4-9 두뇌 파우어(Brain Power)

※ 두뇌에 전극 어레이가 이식된 원숭이가 생각하는 대로 로봇팔을 움직여 마시맬로 과자를 먹고 있다. 궁극적으로 과학자들은 이와 같은 두뇌-기계 인터페이스(BMI, Brain Machine Interface) 기술을 중풍 환자 등에 적용해 스스로 컴퓨터를 이용하고 스스로 밥을 먹으며 스스로 머리를 감을 수 있는 시대를 여는데 집중하고 있다.

※ 출처: Velliste et al(2008)

Hair-Thin Electrodes) 구성된 두뇌 칩과 소프트웨어 장치인 브레인게이트(Braingate)를 팔을 사용할 수 없는 남자 두뇌의 운동피질(Motor Cortex)에 1㎜ 깊이로 이식하여 생각하는 대로 컴퓨터를 조정하는 기술을 선보였다(Hochberg et al., 2006).

2007년에는 미국 클리브랜드 임상실험센터와 코넬대(Cornell) 의대의 신경과학자들이 6년 동안 식물인간 상태에 있던 남자의 두뇌에 전극을 이식하여 전기 파동으로 뇌를 제어하는 심부뇌자극술(Deep Brain Electrical Stimulation: DBES)로 이식한 지 48시간 만에 의식도 찾고 눈도 떴으며 밥도 먹고 물도 마셨다는 연구를 보고했다(Schiff et al., 2007).

2008년 5월에는 미국 피츠버그대학의 신경과학자인 슈워츠(Andrew Schwartz) 교수가 원숭이 뇌에 두뇌 칩을 이식하여 원숭이로 하여금 그의 두뇌 신호(Brain Signals)를 이용해 옆에 있는 로봇팔을 직접 움직여 마시맬로 과자(Marshmallow)를 스스로 먹게 하는데 성공했다(Velliste et al., 2008). 이번 연구는 세계 최초로 두뇌의 신호를 실제 운동으로 전환시키는 인터페이스 기술을 이용해 원숭이가 실제로 과자를 먹었다는 사실로 보철팔(Prosthetic Arms)이 사실상 기능화 되었다는 점에서 조만간 이 기술이 인간에 적용할 수 있는 발판을 마련했다는 평가이다. 이들은 현재 간질병 환자(Epilepsy patient)를 대상으로 실험 중에 있다.

3. 굿바이 대머리!!(재생의학의 미래)

인간은 대략 평균 100,000개의 아주 작은 모포(Tiny hair follicles)를 갖고 있으며, 이들 모포들은 각각 자라 100,000개의 머리카락으로 성장한다. 이들 모포는 하나의 미니-장기(Mini-Organ)로 임신 초기의 배아성장과정에서만 형성되는 것으로 생각되어 왔다. 따라서 성인의 머리카락이 손상되어 빠지면 더 이상 치료할 수 없는 것으로 간주되어 왔다. 따라서 대머리의 치료기술이 존재하지만, 아직은 완벽하게 재생시킬 수 없어 다른 머리카락을 대체하는 것으로 의존해 왔다.

이미 50년 전에 토끼나 쥐, 그리고 인간을 대상으로 한 연구에서 치료 과정에 전혀 새로운(denovo) 모포가 생성될 가능성이 있음이 연구 논문에서 발표되었으나, 그 정확한 생성 과정인 네오제니시스(신창조, Neogenesis) 과정에 대한 정확한 근거를 제시하지 못해 과거의 연구들은 무시당해 왔다.

2007년 5월 펜실바니아대학 코츠사레리스(George Cotsarelis) 교수가 이 네오제니시스 과정을 유전학적-생물학적 근거로 제시하여 대머리 치료나 피부 치료에 획기적인 발판을 마련했다(Ito et al., 2007). 연구원들은 대머리를 치료할 수 있는 재생의학으로서의 새로운 모포를 재생하는 유전자인 Wnt를 발견하고, 이를 손상을 입은 쥐의 피부

그림 4-10 상처를 치료하는 과정에서 재생된 새로운 머리카락.

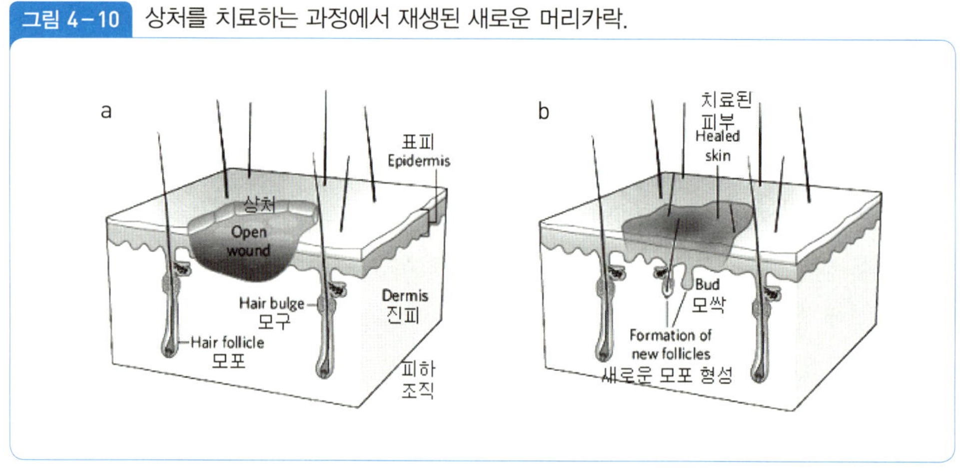

※ a. 연구원들은 성인 쥐의 피부에서 커다란 상처가 일어나면 표피의 재-표피화(Re-Epithelialization) 과정이 일어나고 있음을 발견했다. b. 만약 치료할 상처부위가 직경 0.5cm 보다 크면 상처의 중앙에서 표피가 형성되면서 Wnt 유전자의 발현으로 새로운 모포가 재생되었다.

※ 출처: Ito et al(2007).

에 실험하여, 머리카락 세포를 재생시킨 것이다. Wnt라는 단 하나의 유전자를 이용해 실제로 머리카락을 성장시킨 것은 매우 고무적인 것이며, 상처를 치료하는 과정에서 새로운 머리카락을 재생시킴으로써, 같은 방법을 적용하면 인간의 어떤 피부조직까지 치료할 수 있을 것으로 기대된다(차원용, 2009).

4. 시간생물학의 태동(신경세포 조절의 시대)

2005년 10월에 한국의 KAIST는 24시간 생체리듬을 조절하는 '몸 안의 자명종'인 생체시계(Insect circadian clock)의 메커니즘을 밝혀냈다(Hyun et al., 2005). 생체리듬 및 생체시계를 조절하는 유전자 한(Han)이, 신경세포들에게 수용체를 만들어주면, 이 수용체가 마스터 신경세포가 분비하는 특정 단백질인 PDF의 양을 인식하여, 24시간의 시간을 모든 신경세포들이 똑같이 인식하게 하여 생체(인체)를 조절한다는 것이다. 이게 왜 중요한가 하면 바로 새로운 시간생물학의 태동을 의미하기 때문이다. 이를 이용하여 생체 내에 존재하는 생물학적 시간의 패턴을 과학적으로 연구하면 게임은 끝나기 때문이다.

사람의 몸은 하루 24시간 주기로 활동하며, 깜깜한 곳에 있어도 낮과 밤을 구분한다. 뇌 시상하부(Hypothalamus)에 있는 수십 개의 특수한 신경세포가 생체시계 역할을 하기 때문이다. 아침이면 저절로 깨어나고, 때가 되면 배가 고픈 것은 몸에 시간을 알려주는 생체시계가 존재하기 때문이다. 이 메커니즘은 이렇다. 먼저 대장 역할을 하는 마스터 신경세포는 특정 뉴로펩타이드(Neuropeptide, 신경세포 결합물)인 단백질(Pigment-Dispersing Factor: PDF)을 아침에는 많이, 저녁에는 적게 분비한다. 주변 신경세포들은 PDF가 많으면 아침임을, 적으면 저녁임을 인식한다. 이때 PDF의 양을 인식하는 수용체를 만드는 것이 한(Han) 유전자다. 한(Han) 유전자 덕분에 수십 개의 신경세포가 일사불란하게 같은 시간대를 인식하는 것이다.

이번 연구결과는 수면장애와 같은 생체리듬 장애로 인해 발생하는 생리질환 치료법을 개발하는데 새 지평을 열었다는 평가를 받고 있는데, 사실은 그 이상이다. 천지인이 조화롭게 융합되려면 각각의 생체시간을 알아야 한다. (1) 우주여행 중에 인간의 행동을 최적화하는 데 이용될 수 있다. 먼 거리 우주여행 시에는 아예 이 생체시계를 조절하여 인공동면시킬 수도 있다. (2) 특정 과제를 해결하는 데 사람들이 가장 능률적인 시간에 팀을 구성하면 노력과 시간의 낭비를 줄일 수 있다. (3) 지역적인 낮과 밤의 패턴을 인간의 기능과 조화시킬 수 있는데, 낮과 밤의 길이가 차이가 나는 곳의 인간 행동은 다르기 때문이다. (4) 인간뿐만이 아니라 언젠가는 인간의 뇌세포나 사고 유전자 및 언어 유전자를 동물(특히 쥐나 원숭이)에게 이식할 것인데, 이때 동물에게도 적용할 수 있다. (5) 개인의 시간생물학적 패턴에 따라 개인화된 학습이나 맞춤식 의료와 의학을 제공할 수 있다(차원용, 2006).

그림 4-11　몸 안의 자명종, 생체시계

※ 출처: 브레인미디어-http://kr.brainworld.com/BrainLife/6301 (Jan 29, 2011)

참고문헌

- 차원용, 〈한국을 먹여 살릴 녹색융합 비즈니스〉, 아스팩국제경영교육컨설팅(주), pp. 47-52, 288-290, 341-342, 363-364, 708, 2009.

- 차원용, 〈미래기술경영 대예측: 매트릭스 비즈니스〉, 굿모닝미디어, p. 973, 2006.

- 차원용 외, "융합IT기술의 발전방향과 글로벌 융합미디어 비즈니스 전략(Roadmap of Converging IT and Business Strategy of Global Converging Media)", *Telecommunications Review*, V20, N1, 2010년 2월 호

- Aschwanden et al., "Polymeric, electrically tunable diffraction grating based on artificial muscles", *OpticsLetters*, Vol. 31, No. 17, pp. 2610-2612, September 2006.

- Carmena et al., "Learning to Control a Brain-Machine Interface for Reaching and Grasping by Primates", *PLoSBioloy*, Vol. 1, No. 2, November 2003.

- Drexler, K. Eric, 〈Engines of Creation: The Coming Era of Nanotechnology〉, Anchor Books, p. 94, 1986. http://e-drexler.com/d/06/00/EOC/EOC_Cover.html

- Ito et al., "Wnt-dependent de novo hair follicle regeneration in adult mouse skin after wounding", *Nature*, Vol. 447, Vol. 7142, pp. 316-320, 17 May 2007.

- Hochberg et al., "Neuronal ensemble control of prosthetic devices by a human with tetraplegia", *Nature*, Vol 442, No. 7099, pp. 164-171, 13 July 2006.

- Hyun et al., "Drosophila GPCR Han Is a Receptor for the Circadian Clock Neuropeptide PDF", *Neuron*, Vol. 48, pp. 267-278, 20 October 2005.

- Mulhall, Douglas, 〈Our Molecular Future: How Nanotechnology, Robotics, Genetics and Artificial Intelligence will Transform our World〉, Prometheus Books, July 2002[노용환 옮김, 분자혁명과 준비된 미래(서울: 한티미디어, 2004), pp. 48-85.] http://www.ourmolecularfuture.com/

- Schiff et al., "Behavioural improvements with thalamic stimulation after severe traumatic brain injury", *Nature*, Vol. 448, No. 7153, pp. 600-603, 2 August 2007.

- Velliste et al., "Cortical control of a prosthetic arm for self-feeding", *Nature*, advance online publication 28 May 2008.

PART 2

제 2 부

미래 경제·경영

제05장

기후에너지산업의 미래

　세계는 현재 청정에너지 개발에 새로운 산업혁명이 일어나고 있다. 2011년 기록에 이미 2천 6백억 달러가 청정에너지에 투자되었고 신기록을 세웠다. 청정에너지에는 2004년부터 매년 투자가 급증하고 있으며 2011년 총 청정에너지 산업 투자는 처음으로 화석연료 투자를 능가하였다. 지난 10년간 국제 석탄 가격은 500% 증가, 가스 가격은 300% 증가하였다. 이에 반해 RE 기술들은 급속한 투자에 증가를 계획하고 있으며 태양에너지 가격은 지난 4년간 75%나 싸졌다.

　신재생에너지기술(RET) 리뷰지는 호주가 이러한 세계시장에서 급속하게 부상하는 새로운 시장을 잘 활용하여 신재생에너지를 개발하는데 국력을 다하도록 해야 한다고 호주정부는 말하고 있다.

　특히 기후변화가 눈앞에 다가오고 기후소송, 기후기금 등 급변하고 있는 현실에서 호주정부신재생에너지공사(AREBA)는 청정에너지금융회사(Clean Energ Finance Corporation) 등과 함께 100억 달러 투자를 통해 RE산업에 집중할 것을 발표하였다. 테크케스트 미래기술예측 사이트에서 빌 할랄 조지워싱턴대 석좌교수는 기후에너지산업이 최대의 산업으로 예측하였다.

유엔미래포럼 제롬 글렌 회장은 2020년 최대 부상 산업은 기후변화기술(Climate Change Technology)이라고 하였고 미래의 전쟁은 물과 에너지 때문에 일어난다고 하였다. 물 부족, 환경오염, 신재생에너지 등이 모두 기후변화기술이라고 한다. 에너지만 있으면 채소도 곡식도 육류도 공장에서 생산하게 되는 해가 2020년이라고 예측하였다. 공장에서 찍어내는 고기 즉 배양육은 2001년 NASA에서 개발에 성공했다. 미국의 FDA에서 1995년에 승인을 한 기술이다. 2000년에는 미국의 Applied BioScience Research Consortium에서 금붕어 세포를 배양하여 회를 뜬 것처럼 생산한바 있다. 네덜란드 정부는 배양육에 4백만 달러 상금을 걸었고 In Vitro Meat Consortium은 국제 배양육 연구단체로 '국제배양육 컨퍼런스'를 개최하여 배양육에 관한 기술을 나누고 있다. 2009년 11월에는 네덜란드의 과학자들이 실험실에서 살아있는 돼지고기 세포를 축출 배양한 배양육을 선보이기도 하였다.

I 기후에너지산업의 규모

1. 2020년부터 기후가 인류 최대 관심사로 등장

① 기후산업이 최대 산업

기후산업이 2020년 최대 산업이 된다. 호주는 2008년에 환경부장관 외에 따로 기후변화장관을 만들었고 영국도 마찬가지로 기후변화 최고수장들이 장관급이다. 기후변화를 일으키는 곳은 온실가스를 배출하는 공장이나 도시 난방, 교통이다. 하지만 이 기후변화를 치유하는 곳은 농촌에서, 임야에서, 어촌에서 하게 된다. 다양한 기술들이 개발되고 있는데, 이러한 신기술들이 기후산업으로 조성되는 곳이 농촌이며 농업의 소멸로 버려지는 논, 밭, 임야에서 태양광전지, 지열발전소, 엘지타운, 해수 농업, 담수화 등이 일어나게 된다. 이러한 산업의 부상을 신 농업혁명이라고 부른다. 매일 매월 아니면 매년 더욱더 효율적인 에너지생산기술이 나오고 있다. 또 탄소세금, 탄소배출 거래 등이 시행중이며 이러한 거래기술이 큰 산업이 되고 있다. 버진항공 회장인 리처드 브랜슨 경은 최근 지구에서 '온실가스제거기술 상금'으로 250억 원을 내놓았다. 누구든지 이산화탄소를 제거하는 기술을 개발하면 엄청난 상금을 탈 수 있다.

재보험회사들은 10년 후 기후변화로 오는 손해가 150조~300조 원으로 늘어나고 재보험회사들의 파산이 우려된다고 밝혔다. 국제법률단체들이 기후변화로 인한 손해배상청구소송을 모든 산업체들에게 내기 위해 함께 모였다. 이제는 굴뚝 산업은 하고 싶어도 못할 상황이다. 공장뿐만 아니라 지구에서 숨 쉬는 데도 세금을 내야할 판이다. 모든 것에 환경오염 세금을 매겨 그 돈으로 지구온난화를 치유하지 않으면 공멸하기 때문이다. 이런 일에 유엔미래포럼이 앞장을 선다.

최대 과제는 기후변화에 대한 재앙으로 태풍이나, 쓰나미 등이 일어나 대규모 재해로 나타나고, 이러한 고단위 위험을 보험해주는 기업에서는 이런 재앙을 미리 파악해야 한다. 바이오기술이 어떤 재앙을 불러올지 알 수 없는데, 이러한 상황을 미리 예측하거나 파악하는 기술이나 테러 대안 정책이 필요하며 공동 노력이 절실하다. 미래의 테러는 자연재해로 포장된다고 한다. 테러인 줄도 모르고 자연재해를 맞게 된다는 것이다.

선진국에서의 온실가스 배출로 제3국의 기후재앙 피해는 선진국의 국가 빚보다 높은 1,800조 원이라고 한다. 1991년부터 지금까지 제3국 환경재앙으로 글로벌 환경기구들이 쏟아 넣은 돈이 7,400조 원에다 원조가 2만 8천조 원이다. 월드뱅크가 5,500조 원을 조성하고, 일본이 1만조 원을 5년간 조성하였다. 아시아개발은행은 1,200조 원을 조성하였지만 유엔예측으로는 2030년까지 기후변화로 인한 재난비용이 2만 8천조에서 6만 7천조 원이 들 것이라고 한다. 이러한 분담금은 각국에서 차출될 것이므로 한국의 분담금도 엄청나게 늘어날 전망이다.

북극이 녹는 것을 보는 유럽은 기후변화로 심각한 위협을 느낀다. 기후변화에 실시간 상황파악이 가능한 인터라넷과 다양한 미래예측 시스템을 도입, 각국의 기후변화를 매월 감시하고 협력을 도모하는 기후변화 포탈 및 네트워크 시스템은 중요하다. 에너지보고서, 대체에너지 개발보고서 등 대안제시 또한 미래예측 방법을 제시하여, 각국에 기후변화 노력을 권고하는 지구상 최대의 압력단체 역할을 할 것 같다. OECD도 이미 기후문제를 여러 차례 다루었다.

탄소배출세, 탄소거래권, 환경보존과 리사이클링, 밀림보호, 기업 에너지 효율성 강화, 화석연료에서 대체에너지로 각국의 정책변화 등 종래에 제안된 사항을 재천명해야 하고, 에너지효율성에 각국이 GDP의 5%를 강제로 투입하는 방안이 고려되고 있다. 지구 환경사용세금(an environmental footprint tax)으로 지구촌에서의 호흡권, 1인당 1.8 헥타에서 나오는 산소분량만 소비 가능하여 더 이상의 산소 소비는 세금을 부과하는 방안이 있다. 또 매년 1,500조~2,000조 원의 금융거래에 1% 세금 부과 방안도 마련 중이다. 매년 자동차연비 1마일씩 강제로 높이는 방안도 있고, 모든 산업체에서의 온실가스 배출량을 매월 점검하거나 매년 점검하여 국제법률기구에서 온실가스를 많이 배출하는 업체에 더 많은 세금 부과 방안도 마련 중이다. 과학자들이 우주에 태양 커튼을 만들어 지구로 오는 태양열을 줄이는 방안을 지원하려는 노력도 있고, CO_2를 흡수하는 철분을 대양에 뿌리는 방안을 공기 중의 CO_2를 흡수하는 기술개발(리처드 브랜슨이 250억 원 상금으로 내 걸어)도 있고, 국제여행 세금 등 다양한 인간의 삶, 활동에 세금부과 방안도 있다.

2. 기후에너지산업규모 기술예측 및 최대 부상직종

❶ 테크케스트, 기후에너지산업이 최대 산업

조지워싱턴대학교 빌 할랄 교수가 운영하는 테크케스트 기술예측에 의하면, 전 세계 자동차시장보다 2025년경이 되면 기후에너지산업이 10배 이상 커진다. 2012년 9월 4일 현재 www.techcast.org에서 세계자동차시장은 2024년에 640조 원의 미국시장이 뜬다고 예측되어 있다. 테크케스트(한국대표 박영숙 유엔미래포럼)는 조지워싱턴대학교 유엔미래포럼이사 빌 할랄 교수가 정부지원으로 시작한 온라인 집단지성 기술예측 사이트로, 현재는 다양한 기관 기구로부터 지원을 받고 있다.

하지만 기후에너지산업은 아래에서 대체에너지가 2025년에 750조 원 미국시장이 뜨고, 수산업 어장 2017년 480조 원, 기후조절산업 2022년에 650조 원, GMO산업 2022년에 550조 원, 녹색산업이 2019년에 610조 원, 유기농 산업 2024년에 460조 원 시장, 정밀농업 2020년에 490조 원, 리사이클링 2024년에 470조 원, 스마트 그리드로 스마트 도시화 2025년 620조 원, 담수화 2026년 580조 원, 수소에너지 2036년 510조 원, 핵융합 2044년에 600조 원에 달하여 도합 7,304조 원의 시장이 뜬다. 자동차 산업이 대부분 전기차 시장으로 가서 2024년에 650조 원의 미국시장에 비해서 10,539배로 이상이나 크다. (테크케스트, 빌 할랄 유엔미래포럼이사 사이트)

Energy & Environment	*Water Purification -90%* [SB]	2026	5.8	66
Energy & Environment	*Smart Grids - 30%*	2025	6.1	66
Energy & Environment	*Recycling -50%*	2024	4.7	65
Energy & Environment	*Precision Farming -30%*	2020	4.9	70
Energy & Environment	*Organic Farming -30%*	2025	4.5	63
Energy & Environment	*Nuclear Fusion -intro.*	2044	5.8	52
Energy & Environment	*Hydrogen Economy -intro.*	2035	5.0	55
Energy & Environment	*Green Business -30%*	2019	5.9	70
Energy & Environment	*GMO - 30%*	2022	5.5	66
Energy & Environment	*Climate Control -intro.*	2022	6.4	66
Energy & Environment	*Aquaculture - 50%*	2018	4.8	70
Energy & Environment	*Alternative Energy - 30%*	2026	7.5	69

❷ 기후 에너지 그린 잡(Green Career) 훈련 및 교육 급부상

미국 노동부에 의해 만들어진 10년 후 일자리 예측에 의하면, 가장 많이 부상하는 일자리가 그린 잡이며 이 그린 잡은 모든 다른 일자리를 우선하므로 웹사이트 메인화면에 메뉴를 따로 만들어 놓았다. (www.careeronestop.org) 미국정부가 12개 산업분야에서 200여 개 그린 잡을 선정하여 직업의 미스매치를 없애기 위해 미국 노동부 홈피 메인화면에 올려놓았다. 미국 노동부 홈피 메인화면에 유일하게 올려놓은 그린 일자리들은, 신재생에너지 발전 전문가, 그린 교통 전문가, 에너지효율성 전문가, 그린건설, 에너지 거래, 에너지 탄소포집 저장, 그린 컨설팅, 환경보존, 그린농업, 그린 제조업 전문가들을 훈련시키고 있다.

신재생에너지발전 전문가(Renewable Energy Generation), 전통적이거나 신재생에너지를 그린 기술을 이용하여 에너지효율성을 높이는 시스템과 기술로 컨설팅하는 일자리들이다. 또 교통 분야에서 환경오염을 줄이는 효율적인 대체에너지를 연료로 사용하는 기술이나 시스템을 아는 전문가들이 부상한다. 대중교통이나 화물선 화물교통, 컨테이너 산업에서 고효율성과 에너지 절감 기술의 전문가들이 부상한다. 에너지효율성 증가 전문가는 트럭이나 대중교통 등을 에너지 수요와 장거리 에너지 수송이 필요 없도록 스마트 그리드를 사용하여 효율성을 높이는 전문가가 많이 필요하다. 그 외 그린 건축(Green Construction)분야에서는 건설에서 새로운 청정에너지를 사용하여 주택 난방이나 주택의 IT 네트워크를 사용하여 에너지효율성을 높이는 기술, 상업용 빌딩 등에서도 에너지효율성, 쓰레기를 줄이는 다양한 스마트 그리드를 사용하는 전문가들의 부상이 두드러진다. 에너지 통상 전문가는 에너지를 사고파는 전문가로 경제적 코모디티, 탄소거래 중개인, 탄소거래 전문가, 탄소포집 저장기술 전문가, 탄소배출 CDM 전문가, 청정 발전소 디자인 전문가, 디젤가스 전문가, 바이오연료 전문가, 알지 미세조류 생산 전문가, 가스 콤바인 회로(integrated gasification combined cycle : IGCC) 기술 전문가 등이 부상한다.

그린 경제 연구가, 디자이너, 컨설팅 서비스 분야에도 많은 일자리가 나온다. 에너지 효율성을 연구하거나 관련 사업 프로젝트 개발 전문가도 나온다. 환경보호 전문가는 환경의 재생, 기후변화 적응 기술 전문가, 기후변화에 따른 삶의 질 향상 매니저 등이 부상한다. 그 외에 그린 삶, 농경사회 귀향 전문가, 산림 전문가들이 친환경적인 농약이나 제초제를 개발자, 효율적인 토지 사용 매니저, 어장 및 수족관 전문가도 부상한다. 제조업에서의 친환경기술 전문가, 에너지 효율적인 생산처리 가공 전문가 등도 부상한다. 그 외 리사이클링 재활용전문가, 쓰레기 감소 매니저, 오폐수 처리 매니저, 재활용 가능한 자료 원자재 회수 전문가 등 다양한 일자리가 부상한다. 정부 규제 매니저들은 개인 기관이나 기구 또는 기업에 에너지 절약 오염 예방에 관한 법률 및 규제나 정책 분석을 통한 법률자문 전문가들도 많이 필요해진다. 에너지 효율성 정책개발 전문가, 에너지 절감 기술을 위한 정책 개발자, 정부 기록보관 및 규제 전문가도 필요해진다. 탄소거래 등은 대부분 기록이나 데이터 관리기술자들이 많이 필요해진다. 그래서 미국 정부지원 그린 잡의 훈련 과정들이 많다. 단기과정, 장기적인 직업훈련 프로그램, 학사, 석사, 박사과정들이 이미 많이 나와 있다.

Ⅱ 각국의 기후에너지 산업지원 및 대응 방안

1. IPCC, 신재생에너지 인프라 구축 시급

2011년 6월 11일 IPCC가 발표하였다. 에너지 서비스에 대한 수요가 증가하고 있다. 에너지 서비스의 제공으로 인한 온실 효과 가스 배출량은 대기 온실가스 농도의 증가에 크게 기여하고 있다.

IPCC의 "신재생에너지 소스 및 기후변화 완화에 관한 특별 보고서(SRREN)"에서는 기후변화에 관한 정부간 패널(IPCC) 2011년 5월 9일 기존 평가로부터 기후변화의 완화를 위해 신재생에너지의 미래 가능성을 발표하였다. 6가지 가장 중요한 신재생에너지 분야를 포함 현재와 미래의 에너지 신기술뿐만 아니라 융복합기술을 조사하였다. 이러한 기술에 관련된 환경 및 사회적 결과, 응용 프로그램 및 기술 확산, 기술적 장애물 등을 극복하기 위한 비용과 전략이 들어있다.

이 보고서의 분석과 기후변화의 완화를 위한 6개 신재생에너지(RE) 소스의 기여와 역할, 과학, 기술, 환경, 경제적, 사회적 측면과 기술개발 경험에 관한 중요한 연구결과를 요약한 것이다. IPCC는 글로벌 기준으로 신재생에너지(RE)는 2008년 기준 주요

그림 5-1   IPCC-SRREN 자료

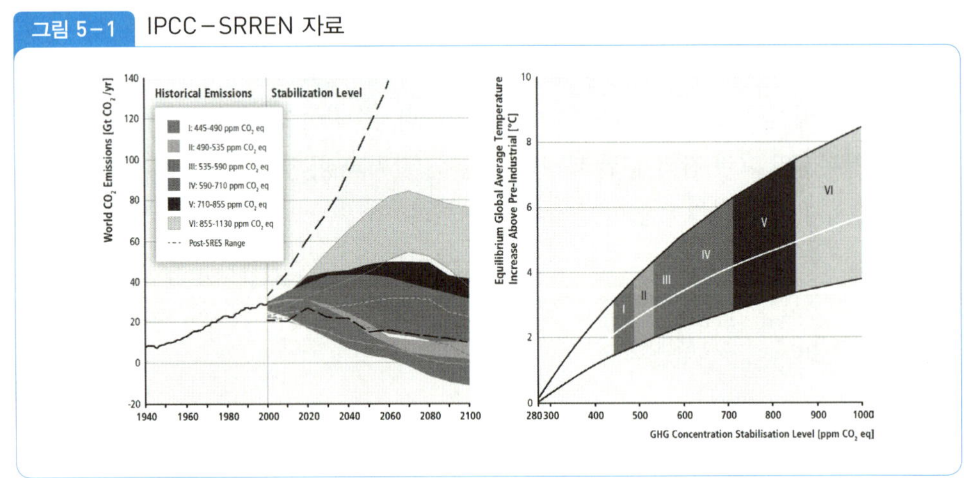

에너지 공급의 총 492 Exajoules(EJ)의 12.9%를 차지한다. 가장 큰 신재생에너지(RE)는 개발도상국의 응용 프로그램에서 나오는데, 요리용·주택용 에너지를 현대적인 바이오매스의 급속한 사용 증가에 있다. 전통적인 바이오매스는 약 60%, 첨단기술 바이오매스는 아직 10.2% 정도만 사용하고 있다.

2008년 신재생에너지는 글로벌 전기 공급의 약 19%를 기여했고, 16%의 수력, 3%는 기타 신재생에너지이다. 바이오연료는 세계 도로 수송 연료 공급의 2%를 차지하였다. 전통 바이오매스(17%), 현대 바이오매스(8%), 태양열과 지열에너지(2%) 등 세계 에너지 생산과 전체 글로벌 수요의 27%를 차지하였다. 주요 에너지 공급에 신재생에너지의 공헌은 국가 및 지역에 따라 크게 다르다.

신재생에너지의 사용은 최근 몇 년 동안 급속하게 증가하고 있다. 정부 정책변화, 많은 RE 기술의 비용 감소, 화석연료의 가격 상승, 에너지 수요 및 기타 요인의 증가로 다양한 종류의 RE의 사용이 계속 증가하고 있다. 현재 글로벌 에너지 시스템은 화석연료에 의해 지배된다.

글로벌 금융기구들의 투자 증가에 힘입어 RE 사용량은 2009년 빠르게 성장을 계속하고 있다. 풍력(32% 증가, 38기가 와트(GW) 추가), 수력(3% 증가, 31GW 추가)를 포함하여 전년의 누적 사용량에 비해 광전지(53%, 7.5GW 추가), 지열(4%, 0.4GW 추가), 그리고 태양 온수/난방(21%, 31GW 추가) 등이 늘어났다. 바이오연료는 2008년 세계 교통 연료 수요의 2%에서 2009년 거의 3%를 차지했다. 에탄올의 연간 생산은 2009년 말까지 1.6 EJ(760억 리터)로 증가하고 바이오디젤은 0.6 EJ(170억 리터)로 늘어났다.

기후변화는 지리적 분포에 영향을 받는다. RE 소스에 대한 기술 개발이 있지만 대부분은 효과면에서 연구 초기이다. 글로벌 기후변화는 RE 자원 기반에 많은 영향을 준다. 변경된 토양 조건, 강수량, 작물 생산성 및 기타 요인 등으로 바이오매스 생산에도 영향을 주며 이는 또 기후변화에 영향을 받는다.

2°C의 글로벌 평균 온도의 변화는 바이오 에너지 생산에 상대적으로 영향이 적은 것으로 예상되나, 상당한 지역에서는 그 영향력이 불확실하며 크기 또한 비교 평가하기 어렵다.

하지만 많은 RE 기술에 대한 에너지 생산비용은 현재 기존의 에너지 가격보다 더 높다. 그러나 다양한 기술 설정으로 이미 RE는 경제적으로 경쟁력이 있으며 상업적으로 이용 가능한 RE 기술이 많이 나오고 있다. 기술 특성, 비용 및 성능에 지역적 차이가 있으며 정부의 할인 요금, 기술지원에 더 이상 제약을 받지도 않는다.

일부 RE 기술은 기존 에너지 가격에서도 경쟁력을 가진다.

신재생에너지 비용은 여전히 기존의 에너지 가격보다 높지만, 다양한 환경에서 신재생에너지는 이미 경쟁력이 있다. 다른 RE 기술의 대부분은 유리한 자원 조건, 지역적 특성에 따라 특정 상황에서 경쟁력을 가지지만 문제는 저렴한 비용으로 에너지 공급을 위한 인프라 부족이라고 할 수 있다. 세계 대부분의 지역에서 에너지 인프라 정책이 RE의 가격경쟁력에서 중요하며 RE의 빠른 확산을 보장하기 위해 필수이다.

에너지 공급의 기타 비용을 절감하면 RE의 경쟁력을 상대적으로 향상시킬 수 있다. 시장 가격이 에너지 인프라가 깔리지 않아서 수송비용으로 많이 들어가는 경우가 현재 상황이다. 기술력이나 에너지 가격 면에서의 비용은 이미 경제적인 경쟁력을 가지는 분야가 RE 분야이다. 특정 에너지 공급 옵션의 매력은 특정 에너지 서비스 즉 전력 수요가 피크일 때 제공할 수 있다. 폭넓은 경제 생산성, 기후변화 대안, 환경보존 및 사회적 측면, 인류에 공헌하는 RE로 생각하면 공급 인프라를 빨리 깔아야 한다.

2. 미국정부, 온실가스오염 중요성 인식 시작

신재생에너지잡지(REM) 2012년 9월 20일자에서 미국정부는 이제 온실가스오염이 경제에 미치는 영향에 대해 그 심각성을 깨닫고 다양한 대안을 마련하고 있다고 보도하였다. 환경과학연구저널(the Journal of Environmental Studies and Sciences)의 자료를 분석하여서 신재생에너지로 모든 국가정책을 바꾸며 경제성과 효율적인 신재생에너지 개발에 박차를 가하겠다고 말했다.

이 최근 보고서는 미국에게는 알림시계(wake-up call) 같은 역할을 하였으며, 이제는 대체에너지를 개발하는 것이 오히려 경제발전에 도움이 되는 것으로 이해하게 되었다고 로리 존슨 미국 자원독립위원회(Natural Resources Defense Council)의 기후변화와 공기정화 프로그램담당 경제학자가 말했다. 미국의 탄소배출의 40%가 미국의 한전 즉 발전소에서 오는데, 청정에너지의 경제적인 혜택이 상당하다는 것을 미국정부가 느끼기 시작하였다고 존슨은 강조한다. 그는 미국정부가 이제는 미래 세대들에게 기후변화가 얼마나 많은 경제적인 손실과 폐해를 가지고 오는지를 지금까지 무시해왔는데 처음으로 심각하게 들여다보게 되었다고 말한다.

미국인이 현재 에너지비용으로 지불하고 있는 것은 전기세 등 눈에 보이는 돈이 전부가 아니고 기후변화로 오는 다양한 재난재해를 합치면 미국민은 엄청난 에너지비용을 물고 있는 것이라고 분석하였다. 지금까지는 에너지비용은 에너지비용이고 따로 환경오염 비용을 따졌지만 이제는 에너지비용에 환경오염, 기후변화, 재난재해 비용을 통합하여 보기로 하였는데, 이 결과 현재 가스나 석탄발전소를 더 지었을 경우보다 풍력이나 태양광발전소를 지었을 경우 가격경쟁력이 더 높다는 분석을 해낸 것이다. 또 과학자들이 현존하는 석탄발전소를 풍력이나 태양광발전소로 전환하였을 때 수익성이 더 높게 나오는 자료를 내 놓았다. 석탄발전소를 짓고 거기에서 나오는 탄소를 포집하고 저장하는 기술개발에 지원하는 것보다 풍력, 태양광발전이 훨씬 더 경제적이라는 판단을 미국정부가 받아들이는 것이다.

미국의 석탄발전소는 현재 미국의 탄소배출의 36%를 차지하는데 그 외 아황산가스나 인체에 해로운 다양한 물질을 내뿜는데 이로 인해 수천 명이 호흡기질환 암, 심장병 등과 생태환경의 소멸, 의료복지 비용 증가 등을 포함하여 에너지 생산가를 책정하기로 한 것이다라고 존슨박사는 주장하였다.

NRC 2010 미국 국립아카데미(National Academies) 보고서에 "기후변화를 멈추는 신재생에너지 기술의 역할"이라는 기고문에서 더글러스 J. Arent 기후전문가는 기후변화를 멈추기 위해서는 에너지원을 신재생에너지로 바꿀 수밖에 없다고 주장하였다. 신재생에너지는 잠재적으로 미국에 매우 큰 에너지 자원이며, 기술은 향상하고 생산비용이 절감되고 있어서 결국 RE 사용이 지난 10년간 빠른 속도로 증가하고 있다. 그 잠재력을 실현하기 위해 RE 재생 기술을 향상시키고 사용자가 전기 생산과 교통, 연료시스템에 RE를 통합하는 방법을 연구하고 있다. RE 선택을 유도하는 정책, 시장규모 확대, 세력 확장, 투자자에 대한 금융지원, 기술개발의 재정지원 안정화가 필요하다고 결론내렸다. 미국에서는 태양광, 지열, 풍력, 바이오매스, 수력발전 등이 현재 경쟁력이 있는 RE 분야라고 하였다. 잠재적인 전기 생산량이 228,000기가와트(GW)나 가능한데, 현재 1,105GW(EIA, 2010)의 RE 생산 시설의 200배나 많은 용량이 미국에서 생산 설치가 가능한 용량이다.

재생에너지 자원이 널리 분산되어 매우 비효율적인 면이 있기 때문에 에너지 수요와 자원을 일치시키는 매칭 프로그램이 중요하다. 즉 에너지 수요가 많은 곳 가까이서 생산하면 수송료가 적게 든다. RE 에너지가 제공될 수 있지만, 현재의 에너지 전달 시스템에 RE를 통합하는 과제를 충족하기 위해 신기술 개발, 정책 변화, 기획과 전략, 시장 형성 조치가 필요하다. 미국에서 풍력, 지열, 태양열과 바이오매스 즉 RE로 생산되는 전력은 2000년 45GW로 증가하였는데 2009년에 15GW에 비하면 엄청난 증가이다. 미국에 설치된 풍력과 태양열, 태양광(PV) 에너지 생산 용량은 2000년에서 2009년까지 거의 20배나 기하급수적인 성장을 보여준다. 풍력의 용량은 15.4배로 증가하였다 이는 기술 발전으로 생산성이 높아졌으며 수송가격이 낮아졌고 정부의 지속적인 정책 지원 때문이다.

　지구촌의 RE 시장의 빠른 성장과 시장규모 증대로 인해 민간 투자는 2008년(UNEP, 2010) 이후 전 세계적으로 2004년에 4백 60억 달러에서 2008년 이후에는 연간 1,500억 달러로 증가하였다. 다양한 신재생에너지 기술 산업에 수많은 벤처 자금이 쏟아지고 있다. 벤처 투자, 기업 투자 및 프로젝트 파이낸싱을 통해 벤처 캐피탈이 태양광, 바이오자원 연료와 제품, 풍력, 또 최근 신기술의 폭넓은 스펙트럼에 투자를 하고 있다. 그 외 관련 산업 투자는 수요 관리, 배터리 및 하이브리드 기술 및 순수 전기자동차 등에도 자금이 쏟아지고 있다.

그림 5-2　PS20 and PS10 스페인 안달루시아 태양광 발전

※ 출처: wikimedia commons, 저자Koza1983

전반적으로 수요와 공급의 에너지 산업이 빠르게 변하고 있으며, 중요한 RE 에너지 유통 인프라와 수요 공급체계, 그리고 현존하는 석유만 사용하게 한 내연기관 엔진들이 RE 기술을 사용하는 엔진 기술개발 등으로 확산되고 있다. 공급 기술, 사용 기술과 에너지 자원에 대한 의존도 집중 등에 관한 다양한 연구가 진행되고 있다. 예를 들어 전적으로 석유연료를 기반으로 한 교통체계가 바이오연료와 전기플렉스연료, 하이브리드, 그리고 순수 전기자동차를 기반으로 하는 교통체계로 바뀌고 있는 것이다. RE 에너지의 기술 개발로 50~80%의 비용 절감이 일어났는데, 이런 기술 진보가 지난 수십 년간 연구 결과로 실현되었다. 예를 들어, 풍력터빈의 평균 크기는 50kW에서 터빈당 2MW까지 생산하며 특히 해상풍력터빈으로는 5MW까지 생산이 가능하게 되었다. 무게로 보았을 경우의 에너지 생산성이 22~34% 정도 증가한 것이다(Wiser and Bolinger, 2009).

RE 기술들은 다른 에너지 자원에 비해 낮은 온실가스 배출량과 동시에 지구촌 온실효과를 줄여 준다.

온실가스 배출량을 줄이면서 신뢰성과 국민 선호도가 높기 때문에 미래에 저렴한 에너지 서비스를 제공할 수 있는 가능성이 있다. 휘발유나 석유, 천연가스 가격에 비해 가격대가 낮아질 수 있는 분야이며, 특히 지역적인 천재지변의 우려와 수출국들의 국내 정치변화로 인해 에너지 가격 변동성이 심한 화석연료보다 선진국에서 안전하고 가격 변동성이 없는 에너지를 생산하여 지구촌의 경제의 기반인 안전한 에너지를 공급할 수 있다.

2009년 글로벌 관점으로 미국의 에너지 정책을 바꾸었다. 85개 국가와 미국의 35개 주와 콜롬비아 특별 구는 신재생에너지 지원 정책을 추인했다. 50개 이상 국가와 미국의 10개 주와 캐나다 지역은 RE에너지 발전을 하면 정부 지원을 통해 수익이 창출되도록 정책을 바꾸었다. 미국의 38개 주와 지방이(UNEP, 2010) 신재생 포트폴리오 표준을 제정한 정책을 채택했다. 국가 수준의 신재생 표준과 기후법안은 의회에서 논의 중에 있으며 RE 기술을 이용한 제조 및 생산에는 세금 지원을 해주는 조항들이 들어있다.

교통 에너지에는 미국은 2022년까지 20%를 바이오연료로 사용하겠다는 목표를 정했고 유럽은 2020년까지 10%, 일본은 2030년까지 5%를 사용하겠다고 발표하였다. 바이오연료 사용 시 세금 면제는 2005, 2006, 2007년에 대부분의 국가에서 법으로 정했다. 태양열 PV를 지원하는 관세, 국가 건물 코드, 국가 세금 지원 및 보조금 지원 등이 연쇄적으로 각 국가에서 발표될 예정이다.

결론은 미국에서는 지난 수십 년간 RE 기술이 부상하고 있으며 지구촌에서도 지난 20년간 다양한 기술 발전이 있었고 RE 에너지공급, 에너지 안보, 경제 성장력, 환경보호를 위해 화석연료 배척이 일어났다. 기후변화에 대한 영향이 수치로 분석되어 이제는 화석연료비용에다 보건의료비용, 재난재해 비용까지 포함시키고 있다. 기술발전은 극적으로 가격을 낮췄고 경쟁력이 높아졌으며 재생에너지 시장은 2자리 숫자로 늘어났고 매년 1,500달러 정도가 늘어나고 있다. 미국은 이제 RE 최첨단 기술을 많이 보유한 국가로 정부 정책이 RE 에너지로 넘어가고 있는 상황이다. 지속가능한 에너지 경제가 시급하게 필요하며 다양한 청정에너지 기술이 새로운 국가 권력, 지구촌의 권력을 가져오고 기회를 가져다주는 산업으로 부상하고 있다. RE가 경쟁력이 있기 위해서는 단순히 교통 및 에너지 수송 시스템의 통합 솔루션만 갖춰지면 가격 경쟁력을 가진다고 본다.

3. 호주정부는 최초의 기후에너지부 신설

호주정부는 세계 최초로 기후변화부를 신설하였고 현재 기후에너지부로 통폐합하여 막강한 힘을 발휘하고 있다. 2012년 9월 7일 호주 기후변화에너지부에서는 20% RE 에너지를 사용할 것을 다짐하였다. 호주정부는 2000년에 이미 신재생에너지법(Renewable Energy Act)을 통과시켜 RE 투자를 격려하였다. 특히 호주정부는 투자의 신뢰도 확보를 위해 정부가 청정에너지 개인 기업의 투자를 확신시켜 주기 위해서는 다른 전기에너지 생산에 청정 투자 이외에는 자금 지원이 없음을 밝히는 등 투자자들이 신뢰성을 확보하고 지속적인 투자를 하도록 정부가 나섰다. 국가 에너지의 20%를 청정에너지로 만들기 위한 노력이다. 호주정부는 최근 100억 달러의 투자액을 발표하면서 호주가 곧 45,000KW 청정에너지를 생산하는데 목표를 두었고, 여기에 지속적인 투자를 약속하였다. 호주는 또 청정에너지 분야에서 10만 개의 일자리 창출을 발표하였다. 청정에너지 기술 분야 전문가, 탄소거래 중개인, 그리고 엔지니어 등 다양한 일자리가 창출될 것임을 확신하였다. 호주에서 청정에너지 투자 붐은 CEFC로의 투자 통계에서도 볼 수 있다.

'신재생에너지(전기) 법 2000'은 이 프로젝트의 투자자 투자 확실성을 제공하기 위해 신재생에너지(전기) 법을 2000년에 통과시키고 별도의 정책 메커니즘, 최적의 에너지를 제공하기 위해 협력한다고 발표하고 호주에서 2030년에는 청정에너지 기술 지원을 50%로 증가시키며 RET에서 석탄, 가스로 생산하는 에너지에서 탄소거래비를 도입하기로 하였다. RET 투자를 위해서는 청정에너지의 민간 투자를 장려하기 위해서는 안정적인 시장 제공이 중요하다. 투자자 프로젝트를 개발하기 위해 노력하고, 수요 예측을 정확하게 실시하며, 투자를 유도할 수 있는 RET의 기술력을 키우고 RE 20% 목표를 신뢰하도록 하였다. 그리고 2020에는 정책적인 노력을 통해 20% 이상의 목표를 갖고자 한다.

RET는 호주에서 약 35,000개 일자리를 만들 수 있다. 신재생에너지 Australiawide에 100,000개 일자리가 창출될 수 있다. 투자하고 재투자되기 때문에 새로운 청정에너지 기술을 개발하여 수출 가능성을 추가하고 청정에너지 미래를 열어주는 경제 버팀목을 만든다.

저탄소 미래의 번영과 호주의 이산화탄소 80%를 줄여줄 수 있는 감축목표이행이 가능하게 해준다. 기존 RET 방법으로 호주의 에너지 믹스로 약 40% 신재생에너지를 제공할 수가 있다.

호주에서는 2030년 신재생에너지가 호주의 전체에너지의 50%를 달하게 한다고 말한다.

기후변화에너지부에서 풍력, 바이오매스, 조력에너지 등을 융합한 청정에너지가 2015년까지 200~250파운드의 투자를 몰고 올 것이라고 보았다. 에드 에이브 에너지 기후변화 장관(Ed Davey, secretary of state for energy and climate change)은 투자를 망설이는 사람들에게 이 재생에너지 분야가 영국의 에너지 안보를 가져다주며 2013~2015년까지 청정에너지기술의 신속한 발전으로 가정용 에너지 비용을 각 가정당 6파운드를 절약하게 해줄 것이며 그 이후에는 5파운드씩 전기세를 덜 내게 만들겠다고 말했다.

신재생에너지협회 마틴 라이트회장(Martin Wright, chairman of the Renewable Energy Association)은 정부가 RE로 간다고 말했지만 아직도 완전히 신뢰감이 가지 않는다. 기업은 정부의 확고한 정책 없이는 투자를 하지 않는데, 정부의 바이오가스 정책 변화가 있어 실망한 투자자들이 있는데, 이번에는 또 지열발전투자에 관해 정부가 발뺌을 하여 그 분야 투자자들이 실망을 하였다. 바이오매스 분야에서도 곡물에너지, 분료 나무찌꺼기로 에너지화하기, 땅콩줄기, 올리브 나무줄기의 바이오연료 생산하는 것들도 영국의 발전소에서는 석탄보다 바이오매스를 더 많이 태울 것이라고 예측하고 있다. 영국은 자체 내 또는 수입으로 발전소에서 바이오매스를 연료로 쓰겠다고 발표한 것이 2012년 7월이었다.

4. 덴마크의 화석연료 소멸 2050년

덴마크는 2012년 9월 2050년까지 화석연료 소멸, 2025년까지 코펜하겐 탄소중립수도를 만들겠다고 발표하였다. 덴마크가 독일에 이어 유럽의 기후변화대응정책 마련에 적극 나섰다. 코펜하겐 정부는 47억 크라운을 투자하며 덴마크의 대기업들이 200~250억 크라운을 투자하여 세계 최초로 탄소중립수도를 2025년까지 만들겠다고 발표하였다. 그리고 세계 최초로 2050년까지는 모든 화석연료 사용을 금지하는 법안을 통과시킬 예정이다.

덴마크나 유럽은 기후변화 대응방안이면서 동시에 공격적인 경제발전 전략으로 이 세계에서 최대 시장으로 부상하는 대체에너지 시장을 잠식하기 위해서 대체에너지의 메카로 유럽을 만들겠다는 꿈을 가지고 있다. 특히 유럽의 풍력, 지열 발전 등은 이미 알려진 기술 발전을 기록하고 있다. 이번 덴마크의 코펜하겐 수도 탄소중립도시 만들기 발표에는 우선 엄격한 탄소배출 표준을 만들어서 석탄 발전소를 소멸시키고 바이오 연료와 태양광, 풍력, 지열을 이용하여 CO_2를 연간 190만 톤에서 150만 톤 배출로 줄

그림 5-3　덴마크 윈드터빈, 코펜하겐 부근의 풍력농장

※ 출처: wikimedia commons

인다. 이미 2020년까지 덴마크는 소요 에너지의 50%를 풍력에서 얻는다고 발표한 바 있다. 현재는 아직 26%만 풍력이 조달하고 있다.

그 다음은 '자전거 슈퍼하이웨이 시스템'이다. 이 자전거 슈퍼하이웨이를 건설하여 자전거뿐만 아니라 하이브리드 바이오가스 버스나 전기차들이 현존 교통시스템에서 배출하는 CO_2를 줄인다는 계획이다. 출근 인구 절반은 자전거로 출근하도록 정책을 마련하였다. 다음은 건물의 절연절전 시스템과 보다 효율적인 거리 가로등을 통해서 에너지 사용 40~50%를 절감한다고 발표하였다. 덴마크는 또한 현재보다 월 350크라운의 에너지 비용 절감을 시도하겠다고 발표하였고, 신재생에너지 수출, 그린 일자리 창출 등으로 경제발전을 2배로 증가시킨다는 정책으로 내놓았다. 덴마크정부 대변인은 이런 정책 실천으로 깨끗한 공기, 소음 절감, 삶의 질 향상이라는 세 마리의 토끼를 한꺼번에 잡는 효과를 얻는다고 말했다.

Ⅲ 부상하는 미래 기후에너지산업들

1. 기후에너지 시대 식량안보, 바이오연료 및 생명 산업

앞으로 바이오경제 시대, 생명자본주의 시대의 도래가 예산된다.

경제성장 원천의 이동에 따라 '지식정보경제 시대'를 넘어 2030년부터는 '바이오경제 시대'가 도래할 것으로 예상된다. 자원, 금융, 기계기술이 주도하는 자본주의의 한계 봉착이 오고, 생명이 생산의 자본이 되고, 창조의 자본이 되는 생명자본주의 시대 도래를 예측하고 있다. 이에 생체기술(바이오미미크리)의 대두: 모기의 침을 모방 무통 주사, 흰개미 집을 본떠 만든 냉방이 필요 없는 짐바브웨의 빌딩, 부엉이 날개를 닮은 태양열 발전기 등이 발달하게 될 것이다.

지구촌 한 가족 시대·삶의 질 중시 시대·생명 우호적 공동체의 시대가 온다.

기후변화, 환경문제, 식품안전 등 전 지구적 대응이 요구되는 문제가 많아지고, 삶의 질을 중시하는 생활 패턴의 보편화가 이뤄지면서 생명자본주의 시대 성공의 대전제가 시작되는데, 생명을 존중하고 즐겁게 누리고 사랑하는 "생명 우호적 공동체(Homo ecologicus)" 형성이 필수가 된다. 경제적 패러다임의 변화와 사회·문화적, 정치적 패러다임의 변화에 따라 농림수산식품산업의 범위도 더욱 확대·세분화되고 있다.

경제적 이익 창출구조뿐만 아니라 사회·문화·환경적 가치가 동시에 창출되는 가치사슬이 형성되고 있다.

생산·가공·유통의 단순구조에서 식품·제약·관광·레저 등 산업 간의 융복합과 예술·문화 등의 요소가 결합되어 가치사슬이 복잡 다변화되고 있다. 이 중 최대의 산업은 바이오연료를 식품과 경쟁하지 않고 개발하여 국가의 에너지 안보, 식량 안보를 동시에 구가하는 전략이다. 지식정보경제 시대를 넘어 바이오경제 시대를 이끌어갈 신성장 동력으로서 생명산업, 생명공학과 그린IT 기술의 접목을 통한 전통 농림수산식품업의 대반전이 일어난다. 농업의 반도체 '종자', 전천후 생산·대량공급 가능 '버티컬 팜', 식의약품용 바이오신소재 등이 부상한다.

환경생태를 유지·복원하여 저탄소 녹색성장을 견인하는 환경생태산업이 부상하며 이를 기후에너지산업이라고도 부른다.

쾌적한 삶의 공간을 유지·창출하는 어메니티 산업, 휴양·관광산업이 일어나며, 국민들의 식생활 안전과 건강을 책임지는 웰빙·안보산업 등도 부상한다. 자원·환경·생태 산업이 부상하는데, 기후변화 감소 및 대응, 토양·수자원 관리, 재해·질병 방제 등 삶의 터전을 보전하면서 지속적인 성장을 모색하는 분야가 부상한다.

유통·식품산업이 부상한다. 농식품을 가공·제조하고, 저장·운송하는 분야로서 식품안전, 기능성 식품 등 국민건강과 밀접한 관련을 맺고 있는 분야도 부상한다. 바이오생명 산업에는 동물 식의약품 소재, 화석연료 대체에너지 생산 등 생물자원을 적극 활용하는 분야로서 파급력이 큰 신성장 동력이 될 것이며, NBIC 융합산업이 부상하는데, 이는 바이오산업과 함께 미래의 주요 성장 동력이 된다.

농림수산식품산업을 '생명산업'으로 본격 육성하고 여기에 바이오연료를 가지고 와서 기후변화산업을 농림수산식품산업으로 경쟁력을 키워야 한다. 생명자본주의, 바이오 경제시대를 맞이하여 농림수산식품산업을 새로운 국부 창출원인 '생명산업'으로 재해석하고 적극 육성하여야 한다. 생명자원의 생산, 관리·유지 및 산업화를 주도하고, 타 분야 응용산업의 기본소재를 공급하는 허브로서 농림수산식품산업의 역할 재조명이 가능하다. 산업경제 시대 GDP 50조 원 규모의 '약한 산업'이 아닌 바이오경제 시대를 개척해가는 1,000~3,000조 원 규모의 '강한 산업'으로 육성하면 여기에 기후변화산업까지 특히 그 중에서도 바이오연료 산업을 가지고 오는 전략이 필요하다.

2. "절약사회"도래, 절약 산업

캐나다정부가 1977년 발표한 절약사회 논문 등은 결국 친환경농업, 재생에너지활용, 에너지자원보존, 쓰레기재활용, 산업경제 재디자인, 미래 세대에 대한 배려 등을 강조하면서, 신 농업혁명을 일으켜 농어촌에서의 생물권 확보와 생물다양성 보호, 재생에너지 개발을 하자고 주장한다. 1970년 후반 전문가 집단이 캐나다에 왜 "절약사회(Conserver Society)"가 오며, 그 사회는 어떤 모습일지를 밝혀주는 논문을 발표했다. 2개의 조직 즉 캐나다 감마의 캐나다과학위원회와 몬트레올의 메길대학교 미래연구그룹이 발표한 것이다. 지속가능한 발전, 특히 기업에서의 할 일을 적었는데, 신성장동력, 세계 시장의 새로운 기회, 생태환경적인 신 마케팅 전략 등이 들어있다. 새로운 전략이 들어있는 것이 아니라, 아직 이 분야에서 적절한 대응과 전략이 없다는 점을 강조하였다. 대기업에서 현재 적용하는 친환경 효율적 전략은 상세히 기술되어 있는데, 기업이 왜 이제는 친환경적인 기술을 활용하여 긍정적인 개발을 하지 않으면 안 되는지를 밝혔다.

절약사회는 최근 미래학자 짐 데이토가 드림 소사이어티가 온다는 주장을 바꾸고 2015년부터 2025년까지는 절약사회로 갈 수밖에 없음을 주장하였다. 절약사회로 가는 미래를 위해서 의사결정권자들이 지금 행동하지 않으면 안 된다는 경고인데, 현재 에너지로서 재생 불가능한 에너지 자원을 쓰며 이는 장기적으로 환경을 파괴하는 역할을 한다. 절약사회 도래는 지구는 유한한 것이며 재생 불가능한 자원은 또 한정되어 있어 석유 등은 고갈하게 되며 지구촌이 화석연료에 의존이 증가하여 환경파괴가 신속히 이뤄지기 때문이다. 절약사회란 우선 쓰레기를 줄이자는 것이다. 그리고 모든 시스템의 디자인을 새로 하는 경제를 재구축하자는 것이다. 한마디로 줄이면 "더 적게 더 많이" 즉 에너지를 절약하고 효율성을 높이자는 구호이다. 재활용 리사이클링, 가능하면 자원을 절약하고 현대 마케팅 기술이 조장하고 있는 더 많은 소비재에 대한 더 높은 요구를 줄이는데 힘을 합치자는 것이다. 개선이 가능한 다양한 해결방안은 우선 에너지 활용에서 효율성을 높이고 교통수단에서 안정되고 탄력 있는 경제를 만들어 나가자는 것이다.

사회 개개인, 기업인, 정부는 다양한 선택을 열어두고 안내하고 장기적인 정책수립, 위기나 결핍에 대해 단순대응이 아니라 효율성과 유연성으로 대응하고, 쓰레기 양산 습관을 줄이고 우리의 편리성 편안함에 대한 사고의 재지도(re-orientation)를 해야 한다. 인간 행위의 다양성은 자연생태학 체재 속에서 가능하여 유연성과 장기적인 보존을 염두에 두고, 지역의 자원을 효율화하며 극대화하는 책임을 중앙정부에서 지는 제도를 만들어야 한다. 미래의 후손들에게 남겨줄 자원을 생각하고 무엇이 얼마나 남아 있는지를 살피는 "절약사회"는 필연적으로 우리가 받아들여야 하는 미래사회가 아닐 수 없음을 강조한다.

지속적인 절약 마인드를 산업화하여야 한다. 쓰레기를 재활용하는 기술, 주택건설 시 에너지 절약, 모든 생산 시설에서의 에너지 절약 및 기후변화대안 산업들이 급속히 부상하고 있다. 신재생에너지개발의 어려움과 비용을 절감하는 기술, 효율성을 높이며 에너지 사용에서 절약으로 가자는 지구촌 운동, 절약하기 위한 다양한 교육캠페인과 훈련 사고의 전환 집중교육 프로그램도 절약 산업에 들어간다. 사용하지 않았던 해상 주택, 도시농업, 우주공간 활용 등도 절약 산업에 들어간다. 지속성장 가능한 에너지원을 개발하고 에너지를 효율적으로 사용하는 스마트 그리드로, 환경오염도 잡고 에너지 효율성도 강화시키는 IT 기반의 스마트 그리드 솔루션이 나와서 도시경쟁력을 높이고 재생복합도시기술을 한국이 전자정부기술을 팔듯이 해외에 팔 수가 있다.

3. 물 산업

물 산업은 담수화산업 등 많은 기술들이 이미 개발되고 있다. 우리나라도 두산중공업 등이 담수화 플랜트를 중동 등에 많이 수출하고 있다. 물 산업은 물 부족으로 물을 생산하거나 염수를 식수로 바꿔주는 기술들이 들어간다. 빌 할랄의 테크케스트는 물 산업이 2026년까지 약 590조 원의 미국시장이 부상한다고 예측하고 있다. 미국시장에 3.6을 곱하면 세계시장이 된다. 담수화 기술은 다양한 것들이 이미 나와 있다. 담수화 기술 외에는 오폐수처리 기술도 물 산업에 들어갈 수 있다. 빗물을 받아서 다양하게 활용하는 저류조 기술 또한 많이 발전되고 있으며, 가정에서의 오폐수를 정화하여 재활용하는 기술, 물을 절약하여 난초나 식물 등에 수분을 공급하는 기술, 물 없이 빠는 세탁기 기술, 식수를 정화하는 다양한 기술, 바다 심층수 개발과 다양한 식수 개발기술 등이 있다.

미래의 전쟁은 물 때문에 일어난다. 「물 전쟁」(*Water Wars*)이란 저서를 쓴 마크 드 빌리에(Marq de Villiers)는 수년 내에 물 때문에 전쟁이 일어난다고 예측하였다. 세계은행의 부행장인 이즈마엘 세라젤딘(Ismail Serageldin) 세계수자원위원회(the World Water Commission) 회장은 "21세기 전쟁은 물 때문에 일어난다"고 말했다. 이미 세계 지도자들은 인류가 처한 가장 큰 갈등은 물 부족이라고 한다. 한국은 20여 년 전부터 미래의 물 부족 국가로 분류되어 있다. 전 유엔사무총장 부트로스 갈리(Boutros Ghali)도 물 전쟁을 예고하였고, 요르단의 고 후세인 왕도 물 전쟁을 예고하였는데, 이집트가 나일 강 물줄기 때문에 이미 전쟁을 경고한 적이 한두 번이 아니기 때문이다. 물 값이 10년 이내에 오일 가격만큼 비싸질 것이라는 예측도 많다. 중국, 동남아, 미국 남서부, 콩고 나이지리아를 제외한 아프리카, 유럽까지도 1990년 이래 물 부족 현상을 겪고 있다. 지하수의 고갈이 심각하며, 사해는 20세기에 10미터 이상 강물이 줄었다. 1981년 전쟁을 피하기 위해 요르단과 이스라엘이 요르단 강의 수량을 늘리기로 하였지만 수량은 줄고, 요르단, 이스라엘, 웨스트뱅크 가자지역, 사이프러스, 말타, 아랍반도는 수자원이 고갈되었다. 모로코, 알제리, 튀니지, 이집트 또한 10년 내에 수자원 고갈 상황에 빠진다.

고대 유대인과 그리스도교, 이슬람교도의 생명줄은 대부분 물에서 시작되었다. 강 하류에 위치한 나라들은 상류에서 댐을 막거나 할 경우 전쟁을 불사하게 된다. 유프라테스 강줄기를 따라 전쟁이 일어나지 않는 이유는 수단이나 에티오피아가 내전으로 수자원을 이용할 만큼 국력이 없어서다. 메콩 강 주변에도 항상 물싸움이 진행 중이다. 물 전쟁 가능성이 가장 많은 곳은 이스라엘과 조르단이며, 나일 강의 이집트가 강 하류지만 수단, 에티오피아, 우간다가 강 상류에 있다. 터키가 강 상류에 있고 이라크 시리아가 티그리스, 유프라테스 강 하류에 있다. 갠지스 강은 인도와 방글라데시를 거쳐 흐르고, 인더스 강은 파키스탄 인도를 거쳐 흐른다. 세계 인구 40%가 250개 강줄기 주변에 거주하고 있다. 강 상류 국가보다 강 하류 국가는 이미 물에 대한 걱정으로 병력을 증강하여 대부분의 강 하류 국가 병력이 강한 것도 특징이다.

국내에서는 풍력 발전으로 전기를 생산하고 동시에 해수담수화를 통해 물과 소금을 얻을 수 있는 플랜트가 개발돼 오는 2015년까지 상용화될 전망이다. 한국에너지기술연구원은 풍력 발전을 이용한 MVR 해수담수화 플랜트를 개발해 실증 운전에 성공했다. MVR 기술은 폐열 회수 기법의 하나로, 풍력 발전의 증기압축기를 사용해 가열로 발생한 저온·저압의 증발 증기에 압력과 온도를 높여 가열된 열원을 재사용한다. 기존에 상용화된 MSF, MED 증발법과 달리 에너지 소비를 최소화하면서 에너지 효율을 높일 수 있다. MVR 해수담수화 플랜트는 담수 1톤을 생산하는데 12kWh의 에너지가 소요되는 등 다른 증발법에 비해 5.6배 가량 효율이 높다. 또 기존의 증발 담수화 기술과 달리 담수 후 남은 농축염수를 방류하는 대신에 결정화 농축장치를 통해 18% 이상의 고농도로 농축시켜 소금을 생산할 수 있는 친환경 담수 시스템이다. 이 때문에 농축염수 방류에 따른 염도 증가와 해수온도 상승, 탁도 증가 등 해양 생태계 오염을 막을 수 있다. 또 전력공급이 원활하지 않은 고립지역이나 물이 부족한 지역에서 활용할 수 있다. 에너지연은 이 플랜트를 제주 글로벌신재생에너지연구센터에 설치, 하루 최대 75톤 용량의 용암해수를 처리하고 있다.

4. 배양육산업

지구촌 인구는 현재 70억, 2050년에 90∼93억으로 증가하면 육류수요가 6배 이상 늘어난다고 본다. 그러면 현재 지구촌 토지의 절반이 축산농가가 사용하는데 지구가 6개 더 필요하다는 결론이다. 특히 현재 축산농가가 배출하는 온실가스가 자동차배기가스보다 더 높다. 그래서 옥스퍼드대학과 암스테르담대학의 과학자들은 고기를 세포공학기술로 배양하면 배양육은 축산보다 온실가스배출 96% 감소, 에너지 45% 감소, 땅 사용 99% 감소, 물 사용 96% 감소가 가능하며 돼지고기, 양고기, 소고기를 생산가능하다고 환경과학기술저널(the journal Environmental Science & Technology)은 발표하였다. 연구팀장은 한나 투오미스토 옥스포드대학교 교수겸 와일드라이프 보존연구소장이다. 배양육(Cultured meat 혹은 meat without animals 혹은 in-vitro meat)은 세포공학기술로 소고기의 세포를 배양해서 축산농가 없이 고기를 배양하는 기술이다. 배양육(in-vitro meat)은 값싸고 건강하며 동물애호가들의 염원이면서 환경오염을 줄이는 최적의 식량계획이다. 세포공학(tissue engineering)을 이용, 세포는 살아있는 동물로부터 가지고 오지만 전혀 고통 없이 떼어 내오는데 줄기세포를 배양하는 방법은 탯줄을 이용한다. 이

그림 5-4 배양육

세포는 동물 없이 적절한 환경 속에서 배양되고 신속히 자란다. 이론적으로 이 과정은 에너지만 있으면 지구촌 인구를 다 먹일 수 있을 정도로 많이 배양가능하다. 이러한 과정은 유전자변형 없이 진행이 되는데, 세포의 유전자 지도를 전혀 손대지 않고도 배양이 가능하다. 햄버거고기는 앞으로 가장먼저 배양육으로 사용될 듯하다.

처리 가공된 육류를 원하는 크기나 모양으로 배양가능한데, 특히 소시지, 햄버거, 너게트 배양이 손쉬우며, 이런 종류의 고기배양은 아주 단순하다. 하지만 다른 배양육 즉 근육질인 고기 배양은 좀 까다롭다. 스테이크 고기는 극도로 길고 얇은 고기로 세포들에 직접 피와 영양분을 전달하면서 조금씩 배양이 되기 때문이다. 조그만 그릇에 세포들을 넣고 그것을 더 큰 그릇에 가득 배양하는 즉 재생하는 것은 아주 쉬운데, 가장 성공하고 있는 경우는 너겟을 만들기 위한 닭고기다. 이는 닭고기를 갈아서 만들기 때문에 아예 간 닭고기가 배양되는 것이다.

가장 중요한 것은 동물로부터 떼어낸 고기보다 맛이 좋고 값이 싸야 대량판매가 가능하다는 점이지만, 이는 이미 증명된바 있다. 시세포 즉 시작하는 세포는 세포분리로 동물로부터 전혀 고통 없이 소립자를 떼어낸다. 줄기세포를 탯줄에서 가져와 주로 사용한다. 주로 근육세포를 떼어낸다. 배양육 생산에는 특정세포만이 사용된다. 줄기세포를 이용하면 배양의 속도가 아주 빨라진다. 줄기세포 사용은 근육질세포로 확정된 세포를 가지고 오거나 아니면 줄기세포와 근육질세포를 함께 넣으면 속도도 빨라지고 맛도 좋아지는 방법이 있다.

동물 없이 근육질의 고기만 생산하는 기업도 생기고 있다. 가장 효율적인 세포를 찾아 배양하는 것이 좋은데, 내장은 배양이 불가능한데 그 이유는 배양육은 소화기관을 배양할 수 없다. 배양육을 배양하기 위해서는 소가 운동을 하듯이 뒤집어주면서 세포가 늘어나게 하는 것도 고기를 맛있게 하는 방법이다. 배양육을 하면 동물을 가둬서 사육하는 것보다 인간적이고 유기농작물 농민들과 경쟁하기도 좋고 인류의 건강을 책임지고 생태계를 보존하며 지구 온난화를 줄이며 저탄소경제에 적합하다. 이미 국제배양육콘소시움(International In Vitro Meat Consortium)이 탄생하였고, 배양육재단(InVitroMeat Foundation), 세계배양육협력기관(In vitro meat collaboration worldwide) 등이 있다.

5. 알지 미세조류 바이오연료 산업

마이크로알지 미세조류는 녹색황금이며 석유대체 에너지원이라고 한다. 미세조류 마이크로알지(micro-algae)는 원시 시대 바닷가에서 원시인들이 채취해서 식품 혹은 동굴 속에서 횃불로 사용하던 것이다. 알지 바이오연료 산업은 향후 10년 이내에 세계 에너지 무대에서 중요한 역할을 할 것으로 예측된다. 바이오 에탄올의 3세대에 해당하는 미세조류계(Algae)는 습지대나 연못 호수, 바다와 같은 수상환경에서 서식하는 유기체이며, 여기에 사용되는 마이크로알지는 피막성분, 저장생성물, 대사산물과 에너지원천으로 지방과 지방산을 포함하고 있다.

다른 식물들과 마찬가지로 마이크로알지(micro-algae)는 성장하기 위해 3가지 주요 성분인 햇빛, 이산화탄소, 물이 필요하다. 광합성은 알지에 있어서 중요한 생화학 과정이며 이를 통해 햇빛에너지를 화학에너지로 변환시킨다. 현재 마이크로알지가 자연적

 알지테크 말레이시아 알지농장과 실험실

※ 출처: 박영숙

으로 대규모로 자라고 있는 곳은 습지, 늪, 소택지, 염분이 있는 습지, 염호이다. 마이크로알지에서 나온 오일을 이용하여 바이오디젤로 전환 가능하다. 바이오디젤의 사용으로 인해 화석연료의 의존성을 획기적으로 감소시키고, 그로 인해 불필요한 이산화탄소를 섭취하기 때문에 온실가스 감축효과를 목표로 하고 있다. 또 알지 미세조류로부터 바이오연료, 비료, 식품, 동물사료 생산과 축산폐수정화 등이 가능하다. 친환경적 3세대 바이오에너지 생산시설 지원으로 녹색성장 가능하고, 간척지와 같은 경작이 불가능한 국토의 효율적인 개발이 가능하며, 자체적인 바이오에너지 생산으로 세계적 에너지 위기 대비하며, 분자생물학적 개량균주 개발로 지속적인 에너지 생산, 농어촌의 토지의 효율적인 개발과 새로운 고용창출효과, 농어촌 토지의 효과적인 개발로 국토의 균형적인 발전을 추구하는 동시에 각 지역사회에 새로운 고용창출이 가능하다.

마이크로알지는 현재 옥수수 등 곡물연료 즉 옥수수, 콩, 야자 등 바이오연료용 작물보다 단위면적당 300배 더 많은 연료를 생산가능하다. 20～23도의 최적 조건에서 빠른 수확기간(10일 이내의 재배, 수확기간)을 보이는 알지는 유기성 축산폐수와 이산화탄소를 이용하고 기존 경작지나 식량 작물재배와 경쟁하지 않는다. 미세조류를 이용한 축산폐수 중의 질소, 인 고차처리를 통한 수질을 개선해주고, 바이오매스로부터 바이오디젤, 에탄올, 메탄 등 다양한 청정에너지 생산도 가능하다. 세계 각국은 알지 미세조류 배양을 통한 화석연료 대체 연구에 박차를 가하고 있는데 특히 미국 알지 미세조류 오일 생산기업인 Sapphire Energy사에 2008년 5월 MS의 빌게이츠가 1억 달러를 투자하였다. 2009년 9월 도요타 프리우스 플러그인 하이브리드자동차는 알지 미세조류 오일 50갤런을 주입하여 미국 횡단에 성공하였다. 다우케미칼이 급속하게 알지 미세조류 에너지생산자로 전환중이다. 알지 미세조류는 유엔미래포럼 제롬 글렌 회장 등 기후변화 지구 온난화 대안으로 20년 전부터 보급이 주장된 기술이다. 지속가능한 녹색성장을 위해 온실가스를 대량 감축하면서 에너지, 대체식량을 생산할 수 있는 기술의 조속한 실용화 개발이 필요하다. 중국 등 신흥개발국가의 화석연료 수요 증가와 2030년 화석연료 고갈 예정으로 신재생에너지 확보 중요성이 강화되고 있다. 농업대기업 듀폰 다운존스 등이 이미 알지농장 건설을 도모하고 있다. 우리나라에서는 조류연료 생산의 핵심주체인 미세조류주의 획기적 균주개량이 필요하며, 오믹스 기술, 합성생물학 기술을 이용한 우량 미세조류주 개발, 미세조류로부터 바이오에너지 생산의 종합적 시스템 구축, 미세조류 biomass로부터 바이오디젤, 바이오에탄올, 메탄 등 다양한 바이오에너지 생산 시설이 필요하다.

알지 미세조류는 이산화탄소를 먹어야 잘 자란다. 2001년 그린퓨얼테크놀로지(Isaac Berzin, GreenFuel Technologies)는 애리조나 가스발전소 옆에 알지 미세조류농장을 건설, 폐이산화탄소를 활용하여 알지 미세조류 대량생산에 들어갔고, 바이오디젤과 동물사료 생산도 시작하였다. 국제적인 온실가스 문제의 효과적인 대안이다. 이산화탄소 감소와 동시에 이에 따른 탄소배출권 거래로 일거양득의 효과가 있는데, 조류기반 바이오에너지 산업지원으로 녹색성장 기술이다. 미세조류(Microalgae)를 이용한 대기, 수 환경 정화, 바이오에너지 생산시스템 개발이 필요하다. 에너지 수요 증가로 신재생에너지 자원의 개발 및 확보가 필요한데, 원유는 향후 20~40년 후에는 고갈될 것으로 추정되는 한정된 자원이다. BRICs의 산업화 촉진, 생활수준의 향상 등으로 에너지 수요는 지속적으로 증가하고 있다. 대기 중의 이산화탄소 증가에 의한 지구 온난화 문제 해결이 당면과제다.

미세조류 대량배양을 통한 이산화탄소 제거와 기후변화에 대응할 수 있다. 미세조류 배양을 통한 온실가스 저감하고 기후변화에 능동적 대응책을 마련가능하다. 정부의 온실가스 감축목표 달성을 위한 기술 개발이 필요한데, 정부는 이산화탄소를 2020년 배출전망치(BAU) 대비 30% 감축으로 확정 발표(2009.11.17.)하였다. 목표달성을 위하여 정부주도의 적극적 기술 개발이 필요하다. 탄소배출권 거래시장의 출현으로 인한 경제적 기회의 확대가 예상된다. 조류연료는 신재생, 친환경 바이오에너지로 분류되어, 최근 가장 각광받는 대체에너지원으로서 바이오에너지 부각하는데, 자연계의 물질순환에 따른 에너지 생산으로 지구 온난화 억제용이며, 동시에 에너지 생산과 오폐수 처리 효과를 가능케 해준다.

화석연료가 온실가스 주범인데 알지 미세조류 오일에서 바이오디젤이 생산된다. 바이오디젤의 사용은 화석연료 의존성을 획기적으로 감소시킬 수 있다. 식물성 기름을 연료로 사용하는 것은 지금 시대에는 큰 의미가 없어 보일 수 있다. 하지만 바이오디젤의 중요성은 시간이 지남에 따라 높아질 것이며 바이오디젤의 중요성은 오늘날의 석유와 콜타르와 같은 위치의 중요성을 가지게 될 것이다. 바이오디젤을 생산하기 위한 알지 미세조류 농업 알지 미세조류에서 추출된 오일을 바이오디젤로 변환하는 것은 육지 농작물에서 기름을 뽑아내는 것만큼 쉽다. 효과적으로 바이오디젤을 생산하는 일에서 어려운 점은 기름의 추출 문제가 아니라 높은 기름 성분이 함유되어 있고 빨리 성장하며 수확하기 쉽고 비용 대비 높은 효율을 가진 알지 미세조류 재배 시스템이다.

마이크로알지 미세조류는 육지농작물보다 훨씬 빠른 성장률을 보인다. 단위면적당 알지 미세조류 오일 추출량은 1에이커 당 연간 약 5,000~20,000갤런이다. 이는 야자유보다(635 gallons 정도) 7~31배 더 많은 양이다.

바이오디젤을 추출하기 위한 알지 미세조류의 재배는 아직 상업적 단계에 이르지 못하고 있다. 그러나 상기의 산출량에 도달하기 위한 전반적인 연구가 진행되고 있다. 더욱이 알지 미세조류 농업에서 생산되는 높은 산출량은 콩이나 옥수수 등 다른 바이오연료와는 달리 농장이나 담수를 필요로 하지 않기 때문에 식품생산의 감소를 수반하지 않는다. 많은 기업들이 바이오디젤 생산과 이산화탄소 감축 등 여러 가지 목적으로 알지 미세조류 바이오리액터 개발을 추진하고 있다.

알지 미세조류 오일에서 추출한 바이오디젤의 많은 장점을 가진다. 알지 미세조류에서 추출한 원료로 바이오디젤을 생산하는 것은 바이오디젤 원료를 만드는 가장 효율적인 방법으로 알려져 있다. 알지 미세조류 오일에서 추출한 바이오디젤의 주요 장점은 다음과 같다. 빠른 성장률, 에이커 당 높은 수확률, 일부 알지 미세조류 품종은 매일 수확이 가능, 알지 미세조류 바이오연료는 황 성분은 없다.

알지 미세조류 바이오연료는 독성이 없다. 알지 미세조류 바이오연료는 높은 생물분해성을 지니고 있다. 알지 미세조류는 성장하기 위해 이산화탄소를 소비하기 때문에 발전소 또는 다른 산업 공장에서 CO_2를 감축시킬 수 있다.

2010년 7월 액손모빌 사는 바이오기술 회사인 Synthetic Genomics사와 함께 조류 기반의 바이오연료 연구 분야에 6억 달러를 투자하고 있다고 발표한 바 있다. 2008년 Solazyme사는 바이오연료 개발을 위해 세브론과 파트너십을 강화하였으며, Algenol사는 최근 다우화학과의 공조를 공표하였다. 2009년 8월, BP는 조류로부터의 영양보조제 개발에 특화된 Martek Biosciences사에 천억 달러 이상을 투자하고 있다고 발표하였다.[1] 북미 지역에서 가장 큰 수송 회사 중 하나인 제이비 헌트 트랜스포트 서비스 주식회사(J.B. Hunt Transport Services, Inc.)와 조류(藻類; algae) 기름 생산회사인 선에코 에너지(SunEco Energy)사는 제이비 헌트사가 선에코 에너지사의 특허 기술을 이용한 천연 조류 기름으로부터 만들어지는 바이오디젤의 주 구매회사로 만들어주는 공동 협

---

1 출처: http://pubs.acs.org/doi/full/10.1021/es902509d

력 계획을 발표하였다. 제이비 헌트사는 10,000대의 트랙터를 이용하며 1년에 1억 갤런의 연료를 사용한다.

6. 해수 농업

❶ 미국의 해수 농업, 칼 하지스 Seawater Foundation

해수 농업 연구 전문기관으로 시워터 재단 등 5개기관이 큰 것들이다. 해수 농업은 장점이 많다. 인간, 동물이 사용할 수 있는 작물과 해양 동물을 키워 신선한 물을 구할 수 없는 세계의 불모지에 농업 생산의 기회를 증가시킬 수 있다. 다량의 이산화탄소를 흡수하여 온실가스로 인한 지구 온난화를 감소시킨다. 바이오연료로 사용할 수 있는 작물 재배하여 화석연료 의존도를 줄일 수 있다. 일자리가 점점 줄어들고 있는 지역의 고용을 창출한다. 바다로 바로 흘러 들어가 해수오염을 일으킬 수 있는 양식장의 부영양화된 오수를 흡수하여 수질악화를 막는다. 해수 농장은 불모지까지 확장하여 생물학적 다양성을 높이고 환경을 재창조하고 생태학적으로 건전한 발전을 이룰 수 있다.

인구비례에 걸 맞는 식량을 재배할 담수 확보는 지구의 시급한 문제이다. 사막환경의 토양, 해수 농업 가능성 발견되었는데, 해수 농업이 그 대안이다. 바닷물은 영원히 소멸하지 않는다. 석유고갈이 20년 후에 오며 기후변화로 지구가 몸살을 앓을 때 기후변화 대안이 해수 농업이다. 현재 농업은 다양한 화석연료를 써서 관개를 하거나 온도

<table><tr><td>그림 5-6</td><td>시워터재단 대표 칼 하지스</td></tr></table>

를 맞춘다. 하지만 과학기술발달로 염분에 강한 작물개발, 재배법 개선으로 해수 농업이 가능해지며 보편화되는 시기를 2020년으로 본다.

해수를 통해 작물재배 방법도 연구개발 되고 있다. 세계의 인구가 증가하고 담수가 점점 더 희소해지면서, 연구원들은 특정 작물들을 바닷물을 통해 재배할 수 있는 방법을 찾고 있다. 지구가 "바다 행성"이라고 불릴지라도, 인간을 포함한 아주 많은 생명체는 비, 강, 호수, 샘, 냇물들로부터의 담수를 통해 자라나는 작물들에 의존한다. 인간이 가장 많이 소비하는 다섯 가지 작물, 밀, 옥수수, 쌀, 감자, 그리고 대두는 모두 소금을 견뎌내지 못하기에, 해수에 접했을 시에 그것들은 죽고 마는 것이다.

지구의 가장 시급한 문제들 중 하나는 늘어나는 인구에 비례해 걸맞은 식량을 재배할 담수를 확보하는 것이다. UN의 식량농업기구는 향후 30년 동안 열대와 아열대 지방의 증가하는 인구를 부양하기 위해 약 2억 헥타르(약 4억 9,420만 에이커)의 새로운 경작지가 필요할 것이라고 내다 봤다.(이는 대략적으로 미국의 애리조나, 뉴멕시코, 유타, 콜로라도, 아이다호, 와이오밍과 몬태나 주를 합친 크기의 땅이다) 그럼에도 불구하고 이 나라들에게 확장될 수 있는 공간은 9천 3백만 헥타르에 불과하며, 그마저도 대부분 보존해야 하는 우림 지역이다. 명백히 다른 대체의 담수와 경작지가 필요한 것이다.

해수를 통한 농업의 가능성을 실험했고, 그 결과 그러한 농업이 사막 환경의 모래가 많은 토양에서는 가능하다는 것을 발견하였다. 해수 농업은 소금에 내성이 있는 작물들을 바다에서 끌어온 물을 통해 경작하는 것을 말한다. 근본적으로 해수란 부족할 수가 없다. 지구상의 97%의 물은 바다에 존재하기 때문이다. 또한, 사막 지역 역시 모자람이 없다. 지구 지면의 약 43%는 건조하거나 반 건조한 땅으로 이루어져 있다. 다만, 그 중 적은 부분만이 바다와 충분히 가까워 해수 농업을 가능케 한다. 우리는 약 15%의 개발되지 않은 연안과 내륙 소금 사막 지역이 그러한 해수 농업에 가능한 땅으로 예상하고 있다. 이 땅의 면적은 그 합이 1억 3천만 헥타르에 이르며, 숲을 파괴하거나 이미 희소한 담수의 사용 없이 인간과 동물을 위한 식량을 확보할 수 있는 공간이라는 점이 눈여겨볼 점이다.

해수 농업은 고전적인 방법으로 제2차 세계대전 이후에 진지하게 고려되었다. 1949년, Hugo Boyko라는 생태학자와 Elisabeth Boyko라는 원예학자는 홍해의 Eilat이라는 마을에 이스라엘 국가의 형성에 필요한 문제로 가게 되었다. 담수가 부족했던 Boyko 가족은 소금기 있는 우물과 바다로부터의 양수해낸 해수를 사용했다. 그러자, 많은 작물들이 모래가 많은 토양에서는 평상시 농법의 염분도 한계를 뛰어넘는다는 것을 알아낼 수 있었다.

해수 농업은 가격 경쟁력을 갖추기 위해 두 가지의 요구 조건이 뒤따른다. 첫째로, 바닷물을 끌어오는 관개 비용을 넘을 만큼의 작물을 재배할 수 있어야 하며, 둘째로 연구원들은 농경 법을 더욱 연구하여 해수 농업이 환경을 손상시키지 않게 해야 한다. 이러한 장애요소들을 뛰어넘는 것은 매우 어려웠지만 소기의 성과를 거두었다. 우선 염기에 강한 식물들을 찾아야 했다. 해수 농업의 발전은 두 가지 방향으로 나아가고 있다. 일부 연구원들은 염도 한계치를 전통적인, 일반적인 작물, 보리나 밀과 같은 것에서 높이려고 하고 있다. 예를 들어, Emanuel Epstein의 U.C Davis 대학 연구팀은 1979년에 낮은 염도에서 수 세대 동안 경작되어 왔던 보리가 상대적으로 더 염도가 높은 해수로 관개되었을 때 더 적은 양을 생산해 내는 것을 확인했다. 불행히도, 전통적인 작물들의 염분도 한계치를 선발육종이나 유전공학 즉 염분에 내성이 있는 유전자를 첨가하는 방법을 통해 증가시키려는 노력은 해수 농업에 우수한 모델들이 되지 못하였다. 장기간 재배를 통해 가장 염분에 내성이 생긴 작물의 염분도 한계치의 최대한도, 가령 대추야자의 염분 한계치는 해수의 15% 수준인 1000분의 5 ppt 정도였다. 보통의 바닷물은 약 35 ppt의 소금을 함유하며, 홍해나 캘리포니아 만의 북부 만 지역 즉 멕시코의 소노라와 캘리포니아의 바자 부근의 해안가, 그리고 페르시아 만 부근은 대개 40 ppt의 소금을 포함하고 있다. 염화나트륨, 즉 우리가 식생활에 쓰는 소금은 바다 어디에나 풍부하며, 농작물 경작에 가장 큰 방해물이다.

목표는 염기에 강한 식물이라고 불리는 야생의 내염성의 작물들을 재배할 수 있게 바꾸어 식량과 마초, 그리고 지방 종자로 경작하는 것이다. 우리는 기존 작물들의 염 감수성을 내염성으로 바꾸어 생리를 근본적으로 바꾸는 것 역시 고려해 보았으나 그 방법이 어렵고, 기존의 야생 식물을 새로 길들이는 것의 가능성만 못하다는 결론을 내렸다. 가장 생산량이 높은 내염성의 염기에 강한 식물들은 Salicornia, Suaeda, 그리고 Atriplex 등이었다. 이들은 모든 염기에 강한 식물들 중 약 20%에 해당되는 양이다. Distichlis나 viny 같은 염생초들이나, 다즙 조직의 잎을 가진 Batis 같은 작물 역시 상당히 생산량이 높았다. 그러나 가격 대비 효율성을 입증하기 위해 우리는 이러한 염기에 강한 식물들이 기존의 작물들을 특정한 목적으로 대체할 수 있는 것을 보여야 했다. 따라서 우리는 이러한 식물들이 가축들의 먹이로 쓰일 수 있는지 확인했다. 염기에 강한 식물을 기존의 작물들과 혼합하여 가축에게 먹이는 것이 전략이다. 약 30~50%의 기존 작물을 염기에 강한 식물로 대체하여 양과 염소에게 먹여 보자. Salicornia, Suaelda, Atriplex와 같은 염기에 강한 식물을 혼합적으로 먹은 동물들의 무게는 건초만을 섭취한 동물들과 동일하였다. 더 나아가 염기에 강한 식물을 먹는 것은 실험 대상이 된 동물들의 육질에 영향을 주지 않았다. 동물들은 염기에 강한 식물을 혼합해서 먹는 것에 혐오감을 드러내지 않는다. 실상은 되려 그들이 그 짠 맛에 매혹된 모습이었다. 하지만, 염기에 강한 식물을 먹은 동물들은 건초만을 먹은 동물들보다 더 많은 물을 섭취했다. 또한, 전통적인 식단보다 염기에 강한 식물을 혼합한 식단의 경우에 실험 대상의 동물이 사료대비 약 10% 고기를 적게 생산한 것으로 드러났다.

　Salicornia를 기르는 여러 가지의 모델 농장들을 멕시코, 아랍 에미리트, 사우디아라비아, 그리고 인도에서 약 250헥타르에 걸쳐 설치했다. 6년 동안 멕시코에서 매년 약 1.7 kg의 전체 양과 약 0.2 kg의 지방 종자의 Salicornia를 기를 수 있었다. 이것은 대두나 다른 지방 종자들이 담수 관개를 통해 자라는 양과 동일하거나 그것을 능가하는 양이었다. 우리는 또한 일반적인 농장과 관개 장비를 변환시켜 해수 피해를 방지하는 것에도 역시 성공하였다. 비록 해수를 통제하는 관개 전략이 담수 작물을 위한 그것과는 다르지만, 해결하지 못할 만한 공학적 문제를 맞닥뜨리지 않았던 것이다.

　시워터재단 칼 하지스는 1992년 해수의 양을 최소화하기 위한 일련의 실험들을 시도했다. Sarconia를 열린 관개 지역에 놓인 상자들에 심었다. 이러한 상자들은 침루계라고 불리는데 바닥에는 구멍이 있어 물의 출입이 자유롭고, 그 양과 염도를 잴 수 있었다. 그것들을 사용하여 물과 소금의 균형을 처음으로 계산했으며, 또한 최종 경작 량이 해수의 양과 비례한다는 것도 알아내었다. 비록 Salicornia가 그 뿌리가 100 ppt가 넘는 염도에 노출되어도 생존할 수 있지만, 그것은 약 35% 더 많은 관개가(일반적인 작물이 담수로 재배될 때와 비교했을 때) 필요했다. Salicornia는 해수에서 물을 선택적으로 받아들여 그것의 염도를 조절하기 때문에 이와 같이 더 많은 물이 필요하다. 경쟁력 있고 이윤이 남는 해수 농업이 되는 해는 2020년이라고 예측한다. 관개 농업에서 가장 큰 지출을 바로 물을 끌어오는 양수하는 과정이 산업인프라로 건설되어야 가능하다. 사막 지역에서는 해수 농업이 비록 전통적인 작물들에 비해 그 수확량이 떨어진다 하더라도 가격 경쟁력이 있다. 해수 관개는 특별한 장비를 요구하지 않는다. 우리가 설치했던 큰 실험 농장들은 유역 지역의 범람 관개나 움직이는 살수 설비를 사용했었다. 해수 용도로써 플라스틱 관은 그러한 살수 관에 넣어져 해수가 직접적으로 금속에 닿는 것을 방지하였다. Salicornia 씨앗들은 또한 일반적인 방법으로 심어져 수확되었다.

❷ 한국의 해수 농업, 유순애 배제대학교 교수

우리나라는 유순애 배제대학교 교수가 시작한 다사랑이란 기업이 존재한다. 아무도 주목하지 않았던 바닷가 염생식물 함초(학명 퉁퉁마디, Saliconia herbacea L)는 미네랄의 보고이자 비만, 고혈압, 동맥경화 등 성인병을 예방하는 데 탁월한 식품이라는 것이 다사랑측 설명이다. 현재 함초관련 상품이 기타식품 및 다류식품(액상식품)으로 분류되어 판매중이며, 미국 식품의약안정청(FDA)의 승인을 받기도 했다. 함초가 기타식품을 넘어 건강보조식품이나 특정 질환을 치료할 수 있는 의약품 원료로 개발되기 위해서는 지역명품화 사업자로 지정할 필요가 있다. 함초는 우리나라 서남해안 염습지대에서 자라는 1년생 초본식물이다. 학명은 우리나라 말로 퉁퉁마디라고 불리며 영문 학명은 Saliconia herbacea L이라 불린다. 지역에 따라 행자, 행여대, 거정개, 월경초 등으로 불리기도 하며, 신농본초경에는 짠풀이라는 이름의 함초로 표기되었다. 전남 신안군 지도읍 농업회사법인이 염습지대에 함초 인공대량재배 방법을 성공시킨 이래 함초소금, 함초김, 함초액즙 등 30여 가지의 상품을 개발했다.

함초는 성분분석 결과 나트륨을 비롯하여 칼슘, 칼륨, 철분 등 다량의 무기질이 함유되어 있는 미네랄의 보고(寶庫)로 밝혀졌다. 칼슘의 경우 우유의 약 5배가 들어 있으며 칼륨은 감자의 7배, 철분은 김이나 다시마에 비해 10배가 들어있는 등 미네랄의 보고 식물이다. 국립수산과학원 수석연구원 이두석, 수석연구사 민진기가 연구한 자료에 따르면 함초 100g당 나트륨 1100㎎, 칼슘 230㎎, 칼륨 650㎎, 철분 40㎎, 마그네슘 46.5㎎, 철 31.5㎎, 아연 13.4㎎, 망간 7.2㎎ 등 다량의 무기질을 함유하고 있다. 또한 식이섬유가 풍부할 뿐 아니라 아미노산, 바테인, 다당체, 게르마늄, 셀라늄 등 수십 종의 미량 원소 등이 있음을 알 수 있다. 현재 함초분말, 환, 액즙제품, 함초소금, 함초김 등 20여 종을 생산 가공해 온라인이나 농협을 통해 상품 판매를 하고 있다. 배제대학교 생물의약학과 교수인 유순애 교수는 함초의 BT, ET, NT 식음료 등에 관한 연구를 하고 있다. 함초에서 액상을 추출, 효소를 발효시키거나 화장품 원료화 등으로 김치, 된장, 간장 등 식품연구에도 과학적인 데이터 축적중이다.

그림 5-7 배제대학교 유순애 교수팀, 다사랑 함초 생산

해수 농업에는 몇 가지 장점들이 존재한다. 첫째로, 해안 지역 사막 농장들의 모래가 많은 토양은 대개 과잉의 물이 방해 받지 않고 바다로 돌아갈 수 있게 한다. 둘째로, 바닷가나 내륙의 소금 사막의 대수층은 이미 높은 소금의 결집력을 가지고 있어 해수로 인해 피해 받을 수가 없다. 셋째로, 소금으로 인해 영향 받을 토양들은 대개 이미 메마른 척박한 땅이기에, 기존의 농업과는 다르게 피해를 줄 생태계 자체가 극히 드물다. 어떠한 농업 활동도 완벽히 무해할 수는 없다. 큰 규모의 해안가 새우 농장들은 조류를 발생하게 했고, 만이나 강에 지나친 영양소로 인한 질병들을 불러일으켰다. 여러 기업들이 Salicornia나 Atriplex를 실험적으로 캘리포니아, 멕시코, 사우디아라비아, 이집트, 파키스탄 그리고 인도에서 재배하고 있으나, 그 누구도 대규모로 생산에 돌입한 적은 없다.

Ⅳ 한국 기후에너지산업 성장 전략

1. 녹색기후기금 인천유치

녹색기후기금을 한국에 유치하게 되면 그 기금에서 나오는 파생상품이나 서비스 등으로 한국이 5천년을 먹고 산다고 제롬 글렌 유엔미래포럼회장이 강조하였다. 제롬 글렌이 기후변화의 심각성을 알린 글을 가장 먼저 쓴 기후변화전문가 중 한 사람이다. 그는 1973년 거의 아무도 기후변화에 관심을 가지지 않을 때 앞으로 기후변화로 재난 재

해, 쓰나미, 지진, 해일, 가뭄, 홍수, 특히 해수면상승이 심각해지며 그래서 유엔 등의 각종 기구 기관들에서 공동대처하기 위해서는 국제기금이나 기후은행을 만들어야 한다고 주장하였다.

그 후 제롬 글렌은 1996년 정식으로 밀레니엄 프로젝트를 만들어 지구촌 15대 과제 중 1번으로 기후변화를 연구하고 대안을 제시하기 시작하였다. 그리고 최초의 집단지성으로 기후변화 전문가 800여 명을 모아 국제기구인 세계 기후변화 종합상황실을 한국에 만들었다. 여기서는 현재도 집단지성으로 기후변화를 지속적으로 관찰하고 어떤 기후변화 대안 기술들이 나오는지 모든 자료를 집대성하고 있다.

글로벌기후기금(Global Climate Fund) 한국명 '녹색기후기금'은 앞으로 세계은행보다 더 커지거나 세계은행과 경쟁을 하게 된다고 본다. 그리고 이 기금이 기후은행이 될 것이라고 제롬 글렌은 예측한다. 기후은행이 필요한 이유는, 일본의 쓰나미 각국의 지진, 그리고 해수면 상승으로 투발루 또는 몰디브 등 한 개의 나라가 가라앉고 있다. 그런데 이런 자연재해를 위해 각국이 돈을 미리 마련해두고 있지 않고 있는데 재해는 일어나고 재해가 일어나면 당장 돈이 필요하다. 하지만 국가들은 예산을 배정하기 위해서 임시국회를 열고 예산을 신청하면 1~2년이 걸린다. 재난재해국이 그렇게 오래 기다려줄 수가 없다.

그래서 이렇게 기후은행을 만들어 우선 그 기금으로 가난한 국가의 재난 지원금을 보내야만 한다. 특히 투발루 등은 국가 하나가 고스란히 가라앉기 때문에 얼마나 많은 재정 지원을 해야 국가 하나를 건설하게 되는지 그 천문학적 비용을 우선적으로 이러한 기후재앙으로 고통받는 나라에 지원을 해야 한다. 특히 기후소송 등이 일어나 기후변화로 일어나는 해수면상승의 책임을 CO_2 배출 국가들에게 물리려 하고 있다. 그러나 소송이 오래 걸리기 때문에 임시로 기후은행의 기금을 쓸 수밖에 없어진다.

독일은 이 녹색기후기금유치를 위해 3년 전부터 독일총리까지 나서서 적극 유치를 추진하고 있다. 녹색기후기금(Green Climate Fund)이란 개도국의 온실가스 감축 및 기후변화 적응을 위해 2020년까지 연간 1,000억 달러(110조 원) 규모의 재원을 조성하고, 이후 매년 1,000억 달러의 추가조성을 내용으로 하는 특화기금을 말한다.

현재까지 사무국 유치를 공식적으로 신청한 나라는 한국, 독일, 스위스, 멕시코, 폴란드, 나미비아 등 6개국이다. 오는 10월 한국에서 개최 예정인 2차 녹색기후기금 이사회에서 결정될 가능성이 높고, 금년 18차 UN기후변화협약(UNFCC)총회

(2012.11.26~12.7, 카타르 도하)에서 최종 확정 발표될 예정이다. 국내에서는 인천시가 송도국제도시에 녹색기후기금 사무국 유치를 신청하였는데, 사무국을 유치하게 되면, 기존의 어떤 유엔기구보다 정치, 외교적 측면에서 국격과 도시브랜드 가치를 높이게 된다. 경제적 부가가치 또한 지역경제 파급효과가 1,900억 원에 이를 것으로 예측되고, 고용유발 효과까지 포함할 경우의 기대파급 효과는 3천 812억 원으로 예측된다. 또한 사무국에는 최소 300명 이상의 유엔직원들이 상주해서 막대한 기금 운용과 개도국 지원 사업을 펼치게 된다.

녹색기후기금은 급격한 기후변화로 생존의 기로에 놓여있는 인류, 특히 개발도상국의 온실가스 감축과 기후변화 적응을 위해 세계가 함께 노력해야 할 과제다. 이러한 개도국의 환경문제를 해결하려면 막대한 재원이 필요하게 되는데, 이를 총괄하는 기구가 바로 녹색기후기금으로, 이 기금 유치를 위해 뛰고 있는 인천시와 인천시민만의 힘으로는 역부족이다. 사무국 심사위원들이 원하는 것은 서울시와 인천이 함께 뛰어야 한다는 조언이다. 국가가 명운을 걸고 도전하고 쟁취할 만한 최고의 사업이 바로 기후기금이다. 현재 GCF사무국이 한국에 설치되면, GGGI(글로벌녹색성장연구소)에 이어 국내에 설치되는 2번째 국제기구가 되는 셈이다.

GCF 설립배경은 지난 2010년 말 멕시코 칸쿤에서 개최된 UN기후변화협약(UNFCC) 제16차 당사국총회에서 당사국들은 녹색기후기금 설립과 개도국의 기후변화대응 지원을 위해 2020년까지 연간 1,000억 달러에 이르는 장기재원을 조성하는데 합의하였다. 이후 녹색기후기금 설계를 위한 임시위원회가 구성되었는데, 우리나라는 개도국 대표 25인 중 일원으로 참여해 왔다. 녹색기후기금 설립에 관한 내용은 칸쿤 합의문 제102항에 명시되어 있다. GCF 설립 합의에 이르기까지 미국, 일본, 호주, 캐나다 등은 처음에는 개도국과 대립하였으나, 이후 2011년 말에 열린 코펜하겐총회에서 개도국의 의견을 받아들여 협상이 진전되어 금년 말에 사무국유치 결정단계에 이르렀다.

2. 기후에너지산업의 기후에너지부 신설 혹은 통합

기후에너지부가 존재하는 국가가 10여 개 있다. 호주가 가장 먼저 기후변화부를 만들었고 이어서 기후에너지부로 확대 개편하였으며 영국도 기후에너지부가 막강하다.

한국에서도 지경부, 국토해양부 등에 흩어져 있는 기후에너지부 관련 업무를 통합하는 것이 미래추세이다. 부서를 늘리는 것은 미래에 역행하는 일이므로, 어느 한 부처가 기후에너지부라는 이름으로 지구촌 최대 산업인 이 분야를 우리나라의 성장동력으로 이끌어가야 한다. 새로운 정부가 들어오면, 인수위에서 지경부 등 관련부처장에게 왜 당신의 부처가 기후에너지부라는 이름으로 국민들을 먹여 살릴 최대 산업을 책임져야 하는지를 물어봐야 한다.

기후산업이 2020년에는 최대 산업으로 부상하는데 기후산업에는 기후에 관련된 모든 것이 포함되는 새로운 부상산업이다. 기후에 관련된 산업이 대부분 농촌에서 일어날 전망이기 때문에, 현재는 지식경제부, 환경부 등 모든 부처가 관련하고 있는 이 기후변화 문제가 앞으로는 다른 나라들처럼 기후부가 생겨서 관리를 하거나 농수산부에서 기후를 맡는 나라도 있다. 환경부와 농수산부 지식경제부 등의 기후관련 산업을 모두 기후부로 가지고 오는 방안도 있다. 각국이 부처를 통합하는 상황이기 때문에 앞으로 농수산기후부가 생길 수도 있다. 서로 기후산업을 가지고 가려는 경쟁도 치열하다.

기후산업에는 물 부족, 환경오염, 재생에너지, 식량자원, 빈곤, 복지까지 포함될 전망이다. 모든 것을 기후로 풀지 않으면 국제사회에서 생존이 불가능해지기 때문이다. 2030년에는 지구촌인구 절반이 기후관련 산업에 종사하거나 기후관련 교육을 시키는 데 종사한다고 한다. 기후에너지산업은 지금부터 10년간은 국민교육과 인식전환, 법제정이 가장 큰 과제다. 국민들에게 기후변화에 대응할 절약사회(conserver society)를 가르쳐야 한다.

기후변화 대응은 현재의 에너지 낭비, 쓰레기 양산, 사치 등으로는 불가능하다. 농경시대 7천년, 산업시대 2백년, 정보화시대 50년, 2020년이면 후기정보화시대가 온다고 한다. 그런데 후기정보화시대는 기후변화시대, 혹은 나노바이오, 의식기술 인지과학 로봇의 시대 등이 온다는 미래석학들이 있다. 하지만 짐데이토 박사는 종래 "꿈의 사회"가 온다는 주장에서 꿈의 사회가 오지 못한다면 "절약사회" 또는 "신 농업혁명시대"가 온다고 한다.

미세조류 연구는 이산화탄소 저감으로 기후변화에 대응할 수 있다. 지구온난화의 경감이 가능하고, 탄소배출권의 확보를 통한 경제적 우위를 선점할 수 있다. 또 축산폐수의 고차처리를 통한 수질개선 효과가 있다. 미세조류 배양으로 축산폐수의 질소, 인 저감효과가 있다. 환경정화와 유용물질 생산 동시 달성 가능하다. 다양한 바이오에너지 생산으로 에너지 위기 대응하며 국가 에너지 안보를 강화할 수 있다. 바이오디젤, 에탄올, 메탄 등 다양한 바이오에너지 생산이 가능하다. 에너지의 자체 생산으로 경제적 가치 창출 및 기후변화 대응전략 및 에너지 안보에서 중요한 자원이 될 수 있다.

국제기구인 세계기후변화종합상황실(Global Climate Change Situation Room)이 세계미래예측 분야 전문가들의 싱크탱크인 밀레니엄 프로젝트(Millennium Project) 한국지부가 국제경쟁을 통해 한국에 2009년 8월 세워졌다. GENIS 시스템(Global Energy Network Information System) 즉 기후변화포탈을 위키백과 에너지포탈로 MIT와 연계 개발하고 있어 2010년 6월부터 네트워크가 가동 중이다. GENIS 시스템은 집단지성을 이용한 새로운 소프트웨어와 유저 인터페이스를 사용하며, 다양한 세계 에너지 포탈, 세계 에너지 전문가 사이트, 전문가 홈피와 연결시키는 인트라넷이다. 가장 값싼 에너지 기술 중 미세조류를 선택하여 생산을 시작하였다. 2007년 노벨평화상을 엘 고어 부통령과 공동 수상자이며 '유엔정부간 기후변화위원회(IPCC)' 부의장인 모한 무나싱히 박사(Dr. Mohan Munasinghe)가 세계기후변화종합상황실의 자문위원장으로 참여한다. 그 외에도 유엔미래포럼 즉 밀레니엄 프로젝트는 3천여 명의 각 분야 최고 전문가가 회원 또는 이사로 참여하고 있다.

빛의 속도로 변하는 사회에 글로벌 에너지 전략을 짜거나 업데이트하는 데는 엄청나게 복잡하고 신속하게 변하고 과다한 데이터나 기술정보 때문에 의사결정권자가 최적의 정책을 결정하기가 쉽지 않다. 그럼에도 불구하고 환경문제나 사회변화는 의사결정권자의 정책결정이 심각한 결과를 가져오는 상황이어서 글로벌 대체 에너지의 발굴, 분석, 가능성의 확인, 기존 에너지 효율성 극대화 등에 관한 적시 적절한 의사결정을 해야 한다. 여기에 의사결정권자가 올바른 선택을 할 수 있는 정제된 정보를 제공하려는 것이 목적이다. 유엔미래포럼은 이러한 에너지 문제를 집단지성으로 지구촌의 모든 사람들의 지식을 집대성하고 간추리고 정제하여 일반인, 정치인, 비과학자들이 보아도 알 수 있는 정보, 또 전문가나 엔지니어들에게도 최신기술정보를 신속정확하게 제공하는 시스템을 만드는 것이다. 누구나 사용이 가능한 오픈소스 www.gccsr.org는 이제 기후 외에 15대과제에서 현재 상황, 선호하는 미래상황, 그리고 선호하는 미래까지 가기위한 인류의 정책변화, 액션플랜 등이 다 모여 있는 집단지성시스템을 개발하였다. www.themp.info는 앞으로 2013년 초에 완전히 오픈한다.

참고문헌

• Meat without animals＝in－vitro－meat＝cultured meat
http：//en.wikipedia.org/wiki/In_vitro_meat2

• van Eelen, Willem Frederik; Willem Jan van Kooten &Wiete Westerhof, "INDUSTRIAL SCALE PRODUCTION OF MEAT FROM IN VITRO CELL CULTURES", WO9931222 A1 Application WO9931222, published 1999－06－24

• Vein, Jon, "Method for producing tissue engineered meat for consumption", US B1 6835390, published 2001－11－16, issued 2004－12－28

• Edelman, P. D, D. C. McFarland, V. A. Mironov, and J. G. Matheny. 2005. In vitro－cultured meat production. Tissue Engineering 11(5－6)：659－662.

• Azcona, J.O., Schang, M.J., Garcia, P.T., Gallinger, C., R. Ayerza (h), and Coates, W. (2008). "Omega－3 enriched broiler meat：The influence of dietary alpha－linolenic omega－3 fatty acid sources on growth, performance and meat fatty acid composition". Canadian Journal of Animal Science, Ottawa, Ontario, Canada, 88：257－269

• Pigott, George M.; Tucker, Barbee W. (1990). Seafood. CRC Press. p. 236. ISBN 0824779223

• Preliminary Economics Study of Cultured Meat, eXmoor Pharma Concepts, 2008, pg. 7

• Edelman, P. D, D. C. McFarland, V. A. Mironov, and J. G. Matheny. 2005. In vitro－cultured meat production. Tissue Engineering 11(5－6)：659－662.

• McFarland, D. C., Doumit, M. E., &Minshall, R. D. (1988). The turkey myogenic satellite cell：Optimization of in vitro proliferation and differentiation. Tissue and Cell, 20(6), 899－908.

• Benjaminson, M. A., Gilchriest, J. A., &Lorenz, M. (2002). In vitro edible muscle protein production system (MPPS)：Stage 1, fish. Acta Astronautica, 51(12), 879－889.

• I. Datar, M. Betti, Possibilities for an in vitro meat production system, Innovative Food Science and Emerging Technologies 11 (2010) at 17.

• 밀레니엄 프로젝트 www.millennium－project.org

- 1976: The Conserver Society: An operational definition, [Source: Science Council of Canada, Conserver Society Notes (May-June), p.2]

- The Seawater Foundation. CGIAR-Consultative Group on International Agricultural Research. ICBA- International Center for Biosaline Agriculture. USDA's George E. Brown Jr. SalThe study's 1977 report, Canada as a Conserver Society. Sustainability in historical perspective: Canada's conserver society studies revisited. Journal of Business Administration and Policy Analysis| January 01, 2002inity Laboratory. AFRICA RICE CENTER. 스탠포드 대학 솔라센터.

제 06 장

세계 경제의 미래

　21세기가 시작된 지 불과 10여 년, 지금 우리는 그 폭과 깊이를 가늠할 수 없을 정도로 불확실성이 증가하는 시기를 지나고 있다. 2008년 시작된 미국발 금융위기 이후 세계 경제는 충격 속에서 빠져나오지 못하고 있다. 그 과정에서 지난 수십 년간 미국이란 절대적 축을 중심으로 형성되었던 세계 질서가 흔들리면서 여기저기서 새로운 미래 변화가 일어날 조짐을 보이고 있다. 새로운 경제 패러다임에 대한 논의가 활발하게 일어나고 있다. 세계 질서의 재편에 대한 논의와 도전도 본격화되고 있다. 이에 앞으로 2030년까지 세계 경제의 미래는 어떻게 될지에 대해서 예측해 보고자 한다.

I 다음 20년, 세계 경제의 미래

Plausible Future of World Economy in next 20 years

※ 출처: 문화일보, 제 5724호, 2010년 10월 15일 금요일, 북리뷰, p. 25

1. 금융위기 이후, 세계는 4 - 5번의 경제위기를 더 겪을 것이다

급격한 기술 발달과 세계화로 시간과 공간이 빠르게 압축되면서 변화의 속도에 가속이 붙고 있다. 지구 온난화, 로봇기술과 생명공학기술이 불러올 윤리적 문제, 가상현실 기술로 말미암은 다양한 인격과 새로운 의식의 출현, 산업영역 파괴, 세계적 빈곤문제, 국제적 테러의 증가, 물과 식량자원의 부족 등의 수많은 미래 문제들이 현실화되고 있다. 이렇게 현실화되고 있는 미래 이슈들은 세계 경제에 영향을 미치는 요소로 작용할 것이다. 이런 이유 때문에 앞으로 20년간 세계 경제는 최소 3~4번 전 세계적인 경제 혼란과 변화에 직면할 것으로 예측된다.

신용(빚)창조를 통한 경제성장 시스템 자체가 가진 태생적 결함 때문에 1~2번의 금융위기가 다시 찾아올 것이다. 현재 세계 경제 시스템은 '신용(빚) 중독'에 빠져있다. 17세기 영국에서부터 본격화된 신용(빚)창조에 의한 경제성장 시스템은 100년에 한 번씩 큰 말썽을 부렸다. 그러다가 20세기에 들어온 후에는 1920년대, 1970년대, 1990년대, 2008년, 2011년에 한 번씩 큰 규모의 금융위기를 발생시켰다. 말썽을 부리는 속도가 빨라지고 강도와 충격의 범위도 커졌다. 지금 유럽 위기가 해소되더라도 세계 경제는 10년 안에 또 다른 금융 위기를 맞게 될 것이다. 특히 일본, 중국, 한국 등을 포함한 아시아가 진원지가 될 가능성이 높을 것으로 예측된다.

또 다른 가능성의 영역으로는 앞으로 거듭되는 기술혁신으로 말미암은 경제 혼란이 3~4차례 올 것으로 예측된다. 역사적으로, 세상을 바꿀만한 기술의 발명으로 신산업이 등장할 때는 투기적 거품과 금융 위기가 동시에 발생했다. 그 이유는 미지의 신세계에 대한 희망을 주는 신산업들은 시장 진입 초기에 강한 기대만큼 투기가 강하게 일어나지만 어디서부터가 실제인지 예측하기 어려워서 강한 거품 붕괴가 뒤따라오는 패턴을 보이기 때문이다.

1840년대 초 사무엘 모스가 미국 의회에서 정보를 먼 곳으로 보낼 수 있는 혁신적인 기술을 시연한 후 미국 전역은 광분했다. 투자자들은 벌떼처럼 이 신기술에 배팅했지만, 1849년에 전신 선로는 공급 과잉에 이르렀고 거품은 순식간에 터져 버렸다. 남북전쟁 이후 1880년대는 철도 건설의 시대였다. 이 기간에 지어진 철도 선로는 무려 7만 1,000마일에 달했다. 하지만 1894년 1/4이 도산했다. 1920년대는 미국에서 주식투자에 대한 획기적인 개념이 만들어졌다. 투자자들은 대박의 환상에 취하게 되었지만, 1929년 10월 금융투자의 거품은 붕괴하였다. 1990년대는 IT 거품의 시대였다. 주식시장에서는 닷컴 회사들의 주가가 수십 배로 올랐지만, 결과는 참담했다. S&P 주가는 40% 폭락했고 실물경제는 3~4년간 침체했다. 그 후에 또다시 2008년 금융산업의 신기술인 파생상품으로 말미암은 부동산 거품 폭탄을 맞았다.

문제는 앞으로 20년 동안 이를 능가하는 기술혁신과 버블(거품)현상이 최소 4~5번은 올 것이다. 벌써 에너지와 관련된 혁신적 기술들은 새로운 산업의 투자들을 불러일으키고 있으며 부수적으로 곡물 투자의 환상을 불러오고 있다. 하지만 이런 움직임은 앞으로 자산시장의 충격과 금융시장의 혼란을 부추길 것이다. 에너지 다음은 로봇과 미래 자동차다. 로봇 산업은 20세기 초의 철도나 자동차 산업의 혁신과 비교될 정도의 막강한 이슈이기 때문에 경제적으로는 IT 버블 이상의 충격을 가져올 것으로 전망된다.

그 이후로도, IT 분야의 제2의 버블로 불릴 만한 가상현실과 유비쿼터스 기술의 혁신적 진보와 투자 열풍도 조심해야 한다. 그리고 줄기세포 기술로 널리 알려진 BT(바이오 기술) 분야와 양자역학과 더불어 NT(나노 기술) 산업 분야에서 혁신적 기술의 진보, 새로운 영토인 우주 산업과 이에 따른 금융거품들을 차례로 조심해야 한다. 물론 글로벌 투기세력들은 이런 경련적 진폭현상들과 금융혼란을 적극적으로 활용하려 들 것이다. 하지만 우리나라처럼 금융시스템과 경제시스템 등이 취약한 국가나 개인들은 더욱더 크고 실제적인 위협에 노출되며 수십조의 외화가 일거에 빠져나가고 들어오는 현상들이 반복되면서 시시각각 생존을 위협받는 불쌍한 처지에 놓이게 될 것이다.

이 과정에서 세계 경제는 마치 롤러코스터를 타는 것 같은 현상을 보일 것이다. 그리고 사회, 문화, 환경, 제도 등 2차, 3차 영역에서 새롭게 파생되는 변화들로 '경련적 사회'가 초래될 것이다. 필자는 이런 시기를 '월드스패즘(World-spasm: 세계적 경련 현상)'의 시대라고 명명하고, 이런 시기는 최소한 약 10~20년 정도 지속할 것으로 예측하고 있다.

2. 금융위기 이후, 미국과 유럽 경제의 미래는 어떻게 될 것인가

※ 출처: 전자신문 2010년 10월 15일 금요일, 화제의 책, p. 17

❶ 미국이 계속해서 세계 경제의 중심이 될 것인가?

"앞으로 10~20년간의 세계의 금융, 경제, 국제질서 등은 어떻게 전개될 것인가?" 일부에서는 미국의 시대는 끝났고 중국의 시대가 될 것이라고 한다. 심지어는 미국 내에서도 이런 말들이 나오고 있다. 하지만 미국의 시대가 끝났다고 단정하는 것은 금물이다. 2008년 이후 불거진 미국 경제의 위기는 정부의 재정적자 문제로부터 발생한 것이다. 미국 정부의 엄청난 재정적자 규모 때문에 달러가치가 하락하고 미국의 신용에 의구심이 커지면서 기축통화에 대한 불신마저 높아지고 있다. 하지만 미국의 이런 도전이 이번이 처음은 아니다. 20세기 중후반(1985년 달러투기, 1987년 주식투기)에도 미국은 비슷한 도전과 위기를 맞았다. 결과는 미국이 초강대국의 지위를 회복하는 것이었다. 물론 중국이 2025~2030년경이 되면 경제의 규모 면에서는 미국을 충분히 앞설 수 있다. 그러나 미국의 근본적인 문제가 천문학적인 재정적자의 문제이기 때문에, 미국이 이를 극복하면 현재의 위치를 다시 단단하게 만들어 중국과 본격적인 경쟁을 할 수 있는 시나리오도 충분히 가능하다.

한 국가가 재정적자를 해결하는 데는 다양한 방법이 있다. 극단적 방법으로는 전쟁을 일으키는 것이나 모라토리엄을 선언하는 것이다. 그러나 미국은 이 두 가지 중 그 어떤 것도 선택할 가능성이 낮다. 왜냐하면, 두 가지 외에도 충분한 방법이 있기 때문이다. 첫째는 어느 정도의 인플레이션을 용인하는 것이다. 둘째, 재정적자를 줄이려면 씀씀이는 줄이고 세금은 더 많이 걷으면 된다. 그러나 이런 것 이외에 무언가 근본적인 대책이 필요하다. 그것이 무엇일까? 아주 간단하다. 예전보다 더 많이 벌어 빚을 갚으면 된다. 보호무역주의 정책을 통해 기존 산업을 보고하고, 부채를 추가적으로 늘리더라도 미래형 산업에 적극 투자하면 된다. 현재 미국은 IT 분야, 바이오 분야, 뇌신경공학, 양자역학을 중심으로 하는 나노기술, 우주기술, 로봇사이보그 기술 등에서 최고의 기술을 보유하고 있다. 그래서 현재로서 가장 가능성이 큰 시나리오는 미국이 이런 영역에서 엄청난 부를 새롭게 만들어 내면서 미국의 영향력과 지위를 다시 회복한다는 것이다.

물론 대략 20년이 지난 후인 2030년경이 되면 제2차 세계대전을 기점으로 형성된 미국 중심의 세상은 어느 정도 변화되어 있을 것이다. 절대적이고 철옹성 같던 미국의 힘에 균열이 발생할 것은 분명하다. 그리고 그 틈을 비집고 중국의 강력한 부상, 이머징 국가들의 경제성장, 기술의 빠른 발전과 풍부한 노동력과 자원을 활용한 후발 국가들의 새로운 카르텔(공동행동) 형성 등으로 세계의 권력, 부와 영향력도 탈미국화 현상이 나타날 것으로 예측된다. 군사력 면에서도 중국과 일본이 급격한 부상을 하고 있다. 러시아도 옛 소련의 명성을 되찾기 위해 심혈을 기울이고 있다. 그러나 미국이 최근의 분위기처럼 그렇게 빨리 무너지지도 않으리라는 것을 잊지 말아야 한다. 대신, 2014년 이후 미국의 대반격 시나리오에 관심을 기울일 필요가 있다.

현재 미국은 2009~2010년에 1조 7천억 달러나 되는 막대한 유동성을 시장에 퍼붓고도 이렇다 할 시장회복의 성과를 만들어내지 못한 채 다급해 있었다. 이런 와중에 미국의 금융위기가 유럽으로 번지면서 전 세계 국가들은 아무런 안전판 없이 급격하게 이루어진 미국판 세계화의 위험을 깨달았다. 개인부채, 국가부채 등의 위험을 심각하게 느끼면서 기업은 신규투자를 꺼리고, 국가는 재정지출을 줄이고, 개인은 지갑을 열지 않으면서 단기적 공황 혹은 낮은 더블딥의 조짐이 깊어지고 있다. 세계 경제는 지금 빚 갚기가 불러온 새로운 재앙에 빠졌다.

국가 파산 직전까지 몰린 PIIGS(포르투갈, 이탈리아, 아일랜드, 그리스, 스페인) 각국의 금융경제와 실물경제는 크게 흔들렸다. 다른 나라들도 가능하면 빨리 재정적자를 줄여 빚을 갚아야 생존할 수 있다는 극심한 압박감을 받고 있다. 미국, 일본, 유럽 등의 주요 나라들이 과다한 부채에 시달리고 있다. 일본은 GDP 대비 230%를 넘었고, 미국도 2011년 의회가 부채 한도 증액을 승인함으로써 가까스로 파산위기를 넘겼다. 우리나라도 정부, 공기업, 공적금융기관 부채가 700조 원을 넘었다. 이런 상황 때문에 각국 정부는 당분간 부채축소(Deleveraging) 쪽으로 정책을 시급히 옮길 수밖에 없다. 기업들도 미래의 불확실성과 부채압박에 대비하기 위해 현금 확보에 열을 올리고 있다. 개인들도 가처분소득 대비 가계 대출이 많이 늘어나서 '부채축소' 쪽으로 급히 움직이기 시작했다. 물론 빚을 갚는 것은 좋은 것이다. 하지만 '급격한' 부채청산은 보호무역전쟁, 경기회복 둔화, 기업파산, 실업률 증가 등의 새로운 위기를 불러온다.

빚을 갚는 것은 재정 건전성을 높이지만, 다른 한편으로는 재정지출, 신규투자, 개인 소비를 급격하게 줄이는 부작용을 낳는다. 정부의 재정지출, 기업의 투자와 개인의 소비가 줄면 기업의 매출이 줄고, 전체 경기는 둔화하여 다시 소비감소와 부동산 주식 등의 자산 가치 하락의 악순환이 발생한다. 이 과정에서 실업률은 회복되지 않고, 디플레이션의 가능성은 커지게 되어 기업 부실과 금융권 부실을 가중시킨다. 앞으로 최소 2~3년은 이런 상황이 전 세계적으로 지속될 가능성이 크다. 이 과정에서 각국들은 자연스럽게 보호무역주의로 돌아서게 되어 수출 중심국들의 어려움이 커지게 될 것이다. 그러나 이런 위기는 영원히 지속하지는 않는다. 2014~2015년경이 되면 세계 경제는 중요한 분기점을 맞이할 것으로 예측된다.

❷ 유럽의 미래 경제는 어떻게 될 것인가?

현재 유로존의 금융위기 사태는 중반 정도 밖에 지나지 않은 상황이다. 유로존은 2012년 10월경에 몰려오는 위기 국가들의 국채상환에 대비하기 위해 ECB(유럽중앙은행)가 무제한 매입으로 구제할 수 있는 안전판을 마련하여 2012년 10월에 돌아오는 부채는 해결할 가능성을 겨우 높여 놓았다. ECB가 부도위기 높은 국가의 국채를 무제한으로 사주면 다른 금융기관도 이들 국가의 국채를 살 수 있는 심리적 조건이 마련이 되는 계기가 되어 위기 국가들의 국채발행 이자율도 내려간다. 이렇게 발행된 국채를 통해서 위기 국가들과 은행들은 만기가 되어 돌아오는 부채의 원금 일부를 상환하거나 이자를 해결해 부도위기를 넘길 수 있다.

더불어, ECB는 유동성의 과잉으로 말미암은 인플레이션 위험을 두려워하는 독일의 반대를 무마하기 위해 한 가지 장치를 추가했다. 바로 불태환 정책이다. 불태환 정책이란 통안채(한국은행이 시장의 유동성을 조절하는 방식 중 하나) 같은 방식으로 국채를 매입해서 돈이 풀리면 시장에 인플레이션이 발생되는 것을 막기 위해 시중에 풀린 통화를 중앙은행이 재흡수하는 방법이다. 독일의 입장은 이 역시 근본적으로는 싫으나 다른 방법이 없으므로 임시방편으로 승인한 셈이다.

ECB가 이런 방식으로 위기 국가들의 국채매입을 반복하게 되면 급한 불을 끌 수 있

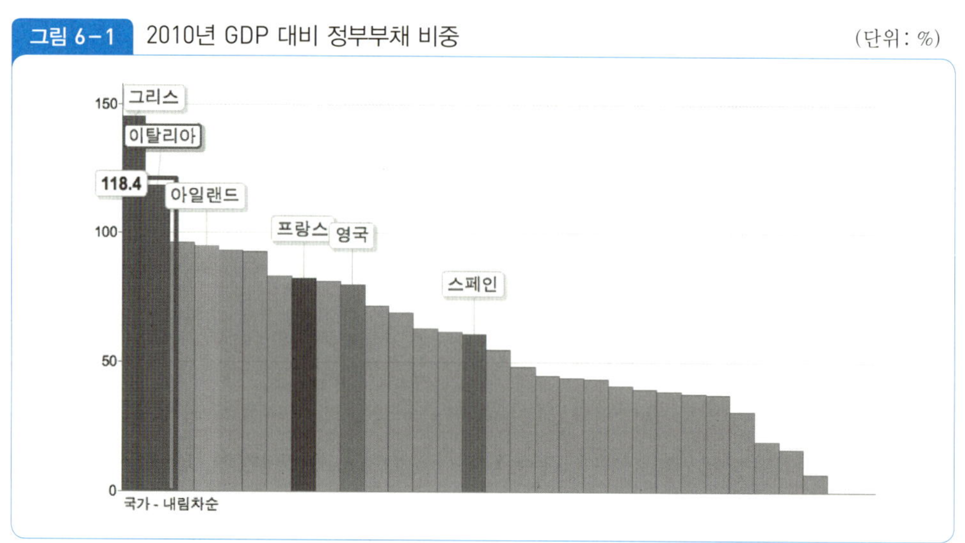

※ 출처: 유럽연합통계청

다. 그러나 이런 조치들은 근본적인 문제를 해결하지 못한다. 부도위기 국가가 이자와 원금을 갚을 수 있는 여력이 없는 상황에서 일정한 규모 이상의 부채탕감이 이루어지지 않으면 오히려 원금이 더욱더 불어난다. 현재의 위기를 더 큰 위기로 발전시키면서 뒤로 미루는 격이다. 위기 국가들은 자력으로 원금을 갚을 수 없는 상황에 빠진 지 오래다.

〈그림 6-1〉은 2010년 유럽 주요 국가들의 GDP 대비 정부부채 비율이다. 그러나 2012년에 들어와서는 더욱더 상황이 심각해지고 있다. 그리스의 경우, 2012년 구제금융 받고 난 후 상반기 부채가 GDP 대비 161.7%가 넘어갔다. 이는 전년도 대비 16.8% 증가한 수치다. 정부의 재정적자도 9.1%로 계속 증가 추세에 있으며, 국제통화기금(IMF)의 애초 예상과는 매우 다르게 2012년 경제성장률은 −7%로 전망되고 있다. 구제금융을 받았지만, 빚만 계속 늘어나고 있다는 말이다. 〈그림 6-2〉는 2011년 국제통화기금(IMF)이 이탈리아, 그리스 등의 경제성장률을 예측한 자료다. 그러나 실제는 이 예측보다 더 악화되었다.

다음 위기의 진원지인 이탈리아와 스페인 역시, 사정은 마찬가지다. 이탈리아는 2012년 기준으로 정부의 부채가 GDP 대비 120%를 넘어섰다. 물론 전년도 대비 1.4% 증가 추세에 있다. 설상가상으로 이탈리아의 민간부채도 GDP 대비 122%를 넘었다. 스페인은 GDP 대비 정부부채는 79%로 상대적으로 낮은 편이지만 민간부채가 GDP 대비 213%에 이르러 심각한 상황이다. 부동산 버블의 타격을 직접 받으면서 은행들의 부

그림 6-2   GDP, 경제성장률

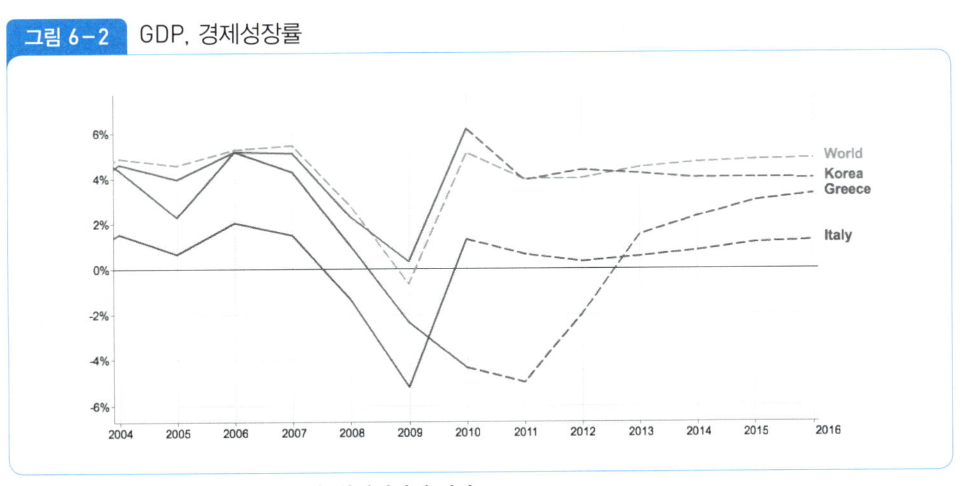

※ 출처: 국제통화 기금IMF, 2011년9월세계경제 전망

실이 급격하게 커지고 있다. 포르투갈 역시 GDP 대비 정부부채는 112.8%로 전년도 대비 19.5% 증가 추세에 있다. 세수는 전년 대비 감소하고 있으며 경제성장률도 하락 중이다. 아일랜드는 GDP 대비 정부부채가 105%이며, 전년도 대비 12.9% 증가 추세이다. 아이슬란드도 GDP 대비 정부부채가 128%이며, 전년도 대비 3.6% 증가했다. 이처럼 PIIGS 및 인근 국가들의 부채는 2008년 이후 다양한 조치에도 오히려 더 늘고 있다. 하나의 위안거리가 있다면 늘어나는 속도가 조금은 감소했다는 것이다. 결국, ECB의 불태환 매입이 근본적인 위기 해결이 안 된다고 보아야 한다.

건전하다고 평가받는 나라인 영국도 GDP 대비 정부부채가 86%에 이르렀다. 프랑스도 GDP 대비 부채가 89%이며, 민간부채는 114%를 넘어서서 PIIGS 국가들처럼 극히 위험한 수준이다. 유로존의 유일한 버팀목이며 재정 건전도가 가장 높다는 독일조차도 GDP 대비 정부부채가 81%이고, 민간부채는 107%에 이르렀다. 이처럼 유로존에서 건전한 1그룹에 속한 국가들마저 위험 수준에 이르렀기 때문에 PIIGS 국가의 엄청난 빚을 떠안으면서 유로존을 위기에서 탈출시킬 수 있는 상황이 아니다.

❸ 지금의 위기는 2014-2015년경에 전환점을 맞이할 것이다

이렇게 위기가 계속 증가하는 상황에서 세계 경제의 미래를 예측하기 위해서는 레버리지(Leverage Point) 파악이 아주 중요하다. 현재로서는 세계 경제의 미래를 좌우할 중요한 포인트는 두 가지다. 하나는 유로존이 근본적인 해법을 꺼내 드는 시점이 언제냐는 것이고, 다른 하나는 세계 경제의 기초를 떠받치고 있는 미국 경제가 자생적으로 회복되는 시점이 언제냐는 것이다. 필자가 예측하기에 2014~2015년이 되면 이 두 가지에 관한 굉장히 중요한 미래징후(Future Signal)가 발생할 가능성이 크다. 즉, 2014~2015년경이 전 세계 경제가 방향을 전환하는 시점이 될 가능성이 상당히 높을 것으로 예측된다.

2014~2015년경에 유로존에서는 금융위기가 전체적으로 드러날 것이며 동시에 유로존 위기에 대응하는 근본적인 해법을 꺼내 들어야 하는 시기가 될 것이다. 현재 미국과 유로존의 사태의 핵심은 단기적 유동성의 문제가 아니라, 근본적으로 부채가 계속 늘어나고 있는 것이다. 그래서 해법은 모라토리엄을 선언하거나 디폴트 처리를 하는 과정에서 부채 원금의 일정량을 탕감(헤어컷, haircut)해서 근본적으로 부채의 상당 부

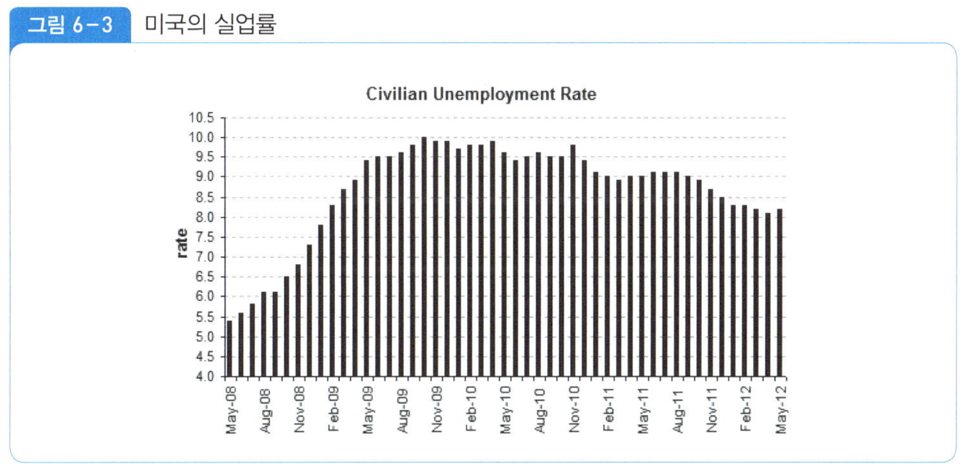

그림 6-3 미국의 실업률

※ 출처: Econoday

분을 없애는 것이다. 이 방법이 나와야만 유로존 위기가 해결방향으로 전환될 수 있다. 이것이 전 세계 위기의 바닥을 확인할 수 있는 핵심적인 레버리지다.

2012년에는 이런 근본적 해결법이 나올 가능성이 작았다. 그 이유는 미국 대선 때문이었다. 즉, 2012년은 세계 경제 문제에 정치적 상황이 가장 크게 개입되는 해였다. 미국의 오바마 대통령은 2008년 미국의 금융위기 이후 엄청난 재정을 투입하여 실업률을 10%대에서 8%로 떨어뜨리는 데 성공했다. 하지만 계속해서 이런 식의 재정투입은 불가능하다. 그렇기에 오바마 대통령의 재선 전략은 8%대로 떨어뜨린 실업률을 그대로 유지한 상황에서 대통령 선거를 치르는 것이었다. 〈그림 6-3〉은 미국의 실업률을 보여 주는 지표다.

미국의 현재 경제상황을 설명해 주는 몇 가지 지표를 읽어 보자. 〈그림 6-4〉는 미국의 대표적 통화 공급량 지표를 나타내는 MZM(Money with Zero Maturity, 만기가 없어 언제든지 꺼내 쓸 수 있는 통화 공급량 지표)이다. 미국의 통화량은 2008년 금융위기 이후 계속해서 상승세를 보인다. 즉, 경기부양을 위한 미국 연방준비제도이사회(FRB)의 통화팽창 기조의 정책이 지속해서 유지되고 있다. 그러나 이런 노력에도 미국은 4년이 넘도록 장기적 침체에서 벗어나지 못하고 있다. 설상가상으로 올해 연말까지 재정적자 감축안을 마련해야 한다. 최종의 수단인 3차 양적 완화 정책을 발표한 지금, 미국은 앞으로 재정지출 및 감세 등을 통한 경기부양의 여력이 그다지 높지 않은 상태다. 앞으로 유럽의 위기가 지속되거나 좀 더 악화되면 미국도 크게 도움을 줄 형편이 되지 않는다.

그림 6-4

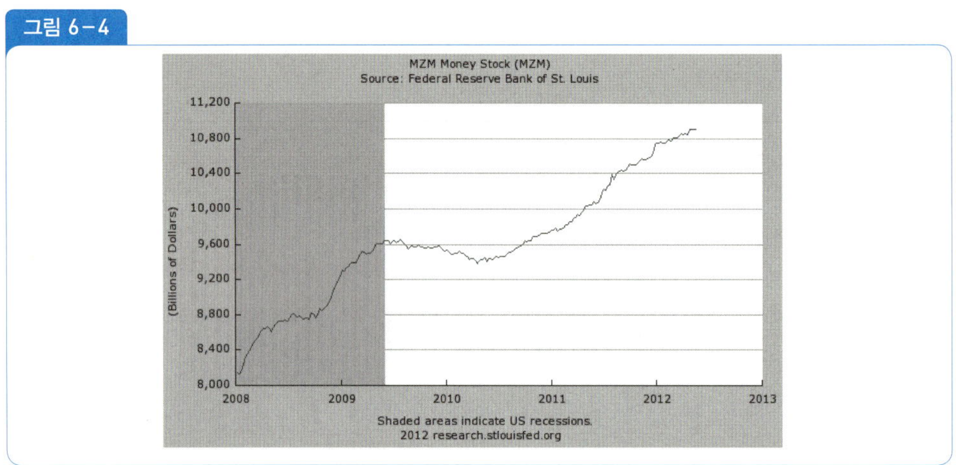

※ 출처: FRED

이렇게 돈이 많이 풀렸어도 미국 경제가 눈에 띄게 살아나지 않는 이유는 무엇일까? 답은 간단하다. 돈이 시장으로 흘러나가지 않고 급한 부실채권 문제만 해결한 채 은행권 내부에서만 맴돌기 때문이다.

〈그림 6-5〉는 미 연준의 지불준비금 계정이다. 그림을 보면, 2011년 중반 이후 미 연준의 지불준비금 계정 규모는 급증세를 멈추고 보합세를 보이고 있다. 미 연준이 엄청난 규모의 돈을 공급했지만, 돈이 시중에 공급되지 않고 은행권 내부에서만 도는 유

그림 6-5

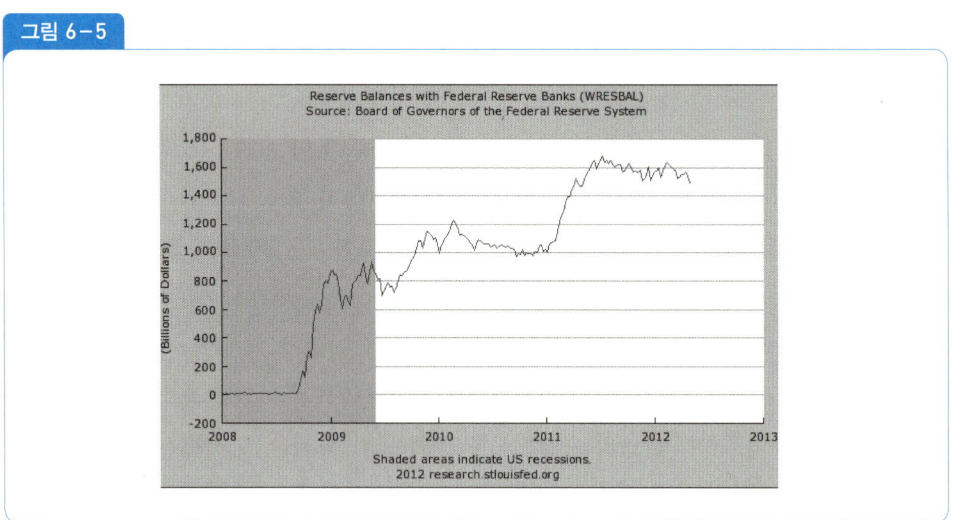

※ 출처: FRED

동성 함정에 빠진 상황이다. 물론 2008년부터 현재까지 몇몇 구간에서는 유동성 함정에서 조금씩 벗어날 양상을 보여 왔다. 하지만 유럽재정위기의 여파가 계속되면서 미국 대형 금융기관들의 신용 하락 압박이 계속 높아지게 되어 지불준비금 계정 규모가 증가세로 반전되면서 다시 유동성 함정에 빠져들고 있다. 이와 맞물려 미국 소비자들의 신용잔고도 다시 늘어나는 추세로 전환되고 있다. 〈그림 6-6〉은 연방준비제도이사회(FRB)가 발표한 소비자 신용잔고액을 보여 주는 그래프다. 통화량 공급이 늘어나도 소비자들이 돈을 시장에서 사용하지 않고 은행에 저축하는 추세가 다시 증가하고 있다. 이는 실물경기 침체 가능성 및 고용불안 등 불확실한 경기상황과 맞물려 있다. 당연히 미국 소비자들의 심리지수도 함께 하락하고 있다.

　이런 경제지표들을 분석한 결과를 종합할 때, 현재 미국의 경제상황은 다행히 1929년 대공황 때와 같은 심각한 국면에 진입했다고 이야기할 정도는 아니다. 그러나 2011년 말 대비 회복세를 보였던, 제조업 수출, 실업률, 주택거래량 하락폭 등이 다시 악화 또는 정체의 신호를 보내고 있다. 그래서 다시 침체국면으로 빠져들 가능성도 충분히 있다. 물론, 다른 지표들을 분석해 본 결과 미국의 경제는 최악의 상태는 벗어난 듯 보인다. 예를 들어, 낮아진 원자재 가격, 안정된 물가와 높아진 저축률에 힘입어 가계소득이 회복되고 있다. 그러나 아직은 고용지표와 주택거래량 및 가격지표가 호전되지 않은 상황이다. 즉, 내수가 단기간에 회복될 가능성은 낮다. 이와 더불어 현재 미국 수

그림 6-6

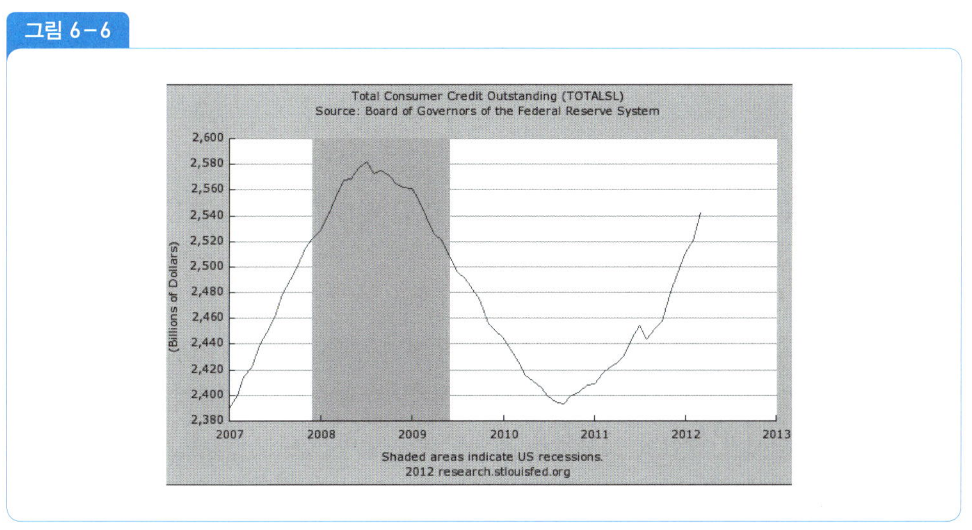

※ 출처: FRED

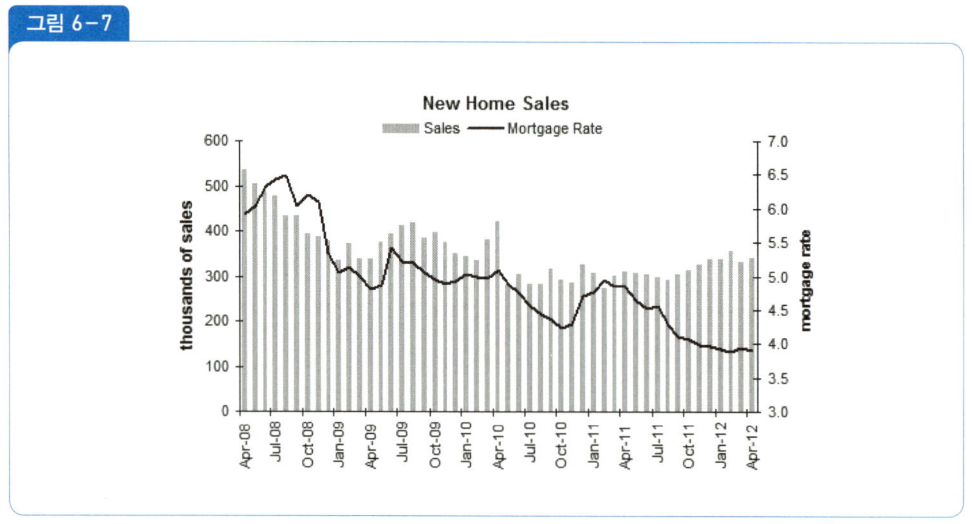

※ 출처: Econoday

출시장의 22%를 차지하는 유럽과 최근 성장세인 중국시장이 실물경제 침체로 점차 가라앉으면서 미국의 수출액도 지지부진한 상황이다. 이 때문에 미국의 제조업 경기를 나타내는 2012년 5월 필라델피아제조업지수가 −5.8을 기록하며 8개월 만에 최저치를 기록하고 콘퍼런스보드가 집계한 2012년 4월 경기선행지수 역시 작년 9월 이후 최초로 마이너스로 돌아서는 등 위기의 여진이 아직도 존재한다. 〈그림 6-7〉은 미국의 신규 주택 매매 동향이 지속해서 하락하다가 보합세를 유지하고 있어서 아직은 미국 시장이 본격적인 소비심리 회복 및 경제성장 단계에 진입하지 못했음을 추정할 수 있는 그래프다.

④ 앞으로 세계 경제의 향방을 예측하는 중요한 미래 시그널들

이러한 상황이기 때문에 유럽 재정위기의 여파로 국제금융 시장의 위험이 가중되면서 미국 상업은행의 신용의 문제가 불거지면 미국 경제가 다시 더 깊은 침체국면으로 퇴보할 가능성이 높다. 이러면 오바마의 재선에 큰 악재로 작용했을 것이다. 오바마로서는 유로존의 위기가 확산하는 상황을 최대한 늦추어야 했다. 최소한 이번 선거 이후로 지연시켜야 했다. 필자가 모니터링한 바로는 이미 이 문제에 대해서 오바마 대통령은 독일과 프랑스의 정상들과 일정 부분 교감을 이룬 것으로 보인다. 또한, 유럽의 정상들은 2013~2014년까지는 근본적인 해법을 구사하지 않고 다른 방법을 사용해서 유럽 재정위기를 벗어나려는 전략을 구사할 것이다.

그리스를 구제금융 해주는 것도 타격이 큰 상황에서 규모가 몇 배나 더 큰 스페인, 이탈리아를 구제금융 해주는 것은 사실 만만치 않다. 하지만 이보다 더한 상황은 스페인과 이탈리아 등이 구제금융을 받고서도 결국은 무너져 내려서 그리스처럼 부채의 상당량을 탕감받아야 하는 상황이다. 이렇게 되면 두 나라에 엄청난 규모의 빚을 빌려 준 프랑스, 독일, 미국 등의 국가들과 금융권들이 큰 손해를 보게 된다. 그래서 빚을 더 빌려 주어서라도 급한 불을 끄면서 구조조정을 유도해서 장기적으로라도 원금을 다 회수하기를 원한다. 따라서 당장 2013년부터 부채탕감을 시켜주기보다는 이탈리아와 스페인에 구조조정과 재정적자 감축 압력을 주고, 대규모의 유동성을 공급해 주면서 어떻게든 생명을 유지하는 노력을 필사적으로 할 것이다. 그러나 현재 상황을 분석해 볼 때, 지금과 같은 강도 높은 구조조정이 1~2년 정도 지속되는 상황에서 정부와 금융권의 빚이 계속 늘어가고 시민과 노동자들의 강력한 반발이 지속되어 정치적 불안정성이 증가하면 어떻게 될까? 결국, 이탈리아와 스페인도 일정량의 부채탕감을 할 수밖에 없을 것이다. 필자는 그 시기가 대략 2014~2015년 정도로 예측하고 있다. 다소, 금융시장에 충격이 가해지더라도 위기 국가들의 빚의 원금 일부를 없애준 다음에 구조조정을 시키고, 경기부양책을 일으켜서 경제위기를 탈출하는 것이 근본적인 해법이다.

필자가 언급한 근본적 해법을 사용함으로써 유럽의 위기가 해결되는 가닥이 보인다면, 이때부터 금융자본이나 기업들이 자발적이고 선제적인 투자를 하게 될 것이다. 기업들의 자발적 투자의 시작 시기가 중요한 이유는 미국 정부는 더는 실업률을 떨어뜨릴 여력이 없기 때문이다. 미국의 실업률을 6~7%대로 떨어뜨리는 것은 기업의 몫이다.

그런데 미국의 실업률이 6~7%로 하락하는 것이 세계 경제와 관련해서 왜 중요할까? 이는 미국의 기업들이 미래의 리스크가 거의 다 드러났고, 이제는 선제적으로 움직일 때라고 판단을 했다는 것을 미루어 짐작할 수 있는 미래 시그널(Future signal)이기 때문이다. 미국의 경제는 GDP 대비 75%가 소비에 의존한다. 그러므로 미국 경제가 살려면 반드시 소비가 살아나야 한다. 또한, 2008년 기준으로 전 세계 소비의 50%는 미국에 의존해 있다. 즉, 미국의 소비가 살아나는 것이 전 세계 경제회복을 알리는 가장 중요하고 확실한 신호가 된다는 말이다.

이렇게 중요한 의미가 있는 미국의 소비가 살아나려면 미국의 중산층이 살아나야 한다. 중산층이 소비를 늘리는 방법은 소득효과와 자산효과가 있다. 현재로서는 자산효과는 당분간 크게 기대할 수 없는 상황이다. 따라서 미국 중산층의 소비가 살아나는 유일한 통로는 소득효과밖에는 없다. 소득효과는 취업률이 올라가야 발생한다. 고용률을 높여야만 중산층의 비율이 올라가고, 이들의 소비력으로 미국의 GDP가 올라가 전 세계적인 제품과 서비스의 판매, 수출과 소비를 떠받칠 수 있는 기틀이 마련된다. 따라서 현재로서 회복의 국면으로 전환되는 또 하나의 가장 중요한 레버리지는 미국 중산층의 고용률이다.

미국은 2008년 금융위기가 발생하자 실업률이 10%로 치솟았다. 당시, 전문가들은 미국이 3~4%대의 정상적인 수준의 실업률로 되돌아가는데 대략 10년 정도의 시간이 걸릴 것으로 예상했다. 그런데 실업률이 3~4%로 수준으로 내려가야만 시장이 회복되는 것이 아니다. 실업률이 6~7%대로만 떨어지더라도 투자자들은 미래의 기회를 보고 선제적으로 행동을 취하게 된다.

미국의 정책과 미래 전망을 예측해 봤을 때, 8%대의 현재 실업률을 추가로 하락시키는 방법은 두 가지가 있다. 하나는 정부가 계속 재정을 투여하며 공공의 수단을 활용해서 일자리를 만들어 내는 것이다. 사실, 2008년 당시 10%로 치솟았던 미국의 실업률이 2012년 현재 8%로 떨어진 것은 기업의 노력에 의한 것이 아니다. 미국 정부가 지난 4년 동안 신용등급 하락을 감수하면서까지 추가적인 국채를 발행하고 재정적자 정책을 유지하면서 공공근로, 임시직, SOC 투자 등을 늘리면서 거둔 결과다. 미국의 기업들은 이 기간에 구조조정을 하면서 실업률을 올리는 역할만을 했다.

필자는 2% 정도 떨어뜨리는 것이 미국 정부가 할 수 있는 최고의 수준이라고 평가한다. 물론, 같은 방법으로 미국 정부가 앞으로도 몇 년 동안 계속 시장에 돈과 일자리를 투여하면 될 것으로 생각할 수도 있지만, 미국 정부는 막대한 부채와 엄청난 재정적자, 그리고 부채의 증가를 제한하는 의회와의 협약 때문에 더는 부채를 늘릴 수 없는 상황이다. 즉, 8%대의 실업률을 추가로 하락시키는 일은 유럽 위기 해소의 실제적인 실마리가 나오고 실물경제 침체가 바닥에 도달하여서 이제는 선제적 투자를 해도 된다는 미래 징후를 기업들이 읽고 난 후, 자발적인 판단으로 고용을 늘리는 방법 밖에 없다.

필자는 현재의 유럽과 미국의 정책적 추이를 보았을 때, 2014~2015년이 되면 고용률이 6~7%로 될 가능성이 점점 더 커진다고 예측한다. 2014~2015년이 되면, 미국은 2008년 서브프라임 사태 이후 만 6~7년이 지난 상황이 된다. 보통은 부동산 버블붕괴가 일어나게 되면 금융충격이 발생 후 실물경제 침체가 7~8년이 지속하는 패턴이 발생한다. 이런 패턴을 미국 경제에 적용해 볼 때, 2014~15년은 미국의 실물경제 침체기가 상당 부분 후반으로 와있다고 볼 수 있다. 그리고 이 시점은 유럽재정위기가 모두 다 드러나는 시점과 맞물리게 된다. 이러한 시그널들은 미국의 기업들에 선제적 투자를 하는 시기가 도래했다는 인식을 하게 할 것이다. 이런 종합적인 이유 때문에 필자는 2014~2015년을 세계 경제가 위기탈출을 하는 데 아주 중요한 분기점이 될 것으로 예측한다.(단, 주의할 점은 정확하게 2014~2015년으로 보기보다는 대략 이 시기를 변곡점으로 정해놓고 모니터링이 필요하다.)

3. 금융위기 이후, 중국과 아시아 경제의 미래는 어떻게 될 것인가

❶ 20년 후, 팍스 아시아나(Pax Asiana)의 시대가 도래한다.

현대에 들어서, 미래학자들의 미래예측 성공률이 점점 높아지고 있다. 그 이유는 단순한 통찰력 수준을 벗어나 사회과학적인 예측기법들을 적극 활용하고 컴퓨터의 발달로 시뮬레이션의 정확도가 높아지고 있기 때문이다. 이런 예측방법들을 활용해서 아시아 경제의 기본 미래(Baseline future)를 예측해 보자.

미래는 현재와 비교해서 '변하는 것'과 '변하지 않는 것'이 있고 '그것들의 연관관계'로 이루어진다. 그중에 '변하지 않는 것들' 중의 하나가 천하의 거시적 패턴이다. 천하의 대세는 합쳐진 지가 오래되면 반드시 다시 나누어지고, 나누어진 지가 오래되면 반드시 다시 합쳐진다. 중국의 역사를 보면, 일곱 개의 나라로 갈라져 치열하게 싸우던 대륙이 진시황제에 의해서 기원전 221년 통일되었고, 진나라도 말기에는 항우의 초나라와 유방의 한나라가 치열하게 싸우다가 한나라로 통일되었다. 그러나 184년 황건적의 난이 일어나면서 수많은 영웅이 일어난다. 천하는 엄청난 혼란을 거쳐 손권의 오, 조조의 위, 유비의 촉 삼국으로 재편된다. 그 후, 결국은 위가 천하를 통일했다. 이런 패턴이 바로 시간이 흘러도 변하지 않는 천하의 대세적 흐름이고 이런 천하의 힘의 이동과 재편은 역사를 통해 모양이 다르게 반복된다.

미래도 마찬가지다. 절대적인 힘을 가졌던 미국이 힘의 공백을 보이기 시작했다. 이런 미국의 힘의 공백을 틈타 세계는 중국, 일본, 러시아, EU, 미국 등이 다투는 글로벌 춘추전국의 경련적 변화(World-spasm)의 길로 들어섰다. 이들의 힘겨루기는 당분간 지속될 것이다. 하지만, 이런 다극 체제(Multi-polar system)는 삼극 체제나 양극 체제보다 불안정한 경향이 있다. 그래서 시간이 지나면 좀 더 안정적인 삼극 체제나 양극 체제로 전환되어 갈 것이다. 현재의 힘의 판도를 고려한다면, 상처 입은 사자인 미국 중심의 한 축, 중국과 인도, 일본과 한국 등을 중심으로 한 아시아 축, 유럽연합인 EU 축(하나를 더 추가한다면 러시아 정도)이 마치 한나라 이후의 삼국시대와 같은 시대를 만들 것이다. 필자는 이런 변화가 앞으로 20년 정도의 국제질서의 기본미래가 될 것으로 전망한다.

하지만 20여 년이 지난 후, 세계는 좀 더 안정적이고 효과적인 진보와 다양한 문제들의 빠르고 강력한 해결을 위해 단극 체제(uni-polar system)를 은근히 갈망하게 될 것이다. 그리고 미국을 대신하는 단극 체제의 가장 유력한 후보는 중국이 아니라 '아시아'가 될 것이다. 특히 앞으로 50년 이내의 미래는 단일 국가의 헤게모니보다는 특정권역의 연합적 단극 체제가 좀 더 현실적일 것이라고 예측된다. 필자는 이런 글로벌 정세를 '팍스 아시아나(Pax Asiana)'의 도래라고 명명한다. 하지만 이런 큰 기회가 아시아로 향해 밀려오고 있지만, 그만큼의 커다란 위기도 아시아에서 발생할 것으로 예측된다.

❷ 중국, 한국, 일본 경제의 미래 위기들

2014~2015년 금융위기가 전환점을 맞게 된 이후부터 20년간의 세계 경제의 미래 향방을 가름할 핵심 요인은 '미국과 중국의 경제전쟁'의 결과가 될 것이다. 많은 사람이 2014~2015년 이후 미국과 중국의 관계가 예전처럼 동반자의 관계를 지속할 것으로 예측한다. 물론 이 시나리오도 충분히 가능하다. 하지만 필자는 다른 시나리오를 고려해 보아야 한다고 주장했다. 필자가 이름 붙인 일명 '미중전쟁'이다. 현재는 미국과 중국이 유로존의 금융위기 사태를 해결하는 같은 목표에 집중되어 있기 때문에 두 나라가 본격적으로 충돌할 가능성은 낮다. 그러나 2014~2015년경 필자가 예측한 것처럼 전환점이 마련이 되면 미중전쟁은 본격적인 2라운드에 들어갈 가능성이 큰 것으로 예측된다. 그리고 그 영역은 패권전쟁, 무역전쟁, 환율전쟁, 자원전쟁, 산업전쟁, 인재전쟁 등의 6가지 영역이 될 가능성이 크다. 현재로서는 미국이 좀 더 유리한 국면에 있는

것으로 분석된다. 그리고 미국과 중국이 본격적으로 힘겨루기하는 동안 세계 경제, 그리고 아시아의 경제는 자주 요동을 치게 될 것이다.

2014~2015년경의 세계 경제 전환 시나리오와 미국과 중국의 본격적인 경제전쟁의 시나리오 가운데서 한국, 일본, 동남아시아 미래경제를 들여다보면 어떤 결과를 예측할 수 있을까? 한국은 글로벌 위기의 장기화와 한국의 부동산에 대한 정부의 뒤늦은 정책 때문에 가장 늦게 부동산 버블 붕괴의 충격이 발생할 가능성이 크다. 한국은 이미 개인사업자까지 포함한 개인 부채의 규모가 이미 1,000조를 넘어섰다. 이는 가처분소득 대비해서 부채비율로 계산해 볼 때 미국과 유럽에서 부동산 버블 붕괴가 발생하기 직전의 수준과 비슷하다.

2011~2012년 국내외 언론들은 한국경제의 위기극복 능력에 찬사를 보냈다. 국제신용평가사들은 한국의 국제신용등급도 한 단계 격상시켜 주었다. 그러자 2012년 하반기부터 한국의 부동산 가격 회복이나 주가 상승을 예측하는 낙관적 목소리가 커지기 시작했다. 그러나 필자가 예측하기에는 2012년 이후 한국 경제는 외화내빈(外華內貧)이란 표현이 적합할 것으로 보인다.

글로벌 위기의 여파로 한국 기업들의 수출이 심하게 타격을 받아 무역수지가 불황형 흑자를 보이기 시작했다. 국내외로 유동성 공급이 원활하지 않아 한국의 내수시장에서도 '표면적 경기회복'의 효과도 많이 줄어들고 있다. 한국의 경제를 뒷받침하고 있는 수출기업들은 장기간 동안 원유 및 원자재 가격의 상승, 글로벌 경쟁 심화, 요동치는 환율 등 실제적 도전에 직면할 가능성이 높아졌다.

2008년 한국의 부동산 가격이 정점에 도달했고, 개인들의 신용창출 능력도 한계에 도달하면서 한국의 100대 건설사 중에서 28개가 부도가 났고, 앞으로도 추가적인 파산이 줄을 이을 것으로 예측된다. 이런 이유로 글로벌 금융위기가 장기화되면 한국의 가계와 기업의 재무 건전성은 더욱더 악화할 가능성이 크다.

여기에 2015년경부터는 중국의 기술력이 한국의 기술력과 동등해지는 수준에 도달하면서 삼성 등과 같은 한국의 기업들이 세계 시장에서 더욱더 치열한 원가경쟁에 빠지게 되면서 매출과 수익률의 급격한 하락을 보일 조짐도 예측된다. 결국, 한국의 기업들은 앞으로도 계속해서 '탈 한국화 정책'과 '고용 없는 성장'과 '위험회피'에 주력할 가능성이 큰 것으로 예측된다. 여기에 저출산 고령화로 사회적 구조가 급격하게 바뀌면서 2028년이 되면 한국은 전체 인구의 50% 이상이 55세 이상의 은퇴자들로 채워지게 된다. 그동안 세계적인 노동력과 기술력을 기반으로 급격한 경제성장과 세계적인 경쟁력을 보여 주었던 한국 경제가 일본식의 잃어버린 10년의 위기에 좌초될 가능성이 커졌다.

한국 정부는 중국의 추격과 세계적인 경제 위기를 돌파하는 수단으로 산업의 고도화, 고부가가치 서비스 산업의 선진화 등에 집중하여 일자리 창출과 신성장동력 마련에 주력할 예정이다. 하지만 문제는 시간이다. 중국이 추격해 오는 시간은 앞으로 2~3년이면 현실화될 정도로 빠르지만, 선진국을 따라잡는 데 필요한 부품과 소재 산업의 육성, 고도화 기술과 서비스 산업의 선진화 등은 최소 10년 이상이 걸린다.

2020년 한국 경제는 초대형 위기에 직면할 것으로 예측된다. 일명, '한국판 잃어버린 10년'이다. 한국의 새로운 정부는 짧게는 2~3년 동안 외부적 요인에 의해 발생한 위기에 주목해야 하지만, 그 후로 10년은 내부적 문제로 말미암은 위기 가능성에 주목해야 할 것이다. 그동안 한국의 성장을 견인했던 자동차, 반도체, 중화학공업, 조선업, 제조업 등이 성숙기에 들어서서 성장의 한계에 봉착했다. 1.08명에서 1.21명에 불과한 저출산, 앞으로 15년 동안 평균 90만 명씩 은퇴하게 되는 1,640만 명의 1, 2차 베이비붐 세대의 문제, 세계에서 가장 빠른 속도의 초고령화 사회로의 진입, 경제성장률 저하, 종신고용 붕괴, 부동산 버블 붕괴로 말미암은 중산층 소비 위축과 양극화 심화 및 기업 도산과 은행 부실 등의 문제가 한국 경제의 미래를 발목잡고 있다.

만약, 다음 정부의 초기에 구조조정의 타이밍을 적절하게 잡는 것에 실패한다면 2016~2018년경에 한국은 제2의 외환위기를 맞을 가능성이 큰 것으로 예측된다. 특히, 한국발 부동산 버블 붕괴의 문제를 어떻게 처리하느냐가 제2의 외환위기 가능성과 관련해서 아주 중요한 시나리오 분기점이 될 것이다. 이미 한국 정부가 양도세 감면을 포함하여 마지막 카드를 내밀었으나, 큰 효과가 없다. 현 정부에서 위기를 넘기고 차기 정부로 갈 수 있는 최소한의 장치만 마련한 셈이 되었다.

한국은 지금 두 가지의 시나리오 분기점에 놓여 있다. 첫 번째는 새로운 정부가 임기 초반에 용기를 내어서 근본적 해결책을 시도하는 시나리오다. 이럴 때 단기적으로 지금보다 큰 폭의 경제 충격이 발생하겠지만, 2014~2015년경의 미국 회복으로 말미암은 막대한 유동성이 시장에 공급되어 글로벌 시장이 호황의 국면으로 전환되는 흐름을 타면서 고령화로 말미암은 경제적 충격을 지연시키는 효과를 맛보게 되면서 일본식의 잃어버린 10년의 시나리오가 현실이 되는 시기를 최대한 늦출 수 있다.

두 번째는 정부가 정치적 부담을 의식해서 근본적 해결을 시도하지 못하면서 정부와 개인의 빚이 계속 늘어가고 부동산 버블 붕괴가 현실화되면서 제2의 외환위기가 현실화되는 시나리오다. 여기에 넛크래커를 벗어나지 못하고 고령화 폭탄을 겸해서 맞으면 거의 확실하게 잃어버린 10년으로 갈 수 있다. 이런 이유 때문에, 한국의 미래경제가 어떤 방향으로 갈지는 2013년에 들어설 다음 정부 초기의 정책이 매우 중요한 향방을 결정하게 될 것이다.

이러한 시나리오에서 몇 가지를 더 추가한다면 일본과 인도의 시나리오다. 일본은 앞으로 10년 이내에 외환위기를 맞을 가능성이 커지고 있다. 개인과 기업은 이에 대한 시나리오를 세우고 철저하게 준비되어야 한다. 만약, 일본이 구제금융을 신청하게 되면 그 여파는 전 세계 경제에 커다란 충격을 가져올 것이다. 인도는 앞으로 벌어질 미국과 중국의 경쟁구도에서 아주 중요한 카드로 부상할 가능성이 크다. 미국은 장기적으로 중국을 견제하고 미국의 아시아 영향력을 넓히기 위해 인도와 관계를 더욱더 가까이하고, 인도의 시장적 가치를 최대한 끌어 올리는데 신경을 쓸 가능성이 상당히 크다. 인도가 중국의 인구를 넘어가고, 영어를 사용하고, 중국과는 전통적으로 갈등 관계이기 때문에 미국이 인도와 손잡고 시장을 크게 만들어 중국과 대립시킬 가능성이 큰 것으로 예측된다.

결론적으로 말하자면, 장기적으로는 세계 경제의 축이 아시아로 이동하겠지만, 그 과정에서 한국, 중국, 일본은 각각 넘어야 할 커다란 위기들이 있다. 그리고 아시아의 가장 커다란 미래 시장으로 인도의 급부상을 눈여겨 보아야 한다.

Ⅱ 다음 20년, 세계 경제의 또 다른 미래들

Possible Futures of World Economy in next 20 years

1. 또 다른 가능성, 세계 경제가 4개의 축으로 재편될 수 있다

유로존이 현재 가장 선호하는 미래(preferred future)는 유로존을 계속해서 유지해 나가는 것이다. 하지만 우리는 유로존과 유럽 경제의 미래를 위해서 또 다른 가능성의 미래(possible futures)를 예측해 보아야 한다. 필자가 예측하는 유로존의 새로운 미래 가능성은 바로 유로존 양분화가 가져다주는 파급들이다. 만약 유로존이 현재의 구도를 유지하지 못하고 붕괴되거나 둘로 갈라지게 되면 지금과는 전혀 다른 새로운 가능성들이 발생한다. 예를 들어, '유로존 탈퇴 국가들의 러시아연합으로 재흡수 가능성', '독일과 러시아의 유럽 경제 새로운 경쟁구도', '영국과 프랑스의 미국과의 연계', '세계 경제 4각축(독일, 러시아, 중국, 미국권)의 형성'들이다.

앞 장에서는 유로존이 깨지지 않고 계속 끌고 가는 시나리오를 기준으로 다양한 미래 경제의 모습들을 예측해 보았다. 하지만 2014~2015년을 기점으로 유로존이 분리된다면 어떻게 될까? 만약, 유로존이 내부적으로 수습되지 않아서 붕괴가 된다면 독일과 프랑스처럼 상대적으로 건전한 1그룹과 재정적으로 문제가 큰 2그룹으로 나뉘는 것은 거의 분명할 것으로 예측된다. 그 다음의 시나리오 분기점은 1그룹과 2그룹의 관계가 중요한 역할을 한다.

첫 번째 시나리오는 유로존이 분리는 되었지만 1그룹이 2그룹을 계속해서 경제적 지원을 하면서 끌고 간다는 시나리오다. 완전한 탈퇴 혹은 완전한 유로존의 붕괴의 성격은 아니며 위기 국가들을 2그룹으로 내려보내지만 상호 긴밀한 관계는 계속 유지한다는 시나리오다. 이 시나리오는 현재 유로존이 차선책으로 고려하고 있는 시나리오다.

두 번째 시나리오는 1그룹과 2그룹이 완전히 나누어지는 시나리오다. 이 경우에 유로존의 미래를 좌우하는 중요한 주체(player)로 러시아가 등장할 것으로 예측된다. 구소련이 해체되면서 상당 부분의 국가들이 독립하면서 러시아는 세계의 패권경쟁에서 변방으로 밀려났다. 그리고 구소련 연방에서 독립한 상당의 국가들이 유로존에 가입하거나 친유럽 노선으로 돌아섰다. 그러나 그들의 대부분은 재정 건전성도 떨어지고 경제적 기반도 부실해서 유로존이 분리되면 2그룹에 속하게 될 가능성이 크다.

그러므로 유로존이 붕괴되게 되면 옛 영광을 되찾기를 원하고 있는 러시아가 본격적인 움직임을 보일 가능성이 크다. 시대가 변했기 때문에 러시아가 이들을 군사적으로 재통합을 할 가능성은 낮다. 대신, 러시아는 분리되었던 옛날 멤버들을 흡수하기 위해 경제적 지원, 자원적 지원 등을 앞세워 접근할 가능성이 크다. 러시아는 미래 경제를 좌우할 핵심 자원인 석유나 천연가스와 산업용 광물이 많다. 이 경우 독일을 중심으로 한 1그룹과 유로존에서 내쳐진 2그룹이 러시아와 연대하여 새로운 2개의 경제블록이 유럽에서 만들어질 가능성이 예측된다.

1그룹 내에서도 변화를 예측할 수 있다. 1그룹의 핵심 국가가 될 독일과 프랑스는 전통적으로 라이벌 관계다. 이번 유로존의 경제 위기에서도 서로 힘겨루기를 했다. 하지만 유로존이 붕괴될 경우 이탈리아와 스페인에 막대한 부채를 빌려 준 프랑스가 상대적으로 독일보다 더 큰 경제적 손실을 보게 될 것이다. 결국, 유로존 붕괴 이후 유럽 경제 회복의 주도권을 독일에 상실한 프랑스는 유로존의 1그룹에 남아 있지만, 전통적 라이벌인 독일을 견제하기 위해 미국과 영국과의 관계 개선에 들어갈 가능성이 아주 크다. 유럽이 이렇게 2개의 권역으로 재편이 되면, 전 세계는 미국 중심의 경제권과 중국 중심의 경제권을 포함한 4권역(독일, 러시아, 중국, 미국권) 경제체제로 나누어질 가능성이 예측된다.

이 시나리오가 현실화될 경우, 21세기는 신냉전 시대의 막이 열리게 될 가능성이 크다. 물론 새로운 냉전 시대는 과거 미국과 소련 간의 냉전 시대처럼 이데올로기적, 군사적 냉전은 아니다. 새로운 냉전의 시대는 경제 이념적 냉전으로 갈 가능성이 크다. 경제 이념적 냉전이란 러시아, 중국(넓게는 독일까지를 포함한) '사회주의적 자본주의'와 미국, 영국(넓게는 프랑스까지를 포함한) 서브프라임 모기지 사태를 거친 후 개량되어 나온 '개량 자본주의'의 두 진영 간의 대립 체계가 형성될 가능성이 크다.

Ⅲ 다음 20년, 세계 경제의 뜻밖의 미래들

Unexpected Futures of World Economy in next 20 years

1. 아직, 글로벌 대공황의 위험이 사라지지 않았다

글로벌 금융위기와 관련해서 추가로 고려해야 할 것이 하나 더 있다. 자칫 잘못하면, 유로존 위기 중간의 단계인 2014~2015년 사이에 '뜻밖의 미래'로 대공황 가능성도 있다. 현재로서는 그 가능성이 상당히 낮지만, 여전히 상존하고 있는 시나리오이기 때문에 섣불리 유로존 상황을 낙관하면 안 된다.

그리고 아시아의 뜻밖의 미래에서 앞으로 가장 주목해서 보아야 할 것은 일본의 움직임이다. 현재 GDP 대비 230% 가량의 국가 부채를 짊어지고 있는 일본은 앞으로 10년 이내에 외환위기에 빠질 가능성이 클 것으로 예측된다. 그래서 일본의 정치계와 산업계는 앞으로 10년을 마지막 기회로 생각하고 일본 경제의 재부상을 위한 대담한 모험을 할 가능성이 크다.

지금 일본에 남아있는 단 하나의 돌파구로서의 시나리오는 강도 높은 구조조정을 통해 부채증가 추세를 멈추게 하고 경제성장률을 높여 GDP를 끌어 올리면서 부채비율을 떨어뜨리는 방법이다. 그러나 아무리 강도 높은 구조조정을 하더라도 극심한 고령화 현상 때문에 점점 더 시간이 갈수록 건강보험료 지출과 연금의 지급규모가 빠르게 증가하게 되어 적자 재정을 벗어나기는 거의 불가능한 상태가 현재 일본의 모습이다. 그래서 일본은 새로운 경제성장의 동력을 확보하여 GDP를 상승시키면서 부채의 비율을 줄이는 방법을 사용하는 전략을 구사할 가능성이 크다. 일본이 GDP를 올릴 수 있는 시나리오는 두 가지다.

첫 번째는 기존 산업의 보호무역주의로는 GDP 유지만 가능할 뿐, GDP를 끌어올리는 데는 한계가 있기 때문에 새로운 산업인 IT, NT, BT, RT, ST 등 미래형 산업에 고강도의 드라이브를 거는 시나리오다. 이렇게 될 경우, 우리나라와 경쟁구도가 심해질 것이 예측된다. 더불어, 중국이 한국 기술을 추월하는 수준에 도달하면서 한국, 중국, 일본이 미래형 산업에서 격전을 벌일 가능성이 매우 커진다.

두 번째는 자원전쟁 시나리오다. 현재 인류는 낮은 비용을 통해 개발할 수 있는 육지의 자원은 거의 다 쓴 상황이다. 따라서 앞으로는 바다와 극지방 자원이 상당히 중요해진다. 따라서 민감한 긴장지대 중의 한 곳인 동남아 해역이 계속해서 분쟁과 갈등의 요인으로 작용할 가능성이 크다. 일본으로서는 기존 산업의 지속가능성과 미래 산업의 동력으로서 동남아 지역의 자원이 절대적으로 필요하다. 이를 포기하면 일본이 스스로 가라앉는 것을 볼 수밖에 없으므로 영토분쟁과 그로 말미암은 군국주의로 갈 가능성이 크다. 이를 위해 일본은 미국과의 관계를 더욱더 돈독히 하면서, 미국의 암묵적 동의를 기반으로 적극적인 군사력 증강에 나설 것이다.

만약, 이때 우리나라가 미국과의 관계를 잘못하게 되면 독도 문제 등에서 큰 손실을 볼 가능성이 커진다. 일본의 이런 움직임은 아시아 내의 군비경쟁 심화를 불러일으키는 방아쇠로 작용할 것으로 예측된다. 이런 상황이 장기적으로 계속되면 우리나라는 통일이 되어도 군비감축이 어려울 수 있다.

이 시나리오에 의하면 미래의 동남아 지역은 시장으로 해야 할 역할도 크게 할 것이지만 동시에 중동을 넘어설 정도의 가장 커다란 군사분쟁지역이 되고, 군사적 긴장감이 높아지면서 군비의 경쟁이 가장 극심한 지역이 될 것이다. 그리고 예전 미국과 소련처럼 일본과 중국 두 나라가 아시아의 군비경쟁을 주도할 것으로 예측된다.

2. 기후변화와 가상국가의 출현이 미래의 경제의 새로운 변수다

또 다른 뜻밖의 요소로는 기후변화가 중요하게 부각될 것이다. 기후변화는 환경의 문제일 뿐만 아니라, 경제적 충격을 만들어 내는 중요한 요소로도 작용한다. 앞으로 기후변화가 더욱더 심해지면, 그만큼 국가 간의 부의 불균형 분배도 커질 것이다. 기후변화가 지금보다 더 심해지면 기후 난민이 발생하고, 식량의 불균형 수급의 문제, 물 부족현상 등이 겹치면서 최하위 수준에 있는 나라들이 경제적으로 선진국과의 격차가 더욱더 커질 가능성이 크다. 이는 선진국과 후진국과 갈등을 심화시키고, 선진국들 역시 기후변화 비용이 이슈로 작용하게 될 것으로 예측된다.

마지막으로, 현실국가와 가상국가의 대충돌이 본격화되면서 현실경제와 가상경제와의 경쟁이 더욱더 거세질 것으로 예측된다. 요사이 현실 세계에서 실체가 없는 한 사이트를 국가의 개념으로 말하는 학자들이 생겨나기 시작했다. 바로 페이스북(facebook)에 대한 이야기다. 템플대학의 데이비드 포스트 법학과 교수는 "페이스북은 근대 민족국가와 비슷하게 사람이 모이게 하고 스스로 운명을 결정하도록 하는 역할을 한다"고 분석했고 정치학자 베네딕트 앤더슨 역시 "페이스북은 상상 속 공동체"라면서 "사람들은 그 속에서 수백만 명의 익명 동료·시민과 유대감을 느끼고 있다"고 지적했다. 2012년 9월 10억 명을 돌파한 이 거대한 인터넷 사이트는 인구 규모 면에서 중국과 인도에 이어 3번째로 큰 국가에 해당하며, 페이스북 크레디트(facebook credit)를 중심으로 세금도 징수하면서 자체 경제시스템도 계속 확장되어 가고 있다. 또한, 온라인 포럼을 통해 의견을 수렴하고 약관도 변경하는 등의 초기 수준의 정치 체제를 갖추면서 국가의 초기 형태를 갖추어 가기 시작한 것이다.

그런데 문제는 이러한 가상국가의 등장으로 현실국가와 가상국가 간의 갈등이 점차 표면화되면서 본격적인 전쟁이 시작된 것이다. 첫 번째 전쟁은 현실국가의 승리로 끝났다. 2010년 초 구글은 중국의 사전검열에 대한 반발로 중국 정부와 첨예한 갈등을 벌였는데, 사생활 정보 보호를 위해 사전검열을 거부했던 구글의 원칙을 포기하면서 중국 정부의 요구를 수용하고 말았다. 현실국가의 힘에 가상국가가 무릎을 꿇고 만 것이다. 정치적인 이슈뿐만이 아니라, 경제적인 측면에서도 현실국가와 가상국가의 힘겨루기가 시작되고 있다. 2010년 하반기 프랑스 의회는 2011년 7월부터 온라인 광고에 세금을 물리는 이른바 구글세를 도입하기로 했다.

현실국가와 가상국가의 전쟁의 2라운드는 2010년 말 뜨겁게 전 세계를 달구었던 위키리크스(Wikileaks) 사건으로 시작되었다. 위키리크스의 설립자 어산지가 2010년 7월 미군의 아프가니스탄전 기밀문서 7만 7천여 건의 폭로를 한 것을 시작으로 이라크전 문서 40만 건이 공개하였고, 11월부터는 미 국무부의 외교전문 25만 건을 차례로 폭로하면서 전 세계가 발칵 뒤집혔다. 가상국가가 현실국가의 비리를 폭로하는 전대미문의 사건이 발생한 것이다. 여기에 놀란 현실국가가 어산지를 잡기 위해 혈안이 되었다. 어산지가 체포되자 어산지와 위키리크스를 지지하는 네티즌들이 현실국가의 사이트를 공격하는 초유의 일이 벌어졌다. 현실국가와 가상국가의 2라운드 전쟁에서는 가상국가가 의미 있는 승리를 얻은 것이다. 이로써 승부는 1 : 1이 된 것이다.

그러나 전쟁은 이 정도에서 끝나지 않을 것이다. 앞으로 현실국가와 가상국가의 충돌은 정치, 경제, 사회 분야에 다양한 변화를 가져올 것으로 예측된다. 미래에는 가상국가가 스스로 경찰, 공무원, 국회의원, 대통령 등을 선출하고 자체적인 경제, 사회, 정치 제도적 활동들을 더욱더 활발하게 할 가능성이 크다. 그렇게 되면 현실국가의 경제, 사회, 정치 제도적 활동들도 큰 영향을 받게 될 것이다. 또한, 현실국가의 정보 통제권 역시 점점 더 약화되고, 은밀한 정보를 지키기는 점점 더 어려워지지만, 정보를 순식간에 전 세계에 퍼뜨리기에는 너무나 쉬운 시대가 되어가고 있다. 그리고 이렇게 빨리 확산되는 정보는 다시 가상국가 국민의 피드백을 통해 확대, 재생산되어 나중에는 걷잡을 수 없는 지경까지 다다를 수 있을 정도로 통제할 수 없는 상황이 될 것이다. 미래의 경제도 바로 이런 변화를 주목해서 보아야 할 것이다.

참고문헌

- 김영기, 문병도, 일본은 왜, 한국은 어디로? (홍익출판사, 2010)
- 최윤식, 2020년 부의 전쟁 in Asia, (지식노마드, 2010)
- 최윤식, 2030년 부의 미래지도, (지식노마드, 2009)
- 최윤식, 10년 전쟁, (알키, 2011)
- 최윤식, 부의 정석, (지식노마드, 2011)
- 가도쿠라 다카시, 인도 리포트, 이정환 역, (넥서스BIZ, 2005)
- Alan Winters, 세계은행의 중국, 인도 경제 전망, 김준희, 김지숙 역, (W미디어, 2008)
- Charles P. Kindlenberger, 광기, 패닉, 붕괴 금융위기의 역사, 김홍식 역, (까치글방, 2004)
- Fareed Zakaria, 흔들리는 세계의 축, 윤종석, 김선옥, 이정희 역, (베가북스, 2008)
- Harry S. Dent, Jr, 부의 패턴, 유혜경 역, (청림출판, 2000)
- Johan Galtung, Sohail Inayatullah, 미래를 보는 눈: 거시사의 세계, 노역숙 역, (우물이 있는 집, 2005)
- Lars Tvede, 비즈니스 사이클, 안진환 역, (위즈덤하우스, 2009)
- Paul Krugman, 불황의 경제학, 안진환 역, (세종서적, 2009)

기업 경영의 미래

이제 2030년을 중심으로 미래를 내다본다면 기업 경영의 세계에서는 투자은행 중심의 금융 산업의 쇠퇴와 새로운 신흥 생산국가의 증가, 보다 직접적인 고객의 시장 참여, 기후변화가 기업 활동에 미치는 구체적인 영향, 고령화 사회가 미치는 고용과 소비의 변화, 아시아의 글로벌 리더십, 국가보다 글로벌 대도시 위주로 재편될 국제경제 네트워크 등이 기업 경영에 중요한 영향요소로 떠오르는 중요한 개념들이라고 본다.

그런가 하면 기존 선진국을 중심으로 다시 일어나게 될 전통적인 방식의 경제부흥 노력, 국가단위의 복지계획에서 개인적인 노력을 가미하는 생산적 복지의 확산, 자원확보와 시장 점유를 둘러싼 거대기업들의 경쟁, 저수익 저성장 상황을 타개하고자 등장하고 시도하는 새로운 신기술과 창조적인 아이디어, 과도한 기술개발과 보급의 후유증으로 조정기에 접어들 IT기술과 그에 수반되는 소프트와 컨텐츠 부문의 자정노력들이 기업 환경에 영향을 미칠 것으로 예상된다.

왜 이런 일들을 상상하게 되는가. 사실 이런 일들의 상당한 단초는 이미 그 조짐이 진행되고 있거나 사실상 예고되고 있는 상황이다.

그러나 이러한 전망을 흔들어 놓는 새로운 자연 재해나 이상 현상과 글로벌 사회의 변동성도 고려하지 않을 수는 없다. 예컨대 경제성장의 후유증으로 민주화 요구를 만나게 될 수 있는 중국과 러시아, 중동, 남미, 아시아, 아프리카 지역 등의 정치 사회적 충격들이 그것이다. 이에 덧붙여 기업 내부에서 일어나는 경영혁신의 노력과 기업 문화의 진화 등이 중요한 변화 개념으로 생각된다. 반면에 자기성찰과 공동의 생존, 사회적·환경적 반성 등이 주류를 이루며 나타나게 될 의미 있고 깨달음이 있는 경영조직 내의 자발적인 의식성장 등은 장차 사회적 가치를 보다 중시하는 새로운 기업가치의 생성으로 발전될 가능성이 점쳐지기도 한다.

I 깨어있는 자본주의

1. 부(wealth)에서 다시 소득(income)으로

❶ 길을 잃은 달러

지난 2008년 발생한 미국의 주택금융 부실화 사건은 갖가지 투자기법과 파생상품을 개발하며 투자금융 시장의 위험을 분산하고 회피하면서 고수익을 탐닉해온 미국의 대형 투자은행들이 주택모기지론 부실을 막지 못하고 무책임하게 나라와 국민에게 책임을 전가하고 스스로 파산한 사건으로서 그 이전에는 도저히 상상할 수 없는 충격적인 쇼크였다. 그러나 그 후 수습과정에서 글로벌 위기의 본질인 과잉 유동성과 과잉 부채의 감소 노력을 펼치지 않고 오히려 그 후에도 미국의 FRB는 돈을 더 풀어보려고 이런 저런 틈새를 열심히 찾으려고 애쓴 모습이다 .

적어도 1971년 이후 미국은 경제가 조금만 어려워지면 돈을 풀고 금리를 낮추어 캄플 주사로 경제를 반짝 살리는 위험하고도 손쉬운 정책을 사용해 왔다.

사실 미국은 1970년대부터 시작된 재정적자와 무역적자, 즉 쌍둥이 적자를 개선시키

표 7-1	글로벌 경제위기의 발생 요인	
	미 국	유 럽
주요인	서브-프라임 모기지	재정적자
직접영향	정부의 금융 규제	미국금융시장 위축
파급 악영향	투자 금융시장 마비	국채시장 마비
구조적 원인	High Return & High Risk	산업 생산기반 실종

지 못하고 국가 간의 자금거래와 손쉬운 국채발행으로 대처하다보니 언제나 활발한 국제 금융시장이 필요했고, 국제 간 금리는 낮은 수준을 유지할 수밖에 없는 현실이 되고 말았다.

　이 같은 미국의 국제금융시장 발전과 국채시장 촉진 정책은 유럽의 일부 국가들이 더욱 방만한 재정운영을 하는데 일조했다고 본다. 그들은 성장과 안정이라는 국가경제의 목표를 상실하고 마치 곶감 빼먹듯이 나라 돈을 빼먹다가 돈이 모자라자 미국이 키워놓은 국채시장에 들어와 새로 들어서는 정부마다 개념 없이 재정적자를 국채발행으로 대체하는 만성적인 도덕적 해이를 저지르게 되었다.

　이제와 따지고 보면 국가의 재정위기를 근본적인 경제성장, 고용증진, 세수증대로 대응하지 않고 국채를 발행하고 외채로 때우려 한 것은 한마디로 국가재정을 수렁에 빠지게 하였다. 그리스, 포르투칼, 스페인 등이 그러한 경우로서 이제 미국의 주택금융위기로 인해 글로벌 국채시장이 흔들리자 결국은 국채의 새로운 차환발행의 어려움이 가중되면서 나라가 디폴트의 위기로 내몰린 것이다.

　2008년 이후 천문학적으로 방출된 미 달러는 이제 기축통화로서 현저한 신뢰의 손상을 입어 새로운 강세 통화가 생성되고 있는 동아시아 지역의 공동 통화제도 구축 가능성을 높여주고 있다. 그동안 미 달러화는 세계의 기축통화로서의 존재감에 회의를 가질만한 여러 역사적 사실들이 있었지만, 이번의 금융위기 발생과 그에 대처하는 분별 없는 자국 이기주의적 양적완화 조치로 인해 국제사회에서 결정적인 신뢰를 잃었다고 하겠다. 특히 개발도상국들의 통화 강세를 촉발해 이른바 통화전쟁의 불씨를 당긴 것도 기축통화로서의 기능포기로 받아들일 만하다고 본다. 따라서 향후 국제 통화시장에서는 유로화의 영향력 회복도 상당한 시간을 걸쳐야 가능할 것으로 보여, 우리나라를 비롯한 캐나다, 호주, 브라질, 멕시코, 터키, 남아프리카, 중국, 일본 등의 지역별 주요 통화가 새로운 중심 통화로서의 역할을 담당할 가능성이 점쳐지고 있다.

② 재무이익(financial gain)의 기대감 후퇴

부채란 저축으로 갚아야 하고, 저축은 근면하게 일을 하고 검소한 생활을 오랫동안 하면서 쌓을 수 있는 오로지 시간과 생활태도로 해결해야하는 삶의 문제이다. 그런데 언제부터인가 일하지 않고 저축하지 않고 소득(income)이 아닌 이득(gain)을 얻고자 하는 시도들이 늘어나면서 금융경제의 속성이 실물경제와의 상호 지원수단이 아닌 주도적 경제가치 창출의 원동력으로 자리 잡기 시작한 것이다. 여기서부터 오늘의 글로벌 금융위기의 씨앗은 자라기 시작한 것으로, 전 세계에 삽시간에 퍼져나간 재무적 투자(financial investment)의 일상화가 바로 그것이다.

그러나 건강한 경제 질서를 위한다면 〈땀은 달콤하다, sweat is sweet〉라는 점에서 누구든 일생동안 땀 흘려 일하고 그 보람과 성과로 살아가야 마땅한데, 1980년대 이후 전 세계적으로 머니 게임(money game)식 재무적 투자가 성행하면서 누구나 돈만 있으면 살아 갈 수 있고, 돈이면 최고라는 그릇된 생각을 가지고 남의 돈을 빼앗거나 돈이 없는 부모는 홀대하거나 돈만 많이 주면 직장을 헌신짝처럼 던져버리는 일들이 다반사로 나타나고 있다.

금융자산 운용에 근거한 복지대책의 기대감도 그렇다. 젊어서 모은 돈으로 나이들어서 그 이자나 배당으로만 살 수 있다고 믿는다면 그것은 중대한 오산이다. 결국 그 돈들도 항상 위험이 도사리고 있는 글로벌 금융투자시장(financial investment market)에서 운용되어야 하는데, 미래의 어느 날 그 금융투자시장이 오늘의 글로벌 투자은행 문제처럼 다시 크게 잘못되어 돌이킬 수 없는 파산을 경험하게 되면 누구도 금융자본에 의한 미래 설계를 안심할 수 없는 것이다.

지금까지도 역사적으로 금융제도나 금융시장은 수시로 난맥과 파산을 경험했으며, 그때마다 국민들이 피해를 분담하여 수습하는 과정을 반복하고 있다. 따라서 세계경제는 근본적인 전환기를 맞을 것으로 본다. 마냥 궁색하면 돈을 찍어내고 부족한 돈은 다른 나라에서 빌려오거나 투자를 받는다면, 규모가 작거나 경제력이 약한 후진국은 자기 수준이나 규모의 경제를 만들기도 전에 국제사회에 휘둘리면서 과도한 인플레를 겪게 된다. 또한 국민 개개인이 저축을 고르게 제대로 하기도 전에 주요 자산들은 가격이 다 올라 자산에 의한 빈부격차를 운명적으로 만들어 놓게 된다.

장차 생산자산이나 실물자산과 연계되지 않는 각종 권리나 조건의 금융상품화는 아주 상당 기간동안 각국 금융당국의 엄격한 규제와 투자자의 기피현상이 심화될 것으로 예상된다. 따라서 기업이든 개인이든 나아가 국가나 공공기관이든 자산운용에 기대어 수익을 보전하거나 자산을 키우려는 시도는 실물경제의 뒷받침이 없이는 원천적으로 실현되기 어려울 것이란 점에서 한동안 지구촌을 달구었던 금융자본 이익(capital gain) 창출의 시대적 기대감은 현저히 퇴조할 것임을 예상케 하고 있다. 그리고 보면 그동안 금융시장에서 기린아로 꼽히며 성장하던 투자은행(investment bank)이나 자산운용 관련 업계도 장기적으로 상당한 위축과 변화가 불가피할 것으로 보인다. 그러면서 점차 기업을 중심으로 하는 고용, 투자, 생산, 소비, 저축 등의 실질적인 경제운용의 기운이 점진적으로 번져 나갈 것으로 보인다.

2. 세계화, 그 본심을 의심받다

지금 중국은 사실 자신들의 속도로만 성장하는 것은 아니다. 중국경제의 성장 속도보다 외부로부터의 자금유입이 더 빠르게 진행되어 도시의 부동산들은 중국 국민들이 살 수 없는 수준으로 올라버리고 주식도 기업의 성장속도보다 빠르게 성장해 가난한 국민은 자기나라 주식 한주 제대로 사보지도 못하고 주가는 다락같이 올랐다가 곤두박질치는 요지경 경제를 만들어 내고 있다.

국가 간의 자유로운 무역이 서로에게 도움을 주려면 국가 간 경제력의 격차가 크지 않아야 하고, 국제금융 시장의 활성화가 각국에게 제대로 도움을 주려면 서로의 투자 능력이나 저축 수준이 비슷한 경우에 상생하는 결과를 가져올 수 있다. 지금 그리스의 현실만 보아도 독일이나 프랑스와 너무도 다른 경제력 수준 때문에 도우려고 해도 돕기 어려운 난맥상을 보여주고 있다.

이제부터라도 각국은 통화관리를 엄중하게 하고 국제통화기금은 각국의 중앙은행의 인플레 관리를 엄격히 하도록 주문해야 한다. 급하다고 서로 서로 돈을 빌려주고 막아주고 하는 일은 해당국가의 본질의 문제를 해결하고 위기의 내성을 키우는 일을 방해하는 일이다. 앞선 나라가 못 미치는 나라를 돕는 것은 자칫 두 나라의 격차를 더욱 벌리는 고착화 과정이 될 수 있다.

국제금융 시장은 레벨에 따라 서로 교류하고 협력하는 다차원적 관리가 필요하다고 본다. 시장 시스템이나 자금력, 정부의 관리능력 등의 엄격한 차이가 존재하는 현실에서 무작정 국제금융의 자유로운 거래를 확대하면 때론 위기의 증폭과 함께 금융후진국의 예속화를 뿌리내리게 하는 나쁜 결과를 가져올 수 있기 때문이다.

거대한 어장에 모든 물고기를 다 집어넣고 같이 살아가라 한다면 결국은 큰 고기가 작은 고기를 다 먹어치우게 되고, 나중에는 몸집이 너무 커진 큰 고기도 먹을 것이 부족해 죽고 마는 일이 생길 수도 있는 형국이 지금의 국제 금융질서라고 본다. 최대의 공급자는 너무 커진 자기 배를 채우지 못해 스스로 최후를 맞는 것이 시장경제의 숙명이다. 그런 점에서 지금 몇 개의 분야에서는 너무 커지고 있는 우리나라의 수퍼 글로벌 기업들이 등장해 걱정을 더해주고 있다. 우리나라의 몇몇 대표적인 글로벌 기업은 미래경영을 신중히 해야 할 것이다. 멀리가려면 여기서 더 커지지 말고 머지않아 기업분할 전략이 필요하다. 자신이 커지는 동안 자기 업종이 공급과잉인 것을 간과하기 쉽기 때문이다. 삼성전자이고, 현대자동차이고 간에 언젠가는 앞만 보고 달리는 말에서 스스로 뛰어 내려 자신만의 속도를 찾아야 할 것이다.

그동안 세계화(globalization)는 보다 큰 시장을 통해 모두의 성장 공유와 복지증진이라는 의미로 후진국에게도 일면 권장되어왔으나, 갈수록 특정한 승자독식의 폐해가 커지고, 반면에 승자 자신들도 승리해 갈수록 경영의 위험이 증가하는 내부적 아이러니와 충돌해 이제 그 본연의 장점과 기능을 재점검해 보아야 하는 상황으로 치닫고 있다.

세계화는 무역과 금융의 발전에 기여한 공로도 있는 가운데, 지나친 자연훼손이나 국가 간 예속, 독점 자본의 폐해 등으로 많은 나라에서 반세계화 투쟁을 불러오고 있었지만, 이제 세계는 무조건 하나로 통합해야 한다는 논리는, 유사시에는 불덩어리를 하나로 묶으면 도저히 진화가 어렵다는 교훈을 안겨줌으로써, 향후에는 근거리의 국가들끼리 새로운 지역 간 긴밀하고 유기적인 협력의 논의를 활발하게 만드는 단초를 제공한 것으로 볼 수 있다.

표 7-2	우리나라 대표 글로벌 기업 최근 급성장 실적			(단위: 억원)
비 고	매 출		순이익	
	2009	2011	2009	2011
삼성전자	89조 7,728	165조	9조 6,459	13조 3,592
현대자동차	31조 8,593	77조 7,979	2조 9,615	8조 1,049

※출처: 상장, 코스닥 기업분석, 2012, 한국신용정보

이는 미국에 대한 패권주의 논의와도 궤를 같이하면서 중국, 한국 등 아시아 국가의 글로벌 리더십(global leadership) 강화와도 맥을 같이하는 문제로서, 이번에 문제가 제기된 유럽연합(EU)의 교훈을 반영한 보다 효과적인 〈지역 협력국가〉의 등장을 가져오는 새로운 국가 간 질서의 재편을 암시하는 원인행위로 볼 수 있다. 아마도 동아시아(east asia)가 일본의 인접국에 대한 역사적 사실 반성과 새로운 미래 동반자 인식을 전제로 한다면 한·중·일 간에 우선 민간 차원에서부터 가장 유력하게 지역 협력국가의 논의를 활성화시킬 것으로 전망된다.

3. 사회로부터의 압력

① 공정한 사회

나라가 부유해지면 질수록 국민들은 더욱 개인 간의 격차가 커지는 것이 오늘의 자본주의 특징의 하나이다. 이는 경제가 고도화되기 때문에 생기는 일로서 기술과 지식과 자본의 격차가 커지면서 그 결과가 고스란히 소득과 재산의 격차로 나타나기 때문이다.

지금 새로이 선진국 대열에 합류하고 있는 우리나라가 바로 그러한 열병을 앓고 있다. 글로벌 경쟁력을 갖춘 기업들은 자랑스럽게 지구촌을 향하여 성장세를 보여 주고 있는데, 아이러니하게도 국내에서는 젊은이의 일자리는 좀처럼 늘어나지 않고 있으며, 이는 이러한 효과가 내수소비나 서비스경제에 제대로 연결되지 못하고 있기 때문이다. 여기에다 갈수록 길어지는 수명을 눈앞에 두고 짧은 직장 생활을 마감하고 기약 없는 노년을 살아가야 하는 퇴직자들의 운명도 선진국 진입과정에서 자주 보는 현상 중의 하나이다.

이러한 시대변화는 정치사회의 이슈를 변모시켜 분배와 복지의 이슈가 점점 커지게 되며 기부, 부자과세, 무상지급 등의 사회적 가치들이 논쟁의 중심에 들어오게 된다. 우리나라도 이제 본격적인 복지국가의 논의가 시작되면서 국민 개개인의 가치관 정립에 변화가 필요한 시점이 되어가고 있다. 사실 그동안 우리나라는 분배냐 성장이냐의 문제를 놓고 정치사회가 대립과 타협을 벌인지도 상당한 시간이 흘러갔다. 소위 분배를 논의할 때 함께 등장하는 단어가 성장이다. 성장은 개념상 파이를 키워야 나눌 것이 많다는 말인데, 그러나 분배는 지금 당장 나누어야 한다는 개념이 강한 말이다. 여기서 문제가 되는 것은 성장이 갖는 속성으로서 그것은 그 성장의 수준과 목표는 끝을 모른다는 것이다. 왜냐하면 말 그대로 성장이기 때문에 성장은 그 도착지점이 없는 단어이다. 그래서 성장은 결국 탐욕의 노예가 되기 십상인 개념이다.

　지금 몇 조원의 재산을 가지고 있는 세계적인 부자들이 성장이란 단어의 속성을 극명하게 보여주는 존재들이다. 만일 그들이 성장의 함의를 궁극적으로 분배를 위한 밑천으로 생각했다면 이미 그 이전에 많은 것을 나누어 주면서 여기까지 왔을 것이지만, 그런 경우는 아주 드문 경우이다. 기업은 언제나 경쟁과 변화를 경험하고 지내야 하므로 기업이 영원히 존재할 수도 없고, 기업이 고용의 천사일 수도 없어 직장인에게 실업과 해고는 늘 잠재된 운명이지만, 문제는 사회가 그러한 입장의 실직자들에게 패자부활의 기회를 제도적으로 준비하고 있느냐 하는 점이다. 직업교육이나 실업수당만으로 그러한 사회적 기대가 충족되지 못한다. 다시 일할 수 있는 재취업의 기회가 실질적으로 제공되는 상황이 되어야 비로소 패자부활전의 의미를 가지게 된다. 공정한 사회는 이처럼 재취업의 기회가 지속적으로 주어지면서 해고와 구조조정이 생길 수 있는 사회여야 한다.

　재취업의 기회는 산업 간 인력조정, 공기업의 역할, 한계기업의 지원, 창업의 활성화 등 다양한 대처방안이 있을 수 있다고 본다. 또한 가족을 중심으로 견고한 가업의 기반을 갖도록 지원하고 그러한 가업들이 주변의 실업을 돕는 구조 등이 잘 만들어져 있어야 한다. 한동안 우리 사회를 떠들썩하게 한 사건이 바로 무상급식의 문제였다. 무상이란 세상 모두를 소비동료로 만드는 일로서 특히 인간의 삶에서 개인 간에 소비의 격차가 없어야 하는 문제에는 꼭 필요한 개념이다. 생명, 교육, 의료, 법률, 복지혜택 등 개인 간의 격차가 없을수록 모두가 행복한 개념의 분야에선 무상의 개념은 아주 필요한 사회적 가치라고 할 수 있다. 무상은 인간이 꾸려가는 경제사회 활동의 최종적 완성이란 의미도 담고 있다고 본다. 우리가 돈을 많이 벌고 돈을 많이 모으고 돈을 많이 투자하는 것도 결국은 이웃에게 힘든 이에게 때론 필요한 것을 무상으로 나누어 줄 수 있는 힘을 기르는 것으로 해석할 수 있는 문제이다.

　왜 돈을 버는 일이 사회적으로 의미를 가지게 되는가 하는 점은 바로 무상의 경제와 같은 사회적 가치의 창조를 자신의 작은 힘으로 도울 수 있다는 희열에서 나오는 가치라고 믿을 만한 일이다. 이와 관련하여 게리허멀(런던대학 경영대학원 교수)은 새로운 세상의 리더는 신의, 관대함, 신중함, 공정함을 요구하여 무엇보다 도덕적 가치의 완성도를 높여야 한다고 주창함으로서 향후에는 개인의 성공이 사회적 행복의 가치로 공유될 때 의미가 높아진다고 할 수 있겠다.

❷ 사회적 가치

한국에 사회적 가치(social value)의 바람이 거세게 불고 있으며, 심지어 한국의 보수 정당조차도 색깔을 완전히 바꾸어 가고 있어서, 이제 그들도 소위 상당한 진보이고 싶어 한다. 일각에선 이런 현상을 복지 포퓰리즘(populism)이라고 비판하는 가운데서도 여야 모두 복지에 대한 국가의 지출을 확대하려는 자세를 분명히 하고 있다. 그런가 하면 지방 자치단체들을 중심으로 전통시장을 힘들게 하는 일부 대형 유통업체들에게 골목 상권을 위해 일정하게 휴점하도록 사회적 압력이 내려지기도 한다. 이처럼 시장경제와 경쟁사회를 지향하며 달려온 한국 사회가 중대한 전환기를 맞이하고 있는 것이다.

왜 이런 일이 생겨나고 있는 것인가. 그 논의의 중심에는 다름 아닌 격차사회의 심각성이 자리하고 있다. 그렇지 않아도 대기업 모델로 출발해 당초부터 빈부격차의 문제를 경제발전 과정에서 제대로 해소하지 못하고 온 우리 사회는 지식경제와 글로벌 경제가 급속히 진행되는 과정에서 거대기업군들의 발군의 성장과 지식형 벤처기업 등의 등장으로 우리 국가도 커졌지만 국민 개개인 간의 격차는 천문학적인 수준으로 벌어지고 있다.

더욱이 이젠 경쟁이란 질서를 경제 전반에 광범위하게 적용할 수 없을 만큼 특정한 분야에서는 아예 작은 기업은 발을 붙일 수 없는 지경에 이르고 있다. 그런 가운데 실업은 장기화되고 구조화되어 가고 있는 것이다. 이러한 시기에 일자리를 잃으면 여간해선 다시 직장을 구하기가 어려운 처지에 내몰리게 된다. 그래서 무엇인가 다른 잣대로 세상을 다시 디자인할 필요를 느끼게 된다. 그런 시기에 주목을 끌고 있는 논리가 사회적 가치이자, 동반성장, 공유이익 등의 개념인 것이다. 제 아무리 자신의 성공과 성장이 특정한 기업과 사람의 공로라 하더라도 사회적 통념에 비해 거대한 성과를 거두었다면 이를 도와준 사회와 나누어야 한다는 것이다.

그래서 부유세(wealth tax)를 논하는 것이다. 부유한 것이 개인의 노력으로 된 것이라 하더라도 그 규모가 일반적인 수준에 비해 괄목하게 크다면 그 속에는 사회적 협력과 타인의 공로가 적지 않으므로 이는 다른 국민들과 일정한 비율에서 공유해야 하는 것이다. 금융 거래세(financial transactions tax: FTT)도 그렇다. 자기 돈을 가지고 운용하는 것이라 하더라도 금융거래가 많아지면 그 자체만으로 이자나 물가나 수익률 등의 지표를 움직여서 사회적 부담을 줄 수 있으므로 세금을 내야 한다는 논리이다.

이러한 논의는 그동안 자유기업이나 시장경제의 논리를 가진 입장에서 보면 쉽게 납득할 수 없는 접근이지만, 이제 우리 사회는 점점 이러한 시각을 어느 정도 용인하는 변화를 보이고 있는 것이다.

기업도 사회적 기업이 등장하고 마케팅도 사회적 마케팅(social marketing)의 의미를 담아야 소비자가 주목하는 세상을 맞이하고 있다. 무언가 의미 있는 삶을 살고자 하는 사람들은 기왕이면 사회적 기여도가 있는 소비활동을 하려고 하기 때문에 기업이나 사업가들은 자신의 경영활동에 사회적 가치를 부여하는 것이 새로운 사회와 소통하는 길이다. 공정 무역(fair trade)을 내세우는 기업도 그렇고, 자연친화적 경영을 주창하는 기업도 그렇고, 우리의 전통적인 것을 소중히 여기려는 사업아이디어도 그런 범주에 든다.

한편으로는 사회운동이나 사회사업 같으면서도 내부적으로는 기업의 이윤과 성장을 도모하는 균형감각 있는 경영의 지혜가 모든 사람에게 필요한 시점이 도래한 것이다. 기업인이나 종사자 모두 시장이익과 사회적 가치의 경계선에서 기업의 이익과 조화를 이루는 가운데 공동선을 추구하는 기업가 정신과 경영 마인드가 요구되는 미래라고 하겠다. 이제는 인류나 사회를 이롭게 하지 않고 특정한 기업이 지속가능하게 생존할 수 없는 세상을 내다보게 된다.

사람들은 점점 살아갈수록 의미 없는 소비생활, 의미 없는 투자생활은 자신의 삶을 정신적으로 심리적으로 윤택하게 하기 어려울 것이란 점에서 깨어있는 자본주의(consciousness capitalism)로의 진화를 생각하게도 될 것이다. 이윤의 개념도 점차 상대적으로 고려하여 탐욕과 일방적 획득이 아닌 상생의 가치가 반영된 적정과 상대성, 균형, 공정 등의 개념을 고려하게 재고될 것으로 보인다.

③ 사회통합

IT 기술이 등장하면서 정말 한때는 이것보다 멋진 세상은 없는 것처럼 느껴지던 시절이 있었다. 소위 신경제라 불리우는 뉴 이코노미(new economy)의 열풍이 불러오던 시절에는 정보통신과 여타 산업의 만남은 경제적 가치의 효율을 높이고 다양화하는 데에는 이만한 것이 없다고 여겨지기도 했다. 이에 따라 서비스 산업이나 특히 금융자본의 생산성이 실물자본의 생산성을 추월하면서 제조업을 하는 나라들은 너도나도 정보통신을 기반으로 하여 특히 금융 산업을 신성장 산업으로 키워보려고 분주하게 정책을 세우곤 했다.

우리나라도 예외가 아니어서 제조업의 뒤를 이를 산업으로 꾸준히 금융 산업을 키워보려고 노력해 온 바 있다. 특히 서울, 부산, 제주 등 일부 도시와 지역을 금융허브 도시로 육성하고자 광역단체별로 신청을 받아 경합을 벌인 바도 있다. 그러나 이런 힘으로 국경을 열고 돈과 물자가 자유롭게 움직이는 세상은 순기능도 있었지만, 반면에 투기자본(casino capital)의 준동을 부추기고, 가난한 나라와 부유한 나라의 격차만 고착화시키는 부작용이 부각되기 시작한 것이다. 결국은 일부 부자 나라의 방만하고도 무책임한 부채 불감증으로 결국은 이렇게 지구적 파산을 가져오고 말았다. 그리고 이와 함께 그 기세 좋던 신자유주의(neo-liberalism)도 얼마 가지도 못하고 여러 가지 문제를 드러내며 가치논쟁에 휘말리고 말았다.

신경제나 신자유주의를 둘러싼 여러 가지 논란 속에서도 가장 먼저 생각해보게 되는 것은 바로 사회격차의 확대와 사회통합의 결여에서 주된 요인을 찾아볼 수 있겠다. 세계를 하나로 열리게 하는 교류와 교역의 증대는 그 이면에 우선 에너지와 농산물 가격이 천정부지로 오르고 말았다. 에너지와 식량은 세상 누구에게도 필요한 것으로 가급적이면 가격이 저렴하고 안정을 유지하는 것이 필요하다. 그러나 국제 금융시장에서 투자의 고수익을 향해 달리는 재무적 투자자들의 안중에는 그런 인류애적 관심은 원래부터 없는 일이었다. 이러한 재앙은 원유가 인상에서 먼저 나타나기 시작해 각종 원자재 가격으로 번져나가고 나중에는 곡물로 신속히 번져 나간 것이다.

WTO 체제하에서 보다 풍요로운 세상을 준다고 주장하던 서방 선진국들은 그저 차익(gain)과 차입(leverage)에만 골몰한 한심한 탐욕꾼으로 비쳐지고 있다. 세계화에 반대하며 국제대회를 방해하던 사람들의 심정이 이제야 조금 이해가 간다. 열린 시장의 돈들은 이제 세계의 주택가격을 건드리기 시작해 이번엔 집값들이 지구촌을 들썩이게 했다. 자국의 주택시장 상황보다도 글로벌 환경에 의해 주택가격들은 춤을 추기 시작했고, 급기야는 부동산발 세계 동시 불황을 가져오고 말았다.

결국 단기간에 수익을 내는 금융투자에 의한 실물경제의 조작은 원천적으로 유지되기 어려운 구조를 가지고 있었고, 시장에서 발생하는 회전 코스트가 결국은 투자시장의 파이를 점차 축소시켜 좌초의 비운을 맞이한 것이다. 결국 미국은 제조업으로 전

향한다는 소리가 나오고, 그 잘 나가던 투자은행(investment bank)들은 다시 상업은행(commercial bank)으로 복귀하는 뒷걸음질을 하면서 그들이 지난 세월에 호기 좋게 맡았다가 내다버린 고객들의 돈은 이제 어디에서도 찾을 수 없을 것이다.

이제 다시 신중하고도 오랜 토론을 거쳐 새로운 경제 질서와 가치를 만들어 나가야 하는데, 가장 중요한 담론의 하나는 가진 자와 소외된 자의 사회 통합이고, 또한 지식인과 비지식인 간의 상호이해와 협력이 전제가 되어야 할 것으로 본다. 바로 이런 논란의 중심에 미국과 유럽의 위기의 종지부 여부가 있다. 앞으로 이런 일에 대하여 종전처럼 마냥 돈과 속도로만 풀려고 하지 말고, 더불어 온 국민이 땀 흘려 일하는 세상을 만들어 근로와 저축으로 이 위기를 근원적으로 넘겨야 한다고 본다. 그러한 위기의 해법은 시간은 걸리겠지만 앞으로 시간이 갈수록 같은 문제를 지닌 세계 여러 나라로 서서히 퍼지게 될 것이다.

기업의 경영도 부실의 문제를 금융시장을 통해 매각이나 인수, 부채증대 등의 방법으로 푸는 재무금융 해법보다는 아이디어, 생산성과 기술개발, 경영혁신 등의 내적 자원의 증대와 경영 개혁으로 풀어 나가는 것이 보편적 타당성을 가지게 될 전망이다.

Ⅱ 근본으로 돌아가는 기업 경영

1. 단기 업적주의의 퇴조

세상의 운용논리에는 성장이냐 분배냐 하는 이분법적 구분이 오래전부터 극단의 대치를 이루고 있다. 그러나 성장을 주장하는 입장은 영원히 성장의 논지를 꺾지 않을 태세이고, 분배를 외치는 입장 역시 변함없는 가치로 믿으며 성장 위주의 경제운용의 문제를 혁신하고자 대응하고 있다.

이른바 정치인들도 이런 구도 하에서 자신의 노선을 정하고 세력을 규합하고 국민들의 지지를 끌어들이려 한다. 얼마 전 선거를 치른 우리나라도 같은 현상을 반복하고 있다. 그런데 우리가 한번 생각해보아야 할 일은 다름 아닌 단기 업적주의라는 유혹이다. 이미 기업 경영의 세계에서는 단기 업적주의가 가져오는 폐단에 대해 많은 연구가 진행되어 오고 있다.

단기 업적주의라는 것은 글자 그대로 당장 어떤 결과를 내어놓아야 한다는 것을 의미한다. 기업이 소유와 경영을 분리하는 것은 경제민주화와 경영효율화를 위해 중요한 이념으로 받아들여져 있지만, 그 결과로 나타나는 부작용으로 대리인 비용(agency cost)이라는 것을 학자들은 밝혀내고 있다. 즉 주주를 대신하여 경영을 맡은 내부 경영자들이 자신의 성과를 극대화하기 위해 미래의 투자나 개발을 소홀히 하고 당장에 성과를 낼 수 있는 일에 집중하거나 돈과 사람을 투입한다는 것이다.

대표적인 일들의 하나가 바로 인수합병(M&A), 또는 자산인수 후 매각(A&D)같은 경영전략이다. 어떤 분야가 지금 돈을 잘 벌고 성장하고 있으면 먼저 일찍이 투자할 생각은 하지 않고 그런 회사를 눈여겨보았다가 지분을 사버리는 것이다. 오랜 기간 그런 기업을 경영해보아도 성과가 녹녹치 않은 현실에서 갑자기 그런 기업을 사들여 좋은 성과를 내려는 것은 분명한 탐욕이고 무임승차이다. 그 와중에 직원이나 거래처, 소비자들이 피해를 보기도 한다. 바로 대의정치라는 현재의 의회민주주의, 또는 행정부로 간 국민 대표들이 바로 단기업적의 함정에 빠지기 쉽다. 그들은 항상 임기를 의식하며 정책을 구상하고 유권자들을 그리로 몰아간다. 언제나 이슈는 당장의 문제들이라며 대립의 칼을 세우게 된다.

하지만 세상의 모든 문제는 항상 서로 다른 면을 가지고 있게 마련이다. 가령 성장이 필요해서 생산을 늘리려 하면 인원도 많아야 하고 생산자원도 많이 가지고 있어야 한다. 또한 분배의 풍요를 살려가려고 하면 지속적인 투자와 투입이 증가해야 한다. 이 둘의 문제는 단기간에 이룰 수 없는 문제이기도 하지만 길게 가보면 서로 같은 가치의 연장선상에 있는 동일한 사안이기도 한다.

요즘 국민연금이나 각종 사회보장성 보험이나 기금을 맡고 있는 사람들이 가장 많이 고민하는 문제들은 바로 수익성이다. 얼마 전 일부 보험사들의 변액보험 운용성과도 드러나 문제가 되기도 했지만 모두 단기성과의 비교들이다. 단기적으로 성과를 내려면 당연히 위험을 높여야 하고 미래를 위한 투자는 소홀히 하게 된다. 요즘 미국과 유럽의 경제위기 처방도 모두 단기업적 위주의 정책이라 매일 막대한 생돈을 쏟아 부을 궁리만 하지 이로 인해 다음 세대가 겪을 인플레나 저축 감소, 생산원가 압박 등의 문제는 안중에 없다. 기왕에 뽑아놓은 정치인들에게 멀리 보고 넓게 보고 천천히 사방을 살펴가며 장기적이고 근본적인 발전 방안을 강구하라고 주문할 때이다. 이러한 배경을 가지고 경영의 세계는 점차 단기 업적주의에서 벗어나 장기성장을 안정적으로 도전하는 지혜를 모으게 될 것으로 보인다.

2. 원자재 가격, 경영실적을 좌우하다

기업 경영실적이 경기에 사이클이 존재하던 시절에는 경제흐름을 조금만 이해해도 경영조직들은 예측 가능한 행동을 할 수가 있었다. 그러나 국제적으로 자본이 빠르게 이동하고, 빚을 내어 투자하고 소비하는 레버리지(leverage)에 의한 투기적 의사결정이 많아지면서 그런 행동은 아주 위험한 노릇이 되고 말았다. 또 어떤 경우는 정치적 입장을 고려하여 당연히 필요하거나 예상됨직한 조치를 취하지 않는 경우도 많아졌다.

과거의 보수적인 금융정책이 중심이던 시절에는 과잉유동성이나 부채과잉으로 경제가 어려워지면 금리를 올리거나 금융기관의 신용회복을 위해 경영개선을 요구했을 것이다. 그래야만 그동안 마치 융단폭격처럼 쏟아 부은 막대한 유동성이 물가나 투기를 부추기지 않고 순기능을 할 수 있을 것이다. 그러나 최근의 주요 국가들의 친금융시장적 금융정책들은 출구전략, 즉 돈을 적절히 회수하는 일은 늦추는 정책을 취해 위기경영을 추진하는 기업들이 원가절감이나 경영혁신을 취하기 어렵게 만들게 하곤 한다.

친금융시장적 정부들은 기왕에 살리려는 경기를 조금 더 밀어주면 그 효과가 클 것이라고 생각하는 것 같다. 하지만 항상 금융투자시장 곳곳에는 정책효과 위에 기생하는 투기자들이 있어서 순수한 정책의 발상을 무색케 하기도 한다. 언제나 국제 유동성이란 정보를 들먹이며 주식투자를 부추기고 있는 사람들이 있다면 그런 류의 사람들이다.

정말 기업의 진정한 경쟁력 강화를 위한다면 재무투자의 수요를 부추기기 보다는 생산자의 원가요소의 물가안정이 더 긴요하고, 자산가격을 회복시키기 보다는 기업의 재무적 건전성이 더욱 중요하게 확보되어야만 멀리가고 오래가는 경기회복이 될 수 있을 것이다. 그게 아니면 또 다시 풀어놓은 돈들은 기업으로 오지 않고 재무적 투기자들을 위해 판을 벌려주는 일에 지나지 않을 것이다.

실물투자가 일어나 기업의 생산이 살아나고 고용이 일어나려면 원가를 안정시켜주어야 하는데, 이렇게 돈을 무조적 풀면 불경기의 와중에서도 국제 원자재 가격은 도대체가라앉을 기미가 없다. 단기 투기자금들이 활개치면서 기업의 원가를 압박하게 된다. 기본적으로 원자재 가격이란 인류가 적절히 활용할 수 있도록 가급적 안정을 유지하도록 협력해야 한다. 특히 우리나라의 경우는 더 그렇다. 기왕에 대외여건으로 경기가 둔화되고 있는 시기에 기업들은 생산원가의 장기적 안정을 위해 경영혁신에 힘을 모아야 하지만, 국제 유동성이 이를 도와주려 하지 않는다. 아마도 현재의 국제 금융시장 현실을 보면 특별한 투자 대상이 없는 구조에서 틈만 나면 원자재를 가지고 재무적 투기자들이 단기 차익을 노려 가격을 흔들어 댈 것으로 보인다.

결국 장기적으로 원자재 가격이 안정되느냐의 여부가 경기흐름을 결정적으로 좌우하는 것은 물론 기업의 경영실적도 원자재 가격의 변동에서 자유롭기 어려운 상태가 상당히 긴 시간 이어질 것으로 보인다. 여기에다 원자재 보유국들이 점차 제조업 생산국으로 변신해 가면 더욱 원자재 가격은 상방 경직의 가격 변동을 보일 가능성이 높게 점쳐지고 있다. 이미 중국이 대형 생산국으로 원자재 가격 불안의 주요 변수로 등장해 있지만, 이에 가세해 새로운 개도국들이 지속적인 원자재 수요를 자극해 기업 경영의 최대 변수로 작용할 전망이다.

3. 슬로우머니(slow money)

테일러(taylor)가 과학적 관리법으로 노동자의 행동을 능률화할 때만 해도 세상은 너무 물자가 부족한 시절이었다. 아무리 만들어도 부족한 물자를 해결하기 위해 속도와 규모를 키우며 기술이 발전하고 마침내 산업을 형성하게 된 것이다. 그러나 우리는 지금 그 대량생산의 함정에 빠져 마침내는 대량소비의 도그마(dogma)에 처하고 말았다. 많이 소비하지 않으면 많이 만들 수 없는 이 함정은 소비를 위해 휴일도 늘려야 하고 저축도 자제해야 하고 낱개가 아닌 꾸러미로 물건을 사야 한다.

재고가 가격을 안정시키고 사용의 불편을 줄이는 시대는 이미 옛날의 일이고, 무시로 찾아오는 재고의 덫이 이젠 가계 부채나 기업 부도와 금융시장의 위험으로 존재하고 있다. 공급이 포화상태를 이루면 어느 기업이 생산 속도를 조금만 높여도 즉시 가격이 하락하고 생산자는 조업을 줄이고 노동자를 해고해야 한다.

대량생산체제 아래에서는 생산 시설을 하나 만들려 해도 막대한 돈을 가져야 가능해지므로 금융을 잘 활용하거나 자본이 많은 사람이 아니면 사업을 하기도 어렵다. 결국 대량생산이 지배하는 한 어느 산업이나 어느 국가나 거대 자본의 지배가 운명적으로 계속되는 것이다. 그러나 언제까지나 이럴 수는 없다. 새로운 삶의 방식을 생각해 내야 한다. 개인의 힘이 위대하고 개인의 힘이 세상의 힘의 원천이라는 것을 증명하는 아이디어가 필요한 것이다.

지식과 기술과 아이디어는 개인에서 나온다. 이를 하나로 연결하여 공동으로 작업을 하면 공장이 되는 것이다. 요즘 그런 생산방식이 생겨나고 있다. 인터넷 위에서 누군가가 아이디어를 내면 그에 필요한 것을 가진 사람들이 서로 모여 아주 작은 공간에서 재료와 기술과 디자인을 합쳐 하나의 제조물을 만들어 내는 것이다. 일부 국가에서는 자동차를 이렇게 만들어 팔고 있다. 마치 영화제작을 하러 가면 누구는 시나리오를, 누구는 조명기기를, 누구는 촬영 장비를 가지고 와서, 돈을 댄 사람이 감독을 정하고, 감독이 배우를 선정해 영화를 만드는 일이나 크게 다를 바 없다. 그리고 그들은 일이 끝나면 하나씩 다시 흩어진다.

이러한 방식의 제작을 제조업이나 사업 전반에 적용할 날이 멀지 않았다. 이른바 위키 비즈니스(wiki business) 시대가 오는 것이다. 이런 시대를 위해서는 사람들은 무작정 스팩을 쌓는 것이 아니라 누군가와 공동의 작업을 수행할 수 있는 자기 자신만의 준비된 무엇인가를 제공할 수 있는 자세와 능력이 있어야 더불어 살아갈 수 있다. 자격증을 만들고 직장을 구하고 상사의 명령을 수행하는 조직형 인간(organization men)이 아니라 자기 스스로 일정을 계획하고 통제하고 평하는 개인적인 기업(individual corporation)처럼 살아가야 한다.

누군가가 전체의 장(field)을 만들어 놓으면 아무나 와서 이를 자기 방식대로 채우며 새로운 하나의 공동 작업(co-work)을 해나가는 일은 요즘 포털 사이트의 컨텐츠 세상이나 정치판에서도 흔히 볼 수 있는 현상이기도 하다. 이런 과정에 돈을 대고 기능을 제공하며 아이디어를 내놓고 참여하면 매출과 수익은 아주 느리게 굴러 가지만 그러나 실제 돈의 흐름을 느끼고 실감할 수 있다. 또 투자자로서의 어떤 의미도 실현할 수 있다. 가난한 농부를 위해 그들이 짓는 농사에 돈을 투자한다면 이는 실제로 자연현상에 투자하는 것이다. 농약을 치지도 않고 기계를 쓰지도 않고 자연 그대로 농사를 지으려면 그런 농부에게 투자하면 된다. 이러한 직접 참여형 투자를 소위 슬로우 머니 (slow money) 세상이라고 하는데, 대량생산 대량소비의 세상은 점점 작지만 느린 그러나 직접적인 삶의 구역으로 들어가고 있다.

4. 서방 선진국의 U - 턴

　　그가 누구든 역사에서 근면하게 일하지 않고 재미있게 놀면서 사치나 하고 힘이나 자랑하면서 평화롭고 부강한 날을 지속한 민족이나 국가는 없다. 오늘의 미국은 지난 날에는 제조업의 초 강자였다. 생산규모나 생산기술 면에서 감히 〈미제〉를 따라갈 수 없었다. 한때 전 세계 공산품의 절반 가까이를 미국이 만들던 시절도 있었는데, 불과 40년 전만 해도 그랬다. 그러던 그들이 제조업을 등한히 하고 금융이다 서비스다 하면서 점점 땀 흘리지 않고 살아보려는 욕심을 내기 시작한 것이다. 그러나 제조업의 새로운 강자들이 등장하면서 미국은 수입국가, 소비국가로 전락하게 되었고, 급기야는 무역적자, 재정적자의 치명적인 적자경제로 추락하게 되었다. 제조업에서 손을 놓은 지 불과 10여 년만인 1970년 후반에 들어와서 바로 그런 일이 생겨난 것이다. 그리곤 그들은 급전직하로 달러화 약세로 내몰리고 시중의 자금 부족상태가 만성화되기 시작한 것이다. 집을 사야 하는 사람에겐 집값의 대부분을 빌려주어야 하고 자동차를 사려는 사람에겐 최소한의 인수금만 받고 캐피탈 대여(capital loan)를 해주어야 했다.

　　그렇게 30년을 지나고 보니 온 나라가 빚투성이에다 전국 곳곳이 각국의 수입물건을 쌓아 두는 창고 천지가 된 것이다. 공장이 없어지니 일자리가 줄어들고, 저마다 소득이 없으니 소비 금융을 빌리지 않으면 물건이 팔리지 않는 악순환이 거듭되다가 작금의 사태를 맞은 것이다. 그리고 어느 날 미국은 대통령의 입에서 이제 다시금 미국은 제조업의 나라로 가야한다는 청사진이 나온 것이다. 금융과 서비스 경제를 주도하던 나라가 이제 와서 제조업이라니 보는 사람들도 어리둥절하지만 정말 잘한 결정이다. 작금의 미국의 내부를 들여다보면 이 같은 코스변경이 없으면 작금의 경제위기를 헤쳐 나가기 어려운 상황임을 알 수 있게 된다. 엄청난 규모의 가계 부채는 어마어마한 재정적자를 지닌 나라로서는 가계의 소득증대 없이는 도대체 불가능한 일이다. 그러나 전반적인 국민들의 교육수준이나 근로능력을 고려하면 상당수의 육체적인 노동을 제공하고 소득을 올려야 하는 저소득층의 부채누적 문제가 크기 때문에 다시금 제조업 카드의 재활용은 불가피한 선택으로 보인다.

표 7-3 서방의 제조업 전성기

	양적 생산기	버블 경제기	글로벌 경제위기
영 국	18세기 ↔ 20세기 초	자산가격 거품	장기실업 심화
미 국	20세기 ↔ 20세기 중반	통화팽창	재정적자, 무역적자 부담 가중

　과연 미국은 다시 제조업으로 재기할 수 있을까. 그동안 지구촌에는 미국이 쉬는 시간을 이용해 많은 제조업 국가들이 성장해오고 있다. 미국은 과연 그들과 경쟁하여 지난 날의 자리를 찾아갈 수 있을까. 결론은 앞으로 시간이 다소 걸리긴 하겠지만, 어느 정도 미국은 제조업으로 회귀가 가능하다고 본다.

　무엇보다 그들에겐 그동안 각 나라에서 미국에 세워둔 많은 산업시설들이 있는데, 산업시설이란 일단 그 나라에 세우면 장기적으로 그 나라의 경제기반으로 들어가게 마련이다. 그리고 미국은 자체에 그들만은 거대한 내수시장을 스스로 가지고 있다. 그에 따라 미국 내에는 물론 세계적으로 거대한 유통구조도 가지고 있다. 문제는 그들이 요구하는 수준의 가격으로 공급할 수 있느냐 하는 것인데, 그동안의 부동산 가격하락, 실업의 증가 등으로 하향 안정된 임대료나 임금의 수준이 어느 정도 경쟁을 가져다 줄 수 있다고 본다.

　또한 지난 날의 기술대국의 면모가 사라지지 않았다면 첨단기술에서 일단 승기를 잡으려 할 것이다. 최근 셰일가스처럼 에너지를 보유하고 있는 나라로서 생산자 원가도 우리보다 유리하게 통제할 수 있을 것이다.

　이처럼 미국의 제조업 회귀선언은 일본, 독일, 한국 등 제조 선진국을 긴장시키고 있지만, 우리의 경우 이러한 기류를 타고 미국 현지 진출을 활발히 하여 미국의 생산기지를 늘리고, 여기서 세계를 조정하는 제3지대로 활용하는 지혜가 요구된다. 더불어 기왕의 미국 내 우리의 생산시설을 증설할 필요성은 없는지 검토해보자. 결국은 미국과 손잡고 우리의 소재, 중간재를 공급하여 협력 생산하는 전략이 필요해 보인다.

　만일 미국의 이런 노력들이 제대로 효과를 본다면 유럽의 여러 나라들도 이 뒤를 따라갈 가능성이 높다고 본다. 그래서 장차 서방이 전반적으로 다시 생산국과 제조업의 기반을 서서히 회복할 가능성을 높게 점치는 것이다. 결국 기업들도 점차 제조업의 비중이 늘어나는 경향을 보여 이제까지 금융업, 정보통신, 유통업 등으로 집중되던 새로운 기업인재들도 점차 글로벌 경쟁력을 갖는 유수의 제조업체를 선호하게 될 것으로 전망된다.

Ⅲ 시장은 어디로 가는가

1. 감각소비 풍조의 퇴조

　미국의 경기회복이 장기전에 들어간다는 소식이 나오고 있다. 그동안 많은 돈을 풀면서 경기를 살리기 위해 백방으로 노력한 결과가 기대만큼 효과적이지 못했다는 생각을 가지게 된다. 그런데 그동안의 미국 경기 구조와 조금 다른 점은 미국이 적어도 30년 이상 정상의 자리에서 후퇴해온 제조업에서 회복소식이 들리고 있다는 점이다. 미국은 신경제 이론과 카지노 자본주의(casino capitalism)가 주도하는 지난 세월동안 제조업보다는 소비나 주택경기 등 금융 환경에 의해 좌우되는 경제체질을 만들어 오고 있었는데, 서브 프라임 모기지 사태이후 세월의 시간을 뒤로 돌리며 제조업으로 돌아가고 있는 인상을 주고 있다.

　오바마 미국 대통령도 금융위기를 대처하는 미국의 근본적인 전략으로 미국의 제조업을 살려야 하겠다고 천명한 바가 있어 작금의 미국 제조업 회복 소식은 아직은 실낱같은 희망일지라도 중대한 상황의 반전을 시사하는 의미가 있다고 본다. 이제 전 세계는 제조업의 의미를 다시 생각할 시점이다. 물건을 소비하는 일을 세상사의 중심에 두면 그 삶은 오래갈 수가 없다. 따라서 물건은 그것이 생물이든 무생물이든 인간이 스스로 만들 수 있는 능력과 환경을 가지고 살아가야 한다. 그런데 미국은 그동안 그러한 최고의 능력을 가진 나라에서 스스로 내려와 최대의 수입국가로 변모하면서 오늘의 금융위기에 나라의 운명을 내맡기는 처지로 전락하고 말았다. 미국의 내외의 사정을 보면 제조업을 쉽게 포기할 만한 입장이 아니었는데 그들은 손쉬운 고수익 산업구조에 나라를 빠져들게 하였다.

　금융산업, 오락산업 등으로 대변되는 미국의 80년대 이후의 변화는 한마디로 쾌락과 쾌감의 경제였다고 할 수 있다. 한번 놀기 시작하면 다시 땀 흘려 일하기 어려운 법이다. 그러니 갈수록 더욱 단기차익을 겨냥하는 금융기법을 발전시키고, 글로벌 시장에서 미국으로 들어오는 자금들을 즐기면서 흥청망청 몹시 가벼운 나라로 변하고 말았다. 신대륙으로 이주한 그들의 선조들은 참으로 근면하고 검소한 삶을 통해 강대국 미국을 이룩했는데, 이제 그런 미국의 정신을 찬양하는 사람들은 아무도 없다.

　우리라고 이런 미국의 전철을 밟지 말라는 법은 없다. 이미 우리 사회 곳곳에서 미국 증후군들이 감지되고 있다. 재테크로 쏠리는 우리 사회의 투기적 면모도 그렇고, 그런 가운데 점점 내려가는 저축률도 그런 조짐을 보이고 있다. 공장은 줄어들고 대형 창고나 마트만 늘어나면 바로 그런 조짐으로 보아도 좋다. 전 세계에서 값싼 물건을 수입하기 시작하면 문제는 점점 커지기 시작한다. 나중에는 대부분의 생활용품을 수입해야 하는 지경에 빠지게 되는데, 미국이 바로 그런 상황에 다다른 것이다. 그러나 미국이 지금이라도 제조업으로 돌아간다면 희망이 있다고 본다. 그들은 큰 시장을 가지고 있으며, 자원도 있고, 인재도 있고, 기술도 있다. 다만 없는 것이 있다면 다시 푸른 작업복(blue color)을 입을 마음들이 없다는 것이다. 하지만 이제 그들은 더 이상 달아날 곳이 없다. 다시 지난 날 세계를 누비던 〈MADE IN USA〉 상품을 만들어 내야 한다. 결국 미국과 유럽은 다시 그들이 가능한 범위 안에서 제조업으로 돌아갈 것이다. 이렇게 되면 80년대 이후 감각소비를 주도했던 서구의 소비문화가 서서히 퇴조하고 실용과 의미성과 저렴한 가격을 중시하는 소비자들이 시장을 새로이 구성할 것으로 내다보인다.

2. 사랑을 담아야 팔린다

　이젠 사랑을 담지 않는 상품은 세상에 나오기 어렵겠다. 밥 한 그릇을 퍼내더라도 제 식구 밥 퍼 주듯 정성껏 담아내고, 물건 하나 집어 줄 때도 정성이 줄줄 흐르는 모습으로 건네주는 그런 비즈니스를 해야 한다. 이젠 금융기관들이 보기만 해도 성의가 담긴 새로운 금융상품을 내어 놓는다. 예를 들면 이제 가족 경영의 시대를 눈앞에 두고 있는 이즈음에 3대가 함께 가입을 하면 이자를 더 주는 상품을 개발해 호평을 받고 있다. 어느 금융회사의 상품을 보면 자녀 수가 많거나 노부모를 봉양할수록 금리가 올라가는 정말 따뜻한 적금이 있다. 조금 더 이 상품의 배려를 들여다보자. 이 적금의 기본 금리는 연 3.7%로서 평범하다. 그러나 5세 미만의 어린이가 있거나 70세 이상의 노부모를 봉양하는 가정은 가산금리가 붙는다. 또 가구원 수가 많으면 가산금리가 붙는데, 본인 포함해 2인가구면 0.3%의 금리가 더 붙고 2명 이상으로 가구원 수가 추가될수록 1명당 0.3%의 금리가 붙는다. 만일 가구원이 4명이면 0.9%의 금리가 더 추가되고 6명이면

1.5%까지 더 이자를 불려 준다. 또 5세 미만 어린이가 1명당 0.2%의 금리가 가산되어 5명까지 가능하고 70세 이상 고령자가 있으면 인원 수 관계없이 0.2%의 금리가 가산된다. 이렇게 해서 최고 7.57%까지 우대금리를 받을 수 있는 상품이다.

자유 적립식 적금인 이 상품은 처음에는 1만원 이상, 매달 1인당 50만원 이내에서 자유롭게 적립이 가능하다. 가입기간은 최소 1년 이상 3년까지이며 1인당 가입계좌 수는 제한이 없다. 생각해 보건대 어린이가 적은 농촌의 현실에서, 또한 노인이 많은 농촌의 현실을 고려해 만들어 낸 상품이라고 본다. 지금 지구촌 전역에서 금융자본(financial capital)의 탐욕적 추악성을 규탄하는 소리가 높은 가운데, 이처럼 사회적 고민의 현실을 담아낸 금융상품의 아이디어는 고단한 서민들의 삶에 대한 위로가 담겨있음은 물론, 잃어버린 금융시장에 대한 신뢰를 회복할 수 있는 중요한 진보라고 생각한다.

누구나 일확천금을 꿈꾸며 직접 금융시장에 참여해 금융상품을 사고파는 일들은 겉으로 보면 역동적인 경제활동 같지만 매우 불안하고 위태로운 경제흐름을 가져오게 된다. 무엇보다 소박하고 끈기 있는 근로의욕을 꺾을 수 있다는 점에서 도덕적으로도 권장하기 어려운 일이다. 최근 정부는 과거에 있다가 사라진 재형저축을 다시 부활한다는 반가운 소식을 전해오고 있다. 재형저축은 두 가지의 장점을 가지고 있다. 하나는 근로자의 재산을 형성한다는 점이고, 또 하나는 저축을 장려한다는 점이다.

지금 중산층이 몰락하고 실업자가 양산되는 현실에서 우리 사회의 미래를 만들어 가는 노력은 바로 이 같은 근로의욕 제고와 저축의 마인드를 북돋는 일이라고 하겠다. 금융기관들은 이제부터 성실하고 정직한 부의 개념을 심어주기 위해 시대의 철학이 담긴 금융상품들을 개발해 나갈 것으로 보인다. 그러지 못하는 금융회사들은 서서히 역사의 뒤편으로 사라질 것이다.

3. 단 한명도 위대한 시장

최근 어느 골목에서 본 식당인데 자그마한 홀 안에 달랑 테이블이 하나 밖에 놓여 있지 않았다. 가만히 들여다보니 연인처럼 보이는 두 사람이 호젓하게 식사를 하고 있었다. 아마도 누구의 생일이거나 특별한 이벤트를 맞아 두 사람의 독점으로 식당은 이용되고 있었다. 듣자하니 희망자가 많아서 미리미리 예약을 해야만 이용이 가능하다고 했다.

역시 최근에 본 일인데 1인용 헬스클럽이 생겨서 거리에서 전단지를 나누어 주고 있었다. 단 한사람만을 위한 이 헬스클럽은 시간을 정해주면 운동지도자가 한 사람만을 위해 운동을 지도해준다는 것이다. 이렇게 시장은 점점 단, 한 사람만을 위한 시장으로 세분화되고 있는데 이를 두고 한 사람을 위한 틈새시장(nitch for one customer) 현상이라고 한다. 즉 단 한명의 고객을 겨냥한 틈새시장이라는 것이다. 세상에는 자영업자들이 너무 많다고 얘기한다. 혹자는 다른 선진국의 통계를 들이대며 직장인이 더 많아야 한다는 논리로 말하는 사람들도 있다. 하지만 이치로 따지자면 평생을 남의 밑에서 직장인으로 살 수 있는 사회를 이상형으로 보아야 하는지, 아니면 힘이 들어도 자기 것을 스스로 주도적으로 개척하며 살아가는 방식을 권해야 하는지는 생각해볼 일이다. 자기 사업의 위험이 더 중요한 일인가, 아니면 자유롭고 창의적인 자기 삶에의 도전이 더 현명한 선택인가 하고.

세계를 떠도는 많은 타민족들은 남의 나라에서 살아가면서 자신들의 인생과 가족을 지키고 개척하기 위해 스스로 자영업으로 독립경영자(independent business owner)의 세계를 도전한다. 세계 어느 도시에서도 자주 보는 차이나타운도 대개는 자영업이고, 인도사람들도, 아랍사람들도, 유태인들도, 이태리사람들도 대개는 자영업들이다. 아니 우리도 과거 한국전쟁 이후 대거 남쪽으로 내려온 이북사람들이 서울 동대문시장과 남대문시장, 부산 국제시장, 대구 서문시장, 광주 양동시장에서 억척같이 장사를 하며 큰 돈을 번 사실은 살아있는 전설이다. 그런 점에서 요즘 단 한 사람만의 고객을 위해 사업체를 차리는 세상이 돌아오는 것을 보면 자영업에도 활기를 찾을 수 있겠다는 희망을 가지게 된다. 각자가 자신의 재능을 찾아서 갈고 닦으면 그것을 단 한명의 고객을 위해 제공하는 것이다.

이런 세상은 정보통신 사회가 가능케 해준 선물이다. 거대한 힘을 가진 자본이나 집단이 대중을 좌지우지하는 대중 전달의 시대에는 감히 꿈도 꾸지 못하는 일이지만, 지금은 마음만 먹으면 SNS(social network service) 등을 통해 얼마든지 나를 알릴 수 있고 사람들의 이목을 사로잡을 수 있다. 문제는 내가 어느 누구에게 무엇을 줄 수 있는가이다. 전 세계를 강타한 우리 가수 싸이의 강남 스타일은 유튜브를 타고 온 세계를 삽시간에 즐겁게 했는데, 뮤직 비디오의 컨텐츠는 정말 싸이의 특유한 자기 것을 담아 우리에게 보여준 것이다. 어찌 보면 우리는 대중 속에서 저마다 각자 개개인의 감성으로 싸이의 컨텐츠를 즐기고 있는 것이다. 그런 싸이도 자영업이 아닌가.

늘 한 사람의 고객의 반응을 생각하면서 나의 것을 찾아서 정성을 다해 만들어 나가는 세상이 예견된다. 앞으로는 돈만을 벌려고만 하는 것이 아니라 자기만의 것을 창조적으로 만들려고 노력하는 사람들은 언젠가 반드시 세상에 알아주는 누군가가 있을 것이다. 런던 올림픽에서 마치 새털처럼 날아 오른 체조의 양학선 선수나 41걸음 만에 성큼 성큼 100미터를 골인한 우사인 볼트 선수가 누구와 경쟁하러 올림픽에 나온 것이 아니라 자신이 갈고 닦은 자신만의 것을 보여주러 출전한 것처럼.

4. 저렴한 가격이 대세

근래 들어 우리나라에 구내식당이 인기다. 값이 저렴해서 한 끼 식사라도 아끼려는 사람들이 신분을 속이고서라도 줄지어 찾아간다는 것이다. 정말 장기 불황을 실감한다. 그러나 과거 구내식당은 직장인에게는 성공의 상징이었다. 구내식당을 가진 직장은 그야말로 신이 내린 직장이었다. 그런데도 상급자가 되면 구차하게 구내식당에서 밥을 먹는 것이 남의 눈에 비칠까봐 굳이 나가서 매식을 하곤 했다. 그리고 세월이 흘러 다시 구내식당에 줄을 서고 있는 것이다. 아니 사람이 줄을 서는 것이 아니라 세월이 줄을 서고 있다고 해야 할까보다. 그러고 보면 우리가 지금 과거에 비해 수입이 줄어든 것도 아니다. 사실 우리 사회가 번듯한 직장에 구내식당을 두게 된 것은 소득이 5천 달러를 채 넘기 전의 일이다. 그러나 지금은 2만 5천 달러를 목전에 두고 있는데, 다시 구내식당이 인구에 회자되고 있다. 그동안 소득도 올라갔지만, 소비생활도 훨씬 풍요로워졌다. 당장 통신요금이 압도적으로 많이 나간다. 게다가 해외여행도 많이 다니는 편이다. 젊은 사람들은 자기 치장이나 레저스포츠에 드는 비용도 만만치 않고 술도 꽤나 마시는 것 같다.

하지만 무엇보다 집 값이 너무 비싸고 기름 값도 비싸고 사교육비도 너무 부담이 크다. 하지만 누구 하나 이러한 생활 규모나 수준을 낮추려 하지 않다보니 한 끼의 식사비가 마음에 걸리는 것이다. 우선은 우리 사회가 먹는 일에 조금은 관심을 줄일 필요가 있다. 회식하는 기회도 흔하고 먹는 양도 많은 편이고 가격도 이젠 세계적으로 비싼 편에 속한다.

정말 간편하게 먹고 저렴하게 즐기는 음식문화를 만들어 가자. 심야영업을 하는 음식점이 많기로는 아마도 우리가 세계적일 게다. 게다가 준비 없이 경험 없이 창업도 많이 한다. 이러면 음식점 운영비가 많이 들어간다. 목 좋은 곳의 월세도 비싸고 종업원 임금, 재료비 등도 다 경쟁의 산물이다. 다시 말해 원가나 자본비용(capital costs)이 필요 이상으로 많이 들어가고 있다. 그러다보니 음식 값을 올려야 하는 것이다. 한번 구매가격을 낮춘 소비자는 여간해선 가격을 더 주려하지 않는다. 그럴 경우 구내식당으로 간 고객들은 저렴한 식당이 생길 때 가서야 다시 세상으로 나올 것이다. 또 반드시 누군가는 저렴한 식당을 만들어 세상에 나올 것이다. 이제 식당 음식점 경영자들이 고민해 보아야 할 때이다. 저들을 저대로 구내식당에 둘 것인지를.

해외 여행객도 앞으론 개발도상국(developing country)에서 많이 올 것이다. 그들을 위해서라도 저렴하고 정이 담긴 중저가의 식사 메뉴가 많이 개발될 것으로 보인다. 그리고 이러한 경향은 비단 음식점에 국한하지 않고 생활제품 전반에 걸쳐 저렴하고 간편한 제품들이 늘어날 것으로 보인다. 특별한 가치 없이 공연히 제품을 복잡하고 비싸게 만드는 일은 이제 소비자 주권이 갈수록 살아나는 미래에는 시장으로부터 외면받고 구축당하는 신세를 면치 못할 것이다.

Ⅳ 글로벌 경영의 새로운 흐름

1. 기업가치를 보는 눈

기업가치를 내다보고 주식에 투자하는 일은 사실은 주식을 보유하는 일이다. 농부가 땅을 사고 기업인이 기계를 사는 일이나 다를 바 없는 일이다. 그래서 투자란 말을 쓴다. 투자란 자산을 획득하고 사람을 채용하고 재료를 사들여 생산을 하기 위함이다. 그래서 항상 시간이 걸리고 과정이 있어야하고 결과물을 기다리게 된다. 하지만 오늘의 주식시장은 많이 변질되었다. 주식을 투자하는 사람들이 지분을 사들이거나 주식을 보유하려고 하지 않고 단순히 매매 차익거래(capital gain)만 하려고 한다. 세상 사람들이 모두 이처럼 자본 이득만 얻으려한다면 누가 땀 흘려 대지 위에서 곡물을 재배하고 밤을 지새며 기계를 돌리려하겠는가.

지금 전 세계가 탐욕과 부채와 무형자산을 기대며 살아온 잘못된 경제를 바로잡고자 수많은 논의와 갈등을 빚고 있지만, 결국은 새 길을 찾아내야만 한다. 그 길은 명백히 생산과 투자와 노동이 힘을 합치는 그런 길이 되어야 한다. 소비와 부채와 재무자본은 길고 영속적으로 인간의 삶을 건강하게 엮어내지 못할 것이란 우려가 높아지고 있다. 기술개발만 앞세워 소비를 자극하는 오늘의 첨단기술 제품의 개발도 이젠 그 속도를 진정해야 한다. 무엇보다 소비자에게 노동하고 저축할 시간적 여유를 주어야 한다. 아직도 멀쩡한 전화기를 내장한 부품 성능 때문에 수도 없이 바꾸어 나가야 한다면 지속적으로 누가 그런 소비에 대처하는 소득을 유지하겠으며, 또 그런 소비에 흥미와 의미를 가지게 되겠는가.

기업들은 자기 스스로 수요를 만들지 못하는 존재들이다. 수요는 가정에서 노동을 제공하고 얻게 되는 소득에서 기초적으로 만들어져야 하는데, 이를 소비자 금융으로 충당하려든다면 결국 경제의 파국은 유행병처럼 세월을 돌아서 또 오고 또 올 것이다.

실물 상황이 어려운 시기의 주식시장은 그 유동성이 현저히 감소하게 된다. 그리고 주가도 일정부분 내재가치에 근접하며 안정을 찾아가게 된다. 흔히들 이런 시기를 바닥, 또는 침체기라고 하지만 사실은 주식의 진정한 가치를 보수적으로 확인할 수 있는 조정기인 것이다. 조정기는 언제든지 나타날 수 있다는 점에서 항상 투자자는 가지고 있는 투자금의 상당한 분량은 현금성 유동성으로 확보하고 있어야 한다.

일부 투자자들은 이러한 유동성 목표치를 주식으로 대체할 의도로 오히려 더 많은 부채 즉 레버리지를 사용해 주식을 초단기로 매매하는 경우가 있다. 그런 사람들을 투기거래자라고 한다. 그러나 이제 갈수록 투기거래자의 시장 개입이 줄어들고 보다 가치지향적인 주식평가 마인드가 확산될 것으로 보인다. 전통적인 배당가치의 비중도 점차 높아질 것으로 보이고, 기업의 안정적인 이익기반이 무엇보다 중요해지는 가치투자의 관점이 강조될 것으로 보인다.

이에 따라 기업들도 단기적인 재무적 전략을 통해 기업가치를 조정해 보려는 시도는 신중을 가할 것으로 보이며, 실질적인 경영상의 이익 기반을 중시하면서 사업영역의 고유성을 존중하고 자산구조의 안정을 우선적으로 살피는 노력을 경주할 것으로 보인다. 특히 시장가치에 연연해 하지 않는 원칙적인 경영자도 많아질 것으로 보여 그동안 의미를 가지던 시가총액의 의미가 한층 퇴색될 것으로 보인다. 시가총액이란 단순히 그

때 그 때의 주가와 주식수를 곱하여 나오는 수치로서 기업가치의 안정적인 평가 잣대로는 허약성을 가지고 있는 지표이다.

2. 자연에서 나오는 가치

어느 시기에 갑자기 많이 올라간 원자재 가격은 얼마가 지나고 나면 결국 웬만한 수준으로 상당히 안정화되어야 한다. 이유는 가격이 오를 때는 금융시장의 투기적 자금들도 가세해 단기간에 가격을 올릴 수 있다지만, 그 후 긴 세월동안 그 가격을 지켜 주어야 할 것은 바로 그것으로 제품을 만드는 제조업체들의 마진이 그것을 지탱하게 해 주어야 하기 때문이다. 국제 유가가 많이 오르면 수송업계나 유화업계 등이 그 가격으로 수요를 유지하며 계속 성장할 수 있어야 하기 때문이다.

2008년 시작된 작금의 경제위기의 본질적 해결은 여기서 시작해야 한다. 당초부터 미국의 부동산 거품이 있기는 했으나 더 큰 문제는 이미 그 이전부터 석유를 비롯한 원자재 가격들이 꾸준히 오르기 시작했기 때문이다. 특히 부동산 거품이 논란이 된 2007년에는 파죽의 기세로 국제유가가 올라 다른 분야의 가격들이 하락하지 않고선 금융시장이 자금 공급을 하기 어려운 상황으로 빠져들었다. 결국 2008년까지 급상승한 유가는 미국의 부동산 금융시장의 타격이 공개되자 일시 하락했다가 그 후 다시 오름세의 와중에 있다.

결국 어느 시점에선 원자재의 실수요와 만나야 할 사안이다. 그 때 만나서 각종 원자재들이 해당 상품의 생산과 수익을 지원할 만큼 상호 조정되고 있는지를 논해 보아야 한다. 지금은 아직도 종전의 금융투기 수요의 풍선 효과가 심리적 충동요소로 매개하는 가격 추임새로 보인다. 그러다 보니 조금만 충격이 가해져도 가격은 또 춤을 춘다. 얼마 전 기후변화가 두드러지자 곡물가격이 단시간에 급등하는 일도 있었는데, 인류가 영원히 사용해야 할 원자재 가격들이 이렇게 하늘에 올라간 끈 떨어진 풍선 같을 수는 없는 것이다. 그래서 이번 불황은 세계적으로 시간이 오래 가야 할 사안의 문제이다. 이유는 금융 거품과 원자재 거품이 동시에 시장을 교란하고 있는 상황이기 때문이다. 그런데 주식시장의 가벼운 기대들은 아직도 사태의 본질을 보지 못하고 있다. 특히 성급하게 반등하는 미국 증시가 오류를 범하는 양상이다. 유럽 등 주요국들의 금융 상황이 불안해 보이니까 일단 국제 유동성은 미국의 달러로, 미국의 금융시장으로 유입되고 있는데, 이 기류를 주가의 부활로 연결하는 시각은 시기상조이다.

근본적으로 상당기간 원자재 가격은 디플레이션을 겪어야 한다고 본다. 자산가격의 거품을 제거하기 위해서는 부채 디플레이션(debt deflation)을 어느 정도 겪어야 하고, 상품 원자재 가격의 거품을 제거하려면 수요 디플레이션(demand deflation)이 필요한 시점이다. 만일 이 두 가지가 동시에 온다면 웬만한 국가의 성장률은 대체로 저성장권에 도달할 가능성이 높다. 만일 우리나라가 이 시기에 저성장권에 근접해 가면 디플레이션은 바닥을 통과한다고 볼 수도 있다.

그런데 이것을 경기 반전으로 보자면 결과적으로 다시 원자재 가격이 올라야 한다. 그래서 길게 보면 언제나 원자재 가격은 오르게 마련이다. 인간이 자연을 의지하고 사는 한 자연으로부터 얻는 것들의 가치는 길게 보면 늘 오른다. 더욱이 날로 확대되는 신흥공업국가들의 등장은 원자재의 가격을 늘 자극하게 될 것이다. 부존자원 없는 제조 강국 한국의 지혜로운 대응이 요구된다.

3. 글로벌 기업의 새로운 역할

우리나라를 대표하고 나아가 아시아를 대표하는 기업들이 하나 둘 그 위용을 드러내고 있다. 삼성전자가 그 중 하나이다. 이제 세계 50대 기업에 올라선 이 회사는 머지않아 최정상의 가능성도 내다볼만하다. 이미 휴대폰 부문은 세계 1위의 자리로 올라갔다.

요즘 주가도 꾸준히 상승하고 있어 2012년에는 시가총액이 200조 원을 돌파하는 기록을 세우기도 했다. 지금부터 30년 전 자기자본이 700억 원, 매출액 4천억 원 정도의 기업이 이룬 성과치곤 가히 천문학적인 성장을 했다. 탁월한 경영능력과 임직원의 노력, 외부환경의 변화 등 여러 가지 요인들이 오늘의 성공을 가능케 하였겠지만, 그러나 온 국민의 성원과 국가의 지원, 중소기업의 협조 등을 빼놓고는 말할 수 없는 공동체적 기여분도 적지 않다. 앞으로도 더욱 성장하고 지속적인 혁신을 주도해 나가길 온 국민은 바라고 있다. 그런 만큼 국민들의 바람도 분명히 드러나고 있다.

우선 함께 성장하는데 기여한 여러 중소기업들과 공생의 이념을 반드시 실천하여 오늘의 좋은 성과가 혼자만의 잔치가 되지 말아야 한다. 물론 잘 이끌어준 덕도 크겠지만 오리발의 수고 없이 우아하고 근사한 유영이 가능하겠는가. 그리고 많은 젊은이들에게 꿈을 심어주고 도전의 기회를 제공하는 일도 글로벌 기업의 손길이 필요한 부문이다. 지금 몇 개의 큰 기업을 빼곤 사실 많은 젊은이들이 일을 배우고 일을 할 수 있는 기회는 좀처럼 잡기 힘들다. 당장 업무상 수요가 적다고 하더라도 상비군을 기르고 후진을 양성한다는 마음으로 다양한 채용의 기회를 만들기를 바란다. 스포츠의 세계에서 프로 구단들도 2군을 길러 미래의 인재를 훈련시키듯이 대기업이 직접 후진양성 차원의 이른바 훈련생 채용도 검토할 만한 일이라고 본다.

역사를 보면 알 수 있듯이 기업이든 국가든 언제까지나 성장할 수는 없다. 그래서 항상 적정한 기업의 규모를 고려하면서 성장을 컨트롤(control) 해나가야 한다. 따라서 미래의 성장동력을 모두 사내에 두고 전략을 펼치는 일은 상당한 위험부담도 따르게 된다. 이를 효과적으로 수행하는 방안의 하나는 외부의 많은 벤처기업이나 대학, 연구소 등에 지원을 아끼지 않아 위성군단의 역할을 하도록 후원하는 일이다. 그런 점에서 모든 면에 걸쳐 모범이 되고 존경의 상징이 되길 바란다. 언제나 기업이익보다는 공동체 번영을 먼저 생각하고, 성과의 독식보다는 공유의 아름다움을 지켜가고, 자본의 이윤보다는 사람의 가치에 더욱 마음을 쓰는 그런 내적 향기도 내비쳐주길 바라는 마음이다.

한 나라를 대표하는 기업에서 전체 인류의 사랑을 받고 지구경제에 심대한 영향을 미치게 되는 거대 기업들은 때로는 국가들이 담당하지 못하는 전체 인류의 문제에도 팔을 걷어 부치고 나와 헌신하는 자세가 요구된다는 것이다. 이념이나 종교 또는 역사의 배경 때문에 언제나 모든 국가들이 전체의 문제에 대해 협조적이거나 공동체적이지 못한 것이 오늘의 지구촌 현실이다. 그래서 국제기구들도 그 역할과 참여에 한계를 보이고 있다. 바로 그런 자리에 글로벌 기업들이 소리없이 나서서 온정을 베풀고 소통을 위해 서로를 풀어주고 아니면 맺어주는 일에도 나서야 한다. 글로벌 기업의 진화의 방향은 국제정치와 외교, 평화, 빈곤, 질병, 자연재해 등 전 방위로 인류를 돕고 지키는 일이 될 것이다.

특히 지금 국제기구들이 하고 있는 저개발국가의 발전과 빈곤 퇴치, 질병 구호 등의 일은 기업이면 누구나 해야 하는 새로운 경영 아젠다(agenda)가 되도록 글로벌 기업이 모범을 보여줄 때이다.

 참_고문헌

- 스텐데이비스 외 1인, "미래의 부", 신동욱 역, 2000, 세종서적.
- 엄길청, "도시경영컨텐츠전략론", 2009, Asia Money Line.
- 폴호큰 외 2인, "자연자본주의", 김명남 역, 2011, 공존.
- 하워드 데이비스, "금융위기 누구의 책임인가", 정성욱 역, 2012, 책세상.
- Eric Beinhocker," The Origin of Wealth", 2006, Mckinsey & company, Inc, USA.
- Miyagawa Tsutomu, 日本經濟の 生産性革新, 2005, 日本經濟新聞社.

광고의 미래

　광고의 미래는 어떠할까? 이 장에서는 2030년의 미래 사회에서 광고가 어떻게 변화할 것인지 살펴본다. 2030년의 미래 사회에서는 미디어의 변화와 생비자의 심리가 광고 메시지를 결정하며, 프로슈머 광고가 유행할 것이다. 광고 환경은 소비자에서 생비자로, 통합에서 퓨전으로 변화할 것이다. 이렇게 되면 이야깃거리가 풍부한 광고 메시지가 온라인과 오프라인에서 자연스럽게 화제를 유발할 것이다. 미래의 광고는 스마트 광고의 진화, 광고영화의 진화, 광고게임의 진화, 그리고 증강현실 광고의 진화 같은 여러 가지 유형으로 발전할 것이다.

　더욱이 미래 사회에서는 광고와 PR 및 커머스가 통합됨으로써, 광고와 PR의 경계선이 사라지고, 광고·커머스 시장이 비약적으로 팽창할 것이다. 더욱이 생비자들은 어떤 브랜드를 수동적으로 따라가지 않고 광고 창작에 관여하며 자신이 좋아하는 어떤 브랜드를 관리하게 된다. 이런 과정을 거치는 동안 2030년의 생비자들은 어떤 브랜드를 포용하고 정서적인 애착을 느끼며 자기만의 평생 브랜드 개념을 강화해 나갈 것이다. 이렇게 되면 미래의 광고는 정치경제적 측면, 사회문화적 측면, 그리고 인간관계적 측면에서 우리 사회에 엄청난 영향을 미치게 될 것이다.

I 광고 환경의 변화

1. 소비자에서 생비자로

광고의 미래를 장기적인 관점에서 검토하려면 주요 광고회사들의 합병, 4대매체의 침몰, 광고 크리에이티브 가치의 하락, 매체의 재발명과 변종 매체의 출현, 새로운 소비자 집단의 부상 같은 여러 가지 현상을 포괄적으로 검토해야 한다(Cappo, 2003). 광고를 움직이는 3가지 주체는 상품, 시장, 소비자이다. 초창기 광고는 주로 상품과 시장을 강조하는 맥락에서 출발했고, 현대 소비대중사회에서는 소비자를 강조하고 있다. 그렇지만 미래의 광고는 생비자(生費者, prosumer)에 따라 달라진다. 상품과 시장과 소비자라는 꼭짓점을 기준으로 삼각형을 그리면 〈그림 8–1〉과 같은 정삼각형이 그려지는데, 어느 꼭짓점을 강조하느냐에 따라 삼각형의 모습이 달라진다.

한국전쟁이 끝나고 경제개발 5개년 계획이 실시되던 1960년대의 광고에서는 대체로 자기 자랑 위주의 '상품'을 강조했는데, 이때의 삼각형 모양은 시장과 소비자는 그대로 두고 상품을 강조하는(MCP′) 이등변삼각형이었다. 1970년대 이후에서 1988년 서울

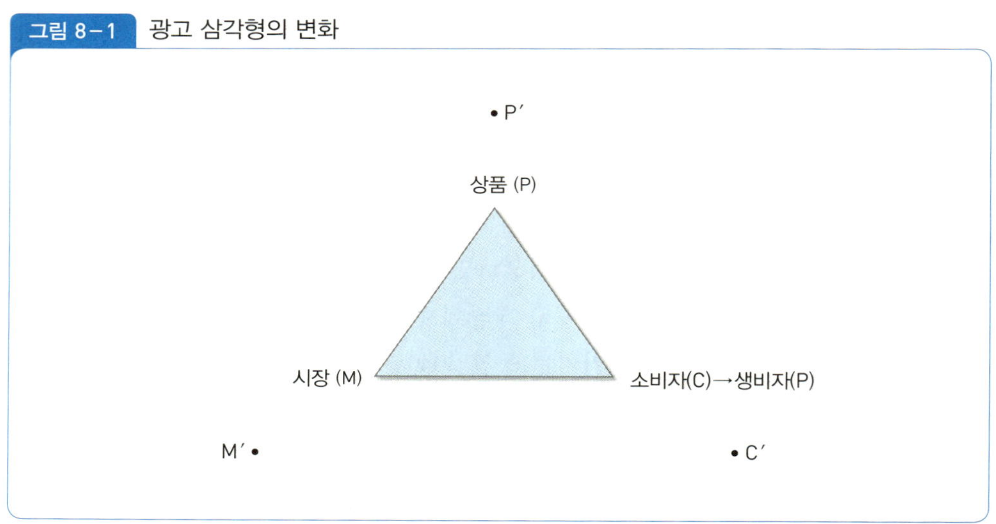

그림 8–1　광고 삼각형의 변화

올림픽 이전까지는 시장에 다양한 브랜드가 등장해 시장 점유율 쟁탈전을 벌임으로써, 상품과 소비자는 그대로 두고 시장을 강조하는(PCM′) 이등변삼각형 모양이 되었다.

1990년대에 한국 사회에 유행했던 포스트모더니즘을 거치는 동안 소비자들은 획일적인 유행에서 탈피해 각양각색의 개성을 지니게 되었다. 이후 최근까지 광고 표현에 나타난 삼각형의 모양은 시장과 상품은 그대로 두고 소비자를 강조하는(MPC′) 이등변삼각형 모양이 된다. 나아가 상품력의 차이가 거의 없고 브랜드에 따라 시장 점유율의 변동이 없는 2030년의 미래 사회에서는 광고 메시지를 구성할 때 생비자의 심리가 중요한 꼭짓점을 형성하게 될 것이다.

보다 구체적으로, 미래 사회에서는 생비자 영역이 광고의 방향을 결정하는 금맥이 될 것이다. 미래학자 앨빈 토플러는『제3의 물결』(1989)에서 생산자(producer)와 소비자(consumer)를 합친 생비자라는 용어를 제시했다. 생비자는 소비만 하는 수동적 소비자의 개념을 넘어서 소비 활동을 하는 동시에 상품의 생산과 개발에 참여하는 '생산하는 소비자'를 의미한다. 기업에서는 생비자가 상품의 개발을 요구하거나 아이디어를 제안하면 이를 수용해 신상품을 개발할 수 있다. 미래 사회의 기업에서는 상품의 기획 단계에서부터 생비자의 아이디어를 반영하게 되며, 이는 광고 전략을 수립할 때도 반영될 것이다.

그리하여 2030년의 미래 사회에서는 프로슈머 광고가 유행할 것이다. 이렇게 되면 이야깃거리(talk value)가 넘치는 광고 메시지가 온라인과 오프라인에서 자연스럽게 화제를 유발할 것이다. 사람들이 스스로 생산자(producer)와 소비자(consumer)가 되는 생비자(prosumer) 현상이 일반화되면, 미래의 광고는 처음의 기획 단계에서부터 콘텐츠의 생산과 소비 및 재생산을 반복하는 구조를 고려할 것이다. 그 중심에 생비자가 존재하며 어떤 광고가 화제를 유발하려면 온라인과 오프라인을 넘나들며 바이러스처럼 퍼져나가는 아이디어가 중요해진다. 마치 어떤 영화가 주로 입소문으로 전파되어 흥행몰이를 하듯이, 미래의 프로슈머 광고 역시 입소문을 통해 수백만 생비자의 마음을 움직일 것이다.

2. 통합에서 퓨전으로

통합적 마케팅 커뮤니케이션(IMC: Integrated Marketing Communication)으로 대표되는 광고와 마케팅에서의 통합적 관점은 기존의 마케팅 커뮤니케이션 개념을 바꿔왔다.

시장의 변화, 미디어의 변화, 메시지의 변화, 소비자 의식의 변화에 따라 전통적 광고 이론으로는 설명하기 어려운 복잡한 상황이 발생했다. 즉, 복잡계 이론(complexity theory)에 의한 새로운 마케팅 커뮤니케이션 개념이 등장한 것이다. 광고에 의한 설득 커뮤니케이션 역시 어떤 한계에 봉착했으며, 장기적으로 브랜드 자산을 높이기 위해서는 광고를 창의적인 퍼블리시티의 개념으로 파악해야 한다는 관점도 제기되었다.

통합적 마케팅 커뮤니케이션이란 광고, 홍보, 판매촉진 같은 다양한 커뮤니케이션 수단들을 통합적으로 활용해 커뮤니케이션 효과를 높이려는 마케팅 커뮤니케이션 과정이다. 통합적 마케팅 커뮤니케이션에서는 다양한 이해관계자 집단을 대상으로, 다양한 커뮤니케이션 영역과 모든 브랜드 접촉점(brand contact point)을 고려함으로써, 브랜드 인지도나 브랜드 태도는 물론 소비자의 행동 반응에 영향을 미치게 하는 동시에 관계성의 구축을 지향해 왔다(Fortini-Cambell, 1994).

그렇지만 2030년의 미래 사회에서는 통합적 마케팅 커뮤니케이션(IMC)의 개념을 한 단계 더 발전시킨 퓨전 마케팅 커뮤니케이션(FMC: Fusion Marketing Communication)이 마케팅 트렌드의 주류가 될 것이다. 물리적으로 쌓아놓고 집적하는 물리적 통합만으로는 2030년의 마케팅 문제를 해결할 수 없다. 퓨전 마케팅 커뮤니케이션(FMC)이란 광고, 홍보, 판촉, 구매, 커뮤니케이션을 부분적으로 통합하던 방법을 바꿔, 마케팅의 모든 요인들을 전체적으로 뒤섞어 화학적으로 녹여내 새로운 효과를 창출하는 마케팅 커뮤니케이션 방법이다. 특히, 출처 미상의 정보들을 생비자의 시각에서 분석하고 현실적인 방안을 모색함으로써 2030년의 광고 문제에 해법을 제시하는 마케팅 커뮤니케이션의 핵심 개념이 될 것이다.

어떤 광고 캠페인을 전개할 때, 콘셉트는 같아도 각 미디어가 지닌 특성을 반영한 다음 콘텐츠를 화학적으로 녹여내는 퓨전 스타일이 갈수록 중요해질 것이다. 하나의 미디어와 다른 미디어의 결합 못지않게 콘텐츠와 콘텐츠끼리의 퓨전적 결합도 중요해졌다. 예를 들어, 처음에는 광고인지 소설인지 아트인지 드라마인지 손수 만든 UCC인지 불분명하지만 나중에 가서야 광고였음을 느끼게 하는 광고 형태도 있을 수 있다. 2030년의 광고 활동은 퓨전 마케팅 커뮤니케이션을 바탕으로 전개될 가능성이 크다. 2030년의 생비자들은 어떤 상업적 메시지가 너무 재미있고 유익한 정보가 많아 그 콘텐츠 안에서 놀고 즐기다 보면 어느새 물건을 사거나 서비스를 이용하는 상황을 자주 경험하게 될 것이다. 결국 나중에 가서야 그게 광고 메시지였음을 알게 되고, 어떤 상업적 메시지를 즐기다 보니 자신이 물건을 사는지도 모르고 물건을 사게 되는 그런 상황이 발생하는 것이다.

퓨전 마케팅 커뮤니케이션에서는 광고 메시지를 다양한 미디어에 노출하거나 여러 가지 판촉 수단을 통합적으로 운용하는 데 머무르지 않고, 생비자의 브랜드 접촉점에서 퓨전 스타일로 녹아들게 한다. 이와 같은 퓨전 마케팅 커뮤니케이션(FMC)은 광고가 생비자에게 노출되는 순간 놀라운 화학 작용을 일으키는 촉매가 될 것이다. 따라서 퓨전 마케팅 커뮤니케이션에서도 브랜드에 관련된 다양한 이해관계자 집단이 관심을 가질만한 다양한 커뮤니케이션 영역을 고려해야 하고, 모든 브랜드 접촉점을 고려해야 한다. 이처럼 2030년의 광고는 통합에서 퓨전으로 진화하며 브랜드 자산을 형성하는데 많은 영향을 미치게 될 것이다.

Ⅱ 미래의 광고유형

1. 스마트 광고의 진화

놀랍게도 2012년 들어, 사람의 성별을 광고가 알아서 구분해 여자만 메시지를 볼 수 있는 광고판이 등장했다. 공상과학 영화의 단골 메뉴였던 이러한 스마트 광고 시스템은 〈그림 8-2〉와 같이, 영국의 런던 옥스포드가에 위치한 버스정류장에 설치되었다. 자선재단 플랜UK의 이 광고에서는 눈 사이의 간격, 뺨, 코, 턱선을 분석해 성별을 판단하는 첨단 얼굴 인식 기술이 사용되었다. 이 광고는 스마트 광고가 어디까지 진화할 수 있을지 우리의 상상력을 불러일으키고 있다.

스마트 광고에는 여러 종류가 있지만, 스마트TV 광고(양방향 방송광고), 스마트 모바일 광고, 스마트 인터넷(소셜 미디어) 광고라는 세 가지 범주로 나눌 수 있다. 2030년의 광고는 현재의 스마트 광고가 다양한 형태로 진화할 것으로 예상된다. 각각의 특성을 간략히 정리하면 다음과 같다.

그림 8-2 여자에게만 메시지가 나타나는 플랜UK 스마트 광고

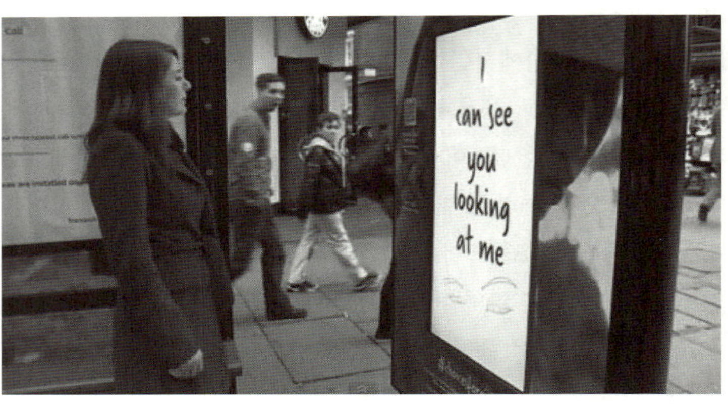

※ 출처: http : //blog.naver.com/lady_blue?Redirect＝Log&logNo＝150132670419&jumpingVid＝06E66E35
　　1988C778A1C3343B1734C0A7D68A

❶ 스마트TV 광고

　스마트TV 광고(양방향 방송광고)는 생비자가 만든 콘텐츠가 다른 광고 형식과 결합됨으로써 생비자가 광고에 적극적으로 참여하는 쌍방향적 광고이다. 스마트TV 광고에서는 광고를 보며 동시에 구매할 수 있는 T-커머스가 가능해지며, 광고의 노출정도, 생비자의 행동, 구매의 연관성 정도를 실시간으로 빠르게 파악할 수 있다. 또한, 인터넷과 텔레비전의 결합으로 인터넷 브라우저에서 볼 수 있던 배너 형태의 광고가 가능해 시공간적 제약이 없는 형태의 광고를 만들 수 있다.

　이렇게 되면 특정한 연령층과 시간대에 맞춰 광고시간을 구매하던 지금까지와는 달리, 2030년에는 프로그램의 우수도와 광고의 집중도에 따라 스마트TV 광고가 노출될 것이다. 예를 들어, 미래의 스마트TV 광고에서는 스마트 기기의 오감인식 기술의 발달에 따라 광고에 나오는 상품의 향기까지 맡을 수 있게 된다. 텔레비전 화면에서 드라마의 주인공이 입고 있는 옷을 구매하는 창이 나타나는 것은 기본이고 어떤 상품의 냄새나 향기까지 맡을 수 있게 될 것이다.

　스마트TV 방송광고는 지금까지 VOD 광고, 트리거 광고, 메뉴입점형 광고, 배너형 광고, 광고주 전용 페이지, 데이터방송 자막광고, 실시간 프로그램 연동형 광고, 광고

연동형, 일대일 광고라는 유형으로 분류되어 왔다(김병희, 안종배, 김지혜, 2012). 미래의 스마트TV 방송광고는 현재의 유형에서 각양각색의 형태로 진화할 것이다. 현재 구글(Google)은 구글, 구글TV, 안드로이드 플랫폼과 상호 연동하는 3-스크린 전략을 통해 새로운 광고 영역을 창출하고 있다. 다가올 2030년에는 보편적인 텔레비전 플랫폼인 스마트TV와 다른 미디어 플랫폼이 연계함으로써, 4-스크린 또는 5-스크린 광고로 진화할 것이다.

❷ 스마트 모바일 광고

스마트 모바일 광고는 휴대용 단말기에 나타나는 광고로 시간과 장소에 구애받지 않고 목표 고객에게 다양한 형태의 광고 메시지를 전달할 수 있다. 과거의 모바일 광고는 단순한 문자 형태가 거의 대부분이었고, 현재는 스마트폰을 이용하는 검색 광고와 디스플레이 광고가 가능하다. 다가올 2030년에는 어플리케이션을 이용한 광고와 4차원(4D) 및 다차원의 동영상 광고가 스마트 모바일 광고의 주류가 될 것이다. 특히, 미래의 스마트 모바일 광고는 스마트폰 전체 화면의 약 50%에 해당하는 면적(현재는 10%)까지 광고 메시지를 노출할 수 있어, 광고에 대한 주목도가 더 높아지게 된다.

2030년의 스마트 모바일 광고는 브랜드 앱이나 소셜 미디어(SNS) 같은 스마트폰 기반의 다른 마케팅 수단과 연동하는 방향으로 발전할 것이다. 다시 말해서, 스마트 모바일 광고를 활용하면 생비자에 대한 세세한 정보와 빅데이터(big data)를 바탕으로 대량의 타깃 마케팅이 가능해진다. 언제 어디에서나 스마트폰을 휴대하는 미래의 생비자들은 시간과 장소에 구애받지 않고 서로가 서로에게 광고에 대한 의견을 보내거나 실시간으로 구매하는 다중 상호작용(multi-interactive)을 하게 될 것이다. 특히, 스마트폰의 진화 형태인 울트라 스마트폰(Ultra Smart Phone)이 일상화되면, 2030년의 생비자들은 모바일 웹과 앱에 접속해 광고에 보다 적극적으로 참여할 것이다.

❸ 스마트 인터넷 광고

스마트 인터넷(소셜 미디어) 광고는 생비자와의 상호작용이 가능하다는 점에서 매력적인 광고 장르이다. 현재는 소셜 미디어 광고의 효과가 의문시된다는 견해도 있지만, 2030년에는 소셜 미디어를 활용하는 광고 기술이 발전해 보다 다양한 문자 메시지와 동영상 메시지를 소셜 미디어상에서 구현하게 될 것이다. 소셜 미디어 네트워크를 통해 마케팅 경험과 콘텐츠를 전파하는 바이럴(viral) 효과를 극대화할 수 있기 때문에, 기업에서도 소셜 미디어를 활용하는 광고 활동을 대대적으로 전개할 것이다. 스마트 인터넷 광고는 생비자와의 관계 지향적 커뮤니케이션으로 어떤 브랜드에 대한 긍정적 반응을 유도하는 효율적인 수단이 될 것이다.

국내외 기업에서는 이동성(mobility) 기반의 소셜 허브를 구축함으로써 인터넷 포털 시대 이후를 선점하려고 하고 있다. 이른바 TGIF(Twitter Google Iphone Facebook)로 대표되는 소셜 미디어 기업들의 성장이 계속되면 스마트 인터넷(소셜 미디어) 광고 시장도 2030년까지 지속적으로 성장할 것이다. 이렇게 되면 미래 사회에서도 소셜 검색은 대단한 인기를 모을 수밖에 없다. 미래의 소셜 미디어 기업들은 광고, 이벤트, 웹서비스, 모바일 애플리케이션 같은 여러 플랫폼들을 결합하고, 생비자에게 친화적인 서비스를 제공하게 된다. 그리고 정보의 파급력을 바탕으로 스마트 인터넷 광고의 새로운 스타일을 만들어나갈 것이다. 이는 전혀 색다른 스마트 인터넷 광고의 새로운 지평으로써, 스마트 인터넷(소셜 미디어) 광고는 2030년대 광고의 총아가 될 것이다.

2. 광고영화의 진화

지금도 광고영화가 제작되고 있지만, 미래 사회에서는 광고영화가 광고의 주요 장르로 떠오를 것이다. 광고(advertising)와 영화(movie)의 합성어인 '애드무비(Ad+Movie)'나 '무버셜(movercial)'은 2030년 광고의 기대주이다. 15초나 30초라는 시간 제약을 받지 않기 때문에 어떤 브랜드에 대해 깊이 있게 이야기하기(Storytelling)가 가능하며, 상품 배치(PPL, Product Placement)와 접목시켜 다양한 변형 형태도 만들 수 있다.

지금도 광고 영화는 많은 주목을 받고 있다. 예를 들어, 오비맥주 카스는 윤은혜, 닉쿤, 택연이 펼치는 '톡!한 사랑'의 이야기를 엮어 13분 분량의 광고영화를 노출했다. 〈그림 8-3〉에서 알 수 있듯이, 스타를 둘러싼 세 남녀 사이에서 일어나는 우연의 연속과 기막힌 반전을 바탕으로, 세 가지 색깔의 '짜릿한 순간'이 느껴지는 사랑이야기를 톡 쏘는 카스의 특성으로 연결시켰다. 이처럼 기존의 상품 배치가 상업예술인 영화에 상

그림 8-3 카스의 '짜릿한 이 순간' 무버셜

※ 출처: http://er.asiae.co.kr/erview.htm?idxno=2010031821092259492

품을 삽입하는 형식이었다면, 무버셜은 한 단계 나아가 영화의 플롯을 광고라는 형식으로 바꾸려는 시도이다.

2030년의 광고영화에서는 광고를 보는 순간 광고 메시지가 광고를 보는 생비자의 눈동자를 신속히 스캔해서 생비자의 욕구와 성향을 파악할 수 있게 된다. 생비자(소비자)가 광고를 보는 게 아니라, 광고가 생비자를 보고 대상에 따라 메시지를 선별하여 전달하는 상황이 벌어지는 것이다. 또한, 광고 자체에 생비자를 인식하는 센서를 내장해 광고를 보는 사람의 연령이나 성별을 판단해 그에 알맞은 광고 메시지를 보여줄 것이다. 광고가 생비자의 특성을 알아보고 그에 알맞게 메시지를 노출한다는 것인데, 이렇게 되면 광고 메시지의 전달력은 더 높아지게 된다.

광고영화에서는 스토리의 전개와 촬영 방식은 영화의 틀을 유지하지만 그 내용은 광고 메시지로 구성된다. 현재도 광고영화 스타일이 있으나 아직은 초보적 수준에 머물러 있다. 그렇지만 2030년이 되면 광고영화가 주목할 만한 광고 장르로 부상할 것이다. 2030년에는 광고영화가 광고, 영화, 드라마, 만화, 게임 같은 여러 장르의 경계를 넘나들며 급속도로 진화할 것이다. 광고 메시지를 영화적 문법에 어떻게 접목하느냐에 따라 광고영화의 진화 속도가 더뎌질 수도 있고 더 빨라질 수도 있다.

3. 광고게임의 진화

미래의 광고는 게임과도 만나 새로운 영역을 개척해나갈 것이다. 2034년을 배경으로 하는 영화 '게이머(Gamer, 2009)'에서는 〈그림 8-4〉와 같이 건물 전체를 광고판으로 활용하고 있다. 도시의 고층 빌딩숲이 늘어나면 자연스럽게 건물 외관에 광고를 하는 사례도 늘어나겠지만, 광고게임을 활용하는 사례도 광고의 대세가 될 것이다.

게임과 인터넷 광고를 접목시키면 애드버게임(Advergame : 광고 목적의 게임)이나 게임 내 광고(In-Game Advertisement)가 가능해진다. 이는 기업의 상품이나 브랜드를 엔터테인먼트에 접목함으로써 소비자의 관심을 유도하는 인터넷 기반의 브랜드화 된 엔터테인먼트(branded entertainment) 마케팅 기법의 일종이다.

지금도 광고게임이 브랜드 커뮤니케이션의 일환으로 활용되고 있지만 2030년에는 다양한 종류의 광고게임이 융성할 것이며, 게임을 좋아하는 사람들에게 특히 효과를 발휘할 것이다. 광고게임이 효과적인 까닭은 메시지를 반복적으로 노출함으로써 생비자와 접촉할 기회가 늘어난다는 점 때문이다. 2030년에는 광고게임에 광고스킨의 유효시간 태그를 달아 여러 명이 동시에 게임을 할 수 있는 상호작용 광고게임이 가능해질 것이다. 사용자는 손쉽게 광고스킨을 다운로드 받아 효율적으로 게임 점수를 관리할 수 있다.

더욱이 광고게임을 하는 동안에는 광고인지 게임인지 구분하기 어려울 정도로 경계

그림 8-4 영화 '게이머'에서 예견한 2034년의 빌딩숲 광고

※ 출처: http://blog.naver.com/adflashblog?Redirect=Log&logNo=150136307956

가 모호하기 때문에, 미래의 광고게임에서는 게임의 몰입도가 광고에 대한 거부감을 줄여줄 것이다. 광고게임은 게임의 주제에 적합한 브랜드를 선택해 절묘하게 브랜드 메시지로 연결하면 그 브랜드에 대한 선호도를 높일 수 있다. 광고게임은 다른 미디어에 비해 표현의 소재를 수정하기 쉽다는 장점이 있어, 2030년에도 강력한 전술적 미디어로써 그 활용 영역이 늘어날 것이다.

4. 증강현실 광고의 진화

증강현실(增强現實, Augmented Reality)이란 실제와 가상 사이의 영역인 혼합현실의 일종으로, 눈으로 볼 수 있는 현실세계에 가상의 물체를 시각적으로 겹쳐 보이게 하는 것이다. 증강현실은 현실세계에 있는 어떤 사물의 정보나 이미지를 컴퓨터 그래픽으로 중첩시켜 표현하기 때문에, 현실에 존재하지 않는 것을 가상적으로 제공하는 가상현실과는 다르다. 즉, 현실에서 눈으로 볼 수 없는 것을 보여주거나 손으로 더듬어서 느끼게 해주는 기술이다. 한편, 증강현실과 달리 가상세계에 현실세계를 합성하는 것을 증강가상(增强假想, Augmented Virtuality)이라고 한다. 〈그림 8-5〉는 아디다스의 증강현실 광고 사례이다.

증강현실은 처음에 군사 및 산업 분야에서 활용되었지만 2030년의 미래 사회에서는 영화, 게임, 광고 같은 여러 문화산업 분야에서 두루 활용될 것이다. 증강현실은 영화 〈아바타〉에 앞서 2009년 2월 미국의 슈퍼볼 기간의 광고에서 먼저 활용되었다. 미국 제너럴 일렉트릭(GE)의 새로운 스마트 그리드(Smart Grid)에 관한 캠페인 주제인 '나우(Now)'가 그것이다. 제너럴 일렉트릭은 새로운 혁신 에너지라는 '스마트 그리드' 개념을 대대적으로 홍보하기 위해 슈퍼볼 경기에 30초 텔레비전 스폿광고를 진행했고 동시에 인터넷으로 증강현실을 응용한 디지털 광고를 노출했다. 소비자들은 제너럴 일렉트릭의 마이크로 사이트를 방문해 마커로 사용하는 특수 종이와 웹캠을 이용해 상호작용하는 스마트 그리드를 직접 체험하기도 했다.

증강현실 광고는 미래의 광고 크리에이티브를 풍요롭게 만들 새로운 광고 기법이다. 증강현실 기술이 2030년의 미래 사회에서도 유용한 광고 기법으로 각광받을 수 있는 이유는 다음과 같다. 첫째, 생비자의 흥미 유발이다. 미래 사회의 생비자들은 새로

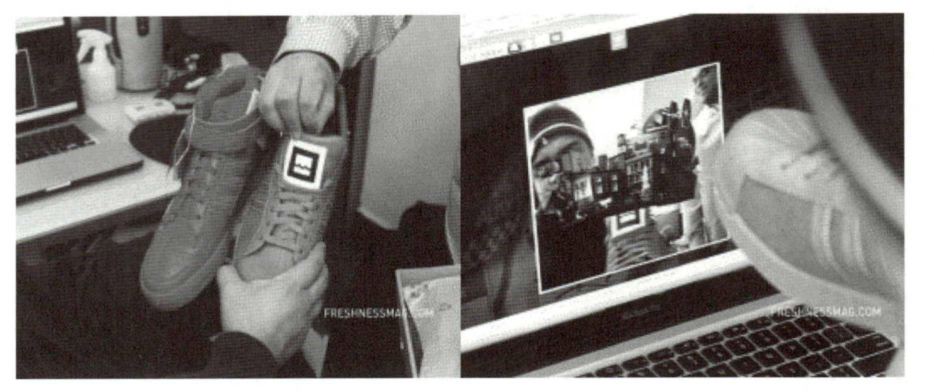

그림 8-5   아디다스 증강현실 광고

※ 출처: http://blog.naver.com/kimglobal?Redirect=Log&logNo=10109811828

운 기술과 그 기술을 체험하는데 흥미를 느낄 것이다. 둘째, 생비자의 적극적인 참여를 유도한다. 2030년의 생비자들은 증강현실 광고에 직접 참여함으로써 자연스럽게 해당 브랜드를 경험하고 그 경험을 자신의 평생 브랜드 자산으로 축적해나갈 것이다. 셋째, 생비자의 상호작용이다. 2030년의 생비자들은 자신이 살아가는 현실과 광고에서 제공하는 증강현실 사이의 상호작용성에 매력을 느낄 것이다.

증강현실은 대상의 보이지 않는 내재된 정보를 이미지나 새로운 정보 형태로 구현한다. 기존의 가상현실(virtual reality) 광고는 현실감이 떨어져 소비자들의 주목을 끄는데 실패한 경우도 있었다. 그렇지만 증강현실 광고는 현실과 가상적 감각을 동시에 결합해 인간의 감각을 확장시킴으로써 생비자들의 공감을 유발하기에 부족함이 없다. 따라서 증강현실 광고는 2030년에도 마케팅 커뮤니케이션 전략에 날개를 달아주는 중요한 기법으로 활용될 것이다. 그렇지만 증강현실 광고라는 기법 자체만으로는 어떤 브랜드에 현실보다 더 리얼한 현존감(presence)을 부여하기 어렵다. 따라서 2030년을 살아갈 생비자의 욕구와 가치관을 바탕으로 브랜드 스토리를 구성하는 문제가 무엇보다 시급해졌다.

Ⅲ 광고와 PR 및 커머스의 통합

1. 광고와 PR의 사라지는 경계선

다양한 미디어가 출현해 정보의 혼잡현상이 심화됨에 따라, 광고 효과가 갈수록 떨어지고 있다는 반성과 함께 광고에 대한 회의주의적인 관점도 제기되고 있다. 20세기 말, 미국의 광고정보지 〈Advertising Age〉는 광고 100년을 되돌아보는 특집을 마련하며 20세기를 '광고의 세기'라고 명명했다. 그렇지만 앞으로 100년 후에도 광고가 여전히 융성할 것인지는 의문이라는 것이다(Yoon, 2009).

광고에 대한 비판은 2030년의 미래 사회에서도 계속될 것이다. 광고와 PR의 경계도 점점 무너지고 있는데, 이런 현상은 〈그림 8-6〉에 제시한 미국 광고회사들의 2010년 수익 구조에서도 확인할 수 있다(Johnson, 2011). 여기에서 주목할 만한 사실은 전통적인 광고 이외에도, 고객관계관리 및 직접 마케팅(CRM/Direct Marketing), 디지털 전문 광고회사의 광고비(Digital Specialty), PR, 프로모션(Promotion), 헬스케어(Health Care) 비용이 모두 광고회사의 수입으로 집계되고 있다는 점이다. 즉, 지금까지 광고의 영역

그림 8-6 미국 광고회사의 수익구조 　　　　　(단위: 10억 달러, %)

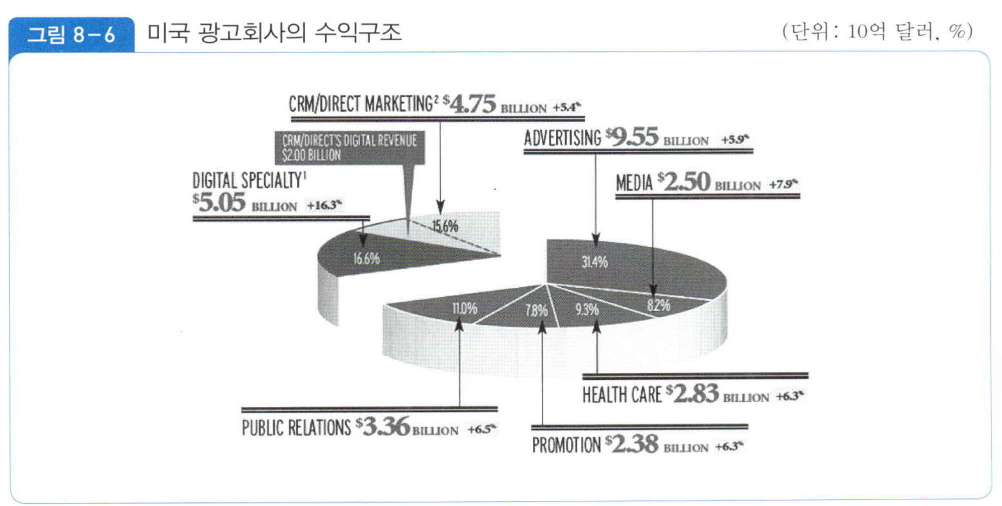

※ 출처: Johnson (2011)

으로 보지 않았거나 PR회사의 업무로 생각했던 여러 분야가 광고회사의 업무 영역으로 편입되고 있다. 이는 광고와 PR의 경계가 사라지고 있다는 증거가 될 것이다.

광고와 PR의 경계가 사라지는 2030년의 미래 사회에서는 잡지나 신문이 무료로 배포될 가능성이 높다. 즉, 생비자들은 광고가 3분의 2이상을 차지하는 잡지를 더 이상 돈을 주고 사보려고 하지 않을 것이며, 콘텐츠가 풍부한 잡지들은 모두 온라인으로 서비스될 것이다. 광고의 형태도 이전처럼 잡지에 인쇄해 게재하지 않고, 광고 상품의 작은 견본품을 실제로 담아주는 오브제 형태로 변화할 것이다. 이렇게 되면 광고와 PR의 경계는 완전히 무너지게 된다.

더욱이 2030년에는 주요 브랜드가 광고가 아닌 PR을 통해 확산될 가능성이 높다. 최근의 사례만 보아도 스타벅스, 보디숍, 월마트, 자라 같은 글로벌 브랜드들이 전혀 광고를 하지 않고도 세계적인 브랜드로 자리 잡았다. 리스와 리스(Ries & Ries, 2002)가 말했듯이, 미래 사회에서는 "광고는 또 다른 방법으로 행하는 PR의 연속"이기 때문에 PR 프로그램이 기능을 다한 이후에 비로소 광고가 효과를 발휘하게 될지 모른다. 2030년의 미래 사회에서는 광고와 PR의 경계가 완전히 사라지며 브랜드 커뮤니케이션(Brand Communication)이라는 이름으로 통합될 가능성이 높다.

2. 광고·커머스 시장의 팽창

그동안 미디어 플랫폼은 일방향적 매스 미디어를 시작으로, 방송 채널이 확장된 케이블TV, 디지털 플랫폼인 인터넷과 디지털 케이블TV, 그리고 IPTV로 진화를 거듭해왔다. 진화된 플랫폼은 새로운 광고·커머스 시장을 창출했지만 여러 가지 한계점도 있었다. 그렇지만 2030년의 미래 사회에서는 광고·커머스(commerce, 상거래) 결합형 시장은 급성장할 것이지만, 노출형 광고 시장은 쇠퇴할 수밖에 없다.

전통적인 노출형 광고에 지상파(TV, 라디오), 유료방송, 인쇄(신문, 잡지), 옥외, 기타 미디어(SO, 위성방송) 광고, 인터넷 디스플레이 광고가 포함된다면, 광고·커머스 결합형 시장에는 케이블TV의 홈쇼핑, 인터넷의 검색광고 시장 및 전자상거래가 포함된다. 광고·커머스 결합형 시장에서 인터넷 검색광고, 전자상거래, 홈쇼핑 시장이 2030년에도 대폭 성장할 것이다. 경제발전이나 산업구조 같은 구조적 변수와는 별개로 디지털 채널과 플랫폼이 비약적으로 확산될 것이기 때문이다. 이렇게 되면 전통적인 광고시장은 자연스럽게 둔화되고 광고와 커머스가 결합하는 결합형 광고는 미래 사회에서 폭발적으로 증가할 수밖에 없다.

더욱이 2030년의 미래 사회에서는 모바일 기술의 발달에 따라 새로운 광고 플랫폼이 활성화될 것이다. 앞으로 계속될 텔레비전의 스마트화는 기존 플랫폼에서 흡수하지 못했던 영역에서 새로운 광고·커머스 시장을 창출할 것이기 때문이다. 예컨대, 맞춤형, 실감형, 콘텐츠 연계형, N-스크린의 특성을 지닌 스마트TV의 광고·커머스 플랫폼 기술은 미래 사회의 소비문화를 더욱 풍요롭게 할 것이다. 스마트TV는 광고·커머스 플랫폼에서 기존의 방송광고와 인터넷(웹) 및 모바일(앱) 광고 메시지를 단순히 텔레비전 스크린에 전송하는데 그치지 않는다. 스마트TV는 기존의 방송광고 범위를 확장하는 동시에 콘텐츠와 커머스를 연계시켜, 2030년에는 기존의 인터넷이나 모바일 광고 환경에서 불가능했던 새로운 광고·커머스 시장을 창출해나갈 폭발력을 지니고 있기 때문이다.

3. 평생 브랜드 개념의 강화

미래 사회의 광고는 브랜드 자산을 일시적으로 구축하는데 그치지 않고 생비자와 브랜드 사이에서 서로를 평생의 친구나 동반자로 만들어주는 가교 역할을 할 것이다. 모든 브랜드는 광고 커뮤니케이션 활동을 바탕으로 어떤 브랜드만의 고유한 자산을 구축해나간다. 2030년에도 광고는 브랜드에 생기를 불어넣고 활성화시키는 주요 수단이 될 것이다. 어떤 브랜드가 아무리 좋은 이미지를 가지고 있어도 광고에서 생비자의 반응이나 생비자와의 관계를 고려하지 않은 일방적인 이미지만 전달한다면 지겹도록 자기 자랑을 늘어놓는 것과 같다.

브랜드 자산이란 어떤 브랜드가 가지는 이름과 상징은 물론 그 브랜드에 내재하는 자산과 부채 모두를 의미한다. 따라서 어떤 브랜드의 자산은 기업이 고객에게 제공하는 상품과 서비스에 대한 가치를 증대시키기도 하고 감소시키기도 한다. 이때 브랜드 자산을 구성하는 자산이나 부채는 그 브랜드의 이름과 상징에 밀접히 연관된다. 아커(Aaker, 1996)는 브랜드 자산의 구성요인을 브랜드 충성도, 브랜드 인지도, 지각된 품질, 브랜드 연상, 기타 독점적 브랜드 자산이라는 5가지로 제시했다.

브랜드 자산을 구성하는 5가지 요인이 브랜드 자산을 형성하는 기초가 되며, 고객과 기업 모두에게 가치를 제공하게 된다. 켈러(Keller, 2008)는 브랜드 자산을 소비자의 관점에서 접근했다. 그는 브랜드 자산의 원천을 어떤 브랜드에 대해 소비자들이 인식하는 지식구조로 보았으며, 브랜드 인지(brand awareness)와 브랜드 이미지(brand image)라는 2가지가 그 하위개념이라고 했다. 소비자들은 기업의 마케팅 활동에 대해 자신이 가지고 있는 브랜드에 대한 지식에 따라 각기 다르게 행동하는데, 이러한 행동의 효과가 곧 브랜드 자산이라는 뜻이다.

미래 사회의 생비자와 브랜드의 관계 역시 브랜드 인지와 브랜드 이미지라는 2가지 차원으로 구성될 것이다. 인간관계가 유기적으로 변하듯이 2030년의 광고도 생비자의 상황이나 반응에 따라 변할 수밖에 없다. 브랜드와 생비자의 실시간 상호작용을 바탕으로 퓨전 마케팅 커뮤니케이션 활동이 미래 사회에서 더욱 활발히 전개될 것이기 때문이다. 온라인과 오프라인을 오가며 시공간을 초월해 이루어지는 브랜드 커뮤니케이션은 미래의 생비자들에게 평생 브랜드라는 개념을 강화할 것이다. 생비자들은 어떤 브랜드를 수동적으로 따라가지 않고 광고 창작에 관여하면서 자신이 좋아하는 어떤 브랜드를 선택한다. 2030년의 생비자들은 이런 과정을 거치는 동안 어떤 브랜드를 포용하고 정서적인 애착을 느끼며 자기만의 평생 브랜드 개념을 강화해 나갈 것이다.

Ⅳ 미래의 광고와 사회

1. 정치경제적 측면

광고는 한 나라의 경제발전과 기업의 성장 및 미디어 산업발전에 있어 매우 중요한 역할을 담당한다. 미래 사회에서도 광고산업은 내수 산업의 활성화와 국민 경제에 미치는 파급 효과가 높고, 국가의 경제발전에 크게 기여할 것이다. 2030년에도 광고는 텔레비전, 라디오, 신문, 잡지, 인터넷 같은 미디어 산업의 주요 재원이며, 경제적 차원에서는 생산 및 판매를 가능하게 하는 마케팅 도구가 될 것이다.

이와 같은 광고의 순기능에도 불구하고 그동안 광고의 역기능에 대한 비판도 많았다. 광고는 현대사회의 보편적 사회제도로 간주되고 있지만, 광고 비판론자들은 어디에서나 편재하는(ubiquitous) 광고의 특성이 소비자에게 부정적인 영향을 미칠 수도 있다고 주장했다. 미국 광고업계는 이런 비판에 대응하기 위해 1960년대부터 광고에 대해 윤리적·사회적·경제적으로 옹호함으로써, 광고에 대한 긍정적 인식을 확산하려고 노력해왔다. 우리나라에서도 광고에 대한 비판적 주장이 다수 제기되고 있지만, 우리나라 광고계는 그런 비판에 대해 올바로 해명하거나 광고의 순기능을 적극적으로 설명하려는 노력이 부족했던 것도 사실이다.

광고의 미래를 장기적인 관점에서 검토하려면 광고에 대한 제도론적 접근, 커뮤니케이션의 정치경제학, 그리고 지식경제론을 바탕으로 광고의 죽음과 관련된 기존의 논란을 두루 검토하고 광고의 미래를 고찰할 필요가 있다(Yoon, 2009). 더욱이 광고란 "명시된 광고주가 유료로 아이디어와 제품 및 서비스를 비대인적으로 제시하고 촉진하는 것"이라는 미국마케팅학회(AMA)가 내린 1963년의 정의를 비롯해 그동안 광고에 대한 여러 가지 정의가 있었지만, 기존의 광고 정의는 미래의 광고 환경을 충분히 설명하지 못할 것이다. 2030년의 광고의 범위도 정보기술(IT)의 발달에 따른 새로운 광고 유형을 포괄하는 방향으로 광고의 범위가 넓어져야 한다.

기존의 광고 정의에는 다음과 같은 5가지 요인이 반영돼 있었다. 첫째, 광고주의 명시성이다. 전통적인 광고의 정의에서는 거의 모든 광고에 광고주가 명시돼야 한다고 강조했다. 둘째, 비대인적 전달성이다. 이는 대중매체를 이용해(비대인적 제시 및 촉진행위) 광고 메시지를 전달한다는 의미였다. 셋째, 메시지의 설득성이다. 전통적인 광고의 정의에서는 소비자 설득에 영향을 미친다는 광고 목적이 들어가야 한다고 강조했다. 넷째, 비용의 유료성이다. 전통적인 광고의 정의에서는 광고가 유로의 형태라는 내용이 들어가야 한다고 강조했다. 다섯째, 내용의 제시성이다. 모든 광고에 소비자에게 알리고자 하는 제품과 아이디어 및 서비스에 대한 내용이 제시되어야 한다는 뜻이다.

그러나 2030년의 광고환경을 설명하려면 광고의 '정의'도 바뀌어야 한다. 광고의 새로운 정의는 "명시적, 비명시적 광고 주체가 목표고객을 설득하고 브랜드 자산을 구축하기 위해 직·간접 매체를 활용해 아이디어와 제품 및 서비스 내용을 전달하는 브랜드 커뮤니케이션 활동"이라는 개념 정도로 바뀌어야 한다. 보다 구체적인 내용은 다음에

표 8-1 광고의 개념과 범위의 변화

	기존의 광고 개념	미래의 광고 개념
광고의 정의	광고주의 명시성	광고주(체)의 (비)명시성
	비대인적 전달성	(비)대인적 전달성
	메시지의 설득성	메시지의 (단계별)설득성
	비용의 유료성	비용의 (무)유료성
	내용의 제시성	내용의 제시성(관계성)
광고의 범위	제도권 미디어 광고만 포함, 비 제도권 미디어 광고 배제	제도권 미디어 광고 및 비 제도권 미디어 광고 모두 포함

제시하는 〈표 8-1〉과 같다. 즉, 명시된 광고주라는 내용이 들어가야 하지만 미래의 광고에서는 광고주가 명시되지 않은 광고 형태도 있다는 점, 비대인적(Non-Personal)으로 제시된다는 내용이 들어가야 하지만 대인적(Personal)으로 제시되는 광고 형태도 있다는 점, 유료의(paid) 형태라는 내용이 들어가야 하지만 공익광고처럼 무료로 하는 광고의 형태도 있다는 점, 소비자 설득에 영향을 미친다는 목적이 들어가야 하지만 단순한 고지 광고도 있다는 점, 그리고 제품과 서비스의 내용을 표현한다는 내용이 들어가야 하지만 제품과 서비스 내용을 표현하지 않는 광고도 있다는 점이 광고의 새로운 정의에 반영되어야, 2030년의 광고를 충분히 설명할 수 있을 것이다.

광고산업이 계속 성장하면 자연스럽게 광고에 대한 부정적 인식과 오해도 발생할 수밖에 없다. 예를 들어, 광고비가 상품 가격 상승의 주요 요인이라는 인식, 상업 광고가 생비자를 기만하고 기업의 이윤추구 도구로 활용된다는 반박, 광고가 불필요한 소비를 부추긴다는 비판, 그리고 비윤리적인 광고 메시지가 청소년의 정서에 부정적인 영향을 미친다는 주장에 이르기까지, 2030년의 미래 사회에서도 광고에 대한 부정적 인식이나 편견이 사회 전반으로 확산될 가능성도 있다.

그렇지만 광고에 대한 부정적 인식은 결국 광고산업과 국가의 경제발전을 저해하는 요인으로 작용할 것이다. 광고에 대한 부정적 인식이 확산되면 미래의 생비자들에게 브랜드 선택권을 축소시킨다. 따라서 2030년이 되면 광고에 대한 회의주의나 부정적 인식만을 편협하게 받아들이기보다 광고의 긍정적 기능과 부정적 기능을 두루 아우를 수 있는 지혜로운 균형 감각이 무엇보다 중요할 것이다.

2. 사회문화적 측면

미래 사회에서는 소비가 생활의 질을 결정하며 생비자의 욕망 충족의 통로에 따라 생활 세계도 달라진다. 2030년에는 소득의 평등 여부가 불평등의 준거가 될 수 없고, 소비가 특권층의 전유물도 되지 못한다. 미래 사회에서는 소비 행위 앞에 만인은 평등하다. 따라서 소비 의식이 현재도 대중의 마음을 사로잡는 중요한 가치가 되고 있듯이(Baudrillard, 1986), 2030년에도 비슷한 양상이 전개될 것이다. 이때 광고는 소비를 미래 사회의 중요한 가치 덕목으로 자리매김하는데 결정적인 영향을 미친다.

광고에 대한 사회문화적 관점은 크게 두 가지로 구분할 수 있다. 광고의 본질을 '생산'의 관점에서 파악하는 것이 전통적인 견해라면, 후기 자본주의 사회에서는 광고를 '소비'의 관점에서 해석해왔다. 소비의 가치화가 성숙기에 접어들 2030년에는 모름지기 광고가 사회적 공식 예술(official art)이 될 것이다. 미래의 생비자들은 광고가 제시하는 소비사회의 이상을 받아들이며 이상적 소비 가치를 추구할 것이다. 더욱이 광고는 신

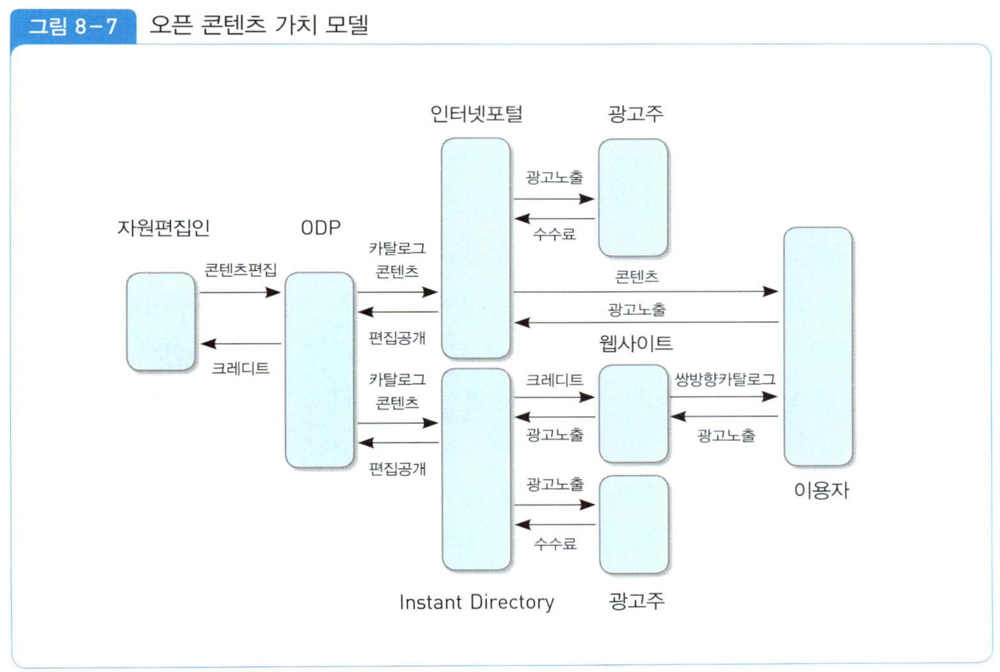

그림 8-7 오픈 콘텐츠 가치 모델

※ 출처: Magnus Cedergren(2012)

비적 상품 미학을 제시함으로써 욕구의 환상을 조장할 것이다. 따라서 2030년의 광고는 상품을 판매하는 수단이라는 본질적인 기능을 넘어 환상의 사회화에 막강한 영향을 미치게 될 것이다.

미래 사회에서는 소비가 확대되면 상품 판매와 문명화가 동시에 진행된다. 이때 광고는 생비자들에게 소비문화적 가치를 제공함으로써 소비의 이상을 실현해 나간다. 따라서 2030년의 소비대중 사회에서 광고 메시지는 생비자들에게 상품 상징주의를 제공함으로써 소비 행위를 정당화시키고 사회문화적 가치와 자부심을 제공할 것이다. 광고의 무게중심이 판매의 도구에서 문화 자본으로 바뀌는 것이다. 그렇다면 오로지 광고의 영향력에 따라 이루어지는 소비를 가리켜 '소비의 문화적 실천'이라고 할 수 있겠다. 이 밖에도 2030년에는 광고를 통해 생비자의 창의성을 높이는 광고를 활용한 창의성 교육이 사회 전반에서 유행할 것이다.

예컨대, 프렐링거 아카이브는 20세기 초창기의 법인 광고와 홍보 영상 4천개를 수집해 온라인 콘텐츠로 만들었고 인기 있는 검색엔진으로 키웠다(Prelinger Archive, 2012). 이 사례에서 알 수 있듯이 미래 사회에서는 광고의 부가 가치를 창출하는 오픈 콘텐츠 모델을 활용하게 될 것이다. 다른 사람이 오픈 콘텐츠로 콘텐츠를 다시 편집하는 것을 허용한다는 점에서, 2030년에도 광고의 오픈 콘텐츠가 두루 활용될 것이다. 〈그림 8-7〉에 제시한 오픈 디렉터리 프로젝트(ODP: Open Directory Project)는 5만 명의 자원 편집자들이 편집과 재편집을 거듭하는 동시에 3백만 개 이상의 웹을 링크하고 있다. 이 프로젝트는 2030년의 상황에 비하면 아주 미미한 시작에 불과하지 않을까 싶다.

더욱이 미래의 광고는 오픈 콘텐츠(open content)를 바탕으로 또 다른 부가 가치를 창출할 것이다. 오픈 콘텐츠란 오픈 소스(open source)에서 차용한 개념이다. 예컨대, 문장, 영상, 음악 같은 창작물에 있어서 독점적 저작권을 주장하지 않고 누구든 공유할 수 있는 콘텐츠를 말한다. 오픈 콘텐츠는 원 자료를 다른 사람이 수정하거나 패러디해서 다시 배포해도 문제가 되지 않기 때문에, 지금도 전 세계의 여러 분야에서 지식을 창출하는 효율적인 방안으로 활용하고 있다. 따라서 2030년의 광고에서도 오픈 콘텐츠를 통해 다양한 부가 가치를 창조할 것이다. 나아가 미래 광고는 생비자의 창의성을 향상시키는 동시에 공중에게 더 많은 사회문화적 가치를 제공할 수도 있다.

3. 인간관계적 측면

언제나 그랬듯이 미래의 광고 역시 사람들의 주목을 끌기 위해 다양한 수단을 동원할 것이다. 광고는 모든 미디어를 통해 노출되기 때문에 가장 보편적이고 강력한 커뮤니케이션 수단이 될 수 있다. 〈그림 8-8〉에 제시했듯이, 영화 '블레이드 러너(Blade Runner, 1982)'를 보면 실내에서 자동차 한 대가 주인공 앞으로 무섭게 질주하는 장면이 인상적이다. 5차원(5D)의 영상 이미지로 구현한 자동차 광고에서 실제 자동차가 튀어나오는 것이다.

이처럼 미래 사회에서는 생비자가 살아가는 안팎 곳곳에서 예기치 않게 광고가 수시로 등장할 것이다. 특히, 2030년의 광고 크리에이티브에서는 재미있고 즐거움을 주는 요소가 중요한 표현 수단이 될 것이다. 이렇게 되면 필요에 의한 소비가 아닌 즐거움을 위한 소비, 다시 말해서 '즐거움(Fun)' 그 자체를 추구하는 소비가 미래 소비문화의 주요 트렌드가 될 것이다. 이렇게 되면 미래의 광고는 생비자들의 인간관계에 다양한 맥락에서 영향을 미칠 수밖에 없다.

미래 사회에서는 실속형 저가 상품이나 몸에 좋은 웰빙 상품은 아니지만, 단순히 웃기고 재미있다는 이유로 상품을 구입하는 사람들이 늘어날 것이다. 즉, 소비의 접점에서 의사결정을 할 때 이성적 기준으로 설명할 수 없는 예외적인 사례가 늘어난다는 뜻

그림 8-8 영화 '블레이드 러너'에서 예견한 미래의 광고

※ 출처: http://blog.naver.com/adflashblog?Redirect=Log&logNo=150136307956

이다. 즐거움과 재미를 주지 못하는 광고는 생비자의 소비 의사결정에 영향을 미치지 못한다. 반면에 재미있는 광고는 구매력이 있는 사람에게 구매 충동을 유발할 것이다. 이렇게 되면 개인과 개인 사이와 집단과 집단 사이에 격차가 크게 벌어질 것이다. 결국, 광고의 영향력으로 인해 부득이하게 인간 소외의 문제가 심화될 수 있다.

즉, 2030년의 광고는 상품을 소개하는 차원을 넘어 새로운 라이프스타일을 제안함으로써 광고 상품에 대한 기대감을 한껏 부풀린다. 라이프스타일이란 사람들이 시간을 소비하는 방법이나 일상의 활동 양상을 말하는데, 미래 사회에서는 생비자 스스로가 자신을 어떻게 인지하며 타인이 자신을 어떻게 생각하는지 같은 자기 개념(self concept)을 반영하는 맥락에서 이해될 것이다. 그렇지만 한편으로는 광고 상품을 사지 못하는 사람들에게 상대적 박탈감을 유발할 수 있다. 상품 구매자와 비구매자 사이에서 발생하는 박탈감의 격차는 현재에 비해 미래 사회에서 더 크게 벌어질 것이다.

따라서 미래의 광고가 생비자(수용자)를 소외시키는 문제를 사전에 예방하도록 노력해야 한다. 광고는 상품의 실제 사용가치와는 별도로 외양적 사용가치를 만들어 소비 지상주의라는 세계관을 제고하기 때문에, 미래 사회의 시민들은 과대광고나 허풍광고를 견제하는 노력을 기울여야 한다. 그렇기 때문에 미래 사회에서는 광고에 대한 시민의 감시기능과 주도권을 보장하는 광고 시민권(advertising citizenship)을 반드시 정립해야 한다. 광고 시민권이란 시민이 광고 기능을 감시함으로써 광고에 대한 민주적 통제권을 행사하는 것이다. 광고 시민권은 2030년의 미래 사회에서 광고의 영향력으로 인해 발생하는 인간 소외의 문제를 방어해주는 든든한 버팀목이 될 것이다.

참고문헌

- 김병희, 안종배, 김지혜 (2012). 초점집단면접(FGI)으로 알아 본 스마트미디어 광고 콘텐츠 제작산업 육성방안. 광고PR실학연구, 5 (2), 60-87.

- 앨빈 토플러, 이규행 감역 (1989). 제3의 물결. 서울: 한국경제신문사.

- Aaker, David A. (1996). *Building Strong Brands*. NY: The Free Press.

- Al Ries & Laura Ries (2002). *The Fall of Advertising and the Rise of PR*. New York: NY., HarperCollins Publishers Inc.

- Baudrillard, Jean (1986). *La Société de Consommation: ses mythes ses structures*. Paris: Éditions Denoël.; 이상률 역 (1991). 소비의 사회. 서울: 문예출판사.

- Cappo, Joe (2003). *The Future of Advertising: New Media, New Clients, New Consumers in the Post-Television Age*. New York, NY: Mc-Graw Hill Companies.

- Fortini-Cambell, Lisa (1994). Brand contacts. in Ron Kaatz (Ed.). *Integrated Marketing Communications Symposium*. Lincolnwood, IL.: NTC Business Books.

- Johnson, Bradley (2011). Agency Report: U.S. Agency Revenue Jumped 7.7% in 2010. *Advertising Age*, April 25.

- Keller, Kevin Lane(2008). *Strategic Brand Management* (3rd Ed.). Pearson Prentice Hall.

- Magnus Cedergren (2012), Open Content and Value Creation (http://www.firstmonday.org/issues/issue8_8/cedergren/index.html)

- Prelinger Archive (2012). www.centerforsocialmedia.org/resources/articles/vanderbilts_open_web_project.

- Yoon, Tae-Il (2009). Can Advertising Survive the Information Technology Revolution?: An Exploratory Essay on the Future of Advertising. 광고PR실학연구, 2 (2), 32-46.

- http://blog.naver.com/adflashblog?Redirect=Log&logNo=150136307956

- http://blog.naver.com/kimglobal?Redirect=Log&logNo=10109811828

- http://blog.naver.com/lady_blue?Redirect=Log&logNo=150132670419&jumpingVid=06E66E351988C778A1C3343B1734C0A7D68A

- http://er.asiae.co.kr/erview.htm?idxno=2010031821092259492

PART 3

제 **3** 부

미래
문화 · 콘텐츠

한국문화의 미래

우리나라에 거주하는 외국인이 140만 명에 이르고, 다문화가정이 급격히 늘어가면서 다문화시대와 한국문화의 미래는 어떻게 될 것인가라는 화두는 흔히 말하는 얘깃거리가 되었다. 서울의 이태원 거리가 아닐지라도 어떤 곳은 한국인지, 외국인지 모를 정도로 외국인들이 많이 있다. 이런 추세로 가다가는 우리의 전통문화와 문화적 가치가 제대로 보존될 것인가 장담할 수도 없다. 우리나라로 결혼이민을 온 여성의 숫자가 12만 5천 명에 달한다 하니 이들이 대부분 가임 여성이기 때문에 출산을 하게 된다면 그 숫자는 더욱 증가할 것이다. 그래서 2030시대에 다문화시대와 한국문화의 미래를 생각해 보지 않을 수 없다. 다문화시대와 문화의 특성을 정확하게 인식해 가면서 우리의 창조적 이성과 지식을 토대로 과거와 현재, 그리고 미래를 연결해 가면서 미래를 예측(future foresight)함으로써 우리의 무한한 가능성을 만들어가야 한다. 이러한 차원에서 문화의 특성을 알고, 단일문화와 다문화, 또한 이에 대한 인식, 한국문화의 보존이나 미래를 생각해 보고자 한다.

I 문화의 특성

　문화는 어떠한 특성을 가지고 있을까. 여러 방면에서 말할 수 있겠지만 하나만 꼬집어 말한다면 문화는 어떤 문화이든 간에 강한 문화와 약한 문화가 있다고 할 때, 이 둘은 서로 닮아가려 한다. 어쩌면 강한 쪽에서 약한 쪽을 흡수하려 한다. 그래서 하나의 문화권이 형성되어지면 한쪽의 문화가 다른 쪽의 문화권에 영향을 미치게 되는데 이것을 우리는 문화의 동질화라 한다. 그렇기 때문에 하나의 문화권에 사는 사람들은 자기의 문화를 지키기 위해 다른 문화와 배타적이거나 또는 차별적 규제를 하면서까지 자국의 문화를 지켜려 한다. 하지만 동일한 처소에서 살아가는 가운데 문화적 차별을 시도하는 것은 쉽지 않다. 그래서 다문화인들이 자국민과 함께 지내거나 삶의 형태가 같으면 이들이 시나브로 동화되어 문화의 사회적 동질화가 진행될 수밖에 없다. 이러한 논리로 본다면 우리나라에도 그러한 현상이 하나 둘씩 진행되는 현상을 쉽게 볼 수 있다. 서울의 거리에 많은 외국인이 타문화를 선보이며 한국문화와 다문화가 동질화 과정을 거치면서 시간은 흐를 것이다. 2020년에 전체 농가인구에서 이주여성 농업인이 차지하는 비중이 3.2%에 이르고, 19세 미만 농가인구의 49%가 다문화 자녀로 구성될 것으로 전망하고 있다. 이는 그 비율만큼 한국문화의 정체성이 지켜지기가 어려워질 것이라는 뜻도 내포되어 있다. 그동안의 정부의 다문화 교육이나 정책은 언어, 음식, 관습, 농촌생활 등 여러 분야에서 진행되어왔다. 그러나 우리의 정서는 다문화가정을 대할 때 아직도 편견이 있고, 문화적으로 이들과 일체감을 가지지 못하거나 부자연스러운 게 현실이다. 문화의 특성을 제대로 이해하지 못하는데서 나타나는 현상들이라 보여진다. 그래서 문화의 특성을 제대로 파악하는 것은 중요하다.

1. 문화란 무엇인가

　다문화시대의 한국문화를 이해하기 위하여 문화란 무엇인가를 먼저 이해하는 데 초점을 맞춰야 한다. 누구나 문화가 무엇인가 어렴풋이 알고 있지만 막상 문화가 무엇인가하고 정의를 내리라 하면 멈칫거린다. 그만큼 문화는 광범위하고 막연하다. 문화에 대한 선행연구가 많기 때문에 여기에서 문화란 무엇인가에 대하여 깊게 논하는 것을 피하고, 문화의 개념에 대하여 유태용이 정리한 것을 보면 그 개요를 알 수 있다. 서구사회에는 서구문화가, 한국사회에는 한국문화가 존재한다. 그렇다면 한국의 다문화시대에는 한국적 다문화가 존재할 것이다. 우리 사회에서 전통적인 한국문화가 과거와 달리 많이 변화한 것으로 느끼고 있다. 문화는 늘 움직이는 생물처럼 살아 숨 쉬고 있다. 문화는 지식, 신앙, 예술, 법률, 도덕, 풍속, 그리고 인간이 사회구성원으로서 취득한 그 밖의 모든 능력과 습관 등을 포함하는 복합적 전체이다(E.B.Tylor), 또는 동일한 지역에 사는 사람들의 공동체가 하는 일, 행동방식, 사고방식, 감정, 사용하는 도구, 가치, 상징 등의 총체이다(R.S.Lynd), 넓은 의미에서의 모든 사회적 활동이다(C.Wissler) 등 제 학자들의 정의를 보면 문화가 어떤 것이다라는 것을 짐작할 수 있다. 다문화시대의 한국사회에 많은 변화가 일어나지만 이처럼 사회구성원들이 가지는 습관이나 사고방식, 그리고 가치나 상징 등 모든 사회적 활동은 우리가 말하는 문화라는 이름으로 불려진다.

2. 문화의 이론

문화는 어떤 특정한 사회에서 그 범주에 있는 사람끼리 끊임없이 배우거나 학습되어진다. 인류학자들은 이러한 과정을 문화화라 한다. 문화는 통합되거나 상호 연결되어 지속적으로 상호작용을 하면서 사상, 행위, 그리고 다른 생활유형에 이르기까지 연속체로서 발전해 나간다. 유태용의 저서(문화란 무엇인가)에서 콩드르세(de Condorcet), 퍼거슨(A.Fuguson), 에드워드 타일러(Tylor) 등이 이러한 이론을 뒷받침하며 문화진화주의를 역설하였다. 또한 라첼(Ratzel), 프리츠 그래브너(Graebner) 등은 주민의 이주와 전파를 통해 문화가 발전되고 전파되었다는 문화전파론을 주장하였고, 프랑스 사회학자 뒤르케임(Durkheim)은 한 사회의 구성원들에 의해 공유되는 신념이나 상징들에 관심을 갖고 무엇이 사람들을 하나로 결집시키는가 하는 사회적 응집력(social solidarity)의 본질을 설명한 구조기능주의 등을 소개하였다. 문화의 이론은 이처럼 다양하다. 문화가 오랜기간 동안 만들어지고 형성되는 것이기 때문에 문화를 연구하거나 접할 때는 어느 일정한 시기에 일어나는 문화현상만 보지 말고, 각 문화와의 유기적 관계를 규명하는 공시적 관점과 오랜기간 동안 변화하거나 발전해 가는 것을 조명하는 통시적 관점으로 나누어 봐야 한다. 이처럼 문화이론에는 다양한 이론들이 있다.

Ⅱ 단일문화와 다문화

필자가 학창시절에 '우리는 5천년의 유구한 역사를 가진 단일민족이다'고 배웠다. 이처럼 우리는 단일민족의 정체성을 강조하며 이를 긍지로 삼던 때가 있었다. 지금도 그 당시 교육을 받았던 기성세대의 고정관념이 확고히 자리잡고 있기 때문에 다문화의 수용, 또는 이들에 대한 편견이 쉽게 소멸되지 않는 게 현실이다. 그러나 글로벌시대가 열리면서 다문화가족이 늘어나고 지구촌 시대가 열리는 시점에서 이러한 관념을 지속하려는 경향은 서서히 사라지고 있다. 오랜 역사를 기반으로 하는 단일문화와 외국인노동자의 증가와 국제결혼의 증가로 인하여 우리 사회가 점점 외국인과 이민자들이 늘어 다문화를 이루게 되다보니 단일문화와 다문화의 문화적 혼조현상이 생기고 있다. 1950년대 한국전쟁으로 인하여 미군과 한국여성이 국제결혼을 하게 되어 소수이기는 하지만 혼혈인들이 이국문화를 보였다. 하지만 이들이 소수이기 때문에 다문화를 형성하기엔 부족하였다. 이후 산업이 발달하고 노동인구가 부족하게 되자 1980년 말부터 조선족의 입국을 기점으로 외국인노동자가 입국하기 시작하여 산업현장에는 3D업종에 외국인이 아니면 안 될 정도로 그 수가 많아졌다. 그래서 국제결혼가정, 외국인노동자가정, 이주노동자가정 등 다문화가정은 날로 늘어나 한국사회에 다문화가 형성되었다. 이에 우리는 이들을 포용하고 융화해 나가면서 이 둘의 문화를 적절하게 조화시키지 않으면 안되는 현실에 처해 있다. 세계의 추세를 보더라도 글로벌시대로 발전하면서 단일문화보다는 다문화시대로 가고 있으며, 단일문화와 다문화가 공존하는 가운데 상호 존중하고, 이해와 배려가 전제되면서 건전한 문화가 정착되어 가는 것을 볼 수 있다.

1. 단일문화

단일문화는 다문화의 비교되는 문화이다. 이는 다문화와 달리 문화의 속지성에서 출발한다. 단일문화는 문화, 언어, 가치관 등 문화적 요소와 문화일반이 동일한 지역에서 주민집단이 단일민족국가(Nation State)를 이루며 만들어낸 문화이다. 우리나라로 말한다면 우리의 단일문화는 한반도에서 만들어진 문화이고 이것을 민족문화라 할 수 있다.

우리가 민족이란 단어를 사용한 것은 일본 메이지시대에 Nation이 국민, 또는 민족이란 한자어로 번역되면서 구한말 한국에 유입되어진 것으로 보여진다. Nation이 국가 또는 민족이란 개념으로 혼용되면서 그에 따른 문화의 개념도 단일국가의 단일문화로 해석하게 된 것이다. 미국이나 유럽처럼 복수민족이 국가를 이루는 지역에서는 Nation이 국가보다는 민족이라는 개념이 더 강하다. 어쨌든 단일문화는 민족우월주의 또는 자기 민족의 우선주의에서 강조된 것이며 배타적인 문화의 특성이 더 짙게 깔려 있다.

2. 다문화

다문화는 단일문화의 상대적 개념에서 말해지는 것으로서 다문화주의(multicultural-ism)의 '다문화'라는 뜻이다. 즉, 여러 나라의 문화를 일컫는 것이다. 다문화주의의 이념은 1970년대에 서구 민주주의 사회에서 전면적으로 등장했고, 우리나라는 1980년대 말 이후에 등장하였다. 이경윤은 저서에서 이 용어가 1941년 미국의 *Herald Tribune* 7월호의 서평에서 사용된 '다문화적 생활양식'이란 표현의 등장과 더불어 대중적으로 사용되기 시작한 것으로 본다고 했다. 이후 세계화로 인하여 현재 다문화가정이 늘어나면서 서로를 이해하고자 하는 다문화주의가 형성되어 이에 대한 관심이 증가하고 있다.

Ⅲ 한국의 다문화 현황

최근 우리나라 다문화가정의 현황을 보면 결혼이주여성이 21만명, 다문화가정이 50만명, 외국인 거주자가 140명에 달한다. 2011년 11월 3일 통계청 공식발표에 의하면 다문화 혼인 건수는 35,098건이며, 이들의 출생인구는 20,312명이다. 이처럼 늘어나는 다문화가족은 2000년대 들어 급격하게 증가하면서 본격적인 다문화 사회로 접어들었다. 이 자료를 통해 다문화 인구의 동태, 다문화의 현실을 짐작해 볼 수 있다. 유태용은 저서에서 인구통계학자들은 보통 생식력(fecundity)과 출산율(fertility)을 구분하는데 생식력은 재생산을 하는 생리적인 능력이며, 출산력은 이런 잠재력의 실현이라고 했다. 이러한 차원에서 본다면 21만 명의 가임여성, 50만 명의 다문화가정에서 3만 5천 부부 가운데 출생인구는 2만 명에 이르니 향후 생물학적 요인과 문화적 요인이 잘 적용해 본다면 더 많은 출산율을 보일 수 있을 것이다.

1. 다문화 인구동태

우리나라 다문화 혼인은 1990년 1.2%에서 2005년 13.5%를 정점으로 계속 10%를 상회하고 있다. 2011년 혼인건수를 보면 35,098건, 이혼은 14,319건이다. 표에서 보는 바와 같이 최근 3년 추이를 보면, 혼인은 2008년에 3만 6천건으로 가장 높았고 이혼은

그림 9-1 다문화 인구동태 현황

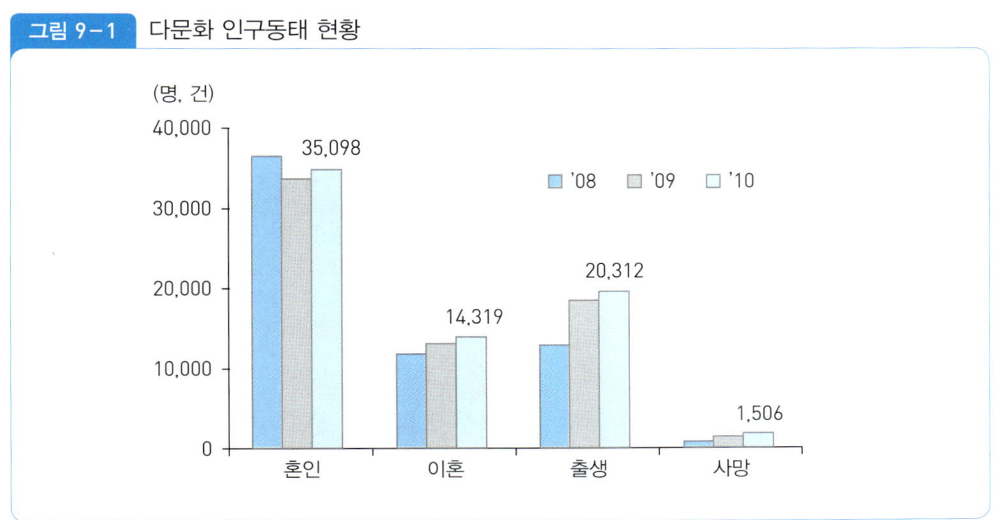

※ 출처: 2011.11.03.통계청 자료

표 9-1 다문화 인구동태 현황   (단위: 명, 건, %)

	전 체			다문화			(다문화)구성비		
	'08년	'09년	'10년	'08년	'09년	'10년	'08년	'09년	'10년
혼 인	327,715	309,759	326,104	36,629	33,862	35,098	11.2	10.9	10.8
이 혼	116,535	123,999	116,858	12,430	13,653	14,319	10.7	11.0	12.3
출 생	465,892	444,849	470,171	13,443	19,024	20,312	2.9	4.3	4.3
사 망*	246,199	247,033	255,503	1,043	1,338	1,506	0.4	0.5	0.6

※ 인구동태 통계 사망자＋외국인(배우자가 한국인) 사망자

지속 증가추세를 보이고 있다. 다문화 출생은 20,312명, 사망은 1,506명으로 최근 3년 추이를 보면, 출생은 2008년 1만 3천 명에서 2010년 2만 명으로 증가해 왔고, 사망도 지속 증가추세이다.

2010년 다문화 혼인의 비중은 10.8%, 다문화 출생의 비중은 4.3% 수준이다. 전체 혼인과 이혼에서 다문화 혼인과 이혼이 차지하는 비중은 각각 10.8%, 12.3%이다. 2008년 이후 다문화 혼인과 이혼 모두 전체의 10%를 상회하며, 다문화 출생은 4.3%, 사망은 0.6%로 출생은 2009년 크게 증가하여 2010년에도 전체의 4.3%를 유지하여 사망비중도 지속 증가하는 추세이다.

2. 다문화의 현실

우리는 유교문화권에 속한다. 그러다보니 사농공상이란 가치기준이 생기고 화이트칼라만 선호하는 경향이 있다. 모든 부모들의 교육열이 뜨거워 자녀교육에 물불을 가리지 않고 있다. 젊은이들은 힘든 3D업종이나 농업에 종사하려 하지 않고, 일손은 부족하게 되었다. 이러한 현상은 국가 전체적으로 노동력 수급에 대한 문제를 야기하고, 급기야 외국인 노동자의 유입이란 처방으로 이러한 현실을 타개하기에 이르렀다. 90년대 들어 각 지자체들은 경쟁적으로 농촌총각 장가보내기 운동을 전개하여 국제결혼의 숫자는 급속히 증가하고, 다문화가정이 늘면서 지금 140만 명의 이주민이 거주하고 있다. 이는 전체 인구의 2.3% 수준이지만, UN미래한국보고서에 의하면 2020년에 전체 인구의 10%대인 4~500만 명, 2050년에 전체 인구의 20%대인 1천만 명이 될 것이라 예측하고 있다.

우리나라는 부존자원이 부족하기 때문에 수출로 활로를 찾아야 하는 현실이다. 이러한 과정에서 세계화는 밖으로 나가는 세계화만 생각하였지 밖에서 안으로 들어오는 세계화는 깊이 생각하지 않았다. 1990년 세계화를 표방하면서 많은 외국인 노동자가 들어오고, 다문화가 시나브로 형성되면서 이에 대한 문제가 발생하기 시작하였다. 우리나라를 찾아온 외국인 근로자와 결혼이민자가 외국인이 아니라 우리와 함께 살아가야 할 국민이라는 것을 깨달아야 하는데도 상당수의 사람들은 이들이 외래종이라 생각하거나 배타적 대상으로 여기는 경우가 많았다. 이제 외국문화와 우리문화가 공존하고 융합해 나가 새로운 문화를 만들어낼 때 건전한 다문화가 생성된다는 것을 알아야 한다. 이러한 차원에서 우리의 이러한 현실은 앞으로 많이 시정되어야 한다.

Ⅳ 다문화에 대한 인식과 현실

글로벌시대의 도래로 인하여 유럽이나 미국이나 전 세계적으로 다문화는 보편적 현상이 되었다. 영국이나 독일처럼 비교적 동질적인 문화를 가진 나라는 이주노동자나 외국인의 유입으로 다문화가 전개되는 경향이 있지만, 미국이나 캐나다 등은 국가의 출범 초기부터 다양한 민족이 함께 한 국가이기 때문에 다문화에 대한 적응이 쉬워보이는 나라도 있다. 우리나라의 경우는 저출산으로 인한 노동력의 한계로 이주 노동자가 늘어나고 농촌총각 장가보내기 운동 등이 전개되면서 90년대 이후 급속히 확산되는 추세이다 보니 다문화에 대한 인식이 아직도 다양하게 공존해 있으며, 다른 나라와 조금 다른 양태를 보이고 있다. 어쩌면 다문화를 수용할 수 있는 준비가 부족한 상태에서 다문화가 형성된 것은 아닌가 하는 생각이 들기도 하다.

1. 외국의 사례

미국은 이민 및 국적 취득에 관하여 〈미국법령집(U.S.Code)〉과 〈미국연방규정집(Code of Federal Regulations)〉에 규정되어 있다. 이민정책과 시행은 국가 전체에 관한 사항이므로 주립법이 이민법제에 미치는 영향은 미비하고 연방법으로써 규율되고 있다. 이영주는 논문에서 미국 이민법은 이주민뿐만 아니라 단기방문 및 유학부터 외국인의 노동허가와 정착에 관한 문제까지 포괄적으로 다루고 있다고 했다. 미국의 다문화정책의 주된 경향은 이민자들이 미국사회의 지배적 가치관을 받아들이는 것을 강조하는 동화주의가 강하다. 프랑스는 〈이민 및 사회통합법〉을 전제로 결혼 후 3년 정주하고 충분한 언어능력이 있는지를 점검한다. 또한 국가에 도움이 되는 고학력자, 숙련기술자 등은 선택적으로 이민을 완화해 주고 있다. 캐나다는 우월적 지위를 가진 퀘백분리주의자와 소수 민족과의 조정을 해야 하는 관계에서 출발하여 1971년 공식적으로 다문화를 채택하였다. 인도는 1950년 복수의 시민권을 인정하고 이중국적도 허용하는 다문화정책을 비교적 일찍 도입하였다. 호주는 백호주의를 포기하고 1965년 이민문호를 개방하였으며, 일본은 1980년 이후 외국인이 증가하면서 다문화와 공생이라는 용어를 사용하기 시작하였다.

2. 한국의 현실

우리나라의 경우 다문화의 시작은 1990년 무렵으로 봐야 한다. 1995년 한국 농촌총 각 장가보내기 운동이 전개되면서 중국 동포 여성들이 대거 이주하였다. 물론, 그 이전 에 한국전쟁시 많은 한국여성들이 미군과 국제결혼을 하면서 다문화의 시작을 알렸고, 1990년 통일교가 수백 명의 외국인을 한국으로 초청하여 집단결혼을 시키면서 다문화 의 물꼬가 트이기도 하였다. 정부는 국적 및 출입국 관리법, 외국인 고용법, 다문화가 족 지원법, 제한외국인 처우 기본법 등을 통해 다문화가 정착되도록 하고 있지만, 아직 까지 종합적이고 체계적인 시스템을 갖추었다고 평가하기에는 이르다. 우리나라의 경 우 2008년에야 국무총리실 산하에 외국인 정책위원회가 만들어져 7개 부처에 산재한 외국인에 대한 정책을 조율한 것을 보면 이를 극명하게 보여준다.

V 한국문화의 보존

한국문화의 보존은 우리의 시대적 사명이다. 하지만 국수주의적인 태도로 우리 문 화만을 고집하고 타 문화를 배타적으로 대하는 것은 시대정신에 부응하지 못하는 일이 다. 우리 국민들의 정서를 보면 다문화를 받아들이기는 하지만 배타적 민족주의 성향 이 잔존해 있는 것으로 나타나 있다. 강신임의 설문 조사에서 '어느 국가든 다양한 인 종, 종교, 문화가 공존하는 것이 더 좋다'라는 항목에 61.3%의 찬성을 보이면서 '외국 인 이주자들이 늘어나면 우리 문화가 더 풍부해진다'는 항목에 대한 반응은 긍정적 태 도가 40% 밖에 안 된다고 나타나 있다. 이것은 아직도 우리 사회의 저변에 민족주의가 내재하는 증거이다. 필자가 소속한 연구원에서 재전북 외국인에게 한국문화체험프로 그램을 실시하면서 느낀 일인데 외국인들이 한국문화의 체험을 매우 긍정적으로 여기 고 있다. 또한 이들에게 체험을 시키는 문화예술인들도 이러한 일을 자랑스럽게 생각 하며 호의적으로 받아들였다. 이는 다문화시대의 한국문화가 다문화를 포용하는 하나 의 단면을 보인 것이다. 이제 우리는 우리 문화를 민족 고유의 문화라 말할 수는 있지

그림 9-2 한국미래문화연구원의 재전북 외국인 한국문화체험행사

만, 사회적 현실은 한국문화 속의 다문화가 뒤섞이는 형국이 되고 있다. 그래서 한국문화를 보전하려는 많은 노력이 있지만 그 중에서 한국어, 즉 우리의 언어를 지키는 일과 전통문화의 보존은 매우 중요한 핵심으로 보인다.

1. 한국문화 보존은 한국어의 보존으로부터

언어는 문화를 이루거나 문화를 전수하는 기본 수단이라 할 수 있다. 의사소통이 되어야 문화를 형성할 수 있고, 그 사회의 구성원으로서 존재감을 가지게 되기 때문이다. 인간과 동물의 차이는 언어를 사용하느냐 하지 않느냐의 차이일 것이다. 우리가 외국에 나가 체험해 보듯 일단 언어가 통해야 무슨 일을 할 수 있고, 사회적으로 적응할 수 있다. 다문화인들이 한국어를 배우지 않고 한국문화를 이해하기는 쉽지 않다. 이들이 한국어를 배우려 하는 것은 단순히 언어소통뿐 아니라 한국문화에 적응하려는 수단 중의 하나이다. 한국어를 배우지 않고 몸짓언어로 살아간다면 문화의 적응도 더딜 뿐 아니라 동물언어와 같은 단순한 의사전달밖에 할 수 없다. 우리나라의 문화를 보존하려 한다면 한국어의 보존이 우선되어야 할 것이다. 지금 문자메시지를 보내거나 인터넷을 하면서 한국어가 많이 망가지거나 변형되어 가고 있다. 이것은 다시 말해서 그만큼 한국문화가 도전받고 있다고 봐야 한다. 더구나 다문화인들이 자국의 언어와 한국어를 섞어 쓰기 때문에 2세들의 언어습관이 내국인과 다르며, 이를 교육기관에서 훈련하게

| 그림 9-3 | 아름다운 다문화가정지원센터의 다문화가족 |

하지만 개인의 노력이 절실히 요구된다.

2. 한국문화의 내실은 전통문화에 있다.

국민들 가운데 일부는 전통문화라 하면 고루한 것으로 느끼는 분들이 있다. 그것은 문화의 패턴이 현실적이지 못하거나 현실감이 떨어지기 때문이다. 전통문화라 해서 무조건 좋다거나 무조건 나쁘다고 말하는 것은 삼가야 한다. 전통문화를 계승하거나 발전시켜 나가는 것은 이를 통해서 현재의 문화를 더 고양시킬 수 있거나 가치 있게 만들 수 있기 때문이다. 전통문화가 아무런 쓸모가 없거나 가치가 없다면 자연적으로 소멸해 버릴 것이다. 일반적으로 전통문화는 오랜기간 동안 축적해 왔거나 형성되어서 규격화되었거나 정형화되어 있어서 당 시대의 다양한 문화욕구를 받아들이기에 충분하지 않다. 그러다보니 겉만 보고 단순하게 여기거나 짧은 생각으로 고루하게 느끼는 것이다. 필자가 현대시조를 공부하면서 문인들과 대화를 나누다 보면 종종 우리 민족의 전통시가인 시조를 고루하다는 느낌으로 말하는 이를 볼 수 있다. 시조가 정형화된 문학이기 때문에 당대의 정서를 담을 수 없다고 보지만 이 정형화된 시조를 조금 발전시켜 담을 수 있는 형태로 발전시켜 나가면 된다. 시조의 기본과 형태를 유지하면서 얼마든지 발전시킬 수 있다. 그러면 언제든지 그 시대의 문학적 정서를 담을 수 있고 포용하게 될 것이다. 이러한 형태가 사설시조이고 변형시조이다. 그렇듯 전통문화도 마찬가지 논리이다. 전통문화를 지키고 계승하되 지속으로 발전하거나 계승하면서 새로운 문화와 접목되는 것은 그만큼 한국문화의 내실을 다지는 일이다. 한국문화의 기저에 전통문화가 깔려 있기 때문에 전통문화를 잘 계승하는 것은 기본을 충실하게 하는 것과 같다.

VI 한국문화의 미래

한국문화의 미래를 예측하기란 매우 어렵다. 무엇보다 그 방법은 매우 다양하기 때문이고, 그 범위가 넓기 때문이다. 그래서 어떤 것이 옳고 그르다 말할 수 없다. 설령 어떤 예측을 하였다하더라도 여러 방법 중의 하나일 뿐이다. 예컨데 '유엔미래보고서 2025'에서 한국의 미래 예측을 보더라도 디지털 기반으로 한 문화의 변화를 강조하고 있을 뿐이다. 첨단기술의 발전으로 기술과 결합되는 문화예술이 세계적으로 통합될 것으로 전망하며, 각국은 문화의 정체성을 확립하기 위하여 자국 특유의 문화를 국민들에게 심어주고, 문화 창조성을 강조하고 있다. 또한 미국 등 서구에서도 인종차별적 잔재가 남아 있기는 하지만 다양한 인종의 다양한 문화를 인정하게 되고, 한국의 경우도 다문화가정이 늘어나면서 인종차별과 타 문화의 배척이라는 문제점이 나올 것으로 예측하였다.

본고는 현재 140만 명에 달하는 외국인과 다문화가정이 2020년에 전체 인구의 10%대인 4~500만 명까지 될 것이라는 예측에 따라 이처럼 늘어나는 다문화가정이 만들어내는 다문화와 한국문화의 현실을 알아보았다. 결국 문화는 그 사회를 이루는 사람들이 주체가 되고 상호작용을 하는 가운데 형성되는 것이기 때문에 다문화시대의 한국문화는 다문화인들이 증가하는 비율만큼 변화의 폭도 증가할 것이다. 또한 이질적 문화들이 복합되거나 혼재되면서 한국문화의 정체성을 조금씩 변형시켜 갈 것이다. 특히, 한국문화의 기틀을 유지해 주는 한국어의 변형이 한국문화의 변화로 이어질 것으로 본다. 따라서 한국어의 보존과 정체성 유지는 한국의 전통문화를 유지하게 하는 기본일 것이다. 한국의 전통문화는 한민족이 오랜 세월 동안 많은 시행착오를 거치면서 만들어 놓은 생활양태이고 삶의 지혜이다. 즉, 과거에는 한민족이 중심이 되었지만, 앞으로는 다민족이 함께 만들어내는 생활양태이고 삶의 지혜가 될 것이다. 따라서 우리나라의 다양한 민속학이나 도덕적 기반, 또한 이에 따르는 다양한 문화양태를 잘 보존하고 계승하는 것은 역사적, 사회적 측면에서 국민의 동질화를 가져와 궁극적으로 국가발전의 동력이 될 것이다. 그렇기 때문에 다문화시대의 한국문화를 객관화하고 재창조하여 새로운 문화를 만들어 내는 것은 우리가 미래의 세계로 전진하는 데 필요한 에너지를 얻는 것과 같다.

참고문헌

- 권기현, 『미래예측』(법문사, 2008)
- 김갑석, "다문화 가정이 한국사회에 미치는 영향에 관한 연구", 서울벤처정보대학원대학교 학위논문, 2009
- 박영숙 외, 『유엔미래보고서2025』(교보문고, 2012)
- 양계민 외, "미래한국사회 다문화역량강화를 위한 아동 청소년 중장기 정책방안", 한국청소년정책연구원 연구보고 09-R14
- 유태용, 『문화란 무엇인가』(학연문화사, 2002)
- 이경윤, 『다문화시대 문화를 넘어서 그리고 한국』(한국학술정보, 2012)
- 이영주, "다문화가족지원법에 관한 고찰", 『법학연구』제31권 한국법학회 2008
- 이현정, 『한국의 미래 다문화에 달려 있다』(원앤원북스, 2009)
- 태혜숙, "미국문화 읽기와 비판적인 다인종 다문화 페미니즘", 2009 여성학논집 제26집 1호, pp.41-71

제 **10** 장

콘텐츠산업의 미래

　콘텐츠는 기본적으로 넓은 의미의 문화적 내용물이며, 다양한 방식으로 제작·가공되어 미디어를 통해 유통되는 인간의 표현물을 의미한다. OECD를 비롯하여 주요 국가들에서는 콘텐츠를 "미디어를 통해 전달되는 내용물 및 메시지 등 인간의 창의적 산물로서 경제적, 문화적 가치를 가지는 것"으로 정의하고 있다. 콘텐츠는 언어적 형태로든 시청각적 형태로든 인류역사와 함께 이미 오래 전부터 존재해 왔으나, 특히 19세기와 20세기에는 각종 미디어 기술의 발전에 따라 일상적인 소비의 대상이 되었다. 최근 10여 년간 온라인 정보서비스(인터넷)와 무선 통신서비스(휴대폰)는 일반인들의 생활 속에 완전히 정착했으며, 이런 유무선 통신망과 서비스의 발전에 따라 콘텐츠의 유통방식 역시 급속히 변화해 왔다. 그리고 이렇게 변화된 유통체계를 통해 과거의 콘텐츠뿐만 아니라 새로운 유형의 콘텐츠와 서비스들(가령, SNS, 온라인 게임, 전자책, 스마트 TV 등)이 등장한 오늘날, 콘텐츠에 대한 관심은 그 어느 때보다도 높아지고 있다.

I 미래 콘텐츠의 발전과 전망

이러한 변화의 배경에는, 노동시간의 감소와 여가시간의 확대 등으로 문화적 삶과 여가에 대한 사회적 관심이 증대되고, 건강하고 행복한 삶에 대한 사회적 요구가 높아지면서 문화와 콘텐츠 향유 욕구도 증대하고 있는 것이 주요 요인으로 작용하고 있다.

또한 콘텐츠의 발전은 미디어기술과 불가분의 관계를 맺고 있다. 콘텐츠의 다양화 역시 미디어기술의 발전에 따라오는 수반 현상(concomitance)으로 이해할 수 있을 것이다. 사실 콘텐츠가 미디어기술에 의존적이라는 점은 그다지 새로운 사실이 아니다. 여기서 미디어기술이란 오늘날의 첨단기술만을 의미하는 것이 아니라, 정보와 지식을 매개하고 유통시키는 넓은 의미의 모든 매개기술을 의미한다. 이런 관점에서 소설에서부터 사진, 라디오, 영화, TV 등에 이르는 모든 주요 콘텐츠들은 관련 미디어기술의 발명이 없었다면 불가능했던 것들이다.

인간의 창조적 활동의 결과물들이 이제 손쉽게 다양한 미디어를 통해 유통되고 있으며, 앞으로 이러한 발전 추세는 더욱더 가속화될 것이다. 디지털 미디어의 눈부신 발전과 함께 인간의 창의적 콘텐츠 생산은 관련 기술과의 끊임없는 상호작용을 거치면서 진화, 발전해 나갈 것이다. 그렇다면 이러한 디지털 미디어 환경의 변화와 기술혁신 속에서 콘텐츠가 지니는 가치와 잠재력은 무엇일까? 콘텐츠가 우리에게 보여줄 미래의 문을 여는 열쇠는 바로 여기서부터 탐색되어야 할 것이다.

1. 콘텐츠의 미래 잠재력

지금 세계는 정보혁명을 넘어 제4의 물결, 즉 창조혁명의 시대로 빠르게 진입하고 있다. 창조사회란 인간의 상상력과 창조성이 핵심자원이 되는 사회이며, 과거의 엘리트 지식계층이 아닌 창조계층에 의해 주도되는 사회다. 창조사회에서 창조성의 가치는 단순히 경제적 부를 창출하는 것을 넘어서서, 개개인의 삶의 질 제고와 만족감, 국경을 초월한 인류공동체의 풍요와 번영을 가져올 핵심 가치가 된다. 이질적이면서도 다양한 인간의 창조적 자산이 사회 발전의 벡터가 되는 창조사회에서 인간의 창작물로서 콘텐츠가 사회, 문화, 경제 모든 분야에서 핵심적인 요소로 떠오르고 주목받는 것은 당연한 일이다.

경제적 관점에서 콘텐츠산업은 무엇보다 타 산업과 비교해 높은 수익이 창출되는 고부가가치 산업이다. 현재 선진국의 산업구조는 제조업에서 서비스 산업으로 빠르게 이동하고 있다. 주요 선진국들은 국내 총생산에서 콘텐츠, 디자인 등 창조·문화 산업이 차지하는 비중은 증가하는 반면, 자동차, 조선, IT 등 제조업 분야의 영향력은 감소하고 있는 추세이다. 일례로 2010년 세계 콘텐츠산업의 매출액 대비 영업이익률은 19.9%로 IT 산업 5.6%의 4배를 상회한 것으로 조사됐다(한국콘텐츠진흥원, 2011a). 또 같은 해 세계 엔터테인먼트 & 미디어 시장의 규모는 1조 4,200억 달러로 항공(3,500억 달러), 반도체(2,800억 달러), 조선(2,500억 달러)보다 4~5배 수준을 보이며, 세계 자동차 시장(1조 6,000억 달러) 규모와 유사한 수준에 이르고 있다. 콘텐츠산업은 콘텐츠 상품 자체의 부가가치를 확대하는 것뿐 아니라, 연관 산업의 성장을 견인하고 새로운 시장기회를 창출한다. 예를 들어 유명 연예인을 모델로 기용한 한 화장품 회사의 경우, 2010년 수출액이 전년대비 80%가 증가한 사례가 있고, 문화, 관광, 소비재와 가전 등에 걸쳐 한류가 가져온 국내 경제적 파급효과는 2010년 기준 4조 9,824억 원에 이른다는 조사 결과도 있다. 고용 없는 성장시대 및 세계 금융위기의 확산으로 인한 장기적인 경기 불황이 예상되는 상황에서, 콘텐츠산업에서의 고용과 콘텐츠에 대한 소비지출은 꾸준히 증가하고 있는 추세이다.

또한 콘텐츠산업은 소규모 창업이 용이한 미래형 일자리 창출 산업이다. 2009년 각 산업의 고용 유발계수를 살펴보자. 반도체는 4.9, 자동차는 7.2, 전 산업 평균 고용 유발계수는 8.6인데 반해 문화서비스의 경우 12였다(한국은행, 2010, 산업연관표). 현재 한국은 선진국에 비해 제조업 비중이 높고 서비스업 비중은 상대적으로 낮은 산업구조이나, 제조업 일자리는 연평균 2.3만개가 감소하고 있는 상황이다. 한국의 제조업은 선진

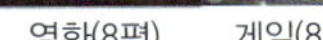

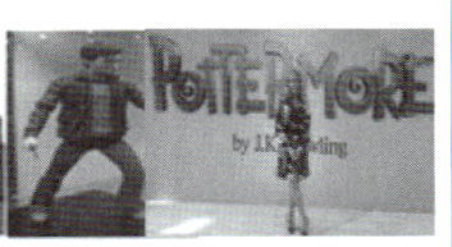

국에 비해 기술과 품질경쟁에서, 중국이나 베트남 등의 개발도상국에 비해서는 가격경쟁에서 밀리는 넛크랙커(nutcracker)의 상황에 직면하고 있으며, 콘텐츠산업은 이러한 상황을 극복할 수 있는 좋은 성장판 역할을 할 것으로 기대된다. 앞으로 콘텐츠 이용은 IT나 가전, 교육, 의료산업 등과도 서로 밀접하게 결합되면서 새로운 시장을 창출할 것이고, 3D나 CG, 홀로그램 등의 기술 발전과, 융복합 콘텐츠 등 새로운 유형의 콘텐츠 개발을 통해서도 새로운 일자리가 창출될 전망이다. 지식·기술 집약형 산업으로서 콘텐츠산업은 특히 청년세대가 선호하는 직종이 대부분이며, 고령화 사회로 진입하고 있는 한국의 상황에서는 미래를 책임질 핵심 산업으로 인정받고 있다. 창의적인 아이디어와 지식 및 기술에 기반한 벤처나 마이크로 기업의 창업이 용이하고, 청년세대가 희구하는 미래형 일자리를 제공할 산업이 바로 콘텐츠산업이다.

또 콘텐츠는 움직이는 국가브랜드라 불릴 정도로 국가의 이미지와 품격을 개선하는 데도 중요한 역할을 한다. K-POP과 드라마를 중심으로 확산되고 있는 한류콘텐츠가 대표적이며, 최근에는 가수 싸이의 경우처럼 음악 분야에서도 언어장벽을 넘어서는 한류의 도약을 목격하고 있다. 2011년 한국의 국가 브랜드 순위는 15위로 전년대비 3단계가 상승했다. 여전히 미흡한 수준이지만, 앞으로는 한국문화와 국산 콘텐츠가 선봉에 서서 문화적으로 다양성과 품격을 보유한 국가로서의 홍보 효과와 함께 민간 외교의 차원에서도 큰 기여를 할 것으로 기대된다. 이를 통해 우리의 문화 콘텐츠와 창조적 자산으로 새로운 글로벌 경쟁력을 갖추게 될 것이며, 단순한 산업적 경쟁력을 넘어서서, 국가 전체의 부가가치를 높이면서 새로운 성장기회를 제공할 것이다.

이러한 맥락에서 이미 선진국들은 문화와 콘텐츠 중심의 창조산업에 적극 투자하고 있고, 특히 국제교류의 차원에서 문화뿐만 아니라 외교관계 등에서도 창조산업과 같은 소프트파워의 중요성을 강조하고 있다. 대표적인 예로 영국의 경우 1997년 'Creative Britain' 정책을 마련, 적극 시행하고 있으며, 미국 역시 2000년에 'Creative America'를

그림 10-2 세계 주요국의 콘텐츠 육성을 위한 비전

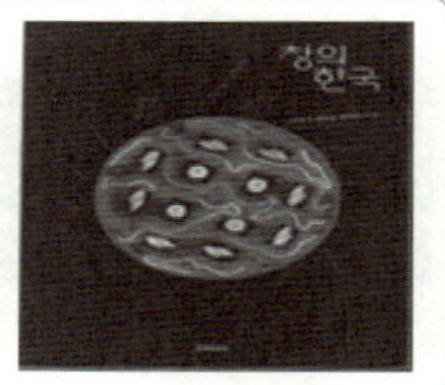

실시하고 문화와 창조성을 국가 전략산업으로 육성하고 있다. 현재 선진국을 상징하는 30-50(1인당 국민총생산 3만 달러, 인구 5,000만명)을 달성한 국가는 미국, 일본, 독일, 영국, 프랑스, 이탈리아 6개국으로 이들 국가는 모두 콘텐츠산업 강국이다. 이처럼 21세기는 기존의 하드파워(경제력, 군사력 기반)와 소프트파워(문화 기반)가 결합한 '창조적 파워'가 국가 경쟁력을 구성하는 핵심요소가 될 것이다. 우리나라도 창조적인 선진국으로 도약하기 위해 정부와 민간이 문화와 콘텐츠 중심의 창조산업을 발전시키기 위한 노력을 함께하고 있으며, 우리 국민들 스스로도 문화적이고 행복한 삶을 누리는 시대를 맞이하기 위하여 창의적이고 실험적인 사고와 역량을 발휘해야 할 것이다.

2. 콘텐츠산업의 성장과 변화

이렇게 주목받고 있는 콘텐츠산업은 앞으로 어떤 방향으로 변화하고 발전할 것인가? 역사적으로 콘텐츠는 오랜기간 동안 아날로그의 시대(서적, LP, 영화)를 거쳤고, 1990년대 들어 디지털 콘텐츠(PC, MP3, DTV)의 시대로 접어들었다. 그 연장선에서 2000년대에는 융복합 콘텐츠와 스마트 콘텐츠(스마트폰, 태블릿 PC, 앱)의 등장으로 빠르게 환경이 변화하고 있는 추세이다. 인프라 중심의 정보화 사회가 고도화됨에 따라 초고속 인터넷망과 유무선 통신망을 통해 유통되는 콘텐츠에 대한 수요가 폭발적으로 증가하고 있는 상황이다. 산업 분야에서는 디지털 기술 발달에 따른 기술·산업간 융합, 문화예술과 기술의 융합, 산업간 융합 등 거의 사회 모든 분야에서 창조적 융합이 진행되고 있다. 이러한 환경에서 디지털 유통의 확산과 이용자들의 이용행태 변화도 두드러지고 있다. 다시 말해, 콘텐츠의 창작과 유통, 소비 전 과정에 걸친 콘텐츠 생태계의 각 요소간(문화예술, 문화기술, 저작권, 미디어, 상품과 서비스, 문화 이용과 향유 등)의 유기적이고 창조적인 연계와 결합이 강조되고 있다. 이와 더불어 문화의 영역을 넘어서 교육, 의료, 금융 등의 분야에서도 콘텐츠와의 융합은 가속화되고, 이제 전통적인 서비스업과 제조업도 디지털 융복합화를 통해 나날이 혁신되고 있다. 콘텐츠는 이러한 산업과 경제와 일상생활에서의 전반적인 혁신 과정에 중요한 촉매 역할을 하고 있으며, 이런 측면에서도 콘텐츠의 성장 잠재력은 무한하다고 할 수 있다.

미디어 환경의 패러다임이 바뀌고 있는 가장 큰 요인은 기존에 기기와 서비스, 콘텐

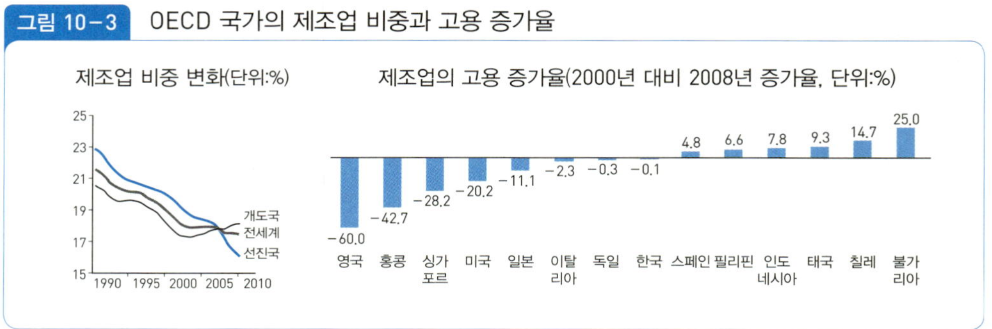

그림 10-3　OECD 국가의 제조업 비중과 고용 증가율

※출처: UN, LG경제연구원(2012)　　※출처: ILO, LG경제연구원(2012)

츠가 분리되었던 환경에서 점차적으로 콘텐츠를 중심으로 기기와 서비스가 연계되는 환경으로 변하고 있기 때문이다. 선진국의 경우, 전통적인 제조업은 점차 서비스업으로 대체되거나 서비스업화되는 추세를 보이며([그림 10-3] 참조), 2차 산업과 3차 산업을 넘어서서 4차(지식집약산업)나 5차(창조산업) 산업이 선진국의 경제력을 뒷받침해 주는 구조적인 변화도 일어나고 있다.

이러한 산업구조의 변화 속에서, 콘텐츠 생태계의 유기적 관계가 확산되고 콘텐츠와 전통산업간의 융합이 확산되며, 언제 어디서나 콘텐츠에 접속하고 이용할 수 있는 초연결(hyper connection) 사회가 도래하면서, 일반인들이 콘텐츠를 이용하고 소비하는 동기와 방식도 근본적인 변화를 겪고 있다. 콘텐츠는 이제 단순한 '소유'의 대상이 아니라 '체험'과 '향유'의 대상으로 진화하고 있는 것이다.

특히 창조사회 도래와 함께 인간의 감성, 상상력, 창조성(포괄하여 인간성 humanities)의 회복에 대한 기대는 더욱 증대될 것이다. 이는 근대사회를 이끌어 왔던 과학과 테크놀로지의 발전이 21세기에 와서 인간성과 결합되는 단계로 진입하고 있음을 의미한다. 콘텐츠가 부상함에 따라 기술과 산업이 문화예술과 접목하면서 다양한 문화적 표현기술들(CT: Culture/Contents Technology)이 등장하고 있는 것이 좋은 예이다. 문화적 표현기술은 인간의 감수성을 표현하고 전달하고 수용하는 전 과정에 걸쳐 막강한 효과를 발휘한다. 콘텐츠산업이란 바로 이러한 다양한 문화기술에 기반하여 전통적인 문화유산과 문화예술과 같은 인간의 창조적 자산들과 무한한 결합과 재생산의 과정을 거치면서 성장하게 될 것이다.

이제까지 문화기술이 영화, 애니메이션 등 문화상품의 기획, 제작, 유통, 소비 등과 직접 관련되어 투입된 기술적 요소들을 지칭한다면, 앞으로는 인문학적 지식, 순수예술, 디자인과 건축, 그리고 일상생활의 다양한 분야에서 인간의 감성적 요소들을 극대화하는 기술을 통칭하는 것이 될 것이다. 궁극적으로 문화기술은 인간 삶의 질을 향상시키는 총체적인 기술을 의미하게 될 것이다(문화체육관광부, 2010). 이러한 측면에서, 매력적인 스토리와 상상력, 고품질의 콘텐츠, 그리고 감성적 표현기술의 결합이 미래의 풍요로운 문화 환경을 결정하는 핵심적인 요소들이 될 것이다. 문화예술과 콘텐츠, 기술과 산업 모든 영역에서 일어나고 있는 인간의 창조와 혁신은 21세기를 가로지르는 핵심적인 가치가 될 것이다. 또한 이는 우리가 호모 사피엔스 이후로 오랜시간 동안 시행착오를 거쳐 찾아온 인류의 꿈을 실현하는 길이 될 것이다.

II 미래 콘텐츠 발전의 키워드

현재 우리나라는 콘텐츠산업의 범위를 출판, 만화, 음악, 영화, 애니메이션, 게임, 광고, 방송, 캐릭터, 지식정보, 콘텐츠솔루션 등으로 구분하고 있다. 그러나 앞으로는 콘텐츠의 종류가 더욱 다양해지고, 콘텐츠산업의 범위가 더욱 확장될 것이다. 앞으로 한국 역시 창조산업의 관점에서 건축, 미술품·골동품, 공예, 디자인, 패션, 사진, 소프트웨어, 공연예술, 라디오 등으로 그 범위를 더욱 확장할 필요가 있다. 그러나 여기서는 현재 논의되고 있는 주요 세부 장르별로 미래 발전의 키워드를 찾아보기로 한다.

1. 콘텐츠 주요 장르별 특징

❶ 방송영상 콘텐츠

오늘날 디지털 기술은 이미지, 동영상 등 영상 콘텐츠의 단위요소를 고품질로 변화시켰을 뿐만 아니라 디지털 영상 콘텐츠가 시연되는 윈도우, 다시 말해 디지털 영상 플랫폼을 놀라운 수준으로 발전시켰다. 그리고 이런 추세는 앞으로 더욱 강화될 것이다. 디지털 방송은 그 기술적 특징으로 인해 여러 가지 장점을 발휘하고 있는데 콘텐츠 제작, 전송, 수신 등 전 과정을 디지털로 처리, 신호 손상을 최소화하여 화질과 음질 등이 매우 뛰어나다. 오늘날 자료들을 수집, 분류, 정리, 보존, 서비스하고 국민들이 쉽게 콘텐츠에 접근할 수 있게 해주는 아카이빙(archiving) 역시 이러한 콘텐츠의 디지털화에 힘입은 바가 크다.

특히 기술 의존도가 높은 영상 분야에서 디지털 표현기술은 매우 중요하다. 시각적인 이미지가 주요 표현수단인 영상분야 기술에서 가장 중점을 두는 것은 원하는 이미지를 얼마나 생생하고 자유롭게 표현해 내느냐 하는 점이다. 조지 루카스(George Lucas)의 '스타워즈' 시리즈나 피터 잭슨(Peter Jackson)의 '반지의 제왕' 시리즈 같은 영화의 경우에도 작품제작의 시기와 스케일을 좌우하는 것은 기술력 확보였다. 스타워즈 시리즈가 완결되는 데 30년이 걸렸다면, 앞으로 10년, 20년 후의 다양한 영상기술은 '아바타'나 각종 3D 애니메이션 기술의 완성도를 높이는 방향으로 발전할 것이다. 영상기술에 대한 의존은 결과적으로 자유로운 스토리텔링을 제약하는 요인으로 작용할 것이기 때문에, 영상기술과 스토리텔링의 발전은 매우 변증법적으로 이루어질 가능성이 높다.

그러나 앞으로 3D 영상을 넘어서서, 인간이 볼 수 있는 시야의 한계를 최대화하는 천체형 투명구 형태의 360도 몰입형 상영관, 홀로그래픽 공연 등의 기술 발전을 통해

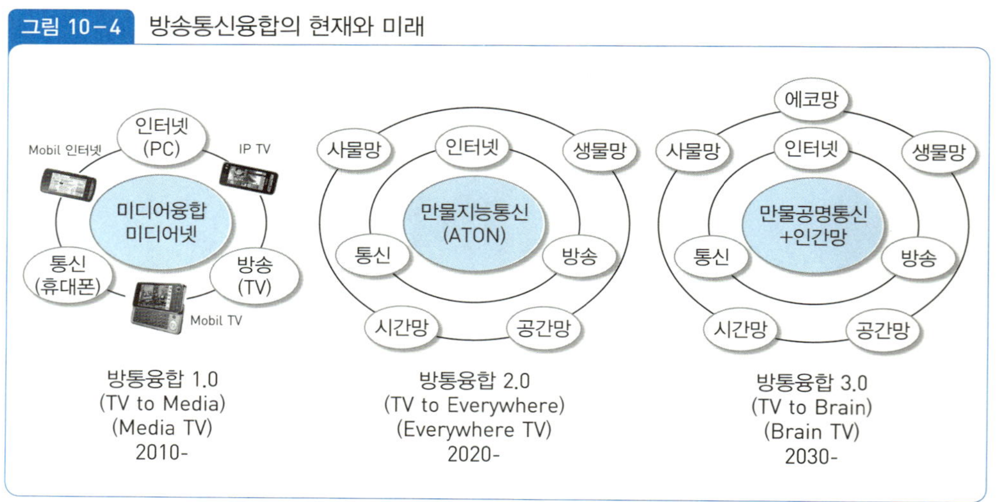

그림 10-4   방송통신융합의 현재와 미래

※ 출처: KOTA(2010), '세상을 이어주는 통신연합'

미래의 시청각 콘텐츠는 더욱 생생하고 실감나는 영상을 관객에게 전달할 것이다. 또한 입체 영상기술은 영화나 방송과 같은 특정 장르에 국한되지 않고, 각종 증강현실 서비스와 같이 일상생활 서비스에서도 널리 활용될 것으로 보인다.

한편, 영화, 드라마, TV 프로그램, 다큐멘터리, 애니메이션 등과 같은 시청각 산업 분야에서는 국가간의 공동제작 등 합작이 점차 늘어나면서, 스토리텔링과 콘텐츠의 탈국경화와 지역화가 동시에 진행될 것으로 전망된다. 즉 보편적인 것에 대한 추구는 세계 각국의 민족과 문화의 특이성에 대한 탐구로 이어질 것이며, 이러한 추세 속에서 지속적인 문화접변이 일어나고 인류공통의 문화적 공감대는 더욱 확산될 것이다.

❷ 게임 콘텐츠

게임은 점차 고성능화되는 PC, 콘솔 등의 플랫폼과 함께 두드러진 발전을 해오고 있는 분야이다. 특히 스마트폰이라는 새로운 모바일 플랫폼의 등장으로 게임 콘텐츠는 새로운 단계로 진화하고 있다. 게임 콘텐츠 개발에는 디자인, 프로그래밍, 그래픽 등 많은 세부 분야가 있지만, 게임 개발의 가장 기초가 되는 것은 게임 디자인 분야로 건축에 비유하자면 건물의 설계도를 작성하는 작업과 유사하다. 건축의 발전으로 많은 공법과 재료가 생겨난 것처럼, 게임 디자인에서도 많은 이론과 기법이 등장하고 있으며 앞으로도 지속적으로 발전할 것이다. 최근 1~2년간 시장에 출시된 대표적인 인기 게임 콘텐츠의 종류를 살펴보면 FPS(First-Person Shooter), 온라인 RPG, 전략 시뮬레이션, 스포츠 게임 등이 대표적이나, 플랫폼의 종류가 증가하고 게임 유저들의 연령이나 범위가 확대되고 있는 만큼, 게임의 소재나 스토리도 앞으로는 더욱 다양해질 것이다. 이미 시중에는 특정 취향을 가진 유저들을 위한 게임이나 가족들이 집안에서 함께 즐길 수 있는 게임 등이 출시되고 있으나, 앞으로는 더욱 세분화된 타겟층에게 소구하는 게임들이 등장할 것이다. 또 게임 형식의 E-러닝 콘텐츠나 기능성 게임과 같이, 단순히 즐기는 게임을 넘어 게임을 통해 교육적 효과를 얻거나 사회적응 등을 돕는 게임화(gamification)된 콘텐츠들도 늘어날 전망이다.

다른 콘텐츠와 마찬가지로 게임 역시 다른 분야와 연계되는 현상이 두드러질 것이다. 예를 들어, 최근 FPS 게임은 기기성능을 바탕으로 이전보다 더욱 현실적인 그래픽과 화려한 시각효과 등을 통해 영화와 유사한 연출기법을 보이고 있으며, 보다 향상된

AI(Artificial Intelligence) 프로그래밍을 통해 게임의 내적이고 서사적인 부분에서도 많은 발전을 하고 있다. 특히 게임 연출의 경우, 현재 게임에 영화가 접목되면서 게임 기획 분야에 큰 반향을 불러 일으켰다. 그 대표적인 예로는 〈콜 오브 듀티〉 시리즈를 들 수 있는데, 이전의 게임들에 비해 마치 영화처럼 연출된 이 게임은 로딩 화면인 컷-씬에서도 스토리를 제공함으로써 중간 중간 게임 내 챕터간의 연결성을 확보했다. 반대로 게임에서 아이디어를 얻은 영화 제작 역시 가능하다. 게임에서는 디자인도 매우 중요한 요소이지만, 디자인이나 영상의 미적인 측면을 넘어서 게임 전체에 걸친 스토리나 세계관이 앞으로는 더욱 중요해 질 것이다.

❸ 음악 콘텐츠

음악은 영화, 드라마와 함께 콘텐츠의 국제 교류에 있어서 핵심 분야라 해도 과언이 아니다. 특히 최근에 음악은 유튜브와 페이스북, 트위터 등 SNS를 통해 전 세계에 전파되고 있는데, 유튜브의 경우 음악을 비롯한 콘텐츠 유통에 있어 혁명적인 역할을 하고 있다. 유튜브는 한 국가의 대중음악을 전 세계에 퍼뜨리며 문화적 공감대를 형성하는 한편, 비즈니스 측면에서도 성과를 거두고 있다. 국내 대형 기획사들도 유튜브 채널을 통해 뮤직비디오, 인터뷰, 메이킹 필름, 트레일러, 미공개 동영상 등을 올리며 글로벌 비즈니스를 펼치는 등 SNS를 통한 음악 마케팅 활동이 증가하고 있다. 이처럼 수용자 확보가 용이하면서 전달 범위가 광범위한 SNS를 통한 음악 콘텐츠의 유통은 미래에도 더욱 늘어날 전망이고, 음원의 디지털화에 따라 개인이나 일반인들의 음악 활동이나 참여 역시 더욱 일반화될 전망이다.

최근 음악시장의 비즈니스는 오프라인 음반 판매시장에서 디지털 음원(음반)시장으로 전환되고 있다. 국제음반산업협회(IFPI)가 요약한 세계 음악시장 미래 특징 중 첫 번째가 바로 디지털 음악시장의 성장이다. 이어 플랫폼과 콘텐츠 서비스의 결합을 디지털 음악 분야의 핵심 성장 동인으로 꼽았는데, 애플이 iCloud와 iTunes Match 서비스를 론칭하여 모바일 환경에서 고유한 음악 라이브러리를 구성하고, 음원뿐만 아니라 뮤직비디오 등도 이용할 수 있는 서비스를 제공하고 있는 것이 대표적인 사례이다. 게다가 이러한 서비스는 iTunes Store를 통해 전 세계 50여 개 이상의 국가에서 이용이 가능하기 때문에 음악 콘텐츠 글로벌화 시대에 적응한 서비스 형태라 볼 수 있겠다. 이

그림 10-5 싸이의 〈강남스타일〉과 칼리 레이 젭슨 〈콜 미 메이비〉의 유튜브 일일 평균 조회수

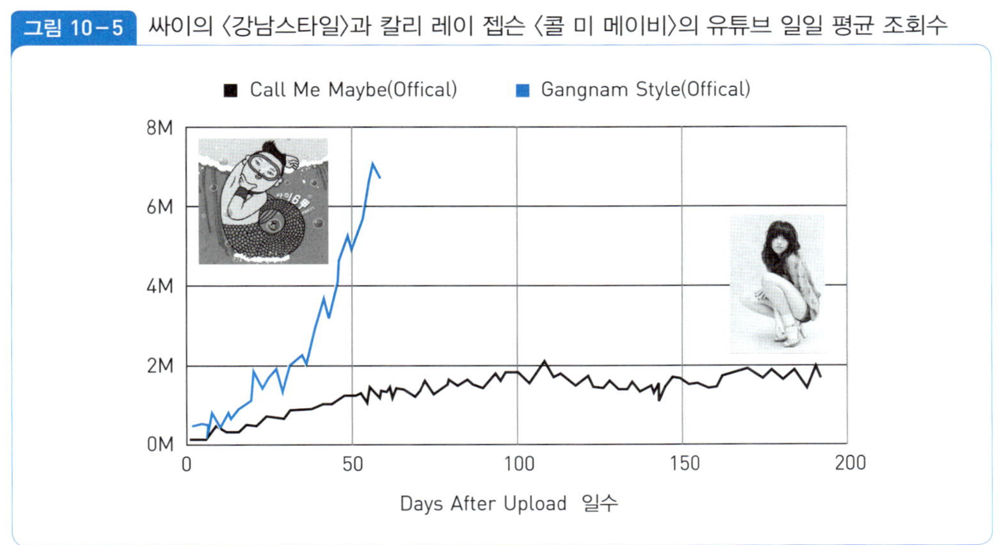

※ 출처: 시민일보, 2012.09.26. 일자 "강남스타일, 올 최고 히트곡 '콜 미 메이비'도 넘었다

러한 글로벌 유통체계의 확산은 음악 분야에 있어서 탈국경화, 탈지역화, 탈언어화를 통해 문화의 다양화와 융합 현상을 더욱 촉진시킬 것으로 보인다.

❹ 스마트 콘텐츠

디지털 기술의 발달로 새롭게 등장한 스마트 콘텐츠는 기존의 전통적인 콘텐츠와 결합되면서 앞으로의 발전이 가장 기대되는 영역이다. 소비자의 측면에서 보면 어떤 형태든 스마트기기(스마트폰, 태블릿PC, 스마트TV)를 통해 보고 듣고 사용할 수 있는 콘텐츠는 모두 스마트 콘텐츠라고 할 수 있지만, 이러한 정의는 너무 광범위하기 때문에 '스마트기기만을 위해 제작된 콘텐츠'로 한정하는 것이 적절할 것이다. 즉, 스마트기기의 애플리케이션을 통해 제공되는 콘텐츠로 이해하는 것이 바람직할 것이다.

애플이 콘텐츠 생태계를 구축한 것처럼, 최근에는 통신사가 보유하던 모바일 콘텐츠에 대한 유통 장악력이 스마트기기의 OS 개발사 또는 스마트 콘텐츠 유통 플랫폼 사업자에게 옮겨지고 있는 상황이다. 콘텐츠 선택은 최종적으로 소비자의 선택으로 이루어지며, 스마트기기는 다양한 기능을 탑재하고 상시적인 네트워크 접속 기능을 갖추어 소비자들의 자발적인 이용패턴을 강화시키고 있다. 확대된 스마트기기의 기능들은 기

그림 10-6 스마트폰을 통한 멀티태스킹과 스마트 콘텐츠 이용 빈도

※ 출처: thinkwithgoogle.co.uk/mobileplanet(2012)   ※ 출처: Scoop.it!(2012)

존과는 다른 종류의 콘텐츠들의 제작과 소비를 촉진시키고 있는 것이다. 예를 들어, 스마트기기의 위치기반 서비스와 지도서비스(LBS), 지역 정보가 결합되어 지역을 타겟팅한 콘텐츠의 배포와 광고 등이 가능하게 되었다.

최근 개발되어 유통되고 있는 다양한 애플리케이션에서 보듯이, 스마트 콘텐츠의 범위와 종류는 무궁무진하다. 앞으로 이런 유형의 스마트 콘텐츠는 하나의 새로운 시장을 형성할 것으로 전망된다. 스마트 콘텐츠 시장은 여타의 콘텐츠 시장에 비해 진입이 수월하고 투자자금이 비교적 적은 편이기 때문에, 기존 콘텐츠 생산업체들은 물론 새롭게 콘텐츠를 만드는 개발자들도 자유롭게 참여할 수 있는 환경이 조성되고 있다. 또, 스마트기기의 다양한 기능과 특성에 따라 기존의 유무선 인터넷에서와는 다른 형태의 새로운 콘텐츠도 창출될 수 있는 환경이 조성되고 있으며, 이 분야의 발전과 진화는 예측이 힘든 만큼 또한 매우 기대되는 분야이기도 하다.

2. 미래 콘텐츠의 주요 트렌드

❶ 문화기술(CT) 기반 콘텐츠

앞에서 언급하였듯이 콘텐츠산업은 창조성에 기반한 산업이다. 콘텐츠산업의 핵심은 시나리오를 만들어내는 '창의력'과 '상상력'에 있다. 여기서 문화기술은 창의력과 상

 CT기술이 적용된 '만화방'과 홀로그램 이미지

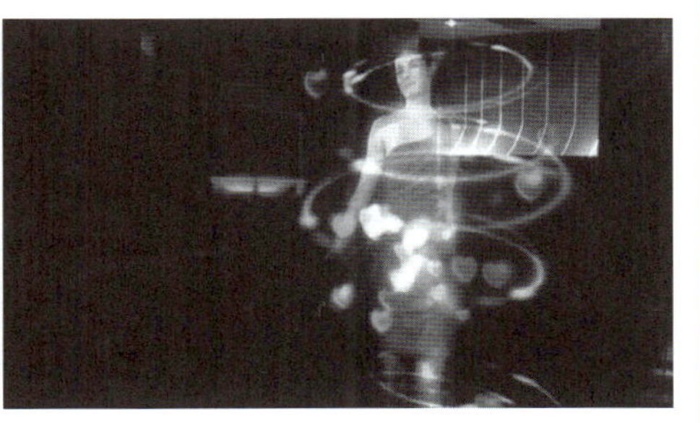

※ 출처: 중앙일보 2009. 9. 4일자

상력을 기반으로 디지털 콘텐츠화하는 과정에 투입되는 기술적 요소들이며, 특히 이용자의 체험과 감동을 극대화하는 방향으로 발전되고 있다. 문화기술(CT)은 문화콘텐츠 창작기술, 예술표현기술, 생활문화기술, 문화원형기술, 디지털디자인, 미디어공학, 디지털문화이론 등을 포함한다. 또 문화기술 관련 산업으로는 소프트웨어, 인터넷, 무선통신, 컴퓨터, 콘텐츠, 생활문화(패션, 완구, 공예, 스포츠), 예술산업(시각예술, 공간예술, 공연예술), 문화유산 및 관광산업, 의료·복지산업 등 매우 다양한 분야가 있다. 이처럼 문화기술은 이학, 공학기술뿐만 아니라 인문학, 디자인, 예술 분야의 지식과 노하우를 포함하는 복합적 기술의 통칭으로서 현대 사회의 라이프스타일을 변화, 진보시키는 기술로 각광받고 있다. 문화기술이라는 용어는 지난 2001년 우리 정부에서 '국가 핵심기술 6T –우주항공기술(ST, Space Technology), 나노기술(NT, Nano Technology), 환경기술(ET, Environment Technology), 생명공학기술(BT, Bio Technology), 정보기술(IT, Information Technology), 문화기술(CT, Culture Technology)–'을 발표하면서 처음으로 만들어진 용어이다. 그러나 인터넷, 모바일 활성화와 더불어 정보기술 발전으로 디지털 콘텐츠 수요가 급증함에 따라 문화기술은 앞으로 성장 가능성이 매우 큰 고부가가치 분야로 주목받고 있다.

 최근에는 콘텐츠 제작 외에도 DRM(Digital Rights Management, 디지털 저작권 보호기술), 디지털 콘텐츠 유통을 위한 압축, 전송기술, 콘텐츠 구매와 관련한 과금기술 등 매우 다양한 분야에 걸쳐 문화기술이 응용되고 있다. 최근에는 오감을 기술적으로 재현하기 위한 '감성 및 재현기술' 그리고 보다 효율적인 콘텐츠 기획과 시나리오 구성을

표 10-1 정부의 CT R&D 6대 핵심분야

중분류	소분류
게임분야CT	대규모 가상세계 기반 온라인게임(메타버스), 국민 복지 증진을 위한 기능성게임(장애인, 노인용 장애 완화/예방 게임), 몰입형 시네마틱 리얼리티게임(Ultra HD급 실시간 게임)
영상·뉴미디어분야CT	차세대 영상/애니메이션 CG(8K급 초고해상도 영상서비스), 몰입형 콘텐츠 및 디지털시네마(오감체험형 디지털시네마), 사용자 중심의 대화형 뉴미디어(대화형 Full 3D 방송)
가상현실분야CT	체험형 모바일 혼합현실(모바일 혼합현실 기반체험 투어), 다중실감 공간구현(가상현실 Theme Park), 산업 적용형 가상현실(가상 융합형산업 콘텐츠)
창작공연전시분야CT	지능형 스토리텔링(Story Mastering S/W), 살아있는 박물관, 전시관(실감몰입형 인터랙티브 전시), 디지로그 공연/무대
융·복합분야CT	체감형 스포츠 콘텐츠, 감성문화 콘텐츠(감성 웨어, Affective ware), 실감형 에듀콘텐츠(u-러닝 및 학습 서비스)
공공문화서비스분야CT	디지털 콘텐츠 배급관리 및 저작권 보호(디지털 콘텐츠 유통), 소외계층을 위한 문화나눔 공간(문화나눔 공간), 지능형 문화유산 관리시스템(체험형 문화유산)

지원하는 '기획 및 시나리오 창작기술' 등도 문화기술의 영역에 포함되어 앞으로의 발전이 기대된다. 또한 우리의 전통문화유산의 디지털 복원과 관련한 '문화유산기술', 장애인 및 문화 소외계층에게 문화콘텐츠 향유 기회를 제공하기 위한 '문화복지 관련 기술' 등도 새로운 영역으로 등장하고 있다. 뒤에 논의할 가상현실, 가상세계, CG, 양방향 융합콘텐츠, 3D 콘텐츠 역시 광의의 문화기술이 적용된 응용분야라 할 수 있다.

❷ 가상현실 콘텐츠

인간에게 기술의 진화 과정은 감각의 확장 과정과도 같다. 사용자가 가상의 물건들과 상호작용이 가능한 장치(Videoplace)를 최초로 만든 크루거(Myron Krueger)는 가상현실(Virtual Reality)에 대하여, 컴퓨터가 만든 가상의 세계를 사용자에게 다양한 감각채널을 통하여 표현함으로써 사용자가 가상세계에 몰입하게 되는 현상이라고 정의했다. 가상현실은 컴퓨터를 이용해 실제 환경과 유사한 가상적인 환경을 만들고 그 환경 내에서 3차원의 상호작용을 가능하게 하는 것으로 이해할 수 있다. 즉, 가상현실은 실제로는 존재하지 않는 환경과 상황을 컴퓨터를 이용해 만들어 내는 것이다. 그리고 이를 통해 인간의 오감에 착오를 불러일으켜서 마치 실제 상황과 같이 느끼게 하는 것이다. 가상현실 기술에 의해 인간의 감각기관은 인공적으로 창조된 상황에 몰입하면서

스스로 그곳에 있는 것 같은 착각을 하게 된다. 이와 같은 가상현실이 증강되면 가상세계(Virtual World)가 된다. 가상세계는 컴퓨터 안에서 3차원 동영상을 통해 생활하면서 마치 현실세계와 같은 느낌을 가지게 하는 것으로, 인간과 컴퓨터간 상호작용을 핵심으로 하는 가상현실이 증강된 가상의 공간을 의미한다. 따라서 가상세계와 가상현실 콘텐츠간의 구분은 명확하지 않다.

가상현실은 콘텐츠산업 내 다양한 분야에 적용되고 있는데, 최근 조사(한국콘텐츠진흥원, 2010a)에 따르면, 가상현실 기술이 가장 많이 적용되는 분야는 게임(19.7%)이고 그 다음으로 방송/영상(16.9%), E-러닝/U-러닝(12.7%), 애니메이션/캐릭터(9.9%) 등의 순으로 나타났다. 최근에는 엔터테인먼트 분야뿐만 아니라 과학/의료(가상 해부학 실습, 모의수술, 재활, 심리치료 등), 군사(모의 훈련, 작전 시뮬레이션, 항공 시뮬레이션, 항해 시뮬레이션 등), 건설(설계, 가상 모델하우스, 디자인, 인테리어 등), e-book, 관광/여행, 위치기반 정보, E-commerce, 혹은 T-commerce와 같은 교육 및 생활정보 관련 콘텐츠 분야에도 이용되고 있다. 미래사회에서 가상현실과 가상세계의 적용과 활용 범위는 더욱 확대될 것이 분명하다. 그 이유는 미디어 기술이란 궁극적으로 인간의 체험을 인공적으로 재생하는 것에 있으며, 이를 구현하기 위한 가상적인 환경의 조성은 기술 발전의 핵심적인 촉진 요인이기 때문이다. 따라서 모든 시청각 영상, 음향, 촉감 등 오감을 구현하기 위한 기술개발은 가상현실 기술과 밀접한 연관성을 맺으면서 발전하게 될 것이다.

❸ 증강현실 콘텐츠

증강현실(Augmented Reality)은 흔히 가상현실과 비교된다. 가상현실과 증강현실은 '3D 입체영상', '상호작용성(interactivity)', 그리고 이용자에 연관된 '데이터 추적'이라는 세 가지의 공통 속성을 가지고 있다. 두 개념간의 차이라 한다면, 증강현실은 이 세 가지 요소를 현실세계에 적용 또는 접목시킨다는 점에서 가상현실과 구분된다. 증강현실은 가상현실과 달리 현실세계에 가상으로 생성된 정보를 중첩시켜 보여주는 것이며, 가상환경을 차용하지만 보다 현실에 가까운 혼합현실이라 할 수 있다. 즉, 증강현실은 3D 가상 이미지와 현실 세계의 결합이다. 여기에서 현실에 중첩되는 가상정보는 현실세계를 보완하는 내용으로 구성된다. 현실세계에서 표면으로 드러나지 않는 정보를 시각화함으로써 이용자의 인지적 확장을 도와주는 역할을 하는 것이다.

증강현실을 구현하는 데 있어 가장 핵심적인 기술은, 이용자가 증강현실 콘텐츠를 이용하는 과정에서 실시간으로 정보에 접근하여 직관적으로 상호작용할 수 있는 환경을 제공하는 것이다. 증강현실의 주요 기술로는 추적기술, 상호작용 기술, 디스플레이 기술, 3차원 모델링 기술이 있다. 가상 이미지와 정보가 중첩될 현실 세계의 사물들에 대한 정보를 파악하기 위해 사용되는 추적기술의 경우, 초기 단계의 센서 기반 추적에서 점차적으로 현실에 이미 존재하는 사물의 특성을 이용하여 더욱 빠르고 정확하게 현실과 가상의 정보를 결합하는 방식으로 진화해가고 있다.

무엇보다 증강현실 콘텐츠를 이용하는 데 있어 중요한 특징 중 하나는 이용자가 가상의 정보와 직관적으로 상호작용할 수 있다는 점이다. 즉, 마우스나 키보드처럼 임의적인 조작 방식에서 점차 현실의 물리적인 움직임처럼 자연스럽게 조작할 수 있는 방식으로 진화하고 있는 것이다. 이용자의 동작을 인식하는 제스처 상호작용과 물리적 법칙을 적용한 텐저블(tangible) 상호작용이 대표적인 예이다. 또한 이용자가 가상의 증강현실 이미지를 직접적으로 조작할 수 있는 상호작용 방식도 점차 개발되고 있다. 증강현실 콘텐츠의 디스플레이 방식의 경우, 아직까지는 머리에 무거운 디스플레이 장치를 장착하거나 모바일 디스플레이 기기를 원하는 방향으로 들고 사용해야 하는 제약이 따른다. 그러나 디스플레이 장치들은 휴대성이 용이한 가벼운 안경 형태 등으로 점차 단점을 보완하고 장점을 결합하는 형태로 발전하고 있다. 또 현재의 증강현실 디스플레이 장치와는 현저히 다른 홀로그램 등의 증강현실 디스플레이도 곧 개발될 것으로 예측되고 있다.

❹ E-러닝 또는 U-러닝 콘텐츠

매체 기술 발전으로 활기를 띠는 시장 가운데 하나가 교육 관련 부문이다. E-러닝(U-러닝)은 기존 서적형 교과내용을 디지털화하여 유무선 정보통신망을 이용해 언제, 어디서나, 누구나 맞춤형 실감체험 교육콘텐츠를 몰입감 높은 형태로 제공하는 서비스를 의미한다. 특히 미디어 환경의 변화를 교육 콘텐츠에 적극적으로 활용하고 있는 E-러닝과 단말기와는 상관없이 상시 접근 가능한 U-러닝(Ubiquitous Learning)은 언제 어디서나 원하는 지식과 정보에 접근이 가능하기 때문에 사회 전반의 교양이나 지식수준의 향상은 물론 개개인의 요구에 맞는 교육 서비스를 제공하는 맞춤형 교육에 널리 활용될 것이다. 평생에 걸쳐 직업적, 사회적 재교육이 중요해지고 있는 현대사회에서 생애주기나 수용자 특성에 맞는 교육을 제공할 뿐만 아니라, 글로벌화 및 다문화 사회에 대비한 시민문화 교육에도 긍정적으로 활용될 수 있을 것이다. E-러닝 및 U-러닝의 융합형 콘텐츠 유형 중 가장 많은 비중을 차지하는 분야는 전자책(e-book)인데, 스포츠나 음악과 같은 취미 관련 분야, 위치기반 정보나 패션/생활/법률과 같은 생활정보 분야, 관광/여행, 광고, 건설, 군사, 의료/건강에 이르기까지 다방면에 걸쳐 E-러닝과 U-러닝을 활용한 콘텐츠가 제작되고 있고, 이들을 활용한 교육은 더욱 늘어날 것이다.

특정 장소와 기간 동안에만 이루어지던 교육환경이 클라우드 컴퓨팅 환경을 통해 점차 학습자 중심의 서비스로 발전하고 있기 때문에, 기존의 E-러닝은 유비쿼터스 환경에 적용된 U-러닝 시장으로도 변화하고 있다. 즉, IT기술의 발전으로 인해 클라우드 컴퓨팅 기술, 네트워크 인프라, 3D 기술, VR 기술 등 미래 콘텐츠 기술들이 집약된 새로운 디지털 이용환경이 구축되고 있다. 이에 따라 새로운 기술의 응용과 잠재가능성에 대해 사회적 기대가 증대되는 상황에서 학습자 중심의 맞춤형 교육과 결합하려는 노력은 꾸준히 지속되고 있다. 또 앞으로 미래에는 모바일 학습 프로그램을 통한 모바일 러닝에 대한 수요도 역시 증가할 것이다. 모바일 러닝은 Wi-Fi나 3G망이 연결 가능한 어느 곳에서도 모바일기기를 통해 학습이 가능하며, 기존의 E-러닝에 비해 학습비용이 매우 저렴하기 때문에 앞으로 성장가능성이 크다고 할 수 있다.

❺ 양방향 콘텐츠

양방향 인터렉티브 기술을 활용한 융합 콘텐츠로서 양방향 콘텐츠는 주로 IPTV와 홀로그램콘텐츠, 인터렉티브 3D 방송 등을 포함하고 있다. 양방향 콘텐츠의 경우, 방송영상 분야의 적용이 가장 많은 비중을 차지한다. 현재의 "융합형 콘텐츠산업분류" 체계에 따르면, 양방향 콘텐츠는 엔터테인먼트(게임, 방송영상, 만화, 캐릭터, 음악 등), 서비스(지식정보, 생활서비스-커뮤니케이션 등), 솔루션(콘텐츠 소프트웨어 및 애플리케이션) 분야를 포함한다.

최근의 추세로 볼 때, PC, 휴대폰, TV 등 다양한 단말기 이용자들이 네트워크 접속을 통해 자신이 필요로 하는 만큼의 프로세서, 스토리지, S/W를 유틸리티 서비스 형태로 제공받는 이른바 클라우드 컴퓨팅을 통해 양방향 콘텐츠가 응용 확산될 가능성이 높아지고 있다. OTT(Over-the-Top) 서비스 시장, 클라우드 게이밍, e-book의 클라우드 컴퓨팅, 클라우드 음악서비스 등이 대표적인 예이다. 또 트위터, 페이스북, 유튜브 등 SNS의 폭발적인 성장으로 온라인 광고와 결합된 서비스를 제공하거나, SNS를 통한 온라인 음악 이용과 양방향 TV 방송 등 세계인들을 통합하는 새로운 소통방식의 양방향 콘텐츠 서비스도 증가하고 있다. SNS는 단순한 커뮤니케이션 차원을 넘어 앞으로는 정치, 사회, 문화 등 모든 분야에서 커다란 변화를 가져올 것이다.

앞으로 3 Screen, 즉 TV, PC, 휴대전화를 둘러싼 주도권 경쟁도 더욱 치열해질 것이다. 네트워크 통합에 따른 콘텐츠의 자유로운 유통과 함께 3-스크린을 통해 끊임없이 이용할 수 있는 환경이 이미 시작되고 있기 때문이다. 이를 위해 애플, 삼성과 같은 전자기기 제조사들은 제품과 연계하여 특정 콘텐츠를 이용할 수 있는 환경을 조성하여 신규 수익의 창출을 적극 모색하고 있다. IPTV에서도 역시 양방향 콘텐츠 이용은 확산될 전망이다. IPTV는 IP 네트워크상의 서버들이 제공하는 다양한 영상콘텐츠를 시청할

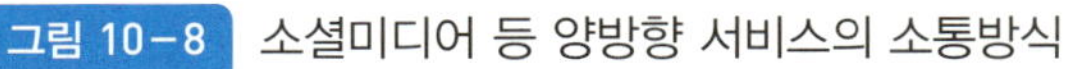

그림 10-8　소셜미디어 등 양방향 서비스의 소통방식

※ 출처: Grey2GreyMinds(2012), 'An Era of Symbiotic Relationship: Social Media & Entertainment Broadcasting'

수 있는 서비스를 말하는데, 케이블 TV 등으로부터 제공되는 셋톱박스를 설치하거나 DVR 또는 네트워크 접속이 가능한 TV를 통해 서비스를 이용할 수 있다. IPTV에서 양 방향 콘텐츠 분야는 성장가능성이 높은 분야이며, 과거 PC나 모바일 기기에 국한되어 있던 양방향 콘텐츠 서비스와는 구별되는 새로운 채널로 떠오르면서 앞으로 사업영역 이 지속적으로 확대될 것으로 예상되고 있다(한국콘텐츠진흥원, 2010b).

Ⅲ 미래 콘텐츠 발전의 의미

1. 산업경제적 측면

창조시대에는 창의적인 인재가 시스템을 혁신하고 산업 전반에 창조성을 높이는 혁 신가(innovator) 역할을 수행한다. 과거 기술과 산업간 융합 형태는 이제 인문·예술과 같은 문화와 산업간 융합으로 변모하는 등 사회 각 분야간의 창조적 융합이 확산되고 있다. 즉, 인간의 인지, 지능, 감성 등을 서비스와 기술에 접목한 '문화기술(CT)', '디지 털 아트', '빅데이터' 등과 같은 다양한 융합산업의 등장이 미래 콘텐츠산업의 트렌드를 예측하는 데 좋은 사례가 될 것이다.

콘텐츠가 지니고 있는 산업경제적인 가치와 잠재력은 앞에서 설명한 대로 우리의 관 심을 끌기에 충분하다. 미래 콘텐츠가 가지는 경제적인 영향력은 미래사회에서는 더욱 확대되고 강화될 것이며, 이러한 콘텐츠의 발전이 가져오는 산업경제적 의미를 정리해 볼 필요가 있다.

우선 콘텐츠산업은 제조업과 서비스업이 결합된 미래형 융합산업의 특징을 지니며, 인간의 창의성과 문화를 기반으로 한다는 점에서 다른 산업과 구별된다. 과거 산업사 회의 투입요소였던 노동과 자본만으로는 불가능한(적어도 경제적 의미에서) 한계 비용이 제로인 창조성과 상상력을 토대로 하는 산업이다. 창조성과 상상력이 기획-창작-제 작 과정에 투입되어 막대한 경제적 부가가치의 창출이 가능한 분야인 것이다. 이미 21

세기 세계경제는 제조업에서 서비스업 중심으로 구조적인 진화가 진행되고 있으며, 앞으로 창조경제 패러다임에서는 창의성·지식·감성 등이 경제와 사회발전의 필수적인 요소로 주목받게 될 것이다. 특히 창의성은 과학, 문화, 경제, 기술 등 다양한 분야에서 국가의 근간이라 할 수 있는 4가지 자본(사회, 인력, 문화, 제도)과의 상호작용을 통해 경제적 부가가치를 높이고, 국민의 삶의 질을 향상시키는 핵심 동력이 될 것이다.

또한 콘텐츠산업은 예술, 미디어, 콘텐츠, 관광, 전통자원, 소비재 등과 유기적으로 결합하여 무한한 확장이 가능하기 때문에, 전후방 산업연관 효과가 높은 산업이다. 다시 말해, 원천 문화콘텐츠는 OSMU(One Source Multi Use) 비즈니스를 통해 다각적으로 활용되며 산업 내뿐만 아니라 산업간에 동반성장효과를 가져올 수 있다.

콘텐츠산업은 기기-플랫폼-서비스의 산업생태계가 선순환적으로 작동하기 위해 빼놓을 수 없는 요소이기도 하다. 예컨대 애플의 아이튠스 생태계 구축 사례에서 보듯이, 미래사회에서는 하드웨어와 소프트웨어, 그리고 콘텐츠가 상호결합되는 비즈니스 모델을 통해 산업적 가치사슬이 순환하는 방식이 일반화될 것이다. 앞으로 기기와 플랫폼, 서비스와 콘텐츠들을 어떻게 결합하고 연계시킬 것인가에 대한 관심은 더욱 증가할 것이고, 비즈니스의 성패는 바로 이 결합방식의 창안에 좌우될 것이다. 그 이유는 일반 이용자들의 이용 동기나 이용 패턴의 변화에 따라 앞으로는 더욱더 편익성과 실용성을 추구하는 경향이 커질 것이며, 이는 산업과 비즈니스 생태계의 진화에도 복잡한 변수로 작용할 것이기 때문이다.

한편으로 콘텐츠산업은 전형적인 고위험, 고수익(High Risk, High Returns) 산업이다. 문화상품은 경험재이기 때문에 그만큼 시장의 수요 예측이 어렵고, 많은 제작비용이 투입되는 반면 이른바 시장에서의 흥행여부에 따라 사업 성패가 결정되는 모험산업이라 할 수 있다. 콘텐츠가 타 분야에 비해 더욱더 철저한 시장분석과 문화적인 이해를 바탕으로 기획되어야 하는 이유도 이 때문이다. 그러나 반대로 콘텐츠는 라이선싱과 머천다이징 비즈니스에 의해 막대한 로열티로 고수익을 창출할 수 있는 분야이기도 하다. 이런 맥락에서도 콘텐츠산업은 매력적인 산업이자 비즈니스 분야이며, 특히 미래의 청년세대가 선호하는 직종이라는 점에서도 무한한 발전 가능성을 예상할 수 있다.

2. 사회문화적 측면

자본주의의 심화로 양적 성장이 한계에 다다르고 균형과 질적 성장에 대한 공감대가 형성되면서, 문화와 창조성이 주도하는 질적 성장이 필요하다고 보는 시각이 확산되고 있다. 또 소득 수준 상승으로 여가와 문화에 대한 수요가 증대하고, 건강하고 행복한 삶에 대한 관심이 증가하여 문화와 여가활동에 적극적인 젊은 세대가 늘어나면서, 문화적 가치(Soft Power)의 중요성에 대한 인식도 확산되고 있다. 하지만 무엇보다 콘텐츠, 즉 창조적 자산이 가지는 가장 큰 잠재력은 경제적 차원의 수익과 고용, 수출 증대를 넘어서서 사회적 포용, 문화적 다양성, 인간개발을 향상시킬 수 있다는 점이다(UNCTAD, 2008).

한국은 입시와 취업에 이르기까지 과도한 경쟁을 치러야 하고, 연애와 결혼, 출산을 포기한 3포 세대라는 말이 나올 정도로 청년층 실업이 증가하고 있고, 임금격차가 큰 사회다. 또 평균수명이 늘어나는 반면 이른 퇴직 등으로 인한 노후 생활보장 문제나 심리적 스트레스가 매우 큰 사회다. 이런 이유에서 노인층 자살률이 세계 1위라는 불명예를 안고 있는 사회이기도 하다. 이런 환경에서 감성과 경험 등 인간 중심의 문화적 활동은 사회구성원이 만족스럽고 활기찬 삶을 영위할 수 있게 해줄 뿐만 아니라, 구성원들이 사회생활에 자연스럽게 적응할 수 있도록 돕는다. 콘텐츠는 동시대 사람들이 공통의 문화를 형성하고, 자신들이 속한 문화를 향유하며 소속감을 느끼게 하고, 다른 한편 자신과는 다른 문화를 이해하고 포용하는 것을 돕는 중요한 매개체이다. 인간의 삶을 질적으로 향상시켜줄 수 있는 콘텐츠는 고도성장을 이룬 우리 사회의 어두운 이면, 즉 이기주의, 맹목적인 경쟁, 상호 불신, 계층 및 지역간 불평등 같은 압축성장의 부작용 치유에도 도움이 될 것이다.

현재 콘텐츠 환경은 매스미디어에서 스마트미디어(폰/TV/패드)로 진화하면서 소셜 커뮤니케이션이라는 새로운 소통방식으로 정치, 경제, 사회, 문화 등 혁신과 변화를 선도하는 매개체 역할을 한다. SNS가 일상화되면서 다양한 미디어를 통해 끊임없이 콘텐츠를 소비, 공유, 생산하는 등 문화적 다양화와 보편화가 동시에 이루어짐으로써 개인 삶의 양식과 가치관 및 사회제도도 지속적인 변화과정에 놓이게 된다. 이러한 과정에서 미디어와 콘텐츠의 활용을 통해 다양한 가치와 이념을 가진 구성원들이나 여러 하위문화를 구성하는 사람들이 더 능동적이고 적극적으로 소통하면서, 사회의 흐름과 변화를 이끌고 공유하는 기회도 증대될 것이다. 따라서 앞으로 다가올 미래에는 콘텐츠 리터러시나 접근성의 문제가 매우 중요한 사회적 이슈로 부각될 가능성이 높다고 할 것이다.

빠른 속도로 복합·다원화되는 사회에서 계층간, 세대간 갈등을 완화하고, 다양한 문화와 가치들을 포용하면서 통합하는 기능을 우리는 콘텐츠를 통해 찾을 수 있다. 전통문화의 다양성과 정체성을 보호하고 발전시킴으로써 고유한 우리 문화를 지속, 발전시키고 세계화에 이바지하는 것은 물론이다. 오늘날의 콘텐츠는 경제, 문화, 오락은 물론 교육과 노동 등 사회의 모든 영역과 관련된다고 해도 과언이 아니다. 인간의 특성과 정서에 뿌리를 둔 휴머니즘에 기반한 콘텐츠는 문화적, 지역적, 인종적 경계를 초월하는 보편성을 가지기 때문에, 다원화된 국제사회에서 문화 다양성을 확보하고 사회적 포용성과 민주주의 등 다양한 집단적 가치를 형성하는데도 기여한다.

콘텐츠산업의 발전과 콘텐츠 향유권의 확대는 치열한 경쟁이 벌어지고 있는 세계 상황 속에서도 국민 개개인의 능력을 키우고 잠재력이 창조적으로 발현될 수 있는 바탕이 될 것이다. 콘텐츠는 문화와 사회, 문화와 경제, 문화와 창조성간의 밀접한 관계를 맺으며, 콘텐츠 리터러시나 문화예술 관련 교육을 통해 문화 생산자와 소비자의 양성 뿐만 아니라 일반 시민들의 창의성, 적응력, 관용성을 기르는 데 중요한 역할을 수행하

표 10-2 콘텐츠의 문화적 가치와 기능

문화가치	기 능
미적 가치	• 미적 감성을 자극하고 작품 보는 안목을 통한 향유능력 향상 • 쉽고 일반적으로 미적 체험을 접할 수 있는 통로 제공
정신적 가치	• 사회 약자의 보호·불평등 해소·인간 존엄 등 사회의식 확산
사회적 가치	• 사회구성원들과의 소통 활성화에 기여 • 타인과 타문화에 대한 이해 증진
역사적 가치	• 과거 역사를 현대에 전달해주는 매개 역할 담당 • 시대별 대중의 정서와 문화를 저장하고 접할 수 있는 자료 생성
상징적 가치	• 한 사회나 국가의 정체성을 상징하는 역할 수행 • 사회/국가 구성원의 자긍심 제고
행복 가치	• 국민의 여가활동을 돕는 역할 • 감동과 교훈으로 국민 정서를 안정시켜 건강과 삶의 질 제고

※출처: 이윤경(2011)

기 때문이다. 특히 디지털 미디어의 확산으로 비교적 단기간에 발생하는 정보격차와는 다르게, 문화격차에 따른 문화적 소비행위의 변화는 장기간에 걸쳐 학습되고 체화된다(서우석·김정은, 2010). 다시 말해, 문화격차는 곧 사회격차로 이어질 수 있기 때문에 콘텐츠산업의 발전과 함께 앞으로 문화복지나 이용자들의 콘텐츠 향유권 확보는 더욱 중요한 문제가 될 것이다.

이상 살펴본 것과 같이 콘텐츠산업이 가지는 가치와 영향력은 단순히 산업경제적 측면에만 국한되는 것이 아니다. 오히려 콘텐츠산업은 인간의 정신과 활동에 영향을 미치는 좀 더 광범위하고 복잡한 환경을 구성하는 요소로 이해해야 하며, 앞으로 미래에는 좀 더 포괄적이고 문화적인 접근과 시각이 필요할 것이다.

3. 글로벌 측면

글로벌 환경 속에서 모든 산업에 걸쳐 국가 간의 경쟁은 매우 치열해지고 있다. 특히 콘텐츠산업의 경우, 우수한 창의력을 기반으로 하여 한국적 특색을 반영한 콘텐츠와 스토리텔링뿐만 아니라, 인류 보편적으로 문화와 언어를 초월한 모든 사람들에게 소구할 수 있는 내용과 스토리가 앞으로도 여전히 관건이 될 것이다. 또 지적재산권 등 창조적 성과물에 대한 보호 및 관리는 더 철저해질 것이다. 최근 삼성과 애플의 법적 분쟁처럼, 지적재산권 관련 소송이나 분쟁은 향후 미래 사회에서 우리가 풀어야 할 가장 어려운 난제의 하나가 될 것이다.

그러나 글로벌화는 내수 시장의 한계를 극복할 수 있는 좋은 기회이기도 하다. 세계 금융위기에 따라 실업률이 증가하고 이에 따라 국가 간 교역의 규모가 감소하면서 세계경제는 장기적인 정체기가 지속될 가능성이 높다. 그러나 문화와 창조산업을 국가 전략산업으로 육성하고 있는 국가들은 서비스산업의 무역수지에서 높은 흑자를 달성하고 있다. 이렇게 본다면 콘텐츠산업의 발전을 통해 세계 경제위기는 물론 내수산업의 침체를 극복하고 해외시장을 확장하면서, 다른 한편 한류와 같은 문화의 글로벌화를 통해 문화교류의 활성화에도 큰 기여를 할 것으로 기대된다.

이를 위해서는 질 좋은 콘텐츠에 기반한 창조산업 육성이 필요하다. 우리나라는 창조산업을 주도해 나갈 콘텐츠산업의 기반이 여전히 부족하며, 특히 글로벌 시장을 선도할 만한 미디어 기업이 부재한 상황이다. 여전히 영세한 중소기업이 대부분을 차지할 만큼(94.3%) 국내 콘텐츠업계의 현실은 열악하다(한국콘텐츠진흥원, 2011b). 한류의 경우 콘텐츠 수출은 양적으로 증가하고 있는 추세이지만, 여전히 수출 장르와 지역은 매우 편중되어 있어 세계와 소통하는 보편성과 다양성을 확보하지 못한 것으로 보인다. 세계가 공감할 수 있는 스토리텔링을 갖춘 콘텐츠의 개발은 우리에게 주어진 과제이다. 앞으로는 지구촌의 다양한 문화와 서로 융합하면서 우리만의 독창적인 새로운 문화를 창조할 수 있는 창조문화의 모태로서 창의적인 인적 자원을 지속적으로 배양하고 육성해 나가야 할 것이다.

결국 콘텐츠의 글로벌화는 우리 국민들의 글로벌화를 의미하기도 한다. 21세기는 인류 역사상 가장 강력한 세계 통합의 세기가 될 것이다. 영토분쟁이나 종교분쟁과 같은 국지적인 갈등을 해결하고, 인류가 보편적인 공동의 가치 위에서 서로 상생하고 공존하는 사회가 되어야 할 것이다. 콘텐츠는 인간의 세계관과 가치가 교류되는 매개체이자 그 자체가 공감의 장이 된다. 2030년경에 도래할 콘텐츠의 미래를 전망하면서, 콘텐츠가 단지 경제적 재화나 문화상품이 아닌, 우리의 미래를 담보하는 인류 최대의 고안물이 될 수 있기를 기대해 본다.

참고문헌

- 김선진 외(2011), 「디지털 엔터테인먼트: 최신 문화콘텐츠의 이해」, MSD미디어
- 김원제 외(2011), 「스마트 미디어 콘텐츠 인사이트」, 이담
- 박영숙·제롬 글렌 외(2011), 「유엔 미래보고서 2025」, 교보문고
- 서우석·김정은(2010), 「문화격차 해소에 대한 평가와 전망」, 문화경제연구 13(2)
- 이각범 외(2009), 「하이트렌드: 디자인과 콘텐츠가 창조하는 기업의 미래」, 21세기북스
- 이윤경(2011), 「콘텐츠산업의 문화적 가치 연구」, 한국문화관광연구원
- 마티아스 호르크스(2008), 「테크놀로지의 종말」, 21세기북스
- 피터 슈워츠(2004), 「미래를 읽는 기술」, 비즈니스북스
- 문화체육관광부(2010), 「디지털융합시대 콘텐츠산업 미래정책 연구」

- 한국콘텐츠진흥원(2010a), 「국내 융합형 콘텐츠산업 실태조사 보고서」
- ＿＿＿＿＿＿＿＿(2010b), 「해외 융합형 콘텐츠산업 실태조사 보고서」
- ＿＿＿＿＿＿＿＿(2010c), 「증강현실 콘텐츠산업 활성화 방안 연구」
- ＿＿＿＿＿＿＿＿(2010d), 「글로벌 문화산업 창의인재 양성을 위한 교육과정 개발 및 시범 운영」
- ＿＿＿＿＿＿＿＿(2011a), 「2010년 4분기 콘텐츠산업 동향분석 보고서」
- ＿＿＿＿＿＿＿＿(2011b), 「2011 콘텐츠산업통계」
- ＿＿＿＿＿＿＿＿(2011c), 「2011 대한민국게임백서」
- ＿＿＿＿＿＿＿＿(2011d), 「애니메이션/캐릭터/음악 산업 백서」
- 콘텐츠미래전략포럼(2012), '창조사회, 문화강국 : 콘텐츠 미래비전과 정책과제'
- UNCTAD(2008), Creative Economy Report

제11장

디자인의 미래

지금까지 그 시대의 디자인을 통찰력 있게 예측한 디자이너들은 그 시대의 디자인 이념을 선도했다. 예로 제2차 세계대전 후 레이몬드 로위(Raymond Loewy, 1893~1986)는 산업시대의 풍요로운 미래사회의 꿈을 '스트림라인(Streamline)'이라는 유선형 조형을 제안하고 그 당시의 세계디자인을 지배하였다. 최근 미국의 애플은 간단명료한 조형과 인터페이스, 그리고 콘텐츠 앱 서비스의 신 디자인개념을 제안하여 비즈니스 혁신의 세계적인 대명사가 되고 있다. 이와 같이 미래의 인간 삶을 통찰하고 디자인의 미래가치와 그 트렌드를 앞서 제안하는 것은 디자인의 주요 기능이다. 최근 들어 디자이너들의 미래예측에 대한 관점은 과거의 단편적인 관찰과 주관적인 판단에서 서서히 광의와 거시적 맥락의 변화흐름에 기반을 둔 트렌드 예측으로 그 방향이 바뀌고 있다.

그림 11-1 레이몬드 로위

※ 레이몬드 로위(1893~1986)는 미국 최초의 디
자인 전문 컨설턴트로 코카콜라 병, 인공위성,
백악관 인테리어 디자인 등으로 유명하다. 2차
세계대전 이후 스트림라인이라는 세계적인 디자
인 트렌드를 창조하면서, 타임지의 표지인물로
선정되었다.
※ 출처: Oct. 31, 1949 TIME

그림 11-2 애플 아이폰

※ 애플은 단순, 명확, 혁신이라는 새로운 디자인
트렌드를 창조하여 21세기 혁신기업의 대명사가
되었다.
※ 출처: iPhone 3G

I　미래 디자인 가치 예측의 구조

1. 디자인 가치변화의 개념

　디자인의 가치는 영속성보다는 변화해 나가는 과정에 놓여 있는 실체이다. 즉, 디자인의 가치변화는 디자인의 가치 내용들(개념, 기능, 조형)이 시간의 흐름 속에서 유의미하게 변화하는 것이다. 이와 같이 미래 디자인 가치 예측의 핵심주제는 변화이다. 예측(Forecast)은 미래 어떤 시점에 대한 추정적 상태로 '만약 ~라면(IF…Then)'의 추론적 과정에 기초하고 과거 지식에 대한 세심한 분석을 포함한다.

　디자인 미래예측의 개념은 첫째 '연속성의 원리'로, 이는 하나의 표출되는 현재의 가치는 지속적으로 미래에도 연속될 것이라는 가정이다.

둘째, 모든 현상에는 발생의 '인과적 연관성과 순서'가 있어 제반 현상 간에 인과관계 및 발생 순서를 관찰하면 미래를 예측할 수 있다는 유추의 원리이다.

좀 더 구체적으로 디자인 가치변화의 과정에는 지속성, 규칙성, 상이성이 함께 존재한다. '지속성'은 연속성의 원리로 디자인의 가치징후는 시간의 흐름에 따라 개인에서 개인으로, 그리고 지역에서 세계로 지속적으로 연속되고 연결되는 것을 의미한다. 예를 들어 미국의 블루진 브랜드/디자인이 좀 더 고 연령층을 타깃으로 하거나 한국이나 타 지역으로 옮겨지면서 가치의 기본은 지속되지만 부분적인 가치가 연령과 지역에 따라 차별화 되는 것을 말한다. '규칙성'은 인과적 연관성의 원리로 디자인 가치가 유사한 환경 속에서는 유사한 디자인이 나타나는, 즉 유사한 외적인 환경가치(원인)와 디자인의 내적 가치 간에는 상호연계성과 규칙성이 있는 것을 의미한다. 예를 들어 전쟁시기에 검은색이 유행이었다면 앞으로도 전시와 유사한 상황에서는 검은색이 유행할 것이라는 예측을 의미한다. '상이성' 또한 광의의 인과적 연관성의 원리로, 이는 디자인의 가치가 시간의 흐름과 디자인의 외적 환경가치의 변화내용에 따라 새롭고 상이한 미래 디자인 가치가 부가되는 것을 의미한다. 예로 새로운 플레서블 디스플레이(Flexible display) 기술이 등장하면 기존 제품에 디스플레이 부분에 해당되는 구조나 조형 등의 디자인이 바뀌게 됨을 의미한다.

2. 디자인 가치변화의 구조

디자인 가치변화의 구조는 이들 변화를 유발시키는 사회문화 환경의 제 외부환경변수들과 함께, 변화하는 디자인의 내부가치변수들로 주로 구성된다. 외부환경변수는 변화의 원인, 내부가치변수는 변화의 내용, 변화의 속도, 변화의 유형과 방향 등으로 구성된다.

❶ 디자인 가치변화의 원인

디자인 가치변화의 원인은 사회적 환경과 같은 광의·거시적 원인과 문화적 환경과 같이 협의·미시적 원인이 존재한다. 사회적 환경은 이데올로기, 사회제도, 기술, 상호작용(갈등), 인성 등으로 구성되고, 문화적 환경은 개념, 규범, 행동, 용구 등으로 구성된다.

❷ 디자인 내부가치(내용)

디자인의 내부가치는 개념적 차원, 조형적 차원, 기술·기능적 차원 등 세 가지가 있다. 개념적 차원은 제품이나 디자인 가치의 변화와 관련된 근원적 내용을 의미하고, 조형적 차원은 개념이나 내용을 표출하는 시각적 현상을 의미하며, 기술·기능적 차원은 가치를 전달해 주는 실제적 부분이다.

또한 디자인 내부가치(내용)는 사회와 같은 광의·거시적 환경, 문화와 같은 협의·미시적 환경과 연관성을 갖고 상호의존하며 지속적으로 변화한다. 디자인 가치의 변화는 그 중에서도 기술과 경제와 같은 광의의 원인에 커다란 영향을 받는다. 또한 디자인은 개념, 기술, 기능, 조형이미지의 순으로 가치들이 바뀐다. 즉 먼저 가치의 개념이 변화

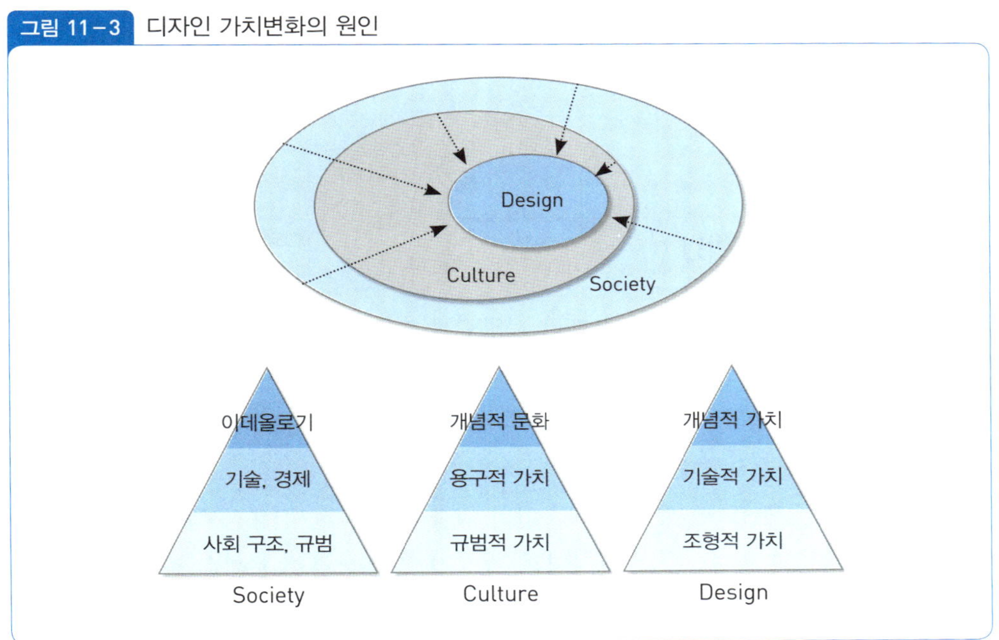

그림 11-3 디자인 가치변화의 원인

※ 디자인 가치는 거시적 사회 환경과 문화에 영향을 받으며 그 내용이 연관하여 변화하게 된다.

함에 따라 새로운 기능과 기술이 출현되고 그 후에 조형이 바뀌게 되는 것이다. 또한 지역문화와 관념적 차이는 기술이나 조형의 변용에 있어서 차별화된 가치로 적용되게 하는 동인이 된다.

❸ 변화의 속도

디자인의 변화는 변화의 속도와 직접적으로 관계가 있다. 즉 디자인을 포함한 모든 가치가 변화한다는 것을 전제로 할 때 디자인 가치의 변화는 당연한 것이고, 주목할 것은 변화가 빠르게 일어날 것이냐 아니면 느리게 일어날 것이냐와 같은 변화의 속도의 문제로 귀결된다. 그리하여 디자이너는 트렌드예측에 있어서 변화의 속도를 예의주시해야 한다.

변화의 속도는 사회·문화적 풍토, 인간의 심리적 요인 등에 따라 차이가 난다. 또한 속도를 증진시키는 요인들로는 변화가치가 상대적으로 우월하거나 적절한 기술적 해결, 유형모델의 존재, 이해하기 쉬운 커뮤니케이션 등을 든다. 속도억제 요인들로는 변화가치가 근본적 가치와 모순되거나 이해하기 어렵다거나 이전의 디자인보다 수준이 낮을 때, 그리고 급격한 변화, 전통적 태도나 도덕적 가치에 저촉될 때 등이다. 흔히 너무 빠르거나 느린 변화의 속도는 인간에게 긴장을 발생시켜 디자인의 변화를 방해한다.

❹ 변화의 유형과 방향

디자인의 변화는 시간의 흐름에 따라 다양한 유형과 방향을 갖는다. 디자인 변화과정의 유형은 기본적으로 순환적 진보의 형태를 취하면서 변화해 나간다. 순환적 유형의 변화는 생성 → 성장 → 성숙 → 쇠퇴의 단계를, 진보적 유형의 변화는 균형 → 갈등 → 발전 → 혁신 → 전파 → 변용의 단계를 거친다.

또한 디자인 가치변화의 방향은 디자인의 기술적·물질적·실용적 측면과 같은 통합적인 진화의 방향과 함께, 종교적·지역적·정신적 측면과 같이 문화의 충돌에 의한 차별적 디자인 가치를 함께 표출시키며, 궁극적으로 통합과 차별의 반복을 통하여 발전한다.

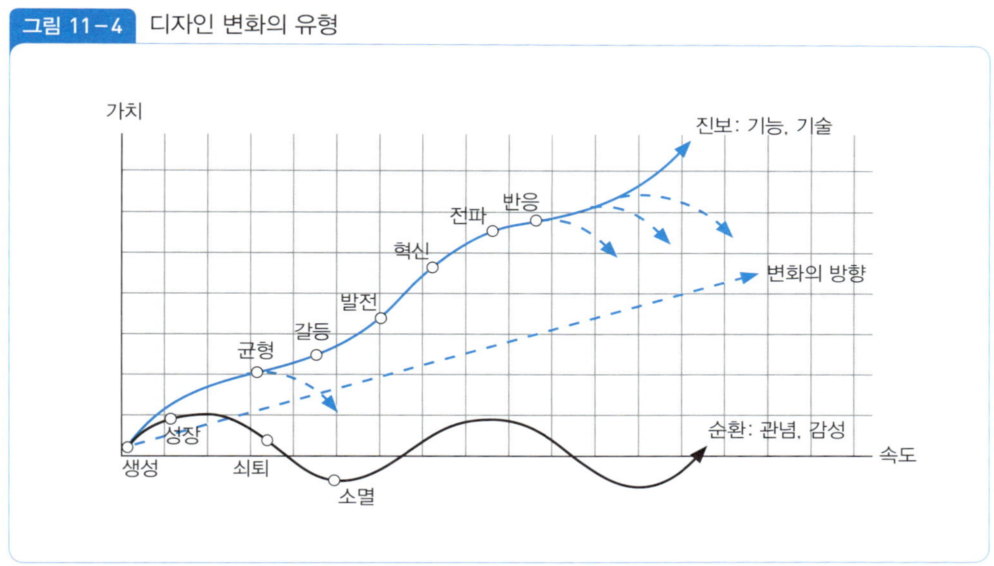

※ 디자인 변화는 기본적으로 순환적 유형과 진보적 유형이 결합된 양상을 띤다.

Ⅱ 미래 디자인의 광의 · 거시적 맥락 읽기

1. 거시사회맥락과 미래 디자인 주제

"진정한 혁신은 맥락 속에 있다"(Bruce Mau, 1959~)고 하듯이 맥락은 우리가 상상하는 미래 디자인에 영향을 미친다. 그리고 미래 디자인은 거시사회맥락에서 미시적인 문화맥락을 거쳐 사물과 조형의 디자인세계로 흐르며 영향을 준다. 다음에 제안되는 미래 디자인의 사회·맥락적 가치들은 거시적인 관점에서 2020~2030년을 전후하여 미래의 디자인에 영향을 줄 수 있는 12개의 주요 가치들을 주제별로 정리한 것이다. 디자이너들은 12개의 주제를 통하여 미래 디자인에 대한 징후를 읽을 수 있을 것이다.

❶ 초고령화사회 Hyper-aging Society: 노년층의 문화 디자인

유엔미래보고서 등 많은 미래예측 자료에 의하면 현재 전 세계 65억 명 인구가 2025년에는 80억 명에 이를 예정으로 사회는 이미 초고령화사회에 접어들고 있다. 초고령화사회는 사회, 경제, 정치적으로도 광범위한 파급력을 지닐 것이다. 미래의 디자인과 연관해서는 무엇보다도 노인층의 영향력이 증가함에 따라, 수명 연장과 관련한 의료, 은퇴 후 레저 생활, 노인을 위한 보안안전, 홈 오피스 산업 등 새로운 산업에 대한 수요가 급증할 것이다. 또한 인구비율상 주류 세력으로 자리 잡아 노년층이 창조하는 새로운 사회적 흐름과 문화 스타일이 등장할 것이다.

• 키워드: 인구증감, 노동 인구 구조, 경제적 생산력, 저출산, 핵가족, 실버 마켓, 건강, 복지

❷ 하이컨셉사회 High concept Society: 감성, 창의성 증진 디자인

미래학자 다니엘 핑크(Daniel H. Pink)는 저서 〈새로운 미래가 온다〉에서 현재를 정보화시대를 거쳐 하이컨셉시대로 변화하는 과정에 있다고 주장한다. 하이컨셉시대에는 단순히 정보를 소유하고 있는 것 이상이 필요하다. 즉, 이 시대는 지식을 전과 다른 새로운 것으로 재조합, 재창조해내는 우뇌형 사고가 지배하는 사회이다. 이 사회에서는 스토리와 아이디어, 감성적인 공감을 이끌어내는 능력이 중요하다. 또한 다가올 하이컨셉시대에는 보다 사용자의 감성을 어루만지고 창의성을 증진시키는 방향으로 문제를 해결하려는 디자인이 필요하다.

• 키워드: 스토리, 하이터치, 예술, 감성, 창의성, 공감, 디지털, 네트워크, 유대감, 호소력

❸ 가치자본 Value Capital: 내면, 의미, 경험 등 비가시적 디자인

20세기까지 문명의 중심은 물리적 실체가 있는 사물이었으나, 미래사회는 비물질적 비가시적인 가치가 중시되는 사회가 될 것이다. 이는 물질적 기능보다는 생활의 '의미'에 따라 대상의 중요성이 평가받는 현상을 말한다. 가치자본은 창의성, 감성, 개인의 경험, 지혜, 문화, 전통 등의 내면적 가치, 그리고 시간과 여유와 같이 보이지 않거나, 물과 공기와 같은 자연재의 가치를 더욱 중시한다. 미래의 디자인은 같은 대상이라도

그것에 담긴 이야기에 따라 그 가치가 크게 달라지기 때문에 외형과 함께 내면적 가치를 디자인에서 더욱 중시할 것이다.

  • 키워드: 정신, 의미, 비물질, 지혜, 경험, 문화, 전통, 무형, 자연재, 정보, 인재, 진정성

❹ 즉각적 개인화 Instant Individualization: 개인배려, 맞춤 디자인

과학과 기술의 급속한 발달로 인해, 기술이 인간의 무한한 욕구를 즉각적으로 해결해줄 수 있는 단계에 이르렀다. 레이 커즈와일(Ray Kurzweil, 1948~)과 같은 미래학자는 컴퓨터의 연산 능력이 인간의 능력을 추월하는 2052년에는 인간과 컴퓨터가 서로 구분이 되지 않는 상태에 이르게 될 것이라 예측한다. 앞으로 컴퓨터가 사용자의 기분, 감정 상태를 섬세히 읽어내고, 축적된 정보자료를 바탕으로 인간행위를 예측할 수 있다면, 컴퓨터와 네트워크 환경이 즉각적인 솔루션을 제공할 수 있을 것이다. 한편, 이러한 변화들은 극단적인 개인화와 인내심의 부족, 극단적 이기심의 출현을 야기할 수 있기에, 미래의 디자인은 진정으로 개인을 배려하고 존중하는 방향에 대한 끊임없는 고민이 중요할 것이다.

  • 키워드: 자동, 맞춤형 서비스, 퍼스널미디어, 만족, 개인의 행복, 소비자주권, 미이즘, 코쿤

❺ 힘의 분산과 다원화 Decentralization of Power: 지역, 네트워크 디자인

앨빈 토플러(Alvin Toffler, 1938~)는 권력의 중심이 폭력과 부에서부터 지식으로 이동할 것이라 말하며, 그 배경으로 네트워크에 의해 분산된 지식과 정보의 보급을 지목했다. 네트워크 기술의 발달은 한편으로 집중되었던 정치와 경제의 힘을 분산시키고, 경제적 불균형이 해소되리라는 긍정적 기대가 가능해지고 있다. 사회적인 측면에서도 주목받지 못했던 개인들이 SNS매체를 통해 자신의 목소리를 내기 시작했다. 이처럼 전 세계적으로 일어나는 힘의 분산화가 미래 디자인에도 영향을 미쳐, 미래에는 지역 등 다양한 디자인 주체와 수용자의 참여에 대하여 다시금 생각하고, 더불어 이러한 동향 속에서 발행하는 대립적 관계자간의 긴장을 완화시키기 위한 노력도 디자인에서 필요하겠다.

  • 키워드: 다양화, 분권화, 양극화, 다극화, 신 주체의 등장, 아시아의 부상, 부족주의

⑥ 녹색사회 Eco-ism : 그린환경, 녹색사회 디자인

여러 미래예측 연구에서 경고해 왔듯이, 기후변화와 환경문제, 자원 고갈 등 환경과의 심각한 갈등이 현실화 되고 있다. 이에, 리우, 교토, 몬트리올 환경 협약을 통해 환경 문제가 지구 공동체적인 이슈로 논의되고, 정치, 경제적 수단으로서 '녹색'에 대한 투자도 점점 확대되고 있다. 일상생활에서도 '그린 생활 혁명' 등의 용어가 등장하면서 도시농업, 수직농업과 같은 현대적 농업의 개념이 부각되거나, 사람들의 윤리적 소비 선호 등 녹색가치를 추구하는 사회로 변화하는 양상을 보이고 있다. 그럼에도 실제로 녹색사회에 도달하기에는 아직 미흡한 수준이고, 따라서 미래에는 녹색가치를 현실화시키는 제품, 서비스, 인테리어, 캠페인 등 다양한 일상을 대상으로 한 디자인의 개입이 필연적으로 확대될 것이다.

- 키워드: 자원, 탄소, 대체에너지, 온난화, 환경 공동체, 환경 운동, 기후변화, 도시농업

⑦ 불안과 혼돈의 가중 Anxiety and Chaos: 재난, 안전 디자인

많은 미래학자들이 21세기의 키워드로 불안과 불확실성을 강조하고 있다. 21세기에도 사라지지 않는 전쟁, 정치적 불안정, 자연 재해, 유행병 등의 위협은 불안감을 가중시키고 있으며, 자본주의의 불평등의 가속화, 사이버 테러 등 완벽하지 않은 세계에 대한 불안과 걱정은 또 다른 불안을 낳는 연쇄작용을 일으킨다. 이런 때에 불안감을 해소시키고 심리적 안정을 제공하는 제품/서비스가 인기를 끌 것이다. 디자인분야에서는 가중된 불안과 혼돈에 대한 근본적인 해결방안을 제시하기 위해 보다 정확한 문제 진단과 함께 인간, 사회, 자연의 종합적 관점에서 제품/서비스를 개발하는 자세가 요구될 것이다.

- 키워드: 불확실성, 안보, 세계 전쟁, 전염병, 범죄, 사회적 질병, 부의 전쟁, 환경오염

⑧ 기체사회 Vaporous society: 유동, 집단 디자인

미래의 기체사회는 액체의 유동성에서 더 나아가 확산적이고 폭발적인 기체적 속성을 가진 사회를 말한다. 이러한 기체사회 속의 개인은 주체적 힘과 자유를 가지고, 타

의에 의한 것이 아닌, 자발적인 필요에 따라 이합집산하며 움직이는 성질을 가진다. 디자인은 이러한 시대에 유동적으로 뭉치고 흩어지는 사람들의 욕구를 반영하여 전 세계적인 이슈를 만들어내는 힘을 갖게 될 것이다. 그러나 이들은 흩어지는 것 또한 용이하기 때문에, 기체사회의 개인들을 잘 이해하고 함께 성장할 수 있는 시스템 마련을 위한 고민이 필요할 것이다.

• 키워드: 액체사회, 유동성, 이합집산, 자발적/개방적 집단화, 군중심리, 문화적 경계의 붕괴

⑨ 10억분의 1초의 시대 Nano-second Era: 힐링 디자인

제레미 리프킨(Jeremy Rifkin, 1945~)은 〈노동의 종말〉에서 오늘날 노동의 도구로 쓰이는 컴퓨터는 10억분의 1초의 속도로 움직이고 있으며, 이에 비유하여 인간은 인간의 감각으로는 완벽히 경험할 수 없는 속도의 시대에 살고 있다고 말한 바 있다. 엄청난 정보가 인간의 사고능력보다 빠르게 처리되고 있는 세상에서 개인은 감각적인 자극에 더욱 민감하고 신속하게 반응할 것이나, 한편으로는 온·오프라인에서의 속도 차이로 인해 인간의 신중함이나 인내심이 부족해지고, 심지어 삶의 부적응, 소외 현상이 발생할 수도 있다. 디자인은 이러한 흐름에 대한 부작용을 완화시킬 수 있는 끊임없는 노력이 역시 필요하다. 변화의 속도를 주체적으로 조절하며 삶의 의미를 찾는 것, 즉 힐링 디자인은 이 시대에 가장 중요한 이슈들 중 하나일 것이다.

• 키워드: 나노 과학, 네트워크, 빠른 정보 공유, 휴식, 시간의 동시화, 슈퍼 컴퓨팅

⑩ 가상시대 Virtual Age: 가상 디자인

보드리야르(Jean Baudrillard, 1929~2007)는 그의 저서 〈시뮬라시옹〉에서 현대사회의 속성으로 시뮬라크르를 언급한 바 있는데, 이는 '복제된 복제'를 말한다. 이는 곧, 현대사회의 가상성이 세상의 진본에 더욱 가까워짐을 의미한다. 실제로, 사람들은 점차 사이버 세계 속 자신의 정체성이 인간관계에서 보다 친밀감을 느끼며, 공간 자체도 물리적 공간보다 사이버 세계를 더 실감나게 인식할지 모른다. 이는 새로운 비즈니스를 개척하는 기회의 영역임에 틀림없으나, 이로 인해 경험의 착각현상이나 사회 부적응이 사회문제로 나타날 수 있다. 미래의 진실과 허상에 대한 경계가 무너지는 사회 속에서

사람들은 아이러니하게도 진정성을 찾는 경우가 많아질 것이며, 그 진정한 경험을 사용자에게 전달하는 것이 디자이너의 중요한 역할이 될 것이다.

• 키워드: 사이버, 다차원적 네트워크, 현실 부적응, 홀로그램, 원격기술, 가상농장, 가상정치

⑪ 다층적 융합화 Multi-Layered Mash-up : 융복합 디자인

다층적 융합화란 평면적인 협업, 융합을 넘어, 이전 상태의 장점을 선별적으로 취합해 장점을 극대화하고 새로운 것을 만들어내는 입체적인 현상으로의 매쉬업(Mash-up)을 의미한다. 유전자 변형 작물이나 인간 로봇의 결합 등 완전히 새로운 것을 창조한다는 것은 언제나 위험과 우려가 존재하고 있어 이에 대한 사회적, 도덕적 찬반여론이 뜨겁다. 융합 환경에서 디자인의 주요 역할 중 하나는 두 영역의 장점을 어떻게 효과적이고 현실적으로 극대화 시킬 것이며, 미적으로 아름답게 제시할 수 있을지, 이것이 바로 디자이너의 몫이며 고민이 될 것이다.

• 키워드: 매쉬업, 다학제, 다중, 복합화, 문화 블랜딩, IT, BT, GT, 하이브리드, 융복합 도시

⑫ 공동선의 지향 Good Karma : 공공, 사회참여 디자인

미래예측 자료들을 보면, 이상적인 인간상에 대한 내용이 자주 등장한다. 마이클 샌델(Michael J. Sandel, 1953~) 교수가 〈정의란 무엇인가〉에서 제안하는 바람직한 국가/사회상 역시, 공동의 관계를 생각하고, 고려하는 모습이다. 이는 불안한 미래를 보다 슬기롭게 해결해 나가야 한다는 낙관적이고 당위적인 생각에 기반을 둔 것인데, 즉 경제위기, 환경위기, 기술의 급격한 발달로 인한 현대사회의 다양한 문제들을 인간의 정신적 선함과 조화의 자세에서 그 해결점을 찾고자 하는 것이다. 이러한 사회 분위기 속에서, 디자이너는 코디네이터의 역할이 요구될 것이며, IDEO의 사회 참여적 서비스 디자인 사례에서 볼 수 있듯이, 디자이너의 사회적 참여, 공공적 역할이 주목받게 될 것이다.

• 키워드: 공동체, 공조, 윤리, 사회적 비즈니스, 영성 마케팅, 도덕사회, 의식적 소비

2. 동양사상과 미래 디자인 가치

서양 근대사회의 시작인 산업혁명 이후로, '기술'의 발전은 미래를 변화시키는 주요한 요소로 자주 언급되어 왔다. 그러나 기술은 인간의 물질적 만족을 채워주는 역할에는 충실하였지만, 인간의 정신적·감성적 측면의 충족에는 커다란 한계가 있었다. 더불어 최근 서양의 기술 중심적 혁신과 사고에 한계를 느끼고, 정신적 가치에 대한 관심이 높아지면서 현재 '정신과 감성적' 요소를 강조하는 동양적 관점의 디자인 사고가 세계의 디자인계에 확산되고 있는 추세이다.

선, 자연, 전일주의 등으로 대변되는 동양적 사상은 탈 물질만능시대의 정신적, 사상적 가치로 주목받고 있어, 미래 디자인 가치의 중요한 맥락적 가치들로서 그 중요성이 높아지고 있다. 따라서 다음에 제안되는 2030년의 미래 디자인의 가치 키워드들은 이들 동양사상의 관점을 바탕으로 예측된 것이다.

❶ 근원적 성장 Kenotype Design

근원적 성장은 본질에 기반하여 새로운 변화를 시도하여 변형과 반복이 끊임없이 일어나는 것이다. 따라서 디자인의 진정한 문화적 정체성을 찾는 길은 현 문화와 디자인에서 내면에 깊게 내재되어 있는 원형적 근본을 이해하는 것이다. 새로움을 위한 현대적 감각과 창의성 역시 근본적 원형의 이해가 바탕이 되어 있을 때 더 큰 긍정적 효과와 역동적 생명력을 가질 수 있다.

- 키워드: 근본, 초탈원융, 생명력, 부정형, 온고지신, 전통문화, 지속가능한 융합의 플랫폼, 공통

❷ 즐거운 우연 Happy Accidental Design

즐거운 조합과 변형을 통해 즐거움을 주는 디자인의 역할을 의미한다. 미래사회는 고도의 기술 발전과 경제 성장에도 불구하고, 불확실성과 혼란으로부터 부정적 사고와 정신적 고난이 끊임없이 생성될 것이다. 그러한 환경 속에서 뜻밖의 즐거움과 재미를 주는 디자인의 역할이 부각될 것이다. 또한 디자인의 범주가 점차 확대되어 디자인은

일상으로부터 지친 사람들에게 직접적 또는 간접적인 방법으로 놀라움과 즐거움을 선사하고, 삶의 활력소를 되찾아 줄 수 있을 것이다.

- 키워드 : 즐거움, 새로움, 놀라움, 감동, 뜻밖의 재미, 순간, 운 좋은 발견, 활력

❸ 비움과 채움 Blank Design

비움과 채움은 있는 그대로의 생명력과 아름다움을 존중하며 인공적 개입을 최소화하는 디자인이다. 비움 디자인은 백지와도 같은 그대로의 순수한 매력과 함께 여타의 것을 포용하는 넉넉함이 있다. 정해진 기능과 사용법, 과다한 서비스를 일방적으로 제공하는 일방향적 디자인 방법에는 소통의 제한이 있다. 비움을 바탕으로 한 미래의 디자인은 창조적 참여를 유도하고 소통하여 생명력을 극대화 시킬 것이다.

- 키워드 : 소박, 여유, 넉넉함, 사용자 디자이너, 미완성, 디자인계획, 천연, 생명력, 참여, 소통

❹ 살핌과 배려 For Design

살핌과 배려는 인간, 사회, 자연과 함께 어울리며, 함께 살피고 그에 공헌하고자 하는 디자인이다. 상대(인간, 사회, 자연)를 위하고 공동체적 가치를 중요시하는 디자인은 이제 시작 단계에 불과하다. 소셜 디자인, 그린 디자인, 공공 디자인과 같은 공동체적 삶을 강조하는 미래의 디자인 개념들은 지금까지의 경제나 개인만을 위한 디자인 가치들을 반성하고 돌아보게 할 것이다. 그리고 소외받은 사람들의 마음과 환경을 어루만지고 치유하는 디자인의 역할이 더욱 강조될 것이다.

- 키워드 : 수기치인, 선비사상, 무아지공, 품격, 공존, 친밀함, 혼연일체, 반성적 사고

❺ 역동적 균형 Dynamic Balanced Design

역동과 균형은 다양한 요소들간의 유동적·균형적 관계와 조화를 강조하는 디자인을 의미한다. 무수한 대립이 공존하는 세상에서 경계와 경계가 맞부딪히는 일은 빈번하다. 대립의 과정 속에서 분극화 현상이 일어나기도 하지만, 이 또한 언제든지 유동적으로 변하며 극과 극의 성질이 공존하는 형태가 되기도 한다. 미래에는 다양성을 수용하고

그 속에서 최적의 균형을 이루어내는 디자인이 가장 중요한 가치의 하나가 될 것이다.

• 키워드: 조화, 균형, 정중동, 음양, 오행, 상반성, 다양성의 존중, 절묘한 균형감, 분극화

Ⅲ 미래의 디자인 트렌드

1. 21세기는 개념창조의 시대: 디자인 전문분야의 위기와 기회

디자인의 가치는 사회맥락의 변화와 더불어 변한다. 특히 과거의 산업사회가 석유 등의 에너지와 하드(Hard)한 물질이 주요 자원이었다면, 정보사회에서는 컴퓨터나 네트워크를 통한 정보와 통신이 자원이 되며, 지식과 창조사회는 지식과 콘텐츠가 자원이 된다. 이미 이와 같은 거대한 사회트렌드의 변화 속에서 디자인분야는 위협과 기회의 요인이 함께 병존함을 여러 현상들을 통해 볼 수 있다. 예로 미국의 세계적인 디자인 기업인 IDEO는 과거의 전통적인 스타일링과 조형 위주의 디자인 비즈니스에서 벗어나 전체 비즈니스의 70%을 기업의 신사업과 신제품의 기회를 연구하는 소프트한 제품디자인 전략에 치중하고 있어 기존 조형 위주로 교육받고 훈련된 디자이너들이 설자리를 잃고 있어 위협요인이 되고 있다. 한편 최근 들어 선도적인 공공기관과 기업들은 사회제도를 개선하고 기업제품을 혁신하는 비가시적인 콘텐츠와 서비스개발에 디자인의 창의적 사고를 적극 활용하기 위하여 디자이너들 적극 참여시켜 디자인기회가 늘어나고 있다.

이와 같은 상황 속에서 미래시대에 디자이너가 새로운 산업의 요구를 선도하고 사회적 요구에 적극적으로 기여하기 위해서는 무엇보다도 변화하는 미래의 시대적 상황에 맞게 디자인의 의미와 디자이너의 역할을 재정립(redefine)하고, 이에 따른 디자인교육과 디자인산업의 방향을 새롭게 구축하여야 한다. 다음은 디자인분야가 미래사회의 가치구현에 필요한 비전을 마련하기 위하여 다가오는 지식 창조사회에 적합한 새로운 디자인의 의미와 디자이너의 역할, 디자인교육과 산업의 방향을 거시적 사회맥락의 관점에서 예측한 것이다.

2. 미래 디자인의 목표/디자이너의 역할

❶ 미래 디자인의 목표: 공존과 조화를 위한 창조와 비전

물질적 재화가 중시되던 산업시대의 전통적인 산업디자인은 '기업제품의 소비촉진의 편에서 물질적 가치의 효과적인 가시적 표현'이 중요한 역할이었다. 결과적으로 이 시대의 디자인은 산업의 발달과 인간생활의 물질적 풍요의 증진에는 기여하였지만, 이러한 과정에서 자원고갈과 환경문제를 야기하는 등 총체적인 관점에서는 바람직한 인간환경을 구현하여야 하는 디자인의 역할에 미흡하였다.

이제 지식과 창조사회에 접어들어 디자인분야는 산업시대의 문제를 극복할 수 있는 새로운 디자인의 개념과 역할의 틀을 필요로 하고 있다. 산업사회의 디자인이 기존가치와의 대립과 차별을 통해 변화와 혁신을 도모하는 것이었다면, 미래사회의 디자인은 자원고갈과 환경오염의 심각성으로 균형과 지속적인 사용을 도모하는 방향으로 전개될 것이다. 즉, 지난 산업시대의 디자인의 가치가 지나치게 물질, 기능, 보편, 경쟁, 혁신, 생산을 중시하였다면, 앞으로 지식 창조시대의 디자인의 가치는 물질과 비물질(정신), 기능과 의미, 보편과 다양, 혁신과 지속의 '공존'을 중시할 것이다. 또한 지금까지 분리되었던 생산자, 사용자, 디자이너가 '융합'되고 인간, 자연, 도구가 상호 '조화'되는 개념을 중시할 것이다. 그리하여 미래사회의 디자인은 지금까지의 산업과 물질, 경쟁과 차별, 조형과 외형 위주의 디자인개념을 초월하여, '인간의 총체적인 환경을 고려하여 균형적 사고에 의한 공존과 조화로운 인간 생활의 비전을 제시'하는 확장적 개념으로 바뀔 것이다. 기본적으로 조화는 우주만물을 존재케 하고 아름다움을 형성케 하는 근본원리로서 미래 디자인은 차별보다는 조화로운 가치가 디자인의 핵심가치로 자리잡을 것이다. 또한 미래사회의 디자인의 창조의 방향은 이미 존재하는 것을 버리고 새로운 혁신을 하는 개념보다는 '부족함을 개선하여 지속적이고 안정적인 사용을 도모'하는 방향으로 전개될 것이다.

❷ 미래 디자인의 대상/영역과 내용: 비물질적 지식영역, 비가시적 개념 내용 창조

또한, 지식 창조사회의 도래와 더불어 디자인의 대상은 보다 확장적으로 재해석될 것이다. 즉, 지금까지의 전통적인 산업디자인의 대상은 하드웨어적이고 물질적인 가시적 제품에 국한시켜 왔고, 디자인의 내용은 흔히 외형적인 수준에 머물렀다. 그러나 지식 창조사회에서는 기존의 3차원적인 물질, 하드웨어적 영역의 가치들을 초월하여, '소프트웨어, 콘텐츠, 뉴미디어 등 비물질적인 지식영역의 가치들'이 새롭게 핵심적인 디자인대상들로 등장하여 디자인의 영역이 더욱 확장될 것이다. 이러한 확장 추세에 맞추어 디자인내용 또한 지금까지 보이는 조형적 가치를 초월하여 '후각, 청각, 촉각, 미각 등'의 감각은 물론 보이지 않는 목적, 내용, 시나리오, 의미 등의 지적 개념을 창조하는 것이 더욱 중요시 될 것이다.

❸ 미래 디자이너의 역할: 창조의 전략자, 융합자, 코디네이터의 역할 증대

이와 같이 지식 창조시대의 디자이너는 디자인대상의 근본적인 목적과 의미를 포함하여 물질과 정신, 콘텐츠와 외형, 하드웨어와 소프트웨어 등 총체적인 인간생활을 종합적으로 디자인함으로써 본격적으로 '창조의 전략적·통합자적 코디네이터의 역할'이 더욱 중시될 것이다. 즉 과거 산업시대에는 조형적이고 시각적인 아름다움을 만드는 것이 디자이너의 스페셜리스트적인 전문성이었다면, 미래 창조시대의 디자이너는 해결해야 할 문제의 주제에 따라 다른 전문을 통합하여 바람직한 생활문화로 승화시키는 전략가, 오케스트라의 지휘자와 같은 종합적인 코디네이터적 제너럴리스트가 될 수 있어야 할 것이다. 또한 미래의 디자이너는 세계의 지구촌화 현상과 심각한 환경의 제 문제 등 사회적 문제를 해결하기 위하여 사회와 환경 전체를 통찰할 수 있는 폭넓은 시야와 '사회적인 책임의식'을 가지고 있어야 할 것이다. 예로 디자이너는 디자인된 대상이 시간의 지속적인 흐름과 변화에 따라 나타나는 결과들 −사용, 수리, 업데이트, 폐기− 에 이르기까지 그 디자인에 대한 장기적 책임감을 가져야 할 것이다.

3. 미래 디자인 교육의 방향

❶ 목표: 조화로운 인간생활가치의 창조, 창조적 리더십과 엔터프리너십 교육

디자인의 교육과 연구 부분은 그 결과가 관련 산업이나 전체 사회로 단계적으로 파급되기 때문에 디자인발전의 기본으로서 그 역할이 매우 중요하다. 이제 사회는 물질, 요소, 산업, 경쟁, 차별이 지배하던 산업사회에서 벗어나 지식과 의미, 시스템, 사회, 공존, 조화가 중시되는 지식 창조사회로 전환되고 있다. 이와 같은 맥락 속에서 산업 위주의 물질경제와 경쟁논리에 입각한 과거의 디자인교육은 이제 물질과 정신, 부분과 전체, 산업과 사회, 인간과 환경가치간의 균형적 발전을 모색하고 조화로운 인간생활 환경을 창조할 수 있는 인재 육성을 목표로 하여야 할 것이다. 또한 21세기 디자이너가 창조시대에 중심적 역할을 수행하기 위해서는 무엇보다도 창조적 리더십과 엔터프리너십이 요구된다. 따라서 미래 디자인 교육의 목표는 '창조적 리더십과 엔터프리너십을 통한 조화로운 인간환경의 창조'가 되어야 할 것이다.

❷ 미래 디자인 교육의 구조: 연구 및 창의적 가치 개발의 중심, 교육수준의 상급화

한편, 미래 지식 창조사회에서 디자인은 앞서 살펴본 바와 같이 산업, 문화, 교육, 환경, 교통, 의료, 행정 등 인간의 삶과 사회 환경 전체를 대상으로 종합적으로 계획하는 역할을 수행함으로서 '총체적 디자인교육'이 필요할 것이다. 또한 미래에 디자이너가 이러한 다양한 분야의 혁신의 리더가 되기 위해서는 다학제적인 전문성이 요구되어 고등교육과 연구가 중시되는 추세로 이어질 것이다. 특히 디자인대학은 연구−지식−창조−비즈니스−사회를 연계시켜 미래 신생활가치 창조의 종합적/선도적인 실험기관이 되고, 이를 위해 다학제 융합연구의 비중이 넓어지게 될 것이다. 궁극적으로 미래의 디자인대학은 창의적 삶과 사회를 구현하기 위한 첨병으로서 국가와 지역사회의 창의적 인재 육성을 위한 역할이 강조되어 평생/사회교육을 더욱 강화할 것이다.

❸ 미래 디자인교육의 내용: 지적·문화적 가치 관련 교육

또한 디자인교육의 내용은, 과거 산업사회의 물적·외형적 가치와 관련된 조형기술의 개발 중심에서 탈피하여, 비물질, 지식, 창조사회에 적합한 '창조적 리더십'을 확보할 수 있는 교육의 내용으로 전환될 것이다. 이를 위하여 미래의 디자인교육의 과정은 미래 인간생활의 삶과 관련된 미래생활, 고유문화, 신기술과 경영, 소통과 리더십, 국제화, 생태환경과 물질(object)에 대한 본질적 해석과 함께 개인의 관심에 따른 특화된 생활영역을 심도 있게 연구할 수 있는 교육방법이 중시될 것이다. 따라서 과거의 디자인 교육과정이 자동차, 제품, 그래픽, 공예 등 대상과 영역 중심으로 교육되어져 왔다면, 미래의 교육방법은 인간생활의 다양한 차원에서 요구되는 주요 주제들 −예를 들어 작업, 교육, 오락 등− 이 중시되어 교과과정은 이와 같이 주제를 중심으로 재편성되어야 할 것이다.

4. 미래 디자인산업의 방향과 특성

❶ 비물질 디자인과 독자 디자인브랜드산업의 기회 증대

산업시대의 디자인은 가시적인 물질과 실제공간과의 관련성이 높았다. 이제 지식과 창조시대의 전반적인 가치는 물적 가치에서 지적 가치로 전환되고, 실재공간을 넘어 가상공간에서의 디자인 활동이 확대되고 있어 디자인 비즈니스의 기회가 더욱 증대되고 있다. 또한 지식과 창조시대의 디자인 비즈니스는 과거의 형태위주의 작업에서 벗어나, 혁신적인 가치의 '신개념창조의 선도적 역할'이 강조되고 개념, 조형, 생산, 홍보, 유통, 서비스에 이르는 '통합적인 디자인서비스' 활동이 강조될 것이다. 더 나아가 미래의 디자인 비즈니스의 개념은 과거의 단순한 디자인전문용역(professional design consultancy)의 활동을 벗어나 독자적으로 크리에이티브한 디자인과 브랜드를 개발하는 '디자인중심 벤처기업'의 비중이 더욱 확장될 것이다. 특히 컴퓨터와 통신 네트워크 등의 발달과 함께 제품생산, 유통 및 서비스가 전문화되면서 고부가가치의 독자적인 디자인브랜드 비즈니스의 기회는 더욱 증대되고 있다.

❷ 유기적 연계, 연구, 혁신과 사용자참여 중시의 디자인 활동 조직

과거 농업사회의 생산기반이 농토이고, 산업사회가 공장이라면, 지식과 창조사회의 생산기반은 조직과 창조성이라고 일컫듯이 디자인 활동의 조직은 미래 디자인경쟁력의 주요 요인이 될 것이다. 미래의 디자인조직의 방향은 '디자인 관계자 그룹의 창조성의 극대화'를 지향하여야 할 것이며 이를 위하여 분권화, 자원절감, 다양성, 민첩성, 유연성, 사용자중심, 신속한 시장대응력, 수평적 상호관계 등이 고려되어야 할 것이다. 특히 종래의 기업 내의 인하우스(in-house) 디자인조직에 의한 폐쇄적 디자인작업은 미래시대의 다양한 요구에 효율적으로 대처하고, 다양한 정보와 아이디어를 얻기 위하여 외부의 디자인컨설턴트, 대학연구소 등 다변화된 조직들과 연계되어 디자인 활동을 '확산적·협동적 개념으로 전개'하여야 할 것이다.

또한, 미래에 디자인 활동의 주된 역할은 전망과 상상, 실험, 창조 등 미래의 신디자인의 개념을 다각적으로 연구실험하고 개발을 선도하는 임무로서, 미래의 디자인 환경은 이들 활동을 주체적으로 이끌어 가기 위하여 'R&D 활동이 강화'되어야 할 것이다. 또한 이들 연구과정에는 모든 디자인 관계자들을 민주적으로 참여시켜야 할 것이다. 컴퓨터나 네트워크의 발달로 이와 같은 가능성은 더욱 간편해지고 있다.

이제 지식 창조화사회의 도래와 더불어 디자인에 대한 요구 또한 많은 변화를 가져오고 있어, 디자인분야는 미래 디자인의 제 가치를 통찰하고, 재해석하며, 그리고 이들 환경변화에 대처할 수 있는 방안을 능동적으로 모색하여야 한다.

지금까지 연구를 통해 나타난 다가올 미래지식과 창조사회의 디자인의 제 가치를 요약하여 보면 다음과 같다.

▶ 디자인의 목표는 물적, 지적, 문화적, 생태적 가치간의 균형과 총체적인 환경과의 조화 및 인간 생활의 비전 제시가 강조될 것이다.

▶ 디자인 대상영역은 소프트웨어, 뉴미디어, 사회시스템 등 비물질적, 가상적, 개념적 디자인 가치를 포괄하며 더욱 깊고, 넓어질 것이다.

▶ 디자이너는 다양한 문화사회 가치시스템의 제 가치를 종합하는 통합적 코디네이터의 역할과 함께, 이들 가치개발을 선도하기 위한 전략적 구실이 보다 중요하게 될 것이다.

▶ 디자인 교육은 창조활동의 사회적 주체로서, 교육수준은 고급화되고 연구 및 개발의 기능이 융합될 것이다. 또한 창조활동을 선도하기 위하여 대학은 기술, 경영, 문화관련 다학제 교육과 기업과의 협력이 더욱 강화될 것이다.

▶ 디자인 산업은 다양한 지적가치, 가상공간, 사회시스템 등 소프트한 가치로 디자인영역이 확장되어 디자인기회는 더욱 증대될 것이다.

▶ 디자인 비즈니스는 독자적인 디자인브랜드의 개발 등으로 디자인의 고부가가치를 지향하는 크리에이티브 벤처 디자인 비즈니스가 발전될 것이다.

▶ 디자인의 방법과 조직은 네트워크를 바탕으로 한 개방, 분산, 연계적 방법으로 분야를 초월하여 다양한 분야와 유기적으로 협동하는 방향으로 전환될 것이다.

표 11-1 미래 21세기 디자인의 가치체계

	20세기 디자인	21세기 디자인
디자인 목표 (Design Goal)	경쟁(competition)	공존(coexistence)
디자인 대상 (Design Object)	요소(element)	시스템(system)
디자인 방법 (Design Method)	개별적, 폐쇄적 디자인 (individual, closed design)	다학제적, 개방적 네트워크 디자인 (multi-disciplinary, open network design)
디자인 기능 (Design Function)	형태, 소재 (form, material)	의미, 무형의 (meaning, immaterial)
디자이너 역할 (Designer's Role)	시각적 지원 (visual support)	전략적 통합 (strategic integration)
디자인 사고 (Design Thought)	차별화, 효율성, 혁신 (difference, effective, innovation)	조화, 정의, 향상 (harmony, right, improvement)
디자인 과정 (Design Process)	선형적, 분석적 (linear, analytic)	순환적, 종합적 (circulative, synthetic)

참고문헌

- 박영숙 외. (2011). 『유엔미래보고서 2025』. 파주: 교보문고
- 배규한. (1995). 『미래사회학』. 서울: 사회비평사
- 이순종 외. (2011). 『Future Zodiac 2020 미래디자인 읽기』. 서울대학교 한국 디자인 산업연구센터
- 이순종 외. (1998). 『미래디자인 트렌드 연구』. 통상산업부
- 이순종 외. (1999). 『미래디자인을 위한 디자인』. 월간디자인
- 전득주 외. (1992). 『미래학 입문』. 서울: 평민사
- 하인호. (1995). 『미래학이란 무엇인가』. 서울: 고도
- Baudrillard, Jean. (2005). 『시뮬라시옹 (Simulacres et simulation)』. (하태환 옮김). 서울: 믿음사
- Humphreys, Christmas. (1951). 『Buddhism』. Middlesex; Penguin Books
- Kurzweil, Ray. (2007). 『특이점이 온다 ((The) Singularity is near)』. (김명남, 장시형 옮김). 파주: 김영사
- Lauer, Robert H. (1985). 『사회변동의 이론과 전망; 변동의 유형, 메커니즘, 전략』. (정근식. 김해식 옮김). 서울: 한울 아카데미
- Pink, Daniel H. (2006). 『새로운 미래가 온다((A) Whole new mind)』. (김명철 옮김). 서울: 한국경제신문
- Rifkin, Jeremy. (1996). 『노동의 종말 ((The) End of work)』. (이영호 옮김). 서울: 믿음사
- Sandel, Michael J. (2010). 『정의란 무엇인가 (Justice)』. (이창신 옮김). 파주: 김영사
- Toffler, Alvin. (1990). 『권력이동 (Powershift)』. (이규행 옮김). 서울: 한국경제신문사
- Whitehead, Alfred North. (1978). 『Process and Reality』. New York; Free Press

제 12 장

인문 지식·정보의 미래

인류의 지식·정보가 텍스트(언어, 문자, 그림, 오디오, 비디오 등 다양한 인터넷 매체) 중심에서 디지털 텍스트로 통합된 유용한 지식·정보를 활용할 수 있는 환경으로 발전되고 있다. 국가간의 다른 언어의 텍스트를 기계적으로 소통할 수 있는 기술의 증진과 함께 텍스트로 구성되지 않은 토착 지식의 구어 정보를 대량의 텍스트로 구축하는 국가적 전략과 노력이 필요하다. 지식·정보가 급증할수록 이를 제대로 활용할 수 있는 환경을 만들어 고급 텍스트를 구성함으로써 국가를 뛰어넘어 인류 삶의 질을 높이려는 노력이 없으면 다시 지식·정보의 양극화로 인한 인간 삶의 차등화가 개인적으로나 국가간에도 심화될 것이다.

새롭게 재편되는 문화 경계는 국경을 건너 미래 인류의 삶의 질을 높일 수 있는 지식 자본의 지형도를 그려낼 수 있을 것이다. 국경을 중심으로 한 분쟁과 갈등을 뛰어넘어 인간 삶의 높은 가치와 지향성을 이끌어 내기 위해서는 서로 다른 소통의 환경을 발전시키는 동시에 새로운 소통의 윤리가 필요하다.

그러기 위해서는 인류의 지식·정보를 생산하고 또 관리하는 방식과 절차가 매우 중요하다. 생산자와 소비자가 협업을 통한 공유 방식으로, 그리고 20세기까지 구축해온 지식의 벽을 허물어 통섭하는 미래 전략에 대해 개인과 국가가 함께 손을 잡아야 할 것이다.

I 미래 지식자본(invention capitalism)

1. 국지적 경계와 문화 경계(Cultural Frontier)

인류 역사의 발전 과정을 생산경제의 관점에서는 원시경제에서 노예경제 체계로 다시 산업자본 방식에 의한 근대 민주자본경제 체계로 발전해 왔다고 설명하고 있다. 한편 인류의 지식·정보의 소통 방식의 관점에서 시간과 공간의 거리를 좁혀준 인쇄술이나 교통, 통신의 발달에 따라 인류 역사의 제 단계를 설정할 수 있을 것이다. 특히 인간의 지식·정보의 소통과 교류 방식인 활자 인쇄 기술의 발달에 이어 인터넷을 통한 가상 디지털 언어의 소통 방식으로의 진화는 인류 역사를 획기적으로 전환시킨 계기가 되었다.

사람들이 걸어 다니다가 말(馬)과 수레를 이용하던 시대를 뛰어넘어 기차나 항공기와 배를 이용하던 산업화 시대에 이르면서 국지적 경계(National Boundary)가 매우 또렷해졌을 뿐만 아니라 그 국지적 경계는 국가 혹은 종교, 민족 또는 종족이라는 정체성과 차별성을 갖는 지배의 격자(格子)가 되었다. 이 격자는 차별과 차등을 만들어 내는 갈등 요인으로 고정됨으로써 인류 평화를 가로막는 가장 큰 지속적인 장애물이 되었다.

국지적 경계가 구성원들의 중요한 집단적 정체성을 만들어 내는 잣대였다면 디지털 혁명의 시대 이후에는 국가·종교·이념·종족 등을 구별하는 지리적 경계와는 전혀 다른 차원의 문화 경계(Cultural Frontier)가 형성되어 국지적 경계를 뛰어넘어 전 인류가 뒤섞이며 문화가 확장되는 시대가 되었다. 그동안 전 인류는 자신이 살고 있는 국지적 경계와 다르다고 생각하는 집단적 위협에 대해 국가의 군사적 강화와 함께 침략을 묵시적으로 동의하는 한편 내적으로는 스스로는 문화적 응집력이나 공동 운명체나 혹은 동일 혈통에 대한 의식을 점차 강화해 왔다. 세계화 내지 세계주의를 주장하면서도 한편으로는 국가주의를 더욱 공고히 하고 있는 중국이나 또는 국가 강역의 문제로 아시아 지역의 갈등을 도발시키고 있는 일본이 보여주는 이중성은 지난 역사에서 제국주의 지배 논리보다 훨씬 더 공고해지고 있다. 국제주의와 국가주의, 지배자와 피지배자, 타자화된 소수와 다수간의 인류 평화의 공존과 통합의 가치있는 전망과는 전혀 다른 이율배반적인 모순을 안고 있다. 울타리, 밭고랑, 강역, 해역과 같은 개인에서 국가에 이르는 지리적 경계에 대한 인식이 바로 지난 시대를 관통하는 문화나 문명을 구획하는 묵시적인 표지이다. 그러나 인터넷을 기반으로 한 웹이나 앱으로 소통되는 SNS 시대로 접어들면서 문화적 지평은 점차 국지적 경계를 뛰어넘어 확장되고 있다.

최근 국지적 경계가 물적 자산을 지키기 위해 최우선적으로 중요하다고 생각하던 고정된 생각으로부터 비물질적 자산이 보다 더 중요한 핵심을 이룰 수 있다는 쪽으로 인류의 시각이 이동하고 있다. 21세기 인류의 문화 경계와 변경은 새로운 의미를 함의하고 있다. 그러나 아직 모든 제도적 인식의 틀은 산업 자본적 경영 방식에서 크게 벗어나지 못하고 있다. 예컨대 인류가 이룩해온 인문학의 자산인 종교, 철학의 가치, 휴머니티에 대한 성찰, 윤리나 인성의 문제, 토착적 인간 지식·정보의 가치 등을 비물질적 대상으로만 생각하고 있다. 물적 자산이라고 할 수 있는 과학적 성찰에 비해 비물질적 자산인 인문학적 활동의 성과는 그렇게 중요하게 생각하지 않는 문명관이 좀처럼 바뀌지 않고 있는 것이다. 인류 문화와 문명의 흔적을 전시하고 있는 박물관에는 거의 대부분 유형적인 자산만 전시하고 있는 것이 그 대표적인 사례이다. 물론 토착인들의 구어(口語)로 전달되는 무형의 자산은 대체로 비형상적인 대상이기 때문에 구어에 남아 있는 인류의 지식·정보의 관리는 소홀하게 다루어 왔다. 각종 기록 자료를 통한 실증적 역사관이 성취해 온 인류의 역사도 문자 기록을 가진 집단과 갖지 못한 집단간에 힘의 논리에 의한 일방적 해석의 한계를 결코 뛰어넘지 못하거나 혹은 일부 조작하거나 작위적으로 꾸며낼 여지가 남아 있다. 그렇기 때문에 인류의 역사 기술 가운데에는 눈에 보이지 않는 지배 문명과 문화의 폭력이 도사리고 있는 것이다.

이와 같은 지배적 논리에 의해 창조된 지식·정보의 제한된 경계를 넘어서기 위해 새로운 미의식을 공유하며, 지적인 완성도를 높이고 의례와 제식에 내재된 도덕적 규범과 사회질서에 대해 이성의 세례를 가한 새로운 인문학적 가치가 고양되어야 한다. 그리고 국가별 문화 변경의 확대 방식이 지나치게 물적 자산을 기준으로 하여 전개되고 있는 현실을 제어하는 전 인류적 노력이 필요하다. 다시 말하자면 새롭게 형성되는 문화 경계를 조망할 수 있는 새로운 패러다임이 필요하다. 곧 과학적, 인문·사회적 성찰이나 더 나아가서 이를 활용하여 창조적으로 이끌어낸 문화·예술 또한 텍스트를 통해서만 시간과 공간을 뛰어넘어 공유할 수 있거나 인류 자산으로 축척될 수 있다. 문자사로 이루어진 문명과 문화의 이면에 기록되지 않은 구어적 지식·정보를 수집하고 새롭게 다듬어냄으로써 왜곡된 증거의 일방성을 극복할 수 있는 동시에 개인사와 집단사의 새로운 가치도 발견할 수 있을 것이다. 그러한 상호 존중과 이해를 전제로 한 텍스트 교류를 위한 노력은 지리적, 문화적 변경의 충돌을 완화시키는 촉매제가 될 수 있을 것이다. 또한 기계문명의 발전을 효율적으로 활용하여 인류의 지식·정보를 상호 보완하는 동시에 공유함으로써 얻을 수 있는 가치에 대한 인식 전환이 필요한 시대이다.

문자 언어에 근거한 책이나 논문으로 이루어진 모든 인류의 창조적 지식·정보는 한마디로 말하자면 기호라는 소통 매체가 없이는 불가능한 일이다. 인간 삶과 인간 가치에 대한 학문을 인문학이라고 정의하지만 소통이라는 관점에서 본다면 인간의 창조적 모든 행위인 과학·사회·인문 전반이 인문학의 영역에 포괄될 수도 있다. 이러한 관점에서 격자화된 학문의 제 영역을 새롭게 통합하며 공유하고 나누는 통섭의 방식이 요구된다. 그와 동시에 기호로 형상화되지 못한 구어 전달의 증거를 수집하고 재해석하여 공유함으로써 경계 사이에 놓여 있는 충돌을 제어할 필요가 있는 것이다. 지식·정보가 상층 혹은 자본 중심의 국가에서만 생산되는 것이 아니기 때문에 차등을 뛰어넘는 비물적 자산을 협업으로 공유하고 나눔으로써 차이와 차등을 완화시킬 계기를 만들어 낼 인류의 공동 노력이 필요한 것이다.[1]

문화 경계가 확장되는 새로운 디지털 미디어 시대에 인류의 지식·정보는 대부분 기호(symbol)로 전달된다. 이 기호는 문자언어나 음성언어, 오디오, 비디오 등 다양한 매체기호로 구성되어 있으며 그 가운데 문자 언어의 위력이 과대하게 지배해 왔던 방식에서 벗어나 구두 언어의 흔적이나 문자가 없는 종족의 구어의 기록화에 대한 관심을 보여야 한다는 말이다. 문자 언어에 묶여 있었던 인문학이 구두 언어를 비롯한 다매체 언어를 끌어안는 쪽으로 진화되어야 한다.

매체기호는 인류가 발견하고 창조한 다양한 지식·정보의 다발이라고 할 수 있다. 활

---

1 이상규, 「언어의 다원성과 공통성」, 제18차 세계언어학자대회 〈절멸위기의 언어〉 분과 발표, 서울

자화 시대에 책으로 전승되던 인류의 창조적 지식이 대량의 디지털 부호로 대체되어 서로 소통하고 나누고 협력하고 또 검색하여 재활용됨으로써 인류의 지식·정보는 동시다발적으로 새롭게 융합되어 재창조될 수 있다. 세계의 문명사가 문화 경계로 재편되면서 뒤섞이고 뭉쳐내는 힘을 가진 부호가 새로운 미래 지식자본(Inve ntion Capital ism)의 축을 형성하고 있다. 기호로 표현되는 모든 아이디어 및 창의적인 지식·정보 자산이 새로운 개념으로서 자본의 축을 형성하는 시대로 진입하고 있다. 단순한 소통의 방식이 아닌 부가가치가 무한한 지식·정보를 대량을 생산하고 새롭게 조합하고 검색할 수 있는 환경이나 그러한 능력의 차이가 새로운 문화 경계의 영역을 포섭하는 시대이다.

지난 시대까지 중시해 왔던 지리 경계는 자본 융합과 대치의 접점인 동시에 역사를 그려내는 내부적 공간일 뿐이다. 지리 경계 내부 집단의 신념이나, 인종, 행동 규범, 공유 가치를 토대로 내부와 외부를 구획지으면서 그들과 다른 경계 밖의 집단들과 만든 갈등을 탐색하는 일이 인류문화사를 기술하는 핵심 주제가 되어왔다. 그러나 지리적 경계가 아닌 국지를 뛰어넘는 문화 경계의 격자가 확대되는 역지대(liminal zone)에서는 미래 인류 평화와 공존의 문명사를 실천하고 기술하기 위해 지난 과거를 되돌아보는 새로운 대안이 어떤 것이 될 것인가를 고려해야 할 것이다.

2. 미래 인류의 언어 절멸의 위기

미래 인문학의 핵심은 인류가 생산해 온 지식·정보를 담고 있는 텍스트를 생산 관리하고 이를 재해석을 하는 일이다. 지배적 위치에 있거나 표준화된 텍스트만이 중요한 것이 아니라 주변적이거나 비문명적인 구어 데이터도 인류의 문화재로서 함께 중요하다는 인식의 틀을 바꾸어야 한다.

전 인류가 창조해 낸 부족이나 개별 국가의 언어가 문화 경계의 확대와 함께 대량의 죽음으로 이어지고 또 그 절멸의 속도는 매우 극적인 상황을 연출하고 있다. 우리 주위에 부족이나 국가의 언어가 두려울 만큼 빠른 속도로 절멸해가고 있다. 특히 문자라는 도구가 없는 절멸 위기의 언어인 경우 마지막 사용자가 죽음으로 인해 그 언어는 이 우주상에서 영원히 사라지는 것이다. 언어 절멸은 곧 그 언어를 사용하던 한 사회의 조직이 창조해 낸 지식·정보 체계가 완전하게 붕괴되는 결과를 가져 온다.

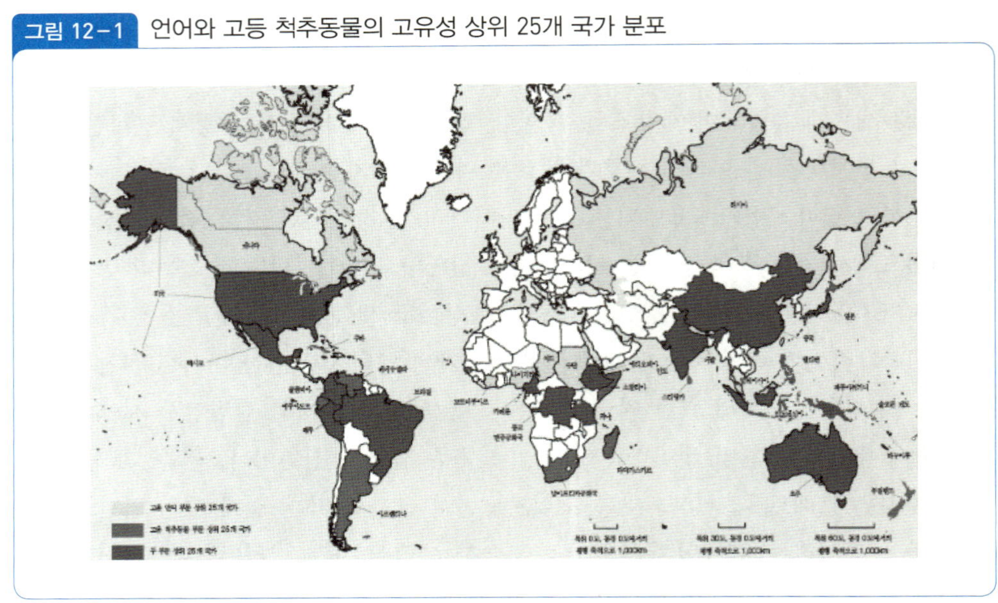

그림 12-1 언어와 고등 척추동물의 고유성 상위 25개 국가 분포

※ 출처: Luisa Maffi, 「Language and Recurce for Nature」, 「Nature and Research」, Vol. 34, pp. 12~21, 1998

지난 역사에서 조망할 수 있는 언어와 생태 혹은 문화와의 식민침탈의 관계를 되돌아보자. 언어가 복잡성을 띠고 있는 지역은 대부분 사회, 문화적인 다양성뿐만 아니라 생태의 다양성이 보장된 지역이다. 대체로 문화가 뒤떨어진 토착민 거주지에 생물 다양성이 높게 나타나듯이 언어도 마찬가지로 매우 복잡하다.

〈그림 12-1〉은 언어와 고등 척추동물의 다종성에 대한 분포 지역을 나타낸 지도이다. 붉은색 지역이 녹색 지역보다 생태가 훨씬 다양한 분포를 보이는데 바로 이들 지역의 언어의 종은 매우 다양하고 복잡한 양상을 보여준다. 세계 인구의 4%가 살고 있는 적도 부근의 열대 지역에는 전 인류가 사용하고 있는 언어 종의 약 60%를 차지한다. 예컨대 하와이 면적은 미국 전체의 1%도 안 되지만 하와이 제도에 토종 식물의 다양한 변종들은 미국 본토 내에 자생하는 식물의 다양성을 능가하고 있다. 토착민들이 명명하던 그 다양한 식물 변종의 명칭과 그것을 둘러싼 유용한 지식·정보가 무너져 내리고 있다. 토착민들이 명명하던 멸종 위기에 처해있는 1,104종의 생물 가운데 363종(30%)이 이미 멸종되었으며, 나머지도 멸종이 임박해 있다. 이처럼 생물의 멸종이 언어의 멸종과 긴밀한 관계를 맺고 진행되어 온 것은 결코 우연한 일이 아니다. 자연적인 멸종이 아닌 지배 자본에 의한 약탈, 침략, 지배가 가세하고 있기 때문이다.

표 12-1	세계의 언어 분포	
지 역	언어의 수	비 율
유 럽	230	3%
아메리카(남, 중앙, 북)	1,013	15%
아프리카	2,058	30%
아시아	2,197	33%
태평양	1,311	19%

※출처: 『민족학지(Ethonography)』 제14판, 2002

현재 전 세계의 언어의 종은 『민족학지』[2]에 따르면 2002년을 기준으로 전 세계 228개 국에 6,809종의 언어가 존재한다고 알려져 있다. 여기에 114개 수화가 포함되어 있지만 대부분이 구술 언어이다. 6,809종 언어의 지역별 분포 상황은 〈표 12-1〉과 같다.

〈표 12-1〉에서처럼 이 지구상에서 언어 절멸의 위협에 직면한 지역은 대부분 생물 과 문화 및 언어의 다양성이 높은 지역이다. 아프리카나 아시아 및 태평양 지역의 언어 다양성(linguistic diversity)이 풍부한 국가가 대부분 생물다양성(biological diversity) 또한 풍부한 국가에 속한다.

〈표 12-2〉에서 2007년을 기준으로 하여 사람들이 가장 많이 사용하는 10대 언어(major language)는 중국어, 힌디어, 스페인어, 영어, 벵골어, 포르투갈어, 아랍어, 러시아어, 일본어, 한국어의 순이다. 이 언어들은 지구상에 존재하는 모든 언어 종의 1% 이하에 해당된다.[3] 그러나 6천여 종의 언어 가운데 단 1%의 언어가 전 세계 인류의 절반이 사용 하고 있다는 말이다. 결국 세계의 주요 언어 4%가 세계 인구 96%를 차지하고 있다. 전 세계 언어 가운데 절반 정도는 10,000명 이하의 공동체가 사용한다. 전체적으로, 10,000 명 이하가 사용하는 언어들을 세계 인구의 약 0.13%를 차지하는 약 8백만 정도가 사용 하고 있다. 이러한 나머지 99%의 소수 언어(minority language)는 지속적인 언어 보존의 가능성은 매우 비관적이라고 할 수 있다. 곧 언어의 사용자 수가 언어 절멸의 위기 상황 을 나타내는 지표라고 할 수 있다. 이러한 언어 사용의 쏠림 현상을 보면 전 세계 96%의 언어가 금세기 내에 절멸될 수밖에 없는 운명에 처해 있다는 사실을 중시해야 한다.

다양성을 지닌 언어의 붕괴는 언어나 종족의 우월과 관계없이 인류가 축적해온 토착

---

2 http://www.sil.org/ethnologue
3 Wurm (ed.). 2001. The Atlas of the World's Languages in Danger of Disappearing, 2nd edition, Paris, UNESCO, p. 13 참조.

표 12-2	모어 사용자의 수치로 본 10대 언어	
순위	언어	모어 사용자(백만)
1	중국어(북경관화)	874
2	힌디어	366
3	스페인어	358
4	영어	341
5	벵골어	207
6	포르투갈어	176
7	아랍어	175
8	러시아어	167
9	일본어	125
10	독일어	100
12	한국어	79

※출처: 테라링구아, 2002년, 『민족학지(Ethonography)』 제14판

자산의 몰락으로 이어지게 된다. 문명과 야만, 지배와 피지배, 다수와 소수의 대립의 문제가 아닌 나름대로 조화롭고 다양한 인류 지식·정보의 손실로 이어지게 된다는 말이다. 문명과 야만이라는 이원적 사유가 지리 경계를 침탈하는 핵심적 근거가 되었으며, 이를 통해 피지배 언어는 거의 말살되는 운명을 걸어오게 된 것이다. 지리 경계 사이에 놓여 있는 차이와 차별이라는 인식의 핵심은 소통 언어이기 때문에 지배자는 문화 동화라는 이름으로 피지배자의 언어를 일방적으로 무시했거나 자발적인 동의의 결과인 것이다.

이제 거시적 관점에서 미시적 관점으로, 표준화에서 다양성의 관점으로, 자본 중심에서 변두리로 우리의 눈길을 되돌려야 한다. 지난 세기 수수방관하여 잃어버린 인간 삶의 유산을 다시 복원하고 이를 불러 모아 새로운 생명력을 불어넣어야 한다. 죽어 가는 강을 살려 내고 사라진 새와 물고기가 다시 되돌아오도록 노력해야 하듯이, 소수의 언어나 변두리의 언어 유산이 소생할 수 있도록 지원해야 한다.

바로 이러한 가능성은 언어 정보처리 기술력의 문제와 매우 밀접한 관계를 가지고 있다. 구어와 종이책으로 전달되는 체계에서 언어의 기계처리 기술력을 증대시킨다면 다양하고 복잡한 다종의 언어가 공존할 수 있다는 가정에 동의해야 할 것이다.[4]

---

4 유엔환경계획(UNEP)은 「1995 지구 생물다양성 평가」(1995 Global Biodiversity Assessment, V. M. Hey-

21세기에 들어서서 전통 생태 언어 지식을 보존·유지·촉진시키기 위한 문자나 구어 언어의 적극적인 역할에 대한 인식이 조금씩 개선되고 있다.[5] 문화 및 언어 다양성, 다른 믿음 체계, 원주민의 지식·정보에 대한 존중심은 특히 생물다양성과 지속가능한 발전에 관한 지식 창고인 언어 다양성의 역할과 관련된다. 따라서 지속 가능성을 위한 국가 차원의 해결 방안에 대한 대책을 강화해야 할 것이다.

3. 언어의 공존을 위한 횡단

문화 경계간에 상호 소통이나 문화 교류 방식에는 언어가 매우 중요한 자리를 차지한다. 언어와 언어의 변종은 경쟁의 상태에서 때로는 피를 흘리며 충돌한다. 지난 세기 20세기까지 언어적 억압을 받는 사람이 기하급수로 증가했다. 지구상에서 언어를 착취하고 억압하는 문화적 식민주의의 끊임없는 위협은 디지털 시대로 접어들면서 더욱 강력한 변화의 힘으로 작용되기 시작하였다. 자본을 지배하는 언어를 받아들이는데 소요되는 개인적, 국가적인 비용은 엄청날 뿐 아니라 자신의 모어(Mother's Language)로 구성된 지식·정보는 위축될 수밖에 없다. 그보다도 더 중요하고 심각한 문제는 인류가 창조한 다양한 지식·정보의 상징인 언어들이 급격하게 무너지고 있다는 사실이다.

소수 민족이나 부족의 언어를 조직적으로 멸시하고 짓밟는 식민주의 언어 침탈은 원주민의 언어가 급격하게 절멸되는 가장 큰 요인 가운데 하나였다. 이처럼 한 언어가 다른 언어를 포식하는 것을 언어 지배적(Dominant Language) 방식인데 곧 A의 언어가 B와 C의 언어를 대치하거나 B와 C의 언어를 지배하거나 없애 버리는 언어 정책이라고 할 수 있다. 20세기 언어 식민주의 국가들은 약소국가나 변두리 부족의 언어를 절멸의 벼랑 끝으로 내몰아 왔다. 이처럼 문화 제국주의 또는 언어 제국주의의 방식으로 중심부가 주변부를 일방적으로 파괴하는 방식이다. 언어는 이 지구상에서 한 번 없어지면 다시 되살릴 수도 대체할 수도 없는 천연자원과도 같은 것이다. 비록 자본이 열악한 지역의 언어라도 그 다양성이 조금이라도 줄어들면 우리가 끌어와 쓸 수 있는 지적 기반도 함께 낮아지기 때문에 인류의 환경 적응력은 현저히 감소된다. 다양한 지역의 언어

wood 편)의 지침서로『생물다양성의 문화적 가치와 정신적 가치』를 발간하였다.

5 UNESCO's Approved Programme and Budget 2002-2003 (31C/5), para. 01212.

나 방언은 서로 경쟁의 관계가 아니라 상호 보완적 관계에 있는 것이다.

언어 지식·자본은 다른 모든 형태의 물적 자본처럼 불평등하게 배분된다. 특정 언어의 지식을 가짐으로써 얻을 수 있는 이익이 크면 클수록 그 언어는 더욱 습득할 가치가 높아지는 것이다. 예를 들어 대부분의 사람들은 영어를 사용하지 않으면 세계적인 경제 혜택으로부터 추방당하는 위험에 처할 것으로 인식하고 있다. 식민 종주국의 언어가 강화되는 것도 그러한 이유에서 유래된다. 또한 엘리트층은 교육을 통해 지배 언어를 습득하고 그 지식을 이용해서 그 지배 언어를 모르는 대다수의 국민에 대해 권력을 행사하고 또 지배권을 확대할 수 있는 지위를 유지하게 되는 것이다. 조선조 시대에 한자와 한문이 그러했고 또 오늘날 영어 사용 능력자가 그러한 엘리트 지배층을 형성하고 있는 한국의 사례를 통해서도 이러한 전제의 타당성은 충분히 입증된다. 이 언어 절멸의 속도는 디지털시대로 들어서면서 더욱 강력하고 빠른 속도로 진행되고 있다. 곧 토착 언어를 잃어버림으로서 그들이 문화 경계는 지배적 언어 국가의 문화 경계 속으로 쉽게 재편될 수밖에 없게 된다.

꿈의 사회의 원천은 단일 언어에 의한 소통의 획일화가 아닌 탐욕과 물질을 뛰어넘어 다양성을 바탕으로 감성과 정신, 문화의 상호 이해와 존중을 통해서 이루어낼 수 있다. 획일적인 것보다 다양한 언어 소통은 정보화의 기술로 그 불편을 줄여나갈 수 있으며, 그렇게 하기 위해서는 국가간에 언어 정보처리 기술력에 많은 투자가 필요하다.

이러한 기본적 방안을 요약하면 다음과 같다. 곧 미래 인류의 지식·정보의 교류와 나눔을 위한 대안으로 언어 횡단(Trans-language)의 방식이다. 언어 횡단의 모델은 A, B, C의 언어가 있을 때 A와 B가 소통하고 A와 C, B와 C가 소통하는 형식의 소통 구조로 이해될 수 있다. 미래 인류의 언어 교육과 정책의 기조는 지배적 방식이 아닌 상호 대등한 이해와 소통 방식인 언어 횡단의 방식으로 진행되어야 할 것이다. 지배적 언어로써만 소통하는 것이 아니라 서로 인접해 있는 언어로 소통의 연결 고리를 만드는 언어 횡단의 방식으로 결속이 되어야 한다. 그러기 위해서는 21세기 인류의 과제는 다양한 민족과 국가 상호간에 언어와 문화를 서로 존중하고 이해하는 데 주력해야 할 것이다.

문화나 언어의 다양성을 포용하는 국가가 그 존재를 부정하는 국가보다 더 풍요로운 나라라고 말할 수 있다. 언어가 서로 차이가 난다는 사실의 의미와 그 가치를 존중하는 마음이 결여된 것이 문제이다. 언어로 담아내는 지식·정보의 균질성의 문제는 인류 전체가 당면한 미래의 해결과제이다. 제도권 교육이 감당할 수 없는 대량의 다국적 언어로 구성된 지식·정보의 다발을 체계적으로 구성하여 상호 소통의 다리를 놓는 일이야말로 인류 문명 발전의 원동력이 될 것이다. 나라마다 모든 지식을 체계적으로 정리한 대규모의 언어 코퍼스를 구축하여 다중들의 지식·정보의 습득 능력을 강화하는데 노력을 기울이는 일이 국가적 최 일선의 과제가 되어야 한다.

국가적 차원에서의 오프라인 지식·정보는 국가 대중적인 지식 기반에 영향을 미칠 수 있다. 또한 국가간의 경계를 뛰어넘어 지식을 조합하고 융합하면 새로운 창조적인 지식으로 다시 탄생시킬 수 있으며 그렇게 함으로써 지식·정보의 불균형성을 뛰어넘을 수 있다. 물론 지식·정보만으로 창조성을 기를 수는 없지만 지식·정보가 없는 창조성이란 불가능한 것이다. 최근 방대한 지식 체계를 가장 조리 있게 정리하여 데이터베이스화하는 일은 바로 언어 정보처리 기술력을 높임으로서 가능하다. 지금 전 세계 지식·정보의 자원은 대부분 인터넷으로 연결되어 세계 어디서든 지식을 열람하고 교환할 수 있다. 집단지성(Swarm Intelligence)의 구축을 표방하고 있는 대표적인 위키백과는 세계적인 브리테니커 백과를 규모면에서 추월하여 많은 사람들이 스스로 텍스트를 생성, 편집, 수정하는 인터넷 지식의 허브 역할을 하고 있는 사이트이다. 아직은 집단지성의 가능성에 대해 지식·정보의 신뢰도의 문제나 정확도에 대해 회의를 가진 전문가들이 적지 않다.

II 언어 지식 · 정보의 융합과 협업

1. 디지털의 언어 지식 · 정보의 횡단

최근까지 인류의 지식·정보 자원은 주로 구어로나 책이 혹은 종이 기록으로 계승되어 왔다. 미래에는 우리 후손들에게 어떤 형식으로 지식 자산을 계승할 것인가? 이 문제는 비단 어느 특정 국가만의 과제는 아니다. 그동안 전통적인 지식·정보의 관리와 전승이 책으로 이루어졌다면 그 책을 분류하여 보관한 최고의 지식 인프라가 도서관이었다. 그러나 최근 지식이 폭발적으로 늘어남으로써 도서관은 여러 가지 결점을 노출하고 있다. 도서관의 장서를 늘인다고 결코 다중(多衆) 지식의 폭이 넓어지고 깊이가 생겨나는 것이 아니다. 어쩌면 전문가와 비전문가의 괴리를 더욱 벌려놓게 된다. 책의 분류는 이미 한계에 봉착되어 있다. 이 책과 저 책, 이 장과 저 장의 행간 지식의 횡단이 불가능하다. 그저 지식의 시체를 보관하는 장소일 뿐이다. 지식의 조합과 융합을 통해 새로운 지식을 낳는 창조적인 원동력으로 바꾸기 위해서는 도서관에 장서를 늘이는 일만으로는 불가능한 상황이다. 인류 미래의 지속적인 지식·정보를 확장하기 위해서는 지식과 지식 사이를 연결하는 새로운 사다리가 필요하다.

그러나 지식·정보의 소유권 문제가 지식 자본 시대를 가로막는 큰 걸림돌이 되고 있다. 국가마다 지식저작권법이 강화되면서 생산된 창의적 지식·정보가 인류 삶의 증진을 위해 공유할 길이 차단되고 있다. 인터넷을 통한 인류의 지식·정보의 공유가 무한정 가능한 시점에 이를 지식 자본을 재화로 인식하면서 도리어 공동 생산이나 공유의 길이 차단되는 심각한 상황에 직면해 있다. 과학이 고도로 발전한 현재, 지식의 전모를 파악할 수 있는 전문가가 존재하지 않는다. 전문가라 불리는 사람들도 문제의 단편만 이해하는 이들이다. 전문가가 가진 전문 지식의 범위가 더욱 좁아진 결과 일반적으로 같은 영역의 전문가들 사이에도 충분한 상호이해가 어려운 상황이니 복잡한 문제를 해결하기 위해 모아놓는다고 해결되지 않는다. 우리가 살고 있는 이 시대는 새로운 지식을 연결하는 사다리를 놓는 이들이 필요하다. 국가에서 각종 위원회를 구성하더라도 지식의 기반이 강화되지 않은 상황이라면 제 구실을 못하는 것은 당연하다. 하나의 학문 영역으로만 해결할 수 없는 문제가 어디 한두 가지인가? 학문 융합과 학제간의 결합의 중요성이 여기에 있다. 또한 기초 지식을 정교하게 정리해서 담아내는 기계화된 사전(辭典) 지식의 중요성을 강조하는 이유도 여기에 있다. 물론 전문가뿐만 아니라 일반 다중들의 지식 기반을 끌어 올리는 일도 모두 이 일과 관련이 있다. 국가가 인터넷 다중들의 활동을 탓하고 이를 규제하려고만 해서는 안 된다. 다중의 품격을 올리기 위해서는 다중의 지식 기반을 선진화시키는 일이 규제 법안을 만드는 일보다 더욱 중요하기 때문이기도 하다.

21세기 지식·정보 기반 사회에서는 물적 생산성보다 지적 생산성의 능력이 국가 경쟁력을 좌우한다. 현재 대부분의 국가들은 국가지식 기반이 매우 열악하며, 지식 기반을 마련하는 연구개발(R&D) 투자도 열악하다. 그뿐만 아니라 그나마 투자되는 예산 배분과 관리에도 많은 문제가 있다. 최근까지 대부분의 선진 국가들은 지식·정보의 생산이 엘리트 중심의 폐쇄적인 방식으로 진행되어 왔다. 또한 국가별 언어 지식·정보의 생산에는 많은 투자를 하고 있으나 이를 관리하는 영역의 투자는 공격무기나 방어무기 생산에 투자되는 금액과는 비교할 수 없이 열악한 수준이다. 다시 말하자면 총체적인 국가지식 관리체계 방식이 국가별로 너무 차이가 크다는 데 문제가 있다는 말이다.

2. 지식·정보의 생산, 융합과 공유

유용한 지식·정보의 생산층은 〈그림 12-2〉에서처럼 주로 대학의 교수나 연구소(기업 및 정부 소속 연구원 포함)의 엘리트 연구자 중심이었으며, 이들의 유통 방식은 학회 발표 및 논문, 저술, 보고서, 인터넷 블로그 등재와 같은 매우 제한된 방식이었다.

이젠 엘리층만이 지식·정보의 생산자가 아니라 다중이 직접 지식·정보의 생산자로서의 역할을 할 수 있어야 한다. 물론 엘리트층이 아닌 다중의 지식·정보 생산에 대한 신뢰성을 높여야 한다는 전제 아래에서 가능할 것이지만 우선 엘리층이 담당하지 못하는 정보를 수집하기 위해서는 다중의 협업이 절대로 필요하다. 예컨대 자연부락 지명이나 산이름, 들이름 등과 관련된 신화, 전설, 설화의 수집과 구두로 전승되는 지식·정보의 수집은 결코 소수의 전문가 집단이 행하기에는 너무 방대한 일이다. 따라서 토착

그림 12-2 국가 지식·정보 체계화와 융합 모델

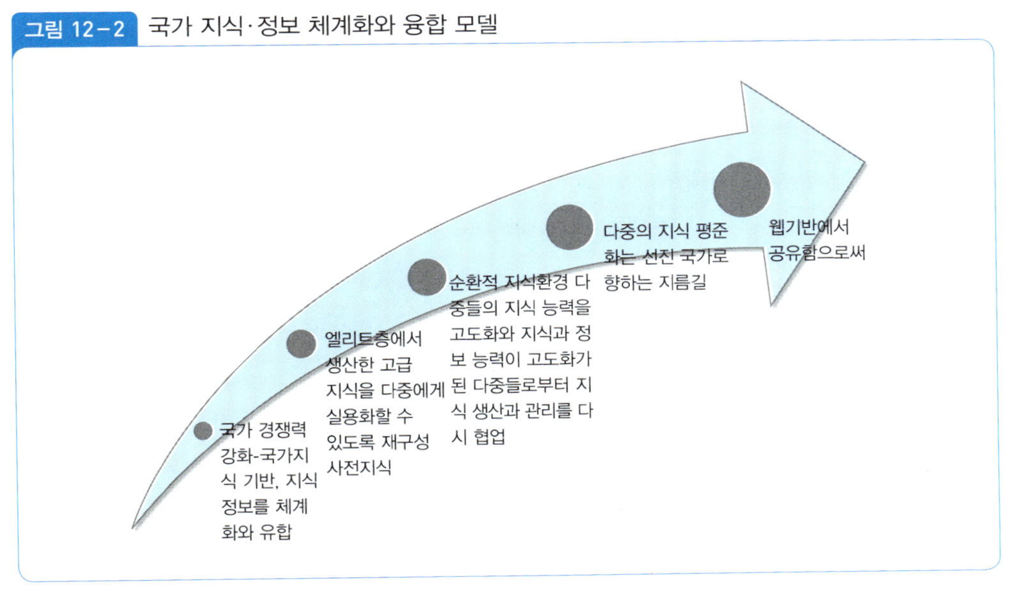

지식을 생산하는 현지인(비전문인)도 가세하도록 이끌어야 한다. 지식·정보의 원천은 너무나 다양하기 때문에 적재적소의 다중들의 협업으로 효율성을 높일 수 있는 분야가 무한하다는 인식을 가져야 한다.

다가오는 인류의 미래는 지식·정보의 생산자와 소비자는 둘이 아니고 하나이다. 곧 다중 집단이 지식과 문화의 프로슈머(prosumer)라는 측면에서 그들의 지식·정보 생산 역량을 강화하는 전략이 필요하다. 인터넷을 통해 전문가 집단은 물론이거니와 다중이 생산하는 지식을 대규모 협업으로 국가별 지식 구조 속으로 결속시켜 이를 활용하는 방법을 채택하지 않으면 국가적 지식·정보의 경쟁력은 약화될 수밖에 없다. 다중이 직접 참여하는 방식은 정보의 질적인 정확성과 신뢰성에 대한 의문이 제기될 수 있기 때문에 전문가 집단과의 협업을 유도해야 한다. 곧 전문가들에 의해 생산되는 지식이 주로 출판물이나 논문으로 수렴되고 있으므로 이를 다중에게 피드백을 시킬 수 있는 전략으로 대량의 언어 정보처리 기술력을 강화해야 할 것이다. 이러한 지식 자원의 유통 방식을 고려하여 매년 출판사에서 쏟아져 나오는 텍스트 지식·정보의 소스를 국가가 효율적으로 공유하는 관리 체계를 마련하지 않으면 안 될 시점이다. 지식저작권법안의 국가적 조정과 국가간 조정과 협상이 필요하다. 폭증하는 새로운 지식·정보를 유익한 용도로 변환시킬 수 있는 국가 지식·정보의 생산 및 관리 조직을 국가가 앞장서서 재구성하지 않으면 국가간의 지식 경쟁력은 더욱 뒤떨어질 수밖에 없게 된다. 웹 사전인 위키피디아(Wikipedia)에 접속해 보면 집단 협업으로 만들어진 백과사전의 성과는 성공의 가능성을 입증해 주고 있다. 신속한 지식·정보의 생산과 전달 방식이라는 면에서도 얼마나 큰 위력을 발휘하고 있는지 짐작할 수 있다. 물론 다중 집단이 지식·정보 생산과 관리를 담당할 만큼의 신뢰도나 정교성 등의 문제가 없는 것은 아니다. 그러나 앞으로 다중 집단의 지적 수준이나 신뢰성을 높이는 일 또한 국가의 발전 전략의 일부가 되어야 한다. 이와 함께 국가간 공유를 위해 협력 네트워크를 점차 확대해야 할 것이다.

생산된 지식을 체계화하고 융합하여 조직화하는 일이야말로 국가 미래 경쟁력을 강화하는 지름길이라고 할 수 있다. 소위 엘리트층에서 생산한 고급 지식도 다중들이 실용할 수 있도록 재구성하는 노력이 필요하다. 엘리트층과 다중간의 순환적 소통환경을 만들 필요가 있다. 이는 다중들로 하여금 집단지식의 능력을 고도화하고, 나아가 이들이 다시 협업의 방식으로 지식 재생산에 참여하도록 하는 것으로, 다중 지식의 평준화에도 기여하면서, 궁극적으로는 국가지식 경쟁력을 강화하는 방법이기도 하기 때문이다.

3. 지식·정보의 관리와 콘텐츠

오늘날 넘쳐나는 지식·정보는 불포화상태로 개인 삶을 지배해 오고 있다. 지식·정보의 증가는 인류 문명 발전을 위해 매우 긴요한 일이다. 그러나 지식이 폭발적으로 증가하여 지식의 총량이 지나치게 많거나 세분화되면 도리어 지식의 전체 상황도 눈에 보이지 않고 지식간의 관련성도 파악하기 힘이 든다. 곧 방대해지는 지식·정보 기반을 기계사전 지식으로 인간과 정보기술과 연계하여 효용성이 높은 지식·정보 환경으로 구축할 수 있다. 인류가 이룩해 온 온갖 지식·정보를 창조적으로 재활용하고 나누기 위해서는 국가별 정보처리의 기술력을 강화하는 일과 각종 지식·정보를 콘텐츠로 가공하여 전환하는 일이 무엇보다도 중요하다.

정보처리 기술력을 대변하는 통신기술은 매우 고도화되어 있다. 웹이나 앱을 통해 언제 어디서든지 내가 필요로 하는 지식·정보를 검색할 수 있는 통합 환경은 모바일을 통해서도 가능한 수준에 도달해 있다. 이와 함께 유로워드넷(Uro-word Net)처럼 국가와 국가간에 또는 대륙간의 언어 소통을 위한 기반 구축도 착착 진행되고 있다.[6]

문제는 발전된 소통 도구를 통해 담을 수 있는 지식·정보의 콘텐츠 질과 양은 국가간에 상당한 격차를 보이고 있다. 이 콘텐츠 부문 가운데 자연언어 처리기술이 핵심 부분인데 한국에서는 21세기 세종 계획으로 의미태그말뭉치, KAIST의 Corenet, 국립국어원의 어휘분류체계 구축, 부산대의 KolNet, 오름정보의 Odin, ETRI의 ETRI어휘개념망 사업이 추진되고 있다. 대체로 언어정보처리 기술은 아직 시험적 단계로서 제한된 범위에서의 어휘망 구축 작업이 진행되고 있다. 향후 이러한 연구 성과들이 집적화되면 보다 발전적인 대량의 어휘망을 구축하거나 온톨로지(Ontology) 기술을 활용한 웹 기반 다국어 사전개발이 가능하다. 한걸음 더 나아가서 국가간의 소통 기반으로서나 자연언어처리 정보처리 기술로 발전될 수 있을 것이다.

지식·정보의 소통과 나눔 방식은 인터넷을 활용함으로써 엄청난 효율성을 기대할 수 있다. 폭증하는 새로운 지식·정보를 담고 있는 어휘들을 대량 말뭉치(Corpus)로 구축하여 국가간에 교류할 수 있도록 해야 할 것이다. 나날이 새롭게 생산되는 지식·정

---

6 유로 워드넷(Uro-word Net)은 미국의 심리학자 밀러(G.A Miller)가 개발한 영어 워드넷(wordNet1.5)에 기반을 둔 다국 지원 언어 관계망인데 유럽 8개 국가의 연구 기관이 협동 작업으로 만든 8개국 언어의 다국어 어휘 의미 데이터베이스이다.

보를 그대로 방치한다면 개인과 개인 혹은 국가와 국가간의 차등성은 더욱 심화될 것이다.

　동시 다발적으로 연결되고 끌리고 쏠리고 들끓는, 조직없이 연결된 다중 집단이 위력적인 집단행동과 조직화의 능력을 발휘하고 있다. 아무리 사소한 일일지라도 다중이 합의를 한다면 사회적 이슈화로 사태를 끌고 갈 수 있는 격변기이다. 국가 조직이나 기업 조직을 비롯한 국가 지식의 생산과 관리를 위한 조직화의 새로운 방향을 모색하지 않으면 어떤 폭풍우를 만날지 아무도 예측하지 못하는 시대로 진입해 있다.

Ⅲ　창조적 인류의 미래

1. 지식 · 정보의 양극화

　세상에는 6천여 종의 참으로 다양한 언어가 존재한다. 세상에 그 다양한 언어를 서로 연결하는 소통의 징검다리를 놓기에는 참으로 불편하다. 지식·정보화 소통의 효율성이라는 문제로 이 세상은 하나의 언어, 유일한 언어로 소통할 수 있기를 기대하는지 모른다. 그렇게 되면 얼마나 좋을까? 이 지구상에서 자본 지배적인 언어가 다양한 사람들의 평등한 소통도구가 되기를 희망하지만 이것은 사람들이 바라는 한낱 꿈에 지나지 않을 것이다. 인간의 의지와 전혀 무관하게 이 세상을 아름답게 만들어 주는 그 다양한 꽃과 풀 그리고 나무가 단종이 되어 한 가지의 꽃만 우리의 정원에 피어 있다면 과연 아름다울까?

　이른바 비표준화된 토착민들의 언어 속에는 엄청난 양질의 지식·정보가 남아 있을 가능성이 크다. 오랜 시간 동안 삶의 경험 속에서 이끌어낸 그 다양한 정보에는 기록의 역사가 증명하지 못하는 중요한 지식·정보가 잠자고 있을 뿐만 아니라 그 속에는 문화 원형의 비밀이 숨어서 잠에서 깨워주기를 기다리고 있을지도 모른다.

　이처럼 언어 기호를 재해석할 수 있는 상상력을 키우지 않고는 언어나 문화와의 연계성을 밝혀낼 길이 없다. "언어는 역사 보관소"라고 한 시인 에머슨의 말처럼, 언어는 일단 기록되거나 표현되면 언어학에 관련된 정보 그 이상의 지식·정보를 우리에게 제공해준다. 최근 자본의 '양극화(Disparity)'라는 말을 자주 사용한다. 특히 자본 시대에 빈부 격차에 대한 논점으로 '부의 양극화(Disparity of Wealth)'의 논의의 핵심은 부자는 대를 이어 부자가 되고 가난한 자는 대를 이어 가난하게 되는 불평등의 고리가 자본주의 모순이라는 점이다. 이러한 자본주의의 허점을 비판하는 목소리가 열린 매체공간을 통해 집단의 울림으로 공명을 일으키고 있다.

한 나무에 달린 사과나무도 꼭 같은 크기의 맛있는 사과열매만을 맺지 못한다. 한 부모 밑에서 태어난 아이들의 두뇌나 생긴 모양이 각각일 뿐만 아니라 아이들의 성장 과정도 각각이다. 물론 가진 자들의 아이들이 상류층으로 진입할 가능성은 매우 크지만 한 나무에 매달린 사과의 크기가 다르듯 인간의 불평등 구조는 자연적 현상의 일부로 혹은 신의 섭리로 해석될 부분도 없지 않다. 또한 부의 구조가 고착화되고 사회 구성의 성층화로 인해 개인의 재능을 꽃 피우지 못한 채 차등과 양극화가 점점 심화되고 있다는 점은 분명한 사실이다. 빈부의 격차가 극단적으로 양극화되는 현상이나 이러한 사회구조가 대물림 되는 사회는 불안정해질 수밖에 없다. 바로 이러한 사회적 문제의 바탕에는 개인의 지식과 정보의 양극화라는 눈에 보이지 않는 중요한 요인이 숨어 있음을 잘 알아야 한다.

소셜미디어(SNS)를 통해 유통되는 수준 높은 각종 정보와 개인의 지식의 역량 차이는 곧 소득의 차이로 연결되는 매우 중요한 고리이다. 국가와 국가간에 또 다른 차등성을 만들어 내는 요인이 될 것이다. 최근 새로운 지식과 정보는 폭증하고 있다. 정부가 제공하는 각종의 복지 정책에 대한 정보에 어두운 사람은 결국 지원의 기회를 잃게 된다. 장사를 하는 사람에게는 치밀한 정보 분석을 토대로 사업을 하는 경우가 그렇지 않는 경우보다 훨씬 성공의 확률은 높을 수밖에 없다.

지식·정보의 격차야말로 개인적으로 사회 계층화와 부의 양극화를 만드는 가장 중요한 요인 가운데 하나인 동시에 국가간에서도 마찬가지이다. 개인이나 사회 또는 국가간의 지식·정보의 양극화의 간극을 메우기 위해서 지식·정보의 생산자와 소비자간을 잇는 사다리를 놓을 필요가 있다. 인류가 만들어온 엄청난 양의 고급 지식·정보를 디지털로 가공하여 이 소셜미디어(SNS)를 통해 이용 검색할 수 있는 지식·정보의 기반을 새롭게 구성해야 할 단계이다. 지식·정보의 격차가 날이 갈수록 벌어지고 있는 요인 가운데 하나가 전문용어의 소통 문제이다. 개인이나 국가간에 소통될 수 있는 전문

용어의 소통방식은 국제적 협력과 이해가 필요한 핵심적인 과제이다.

스테판 핑크(Stephen Pinker)의 『언어의 본능(The Language Instinct)』(런던, 1995)에서 "진화하는 인간이 사는 세계는 언어가 정치, 경제, 테크놀로지, 가족, 성, 우정 등 개별적 재생산의 성공에 핵심적인 역할을 하는 요소들의 복합체로 직조되는 세계"라고 말했듯이 인간 지식과 정보는 언어라는 기호와 아이콘에 가득 담기며, 이는 또 책, 영상, 음악, 몸짓 등의 표현으로 구성되어 세상에 드러난다. 그 가운데 책이야 말로 인간이 구축해온 지식·정보 전달의 핵심적인 역할을 해왔으며 앞으로도 할 것이다.

특히 웹이나 앱을 기반으로 할 경우 다량의 지식·정보를 관리하고 이를 효율적으로 검색·활용하는 일은 더욱 용이해진다. 지식·정보는 기호와 아이콘으로 구성되어 있다. 세상 문화의 기표는 문자와 아이콘, 영상, 음악 등의 방식으로 운영되고 있다. 소통 도구의 발전에 따라 그동안 방관했던 구두 언어로 남아 있는 신화, 전설, 지명 등과 같은 다중들의 언어를 무형문화재로 매체언어로 담아내는 일은 매우 중요한 과제이다. 이와 함께 전 인류가 생산해온 다양한 서적이나 기록물을 디지털로 전환하여 다국 언어로 활용하는 기반을 마련하는데 각국의 정부는 적극 동참하고 또 투자를 해야 할 것이다.

2. 공적 집단이성의 향상

전 세계는 인종, 언어, 문화, 전통, 관습의 경계를 뛰어넘어 낯선 사람들과 함께 대량으로 뒤섞여 공존하는 문화 경계가 급속하게 확산되고 교차되는 시대이다. 다문화 사회란 단순히 다른 사람들이 뒤섞이는 현상만이 아니라 문화가 지리적 경계를 뛰어넘어 혼류하는 사회를 말한다. 지금 인류는 말 그대로 다문화 사회에 진입해 있다. 서로 다른 인종, 언어, 문화, 전통, 관습을 가진 사람들을 상호 존중하고 배려하며 더불어 살아가는 사회의 비전을 마련해야 할 시점이다.

인터넷 발달을 이끌고 있는 주요 국가인 한국 사회는 한 치 앞을 예측할 수 없는 미래의 불투명한 안개 속을 가고 있다. 이미 지난 IMF를 통해 중산층이 급격하게 몰락한 경험을 하였으며, 국내 정치권력이 바뀔 때마다 경험하는 대기업의 도산, 조기 퇴출, 금리 인상 등의 후폭풍으로 개인의 삶은 예측불허의 상황으로 내몰려 있다. 따라서 국가가 선택해야 할 비전과 개인이 선택하고 지켜야 할 새로운 가치가 요구되는 상황이다.

"언어가 권력인 시대다." 20세기 마오쩌둥은 "권력은 총구에서"라고 했지만 21세기 다중 권력은 혀끝과 손끝에서 시작된다. 이준웅 교수는 『말과 권력』(한길사, 2011)에서 오늘날 민주주의를 "말의 경연에 의해 권력이 구성되고 정당화되는 체제"로 규정하고 있다. 이른바 의사소통 민주주의로 정의할 수 있다. 우리 사회는 소위 말하는 제도적 민주화 정착 이후 "말의 경연으로서의 직접 참여하는 민주주의"로 진입했다는 분석이다.

인터넷 시대가 투명한 사회를 만들 것이라는 미래학자들의 예측은 빗나가고 있다. 집단적 언어폭력은 더욱 교묘하게 강화되고 사람들은 혼자서는 외로워 살지 못하고 이런 저런 집단에 몸을 담는다. 정당 조직이 그렇고 사회 다양한 조직, SNS를 통한 다중들의 무리를 짓고 있다. 그 무리들 속에는 눈에 보이지 않는 집단적 소통폭력이 내재되어 있다. 정치 민주화라는 단일 주제로 하나가 되었던 다중이 민주적 방식으로 국가 지도자를 선택한 이후 곧바로 흔들기가 시작된다. 민주화의 가장 큰 이상이었던 인권과 개인자유의 권한이 확대되었지만 눈에 보이지 않는 언어를 통한 폭력의 가해는 선후를 가리지 못할 뿐 그 이전의 역사와 별반 더 나아진 것이 없다. 좀 더 발전된 지성의 국가나 국민으로 성장해나가지 못하는 이유가 무엇일까?

소셜네트워크를 통해 사회를 바르게 인도하는 공적인 기능의 중요성은 아무리 강조해도 지나침이 없을 것이다. 여기서 한 걸음 더 나아가 발달된 소셜네트워크 통로를 통해 집단적으로 구성할 수 있는 새로운 지식과 정보를 공유함으로써 얻을 수 있는 개인이나 국가의 이익을 생각해 볼 때이다. SNS를 개인 삶의 질을 향상시키는데 기여할 수 있는 방향으로 발전시킬 수 있는 사회적인 합의를 이끌어 낼 필요성이 절실하다. 인터넷을 기반으로 한 위키피디아의 발전 과정은 지식·정보의 생산자나 수혜자가 따로 없이 누구나 생산할 수 있고 모두가 손쉽게 공유하면서도 정체되지 않고 계속 진보하는 집단지성을 구성할 수 있을 것이라는 사실에 기반하고 있다. 그러나 지금까지의 우리의 현실을 성찰해 보면 이러한 예측은 거의 빗나갈 가능성이 높다. 최근 우리 사회는 집단 이기주의가 개인의 정의와 판단을 흐리도록 만들 뿐만 아니라 집단 혹은 다중이라는 군집 속에서 개인을 왕따로 만들거나 개인의 의견은 묵살시키는 편향된 눈에 보이지 않는 폭력의 힘이든지 아니면 시시콜콜한 자신의 신상털기, 하소연과 같은 도구로서의 기능으로 추락할 수 있다.

법률 규제의 간극 사이로 통용되는 폭력의 힘을 제어하는 새로운 윤리에 대한 방향을 모색하는 일은 인권확대를 위한 새로운 해결과제이다.

3. 인류의 창조적 미래

지난 20세기 동안 세계적으로 새로운 지식이 엄청난 속도로 탄생하였다. 지식의 문제는 인간의 본질적인 관심거리였으며, 그 지식의 생산 문제에서 뿐만 아니라 이를 관리하는 문제에 이르기까지 개인뿐만 아니라 국가에서도 관심을 갖는 주요한 대상이었다. 백과사전파라는 사람들은 지식을 정리하고 그것을 집대성함으로써 새로운 지식을 탄생시키는 원동력의 역할을 해왔다. 21세기에 들어서면서 지식 증가의 양만큼 인간이 해결해야 할 과제들도 상대적으로 엄청나게 증가하였다. 에너지와 자원 문제, 환경, 식량, 빈곤문제, 도시 문제, 테러 등 다양한 분야에 걸쳐 단순히 윤택한 인간 삶의 문제보다 안전한 인간 삶을 유지시키는데 필요한 생명과학, 바이오테크놀로지, 나노테크놀로지, 정보기술, 환경 기술, 에너지 기술, 재료와 생산 기술, 인문과학과 사회과학 등 문제 해결의 기초적 지식의 단초를 쥐고 있는 것이 바로 지식·정보의 언어 관리의 문제이다. 〈그림 12-3〉과 같이 소셜미디어를 활용하여 다중 집단이 지식·정보의 생산에 참여하고 국가나 기업이 이를 관리할 수 있는 기반을 마련함으로서 개인 또는 국가 간의 지식·정보의 차등성을 줄여나가는 노력이 절실하게 필요하다.

그림 12-3 국가 집단지성의 기반

소셜미디어의 기반

뉴미디어의 리터러시(Lowa Electronic Market, Goole rearch, Linux, Slasdot.com, Amazon.com)
SMS: Scribd.com(전자책), Telp.com(상점), Answers.com(질문, 문의), Last.com(음악), Groupon.com(할인마트), Google.com(정보·지식), Twitter.com(정보와 뉴스), Facebook.com(친구), 아고라, 싸이월드, 미투데이

- 부정확성, 신뢰, 쏠림, 플레이밍(거친표현), 과시적 소비 자극, 역정보, 다중권력화: 언어 폭력의 위기

- 전국민 학습 공동체: 국가 지식정보의 협업(예시: 마을지 구축, 방언사전 구축)
- 국가 정부부처+학술단체 연합+국민=전문용어 대량 구축(국어기본법 전문용어 관리 강화)

국민정보지식 양극화 해소

인류의 창조적 미래를 위해 지식·정보의 핵심인 언어에 대한 인식의 변화가 절실하게 필요하다. 지배와 피지배, 자본 중심의 소통 방식이라는 대치적 방식이 아닌 협력과 공유의 방식으로 질적으로 우수한 고급 정보를 공유할 수 있는 21세기 미래의 새로운 기획들이 필요한 것이다. 갈등과 폭력으로 점철된 지리 경계를 뛰어 넘어 화해와 평화, 나눔의 미래를 만드는 일은 이 시대의 사람들이 반드시 이룩해야 할 과제이다.

참고문헌

- 이상규, 「언어의 다원성과 공통성」, 제18차 세계언어학자대회 〈절멸위기의 언어〉 분과 발표, 서울, 2008.
- 이상규, 『둥지 밖의 언어』, 생각과 나무, 2008.
- 이상규, 『방언의 미학』, 살림, 2006.
- 이준웅, 『말과 권력』, 한길사, 2010.
- 찰스 리드비터 저·이순희 역, 『집단지성이란 무엇인가(우리는 나보다 똑똑하다)』, 21세기북스, 2009.
- 토마스 웨스트 지음·김성훈 옮김, 『이미지로 창조하는 사람』, 지식갤러리, 2011.

제 **13** 장

종교의 미래

I 21세기 정신문명 트렌드

1. 종교란 무엇인가?

　인간을 다른 동물과 구별짓는 인간의 별칭으로 이성적인 인간이란 의미의 호모 사피엔스(homo sapiens), 공작하는 인간이란 뜻의 호모 파버(homo faver), 놀이하는 인간이란 의미의 호모 루덴스(homo ludens), 상징을 사용하는 인간이라는 의미의 호모 심볼리쿠스(homo sysbolicus) 등이 거론된다. 여기에 덧붙여 영국의 인류학자 마레트(1866~1943)는 인간을 다른 동물과 구별하는 가장 큰 특징으로 종교적 인간, 즉 'homo religiosus'를 꼽는다. 지구상에 있는 다양한 문화권의 민족 중에 어떤 형태로든 종교가 없는 민족은 없고, 반면 동물 중에 종교적 행동을 하거나 신을 경배하는 의식을 가진 동물은 아직 발견되지 않았다.

인간은 절대적이고 초월적인 것을 추구하는 본성을 지니고 있다. 이러한 인간의 본성으로 인해 인간은 보편적으로 종교적이다. 현대과학은 종교에 대한 인간의 관점을 근본적으로 바꿔놓았다. 과학의 발전과 급속하게 진행중인 세계화로 인하여 20세기 후반부터 유럽에서는 기독교 신자의 수가 급속히 줄고 있고 적잖은 수의 교회가 디스코장이나 박물관으로 탈바꿈하고 있기에 종교의 의미가 퇴색되거나 죽어 간다고 할 수 있다. 그러나 유럽이나 미국과는 달리 아시아와 중동에서는 이슬람교가 놀라운 속도로 성장하고 있다.

그렇다면 종교란 무엇인가? 사람마다 추구하는 절대적 가치와 신념이 다르기에 종교를 한마디로 정의하는 것은 불가능에 가깝다. 하지만 학자들 사이에 널리 알려져 있고 어느 정도로 설득력을 가진 정의를 간추려 보면 다음과 같다. 독일의 종교학자 루돌프 오토(1868~1937)는 1917년 출간한 책 '성스러움의 의미'에서 보이는 세계 너머의 어떤 성스러운 실재의 궁극적 신비에 대한 감각적 경험을 누미노제(numinose)라고 명명하고 이 경험이야말로 모든 종교의 뿌리라고 주장했다. 누미노제를 굳이 우리말로 옮긴다면 '경외'라고 할 수 있다. 누미노제는 매혹과 두려움이란 양면성을 가지고 있다. 오토의 정의는 그 전까지 종교를 초자연적인 실체를 숭배하거나 믿는 일종의 신념체계 또는 도덕체계로 보던 주지주의적 관점을 넘어섰다는데 의의가 있다. 한편 20세기 최고의 신학자로 여겨지는 폴 틸리히는 종교를 '(우리의 전 존재를 사로잡는) 궁극적인 관심'이라고 정의했다. 반면 캐나다에 거주하는 비교종교학자 오강남 교수는 종교를 '궁극적 실재와의 관계에서 얻어지는 변화의 체험'이라고 정의한다. 오교수는 종교체험은 인간이 경험할 수 있는 것 중에서 가장 강력하고 포괄적이고 전율적이며 심오한 체험이라고 말한다.

그런데 몇몇 종교학자들은 오토의 종교에 대한 정의는 초자연적인 실재로서의 절대 타자인 신적 존재를 신앙의 대상으로 하는 유신론적인 종교에만 국한된다고 지적한다. 하지만 종교에는 꼭 유신론적 종교만 있는 것은 아니다. 신적 존재를 중시하지 않거나 신적 존재와 무관한 신앙과 실천을 지닌 종교들도 적지 않다. 종교적 경험의 또다른 유형으로 신비 경험을 제시하는 것도 이 때문이다. 신비경험이란 절대자와 직면해서가 아니라 자연 자체, 혹은 초자연적 존재 자체에 대한 직접적인 감각에서 도출되며 존재의 궁극적 토대와 하나가 되는 합일의 경험이다. 과학자들 가운데 자연과 우주에서 느끼는 경이로움을 종교적 경험처럼 표현한 사람들이 적지 않으나 이들은 종교와 무관하게 무신론, 불가지론, 범신론적 입장을 가지고 있는 경우가 많았다. 아인슈타인은 자연의 경이와 신비에 대한 감정에 종교적이란 수식어를 붙였으나 전통적 유신론적 종교와는 무관했다. 그는 범신론적 무신론자였다. 칼 세이건은 그의 대표작 '코스모스'에서 "코스모스를 희미하게라도 응시하노라면 그것은 우리를 뒤흔들어 놓는다. (중략) 우리는 우리가 가장 위대한 신비에 다가가고 있음을 안다"고 고백하고 있으나 그는 대표적인 무신론자로 알려져 있다. 애국가에 나오는 '하느님이 보우하사'란 구절에서 하느님은 우주와 역사를 주관하는 신적 주재자를 뜻할 수도 있고 하늘의 막연한 이치를 뜻할 수도 있다.

종교적이라는 표현은 대개 신성함, 근원적 깊이, 존재 자체 등을 망라하는 포괄적 개념으로 쓰인다. 하지만 종교라는 용어가 실제로는 특정 전통으로 구체화된 제도 종교를 지칭하는 경우가 많기 때문에 이에 대한 혼돈과 오해가 생겨나기 쉽다. 종교를 어떤 외형적 조직체나 일련의 교리체계로 본다면 미국과 유럽에서는 종교는 갈수록 힘을 잃어가고 있는 것이 사실이다. 그러나 위에서 열거한 관점에서 보자면 종교적이라는 것이 반드시 정기적으로 교회나 절, 성당, 모스크, 시나고그에 나가거나 교리를 열심히 지키는 것만을 의미하지는 않는다. 오히려 이 혼란스런 시대에 삶의 참된 의미가 무엇이고 인간 존재의 근원이나 우주의 기원, 대자연의 섭리 등을 추구하는 자체가 보다 깊은 차원의 종교적 자세라 할 수 있다. 인류의 정신문명을 주도해온 종교가 위기에 처해있다고 하지만 보다 정확하게 말하자면 기성종교의 위기라고 할 수 있다.

2. 세 번째 밀레니엄의 도래: 종말론인가? 영성시대의 출발인가?

두 번째 밀레니엄이 끝나가던 20세기 후반에는 미래에 대한 불안과 새로운 시대에 대한 기대가 교차하며 시한부 종말론과 함께 뉴에이지 운동이 기승을 떨쳤다.

❶ 시한부 종말론

20세기 후반부터 16세기 점성학자 노스트라다무스의 예언이나 요한계시록 등을 거론하며 지구 종말을 예언하는 시한부 종말론이 전 세계적으로 극성을 부렸다. 서기

2000년을 전후해 지구온난화로 인한 천재지변이나 숫자표기 방식의 변화로 인한 컴퓨터오작동 핵전쟁발발로 인류가 종말을 맞이하게 될 것이라는 소문이 횡행했다. 이에 힘입어 재림예수를 자처하며 자신을 따라야 살아남을 수 있다고 주장하는 신흥종교 교주들이 전 세계에서 출몰했다. 인민사원, 태양사원 등의 사교집단은 계율을 따르는 집단생활을 통해서만이 구원받을 수 있다고 주장하며 수백 명의 신도를 집단자살로 몰아넣는 사회문제를 일으키기도 했다. 한국에서도 성경의 구절을 적당히 인용하여 세계인구 중 14만 4천 명만이 구원을 받아 영생을 누린다거나 기독교에서 파생된 일부 종교는 집단휴거의 날짜까지 제시하며 신도를 현혹했다. 특히 노스트라다무스가 미래의 사건들을 예언한 사행시를 모아놓은 책 '모든 세기들'에 실린 '1999 일곱 번째 달 하늘에서 공포의 대왕이 내려오리라. 앙골모아의 대왕이 부활하리라…'라는 구절에 근거하여 1999년 지구가 종말을 맞이한다는 이야기가 유럽에서 떠돌았다. 1999년 8월 유럽 전역에서 나타난 개기일식은 잠시 종말론을 부추기기도 했다. '스티그마타', 'End of the days', '제7의 봉인', '아마겟돈' 등 할리우드 영화들도 이같은 종말론 열풍을 부채질했다. 그러나 국지적으로 이른바 밀레니엄버그현상이 발생한 것 외에는 세계는 평온하게 서기 2000년을 맞이했다.

그런데 기독교와 결합된 20세기 말의 유럽발 종말론이 빗나가자 이번에는 중남미발 2012년 종말론이 다시 고개를 들었다. 지구의 역사와 미래를 고스란히 기록해 둔 고대의 마야력이 2012년 12월로 멈췄기 때문이다. 고대 마야인들의 달력을 보면 394년을 '1박툰'이라고 부르고 있다. '은하력'이라고도 불리는 이 달력은 기원전 3114년 8월 13일에 시작되어 13번째 박툰이 끝나는 2012년 12월 21일 동지에 막을 내린다.

종말론자들은 이 날짜를 세상의 마지막 날이라고 주장한다. 1960년대 멕시코 남부에서 고속도로 건설 공사 중 발견된 '모뉴먼트 6'이란 유물이 이같은 의견을 뒷받침한다고 한다. 이 유물에는 2012년 12월 21일 마야 문명에서 전쟁과 창조의 신과 관련해 전 지구적인 한 사건이 일어난다는 내용이 적혀 있다.

이 날은 태양이 지구의 적도와 일직선으로 정렬하는 날이기도 하다. 동시에 태양이 26,000년 주기인 우리 은하의 적도와도 정확하게 정렬한다. 이런 현상이 발생하게 되면 태양폭풍이 최대치가 되어 현대문명의 주축인 전기, 통신, 인공위성이 마비될 수 있다고 한다. 또한 지구자기장이 역전되어 인류의 종말 가능성과 함께 우리의 뇌구조와 인류의식의 대전환이 일어난다고 한다.

한편 2000년 과학자 테렌스 메케나는 중국의 주역을 수리적으로 분석, 시간의 흐름과 64괘의 변화율을 그래프로 표시했다. 그는 '타임 웨이브 제로'라고 이름붙인 이 그래프가 그는 4000년에 걸친 인류사의 변화와 정확하게 일치한다고 주장했다. 그래프 상승 시기엔 영웅이 등장하거나 새로운 국가가 탄생했으며 그래프 하강시기엔 인류사의 비극적인 사건이 일어나거나 국가가 멸망했다는 것이다. 이 그래프는 특정 시점에서 0이 되는데 이 날이 바로 2012년 12월 21일이라고 한다.

위에 든 사례말고도 일부 과학자들이 천문학적, 지질학적 탐구를 근거로 2012년의 지구대변혁에 동의하고 있고 동서양의 예언들이 뒤를 잇고 있다. 이들은 2012년이 현재의 과학, 경제, 정치, 기상, 환경 등 서로 다른 분야에서 제기하는 '지구위기의 때'와 정확히 일치하고 있다고 주장한다. 지진, 해일, 혜성과의 충돌가능성, 해수면 상승, 자원고갈 등 인류를 위협하는 자연재해의 빈도와 충격의 정도는 심화되고 있는 것이 사실이다. 현재 인류는 마지막 빙하기의 고점이었던 B.C. 24,000년에 시작되었던 일련의 대주기에서 다섯 번째이자 마지막 대주기에 속해 있다. 일부 학자들은 2012년이 '은하 동조화'의 단계이자 진화의 비약이 일어나는 단계라고 주장한다. 삶의 페이스가 지속적으로 빨라져 기존의 방식이나 의미가 상실되고 새로운 영역으로 진입하는 '특이점(singularity)'을 향하고 있는데 2012년이 지나면, 변화의 간격은 1개월에서 1주를 거쳐 1일 단위로 압축되면서 대단히 빠른 속도로 0을 향한다고 한다.

❷ 뉴 에이지(New Age) 운동

종말론 괴담은 역설적으로 일반인들이 일상사에서 벗어나 보다 근원적인 이슈에 관심을 돌리게 만드는 계기가 되었다. 근대 이후 서구문명은 과학기술과 인권의 개념, 자유민주주의체제의 발전과 전파를 통해 인류사를 주도했다. 발달한 과학기술은 인류의 생산력을 증대시켜 삶의 질을 향상시켰으며 민주주의 정치체제는 인류의 오랜 숙제였던 자유와 평등의 가치를 실현하는데 기여했다. 그러나 산업화과정에서 나타난 계층간 갈등, 제국주의의 확장과정에서 벌어졌던 두 차례의 세계 전쟁과 제3세계의 민족 갈등, 후기산업사회로 나아가는 과정에서 발생한 물신주의와 도덕성 상실, 인간 소외 같은 부정적 측면도 나타났다. 20세기 후반에 들어서는 환경파괴, 자원고갈, 핵전쟁의 위협같은 보다 심각한 문제들이 발생하기에 이르렀다. 그러자 유럽과 미국의 일부 지식인들은 자신들이 철저하게 신뢰하였던 근대적 합리성에 대해 근본적인 회의를 제기하기 시작했다. 프랑스에서 정치운동으로 시작하여 기성세대와 기성문화 전반에 대한 반항과 비판으로 나아갔던 68혁명은 유럽과 미국으로 확산되어 근대 서구 자본주의 문명에 대한 비판과 반성을 대중화하는데 크게 기여했다. 탈근대론, 포스트모더니즘에 대한 담론이 본격화되기 시작했고 나아가 새로운 문명에 대한 모색도 가속화되기 시작했다.

뉴에이지 운동은 러시아 출신의 헬레나 블라바츠키가 1875년 뉴욕에서 창설한 신지학협회에서 시작되었다고 본다. 그러나 실질적인 출발점은 세기말적인 위기의식이 팽배하고 기존 산업문명과 기독교문명에 대한 반발이 절정에 이르러 전 세계적으로 반전운동과 학생운동이 활발하게 전개되던 1960년대라 할 수 있다. 이때 기성 권력과 제도를 부정하던 히피운동에 참여한 청년들 가운데는 인간 의식을 확장하여 초월적인 경지에 도달하는 것에 관심을 갖고 이를 위해 여러 종교와 사상체계를 탐구하는 이들이 많았다. 이 과정에서 동양종교와 동양의 사상이 서구 젊은이들에게 커다란 관심을 불러일으켰고 특히 인도의 요가 수행자와 서구에서 교육받은 인도인들을 통해 힌두교의 사상과 문화가 서구사회에서 독점적인 지위를 상실한 기독교를 대신하여 가치의 공백을 비집고 등장했다. 뉴에이지 운동가 마릴린 퍼거슨이 1981년 출간한 '물병자리시대의 음모'는 뉴에이지 운동을 대중적으로 확산시키는데 기여했다. 뉴에이지 운동가들은 ▽새로운 세계가 도래한다 ▽우주만물은 상호관련성과 상호의존성을 갖고 있어 하나로 연결된다 ▽의식은 명상과 요가 등의 훈련을 통해 변화시킬 수 있다 ▽인간에게는 무한한 잠재력과 신성이 내재돼 모든 것이 가능하다 ▽모든 종교는 궁극적으로 하나다 등을 주장한다.

뉴에이지 운동은 신과학운동, 영성운동, 공동체운동, 환경운동 등과 함께 근대 자본주의 문명과 기존 종교에 대한 대안으로 서구 지식인 사회를 중심으로 급속히 파고들었다.

❸ 물병자리 시대 vs. 후천개벽시대

고대 사람들은 천문학에 대한 이해를 토대로 삼아 새로운 시대를 예견했다. 고대인들은 대략 매 2천 년마다 점성술적으로 새로운 '큰 달(a Great Month)'에 접어든다고 믿었다. 태양이 황도(1년 동안 태양이 천구상을 지나는 길)의 12궁 가운데 한 궁에서 다른

궁으로 넘어가는 데 2,160년이 걸린다. 이러한 주기인 2,160년을 고대인들은 큰 한 달(a Great Month)이라고 했다. 이 큰 한 달이 12달을 형성하여 큰 한 해(a Great Year)가 되는 데 이 큰 한 해는 25,920년이다.

황도 12궁은 태양과 행성들이 지나가는 길목에 있는 12개의 별자리를 말한다. 지구는 공전 궤도면에 대하여 23.5도 기울어진 축을 중심으로 자전하면서 동시에 태양 주위를 공전하고 있기 때문에 하늘에 보이는 별자리는 물론 태양의 고도도 계절에 따라 다르게 보인다. 지구 위에서 보면 태양은 하늘에서 황도 12궁을 따라 움직이면서 적도를 중심으로 아래 위로 움직이게 된다. 황도 12궁을 따라 움직여가는 것은 지구가 공전하기 때문이고 적도를 중심으로 아래로 내려 갔다가 다시 올라왔다 하는 것은 지구의 자전축이 기울어져 있기 때문이다. 태양이 적도를 남쪽에서 북쪽으로 옮겨가는 지점이 춘분점이다.

현재 춘분점은 황도 12궁의 마지막 별자리인 물고기자리(쌍어궁)에 있다. 물고기자리 시대는 B.C. 145년경에 시작되어 2160년 후인 2014년까지 지속된다. 물고기 시대가 지나간 뒤 2015년부터는 보병궁(물병자리)시대로 바뀌게 되는데 고대인들은 새로운 시대의 시작이 옛 것의 파괴에 의해 명시된다고 믿었다. 이러한 고대인들의 관점에서 보았을 때, 인류는 21세기에 들어서면서 새로운 패러다임을 경험하기 시작하고 다양한 혼돈도 경험하게 될 것으로 보인다.

뉴에이지 운동가들은 지구를 둘러싼 물리적 환경이 변하여 앞으로 펼쳐지는 물병자리시대에는 지금까지의 과도기적 분열, 투쟁의 역사를 마감짓고 평화와 영성이 충만한 신문명시대가 열린다고 한다. 물병자리 시대에는 사회적 양심과 지역사회 협동, 자기책임, 큰 그림을 보는 능력과 함께 새로운 꿈, 신세계를 향한 비전을 품은 신인류가 태동하게 된다. 물병자리 시대의 우주는 '서로 긴밀하게 연결되어 있는 에너지와 의식으로 촘촘히 짜여진 그물망'이다. 이는 '본질적으로 삶에서 일어나는 모든 현상을 통제하는 주체가 신이 아니라 의식이 깨어난 인간의 정신'임을 의미한다고 한다. 또 이 시대에는 만물의 어머니인 지구를 뒤덮고 있는 연민의 물결을 통해 여성성으로의 귀환이 일어나고 자신과 타인의 구별이 없어져 인류는 궁극적으로 하나가 된다는 것이다.

서양의 정신세계가 다가올 미래를 물병자리시대로 조망하고 있다면 동양, 한국에서는 이른바 후천개벽시대의 도래가 19세기부터 예견돼 왔다. 동양의 천지인사상이나 음양사상에 바탕을 둔 후천개벽사상은 후에 천도교로 발전한 동학을 창건한 수운 최제우에 의해 1860년 처음 제기되었다. 일찍이 중국 송나라의 소강절은 우주의 1년은 129,600년이고 이 대주기 안에 우주의 봄, 여름, 가을, 겨울의 사계절이 들어있다고 했다. 그에 따르면 우주의 봄에 최초의 인류가 탄생했고 우주의 여름에는 모든 것이 분화되어 각종 종교와 과학문명이 꽃을 피운다. 우주의 가을에는 지구상의 인간과 문명이 열매를 맺는 황금시대가 열리며 우주의 겨울은 빙하기로 지구가 휴식을 하는 시기라고 한다. 우리가 살고 있는 현재는 우주 여름의 말기에 해당하는데 학문, 문명, 인구의 폭발적 증가와 분화, 핵무기 개발과 화석연료의 남용, 지구온난화현상 등을 보아도 알 수 있다고 한다.

선천개벽은 우주가 겨울의 음에서 봄의 양으로 넘어가면서 지구가 기지개를 켜는 과정에서 발생하는 현상으로 선천개벽으로 지구상의 초목과 생물, 인간이 생겨났다고 한다. 반면 후천개벽은 가을이 열리는 개벽으로 우주가 여름의 양에서 가을의 음으로 넘어가면서 지축이 바로 서는 등 우주와 자연질서의 큰 틀이 바뀌게 된다는 것이다. 기독교의 창조종말론은 시작과 끝이 있는 체계인데 반해 개벽사상은 시작과 끝이 없이 순환하는 체계로 이루어져 근본적으로 다르다. 동학은 교주 최제우의 신비체험과 전통사상에 대한 해석학을 종합하여 일종의 학문으로 시작되었으나 한민

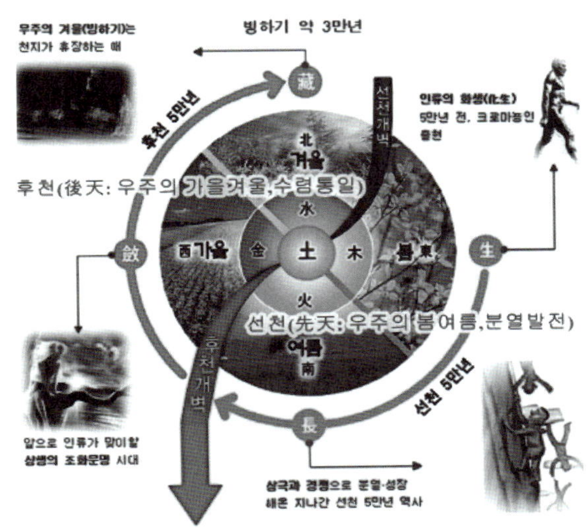

족 전통의 하늘신앙을 계승한 '한울님'을 앞세운 신앙체계로 발전하였다. 근세에 한국에서 일어난 신흥종교 가운데 후천개벽사상을 주장한 종교는 동학의 천도교 외에도 원불교와 증산교, 대순진리교, 통일교 등이 있다.

현재 인류가 처한 현실, 환경파괴, 이상기온, 경제적 불황에 의한 인류가치관의 혼란, 또 앞으로 닥칠 재난들과 혼란, 그리고 인터넷과 놀라운 과학기술의 발달, 인간가치관의 혼란 등을 고려해 보았을 때, 표현이야 어찌됐든 과거의 패러다임이 무너지고 전혀 새로운 패러다임이 주도하는 새로운 세상이 오고 있다는 예측은 나름 타당성이 있어 보인다.

Ⅱ 세계 3대 종교의 로드맵

1. 세계 종교 현황

지구상에는 토착종교와 신흥종교를 포함해 1만여 개의 종교와 1백만이 넘는 신이 존재한다. 그러나 전 세계 65억 인구 가운데 약 75%는 세계 5대 종교 중 한 가지를 믿고 있다. UN통계에 따르면 현재 세계 최대 종교는 기독교(21억 명, 세계 인구의 32%), 제2의 종교는 이슬람(16억 명, 23%)이다. 3, 4위는 통계 산출 기관과 방식에 따라 다르지만 대체로 학자들은 힌두교를(9억 명, 14%) 세 번째로, 다음은 불교(5억 명, 7% 내외)로 보고 있다. 다섯 번째는 유대인들의 종교인 유대교로 1,800만 명 내외로 추정된다. 세계기독교백과사전(WCE)의 예상에 따르면 앞으로 15~20년 후에도 세계 주요 종교의 인구 순위에는 변화가 없다. WCE는 2025년 세계 종교 1~4위는 기독교(26억 명, 33.4%), 이슬람(18억 명, 22.8%), 힌두교(10억 명, 13.4%), 불교(4억 명, 5.3%)의 순이 될 것이라고 예측했다. 현재와 비교해보면 순위는 물론, 비율에도 큰 변화가 없다. 하지만 현재도 세계의 주요 종교들로부터 위협을 받아 신자 수가 대폭 줄고 있는 아프리카를 비롯한 제3세계의 토속종교들은 세계화의 여파로 2030년에는 멸종 위기에 직면하게 될 가능성이 높다.

그림 13-1 세계 종교 현황

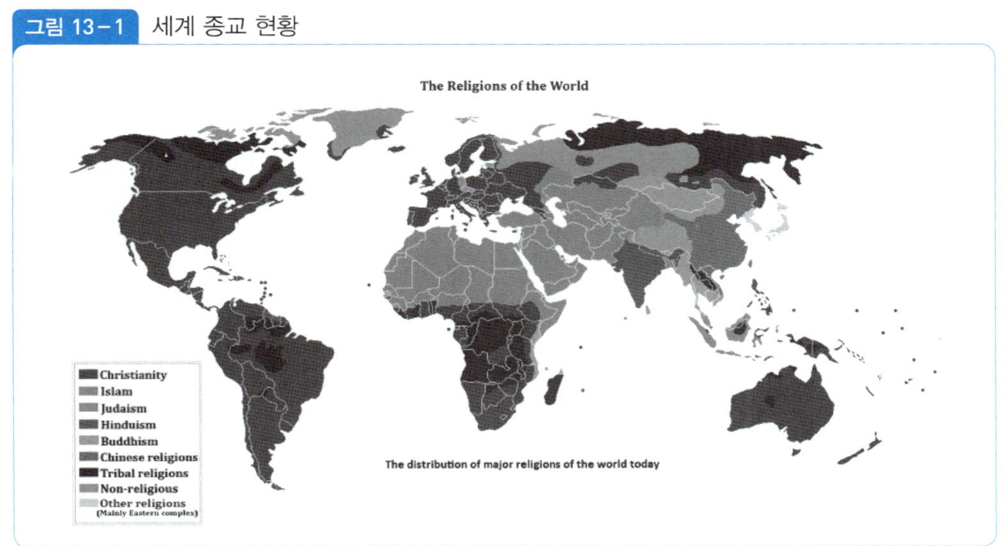

※ 출처: Wikepedia

그림 13-2 세계 종교 분포

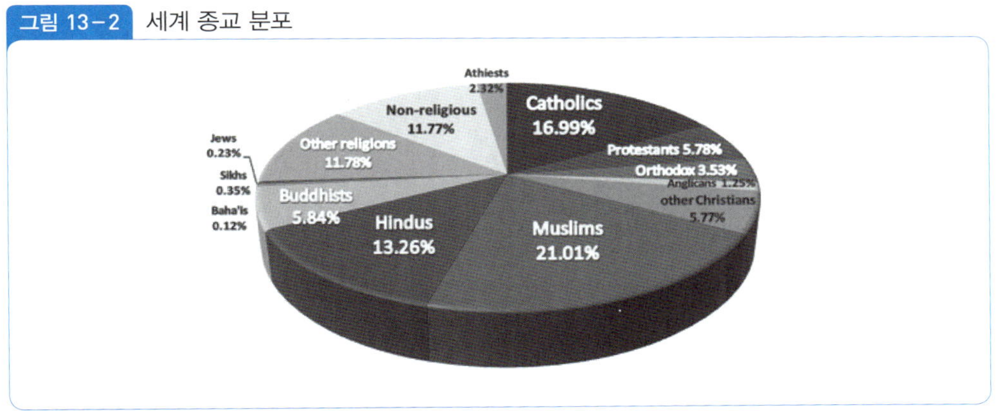

※ 출처: Wikepedia

2. 기독교 로드맵

기독교는 교황청을 중심으로 한 단일 교파인 로만 가톨릭과 동방정교회, 장로교, 감리교, 침례교, 성결교 등 다양한 교파를 망라한 개신교를 포괄적으로 지칭한다. WCE의 전망대로라면 세계 최대의 종교로서 기독교의 위상은 굳건하지만 세계미래학회

(WFS : World Future Society)의 『2011~2025년 전망』에 따르면 지역과 국가에 따라 상당한 도전과 인구 분포의 개편이 예상된다. 미국은 세계 최대 기독교 국가 자리를 아프리카의 나이지리아나 중국에 내줘야 할지도 모른다.

현재 유럽에서는 성당과 교회를 향한 신도들의 발길이 끊어지면서 교회가 서점과 호텔, 레스토랑 심지어 나이트클럽 같은 세속적 시설로 탈바꿈하는 등 기독교의 영향력 쇠퇴현상이 두드러지고 있다. 교회는 일년에 두 번, 부활절과 크리스마스에만 바쁜 곳이란 조크가 나올 정도다. 유럽에서는 이런 상황을 두고 초대 기독교가 처했던 상황과 비슷하게 돼 '기독교 정신에 충실할 수 있어 차라리 잘됐다'는 의견도 나오고 있다. 미국도 사정은 비슷하다. 미국의 평생신앙협회가 2009년 여름 발표한 '2020년 신앙유형에 대한 특별보고서'에 따르면 2020년 나타날 13가지 신앙유형 트렌드 중 첫 번째가 신자들의 교회출석 저하 현상이다. 1990년 조사에서는 일요일 교회에 가는 미국의 기독교 신자 수가 전체 인구의 20.6%였으나 1999년에는 17.3%로 떨어졌다. 협회는 이 추세대로라면 2020년에는 매주 예배에 참석하는 기독교 신자 수가 14.7%로 감소할 것으로 예측했다. 협회는 기독교 가정의 젊은이들이 기독교 전통과 가르침에 적게 노출됨으로써 기독교인으로서의 삶을 경험할 기회가 줄어든다는 의미라며 이를 우려했다.

하지만 신자규모로 목회의 영향력을 측정하는 시대는 지나갔다. 미래에는 신앙의 본질을 뚜렷하게 드러내는 선교공동체, 작지만 큰 영향력을 미치는 교회, 멀티사이트교회 등 작은 규모의 교회가 중심이 될 것이다. 2030년에는 신자들이 '가정교회'에 소규모로 모여 성경읽기 등 신앙생활을 영위하는 모습이 자주 눈에 띄게 될 전망이다. 다만 1~4세기 기독교와 다른 점은 '가정교회'가 온라인상으로도 무수하게 생겨나 신자들은 인터넷접속을 통해 버츄얼공동체에서 만나 신앙생활을 영위한다는 점이다. 작은 마을과 소규모 교회들을 엮어주는 새로운 네트워크 '스틱스'(the sticks)의 출현은 이같은 트렌드를 반영한다.

기독교의 탈유럽 현상은 기독교의 무게중심이 유럽과 미국에서 아프리카·아시아·중남미 등 제3세계로 이동하는 것을 의미한다. 이같은 움직임은 10~20년 후에도 지속되어 유럽에서는 기독교 신자 수와 출석률이 감소하고 유럽보다 상황이 훨씬 좋은 미국에서도 기독교 인구의 완만한 감소세가 계속될 것으로 예측된다.

현재 중국의 기독교 인구는 최소 5,000만 명에서 최대 1억 5,000만 명으로 추산된다. 교회출석 신자는 이미 미국을 앞섰다는 분석이 있다. 기독교는 중국에서 가장 빨리 성장하는 종교다. 세계미래학회는 급격한 경제성장과 문화혁명으로 전통적 가치를 박탈당한 중국인들이 기독교·불교 등 기성 종교를 통해 마음의 안정을 추구할 것으로 전망한다. 기독교 안에서도 교파간 자리바꿈이 일어날 것으로 보인다. 1990년 이후 히스패닉계 미국인 인구의 폭발적인 증가세로 인하여 21세기 중후반에는 현재는 미국에서 소수인 가톨릭이 개신교 인구를 추월할 가능성이 크다. 미국 히스패닉 인구의 3분의 2에 해당하는 68%가 로만카톨릭 신자이다. 현재 미국의 종교 분포를 보면 개신교 51.3%, 로만카톨릭 23.9%, 모르몬교 유대교 1.7%, 불교 여호와의 증인 0.7%, 동방정교 이슬람교 0.6%, 힌두교 0.4%인데 이 비율은 미국 내 인종 민족 분포를 반영하고 있다.

반면 중남미에서는 오순절교회를 중심으로 가톨릭에 대한 개신교의 도전이 계속될 것이다. 개신교는 특히 빈곤층에게 가난과 질병에 대한 '즉시발복(卽時發福)'의 해결책으로 제시되고 있다. 브라질의 경우 2020년 개신교 인구가 가톨릭을 앞설 것이라는 예측도 있다. 하지만 반대 의견도 만만치 않다. 중남미에서 가톨릭이 개신교에 종교적 공간을 내줄 만큼 이미 내줬으며 가톨릭의 반격이 속도를 낼 것이라는 것이 근거이다. 한국의 경우 통계청의 '인구주택 총조사'를 보면 90년대 이후 개신교 인구는 감소하고 있는 반면 천주교 인구는 지속적으로 증가하고 있다. 일반인에게 한국 개신교회의 이미지가 세습, 성직자의 부정부패 등 각종 스캔들로 얼룩진데 비해 천주교회는 물질에서 벗어나 영성을 추구하며 사회개혁적인 이미지를 가지고 있어 개신교보다 매력적으로 비쳐지기 때문이다.

3. 이슬람 로드맵

서기 2030년을 기준으로 기존 종교의 미래와 관련해 제기되는 가장 핵심적인 질문은 '이슬람이 기독교를 제치고 세계 최대의 종교로 부상할까'이다. '미국 대신 중국이 세계 패권을 차지할까'라는 질문 못지않게 국제사회에서 중요한 질문이다. 이슬람은 남아시아와 아프리카 같은 제3세계는 물론 종교활동에 참여하는 기독교 신자 수가 감소하고 있는 유럽에서 중동이민자들을 통해 급격하게 성장하고 있기 때문이다. 세계 최대의 종교가 기독교에서 일상생활에서 교리의 실천을 강조하는 이슬람으로 바뀔 경우 세계 정세에 미칠 파장은 엄청나다. 그뿐만 아니라 크리스마스시즌, 일요일＝공휴일처럼 기독교 중심으로 짜여진 달력과 비즈니스관행에 있어서의 글로벌 스탠다드의 일대전환이 불가피할 것으로 예측된다.

WCE는 세계의 이슬람 성장세가 10년 후부터 꺾이기 시작할 것으로 예측하고 있는데 이슬람 신자 증가율은 2010~2020년에는 1.5~1.7%지만 2020~2030년에는 1.4%로 감소한다고 내다봤다. 최근 유럽에서 이슬람 위협론이 힘을 얻고 있다. WCE는 현재 유럽 내 이슬람 인구를 1,500만~1,800만 명으로 추산하고 2025년에는 2,500만~3,000만 명이 될 것으로 예상했다. WCE는 이슬람 인구가 기독교와 비슷해지려면 2070년은 돼야 한다며 이슬람이 유럽의 기독교 문명을 위협할 정도까지는 아니라고 밝혔다.

반면 워싱턴 민간 연구기관 '종교와 공공생활을 위한 퓨 포럼'은 무슬림의 증가세가 두드러질 것으로 내다봤다. 이 단체가 2011년 3월 발표한 '전 세계 무슬림 인구의 미래' 보고서에 따르면 2010년 말 현재 16억 명으로 집계된 전 세계 무슬림의 숫자가 2030년에는 22억 명으로 증가할 것이라고 내다봤다. 현재 전 세계 인구 중 무슬림의 비율은 23.4%인데 이슬람교 신자들은 타 종교에 비해 출산율이 높아 2020년에는 24.9%, 2030년에는 26.4%로 지속적으로 증가한다는 것이다. 퓨 포럼은 그러나 무슬림 인구 증가율은 1990~2000년 2.3%에서 2000~2010년 2.1%로 줄고 있으며 이를 바탕으로 2010~2020년에는 1.7%, 2020~2030년에는 1.4%로 감소할 것으로 예측했다.

그림 13-3　세계 이슬람 신자 비율의 변화

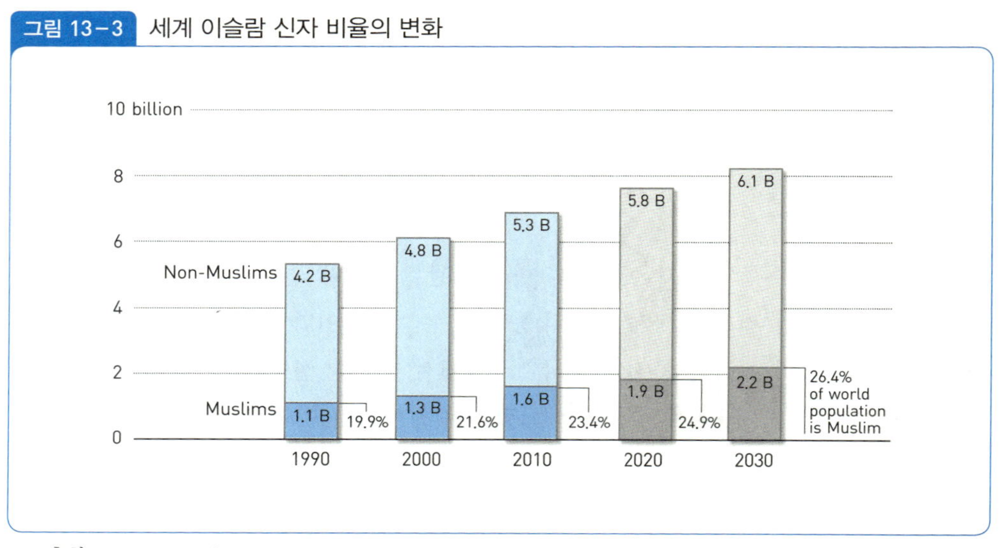

※ 출처: Pew Research Center

　퓨 포럼은 2030년에는 세계의 무슬림 10명 중 6명 정도가 아시아와 태평양 지역에 거주할 것으로 전망하며 파키스탄이 현재 최대 무슬림 인구를 보유한 인도네시아를 앞지를 것이라고 밝혔다. 2010년 현재 지역별 이슬람 인구 비율은 아시아-태평양 지역(62.4%), 중동-북아프리카(19.9%), 사하라 이남 아프리카(15%), 유럽(2.7%)이다. 2030년에는 아시아-태평양(59.2%), 중동-북아프리카(20.1%), 사하라 이남 아프리카(17.6%), 유럽(2.7%) 등으로 예측돼 지역별 이슬람 신자 분포는 지금과 비슷할 것으로 예측된다. 퓨 포럼은 유럽에서 기독교 쇠퇴론과 함께 이슬람 위협론이 힘을 얻고 있다며 2011년 기준으로 유럽에 거주하는 무슬림 인구는 전체 인구의 10%인 4,410만 명에서 2030년에는 5,820만 명으로 늘어날 것이라고 전망했다.

　한편 세계미래학회(WFS: World Future Society)는 『2011~2025년 전망』에서 이슬람 지역에서 원리주의가 쇠퇴하고 세속주의가 성장할 것이라고 예측했다. 이슬람권의 종교 상황이 교리와 지침에 충실하기 보다는 세례식, 결혼식, 장례식에만 교회를 찾는 지금의 유럽·미국의 기독교 신자들처럼 형식적인 신앙생활을 하는 무슬림이 늘어난다는 것이다. 하지만 퓨 포럼은 이슬람의 세속화가 이슬람과 기독교의 평화공존 가능성 확대를 의미하는 것은 아니라고 선을 그었다. 오늘날 목격되는 유럽·미국 기독교의 현실은 이슬람주의가 용납할 수 없는 현실이다.

4. 불교의 로드맵

　원리주의 기독교나 자유주의 기독교나 모두 한계에 도달했다고 진단하는 학자들은 앞으로 성령 체험, 명상, 엑스터시(ecstasy) 등 일상과 다른 체험을 줄 수 있는 종교가 인기를 끌 것이라고 전망한다. 그런 점에서 동양불교는 90년대부터 서구사회에서 기독교에 대한 대안으로 떠오르고 있다. 승려들은 청빈한 생활과 엄격한 수행을 하면서도 신자들에게는 전혀 부담을 주지 않는 신자관리방식이 서구의 젊은이들과 지성인들을 끌어들이고 있다. 기독교는 신자들에게 매주 일요일 교회나 성당에 가야 하는 의무를 지웠고 이슬람교는 하루 다섯 번 메카를 향해 기도를 하는데다 의복과 음식의 제한까지 두었지만 불교는 일상적인 의무사항이 없는 대신 종교적인 욕구는 충족시켜 준다는 점에서 매력적이다. 자연계와 정신계를 똑같이 존중하는 교리체계가 현대물리학에

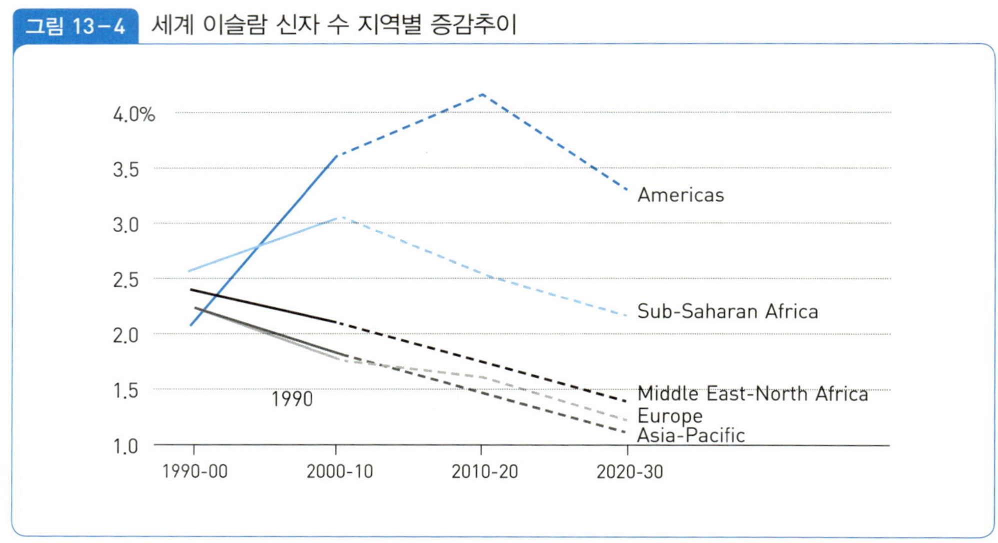

그림 13-4 세계 이슬람 신자 수 지역별 증감추이

※ 출처: Pew Research Center

도 잘 부합되고 생태학적 요소가 풍부한데다 불교가 강조하는 상호존중과 융합의 능력은 다원주의적이고 수평적인 네트워크 사회에 적합해 2030년에 미국과 유럽에서 가장 성장가능성이 높은 종교가 될 것으로 보인다.

불교와 힌두교 노장사상 같은 동양종교와 철학이 1800년대 처음 유럽에 소개된 이후 동양문화에 대한 호기심을 넘어 불교는 소비위주의 물질문명의 한계를 극복하는 새로운 사상으로 받아들여지고 있다. 요가와 명상같은 동양의 수행법이 몸과 마음의 건강에 도움을 준다는 의학적 사실이 알려지면서 일기 시작한 명상붐도 서구에서의 불교의 확산에 한몫하고 있다. 타임지는 미국의 명상붐을 커버스토리로 다루면서 동북아 불교의 수행방식인 참선과 남방 불교의 위파사나, 티벳불교의 초월명상, 베트남출신으로 프랑스에 플럼빌리지라는 힐링센터를 세운 틱낫한 스님의 걷기명상 등을 소개했다. 미국에서 가장 많이 알려진 뉴욕타임스 베스트셀러 리스트 10위권 안에 지난 5년간 불교관련 서적이 빠진 적이 한 번도 없었다는 통계도 있다. 불교신자가 60~70만 명으로 추산되는 프랑스에서는 앞으로 불교가 가톨릭, 이슬람에 이어 세 번째로 신도가 많은 종교가 될 것이란 전망도 있다. 폴란드, 이탈리아, 러시아에서도 불교신자들이 빠른 속도로 늘어나고 있다. 프랑스의 경우는 60년대에 티벳불교가 확산되어 1980년대에는 10만여 명이 불교의 교리를 따르거나 속세를 떠났다고 한다. 불교가 프랑스인의 마음을 사로잡은 이유는 불교가 표방하는 평화, 비폭력의 정신에 대한 공감과 중국의 압제에 시달리고 있는 티벳과 달라이라마에 대한 연민과 관심으로 분석되고 있다.

그러나 서구사회에서 불교는 잠재력이 크지만 제약 요인도 많다. 서구인들에게 불교는 교리·의식이 중심이 되는 종교라기보다는 행복 추구에 도움이 되는 영적인 라이프스타일이나 마음을 다루는 심리학, 혹은 무신론적·철학적 체계로 이해되고 있다. 서구인들 가운데는 불교를 신이교주의(新異教主義·neo-paganism)와 뒤섞어 믿는 경우가 있다.

미국에서는 불교의 전통이나 철학, 의례보다는 수행의 하나인 명상에 초점을 맞추는 경향이 있다. 실용주의에 바탕을 둔 미국인들은 기본적으로 우주와 세상에 대한 거대한 관찰이나 철학에는 큰 관심이 없다. 그들은 사람들에게 해답을 주고 도움을 주는 불교의 수행법을 실제로 실천하여 결과를 보는 것에 더 관심이 있다. 미국인들은 '별미'를 맛보듯 불교식 명상을 체험하지만 깊이 들어가지는 않는다. 대승불교의 참선과 소승불교의 위파사나는 심리치료와 결합되어 정신건강을 위해 사용된다. 서구에서 불교에 대한 관심의 확산이 불교신자의 폭발적인 증가로 이어지지 않는 이유이다. 세계미래학회는 베트남전 시대에 대안문화(counterculture) 운동을 배경으로 성장한 불교 지도자들이 대거 은퇴·사망하고 있어 앞으로 10년간 벌어질 불교 지도자 세대교체에 미국 불교의 미래가 걸려 있다고 예측했다.

Ⅲ 미래의 종교 풍경

1. 종교의 디지털화, 브랜드화

기성 종교에 대한 최대 위협이자 기회는 뉴미디어기술과 정보통신기기의 발전이다. 디지털 세계와 소셜미디어는 종교 전반에 새로운 가능성을 열어 줄 것이다. 2011년엔 미국 가톨릭 교회의 승인을 받은 고해성사(Confession)용 애플리케이션이 등장했다. 1.19파운드(1.99달러)에 판매되는 이 앱은 가톨릭 신자들의 신앙고백을 돕고 신을 멀리

했던 사람들에게 다시 신앙심을 북돋워주기 위해 고안됐다. 이 앱은 나이, 성별, 결혼 유무 등의 개인화 설정을 통해 이용자가 스마트폰에 대고 자신의 행적을 열거하면 십계명을 지켰는지 점검해 자신이 무슨 죄를 지었는지 검토해 주는 소프트웨어이다. 콘텐츠는 미국 가톨릭 주교회의 신부 등의 조언을 받아 꾸며졌는데 이 앱의 개발회사는 신도들이 교회에 가는 것을 대체하기 보다는 교회를 찾아 죄를 용서받도록 유도한다고 강조했다.

이미 온라인 예배가 활성화된 미국 개신교계에서는 페이스북 예배용 애플리케이션까지 등장했다. 온라인 3D 교회인 세인트 픽셀스(St. Pixels)가 2011년 제작한 이 앱은 사람들이 갖고 있는 예배에 대한 정의를 바꾸고 있다. 세인트 픽셀스의 페이스북 예배에 참여하는 이들은 컴퓨터나 스마트폰 앞에 앉아 설교를 듣고 찬양을 따라 부르면서 예배의 순서를 따라가며, '아멘, 할렐루야' 등 실시간으로 예배에 대한 반응을 입력해 넣거나 기도제목을 공유할 수도 있다.

앞으로 현실보다 더 진짜 같고 더 멋진 가상현실의 사찰·교회·사원이 등장할 수 있다. 하지만 종교에 따라 적응 양상은 크게 다를 수 있다. 오프라인에서 공동체가 함께 모이는 것을 중시하는 이슬람·가톨릭이 다른 종교들보다 뉴미디어 환경에 적응하는 속도가 느릴 수 있다. 로마 교황청도 2007년 유투브 채널을 열었으며 2009년에는 신도들이 교황의 사진과 메시지가 담긴 온라인 엽서를 페이스북을 통해 주고받을 수 있는 온라인 공간을 마련하는 등 디지털 시대에 맞춰 변화를 꾀하고 있다

종교에 대한 이러한 위협과 도전에도 불구하고 상당수 종교미래학자들(religious futurists)의 전망은 낙관적이다. 이들은 '가능한 미래'와 '바람직한 미래'를 구분한다. 이들은 종교야말로 바람직하고 이상적인 미래를 설계할 수 있는 분야라고 주장한다. 종교미래학자들에 따르면 미래 종교는 교리의 순종이나 위계서열을 탈피하는 성향이 강화된다. 일반 신자들이 교권으로부터 더욱 자유로워진다는 면에서는 긍정적인 변화이다.

세계화로 인하여 다른 종교를 믿는 사람들을 '우리 종교'로 개종시키는 것에 대해 부정적으로 보는 트렌드도 강화된다. 세계화의 영향으로 태어날 때부터 자신이 믿을 종교가 대체적으로 결정되는 경향이 약화된다. 현재는 사우디아라비아에서 태어났을 경우에는 무슬림이 되고 인도에서 태어났으면 힌두교도가 되는 것이 일반적이지만 2030년엔 주요 종교의 특징과 역사 교리 계율 수행방법 등을 알기 쉽게 정리해놓은 '온라인 종교 백화점'에서 자신에게 맞는 종교를 선택한다. 서로 종교가 다른 신랑·신부가 결혼할

때에는 갈등을 피하기 위해 제3의 종교를 선택할 수도 있다. 사이버목사관이나 사이버 선방처럼 종교마다 신망이 높은 성직자들이 운영하는 온라인상담실이 활성화되어 신자들은 성직자들과 직접 대면하는 대신, 스마트폰을 통해 온라인상담실에 접속하여 신앙생활에 대한 고민을 털어놓고 해법을 찾을 수도 있다. 디지털기술의 발달이 가져올 이러한 종교 선택의 자유와 유연성은 종교가 갈등이 아니라 화합의 원인으로 작용하기 위해 필요하지만, 종교가 하나의 상품이나 '브랜드'처럼 된다는 비판을 받을 수 있다.

2030년에도 종교들이 대립하는 양상이 유지되겠지만 종교와 비종교·반종교의 대립 구도도 점차 선명해질 것이다. 인간복제, 우주인과의 관계 설정, 유전자 조작 등의 문제에 대해 종교들이 공동 대처할 필요성이 증가하기 때문이다.

2. 비종교인, 무신론자의 증가

'만들어진 신'으로 유명한 영국의 진화생물학자 리차드 도킨스는 2008년 "아마도 신은 없습니다. 그러니까 걱정은 그만 하고 인생을 즐기세요"라는 문구로 '무신론자 버스 캠페인'을 주도해 눈길을 끌었다. 2010년 봄에는 미국 인디애나주 무신론자 버스캠페인에 의해 창세기 구절을 비튼 '태초에 인간이 신을 창조했다'는 버스광고가 등장한 데 이어 몇 달 후엔 시카고 이성주의연합의 '좋은 사람이 되기 위해 꼭 신이 필요한 것은 아니다'는 문구가 시카고의 옥외광고판에 나붙었다. 최근 영국과 미국 무신론 단체들 사이에서는 교회의 '불신지옥'캠페인에 맞서 빌보드나 버스, 철도 등에 무신론 광고를 게재하는 것이 유행 아닌 유행이 되고 있다.

2009년 3월에 발표된 미국 종교 조사국 2008년 자료에 따르면 종교가 없다고 밝힌 인구가 15%로 1990년의 8.2%에 비해 2배로 뛰었다. 2009년 퓨 리서치 포럼의 조사 결과도 이와 비슷해 미국 인구의 16%가 어떤 종교도 갖고 있지 않은 것으로 나타났다. 이 비율은 청년층에서 더욱 높아 18~29세의 경우는 4명 중 한 명이 종교가 없다고 대답했다. 그런데 기성 종교에 대한 이러한 도전은 외국의 다른 종교나 신흥종교의 부상 때문이 아니라 모든 형태의 조직화된 종교에 대한 거부감에서 비롯된 것으로 분석됐다. 미국의 평생신앙협회는 이로 인해 2020년 경에는 교회에서 거행되는 결혼식이나 장례식 같은 종교적 통과의례가 감소할 것으로 예측했다. 한편 2010년에는 2,000명이 참가한 세계무신론회의가 호주에서 개최됐다. 이런 추세대로라면 2030년엔 종교처럼 '선교활동'에 나서고 있는 무신론자들의 국제적 연대가 강화되어 무신론자들의 '포교 전단'을 길거리에서 받게 돼도 놀랄 일이 아니다.

여론조사기관 원 갤럽이 전 세계 57개 국 51,927명을 상대로 설문조사를 실시해 2012년 5월 발표한 보고서에 따르면 전 세계 무신론자 비율은 13%로 2005년의 9%에서 3%포인트 증가한 것으로 나타났다. 무신론자라고 응답한 사람 중 여성은 전체의 14%로 남성(12%)보다 약간 높았다. 무신론자가 늘어난 이유에 대해 갤럽은 종교계의 잇단 스캔들과 경제성장에 따른 물질적 풍요가 이유 중 하나라고 분석했다. 반면 신앙심이 깊다고 응답한 사람은 59%로 나타났다. 이는 2005년 같은 조사 당시 68%에서 9%포인트 급락한 수치이다.

가장 종교적인 국가는 가나로 96%가 '신앙심이 깊다'고 답했다. 이어 나이지리아(93%), 피지·아르메니아(92%), 마케도니아(90%) 순으로 나타났다. 이 결과에서 볼 수 있듯이 대륙별로는 아프리카가 가장 종교적이었고 이어 라틴아메리카(84%), 남아시아(83%), 아랍(77%), 동유럽(66%), 북아메리카(57%), 서유럽(51%), 동아시아(39%), 북아시아(17%) 순으로 조사됐다. 그렇다면 무신론자가 가장 많은 국가는 어디일까. 중국이 47%로 1위를 차지했고 이어 일본(31%), 체코(30%), 프랑스(29%) 순이었다. 한국도 15%로 독일과 함께 5위에 올랐다.

한편 미국 시카고대학 내셔널오피니언리서치센터는 2012년 신자 비율이 세계에서 가장 높은 나라와 낮은 나라를 발표했다. 이는 1991년부터 2008년까지 30여 개국을 대상으로 시대별 신에 대한 믿음을 조사한 결과를 바탕으로 한 것이다. 조사 결과 84%가 "신이 계신 것에 대해 전혀 의심하지 않는다"고 응답한 필리핀이 가장 신자 비율이 높은 나라로 발표됐다. 필리핀 국민 중 1% 미만이 "신을 믿지 않는다"고 응답했다. 미국 국민 중에서는 81%가 "신에 대한 변한없는 믿음"을 드러냈으며 영국은 37%, 일본은 25%, 전(前) 동독(East Germany)은 13%만이 "신을 믿는다"고 말했다. 조사된 국가 중에서 가장 무신론자 비율이 가장 높은 국가는 52%가 "신을 믿지 않는다"고 답한 전 동독인 것으로 밝혀졌다.

조사 관계자는 "무신론자 비율이 높은 국가들은 사회주의 국가였거나 서북 유럽에 분포하는 국가들이 대다수를 차지했다"면서 "미국과 이스라엘을 제외하고는 신에 대한 믿음이 강한 국가는 주로 개발도상국이면서 가톨릭 중심 사회인 경우가 많았다"고 밝혔다.

3. 기성 종교의 위기

세상에는 약 1만여 개의 종교가 있고 100만이 넘는 신이 있다. 사람들이 믿는 종교는 다양하지만 서로 대립하는 종교를 가진 신자들도 신을 믿는 이유는 큰 차이가 없다. '사람들이 신을 믿는 50가지 이유'란 책을 쓴 저널리스트 가이 해리슨은 전 세계 각국을 돌아다니며 신자들에게 왜 신을 믿느냐는 질문을 던지고 답변을 50가지로 정리했다. 세상의 종교 가운데 나의 종교가 가장 일리가 있어서, 종교가 사회의 행복에 필수이기 때문에, 최후의 심판이 두려워서, 신이 나를 보호해주기 때문에, 사후세계를 보장받으려고, 대부분의 사람이 믿으니까, 신앙은 아무도 해치지 않으니까… 하지만 원 갤럽의 조사결과에도 나타나듯이 가장 종교적인 국가들이 사실은 세계에서 가장 정세가 불안하고 내분과 내전에 시달리며 가난하다. 또 십자군전쟁에서 종교재판, 마녀사냥, 무슬림 자살테러리스트에 이르기까지 인류가 엄청난 피를 흘린 이유는 대부분 종교였다. 반면 심리학자 에드리언 화이트가 전 세계 8만 명을 설문조사해 만든 '세계행복지도'에서 가장 행복한 나라로 꼽힌 덴마크는 국민 가운데 무신론자의 비율이 세계에서 세 번째로 높다. 이렇게 보면 종교가 인간의 행복의 열쇠라고 주장하기는 힘들어 보인다.

과학의 발달로 인간을 복제하고 IQ를 180으로 높이는 시대가 언젠가 도래한다. '22세기에는 먹고 살기 위해 일하는 사람은 없게 된다'고 주장하는 미래학자도 있다. 먹고 사는 문제, 생로병사의 고통이나 죄가 사라진다면, 사람들은 종교의 필요성을 느끼지 않게 될지 모른다. 종교가 사라진다는 계몽주의자들의 예언이 결국엔 실현될 것인지 궁금하다.

4. 결론 - 소울 러시(Soul Rush) 의 시대

종교와 비종교 혹은 반종교 사이에서 제3의 길은 영성(靈性·spirituality)이다. 21세기는 영성의 시대이다. 지난 2000년 UN밀레니엄위원회에서는 인류가 새롭게 맞이해야 할 패러다임으로 '영성문화'와 '상생'을 선택했다. 미국의 시사주간지 〈타임〉은 지난 2003년 '명상'이란 제목의 커버스토리에서 "1천만 명의 미국인이 명상을 즐기고 있으며 미국의 명상인구는 10년 사이에 두 배 이상 늘어났다"이라고 보도했다. 『보보스-디지털시대의 엘리트』의 저자인 데이비드 브룩스는 이런 흐름에 대해 1850년대 금맥을 찾아 사람들이 미국의 서부로 몰리던 '골드 러시'에 비유해 '정신적 수련'을 추구하는 문화적 트렌드를 '소울 러시'(soul rush)라고 이름 붙였다.

미국 평생신앙협회는 2009년 발표한 '2020년 신앙유형특별 보고서'에서 2020년 나타나게 될 13가지 종교적 트렌드 중 세 번째로 보다 영적이지만 덜 종교적인 사람들의 증가를 꼽았다. 2009년 조사에서 미국인들의 대다수인 80%가 자신을 영적이면서 동시에 종교적인 사람이라고 표현했다. 반면 자신이 영적이지만 종교적이지는 않다고 답한 사람들의 비율은 1998년 9%에서 2008년 14%로 10년만에 5% 포인트 증가했다. 이 비율은 나이가 젊을수록 높아져 2009년 현재 18~39세 청년층의 18%가 자신이 영적이지만 종교적이지는 않다고 대답했다. 영적이지만 종교적이지는 않은 사람들의 증가가 앞으로의 사회에 어떤 영향을 미칠 것인가는 종교의 미래와 관련된 또 다른 화두이기도 하다. 조사결과 영적이지만 종교적이지는 않다고 답한 이들은 명상, 요가, 신비체험 등 영적 체험에만 관심을 가질 뿐 기존의 종교활동에 참여하는 것에는 관심을 갖지 않는 것으로 나타났다.

근대 자본주의 문명의 출범과 함께 자연을 효율적으로 지배하고 물질적 생산력을 높이는 인류의 과학기술은 상상을 초월할 정도로 발전하였지만 이에 비해 존재와 삶의 의미, 생명의 존엄성 등을 자각할 수 있고 이를 자신의 삶 속에서 실천할 수 있는 정신적인 능력은 상대적으로 더디게 성장하고 있다. 재화에 대한 욕망을 바탕으로 탄생한 자본주의는 인류의 물질적 복지의 증진에 많은 공헌을 하였지만 환경오염과 자원고갈이란 심각한 부작용을 낳았다. 환경오염은 지구온난화로 인한 기상이변, 자연재해와 맞물려 심각성이 더해가고 있다. 그럼에도 불구하고 태생이 탐욕적인 자본주의체제는 인간으로 하여금 끊임없이 많이 생산하고 많이 소비하도록 부추기고 있다.

현재까지 인류의 정신적인 능력을 향상시키는데 많은 공헌을 하고 있는 것은 종교이지만 기성 종교는 '나는 누구이며 나는 왜 여기 와 있는가?'와 같은 근원적인 질문에 답하지 못하고 있을 뿐 아니라 종교간의 갈등으로 오히려 불신과 반목을 조장하고 있다. 뉴욕 유니언연합대학 신학자 정현경 교수는 "사람들은 2000년이 넘는 세월을 내려오면서 돈과 결탁하고, 권력과 결탁하면서 예언자적 기능과 치유의 힘을 잃은 제도권 종교가 자신을 구해주지 못한다는 사실을 깨닫게 되었다. 사람들은 이제 도그마가 된 교리가 아닌 자기 내면의 소리를 듣고 싶어하며 그런 소리를 들을 수 있는 영성을 필요로 한다. 그 영성의 대답을 들을 수 있는 가장 좋은 수련 형태가 명상이다"라고 말한다.

정교수에 따르면 힌두교 명상센터, 이슬람 명상센터, 기독교 명상센터, 불교 명상센터 등 명상센터가 곳곳에 있는 뉴욕은 그야말로 '명상센터의 백화점'이다. 심지어 서로 다른 명상법을 두루두루 체험하는 '인터-스피리추얼 명상(Inter-spiritual Meditation)'도 있다. 하루는 불교식 명상, 또 하루는 기독교식 명상, 다음 날은 힌두교식 명상을 하는 식이다. 그런가하면 "중립적인 장소에 힌두교인, 불교인, 기독교인, 무신론자들이 모여 각 종교의 명상 전통을 함께 배우는 센터도 있다고 한다. 세계에서 문화·종교 트렌드의 최전선에 있는 뉴욕에 명상센터가 숱하게 들어섰다는 것은 실질적인 위안과 치유에 대한 목마름이 그만큼 크다"는 의미라는 것이다. 보조사상연구원 원장 법산 스님(전 동국대 불교대학원장)은 2007년 '정보화시대의 언어와 명상문화'라는 글에서 "21세기의 다양한 명상문화는 불교의 참선처럼 깨달음이나 해탈이란 궁극적인 목적을 추구한다기보다는 심신안정과 건강회복, 자기정화와 자기계발 등을 위해 활용되면서 웰빙(well-being)바람을 타고 점차 확산되고 있으며, 자본주의와 결합한 마인드 인더스트리(mind industry)와 직관 경영, 영성 경영, 상생 경영으로 이어지고 있다"고 진단했다. 법산 스님은 "명상과 영성, 수행이 21세기의 핵심적인 정신문화코드"나 "명상문화가 자본주의와 결합해 대중들을 호도할 수 있다"고 우려를 나타냈다. 명상, 요가, 단전호흡 같은 심신수련을 정기적으로 하고 있는 한국의 명상인구는 2000년을 기점으로 500만 명을 넘어선 것으로 추정된다. 명상문화가 이른바 영성상품의 소비를 부추기고 개인의 행복찾기에만 머무르지 않도록 상생과 공생을 염두에 두어야 한다.

이러한 명상문화의 확산으로 2030년 유럽과 미국은 물론 아시아의 주요 도시에서도 '영성적이지만 종교적이지는 않은' 사람들의 숫자는 더욱 증가할 것으로 보인다. 이러한 '비종교적 종교인'들을 영성주의자라고 부르기도 하는데 이들은 제도적인 종교에는 속하지 않지만 종교 서적 읽기, 명상, 봉사, 환경보호 활동 등을 통해 종교적·영성적 생활을 영위하는 사람들이다.

대략 2000년 전에 위대한 현인들이 세계 곳곳에서 나타나 인류사에 대거 등장했다. 예수를 비롯해 공자와 노자, 부다, 소크라테스, 마호메트 등 현재 세계의 주요 종교를 창시한 성인들이다. 그들이 살았던 시대를 기축(axis) 시대라고 부른다. 물병자리시대가 되어서이든 후천개벽시대가 열려서이든 2000년 만에 다시 그 시대가 돌아오고 있다. 수많은 현자가 21세기에 나타나게 된다. 영성의 계발을 통해서이다. 제도권 종교의 신자는 아니지만 종교적, 영성적 생활을 영위하는 수많은 영성주의자 가운데 상당수는 일상 속의 명상을 통해 깨달음을 얻고 의식의 진화를 이룰 것이다. 이 생활 속의 이름 없는 현자들이 자신과 주변 사람들, 나아가 인류 전체를 종말과 파멸이 아닌, 보다 나은 미래로 인도할 것으로 예측된다.

참고문헌

- 가이 해리슨. '사람들이 신을 믿는 50가지 이유.' 다산초당. 2012
- 그렉 브레이든 외. '월드쇼크 2012.' 쌤앤파커스. 2008
- 러셀 스태나드 외. '21세기의 신과 과학, 그리고 인간.' 두레. 2000
- 박문수·주원준. '한국의 종교문화와 뉴에이지 운동.' 바오로딸출판사. 1998
- 변선환 아키브 동서종교신학연구소편. '동서종교의 만남과 그 미래.' 모시는사람들. 2007
- 신재식·김윤성·장대익. '종교 전쟁.' 사이언스북스. 2011
- 오강남. '세계 종교 둘러보기' 현암사. 2003
- Few Research Center's Forum on religion and Public Life, 'The Future of the Global Muslim Population : projections for 2010−2030' Jan. 2012
- LifelongFaith Associates, 'Special Report Faith Formation 2020 : Envisioning the Future'. www.lifelongfaith.com. Summer 2009
- Win−Gallup International, 'Global Index of Religion and Atheism'. 2012

제 **14** 장

출판의 미래

　종이책의 미래는 과연 어떻게 될 것인가. 정보기술의 시대가 열리고 전자책이라는 개념이 등장하게 되면서 던져진 이 물음은 종이미디어에 위기가 닥쳤음을 의미한다. 책은 지식과 정보를 저장하거나 전달하는 매체로서 인류의 문명을 기록해 왔으며, 종이를 발명하고 인쇄술을 발견함으로써 전 세계적으로 출판업은 팽창하게 되었고 교육 및 문화 등을 혁신시키는 중요한 계기가 되었다. IT가 등장하게 되면서 모든 산업에 영향을 미쳤고, 전자책 시대가 열리면서 책이라는 미디어를 생산하는 출판업에도 큰 변화가 일고 있다. 쓰나미처럼 종이책을 밀어내고 전자책 세상이 될 것인가가 관심사인데, 전 세계적으로 종이책보다 전자책에 시장이 점점 성장해가고 있는 것을 볼 때 향후에는 전자책이 출판사업을 이끌어가는 시대가 열릴 것으로 보인다. 한편 전자책이 보편화되면서 출판의 프로세스 등 출판업계도 큰 변화가 일어날 것이다. 가장 큰 변화는 디지털 퍼블리싱 시대가 되면서 Self Publishing이 활성화 될 것이다. 책을 읽는 독자(Reader)는 콘텐츠 이용자(User)로 바뀌게 되고, 편집자(Editor)의 역할은 콘텐츠를 기획하고 제작하는 CPD(Contents Producer)로 변모될 것이다.

I 출판의 트렌드와 발전 방향

1. 출판 트렌드와 패러다임의 변화

2000년대 들어 모든 산업의 이슈는 IT이다. 중국 Design Press 설립자 겸 부회장인 후 샤오웨이는 "IT는 미디어 비즈니스의 역사상 중요한 위치에 있다"고 평가했다. 인쇄 미디어는 점차 디지털미디어에 커뮤니케이션의 주도권을 넘겨주고 있으며, 전통적인 미디어에서 Reader라고 불렸던 그들은 디지털미디어가 세력을 확장해 가면서 User로 변화되고 있다.

2012년 9월 20일부터 22일까지 국립중앙도서관 디지털도서관 야외 및 대회의실에서 '디지털북 페스티벌 2012'가 열렸는데, 예스24, 유페이퍼 등 50여 개 주요 전자책 업체가 참여한 국내 전자책 축제였다. 300여 대 모바일 단말기로 2,000여 종의 전자책 콘텐츠를 보고 체험할 수 있는 전자책 전시와 직접 전자책을 출간할 수 있는 전자책 셀프출판 체험 행사가 열렸다. 국내에서 전자책 단말기가 최초로 선보인 것은 2009년 9월에 사전이 탑재된 아이리버가 출시한 단말기 '스토리'인데, 3년 사이에 300여 대의 모바일 단말기를 선보일 만큼 전자책 산업의 규모가 커졌다.

출판계뿐만 아니라 잡지계에서도 디지털 매거진에 대한 관심이 폭발적이다. 2012년 9월 19일부터 21일까지 제3회 아시아태평양 디지털 매거진 미디어 컨퍼런스(FIPP)가 한국에서 열렸다. 컨퍼런스에는 국내뿐만 아니라 해외 유수 잡지 발행인들과 미디어 전문가들 500여 명이 참여하여 디지털미디어의 트렌드를 짚어보고 전 세계 미디어 전문가로부터 이슈와 사례를 공유하고, 변화하는 디지털 매거진의 미래를 논의했다. 주요 주제는 매거진 미디어 혁신, 소셜미디어 활용 방안, 세계 디지털미디어 트렌드, 웹사이트 수익 방안, 플랫폼 콘텐츠 작업, 디지털기술의 미래, 태블릿 출판과 유통, 디지털 시대의 독자 예측과 광고효과, 멀티 플랫폼 해외 브랜드의 발전 등이었다.

존 윌퍼스(John Wilpers) 미국 Innovation Media Consulting Group 이사는 FIPP에서 스피커로 나섰는데, 그는 "디지털 발달의 최전방에 서 있는 지금, 광고주와 대중 매체 기업이 어떻게 함께 새로운 분야를 개척할 것인지 큰 관심이 쏠려 있다. 모바일 잡지 플랫폼은 콘텐츠를 전달하는 으뜸가는 수단이 될 것이다"라고 전망했다.

일본 고단샤 요시오 이리에가 부사장은 '소셜미디어 활용 방안'이라는 주제 강연에서 "디지털 매거진 현안과 사업 전망은 정확하게 예측하기란 어렵다. 잡지 기반의 라이선스로부터 콘텐츠 기반의 라이센스로의 변화, 새로운 광고수익모델의 출현, 그리고 시간소모가 큰 현재의 저작권 관리 및 처분 절차의 단순화와 시간 단축의 필요성을 주요 변화로 예측한다"고 내다봤다.

마샤 스톤 미국 World Newsmedia Network 대표는 '세계 디지털미디어 트렌드'라는 주제 강연을 통해 "독자들이 디지털미디어를 활용하는 수가 빠르게 늘어나고 있기 때문에 에디터들은 휴대폰, 태블릿, 소셜미디어나 다른 어떤 디지털 채널을 통한 디지털 전략을 활용함으로써 거기에 빠르게 적응해야 한다"고 전망했다.

페이펑 호 대만 TOM Group 대표는 "미래의 에디터는 고객맞춤형 콘텐츠 큐레이터 역할로 진화될 것"이라고 주장했다. 즉 콘텐츠 편집자들은 전통적인 콘텐츠 제공자가 아닌 디지털 서비스 제공자로서 새로운 개념인 '콘텐츠 큐레이터'의 역할을 할 것이라고 보았다.

스웨덴의 Mag+AB 영업 부사장인 페오 스트린드룬드는 애플사에서 9년 동안 근무한 경험이 있는데, "가트너(Gartner)는 2015년까지 4억 개의 태블릿이 팔릴 것으로 전망했다"면서, 태블릿 발행에 매력을 느끼고 인터렉티브한 콘텐츠를 원하는 독자들의 요구가 늘어날 것이라고 전망했다. 그는 발행인, 디자이너, 독자들은 태블릿에서 미디어를 발행하고 만들어내고 소모하는 것에 익숙해짐에 따라 더 강도 높은 타이틀, 더 많은 인터렉티브한 광고가 필요해졌다고 전망하고 있다.

뉴욕타임즈 발행인이 2010년 9월에 "우리는 정확히 언제일지는 모르지만 〈뉴욕타임즈〉를 오프라인으로 찍어내는 것을 중단할 것이다"라고 단언했던 것처럼 주요 미디어 기업에서는 이미 디지털 출판과 디지털 매거진에 투자하고 새로운 산업의 영역을 구축하고 있다.

종이책 출판에서 점차 디지털 출판으로 옮겨가는 배경에는 전자책 단말기 산업의 시장이 점차 확장되어 가고 있기 때문이다. 단말기 시장이 날로 발전하고 있는 환경에서 양질의 콘텐츠를 제공할 수 있는 출판 콘텐츠 기획뿐만 아니라 정부의 정책과 유통시스템이 함께 연구되어야 할 것으로 보인다.

스타이펄 니콜라스(Stifel Nicolas)의 조단 로한(Jordan Rohan) 연구원은 아마존이 6백만 대 이상의 킨들파이어를 판매했다고 발표했다. 이어서 시장조사기관 IHS도 2011년 4분기 킨들파이어의 출하량이 390만 대를 기록하면서, 태블릿PC 시장점유율 14.3%를 달성했다고 발표했다. 삼성전자의 '갤럭시탭'을 누르고 2위를 기록했다는 점에서, 업계의 판도가 애플과 아마존의 양강 구도로 빠르게 재편되고 있음을 알 수 있다. 킨들파이어와 갤럭시탭의 격차는 커질 것으로 예상되고 있다. IHS는 "킨들파이어와 반즈앤노블의 '누크' 등 저가형 태블릿PC들이 출시되면서 태블릿PC 시장에서도 가격 경쟁이 치열해질 것"이라고 전망했다.[1]

2012년 8월 통계상으로 대한민국 스마트폰 가입자는 3,000만 명이 넘었고 국민의 60%가 스마트폰 사용자로 조사됐다는 결과를 본다면, 신문, 잡지, 출판은 새로운 미디어 트렌드를 예측하고 대비해야 하는 중요한 길목에 서 있다.

2. 책의 역사, 출판의 역사

종이책이 과연 사라질까? 이러한 물음은 종이책이 단 한 권도 살아남지 않을 때까지 던져질지도 모른다. 책의 역사는 인류의 역사와 시작했다고 해도 과언이 아니기 때문에 전자책 시장이 날로 커져가고 있다고 하더라도 책에 대한 향수와 전통성을 뒤집을 수 없을 것이다. 읽기, 쓰기, 말하기는 인간의 기본적인 욕망으로써 책을 통해 지식과 정보를 전달한다는 점에서 출판은 커뮤니케이션의 역사에서 한 축을 구성하고 있다. 푸코가 쓴 『장미의 전쟁』에서 수도사들이 성경을 필사하는 장면이 묘사되어 있듯이 고대 역사로 거슬러 올라가면 책을 읽는 것과 쓰는 것은 종교를 지배하는 사제들과 귀족들만 누릴 수 있었던 특권이었다. 중국의 채륜에 의해 종이가 발명되기 전까지 인류는 나무 껍질이나 흙, 돌 등에 그림이나 기호를 그려 의사전달을 했고, 나일강에서 자라는 갈대를 이용해 만든 파피루스는 가장 초기 형태의 종이였는데 이집트, 그리스, 로마 등에서 책을 만드는 데 사용되었다. 1세기 이후부터 동물의 가죽을 종이처럼 만든 양피지가 등장하였는데, 문자를 새겨 넣고 두루마리 형태로 둘둘 말아 보관하기도 했다. 1440년대 요하네스 구텐베르크가 인쇄술을 발견하면서 책을 대량생산할 수 있게 되었고, 이는 산

---

1 류영호, '해외전자책핫토픽', 〈출판저널〉, 2012.3

업혁명뿐만 아니라 문자혁명, 나아가 과학혁명을 가져 온 역사적인 사건이었다.

코덱스의 발명은 책의 역사에서 가장 중대하고 지속적인 영향을 미친 혁명적 사건 중 하나이다. 기원 후 초기 등장한 코덱스는 그 후 1700년의 세월 동안 책의 독특하고 가시적인 물리적 형태를 정의했다. 책은 점점 두루마리에서 한 면에 개별 낱장이 느슨하게 묶인 코덱스 형태로 발전하게 되었다.[2]

종이가 발명되고 인쇄술이 발견되었다고 하지만 출판을 산업이라고 부르기에는 매우 미약하였는데, 인쇄술로 찍어 낸 책들의 물량이 점차 많아지자 점차 책을 읽을 수 있는 사람들이 많아졌다. 마틴 라이언스 교수에 따르면, 영국은 1800년대 남성과 여성의 문해율은 각각 60퍼센트와 40퍼센트였고, 프랑스 혁명 직전 프랑스 남성 50퍼센트, 여성의 27퍼센트가 글을 읽을 수 있었다고 한다. 스웨덴 사람들이 글쓰기 능력을 습득하기 시작한 것은 19세기부터였다고 한다.[3]

마킨 라이언스 교수는 글을 읽고 쓸 수 있는 능력을 가리키는 문해 능력은 18~19세기 유럽에서 다양한 면모를 보였는데, 어떤 이들은 인쇄체는 읽었지만 필기체는 읽지 못했고, 어떤 이들은 성경의 검은 고딕체 글씨는 읽었지만, 그 외에는 읽을 줄 아는 것이 거의 없었다고 한다. 많은 이들이 청년기에 읽는 법을 배웠지만 연습의 부족으로 읽기 능력이 점점 쇠퇴하면서 결국 다시 문맹으로 돌아가곤 했다. 문해 능력에 관한 공식 통계 수치를 보면, 1750년대 이후 서구에서는 점점 많은 사람들이 문해 능력을 갖추게 되었다. 서유럽, 호주 그리고 미국에서 거의 보편적으로 문해율이 높아진 것은 1890년대 일이며, 이 당시 거의 모든 인구가 글을 읽고 쓸 수 있었다. 이때에 이르러서야 진정한 대중 독자층이 형성된 것이며, 이는 출판업의 혁명적 팽창을 야기했다.[4] 출판산업이 커지자 자연스럽게 출판업자들이 생겨나기 시작했고, 19세기에 들어서면서 인쇄업자, 출판업자, 서적상 등으로 분화되었다. 한편 20세기에 접어들면서 전쟁과 불황 등이 겹치면서 출판업에도 큰 영향을 미쳤으나, 제2차 세계대전 후 조금씩 출판업이 되살아나기 시작했다.

20세기 말 컴퓨터의 등장은 출판편집기술에도 영향을 미쳤으며, 주문형 도서를 출판할 수 있는 시스템인 POD(Print on Demand)가 등장했고, 디지털 시대가 도래하면서 전

---

2 마틴 라이언스, 〈책 그 살아있는 역사〉, 35쪽, 21세기북스, 2012
3 마틴 라이언스, 〈책 그 살아있는 역사〉, 96-97쪽, 21세기북스, 2012
4 마틴 라이언스, 〈책 그 살아있는 역사〉, 96쪽, 21세기북스, 2012

자출판 시대를 열었는데, 세계적인 인터넷 서점인 아마존은 2007년말에 전자책 단말기 킨들을 출시하고, 2010년 4월에 미국에서 출시된 아이패드는 책의 역사, 출판의 역사를 변화의 중심으로 옮겨놓았다.

Ⅱ e-구텐베르크 시대가 열리다

1. e-Book의 등장과 출판 패러다임의 변화

1980년대 보급되기 시작한 컴퓨터의 등장은 필연적으로 전자출판 시대로 이어졌다. 한국에서는 전자출판과 전자책이라는 용어를 혼용하고 있는데, 전자출판은 'Computer Aided Publishing'의 약자로 "컴퓨터를 이용하여 출판을 하는 행동"이며,[5] 전자책은 흔히 e-Book이라는 개념으로 같이 사용하고 있는데, 컴퓨터와 전자책 전용 단말기, 아이패드, 아이폰 등 전자매체를 통해 콘텐츠를 볼 수 있는 것을 의미한다.

최초로 상용된 전자책은 1998년 10월에 미국 실리콘밸리 벤처기업 누보미디어가 출시한 로켓e북으로 문고판 책 크기로 4천 쪽을 담을 수 있었다. 미국의 작가 스티븐 킹이 2000년 7월 자신의 홈페이지에 매달 연재한 소설들을 독자들이 직접 다운로드 받을 수 있게 하였고, 같은 해 10월에 열린 제52회 프랑크푸르트 국제도서전에서는 50여 개국의 2천여 개의 출판사들이 전자출판물들을 선보였다.

전자책의 등장은 또 하나의 책의 역사적 발전 과정으로 이해되어야 한다. 즉 전자책 시대는 점토판, 파피루스, 양피지, 종이 등의 재료를 거치며 발전되어 온 책의 역사가 새로운 전환기를 맞고 있는 것으로 파악되어야 하며, 책의 역사적 종말로 설명되어서는 안 될 것이다. 종이책에서 전자책으로의 발전은 지금까지의 책의 외형이나 독서 방식의 발전 과정과 유사성을 띠고 있음을 발견할 수 있다.[6]

---

5 이기성, 전자출판 정의와 전자출판학 발생 배경에 관한 연구, 한국전자출판학회 춘계학술대회 논문집, 2012
6 이용준 외, 〈구텐베르크의 귀환〉, 101쪽, 예담북스, 2012

| 표 14-1 | 전자출판의 분류 |

특　징	주요 내용
전자책(e-Book)	CD-ROM, PDA, 각종 전자책 Viewer를 통해 디지털화된 포맷으로 전달되는 콘텐츠
POD(Print-On-Demand)	주문형 출판, 사용자가 원하는 때, 원하는 부분만 프린트할 수 있음
e-Mail Publishing	전자적 형태의 뉴스레터 HTML, XTML 제작, 전용 S/W나 H/W 없이도 이용 가능
Web-Publishing	e-Mail Publishing과 비슷하나 폐쇄적임이 덜한 형태의 전자출판
Web-DB	웹을 통해 사용자에게 제공되는 Digital Content Database로, 인터넷에 연결 어디서든 이용

※출처: IDPF, 2006

　출판은 지식기반 서비스산업의 견인차로서도 중요한 의미를 지닌다. 지식기반 서비스산업 전체의 성장 및 균형발전을 위해서는 질 높은 도서의 원활한 생산과 활용이 중요한 관건으로 대두되고 있다. 또한 책은 고부가가치산업 중 하나인 다양한 콘텐츠산업의 원천콘텐츠로서도 중요하다. 문학이나 역사관련 도서가 드라마, 영화, 다큐멘터리, 공연, 게임, 애니메이션 등으로 OSMU(One Source Multi Use)되는 사례가 많아지고 있다.[7]

2. 해외 전자출판 트렌드

　세계 전자책 시장은 대형 출판사와 전자책 관련 업체들의 중심으로 급속하게 성장하고 있다. 세계 전자책 시장을 주도하고 있는 기업들로는 아마존(Amazon), 애플(Apple), 구글(Google), 코보 등이 있다.

　미국 출판 유통시장은 아마존과 반스앤노블에 의해 좌우되는데, 전자책이 성장함에 따라 온라인 서점의 매출이 35%나 늘어 50억 4천만 달러에 달했다. 미국에서 전자책 단말기와 태블릿PC의 판매량이 2천만 대가 넘음에 따라 2016년 미국의 소비자 도서시장에서 전자책이 차지하는 비중이 50%에 달할 것으로 예상하고 있다.

　유럽 및 중동·아프리카(EMEA)의 출판시장규모는 448억 달러로 세계 출판시장에 차지하는 비중이 45%나 되지만, 전자책 시장은 8억 달러로 작다. 이는 유럽의 많은 국가들이 엄격한 재판매 가격유지제도(RPM, 도서정가제와 유사)를 시행하고 있고(영국 제

---

7 이용준 외, 〈구텐베르크의 귀환〉, 103쪽, 예담북스, 2012

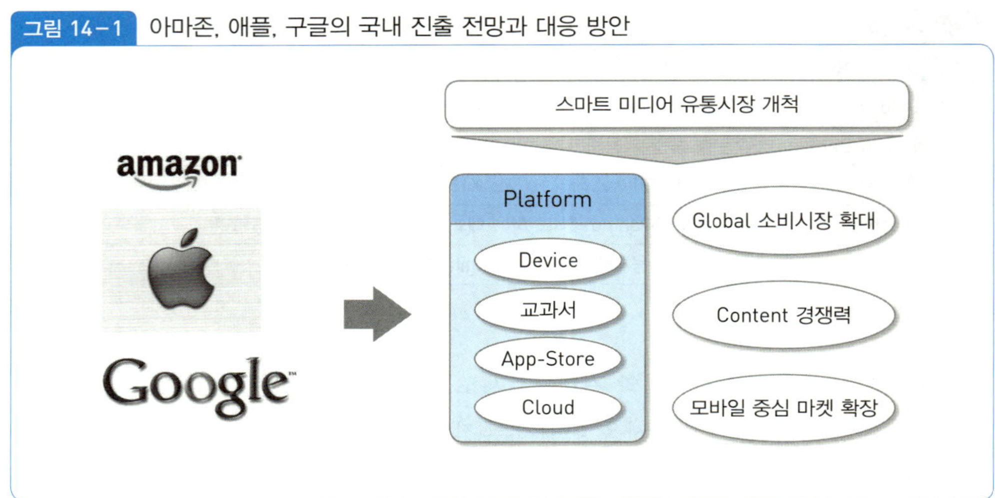

※ 출처: 전자책 생태계 전략 세미나, 42P, 한국전자출판협회, 2012. 6.22

외), 종이책과 달리 전자책에 대해서는 부가가치세(VAT)의 면제를 적용하고 있지 않아서(프랑스, 네덜란드, 스웨덴 등 제외), 종이책 시장은 비교적 안정화를 보이고 있지만, 전자책 시장의 활성화에는 도움이 되지 못하고 있는 것으로 판단된다.

아시아·태평양의 출판시장규모는 312억 달러이며, 일본(112억 달러)과 중국(107억 달러)이 시장의 70%를 점유하고 있다. 특히 중국은 2011년에 온라인 서점과 전자책의 매출 급증 영향으로 오프라인 서점이 많이 폐업하기도 하였다. 한국은 17억 달러인데 내수 소비시장규모라 전체 출판산업 규모와는 큰 차이가 있다. 남미의 출판시장규모는 36억 달러이며, 전자책 시장규모도 4백만 달러로 미미한 시장이다. 이는 고가의 단말기들과 스페인어와 포르투갈어 사이의 제한된 효용성, 전자책 콘텐츠의 부족 등으로 시장이 낙후되어 있기 때문으로 판단된다. 남미시장의 53%를 차지하는 브라질은 정부가 적극적으로 국민독서량 2배 권장과 모든 도시의 도서관 건립을 추진하고 있고, 전자책에 대한 부가가치세 면제와 2012년 킨들 단말기의 유통 등으로 급성장이 예상된다.[8]

올해 9월부터 구글북스가 한국에서도 전자책 사업을 시작했다. 구글이 시작한 '구글 도서검색' 프로젝트는 미국뿐만 아니라 프랑스, 독일, 일본, 한국 등에서 발행한 출판

---

8 노준석, KOCCA 통계브리핑 제12-08호, 해외편

물 수백만 권을 디지털화 했는데, 본문 전체 검색을 제공하고 저작권이 만료된 책들은 무료로 이용할 수 있게 했다.

2004년 구글북스는 미국 도서관에 소장된 1,500만 권의 도서를 디지털화해 일반 대중이 이용할 수 있도록 하는 프로젝트를 출범시켰고, 2009년 미국 펭귄그룹 산하 출판사인 더튼은 세계 최초로 디지털 소설 〈레벨 26〉을 출간했다. 프린스턴대학은 학생들을 선정하여 킨들 단말기를 제공하고 모든 교재를 전자 포맷으로 배부했다.[9]

미국출판협회(APP)와 도서산업조사그룹(BISG)이 발표한 보고서에 따르면 지난해 미국 내 전자책 매출액은 2010년(8억 6,900만 달러)의 2배를 넘어섰다. 이는 지난해 미국 출판업계의 전체 매출대비 6%에 해당하는 수준이다. 전자책 판매량 역시 2010년 판매량의 2배 가량인 3억 8,800만 권을 기록했다. 성인 및 아동 문학·비문학 분야의 전체 도서 판매량 중 전자책이 15.5%를 차지했다. 하지만, 전체 판매규모를 보면 여전히 종이책의 비중이 크다. 지난해 종이책(양장본·문고판) 매출액은 111억 달러를 기록해 아직까진 전자책에 비해 압도적인 우위를 보였다. 한편, 지난해 미국 출판업계의 전체 매출은 2010년에 비해 0.5% 오른 139억 7,000만 달러로 집계됐다.[10]

반스앤노블은 2012년 결산 자료를 통해 누크사업 분야의 총 매출액이 전년 695백만 달러보다 성장한 933백만 달러를 달성했다고 전했다. 하지만 이러한 매출 실적 성장에도 불구하고 4분기 수익은 1% 성장에 머물렀다. 그 원인은 디바이스 판매시장에서 다른 경쟁사들의 서드 파티(제3자 판매)들이 가격 할인을 주력 마케팅 방법으로 사용하면서 매출대비 수익이 당초 예상보다 많이 저조할 수밖에 없었던 이유이다. 또한 누크의 신제품을 새로운 유통망에 공급하기 위해 공휴일 지원 금액도 상승한 부분도 반영된 부분도 지적되었다. 누크 시리즈의 디바이스 판매는 성장이 정체되고 있지만, 각종 애플리케이션, 전자책, 디지털 잡지 등 콘텐츠 판매는 2012년 총 483백만 달러로 전년대비 119% 증가한 우수한 실적을 보였다.[11]

마이크로소프트(MS)가 미국 최대 서적 유통업체인 반스앤노블의 전자책사업 부문에 3억 달러(약 3,400억원)를 투자해 합작기업을 설립하기로 했다. MS는 새로 설립되는 회사의 지분 17.6%를 보유하게 된다. 합작사의 가치는 17억 달러로 평가됐다. 합작사는

---

9 마틴 라이언스, 〈책 그 살아있는 역사〉, 206-207쪽, 21세기북스, 2012
10 류영호, 해외전자책핫토픽, 〈출판저널〉, 2012년 8월호
11 류영호, 해외전자책핫토픽, 〈출판저널〉, 2012년 7월호

반스앤노블의 전자책 단말기이자 태블릿PC인 누크에 쓰이는 윈도우8용 전자책 애플리케이션을 개발하고 대학교육 사업도 함께 추진하기로 했다. 양사는 그동안 갈등을 빚어온 특허침해 소송도 일단락 짓기로 합의했다. 업계는 MS의 이번 투자로 누크의 사업 기반이 한층 견고해질 것이라고 평가했다. 앞서 반스앤노블은 올 초 누크를 분사하거나 전략적 제휴를 모색하는 방안을 검토하고 있다고 밝힌 바 있다.[12]

일본 전자책 시장규모는 2011년에는 약 723억 엔, 2014년에는 약 1,197억 엔으로 전망하고 있다. 세계 최대 규모의 전자책 전시회인 2012 e-Book Expo Tokyo가 일본 도쿄에 위치한 빅사이트 전시회장에서 7월 4일부터 6일까지 개최되었다. 올해로 16회인 e-Book Expo는 19회인 Tokyo International Book Fair(TIBF)와 2회인 Licensing Japan, 올해 처음 개최된 Creators Expo와 같이 네 가지 성격을 가진 전시회가 동시에 진행되었다. e-Book Expo에서 가장 뜨거운 관심사는 라쿠텐에서 인수한 Kobo의 e-Ink 단말기로 ePUB3.0이 지원되는 뷰어를 탑재하여 일본의 세로쓰기와 만화 등의 Fixed Layout이 지원되는 장점이 돋보였다. 이번 Kobo의 전시부스는 하루 종일 줄을 서서 단말기를 보려는 인파들로 인산인해를 이루었다. Kobo는 이번 e-Book Expo를 겨냥하여 신형 단말기를 전시회 며칠 전에 출시하였다. 일본에서의 전자책 시장은 기존의 유통사들의 독자적인 포맷과 세계 규격화에 앞장서고 있는 ePUB과의 호환성 및 플랫폼 등에 대한 복잡한 관계를 가지고 있다. 이번 전시회에서도 여러 포맷으로 만들 수 있는 솔루션과 플랫폼, 하드웨어, 전자책 서비스 등이 선을 보였다.[13]

3. 국내 전자출판 트렌드

한국의 e-Book 시장은 2007년 이후 답보상태를 유지하다 아마존 킨들의 성공으로 분위기가 고조되기 시작하면서 2009년부터 삼성전자 및 아이리버 등 많은 업체들이 단말기 사업에 뛰어들기 시작하였다. 한국디지털출판협회에 따르면, e-Book 시장규모도 2008년 1,278억 원에서 2009년 1,323억 원으로 늘어났고, 2010년에는 1,975억 원으로 늘어났으며, 2011년에는 2,891억원으로 크게 늘어날 것으로 전망했다.

---

12 류영호, 해외전자책핫토픽, 〈출판저널〉, 2012년 6월호
13 김철범, 〈출판저널〉 2012년 9월호

그림 14-2　전자책 시장규모 추이

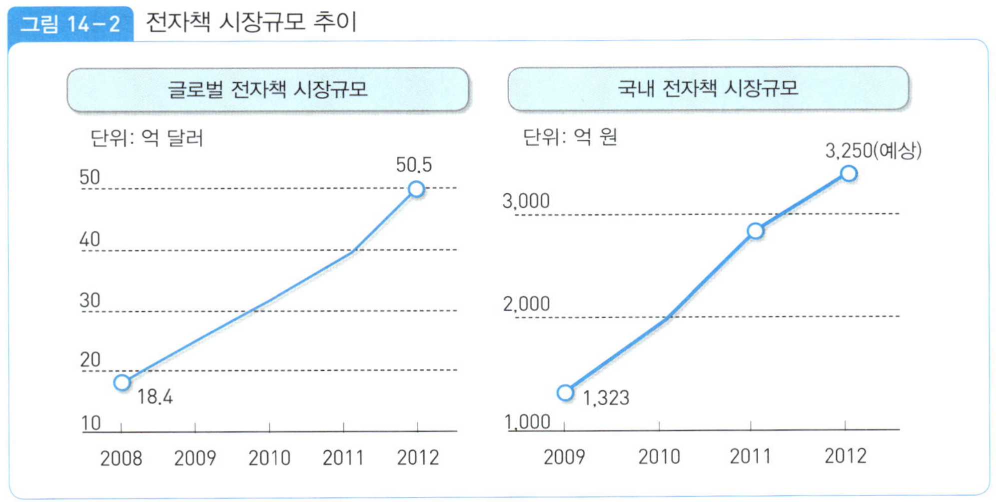

※ 출처: 전자책 생태계 전략 세미나, 한국전자출판협회, 2012. 6.22

　전자책산업의 활성화에 따라 국내에서도 전자책산업에 뛰어든 기업들이 점차 늘어나고 있다. 교보문고, 유페이퍼, 바로북, 조은커뮤니티, 누리미디어, 이지메타, 성도솔루원, 인큐브테크, 애슬로, 시공미디어, 북큐브, 예스24, 인터파크, 맥플러스, 블루핀, KDMT 같은 전통적인 기업뿐만 아니라 KT, 웅진OPMS, 삼성전자, LG전자, 한글과컴퓨터, 인프라웨어, SK플래닛, 신세계아이앤씨, 와이투북스, 유엔젤 같은 자본과 기술력을 가진 기업들이 대거 뛰어들고 있다. 또한 자본력은 약하지만 창조적인 아이디어와 혁신적인 비즈니스모델을 바탕으로 아이이펍, 퍼블스튜디오, 모글루, 판다모코리아, 북잼, 씨에스비, 마이디팟, 넷앤티비, 리디북스, 엔파이소프트, 엔소프트, 크리스피, 브레인팝스, 블루문파크와 같은 중소기업들 역시 만만치 않은 저력으로 전자책 산업을 일궈가고 있다.

　교보문고에 의하면, 2010년 1월까지 스마트폰과 태블릿 PC의 채널이 아예 존재하지 않았지만, 2011년 2/4분기에는 e-Book 판매량이 전년 동기 대비 306% 증가하였고 증가된 e-Book 판매량 가운데 모바일 판매가 62%를 차지할 정도로 급성장하였다.

　국내 전자책 시장은 스마트폰 보급이 늘어나기 시작한 2010년부터 매출이 늘어나고 있다. 그 결과 2011년 교보문고의 전자책 매출은 전년보다 78% 증가한 120억 원에 달했으며, T스토어를 운영하는 SK플래닛은 2011년 전자책에서 70억 원의 매출을 올렸다. 특히 교보문고의 경우, 전체 전자책 매출 중 스마트폰을 통해 구매된 비중이 60%가 넘는 것으로 알려졌다. T store eBook 고객은 20～30대로 남성 및 여성이 사용하며 향후 Smart Device가 접점의 주류를 이룰 것으로 예측되고 있다.

스마트폰 단말기 출시가 늘어나면서 T store eBook 매출도 꾸준히 증가 중이며 갤럭시 노트 출시와 함께 가독성이 확보되어 시장 형성 중에 있다. 현재 전자책은 전자책 파일인 플래시(Flash), PDF(Portable Document Format), ePub(Electronic Publication), App(Application)을 중심으로 각종 디바이스에 의해 구현되고 있다.

그 중 ePub은 Electronic Publication의 약어이며 2007년 9월에 IDPF(International Digital Publishing Forum, 국제전자출판포럼)에서 전 세계 전자책의 상호 호환을 위해 제정된 규격이다. 현재 전자책의 대표적인 방식으로 일반적인 전자책이라 하게 되면 거의 ePub을 말한다.

Ⅲ 출판의 미래

1. 셀프 퍼블리싱 시대

전자출판 시대가 되면서 대중들의 글쓰기에 대한 관심이 더욱 높아졌다. 출판사와 저작권 계약을 하지 않고도 저자가 아이북스에 원고를 올려 판매할 수 있기 때문이다. 이른바 셀프 퍼블리싱 시대가 활짝 열리고 있다.

펭귄출판그룹의 온라인 글쓰기 커뮤니티인 'Book Country'에서 셀프 퍼블리싱 플랫폼을 발표했다. 올해 초에 계획했던 서비스 모델로 콘텐츠 작성자는 편집자 또는 에이전트와 연결되어 자신의 작품을 편리하게 소개할 수 있다. 2011년 5월 'Book Country'는 공개 베타버전을 오픈하였으며, 그동안 12만 명이 방문하였고 전체적으로 약 4천여 명의 회원과 소설 500여 종을 확보하였다. 이 커뮤니티의 회원들은 등록된 원고를 읽고 선호도를 투표하고 다양한 의견을 나눌 수 있다. 글로벌 출판사들은 자사 내에 셀프 퍼블리싱 플랫폼을 구축하고 좋은 콘텐츠를 가진 저자가 디지털 시대에도 출판사와 네

트워크를 가질 수 있도록 해당 사업 전략에 많은 투자를 하고 있다.[14]

애플은 아이북스스토어에서 개인 저자들의 원고를 올려 판매할 수 있도록 하는데, 미국 세금등록번호(EIN)를 발급받고 애플 계정을 갖고 있으면 ISBN을 획득한 후 전자책 포맷인 '이펍(ePub)' 형식의 콘텐츠를 아이북스스토어에서 판매할 수 있다. 아마존에서도 1인 출판을 위한 전자책 섹션인 '싱글즈'를 운영하며 저자의 직접 출판을 지원하고 있다. 이처럼 전자책 시대에 1인 출판의 활성화와 이들이 출판한 전자책의 판매량이 늘어남에 따라 출판사의 무용론도 서서히 확산되고 있어서 그렇지 않아도 종이책 판매량의 감소에 따라 잔뜩 위축되고 있는 각국의 출판사에게 위기의식을 심화시키고 있다.[15]

전통적인 출판은 작가, 출판사, 서점, 독자의 유기적인 관계로 이루어졌다면, 전자책 시대가 되면서 이러한 이해관계자의 구조가 변형되고 있다. 출판시스템은 작가-출판사(CP: Contents Provider)-전자책 제작자-전자책 하드웨어/소프트웨어 제조사-콘텐츠 수급사(CA: Contents Aggregator)-전자책 유통사(기존 서점의 역할)-통신사-플랫폼 기업-독자로 변모하였다.[16]

앞으로는 전통적인 방식으로 출판을 해 온 편집자들이 전자책 시대를 받아들이지 않는다면 자연 도태될 수밖에 없다.

전자책 시대가 되면서 문자를 읽는 독서 방식에서 '보기'와 '듣기'가 중심이 되는 시청각 독서로, 일방형 독서에서 쌍방향 독서로 변화되고 있다. 책을 읽는다는 것은 정서적인 행위이면서 깊이 있는 사고를 하고 사유하는 과정을 통해 더 나은 삶을 추구하는 데 의미가 있다. 그렇다면 과연 출판의 역할은 무엇인가. 문화콘텐츠 시대에 출판은 우수한 콘텐츠를 제공한다는 점에서 매우 중요한 역할을 담당하고 있다. 따라서 종이책이냐 전자책이냐가 중요한 게 아니라 전 세계를 사로잡을 수 있는 매력적인 콘텐츠를 기획하고 저자를 배출할 수 있는 사회/문화적인 시스템이 필요하다.

---

14 류영호, 해외전자책핫토픽, 〈출판저널〉, 2011년 12월호
15 노준석, KOCCA 통계브리핑 제12-08호, 해외편
16 구모니카, '전자책 과연 시대의 총아인가', 제10차 출판정책라운드테이블, 한국출판학회, 2012

2. 종이책과 전자책의 미래

PewResearch가 올해 2월 조사한 결과에 따르면, 2016년 세계 출판시장에서 전자책 시장이 차지하는 비중이 17.9% 증가할 것으로 보았다.

2011년 세계 출판시장의 규모를 종이책과 전자책으로 나눠 살펴보면, 종이책의 매출(오디오북 포함)은 1,065억 달러, 전자책 매출은 55억 달러로 세계 출판시장에서 전자책의 비중은 4.9%를 차지하였다. 이 중 전자책의 매출은 소비자 도서가 41억 달러, 교육용 도서가 14억 달러였다. 2016년까지 세계 출판시장은 종이책의 이용자는 점차 줄어들고, 반면에 전자책의 이용자는 대폭 늘어날 것으로 보인다. 즉, 종이책 시장은 2011년 1,065억 달러에서 연평균 2.3%씩 마이너스 성장해 2016년 949억 달러로 줄어들 전망이다. 반면에 전자책 시장은 2011년 55억 달러 시장에서 연평균 30.3%씩 성장해 2016년에는 208억 달러에 이를 것으로 예상되고 있다. 이로써 2016년 세계 출판시장에서 전자책 시장이 차지하는 비중은 17.9%로 증가할 것으로 보인다.[17]

한편, 국내 전자책 시장을 견인하는 외부요인으로는 스마트폰, 태블릿PC, 전용단말기의 확산에 있다. 스마트폰은 2012년에 80%의 보급률을 예상하고 있으며 최상의 휴대성을 지닌 장점을 가지고 있다. 태블릿PC는 2012년 200만 대 보급을 예상하고 있는데, 스마트폰보다는 큰 화면으로 더 좋은 독서환경을 제공할 수 있다.

국내 전자책 시장에서 가장 활발하게 성장하고 있는 분야는 디지털 교과서이다. 2007년부터 시범적으로 추진되어 현재까지 총 18종의 콘텐츠와 플랫폼이 개발되었고,

표 14-2 세계 출판시장의 유형별 현황과 전망

	2010	2011	2012	2013	2014	2015	2016	CAGR
종이책(오디오북 포함) 시장	110,171	106,527	103,948	101,523	99,295	97,084	94,954	
종이책 시장 성장률(%)	-1.2	-3.3	-2.4	-2.3	-2.2	-2.2	-2.2	-2.3
전자책 시장	3,359	5,539	8,225	11,183	14,328	17,550	20,785	
전자책 시장 성장률(%)	56.8	64.9	48.5	36.0	28.1	22.5	18.3	30.3
출판시장 전체(종이책+전자책)	113,530	112,066	112,173	112,706	113,623	114,634	115,719	
출판시장 전체 성장률(%)	-0.1	-1.3	0.1	0.5	0.8	0.9	0.9	0.6

※출처: PWC, 2012.2

---

17 노준석, KOCCA 통계브리핑 제12-08호, 해외편

그림 14-3 전자책 시장을 견인하는 외부요인

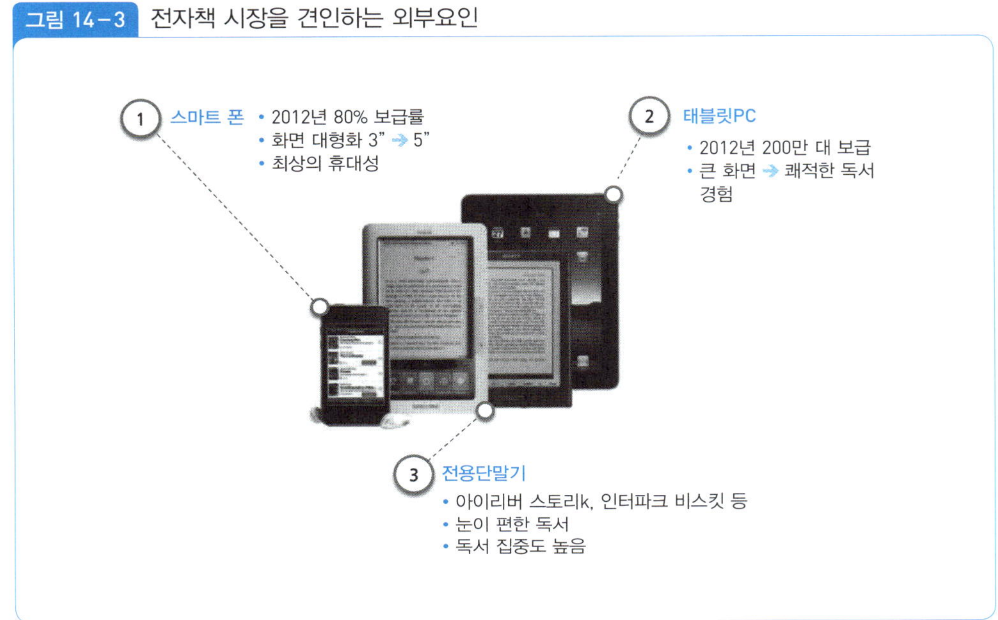

※ 출처: 전자책 생태계 전략 세미나, 한국전자출판협회, 2012. 6.22

2008년 20개의 연구학교를 시작으로 2009년 112개교, 2010년 132개교, 2011년에는 63개교에서 적용되어 왔다. 2015년에는 서책형 교과서와 병행해서 사용될 예정이다.[18]

미국 교과서 시장에서도 디지털 교과서 점유율은 2012년 6%에서 매년 약 7%대의 성장을 보이고 있으며 2013년에는 13%, 2014년에는 19.5%, 2015년에는 26%, 2016년에는 35%, 2017년에는 44%의 점유율로 예상하고 있다.[19]

모바일 메신저 서비스를 하는 카카오톡에서도 2012년 11월에 전자책 시장에 진출하겠다고 밝혀 전자책 시장이 크게 확대될 전망이다. 카카오톡은 모바일 e북 유통 플랫폼인 '카카오 슬라이드'를 공개하는데, 모바일 소셜네트워크서비스(SNS)인 '카카오스토리'와 모바일 게임 플랫폼 '게임' 서비스로 서비스 개시 5개월 만에 가입자 수 2천 500만 명을 확보한 만큼 카카오 슬라이드가 전자책 시장에 미칠 파장은 클 것이다. 카카오 슬라이드는 콘텐츠를 판매하는 '콘텐츠 스토어'와 전자책 콘텐츠를 스마트기기에서 볼

---

18 한국교육학술정보원, 디지털교과서법, 제도 개선 및 업무추진 방안. 2011 Keris 이슈 리포트 연구자료 RM 2011-34

19 최미나, '전자책과 학습의 융합으로서 디지털 교과서의 개발 이슈 및 과제', 한국전자출판학회 추계 학술대회 논문집, 한국전자출판학회, 2012.9.20

수 있는 '슬라이드 뷰어'로 구성되어 원하는 전자책 상품을 카카오 결제 수단인 '초코'를 통해 구매할 수 있다. 텍스트와 비디오 혹은 텍스트와 이미지, 이미지와 오디오식으로 콘텐츠를 자유롭게 구성할 수 있는 멀티미디어 전자책을 지향했다는 점도 특징이다.

아마존 등 기존 유통사에서는 단말기를 구입해야 전자책을 볼 수 있는 환경이었는데, 카카오톡 전자책 프로젝트는 사용자가 전자책 단말기를 구입하지 않아도 스마트폰이나 아이패드 등으로 멀티미디어 전자책을 볼 수 있다는 장점을 갖고 있어 기존 유통 시장의 틀을 깨고 앞으로 전자책 시장이 크게 확장될 수 있음을 시사한다.

미국 시사주간지 〈뉴스위크〉는 2013년부터 지면판을 중단하고 디지털 매체로 발행한다. 〈뉴스위크〉의 CEO인 바바 셰티와 티나 브라운 편집국장은 2012년 10월 18일(한국시각) 보도자료를 통해 "〈뉴스위크〉는 완전 디지털 형태로 독자와 효율적으로 교감할 변곡점에 와 있다"고 밝혔다. 2012년 12월 31일 판을 끝으로 지면판 발행을 80년 만에 중단하고 2013년부터 유료 전자잡지로 전환한다. 스마트폰과 태블릿PC 등 모바일 기기의 급격한 확산으로 디지털 매체 이용이 늘면서 지면판을 고집해 온 〈뉴스위크〉는 적자에 시달려 왔다.

이러한 추세로 볼 때 국내뿐만 아니라 전 세계적으로 전자책은 지속적으로 성장할 것이며, 종이책에 대한 미래가 불투명해지고 있는 가운데 과연 종이책은 이 세상에서 완전히 사라질 것인가에 대한 질문은 계속 이어질 것이다.

PART 4

미래 미디어·ICT

제 15 장

미디어의 미래

　미디어의 발전은 인간의 생활과 사고 형식에 막대한 영향을 미치게 된다. 저자는 국내외 미디어전문가와 미래학자들 500여 명을 대상으로 델파이 조사를 실시하여 2030년까지의 미래 미디어에 대한 로드맵 연구를 실시하였다. 그 결과 미래 미디어는 개념과 서비스 영역 및 영향력에서 혁신적인 변화가 예견되고 미디어의 초지능화, 컨버전스화, 인터랙티브화, 유비쿼터스화는 더욱 가속화될 것으로 예측되었다. 또한 방송 미디어는 오감 실감방송, 유비쿼터스 퍼스널방송, U−홈방송, 분산 공간방송, Wearable 방송이 구현될 것으로 예측되었다. 인터넷 미디어와 모바일 미디어 그리고 소셜 미디어도 2030년까지 크게 변화·발전할 것으로 예측되었다. 한편 미래 미디어의 사회·문화적 영향력이 확대되고 경제·산업적 중요성도 더욱 강화될 것으로 예견되었다.

I 미래 미디어의 변화

1. 미디어 관련 미래사회 예측

미디어학자 마샬 맥루한은 『미디어의 이해』라는 저서를 통해 '미디어는 인간의 확장'이라고 하였다. 즉, 미디어는 인간의 감각적, 심리적 지능의 확장이라는 것이다. 미디어는 인간에 의해 확장되고 또한 인간은 미디어의 변화에 의해 확장된다. 특히 2030년까지 미디어는 스마트화를 넘어 초지능화가 가속되면서 미디어는 갈수록 인간의 감각과 사고와 행동 유형 그리고 나아가 인간관계에까지 막대한 영향력을 미치게 될 것이다.

스마트폰으로 촉발된 스마트 미디어 혁명은 언제 어디서나 '접속의 시대'로 사회의 일상을 변화시켰고 마침내 '연결 경제의 시대'의 패러다임을 우리에게 제시하고 있다. 개인을 위한 위치기반의 맞춤형 광고의 등장, 콘텐츠를 소유하여 소비하는 것이 아닌 접속을 통한 콘텐츠의 소비, 고정된 하드디스크에 저장하는 것이 아닌 임의의 웹 스토리지 서버에 저장이 가능한 클라우드 서비스, 다양한 플랫폼에서 여러 이종 단말기 간에 끊임없는 방송 콘텐츠를 즐길 수 있는 N스크린 서비스 등은 생활의 편리를 더해주고 있다.

스마트시대에는 인터넷을 기반으로 신규 플랫폼, 빅데이터, 맞춤형 광고, 주문형 비디오(VOD), 사물지능통신(M2M), 근거리무선통신(NFC), SNS(소셜네트워크서비스), 소셜 커머스, LBS(위치기반서비스), AR(증강현실) 등이 미디어와 접목되고 있다. 첨단기술 간의 융합으로 다양한 기기 간 연동이 스마트 미디어의 중심에 서게 될 것이다. 또한 이러한 기술력에 맞춘 콘텐츠의 구현과 편의성에 따라 좀 더 발전된 스마트미디어시대가 도래하였다.

그리고 스마트의 성숙 이후 2030년까지의 후기 스마트시대는 지식정보사회를 넘어 미디어가 인간의 지능과 관계로 확장되는 초지능사회가 될 것이다. 초지능사회엔 미디어와 인간의 감각과 사고 및 행동이 자연스럽게 연계되어 인간과 미디어가 언제 어디서나 연결되고 일상생활처럼 상호작용하게 될 것이다.

미래학자들이 예측한 미래모습 중 미디어와 관련된 부분들을 요약하면 〈표 15−1〉과 같다.

표 15-1	미디어와 관련된 미래모습의 주요 전망

미래모습	주요 전망
"가상현실사회" (CyberNow) 제롬 글렌 (유엔미래포럼 회장)	• 2025년에는 '사이버 나우(Cyber Now)'가 상용 • 모든 사람이 '사이버 나우(Cyber Now)'라 불리는 특수 콘택트 렌즈와 특수 의복을 통해 24시간 사이버 세상과 연결 ※ 사이버 나우: 24시간 실시간으로 인터넷에 연결된다는 의미
"인공지능사회" 윌리엄 하랄 (조지워싱턴대 교수)	• 2030년쯤 되면 로봇과 인간이 공존하는 시대가 도래하고 '인공지능'을 통한 3차원 세계로 나아갈 것 • 앞으로는 가치나 목표, 지각이 중요한 '영감(靈感)의 시대'가 될 것이며, 따라서 많이 알고 있는 것보다 알고 있는 것을 바탕으로 내리는 선택이 핵심 경쟁력이 될 것
"드림 소사이어티" (꿈과 감성의 사회) 롤프 옌센 (드림컴퍼니 대표)	• 이성, 과학, 논리가 지배하는 시기에서 탈피하여 상상력과 감성이 중요한 '드림 소사이어티(Dream Society)'로 진입 • 산업사회의 잔재인 넘쳐나는 공급과, 정보사회의 장점인 풍부한 정보는 까다로운 소비자를 만들어냈고, 이에 부응하기 위해 기업은 상품과 서비스에 감성적 가치를 덧붙여야 함
"하이컨셉·하이터치" 다니엘 핑크 (미래학자)	• 논리적·선형적 능력이 중요한 정보화 시대에서 점차, 창의성·감성·직관이 중시되는 '개념의 시대'로 이동 • 예술적·감성적 아름다움을 창조하는 하이컨셉, 공감을 이끌어 내는 능력인 하이터치 능력을 갖춘 인재가 필요
"바이오 경제" 데이비스·데이빗슨	• 1950년대 이후의 정보경제에 이어 2020년대부터는 지능 컴퓨터, 유전공학, 극소화 기술에 기반한 '바이오 경제'로 진화 • 바이오 경제는 단순히 생명공학에 기초한 경제라기보다는 정보기술과 바이오 관련 기술이 융합되어 창조되는 경제

※출처: 한국정보화진흥원, 미래사회의 새로운 가능성과 ICT의 역할, 2010

2. 미디어 개념의 확장

송신자에 의해 메시지를 수신자에게 일방적으로 전달하는 매개체로서의 미디어 개념은 디지털화와 스마트화를 거치면서 급속히 변화되고 있다. 즉, 보다 다양화되고 지능화된 수단과 경로를 통해 콘텐츠와 다양한 부가서비스를 동시 또는 비동시에 양방향 그리고 다방향적으로 상호작용하면서 교류할 수 있게 하는 플랫폼으로 미디어의 개념이 변화되고 있는 것이다. 향후 2030년까지 개개의 사람들이 개인 미디어를 활용하여 자신의 메시지를 사회적 네트워크를 통해 상호교류하면서 초지능 집단지성 미디어를 형성해 나갈 것이다.

3. 미디어 서비스 영역의 확대

전통적인 미디어는 활자나 음성 또는 영상으로 메시지를 담은 콘텐츠를 전달하는 것이 주요 서비스 영역이었다.

최근엔 디지털과 스마트 기술에 의해 미디어 서비스 자체의 다양화와 함께, 여러 가지 새로운 서비스를 포함하는 형태로 복합 서비스 미디어로 변모되고 있다. 이로 인해 이전엔 미디어의 서비스 영역 밖에 있었던 금융서비스, 정보서비스, 중개서비스, 상품판매서비스, 개인 및 위치 맞춤제공 서비스 등 다양한 분야로 서비스 영역이 계속 확대될 것이다.

4. 미디어 수용자의 변화

한때 Couch Potato로 불리며 수동적이고 게으른 소비자의 특성을 가졌던 미디어 수용자들은 미디어의 변화에 따라 점차 개인형, 상호작용형, 이동형, 융합형 미디어의 소비에 점차 익숙해지고 있고, 더욱 다양한 콘텐츠와 편리한 서비스를 원하고 있다. 더욱 영리하고 합리적으로 변한 수용자들은 자신들의 욕구를 충족시키기 위해 보다 다양한 미디어를 이용하고 있다. 미디어 수용자은 점차 개인화된 동시에 네트워크로 연결된 개인, 점점 더 이동 중 미디어 이용에 익숙해지는 이용자, 미디어와 언제든지, 어디서든지, 어떠한 단말기로든지, 원하는 서비스와 콘텐츠로 연결하는 적극적인 소비자로 변화하고 있다.

5. 미디어 영향력과 미디어 윤리의 중요성 증대

미디어의 발전으로 각 개인들이 미디어 네트워크로 연결되어 한명 한명의 영향력이 네트워크의 효과로 인하여 과거에 비해 엄청난 힘을 발휘하게 되는 세상에 살고 있다. 누구나 블로그나 페이스북, 트위터 등에 자신이 소지한 스마트폰이나 아이패드와 같은 태블릿PC로 언제 어디서나 콘텐츠를 생성하여 친구들이나 지인들과 즐길 뿐 아니라 소셜 미디어를 통해 콘텐츠를 올려 지구촌의 네티즌들에게 실시간으로 영향력을 줄 수 있는 세상에 살고 있다.

2011년 7월 22일 노르웨이에서 끔찍한 연쇄테러사건이 발생한 것을 많은 사람들은 아직도 기억하고 있다. 테러를 자행한 극우파 안데르스 베링 브레이빅은 사건 당일 오후 3시 30분에 수도 오슬로 정부청사가 있는 도심에서 폭탄을 터트리고 총기를 난사했다. 이 사고로 무고한 생명 76인이 사망하였다. 범인은 민간인의 대량학살 장면이 등장하는 게임을 즐겨했고 실제 범행 현장에서의 수법이 게임 속의 브레이빅과 매우 흡사하였다. 이처럼 인터넷과 다양한 미디어를 통해 폭력물, 음란물, 사행성 콘텐츠를 보고 이를 모방하여 범죄를 저지르는 사례가 최근 더욱 늘어나고 있다.

미디어의 발전이 때론 모두에게 장점으로만 작용할 수 없는 실상이다. 사생활 침범, 사행성, 음란성, 폭력성 및 음해성 콘텐츠가 범람하고 있어 미디어를 올바르게 사용하지 못할 경우 우리의 문화생활과 정서, 그리고 가치관과 행동까지 심각한 피해를 입을 수 있다. 따라서 미디어를 통해 어떤 콘텐츠가 제작·확산되고 향유하는가에 따라 우리 사회가 천국이 될 수도 재앙이 될 수도 있게 된다.

스마트 미디어와 초지능 미디어가 활성화되는 미래사회에는 미디어를 통한 유해 콘텐츠의 역기능을 예방하고, 우리에게 꿈과 희망을 주며 교육적이며 유용한 정보와 건강한 재미를 주는 건전하고 유익한 콘텐츠를 제작·확산시키고자 문화운동인 '클린미디어·클린콘텐츠' 운동의 중요성이 더욱 증대될 것이다.

II 미래 미디어의 특징

1. 미디어의 스마트화·초지능화 강화

한때 바보상자로 불렸던 TV를 포함하여 모든 미디어는 스마트하게 변화하고 있다. 스마트폰과 스마트PC(태블릿PC) 그리고 스마트TV를 중심으로 스마트 미디어가 대세

그림 15-1 미디어가 수용자를 자동인식하여 맞춤형 광고를 내보내는 장면

※ 출처: 영화 마이너리티 리포트

가 되고 있다. '스마트'라는 단어는 '기능이 다양하고 우수한'의 의미로 쓰였는데 여기에 '인공지능이 가미되고 있으며, 사용자 맞춤식 설정이 가능하고 소셜 네트워킹 기능을 갖고 있는'의 의미로 쓰이고 있다. 미디어의 스마트화와 초지능화는 지속적으로 강화되어 미디어의 지능이 빅데이터를 분석하여 자동으로 수용자 맞춤 서비스까지 가능하게 되는 초지능사회를 열게 될 것이다. 미래의 SMART는 Semantic, Mobile, AI(인공지능), Reactive(상호작용), Trinity(N스크린 일체)의 의미를 띤다.

2. 미디어의 컨버전스화 가속

미디어의 디지털화가 가속됨에 따라 기존의 상이한 전송 체계는 점차 하나로 통합되는 추세를 보이고 있다. 미디어의 융합은 사업자, 네트워크, 서비스, 단말기의 차원에서 이루어지고 있다.

사업자의 융합은 TV사업자가 네트워크를 이용하여 전화 또는 인터넷서비스를 제공하고, 방송서비스에 통신서비스가 융합된 데이터 방송이 도입되어 데이터, 영상, 음성, 소프트웨어, 스트리밍서비스 등의 디지털 콘텐츠를 TV, PC, 스마트 모바일, DMB 등

다양한 단말기를 통해 서비스할 수 있게 된다.

네트워크의 융합은 통신망을 통한 미디어와 미디어망을 통한 통신을 의미한다. 이 망은 유선망과 무선망, 회선망과 패킷망, 미디어와 통신이 융합된 복합 서비스를 멀티미디어 통신 단말기와 정보가전 기반 디지털 홈 등 다양한 환경에서 언제 어디서나 안전하고 일관성 있게 이용할 수 있는 통합 네트워크이다.

서비스도 융합하고 있다. 서비스의 통합은 각종 미디어사업자가 기존에 제공하던 서비스 이외에 다른 서비스를 부가하여 제공하는 것이다. 최근에는 타 사업자와 전략적으로 제휴한다. 미래의 미디어는 단일 서비스 중심의 서비스라기보다는 복합적인 형태의 서비스가 일반화 될 것이다.

3. 미디어의 인터랙티브 강화

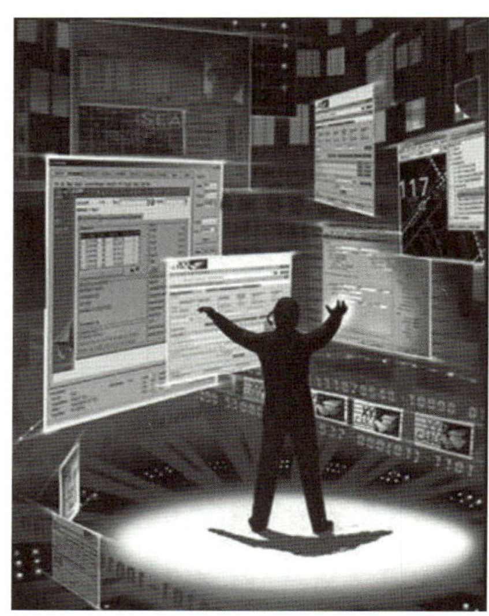

※ 출처: 영화 마이너리티 리포트

미디어에서의 인터랙티브성이 증가하고 있다. 인터랙티브는 기존의 미디어 서비스가 일방향으로 미디어사업자가 콘텐츠를 뿌려주는 방식이었다면 이제 그것이 아니라 사용자와의 활발한 의사소통이 가능하여 양방향 서비스가 제공된다는 것이다. 양방향 서비스는 실시간으로 미디어사업자와 시청자가 상호작용을 할 수 있게 해준다는 점에서 가히 혁명적인 변화라 하겠다.

스마트시대에는 방송신호를 표현하는 기기로만 사용되던 모든 TV가 스스로 인터넷 기능을 가지게 된다. 따라서 TV는 집안과 거실의 다양한 멀티미디어, 정보기기의 중심이 되며 사용자 체험의 인터페이스(UI: User Experience)로 사용자와 상호작용하게 될 것이다.

4. 미디어의 유비쿼터스 구현

미래의 미디어는 무소부재, 즉 언제 어디서나 존재하게 된다. 미디어의 유비쿼터스화가 구현되는 것이다. 사용자가 미디어를 인지하지 않은 상태에서 장소에 구애받지 않고 자유롭게 미디어를 접하고 네트워크에 접속할 수 있게 된다. 기존의 거실 TV, 사무실 PC, 개인소지 스마트폰, 자동차의 텔레매틱스를 넘어 미래에는 컵·화분·자동차·벽·교실이나 심지어 사람들이 걸치고 있는 옷·안경·신발·시계 등 모든 사물에 다양한 기능을 가진 미디어 장치가 내장되며, 이들 미디어 장치들은 근거리 무선통신과 인터넷 인프라에 의해 네트워크에 연결되어 상호소통한다. 미래에는 '입는 PC', '안경처럼 쓰는 E북', '더스트 TV 스크린' 등 유비쿼터스 미디어가 점차 일상 생활에서 구현될 것이다.

Ⅲ 미래 미디어 발전 로드맵

1. 방송 미디어의 미래 발전 로드맵

2030년까지 방송 미디어는 실감방송, 맞춤방송, 홈네트워크, IP방송, 이동방송을 중심으로 하여 단순시청형→정보선택형→정보맞춤형→정보창조형→유비생활형의 사용자의 융합 미디어 이용 유형으로 발전할 것으로 예상된다.

먼저 실감방송의 경우 2000년에 진입하였고 디지털방송의 시대로 진입하여 HDTV 방송의 고화질 시대를 등장시키며 2010년의 UDTV 시험방송을 통하여 이후 더욱 고화질 실감방송의 시대를 예고하고 있다. 이러한 고화질 융합 미디어 서비스를 발판으로 2015년 향기방송, 2020년 촉감방송 등이 가능해지고 2030년경엔 본격적인 오감실감방송 서비스 시대로 진입할 것으로 예상된다.

두 번째, 맞춤방송은 2000년 다채널 시험방송 서비스를 시작하였고 양방향 데이터방송 서비스를 통하여 시청자의 정보선택형 서비스 충족을 앞당길 것으로 예상된다. 또한 2010년 3DTV 방송 서비스를 시작하였고 음성합성방송, 멀티뷰 3D방송 서비스 제공을 통해 정보맞춤형 서비스의 시대를 앞당기며 이를 통하여 2020년경 오감방송 홀로그램 서비스 등과 연계된 정보창조형 서비스의 시대가 도래할 것이다.

세 번째, 홈 네트워크 서비스는 2005년 디지털 홈 미디어 서비스 중심의 네트워크 게이트웨이 서비스를 통하여 2010년 상황인지 게이트웨이 서비스 진화를 통해 2020년 지능형 게이트웨이, 2025년 유비쿼터스 홈 서버의 서비스 등장이 예상된다.

네 번째, IP방송 서비스는 두 가지 측면으로서 진화할 것으로 예상된다. 먼저 2005년 UCC방송과 같은 개인 미디어 서비스가 등장하였고 2010년 이후 개인방송 맞춤 서비스의 완성을 통하여 2015년경 Smart Agent 방송 서비스가 완성되며 이를 통하여 개인의 정보창조형 서비스가 등장할 것이다.

또 한 가지 측면으로서 현재 이슈화 되고 있는 IPTV 방송 서비스의 등장을 통하여 2013년경 언제, 어디서나, 방송 전송 품질이 보장된 끊김없는 융합 미디어 서비스인 IP

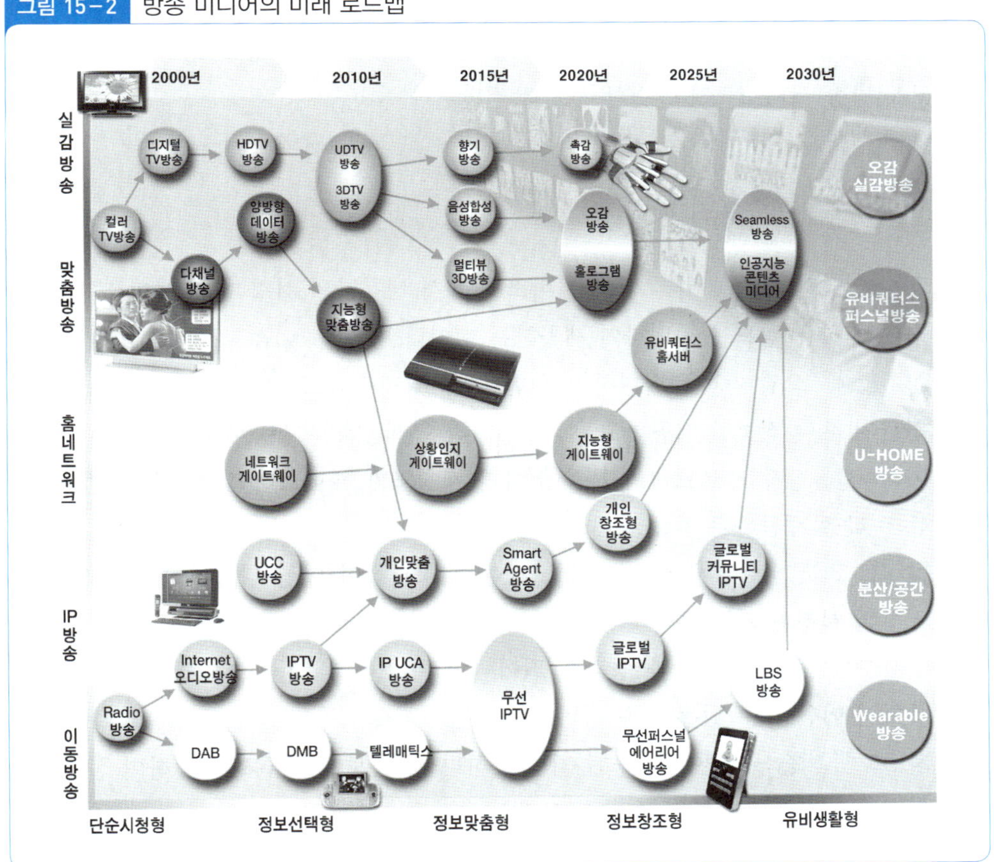

※ 출처: ubicon.or.kr

UCA 방송 서비스를 통해 2015년에는 무선 IPTV 서비스가 이동형 방송 서비스의 주축으로 자리 매김할 것으로 예상되며, 2020년경 글로벌 IPTV가 등장함으로써 2025년경 글로벌 커뮤니티 IPTV 서비스가 미디어 서비스의 핵심 서비스로서 등장할 전망이다.

다섯 번째, 이동방송 서비스는 DMB(이동형 디지털멀티미디어 방송) 서비스 이후 다양한 스마트 모바일 방송 서비스 및 텔레매틱스와의 융합 서비스를 통하여 2015년경 유·무선 통합 무선 IPTV 서비스가 가능해지고 2020년 무선 퍼스널 에어리어 방송 서비스, 2025년경 LBS(위치기반 서비스) 방송 서비스가 핵심 이동형 방송 서비스로 등장할 것이다.

이러한 실감방송, 맞춤방송, 홈네트워크, IP방송, 이동방송의 각각의 서비스 진화를 통하여 향후 2025년경 Seamless 방송 서비스 및 인공지능 콘텐츠 미디어 서비스의 통합의 진화를 거쳐 2030년경 실감방송 서비스는 오감실감방송, 맞춤방송은 유비쿼터스 퍼스널 방송, 홈네트워크는 u-Home 방송, IP방송은 분산·공간 방송, 이동방송은 Wearable 방송 서비스로서 발전할 것으로 전망된다.

■ 방송 미디어 핵심용어 설명

- **지능형 맞춤방송**: 데이터 방송 서비스 중에서 시청자의 시청 행태 등의 분석을 통하여 원하는 정보를 선택하여 제공하는 데이터 방송
- **향기방송**: 오감방송을 실현하기 위한 단계로 방송 프로그램 상에서 프로그램과 연관된 후각 정보를 제공하고, 이를 재현하여 제공하는 방송 서비스
- **촉감방송**: 방송 프로그램의 특성에 따라 시청자가 프로그램의 현장을 느낄 수 있는 촉감을 제공하는 방송 서비스
- **멀티뷰 3D방송**: 입체 3D방송을 고정된 시청지점이 아닌 다양한 위치에서 입체 영상의 시청이 가능한 방송 서비스
- **오감방송**: 기존의 시각과 청각을 뛰어넘어 촉각, 후각 등의 다양한 인간 감각을 통하여 이용할 수 있는 방송 서비스
- **홀로그램 방송**: 3D방송의 구현 기법의 하나로, 홀로그램 투시를 통하여 실감있는 입체방송의 시청이 가능한 방송 서비스
- **Seamless 방송**: 시청자의 미디어 시청과정에서 단말기나 위치의 이동에도 불구하고, 끊김없이 동일한 프로그램의 시청이 가능한 방송 서비스
- **유비쿼터스 홈서버**: 댁 내에서 발생하는 다양한 상황 및 미디어의 유통을 총괄하여 다양한 미디어의 이용이 가능하며, 또한 다양한 단말과의 유연한 연동을 제공하는 정보 시스템
- **Smart Agent 방송**: 미디어를 이용하는 상황에 따라 효율적으로 미디어를 제공하여 각 개인이 필요한 정보를 즉각적으로 이용할 수 있는 방송 서비스
- **IP UCA 방송**: IPTV의 방송 서비스를 이용하는 단말과 네트워크의 상황에 따라 최적의 미디어 환경을 제공하는 방송 서비스
- **글로벌 IPTV**: 서비스 이용자의 위치와 상황에 상관없이 언제나 이용이 가능한 인터넷 기술을 이용하는 디지털 방송 서비스

- 글로벌 커뮤니티 IPTV: 글로벌 IPTV의 기술의 발전을 통하여 언제든지 방송 서비스를 이용하며, 동시에 서비스 이용자들 간의 정보교환이 가능하도록 구성된 IPTV 방송 서비스
- 무선퍼스널 에어리어 방송: 개인이 자체적으로 방송 송출 시스템을 구축하고, 짧은 영역 내에서 자유로이 방송 송출이 가능한 방송 서비스
- LBS 방송: 방송 서비스를 이용하는 장소에 따라 유기적으로 반응하여 해당 장소에 최적의 방송 프로그램을 제공하는 방송 서비스
- 유비쿼터스 퍼스널 방송: 장소와 매체에 상관없이 개인이 원하는 내용을 원하는 방식으로 언제든지 이용 가능한 미디어 방송 서비스
- U－HOME 방송: 홈네트워크의 발전을 통하여 댁 내 어디에서나 필요한 미디어를 검색하고, 이용이 가능한 유비쿼터스 방송 서비스
- 분산·공간 방송: 장소와 매체에 상관없이 원하는 내용을 원하는 방식으로 언제든지 이용 가능한 미디어 방송 서비스
- Wearable 방송: 미디어 이용자의 신체에 부착되어 다양한 형태로 이용이 가능한 단말을 통한 미디어 방송 서비스

2. 인터넷 미디어 발전 로드맵

인터넷은 상용화된 지 불과 2년 만에 단편적인 정보의 전달과 수집에만 이용되던 초창기의 좁은 이용범위를 벗어나 업무용뿐 아니라 개인의 중요한 커뮤니케이션의 수단으로 이용되고 정치, 경제, 문화 등 사회 전반에 걸쳐 변화의 주요 동인으로 등장하였다. 이제 인터넷은 단순히 자료 검색의 효율성을 높이고 시간과 공간을 극복하여 정보를 전달할 수 있는 개방형 네트워크(OSI: Open System Internet)로서, 원하는 경우 누구나 접속할 수 있는 접속점을 제공한다. 또 다른 특성은 클라이언트 서버 시스템(Client/Server system)인데, 이는 인터넷 사용자가 어떤 정보를 요구하면 그 정보를 지니고 있는 서버에서 정보를 제공하는 것이다. 인터넷 미디어는 2030년까지 USN 미디어와 Seamless 인터넷 미디어로 발전하면서 소셜 집단지능 미디어를 구현하게 될 것이다.

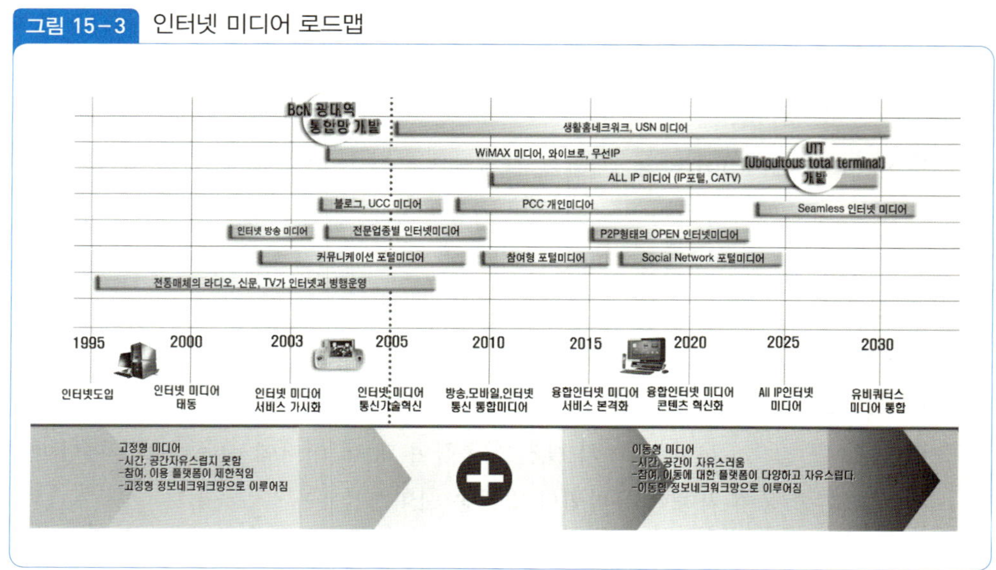

※ 출처: ubicon.or.kr

■ 인터넷 미디어 핵심용어 설명

○ **커뮤니케이션 포털미디어:** 미디어를 통하여 제공되는 정보에 대하여 각 개인이 자신의 견해를 통하여 상호교류할 수 있는 미디어 형태

○ **참여형 포털미디어:** 미디어의 생산과정에 이용자가 직접 참여하여 적극적으로 미디어를 생산하는 포털 형태의 미디어

○ **Social Network 포털미디어:** 가상의 네트워크를 통하여 미디어이용자 간의 새로운 집단을 형성하고 이를 통하여 미디어의 유통이 이루어지는 형태의 포털미디어

○ **블로그 미디어:** 개인이 자신이 관심있는 정보를 모으고 이를 다수의 이용자에게 제공하는 개인 홈페이지의 일종

○ **UCC 미디어:** 다양한 정보를 개인이 직접 생산하여 유통하는 미디어

○ **PCC 개인 미디어:** Proteur Created Contents의 약어로 기존의 UCC에 비하여 보다 전문적인 식견을 가진 이용자들이 생산하고, 이를 다수의 대중이 적극적으로 참여하여 이용하는 미디어

- Seamless 인터넷 미디어: 인터넷 상의 정보를 다수의 망과 단말을 통하여 끊김 없이 이용이 가능하도록 제공하는 미디어
- ALL IP 미디어(IP포털, CATV): 기존의 인터넷 망을 포함하여 방송 망 등 다수의 망이 인터넷 프로토콜이라는 단일한 데이터 표준에 따라 이용 가능한 미디어 형태
- WiMAX 미디어, 와이브로, 무선 IP: Worldwide Interoperability for Microwave Access의 약어로 무선으로 장거리 데이터 통신이 가능하도록 개발된 통신 방식
- 와이브로: 무선인터넷 접속 규격의 하나로 최대 3Mbps의 데이터 수신율을 가지는 통신 프로토콜
- 무선 IP: 다양한 무선 망을 이용하여 인터넷 프로토콜의 정보를 제공하기 위한 접속 방식
- 생활홈네트워크, USN 미디어: 생활 속에서 다양한 센서와 미디어 기기를 통하여 정보를 이용할 수 있는 미디어 방식

3. 모바일 미디어 발전 로드맵

모바일 미디어 서비스는 크게 단말기, 광역이동통신(10Km), 근거리무선통신(100m), 휴대인터넷(1Km)으로 구분하여 로드맵을 도출할 수 있다.

먼저 단말기 분야는 2005년 초를 전후하여 지능형 마이크로 브라우져 서비스를 통하여 향후 2010년 후반까지 방송·통신 융합형 단말기의 등장을 주도하였다. 스마트폰 등장 이후 2010년경부터 2015년 전후까지 인간 밀착형 생활 브라우져 서비스를 통하여 본격적인 스마트 지능형 융합 단말기가 대세를 이룰 것이다. 이러한 기술을 기반으로 2015년 이후 2020년까지 생체인식자가충전, 2020년 이후 유해환경감지기능 서비스를 통하여 2015년경 이후 인공지능형 통합단말 AI+음성인식, 콘텐츠 서비스가 융합된 실감 모바일 미디어 통신단말, 통제, 제어단말기술이 발전될 것이다.

두 번째, 광역이동통신(10Km) 분야는 2005년 전후를 통하여 2Mbps IMT2000 기술 및 2005년 이후부터 2011년경까지 10Mbps 3G+기술을 기반으로 하여 화상통신 및 고속멀티미디어 서비스가 본격적인 광역이동통신 서비스의 활성화를 촉진하였다. 2010년 이후 스마트 이동통신기술을 바탕으로 하여 본격적인 고품질 원격화상통신 서비스

그림 15-4 모바일 미디어 로드맵

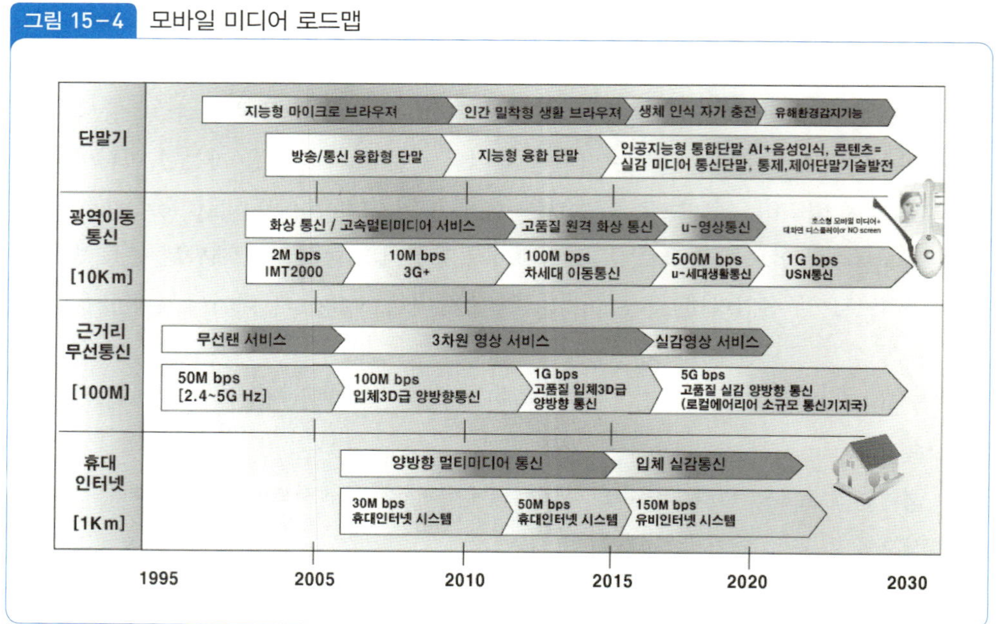

※ 출처: ubicon.or.kr

가 등장하였으며, 2017년 이후부터는 500Mbps u-세대생활통신, 1Gbps USN 통신 기술을 바탕으로 하여 u-영상통신 서비스가 도래할 전망이다.

세 번째, 근거리 무선통신 분야는 이미 2005년 전후 50Mbps(2.4~5Hz)기술을 기반한 무선랜 서비스가 등장하였으며, 향후 2013년까지 100Mbps 입체 3D급 양방향 통신, 2013년경부터 2016년까지 1Gbps 기반 고품질 입체 3D급 양방향 통신 기반의 3차원 영상 서비스가 주류를 이룰 것이다. 아울러 2017년 이후에는 5Gbps 고품질 양방향 통신(로컬에어리어 소규모 통신기지국)의 실감영상 서비스가 등장할 전망이다.

네 번째, 휴대인터넷 분야는 2012년까지 30Mbps 휴대인터넷 시스템, 2013년경부터 2016년까지 50Mbps 휴대인터넷 시스템을 기반으로 하는 양방향 멀티미디어 통신 서비스가 등장하며, 2017년 이후부터는 150Mbps 유비인터넷 시스템의 발전을 통하여 입체실감통신 서비스가 향후 등장할 전망이다.

4. 소셜 미디어의 미래

다수의 의견, 경험, 관점 등의 집단지능(Collective Knowledge)으로부터 정제되어 송출되는 매체인 소셜 미디어(Social Media)는 그 자체가 일종의 유기체처럼 성장하기 때문에 소비와 생산의 일반적인 매커니즘이 동작하지 않는다.

스마트시대에 나타나고 있는 소셜 미디어의 특징은 다음과 같다.

① 공유(sharing): 누구나 쉽게 콘텐츠 제작과 서비스를 제공함과 동시에 이를 공유 가능하다.

② 상호작용(interactive): 양방향성을 활용하여 정보 및 의견교환을 통해 콘텐츠 제작, 수정 등의 발전적 활동이 가능하다.

③ 실시간성(real time): 정보제공자와 소비자의 실시간 연결이 가능하여, 빠르게 확산된다.

④ 집단지성(collective inelligence): 관계 형성과 정보 공유를 위한 집단 형성으로 집단지성으로 발전하면서, 개인 간의 협력과 경쟁을 통해 얻게 되는 정보는 개방적 분위기에서 지속적으로 축적·발전하여 거대한 지성을 이룬다.

소셜 미디어는 사용자, 소비자, 생산자적 역할이 동시에 가능하며, 네트워크를 통한 참여와 공유가 이루어진다. 대표적으로 블로그, 콘텐츠, 커뮤니티, 마이크로블로그, SNS 등을 통해 텍스트, 이미지, 오디오, 비디오 등의 다양한 형태로 정보를 공유한다.

IBM의 조사 결과 2012년 고객과의 소통 수단으로 소셜 미디어를 사용하고 있는 CEO는 전체의 16%인 것으로 나타났으나 향후 3∼5년간 57%로 증가할 것으로 전망됐

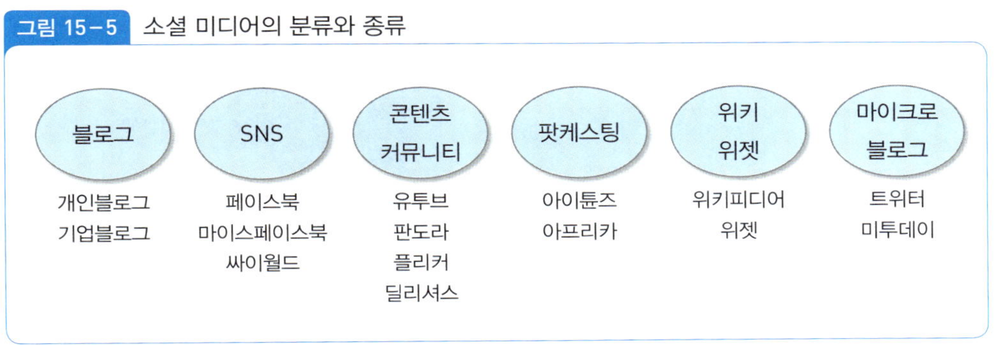

그림 15-5　소셜 미디어의 분류와 종류

다. 고객과의 커뮤니케이션에 사용되고 있는 여러 수단들 중에서 소셜 미디어 사용률은 아직 낮은 편이지만 향후 5년 내에 소셜 미디어가 2번째로 큰 비중을 차지할 것으로 예상됐다 이처럼 소셜 미디어는 향후 더욱 사용자가 늘어나고 영향력이 강화될 것으로 전망되고 있다.

웹 기반의 기술을 이용하는 소셜 미디어는 방송 미디어의 일방적인 '독백'을 사회적 미디어인 '대화'로 변환시킨다. 소셜 미디어는 지식과 정보의 민주화를 지원하기 때문에 일반 대중들을 단순한 콘텐츠 소비자에서 콘텐츠 생산자로 변화시킨다.

미래의 소셜 미디어는 빅데이터 기술과 인공지능 및 집단지성이 접목될 것이다. 그렇게 되면 소셜 미디어는 내가 오늘 무슨 색깔의 어떤 타입의 옷을 입을 건지를 결정해 줄 만큼 사용자와 밀접한 관계가 된다. 이처럼 2030년까지 소셜 미디어는 인간의 사고에 도움을 주는 것을 넘어 인간의 사고와 의사결정에 직접 개입하는 초지능 미디어로 발전할 것이다. 인류는 소셜 미디어 덕분에 자기 능력의 확대를 뛰어넘어 또 다른 인간으로 증강 확장하고 있는 것이다.

그림 15-6 소셜 미디어의 기능별 종류

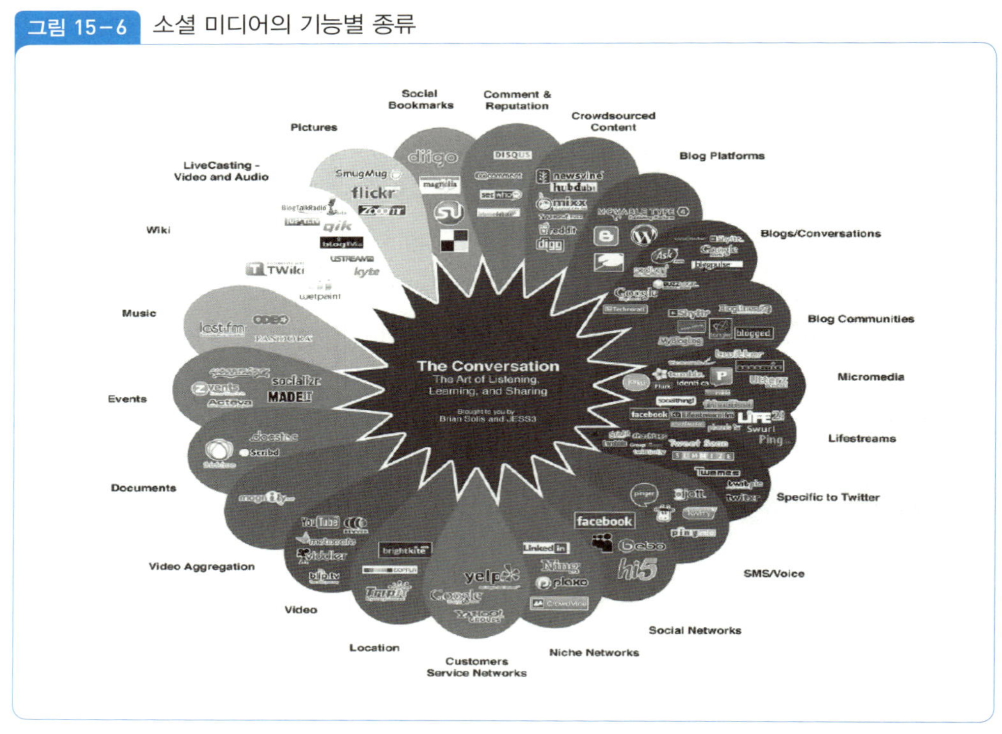

Ⅳ 미래 미디어 발전의 사회문화적 기대효과

미래 미디어 산업에 의한 사회문화적 영향은 교육기회의 보편화, 문화의 글로벌화, 가치의 다원화, 개인의 사회적 영향력 확대 등의 측면에서 살펴볼 수 있다.

❶ 교육 기회의 확대 및 대중화

미래 미디어 콘텐츠는 생활의 지식 및 다양한 교육 콘텐츠를 포함하고 있다. 이러한 교육 콘텐츠를 생활 속에서 쉽게 접할 수 있게 됨으로써 교육 기회가 보편화될 수 있다. 예를 들어 스마트지능TV를 이용한 교육 콘텐츠의 제공은 누구나 쉽게 어디서나 학습을 할 수 있는 환경을 제공한다. 특히, 양방향 네트워크를 활용하여 학습에 대한 피드백을 실시간으로 할 수 있다. 또한 향후 등장할 실감형 콘텐츠를 활용하면 학습의 효과는 더욱 높아질 것으로 보이며, 이를 통해 교육의 보편화 및 대중화가 가능해질 것으로 보인다.

❷ 문화의 글로벌화

기존의 방송은 국가나 지역적인 제약성이 있었다. 하지만 미래 미디어 환경에서는 미디어의 특성이 국가의 벽을 뛰어넘는 형태가 될 것이다. 지금도 이미 위성방송을 이용하면 해외의 방송을 시청할 수 있다. 미래 미디어는 이러한 초국가적 성격이 더욱 강해지면서 국가 간의 문화 경계를 허무는데 중요한 역할을 할 것으로 보인다. 해외에 한류문화가 형성되는 것처럼 한 나라의 문화가 전 세계적으로 영향력을 형성하는 문화의 글로벌화 시대가 다가오는 것이다.

❸ 가치의 다원화 가속

개인의 의견이 미래 미디어를 통해 쉽게 표출이 되면서 가치의 다원화가 이루어진다. 각자의 개성을 표출하고 인정하는 사회가 될 것이다. 소수의 의견도 쉽게 표출이 될 수 있기 때문에 지금보다는 훨씬 다양한 가치관이 대중들 속에 파고들 것으로 보인다. 이러한 다양성을 통해 훨씬 풍부한 컨텐츠 생성 및 유통이 가능하게 될 것이다.

❹ 생활방송의 보편화

미래 미디어는 방송의 생활화를 가져온다. 생활의 필수품이 되어버린 스마트폰에 내장된 카메라로 언제 어디서나 쉽게 생방송 콘텐츠 제작이 가능해졌기 때문에 자신을 알리는 개성 표출, 라이프스타일의 홍보 수단으로 활용이 될 것으로 보인다.

일부 매니아 또는 젊은층 중심으로 생활방송이 활용될 것으로 보이나 점차 확대되어 일반인 누구나 생활방송이 자기 표출이라는 생활의 일부분으로 자리잡을 수 있을 것으로 예측된다.

❺ 개인이 정보생산자의 중추적 역할

자신이 원하는 콘텐츠를 직접 만드는 UCC(User Created Contents) 방식이 인터넷 산업 전반에 새로운 트렌드로 등장하게 됨으로써, 동영상 UCC를 쉽게 인터넷에 업로드할 수 있게 되었다. 미래 미디어 환경은 이러한 UCC가 방송의 새로운 콘텐츠로 활용할 수 있게 해줌으로써 개인이 정보의 생산자로써의 역할을 더욱 강화하게 해 줄 것이다. 이러한 UCC가 방송 콘텐츠로 활용됨으로써 개인을 기반으로 하는 방송 산업이 활성활될 것으로 보인다.

❻ 개인의 사회적 영향력 확대

개인 블로그와 페이스북 같은 개인의 소셜 미디어가 언론으로서의 영향력을 갖게 되었다. 미래 미디어 환경에서는 이러한 개인 미디어의 영향력이 더욱 확대되어 자신의 생각과 사상을 널리 알릴 수 있게 되고, 개인의 아이디어가 다양한 콘텐츠 창출의 원동력이 된다. 이를 통해 새로운 여론을 형성할 수 있다. 이러한 개인 중심의 활동은 콘텐츠에 있어 준전문가를 많이 형성할 것으로 보인다.

또한 미디어 네트워크를 통해 언제 어디서나 미디어에 대한 접근이 원활해지면서 개인들의 사회적 영향력이 확대될 것이다.

참고문헌

- 곽정호, "융합환경화의 뉴미디어와 윈도우(Window) 개념의 중요성", 정보통신정책 제18권 23호, 2006
- 권호영·송민정, "융합시대의 도래와 방송산업의 미래", 2007
- 김광호 외, 『미디어융합과 방송의 미래』, 진한 M&B, 2012
- 노규범, "모바일 크라우드, 모바일의 미래", KT 경제경영연구소, 2011
- 마샬 맥루한, 『미디어의 이해』, 커뮤니케이션북스, 2012
- 박조원 외, 『유비쿼터스커뮤니케이션 환경의 미디어산업 진흥을 위한 정책 연구』, 한국문화관광정책연구원, 2010
- 안종묵, "미디어 컨버전스 시대", 신문과 방송, 2007
- 안종배, 『방통융합 시장 동향 분석을 통한 UCA 서비스 모델 개발에 관한 연구』, 한국전자통신연구원, 2007
- 안종배, 『방통융합에 따른 미래 미디어 발전 로드맵 연구』, 전자통신연구원, 2008
- 안종배, "유비쿼터스시대 미디어의 미래", 국제미래학회 학술세미나, 2008
- 안종배, 『방송통신 정책과 기술의 미래』, 진한 M&B, 2012
- 안종배, 『스마트시대 콘텐츠 마케팅론』, 박영사, 2012
- 안종배, 『스마트미디어시대 양방향방송광고 기획 제작론』, 학현사, 2012
- 안종배, "해외사례를 통해본 디지털방송 전환 성공 전략", 문화산업연구, 2012
- 안치득, "디지털 방송 기술의 현황과 전망", 한국문화콘텐츠진흥원, 2004
- 안치득, "방통융합시대 양방향방송광고 기술의 진화와 전망", ETRI, 2007
- 윤훈주, "유비쿼터스 도시와 미디어", 유비유 세미나, 2004
- 이승택, "다매체 기반 방송통신 융합서비스 개방형 플랫폼 전략 수립", 한국정보화진흥원, 2010
- 최계영, 『ICT 패러다임 변화와 중장기 정책 과제』, 정보통신정책연구원, 2012

- 황주성 외, 『디지털컨버전스 기반 미래연구 보고서』, 정보통신정책연구원, 2011
- 한국정보화진흥원, 『스마트시대의 미래 변화 전망과 IT 대응 전략』, 2012
- Boyd, D. M., & N. B. Ellison, "Social Network Sites : Definition, History, and Scholarship." Journal of Computer-Mediated Communication, 2008
- PWC 2008, Global Entertainment and Media Outlook : 2008-2012

언론의 미래

기술 환경 변화

1. 미디어 패러다임의 변화: 새로운 경쟁과 협력관계의 형성

디지털 기술의 발전과 융합의 진전에 따라 뉴미디어들이 등장하고 올드미디어가 진화를 거듭하면서 미디어 생태계는 점점 더 새로운 환경으로 변화하고 있다. 특히 다양한 스마트 미디어의 등장과 확산은 디지털, 인터넷에 이어 '스마트' 혁명이라 불리며, 우리 사회 전반의 새로운 패러다임을 창출하고 있다. 스마트 혁명은 과거부터 추진해오던 '융합'적인 시도(단말과 네트워크의 융합으로부터 서비스의 융합의 중간 단계를 거쳐 미디어 환경 융합의 단계로 진전)는 최근 스마트라는 전략적 용어로 수렴되면서 가능해졌다. 즉, IT 기술적 역량이 전반적으로 스마트 미디어로 진화하기에 최적으로 성숙해 있었고, 지능화된 융합 미디어에 대한 시장 수요가 확장되어 있었으며, 새로운 시장을 창출하려는 글로벌 기업들의 전략이 스마트 미디어의 등장과 확산을 가져왔다.

스마트 미디어의 등장으로 언론 산업은 과거 폐쇄적인 가치사슬 내에서 'Share of time'의 콘텐츠 소비가 콘텐츠의 특성, 플랫폼의 적합성, 네트워크의 접근성, 기기의 편리성 등에 따라 언제 어디서나 원하는 콘텐츠를 선택하게 되는 'Share of Contents' 형태로 변화하고 있다. 또한 디지털 융합으로 인해 기술, 서비스, 산업 간의 경계가 모호해지면서 다양한 콘텐츠 플랫폼이 등장했고, 산업 내, 산업 간 플레이어들의 이합집산이 촉발되었다. 이는 이제 '언론 기업' 중심에서 '스마트 생태계' 중심의 경쟁 양상으로 변화를 의미한다.

ICT 융합이 인터넷을 기반으로 미디어와 커뮤니케이션을 통합함에 따라 국가 간 또는 기업 간 시장 주도권을 둘러싼 경쟁이 갈수록 치열해지고 있다. 지금까지 미디어 시장의 각 사업자들은 가치사슬 내에서 어느 정도 독립적인 비즈니스를 영위해 왔으나 최근 C(Contents)−P(Platform)−N(Network)−T(Terminal) 간의 전방위적 시장 변화가 나타남에 따라 플랫폼 경쟁 구도가 확대되고 있다. 플랫폼은 기술구조 측면에서 통신망, 단말, 운영체제, 브라우저, 포털, 애플리케이션 등과 같이 완전히 다른 시스템 구성요소에 특화된 기업들이 플랫폼 경쟁에 포함될 수 있다. 이처럼 전혀 다른 분야에서 생성된 플랫폼이 서로 직접적으로 경쟁관계에 놓이게 된다. 즉, 삼성전자(갤럭시)의 경쟁사가 단순히 애플(아이폰)이나 노키아뿐만 아니라 HP와 같은 컴퓨터 제조사가 될 수 있으며, 심지어 클라우드 시스템까지 결합하여 자동차 회사까지도 경쟁 양상에 복잡하게 얽힐 수 있다.

따라서 그동안 언론 산업이 한 분야에 독보적인 경쟁력을 바탕으로 성장을 이끌어왔지만 이제는 각 분야의 플레이어들 간의 협력관계를 바탕으로 한 경쟁력 확보가 필수적이다. 구글TV의 경우, 인터넷 기업인 구글이 단말, 가전, 콘텐츠, 유통 산업 전체를 아우르는 생태계를 구축해야만 성공할 수 있다. 따라서 스마트 미디어 시대의 언론은 상호협력과 상생관계 속에서 새로운 협력관계를 구축해야만 생존할 수 있는 시대가 되고 있다.

2. 최근 미디어 융합 기술의 추세: '스마트'와 '소셜'

최근 미디어 융합 기술의 추세는 '스마트'와 '소셜'을 제외하고 논할 수 없을 만큼 핵심 키워드로 자리잡았다. 물론 아직까지 대부분 개념적으로 혹은 기술적인 수준에서 논의가 되고 있지만 가까운 미래에는 보다 구체적이고 다양한 제품과 서비스가 선보여질 것이며, 미디어 산업 전반에 걸쳐 몇 가지 주목할 만한 변화들이 나타날 것으로 보인다.

미디어 콘텐츠가 구현되는 스마트 기기 간의 연결을 강화시키고, 개별 기기들의 고유 용도나 기능에 있어서의 구분과 경계는 점점 더 모호해지고 있다. 또한 공급자에 구애받지 않는 다재다능한 미디어 소비자로서의 옴니슈머의 역할 확장, '소셜'과 '로컬', '모바일'을 중심으로 한 미디어 기술의 발달 등 주목할 만한 이슈들이 시장을 이끌 것으로 보인다.

❶ 연결의 확장 시대(Expanded Connectivity)

'미디어의 디지털화'는 이미 우리 생활에서 구현되고 있는 기술이다. 최근 대한항공(KE/KAL)이 내년부터 모든 기내에 종이신문을 없애고 디지털화하여 AVOD(주문형 오디오비디오 시스템)를 통해서 각 언론사의 기사를 제공한다고 밝혔다. 종이활자보다 디지털활자에 익숙한 시대가 오면서 종이신문의 판매수익이 점차 감소함에 따라 언론사들은 콘텐츠의 디지털화를 통해 수익다각화를 도모하고 있다. 이러한 추세는 현재보다 더욱 빠르게 진행될 것으로 보이며 이에 따른 저작권 기술도 함께 발전할 것으로 보인다.

최근 몇 년 동안 노트북, 텔레비전, 휴대전화의 스크린은 더 선명해졌을 뿐 아니라 크기도 커지고 얇아졌다. 이렇게 진화하고 있는 스크린이 이제는 휘어지기까지 해 전자 종이처럼 돌돌 말아 주머니에 쏙 넣을 수도 있게 되었다. 이 얇은 플라스틱 시트는 문자나 이미지를 보여줄 수 있기 때문에 책이나 잡지, 신문으로도 활용 가능하며, 이제는 대량생산을 통해 가격도 저렴해질 것으로 기대된다. 최근 애리조나 주립대학의 '플렉서블 디스플레이 센터'에서는 리소그래픽(lithographic) 기술과 전자 잉크를 사용해 특수 플라스틱 필름으로 만들어진 긴 롤에 휘어지는 스크린을 인쇄하는 데 성공하면서 휘어지는 스크린을 한 단계 업그레이드한 기술을 선보였다. 또한 애플 등에 스마트폰 화면용 유리를 공급하고 있는 코닝은 휘어지는 액정보호 강화유리인 윌로 글라스를 개발하면서 스마트 기기들도 휴대성을 극대화해 밀착형으로 진화하고 있다. 구글의 '글라스 프로젝트(*안경처럼 쓸 수 있게 돼있는 구글 글라스는 안경알과 같은 디스플레이에 문자메시지와 이메일을 포함한 각종 정보를 보여준다)'로 대표되는 '입는 컴퓨터(Wearable computers)'는 증강현실(AR: augmented reality)을 통해 밀착형 미디어로서 안경알과 같은 디스플레이에 문자메시지와 이메일, 뉴스 등 각종 정보를 보여주는 등 언론의 획기적인 혁신 기술로서 자리매김할 것으로 보인다. 아직 대중화까지는 몇 년 더 걸릴 것으로 보이지만 정말 영화에서만 보았던 기술이 성큼 우리 앞에 다가와 있다.

영화같은 일은 이뿐만이 아니다. 영화 '마이너리티 리포트'에서 허공에 손동작하는 것만으로 화면을 마음대로 조작하는 모습도 이제 현실에서도 구현 가능하다. '모션인식장치'는 허공에 손동작으로 섬세하게 컴퓨터를 조작할 수 있는 장치로 내년 정식 출시를 앞두고 있다. (*개발사에서 공개한 시연 영상: Introducing the Leap http://www.youtube.com/watch?v=_d6KuiuteIA&feature=player_embedded)

실제 마이크로소프트의 게임도구인 '키넥트(Kinect)'는 동작인식기능을 통해 게임 외에 교육, 스포츠 강습(티칭 코치), 수술보조도구 등 다양한 분야에 응용되고 있다. (*키넥트 효과 동영상: http://youtu.be/T_QLguHvACs)

이처럼 한 사람이 여러 개의 스마트 기기를 사용하게 되면서 사용자의 뉴스, 음악과 동영상, 사진 등을 손쉽고 편리하게 관리하고 이용할 수 있는 '클라우드' 기술도 향후 핵심 경쟁력이 되고 있다. 언론사는 전사적으로 빅데이터를 클라우드 형태로 한 곳에 모아 통합적으로 운영 및 관리하고 각 부서 요구에 맞는 개별 서비스를 개발, 제공할 필요가 요구된다. 나아가 최근 스마트 그리드와 연계되어 등장한 스마트 가전의 경우, 아직까지 에너지의 효율적 관리 정도에 초점이 맞춰져 있지만, 향후에는 소비자들의 생활을 편리하게 하는 것은 물론 TV-냉장고, TV-자동차, 홈패드-에어콘 등 가전 간 네트워크 기술의 적용으로 스마트 홈이라는 개념으로 확대될 것이다.

'스마트'는 단순히 신개념의 제품과 서비스 출시라는 단편적인 이벤트에 그치는 것이 아니라 단순히 제품에 부가적인 서비스 차원을 넘어 사람들의 미디어 라이프의 변화와 수많은 비즈니스 기회들과도 연결이 가능해질 것이다. 이에 따라 이용자의 요구를 가장 간편하고 편리하게 구현하는 플랫폼을 가진 업체가 시장의 주도권을 갖는 형태로 발전할 것으로 보인다. 구글의 경우 구글TV를 통해, 애플은 애플TV를 통해 TV(대형화면)와 웹(검색)의 장점을 살려 거실까지 콘텐츠를 연결함으로써 비즈니스 생태계를 확장하고 시장 경쟁력을 확보하기 위해 노력 중이다.

❷ 공급자에 구애받지 않는 다재다능한 소비자(Omni-Sumer)

제레미 리프킨은 그의 저서『소유의 종말』에서 소유의 시대가 끝나고 접속의 시대가 열린다고 했다. 뉴스 구매를 통해 소유하고 사용하는 것으로 그 역할이 제한적이었던 소비자들은 이제 뉴스 콘텐츠 개발에 직접 참여하면서 프로슈머로 발전했다. 그러나 다양한 스마트 미디어를 이용해 이제 소비자들은 한 단계 더 진화하여 옴니슈머의 모습을 보이고 있다.

프로슈머와 옴니슈머는 얼핏 비슷해 보이지만, '소비'가 차지하는 의미에 있어 차이가 있다. 기존의 프로슈머는 소비에 기반을 두고 생산 및 다른 활동에 영향을 미쳤지만, 옴니슈머가 되면, 소비는 개발, 생산, 유통, 소비 등 다양한 경제활동 중의 하나가 된다. 즉, 프로슈머들이 소비를 위해 생산 및 개발에 적극적으로 개입을 했다고 하더라도 공급의 영향을 받을 수밖에 없다면, 옴니슈머들은 공급에 구애받지 않고, 혹은 공급을 주도하면서 소비할 수 있게 될 것이다. 이는 스마트해진 소비자들이 개인화를 통해 동일한 제품이더라도 자신만의 가치를 창출할 수 있게 되었음을 의미하기도 한다. 동일한 스마트폰을 가지고 있어도 어떤 애플리케이션을 주로 활용하는가에 따라 소비자들에게 스마트폰의 가치 및 용도는 달라지는 것이다.

옴니슈머의 역할은 다양한 소셜 웹 서비스를 통해 더욱 확장된다. 물론, 과거에도 커뮤니티를 통해 개인의 의견보다는 다수의 의견이 모여 더 큰 영향력을 행사할 수 있었다. 그러나, 지금의 소셜 웹은 여기에 개방성과 실시간이라는 특징이 더해져 소비자들의 영향력을 극대화시킨다. 최근 급증하고 있는 소셜 커머스의 경우 기존에 다양한 커뮤니티들에서 이루어졌던 공동구매와 유사한 형태이지만, 메일 혹은 어플리케이션의 푸쉬 알림 기능을 통해 실시간으로 정보가 전달되고, 소셜 웹 상에서 정보가 타인에게 쉽게 전달되어 불특정 다수의 참여가 용이해졌다. 이처럼 옴니슈머의 역할 확장과 소셜 웹을 통한 정보의 유통은 향후 중요한 미디어 게이트웨이로서 역할을 기대하게 한다.

❸ 스마트 위너가 지배하는 세상(SoLoMo)

미래 IT 비즈니스의 핵심으로 'SoLoMo(Social·Location·Mobile)'를 꼽는다. (KPCB: Kleiner Perkins Caufield & Byers의 벤처투자자 John Doerr) 특히, 이 세 가지 요소는 상호 작용을 통해 시너지 효과를 발휘하고 있기 때문에 언론의 미래에 꼭 적용시켜 볼만한 것들이다.

GPS 기능과 중력 센서까지 갖춘 스마트 기기가 초고속 모바일 네트워크와 만나 이용자 간의 소셜 네트워크도 가능하게 한다. 이미 '포스퀘어'나 '아임인'과 같은 모바일 체크인 서비스를 통해 스마트폰 사용자의 위치 정보로 근처의 맛집 검색이나 주변 정보를 쉽게 얻을 수 있다. 또한 이러한 정보들을 활용해 실제 친구들과 연결하는 시도를 하고 있다.

데이터 전송 속도가 기존 3G보다 5배 빠른 LTE 네트워크 등장은 무엇보다 새로운 콘텐츠에 날개를 달아준다는 점에서 그 의미가 있다. 또한 근거리무선통신(NFC) 등 진화된 결제 서비스가 주목받고 있다. 향후 편리하고 안전한 모바일 결제는 콘텐츠 산업의 성장과 다양화에 핵심 역할을 할 전망이다.

우리가 맞이할 미래는 이미 소유경제에서 공유경제로, 공급자 중심에서 소비자 중심으로, 매스 미디어에서 소셜 미디어로, 분업에서 협업으로의 변신을 시도하고 있다. 이처럼 '스마트'와 '소셜'에 대한 키워드를 섭렵한다면 미래 언론 환경의 게임체인저가 될 수 있다.

❹ 2013, 메가트렌드

한편, 정보통신기술 미래 전략은 기술 패러다임의 변화에 따른 메가트렌드에 따른다. 최근 삼성 SDS는 ICT 산업뿐만 아니라 사회·경제적으로 큰 영향을 미칠 것으로 예상되는 '2013년 IT 메가트렌드'를 발표했다.

먼저, 빅데이터 기반 분석 기술과 서비스, 장애요소가 개선된 클라우드, 새로운 통합형 IT 제품들이 경제적 가치에 대한 점검을 바탕으로 그 이용이 확산되는 등 '새로운 가치(New Values)'의 창출이다.

둘째, 정보통신 기기와 서비스의 확산에 비례하여, 고도화된 사이버 공격과 파국적인 특허분쟁 등 새로운 위협이 확산되고 대응책이 강조되는 등 '새로운 위협(New Threats)'의 대두이다.

셋째, 고도의 상호작용과 함께 상황인지가 가능한 새로운 기기들이 출현하고, 이런 기기들을 바탕으로 사용자에게 맞춤화되고 고도로 정제된 정보기반 서비스의 제공이 실현되는 등 '창조적인 신기술(New Creativities)'이 더욱 발전할 것이다.

넷째, 자체 에너지 소비를 절감하여 환경 변화에 대한 인류사회의 대응에 공헌하는 책임 있는 IT 기업, 개방형 에코시스템을 이용하여 급속한 성장을 이루는 유연한 기업의 출현이 늘어나는 등 '새로운 성장(New Growths)'을 이루는 기업들이 늘어날 것이다.

Ⅱ 콘텐츠의 변화

1. 종이신문에서 '스마트'신문으로

(최창섭, "언론과 인간 그리고 콘텐츠", "미디어 생태계의 미래: 21세기 방송통신 연구소 편, 한국학술정보, 2012. 6. 15. 참조)

인터넷이 등장하면서 일부 학자들은 '종이신문의 시대는 갔다'라고 단언하기도 했다. 하지만 인터넷이 상업화된 지, 17년이 지났으나 여전히 종이신문은 살아남았고, 오히려 종이신문의 온라인 버전화가 가속화되고 있다. 중요한 것은 콘텐츠였지 기술이 아니었던 것이다. 이렇듯 종이신문과 인터넷이 공존하고 있는 상황에서, 최근 발견된 새로운 기술진보로 소위 모바일과 인터넷이 결합된 '스마트 혁명'이다.

이러한 창의의 스마트 시대에 직면하면서 신문은 또 다른 위협과 기회를 맞이하고 있다. 최근 소셜 미디어(social media)라고 할 수 있는 SNS(소셜 네트워크 사이트)의 확산 또한 지역신문을 위협하는 요인이 되고 있다. 이러한 기술진보에 따라 언론가에도 변화의 움직임이 감지된다. 이미 몇몇 신문에서는 QR 코드를 활용한 기사도 많이 등장하고 있다. 스마트폰과 태블릿 PC(Tablet PC)용 앱을 개발해 성공적으로 활용하고 있기도 하다. 특히 이들 스마트 기기들은 온라인과 연동돼 항상 최신뉴스를 볼 수 있고, 기기를 작동해 확대나 축소 등을 통해서 최적화 한 서비스를 누릴 수 있다는 장점이 있다. 여기에 동영상 광고라는 새로운 시장이 등장했기 때문에 신문에게는 위험요인이라기 보다는 기회요인에 더욱 가깝다. 이러한 스마트 환경이 새로운 뉴스 소비창구로 자리 잡게 되면 신문사들은 뉴스 구독자 수 증가와 새로운 광고시장의 창출이라는 이중의 효과를 누릴 수도 있다.

그러나 이러한 기회를 살릴 수 있는 것도 결국은 킬러콘텐츠(killer contents)의 개발이 선행되어야 한다. 얼마나 좋은 기사를 제공하고 대중의 관심을 끌 수 있는 정보를 담아내느냐에 승부가 달려 있는 것이다. 그런 맥락에서 현재 신문사들이 진행하고 있는 다양한 스마트 신문화 사업에서 보다 본질적인 것은 킬러콘텐츠의 확보가 선행되어야 한다. 많은 사람들이 신문을 찾을 수 있게 만드는 조건이 조성되어야 이에 부응하는 스마트화가 가능할 것이다. 핵심은 콘텐츠이다. 잘 알려져 있다시피, 애플이 과거 애플 컴퓨터에서 사명을 바꾼 이유는 하드웨어 제작회사의 이미지를 없애고 소프트웨어와 하드웨어 그리고 미지의 스마트 시대를 주도하겠다는 의지의 표현이기도 하다. 그렇듯, 신문도 하드웨어와 소프트웨어를 모두 망라할 수 있는 플랫폼의 조성이 필요하고 그 중심에 콘텐츠가 있다. 신문 플랫폼에 얼마나 많은 사람들을 이끌 수 있느냐가 중요한 과제가 된 것이다.

2. 신문정체성의 강화

❶ 킬러콘텐츠의 방향 – 전문화된 뉴스 콘텐츠, 고급 정보, 특화된 맞춤형 정보

'신문의 혁신'을 주제로 한 2011년도 63차 WAN 총회에서 결론은
"좋은 콘텐츠 없으면 비즈니스 모델 없다"

취재개념의 전환: 독자에 대한 성향분석과 편집국 담당기자 및 부서 간 의사교류로 조직과 인력의 시너지적 효과를 높여 나가는 미래가 되어야 하겠기에 HET BELANG

VAN LIMBOURG 사장이 "신문기자가 자기 뜻대로 기사를 쓰는 시대는 지나갔다. 독자가 원하는 글을 써라"고 강조한 점이 특히 다가온다.(주은수, "한국신문산업의 경쟁력 강화방안(중략)", 연세대학교 언론대학원 석사학위 논문, 1997)

'뉴스'가치를 통한 경쟁력 강화: 현재 대부분의 신문사에서는 신문 본연의 가치인 '뉴스'를 상품적인 가치로 높이는 경우가 몇몇 선발신문을 제외하고는 매우 드문 현상이다. 이는 결국 신문의 '정체성' 차원에서 앞으로 심각한 문제가 되는데, 신문 본연의 특징인 '뉴스'를 개별적으로 기사나 판매, 광고 등의 모든 분야에서 차별화(differentiation)와 특화(Specialization)를 해야 올바른 경쟁력이 생길 수 있다.

따라서 미래의 신문은 '뉴스'에 대한 부가가치를 높이는 방향, 즉 뉴미디어와의 융합을 통한 성장과 발전이 관건(김사승, 2009.5, "신문기업의 다각화전략 가능성에 대한 분석", 2009 신문 뉴미디어 엑스포, '신문의 미래 전략' 세미나, 한국언론학회, 한국신문협회)이다. 1990년도 중반에 인터넷신문이 종이신문을 대체할 것이라고 예측되기도 했으나 이제는 인터넷신문이 '대체재'가 아니라 '보완재'로 자리 매김하고 있는데 이는 신문매체 특유의 '기록성'과 '보관성' 때문이다.

뉴스는 콘텐츠이다. 신문, 방송, 인터넷, 스마트 기기 등 여러 미디어의 형태는 변화할 수 있지만 뉴스는 여전히 소구력이 있는 핵심 콘텐츠이다. 이 뉴스 콘텐츠를 어떤 형식으로 구성하고, 어떤 미디어로 전달할지, 뉴스의 퓨전화와 뉴스 전달매체의 융합화를 고민해야 한다. 이제 신문사는 "뉴스"를 만들어내는 미디어 기업이지 단순히 "신문"을 찍어내는 기업이 아니다. 신문에만 매몰되지 말고 어떤 뉴스를 제작할 것인지, 어떤 그릇으로 뉴스를 담아낼 것인지 고민해야 한다.

킬러콘텐츠로서의 뉴스 콘텐츠의 방향은 몇 가지 성공 사례를 통해 예상해 볼 수 있다.

종이신문에서 스마트신문으로 변화해감에 따라 전 세계적으로 뉴스 콘텐츠는 인터넷을 통한 유통이 중요해지고 있다. 이에 따라 해외 유수 언론사들은 온라인 뉴스 콘텐츠의 유료화를 비즈니스 모델로 시도하고 있다. 그러나 온라인 상의 정보는 무료라는 인식이 팽배해진 현재 뉴스 콘텐츠의 유료화는 쉽지 않은 전략이다. 이를 해결할 수 있는 길이 바로 신뢰할 수 있는 고급 뉴스의 생산이다. 왜냐하면 신뢰할 수 없는 저질 정보들이 많은 인터넷에서 신뢰할 수 있는 고급 정보를 생산해내는 언론의 필요성은 오히려 더 커졌다고 할 수 있기 때문이다. 단순한 정보를 제공하는 수많은 인터넷 정보와는 달리 신뢰성 있는 뉴스분석과 심층취재 등은 언론이 줄 수 있는 최대의 장점이다. 따라서 신문은 이러한 장점을 살려 이용자들이 신뢰할 수 있고 깊이 있는 고급 뉴스 생산을 통해 활로를 모색해야 할 것이다.

미국의 월스트리트저널과 영국의 파이낸셜타임즈는 모두 뉴스 콘텐츠의 유료화에서 성공적인 진입을 했다고 평가받는 언론사들이다. 이들은 다른 인터넷 매체와는 구분되는 차별화 전략을 채택하고 있다. 이들의 온라인 콘텐츠 유료화 방식은 일반 무료 구독자에게는 제한된 기사만을 제공하고 유료 구독자에게는 보다 다양하고 전문적인 기사를 제공하는 방식이다.(한국언론진흥재단(2011), 〈한국신문의 미래전략: 디지털 시대의 건강한 뉴스 생태계를 위하여〉, 한국 신문의 위기극복을 위한 대토론회 보고서) 즉, 고급 정보에 대한 희소성으로 뉴스 콘텐츠의 유료화를 시도하고 있는 것이다. 그러나 이들이 성공할 수 있는 배경에는 한편으로 이들 언론사가 이용자들에게 신뢰할 수 있고 전문적인 신문사라는 평가를 받고 있다는 점이다.

온라인 뉴스 콘텐츠 유료화 전략을 시도하는 언론사와는 방식이 다르지만 고급 정보가 시장에서 충분한 가치가 있다는 점을 알려주는 사례로 일본의 니혼게이자이신문(닛케이·日經)도 참고할 만한 사례이다. 니혼게이자이신문은 일본의 다른 신문사보다 풍부하고 전문적인 뉴스 정보를 제공하되, 이러한 정보를 인터넷에 무료로 제공하지 않고 꼭 신문을 사야만 볼 수 있게끔 한다. 즉, 무료로 신문기사를 인터넷에 그대로 올리는 다른 신문사들과 달리 자신들의 뉴스 콘텐츠에 가치를 부여하고 이를 적극적으로 경영전략으로 삼고 있다는 점에서 다른 신문사들과는 다른 차별점이 있는 것이다. 결과적으로 니혼게이자이신문은 다른 신문사와 달리 풍부한 정보량, 무료 인터넷 서비스의 제한, 전문적인 경제 정보 제공이라는 차별화 전략을 구사하여 구독자의 증가를 이루었다.(차병석(2008.4.22), '양' 보다 '질' … 고품격 정보로 '마이웨이': 닛케이의 성공비결은, 〈한국경제매거진〉 647호, http://magazine.hankyung.com/business/apps/news?popup=0&nid=01&c1=1003&nkey=2008042200647000311&mode=sub_view) 이러한 사례를 통해서 알 수 있는 점은 킬러콘텐츠로서 뉴스 콘텐츠의 방향에 첫 번째 중요 요소는 전문적인 고급 정보라 할 수 있다.

두 번째 뉴스 콘텐츠의 중요 방향은 개인화된 맞춤형 정보 제공이다. 독자가 필요한 정보를 얼마나 정확하게 편리하게 제공하느냐가 중요하다. 현재도 온라인 뉴스를 성공적으로 유료화한 곳을 월스트리트저널이나 파이낸셜타임즈 같이 특화된 경제 뉴스이거나 주 구독자 층이 충분한 구매력을 가진 기업, 금융회사, 부유한 개인 등으로 한정된다. 예를 들어 월스트리트저널은 뉴욕월가를 겨냥한 '비지니스 스마트 키트' 서비스로 시시각각 변하는 시장 동향을 24시간 체크해야 하는 금융산업 종사자들에게 맞춤형 정보를 제공하고 있다. 따라서 언론사는 자신들의 구독자에게 필요하고 중요한 정보가 무엇인지 고민할 필요가 있다.

같은 맥락에서 지역언론의 경우, 지역독자를 기반으로 하고 있기 때문에 전국단위 미디어들과 차별화된 지역독자의 수요에 맞는 심층적이고 가치있는 지역뉴스 콘텐츠를 특화해서 제공하는 것이 중요하다. 특히 스마트 미디어 환경은 지역언론에게 새로운 도약의 기회가 될 수 있다. 지역정보에 대한 요구가 증가하자 이미 포털사에서는 발빠른 움직임을 보이고 있다. 네이버와 다음이 각각 '인사이드 코리아'와 '줌인 코리아'를 오픈해 서비스하고 있다. 이 서비스들은 각급 자치단체들과 연계해서 지역기사와 네티즌이 쓴 여행, 문화, 맛집 글을 올리고 있다. 이런 움직임은 점차 스마트폰과 태블릿 PC 환경에도 파급될 것이다. 언론이 주민의 공론장 역할에 충실하고 독자적인 콘텐츠를 생산한다면 모바일은 위기가 아니라 새로운 기회가 될 수 있을 것이다.

❷ SNS를 통한 뉴스 콘텐츠의 확산

(한은영(2011.7.1), Huffington Post의 소셜 미디어 전략과 시사점, 〈방송통신정책〉 제23권 12호 통권 511호 참조)

사람들은 이전처럼 정보를 수동적으로 소비하는 데 그치지 않고 적극적으로 '자기의 의견을 표현'하여 '참여'하고 공유하려는 열망을 보이고 있다. 이러한 정보 이용 행태의 변화에는 온라인 소셜 네트워크 활동의 폭발적인 이용이 영향을 미친 것으로 판단된다. 이러한 소셜 네트워크 활동은 뉴스 컨텐츠에 대한 주목을 확산시킬 수 있다는 점에서 중요하게 고려되어야 한다. 예를 들어 SNS를 통해 나와 가까운 지인이 "OO신문에서 이번에 보도한 어떤 뉴스 내용이 좋았더라"라는 의견을 남길 경우, 그 메시지를 본 사람들은 그 신문에 대한 관심과 주목이 높아질 가능성이 커질 수 있기 때문이다.

뉴스전문 블로그인 허핑턴 포스트(Huffington Post)는 이러한 이용자의 정보 이용 행태의 변화에 주목하여 이용자가 소셜 네트워킹 서비스를 통해 더욱 활발하게 뉴스 생산과 확산에 참여할 수 있도록 한 사례이다. 허핑턴 포스트는 '허프포스트 소셜 뉴스

(HuffPost Social News)' 서비스를 통해 유저가 페이스북 계정으로 로그인할 수 있도록 하여, 허핑턴 포스트 사이트에서 페이스북 상의 친구들과 교류하면서 뉴스에 대한 관여도와 트래픽을 높일 수 있도록 고안하였다. 예를 들어 허핑턴 포스트의 유저가 자신이 읽은 기사에 대해 '좋아요(like)' 버튼이나 '페이스북 공유(Facebook Share)' 버튼을 누르면, 허프포스트 소셜 뉴스에 참여하고 있는 유저의 친구들이 이 기사를 읽을 수 있게 된다. 즉, 허핑턴 포스트는 이와 같은 방법으로 페이스북 등 SNS와의 연결을 통해 더 많은 독자들이 자사의 뉴스를 접할 수 있도록 구조화했다.

이러한 허핑턴 포스트의 SNS를 통한 소셜 뉴스 전략은 뉴스 산업이 소셜 미디어로 진화해나가는 모습을 목격하게 해 준다. 앞으로는 신문이나 PC 모니터를 함께 보면서 기사에 대한 이런저런 의견을 나누는 모습 대신, 허핑턴 포스트와 같은 사이트를 통해 관심 기사를 공유하고, 코멘트를 작성해서 돌려보는 것이 더 일반화될지도 모르는 시대를 맞이하고 있다. 따라서 새로운 미디어 환경의 변화에 대해 신문과 같은 기존 언론은 적극적으로 대응할 필요가 있다.

❸ 온라인 서비스의 확산과 강화

오프라인 신문매체에 있어 온라인 서비스 개발과 활용은 종이신문의 한계를 벗어나 가망독자를 발굴하고 인지도와 영향력을 제고한다는 차원에서는 새로운 뉴미디어 사업의 하나로 크게 평가되고 있다. 이에 따라 선발 신문사를 중심으로 온라인 서비스 강화에 박차를 가하고 있는데 오프라인적 기존의 관점에서 탈피하여 온라인 서비스부서

표 16-1 해외 미디어 기업의 생존전략 사례

구 분	주요 내용	사 례
온라인전략	• 뉴스 기업의 웹사이트전략 (네트워크 저널리즘, 독자 커뮤니티, UCC)	• IndyMom(엄마들의 커뮤니티) • SanomaWSOY(소비자) • Spotted(UCC 활용모델) • iza!(뉴스 블로그) • 47NEWS(지역신문 집대성) 등
모바일전략	• 뉴스의 개인화(위치기반 정보, 모바일광고)	• NYT(부동산매물 서비스) • m.TBO(지역행사) • CincyMobile(개인화 서비스) 등

※출처: 『2008 해외 미디어기업의 생존전략』 (한국언론재단), pp.31-88, 요약

를 확충하고 담당인력을 육성하며 서비스 종류를 다원화하고 있다.

따라서 신문매체의 오프라인과 온라인의 공동발전과 상호협력과 연계는 매체의 상호 시너지를 높이는 상호보완적인 기능을 할 수 있는 것으로 평가된다.

④ 스마트 미디어 환경에 따른 신문 디자인의 고민

새로운 미디어 환경에 대한 적극적 대응은 콘텐츠 차원의 혁신뿐만 아니라 콘텐츠를 담는 디자인에 대한 혁신도 필요하다. 신문 디자인에 대한 고민은 두 가지 차원에서 고려될 수 있다. 한 가지는 스마트 미디어에 적합한 온라인신문 디자인이고, 다른 한 가지는 반대로 종이신문만의 독특한 디자인에 대한 고민일 것이다.

기존의 종이신문에 있는 기사를 그대로 온라인에 올리는 차원을 넘어서서 스마트 미디어로서의 장점을 잘 살려야 한다. 종이신문에서는 사용할 수 없는 동영상과 그래픽 사용 등 멀티미디어적 시각 효과를 중요하게 고려해야 하며, 기사 내에 하이퍼텍스트를 사용하여 연관 기사 간의 관련성을 높여 깊이 있는 정보 검색이 가능하도록 디자인해야 한다.

다른 한편으로는 디지털화된 뉴스 소비 방식에 익숙한 독자들을 신문으로 끌어들이기 위해서는 전형적인 종이신문의 레이아웃에서 변모를 꾀해 종이신문을 읽을 때만 줄 수 있는, 인터넷 화면에서는 볼 수 없는 그런 독특한 시각적 경험을 제공할 필요가 있다.

Jacek Utko의 이야기(TED.com(Posted Mar 2009), JacekUtkodesignstosavenewspapers, http://www.ted.com/talks/lang/en/jacek_utko_asks_can_design_save_the_newspaper.ht)는 신문의 디자인 혁신이 어떻게 신문을 살릴 수 있는지를 보여주는 좋은 사례이다. Jacek Utko는 Polish 신문 디자이너로 동부 유럽의 한 신문 디자인을 개성적으로 디자인하여 그 결과 발행부수도 크게 증가시킨 바 있다. Jacek Utko는 일반적인 다른 신문 디자인에 매몰되지 않고, 신문을 현실에 대한 자기 나름의 해석을 담은 예술적 표현으로 생각했다. 그는 신문이 아니라 포스터를 만들고 싶어 했고, 활자, 일러스트, 사진을 가지고 실험을 했다. 그는 신문 전체를 하나의 작품, 하나의 구성으로 다루었다. 이전에 다른 사람들이 시도하지 못한 차별적인 방식으로 그는 신문의 좌우 양면을 한 페이지로 생각했고, 신문 페이지를 넘기는 독자들의 경험도 새로울 수 있도록 디자인을 고려했다.

이러한 종이신문의 디자인 혁신은 점점 구독자가 줄어들고 있는 종이신문의 현실에서 남들과는 다른 차별적인 전략으로 종이신문만이 줄 수 있는 장점으로 승부한다면 생존 가능성이 있음을 시사한다.

Ⅲ 경영 혁신

1. 언론 산업은 '人紙 산업'

❶ 경쟁력 있는 콘텐츠 제작의 핵심은 기자

미래의 경쟁력 있는 언론이 되기 위해서는 기자들의 경쟁력을 강화시키는 것이 가장 중요하다. 특히 모바일 미디어로 뉴스 콘텐츠를 최적화해서 이전시킬 수 있는 하드웨어 및 소프트웨어의 개발 및 유지와 이를 운용할 수 있는 전문 인력의 양성이 필요하다.(한국언론진흥재단(2011), 〈한국신문의 미래전략: 디지털 시대의 건강한 뉴스 생태계를 위하여〉, 한국 신문의 위기극복을 위한 대토론회 보고서 참조)

2008년 세계편집인포럼(WEF)이 전 세계 신문 편집인을 대상으로 실시한 조사 결과, 앞으로 기자의 역할이 변할 것이며, 이에 따라 멀티미디어 기자가 등장할 것으로 내다봤다. 멀티미디어 기자는 자신이 제작한 콘텐츠를 인쇄, 비디오, 오디오, 웹, 모바일 등 다양한 매체를 통해 전달할 수 있는 능력을 갖춘 기자이다. 기자들이 먼저 새로운 세상에 적응할 준비가 되어 있어야 한다. 사람이 변해야 함을 강조하고 있는 것이다. 그렇다. 변화의 주체는 바로 인간인 것이다. 마치 테크놀로지와 미디어 환경의 변화를 먼저 떠올리듯이 얘기들 하고 있으나 그 주인공은 역시 인간 자체인 것임에 유의해야 한다.

따라서 흔히 신문 산업을 '人紙 산업'이라고 한다. 신문 산업은 공공성을 지닌 문화적 활동과 영리성을 지닌 경제적 활동의 복합체로서 언론사에 있어 가장 중요한 것은 바로 사람, 즉 '人'이기 때문이다. 미디어복합시대를 맞아 다양한 콘텐츠 개발을 위한 우수한 인력의 선발, 육성과 인력을 합리적으로 지원하는 제도가 필요하다. 따라서 인력에 대한 합리적인 선발, 육성, 인사평가, 교육훈련, 자기계발 등의 새로운 인력관리 시스템의 도입이 최우선의 관건으로 등장하고 있다.

언론사는 고급정보를 다루는 지식집단으로 인식되고 있다. 하지만 인력에 대한 안이(no tension)한 관리와 불합리한 인사제도는 인건비 하락과 함께 사기 저하를 가져와 기존 인력의 이탈과 신규 인력의 수급에 차질을 초래하여 언론의 질적 저하로 다시 연결된다. 따라서 이러한 악순환의 고리를 단절하기 위해서는 앞에서 언론 산업을 '人紙 산업'이라고 전제한 바와 같이 인적 관리에 대한 혁신이 필요하며 아울러 건전한 조직문화 형성을 통해 '일할 맛(fun) 나는 언론사'로의 발전을 꾀해야 한다.

인력의 전반적 감소 추세, 지역신문은 더욱 감소

국내 신문 산업 종사자는 2010년 기준으로 총 25,819명인데 일간신문은 16,937명이고 주간신문은 8,882명으로 나타났다. 일간신문을 종별로 보면 전국종합일간은 4,770명(18.5%), 지역종합일간은 7,677명(29.7%), 경제일간은 2,670명(10.3%), 스포츠일간은 441명(1.7%), 외국어일간은 188명(0.7%), 기타전문일간은 949명(3.7%), 무료일간은 242명(0.9%)로 나타났다. 1개사당 평균인원은 2010년 3월말에 157.8명인데 전년의 164.1명에 비해 6.3명이 감소했는데 2008년과 비교해도 10.4명이 줄어들어 계속 감소 추세로 나타났다. 전년대비 증가한 종별은 전국종합일간(+16.4명), 무료일간(+1.5명), 감소한 종별은 기타전문일간(−38.3명), 지역종합일간(−11.1명), 스포츠일간(−9.8명), 경제일간(−2.6명) 등으로 나타나 종별에 따라 현격한 격차를 보여주고 있다.(신문과 방송, 2010년 10월호, 『2009 한국신문방송연감』 종합)

비전과 사회적 영향력에 가장 만족

기자 의식조사에 의하면 직업 만족도는 소신과 긍지에 관련한 응답이 가장 많은데 만족하지 않는 경우는 비전과 사회적인 영향력, 근무조건 등으로 나타나 한국 신문 산업에 종사하는 인력의 현주소를 잘 보여주고 있다.

기자직에 만족하는 이유는 '사회적인 영향이 크기 때문에(80명, 31.5%)'가 가장 높으며 그 다음으로 '사명감과 자부심이 높기 때문에(76명, 29.9%)', '하고 싶었고 적성에 맞아서(47명, 18.5%)'인데 이 외에도 소수에 불과하지만 '업무의 자율성', '사회적인 인정', '다양한 체험', '전문성 등 자기계발 기회 많아' 등으로 나타났다.

표 16-2　기자 의식조사 − 직업 만족도

구 분	이 유	응답자 수	비율(%)
기자직에 만족하는 이유 (n=254)	1. 사회적인 영향이 크기 때문에	80	31.5
	2. 사명감과 자부심이 높기 때문에	76	29.9
	3. 하고 싶었고 적성에 맞아서	47	18.5
	4. 업무의 자율성이 높아서	9	3.5
	5. 주위로부터 사회적으로 인정받기 때문에	7	2.8
	6. 다양한 체험이 가능해서	6	2.4
	7. 전문성 등 자기계발의 기회가 많아서	5	2.0
기자직에 만족하지 않는 이유 (n=26)	1. 보수 등 근무조건이 따라주지 않아서	11	42.3
	2. 앞으로 비전이 없어서	3	11.5
	3. 사회적 영향력이 이전보다 낮아져서	3	11.5
	4. 전문성 등 자기계발의 기회가 적어서	2	7.7
	5. 업무가 많아 가족이나 주위에 소홀해져서	1	3.8
	6. 업무 성취도가 낮아서	1	3.8
	7. 직업 안정성이 낮기 때문에	1	3.8

※출처: 한국언론재단, "신문과 방송", 2008년 5월호, pp.34−44 요약, n=400

　반면에 기자직에 만족하지 않는 이유로는 '보수 등 근무조건이 따라주지 않아서(11명, 42.3%)'가 가장 높으며 그 다음으로 '앞으로 비전이 없어서(3명, 11.5%)', '사회적 영향력이 이전보다 낮아져서(3명, 11.5%)', '전문성 등 자기계발의 기회가 적어서(2명, 7.7%)이며', '업무가 많아 가족이나 주위에 소홀해져서', '업무 성취도가 낮아서', '직업 안정성이 낮지 때문에'는 각각 소수(1명, 3.8%)로 나타났다.

❷ 새로운 환경에서의 인력 개발

　손자병법에는 "전략이란 생존에 중요한 역할을 하는 것으로서 삶과 죽음의 문제이며 안전과 존망에 영향을 미친다"라는 말이 있다. 현재 언론사의 새로운 목표와 방향을 살펴보면 언론사는 사회적 공익성인 저널리즘과 이윤 추구의 기업성인 비즈니스 등 2개의 목표를 추구함이 원칙으로 언론의 궁극적 목표와 언론인으로서 최고의 가치는 비즈니스 보다는 저널리즘임이 분명한 사실이다. 그런데 앞으로 이 저널리즘이 최고의 가치를 발휘하기 위해서는 그 수단으로써 비즈니스가 불가분한 관계에 있어야 한다. 이와 관련하여 뉴욕타임즈(NYT)의 앤더슨 부사장은 WAN(2001년) 총회에서 "새천년 신문의 비전"이라는 주제로 뉴욕타임즈 변혁의 성공은 "뉴스와 비즈니스의 조화와 병행"이 관건으로 앞으로의 경영방침은 "탁월하고 독립적인 기사와 논설은 우리 수익성의 근원이며 수익은 보다 탁월한 기사와 논설을 유지해 준다"라고 요약하였다.

앞으로 '사람'에 대한 효율적인 교육훈련 제도의 도입은 인력의 생산성을 향상시켜 경쟁력을 극대화하게 된다. 이를 위해서는 기존 교육의 내용과 체계에서 비합리적이거나 현실에 부합하지 않는 것은 과감히 버리고 새로운 기법을 도입해야 하며 끊임없는 검증과 평가 그리고 사후 관리를 통해 기업의 체질과 직원의 생리와 특성에 맞는 방법으로 연구·개선해 나가는 미래가 절실히 요청되고 있다.

2. 토털마케팅체제의 구축

❶ 경영전략 개념의 재정립

앞으로 언론사가 경영전략을 발휘하기 위해서는 우선 몇 가지 새로운 패러다임의 정립이 필요할 것이다. 첫째는 신문이라는 매체의 현실적이며 긍정적인 현주소에 대한 재인식, 즉 인쇄매체의 구조적·환경적 특성에 대한 인식이 필요하며, 둘째는 언론사 내부 특성에 기인한 경영혁신의 한계를 극복하여 경영혁신과 업무개발 등 발전전략의 성공화를 유도해야 하며, 셋째 21세기 기업경영의 주요 트렌드에 대한 연구를 통해 온라인·모바일 미디어와 연계된 SNS를 위시한 스마트 IT산업 등과 M&A 및 사업다각화 방안을 적극 연구해 대처해 나가야 할 것이다.

❷ 저널리즘과 비즈니스의 조화를 이루어야

아울러 언론사는 언론을 통한 공공성을 지닌 문화적 활동과 영리성을 지닌 경제적 활동의 복합체로서 저널리즘과 비즈니스의 조화가 발전의 관건으로 볼 수 있다. 신문경영(주은수(2003), 「최고신문 일등신문2」, 서울: 미디어경영연구소, p.41)의 문제점은 비전문적 경영으로 상품으로서의 질적 경쟁력을 떨어뜨리며 비합리적 판매구조를 개선하지 못해 경영의 어려움을 가중시키고 있다는 점이다. 따라서 급변하는 미디어 환경 속에서 바람직한 역할을 수행하기 위해서는 전문적인 지식을 바탕으로 건강한 경영의식을 갖춘 전문가를 경영자로 확보할 필요가 있을 것이다. (이진로(2002.4), "한국지역신문 경영구조분석 및 개선모델연구", 『한국언론학보』 제46권 2호 참조)

❸ 매출부서 시스템의 개선

미래를 위한 전략으로 판매와 광고수주에 대한 전사적인 협조와 지원 분위기를 조성함이 필요한데 '보급 없이 신문 없고 신문 없이 광고 없다'를 유념해야 할 것이다. 앞으로는 영업 전문 인력의 육성과 전진배치, 판매담당부서의 확대 및 판매전략 개발, 광고주 관리에 대한 합리적 업무 재분장과 목표관리 등 마케팅에 의한 체계적인 영업 추진 등이 예상된다.

3. 업무체제의 개선과 혁신

❶ 목표관리(MBO)와 예산통제의 도입

목표관리제도는 일반적으로 목표관리에 대한 인센티브제도를 도입하는 성과지향형 경영관리의 하나로서 합리적인 예산편성 및 적절한 예산통제 개념의 도입을 위한 시급한 제도개선이 현실적으로 이뤄질 것이다.

❷ 업무제도의 개선과 표준업무

동시에 업무처리규정의 확립을 위해 내부기준의 객관화가 필요한데 따르는 자의적 판단을 지양하고 기본업무 처리에 대한 처리기준과 지침을 수립하여 객관성 있는 업무처리가 절실히 요망된다. 따라서 추진업무에 대한 관련부서의 사전 협의와 함께 종합조정부서의 심의와 조정 절차를 의무화함으로써 업무의 질적 수준을 향상하고 업무에 대한 상호예측성을 부여하게 될 것이다. '결재를 위한 결재' 경향은 사라질 것이다.

❸ 판매 및 광고제도의 개선과 비전의 설정

판매와 광고 비전의 설정은 'WIN-WIN'전략의 수립으로 관장지역에 대한 세대 수, 사업체, 관공서 및 기관 등을 기준으로 장기목표를 설정한다. 일반적으로 판매 및 광고에 대한 내부의 저해요인은 마케팅에 대한 근본적인 무관심과 마케팅 마인드의 결여로 인한 내부적 장해요인에 기인하고 있어 신문사의 기본업무 중의 하나인 신문판매의 보급도와 광고의 수익성을 전사적으로 환기하는 풍토가 이뤄질 것으로 예상된다.

❹ 원가관리와 이익관리의 조화

일반적으로 현재 한국 언론 산업의 원가와 수익구조 및 이익의 상관관계를 보면 신문 1부당 원가가 현재의 구독료 수준보다 매우 낮은 수준(주은수, 2003, 「최고신문 일등신문 2, 서울: 미디어경영연구소)으로 구독수입의 손실을 광고수입으로 충당할 수 있다면 다행이지만 현재로서는 그러한 신문은 극소수에 불과하며 이러한 신문도 광고매출이 감소하는 추세로 나타나고 있다.

따라서 앞으로의 언론경영은 많이 팔리는 것(매출증대)도 중요하지만 원가분석과 이익관리를 통해 상대적으로 이익률이 높은 부문의 매출개발과 원가절감을 통한 이익의 창출이 최고의 명제로 부각되고 있다.

Ⅳ 미래는 '강남스타일' 처럼

최근 가수 싸이의 강남스타일에 전 세계인의 이목이 집중되어 있다. 말춤을 내세운 뮤직비디오는 세계 최대 동영상 사이트 유튜브에서 2억 건이 넘는 조회 수를 기록했다. 또한 미국 최대 유료 음원유통사인 아이튠스 종합 싱글 차트에서 1위에 이어(현재 미국 외에도 30개국에서 1위를 기록) 빌보드 최신 차트(9월 29일자)의 싱글 메인 차트인 "핫 100"에서 첫 주 64위, 둘째 주 11위, 그리고 현재 메인 차트 2위를 달리고 있다. 전

무후무한 이 기록은 지난 7월 15일 '강남스타일' 뮤직비디오 공개 이후 두 달만에 이뤄
낸 결과이다.

　강남스타일의 흥행은 한류를 통해 K-pop에 대한 세계적 인지도가 높아진 상태에서 음
반기획사의 마케팅을 통해서가 아니라 '웹 기반 플랫폼'을 통해 국경을 쉽게 넘을 수 있었
다. 단순히 한국에서 제작된 콘텐츠가 사용자 친화적이고 공유·개방적인 인터넷 미디어
서비스를 바탕으로 전 세계가 자연스럽게 연결·융합되면서 새로운 가치를 창조해냈다.

　이렇게 재창조된 가치 흐름의 중심에는 디지털화, 융합, 개인화, 모바일, 소셜 네트워
크 등 중요한 키워드들이 자리 잡고 있다. 이처럼 앞으로의 언론 미디어 환경에는 플랫폼
간의 구분 없이 융합 플랫폼으로 연결되고, 소셜 네트워크를 기반으로 인간 중심의 소통
이 이뤄질 것이다. 과거 IT 발전에서도 나타났듯이 생존한 기술들은 인간을 중심으로 소
통하는 문화 속에서 이뤄져왔으며, 미래의 미디어 기술 발전 또한 이런 맥락에서 진화할
것이다. 따라서 언론은 지금까지의 추종자(Fast follower)적인 패러다임에서 벗어나 창의
성을 바탕으로 한 선도자(First Mover) 마인드로 무장해야 할 것이다. '강남스타일'처럼!

　더불어 콘텐츠 기술의 중요성이 더욱 중요시 된다. 물론 언론 미디어 상품은 창조적
상품으로서 기술 외적인면(기획, 스토리텔링, 스타 등)이 중요하지만 네트워크에서 공간
과 시간에 구애받지 않으며 콘텐츠를 자유롭게 이용하고 공유할 수 있는 디지털 기술
적 바탕이 절대적으로 중요하다. 새로운 상상이 기술을 통해 구현되기도 하지만 새로
운 언론 미디어 기술이 새로운 상상을 낳을 수 있는 시대가 되고 있는 것이다.

　마지막으로 미디어 기술 개발의 방향성을 명확히 하고 시너지를 극대화하기 위한 기
술과 서비스를 종합적으로 고려한 정책적 논의가 필요하다. 언론의 미래를 결정하는
주요 요인은 현재 미디어 환경의 변화를 추동하는 지배적인 힘들과 동일할 것이다. 기
술적인 차원에서의 디지털화와 융합, 서비스 차원에서의 콘텐츠 경쟁력, 콘텐츠 확보
를 둘러싼 비즈니스 관계, 소프트 파워 부상 등에 주목한다면 미래 미디어 환경에 걸맞
은 창의적 발전을 꾀할 수 있을 것이다.

　급변하는 미디어 생태계에서 일어나는 크고 작은 변화는 다양하고 역동적이며 예측
불가능하기까지 하다. 당장 한치 앞도 보기 어려운 이 시대에 언론의 미래를 논하는 것
은 정말 어려운 일이다. 그럼에도 언론의 새로운 시대가 시작된 것은 분명하며, 언론계
도 적절한 기회를 놓치지 않으려는 부단한 노력을 경주할 수밖에 없는 선택의 여지가
없는 상황이다.

참고문헌

- 김사승(2009.5), "신문기업의 다각화전략 가능성에 대한 분석", 2009 신문 뉴 미디어 엑스포, '신문의 미래 전략' 세미나, 한국언론학회, 한국신문협회.
- (개발사에서 공개한 시연 영상) Introducing the Leap http：//www.youtube.com/watch?v＝_d6KuiuteIA&feature＝player_embedded (키넥트 효과 동영상)http：//youtu.be/T_QLguHvACs
- 삼성 SDS 블로그 http：//www.ictstory.com/287
- 이진로(2002.4), "한국지역신문 경영구조분석 및 개선모델연구", 한국언론학보 제46권 2호, pp.534-535.
- 주은수(2003), 「최고신문 일등신문(2)」, 서울：미디어경영연구소.
- 주은수(1997), "한국신문산업의 경쟁력 강화방안(중략)", 연세대학교 언론대학원 석사학위 논문, p.32.
- 지역신문 발전위원회 전문위원(주은수·조은영·천세영 등), 경영과 기술 및 콘텐츠 분야 제공 자료 참조.
- 차병석(2008.4.22), '양'보다 '질'…고품격 정보로 '마이웨이'：닛케이의 성공 비결은, 한국경제매거진, 647호.
- 최창섭(2012. 6. 15), "언론과 인간 그리고 콘텐츠", "미디어 생태계의 미래：21세기 방송통신 연구소"편, 한국학술정보, pp. 286~313.
- 한국언론재단, "신문과 방송", 2008년 5월호, pp.34-44, n＝400.
- 한국언론재단, "신문과 방송", 2010년 10월호, 『2009 한국신문방송연감』종합.
- 한국언론진흥재단(2011), 한국신문의 미래전략：디지털 시대의 건강한 뉴스 생태계를 위하여, 한국 신문의 위기극복을 위한 대토론회 보고서.
- 한은영(2011.7.1), Huffington Post의 소셜 미디어 전략과 시사점, 방송통신정책, 제23권 12호 통권 511호, pp. 25-35.
- KPCB(Kleiner Perkins Caufield & Byers)의 벤처투자자 John Doerr.
- http：//magazine.hankyung.com/business/apps/news?popup＝0&nid＝01&c1＝1003&nkey＝2008042200647000311&mode＝sub_view
- TED.com(Posted Mar 2009) Jacek Utko Designs to Save Newspapers. http：//www.ted.com/talks/lang/en/jacek_utko_asks_can_design_save_the_newspaper.html

제 17 장

휴먼 커뮤니케이션의 미래

　IT기술이 발전함에 따라 인간은 미래에 어떤 형식의 커뮤니케이션을 하게 될까. 여전히 상호 의견을 교환하는 데 중점을 둘까. 아니면 일방·쌍방으로 무의미한 정보가 흘러 다니고 있을까. 이런 결과로 사람과 사람 사이의 대면 커뮤니케이션이나 의미 있는 정보 교환은 상대적으로 줄어들거나 사라지게 되는 것이 아닐까. 미래에는 언어 대신 비언어가 일반화하는 이미지 소통시대가 올 것이라고 전망한다. 먼 미래에는 내가 말하고 생각하는 대신 뇌에 이식된 칩이 먼저 생각하고 내가 뒤에 결정하는 인간과 로봇이 융합된 '나안의 내'가 커뮤니케이션을 주도하게 될지 모른다.

　코르데이로는 NBIC(Nano·Bio·Information technology·Cognitive science) 단계로 발전하여 나노기술, 생명공학, 정보통신, 인지과학이 급속히 융합을 통해 인간의 한계를 넘어갈 것이라고 한다. 뇌가 중심이 되는 세상이 오면 새로 얻은 신경 생리학적 능력을 통해 우리의 운동 능력, 인식 능력, 인지 능력을 더 광범위하게 확장할 수 있을 것이고, 인간의 생각을 완벽하게 번역해서 나노 장치의 섬세한 조작이나 정밀한 산업 로봇 조작에 필요한 운동 명령을 옮기는 것도 가능해질 것이다.

또한 과학과 인간내면 커뮤니케이션이라 할 종교가 융합하여 새로운 종교들이 나타날 것이라 예측한다.

전자기술의 발전에 따라 밝은 사회를 그려보는 게 미래사회 연구의 시발이라면 궁극에는 이런 진행과정에서 나타나는 변형된 사회에 대한 적응, 새로운 기술의 역기능에 맞서야 하는 게 바로 인간 커뮤니케이션의 과제이기도 하다. 여타 과학에서도 환경 파괴의 문제가 있다고 하지만 인간 커뮤니케이션에 있어서는 전자기계가 인간의 몫을 대신하는 만큼 인간성이 대체되거나 변질될 수 있다. 인간 주체 그리고 인간의 본성의 훼손 여부라는 두려움을 안고 있다.

인간은 역사적으로 커뮤니케이션 기술의 변화를 통해 사회를 다원적으로 발전시켜 왔듯이 앞으로도 다시 원초적인 인간의 자연의 본성으로 돌아가려는 회생력에 의해 새로운 IT기술과 조화를 이룬 친자연적 증강현실의 커뮤니케이션 환경을 만들어갈 것으로 기대하고 있다.

그 이전 단계에서는 커뮤니케이션 수단의 발전에 따른 근미래의 개인, 집단 그리고 언어나 정치 등의 변화에 주목할 필요가 있을 것이다.

I 인간과 커뮤니케이션

1. 인간 커뮤니케이션의 발달

인간은 어떤 형태로도 점진적으로 지구에서 진화하며 발전하여 왔다. 최초가 창조에 의한 것이든 유인원의 시기를 거쳐 조상이 아프리카에서 출발하여 오늘에 이르렀든 논쟁은 가능하나 또한 수용할 수 있는 명제들이다. 다만 여기에서 인간이 커뮤니케이션의 기술을 증가시킴에 따라 사회가 발전하게 되었다는 것은 확실한 사실의 하나이다.

인간 커뮤니케이션 수단의 발전은 구어에서 문자 사용 그리고 활자와 전자 미디어의 시대를 맞고 있다. 미국 하와이 대학의 짐 데이터는 시대별 통신 기술을 다음과 같이 정리하고 있다.

표 17-1	시대별 통신 기술의 특징		
~년 전	시 대	통신 기술	기술 범위
250,000	호모 싸피언스	구어 발생 전	집 단
40,000	사냥과 수렵	구어(대화)	부 족
5000	농 업	문 어	지 역
400	산 업	인 쇄	국 가
100	정 보	전 기	전 지구
곧 다가옴	꿈	상호 간	태양계

※출처: Jim Dater, 2009

앞으로 인공 지능이 사람의 육체노동 대부분을 대체하는 대신 사람은 각자의 꿈을 키우는 데 남은 시간을 할애하게 될 것이다. 현재 젊은이들은 인터넷에서 게임하고 놀면서 상상도 하고 자신을 꾸미기도 한다.

〈표 17-1〉은 지나온 커뮤니케이션사와 미래의 커뮤니케이션을 예측한 것이다. 다시 사람 중심으로 보자.

2. 1대1 중심의 커뮤니케이션사

미디어 중심의 커뮤니케이션 발달사에서 메시지를 주고받는 사람 대 사람 사이의 관계로 정리해 본다.

가) 구어, 문어, 인쇄 시대에는 대면을 중심으로 커뮤니케이션이 이루어졌다.

인간은 대면하는 가운데 소리, 접촉, 몸짓, 수화류(손가락, 입술모양 등)를 통하여 커뮤니케이션을 수행했다.

나) 미디어 시대에는 매체가 중간에 개입했다. 매개물은 글, 신문, 잡지, R, 오디오, TV, 영상, 데이터 등이다.

다) 스마트 시대가 찾아왔다. 스마트 시대의 진화는 휴대전화에서 출발하여 발전해 간다.

이 시대에는 미디어가 개인화하면서 인간 대 인간 사이의 미디어(매개)의 개념이 바

꿰게 된다. 초기에는 피부가 매개의 시발점이 되고 있다. 피부는 바로 신경계와 연관이 된다. 키패드 자판(글자, 숫자, 기호), 손가락 클릭, 음성인식 등으로 확대된다. 인체인식(애플의 시리 등), 디지털 펜 등 스마트 미디어를 통해 의미를 교환한다.

1세대	1984	이동 중 음성통화
	1990	인터넷 시대
2세대	1996	문자 메시지, 디지털 CDMA
	1997	Six Degree 북미 지역 최초의 SNS
	1999~2000	LiveJournal, Cyworld, Lunar Storm, Ryze, Tribe.net, LinkedIn, Friendster 등장
	1999	소셜 미디어. '아이 러브 스쿨', 2000: '내 친구 담담', 2003: SK컴즈가 '싸이월드' 인수, 2009: '미투데이'
	2004	SNS 시대. 블로그, 위키스, 팟 캐스트, 포럼즈, 콘텐츠 커뮤니티, 마이크로 블로깅 등 IT 분야 Guidewire Group의 Chris Shipley가 소셜 미디어 활용 제안 facebook 론칭
	2005.5	손가락 글말 SMS 시대. KTF의 2005년 5월 SMS 발신 건수가 20억 8,616만 건으로 음성 통화 발신 건수 20억 4,669만 건 능가
3세대	2006	영상통화, 무선 인터넷 WCDMA 트위터가 미국 팟캐스팅 회사에서 출발
4세대	2011	LTE. 앱, 파일, 동영상
미래		안경스타일, 의류형태, 윌로 글라스(휘는 유리화면 등)

현재는 SNS 시대이다. 이는 매년 발전하는 스마트폰과 연결하여 모든 지식과 전 세계 그리고 정치를 포함한 문화 분야 등에서 급속히 퍼져가고 있다. 한 예로 페이스북은 2012년 3월 현재 전 세계 8억 5천만 명을 넘어 9월에는 9억 5천만 명에 이른다. 6개월에 1억 명이 느는 속도이니 지구상의 성인들을 모두 포용할 기세이다.

스마트 시대의 커뮤니케이션의 예를 보자.

예: 제스처로 말한다(Gestures Speak). 앞으로 인간과 기계의 인터페이스가 기술 발전의 선두주자가 되리라고 확신한다. 유저 인터페이스(User Interface)는 1984년 매킨토시의 그래픽 유저 인터페이스에서 출발한다. 먼저 앞으로 디스플레이가 벽이며 유리창이며 도처에 깔린다면 유저 인터페이스가 필요하게 된다. 사람들

이 기계를 통해 소통하고 디스플레이 사이를 오갈 수 있게 되는 것이다. 다음에 마우스는 버리고 손을 써야 한다. 자유로운 공간에서 창의적인 손으로 '가리키기'를 통해 시현하는 것이다. 제스처 입력이며 제스처 출력도 가능할 것이다. 세 번째는 서로 다른 디스플레이들이 데이터를 송수신하고 프로그램을 한 꾸러미로 뭉쳐서 웹상에 띄우거나 다른 종류의 디스플레이를 보유한 컴퓨터에서도 이를 받아서 처리할 수 있을 것이다. (J. 언더코플러, pp.161~173)

예: Tamper라는 시스템은 '영화를 갖고 논다'는 식으로 관객들이 영화의 한 프레임 속으로 들어가 주인공이나 소품, 차량을 끄집어내어 다른 영화에 붙이거나 출처가 다른 장면들을 탁자 위에 합성하기도 한다.

라) 미래의 커뮤니케이션

앞으로의 커뮤니케이션은 인간 대 인간이 아닌 인간 대 인간대행으로 복합화한다. 여기에서의 인간대행은 홀로그램, 사이버 세계, 하이퍼 세계, 가상현실, 사이버 펑크, 유비쿼터스의 형태로 혹은 복합 형태로 나타나게 된다. 그리고 신경계를 통한 이미지 커뮤니케이션이 이루어질 것이다.

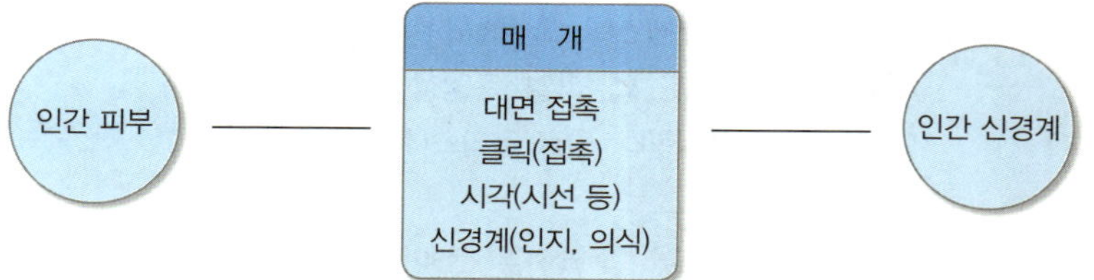

미래에 인간은 비생물적인 요소를 몸속에 삽입하게 될 것이며 비생물체도 결국 생물체에서 진화한 것이다. 이러한 이유로 이들도 결론적으로는 인간의 후예이며 인간으로 대접받아야 한다고 말한다. 인공 지능이 완성되면 인간은 자아에 대해서도 많은 혼란을 가져올 것이다. 타인의 기억이 자신의 뇌에 업로드 된다면 현재의 기억을 가지고 있는 내가 나의 자아일까? 아니면 원래 기억을 가지고 있던 타인일까? 그럼 원래 나의 기억을 가지고 있던 나라는 존재는 무엇인가? 만약 경험에 대한 기억이 인간의 자아를 규정짓는 잣대라면 인간의 육체는 기억을 담아두는 저장 용기에 불과할 뿐이다. 그리고 경험이 이리저리 옮겨지고 그러한 기억들이 합쳐진다면 나라는 고유한 자아는 존재하

지 않을 것이다. (R. 커즈와일, p.94)

뇌와 기억의 관계에서 기억은 향기를 통해서도 뇌에 새겨진다는 실험이 야라 예슈런에 의해 최근에 이루어졌다. 이를 프랑스 작가의 이름을 따 마르셀 프루스트(Proust)현상이라고 한다. (2012. 11)

이런 논지라면 개체 각자는 고유한 자아이며 내 기억이 모두 옮겨져서 내가 없다면 이미 내 자아도 없어진 것이라 볼 수 있다. 인공 지능이 탄생하면 인간이 아니라 인공 지능이 만물의 영장 역할을 할 것이다. 우리가 앞으로 유의해야 할 과제는 인간이 인간다운 존재로 남게 될 범위에 대한 토의라 하겠다.

　예: 앞으로 스마트 쇼핑을 할 때 자기가 지정한 마릴린 몬로가 점원으로 나와서 "어떤 책을 사시겠어요"하고 주문을 받을 수 있다.
　　: 남극의 대원들이 병이 났을 때 서울에서 의사가 원격로봇으로 수술을 할 수 있다.

인간 커뮤니케이션의 역사를 보면 시대에 따라 주 미디어는 변한다. 중세에는 투루바도르(Troubadour)라 하여 몇 시간씩 옛 이야기를 전하여 주는 노래하는 음영시인이 있었다. 조선시대의 판소리꾼은 가락을 붙인 결국은 이야기꾼인 셈이다.

글자 시대의 유물로는 지금도 유태교 시나고그(Synagogue)에 가면 두루마리 성경을 강단 뒤 벽장에서 꺼내어 낭독하는 습관으로 남아 있다.

20여 년 전만 해도 한국의 대학의 학구열은 그 대학 입구에 복사집이 몇 있느냐로 가늠하는 때가 있었다. 외서를 복사하든 리포트를 쓰든 복사를 많이 하면 공부도 열심히 한다는 인쇄술의 잔상이 남아있던 시절이다. 이제는 인터넷을 기본으로 전자책이나 스마트폰이 활용되고 있다. 미래에는 대학이라는 존재 자체가 빅 데이터나 증강현실의 활용에 따라 사라질 것이라고 예측한다. 빅 데이터는 텍스트나 이미지 등의 비정형 데이터를 쉽게 정형화 할 수 있다.

그러나 데이터의 저장량이 커질수록 사고의 양은 줄어들고 정보의 유통 속도가 빨라질수록 생각의 속도는 반대로 느려질 것이라는 우려다.

소리에서 글로, 시각에서 클릭으로, 사유에서 감성인지로, 인체의 미세한 신경부위로 이전하는 커뮤니케이션 수단의 변화는 뇌외 신경계의 통신으로 이전해 갈 것이다.

3. 사회연결망의 이해

소셜 미디어가 확산됨에 따라 나타난 현상은 개인들의 소셜 네트워크가 확장되었다. 이러한 네트워크에서 흐르고 있는 정보들과 정보 교류의 관계를 연구하는 학문으로 웹 매트릭스(Webometrics)가 새롭게 떠오르고 있다. 이는 인터넷에 기록된 정보를 이용해 커뮤니케이션의 행태를 정량적으로 분석하는 연구방법을 통칭한다.

과거에는 개인과 개인 간의 개별관계보다는 각 개인이 속한 집단관계가 주요 사회관계였다면 이후는 개인과 개인의 관계가 더 중요해지고 있다. 2000년대 초반까지 고정된 공간에서 집단의 경선이 뚜렷한 온라인 커뮤니티 중심의 커뮤니케이션 방식이 주였다(glocalization)면 지금은 소셜 미디어의 개인 프로필 중심으로 한 관계 맺기와 커뮤니케이션이 주를 이룬다. 한마디로 연결된 개인주의인 셈이다.

앞으로는 어떠할까. 모바일 기기의 확산으로 집단을 구성했던 경계선은 더욱 희미해졌다. 이제는 소셜 미디어의 개인 프로필을 중심으로 한 관계 맺기가 커뮤니케이션의 주를 이룬다. 모바일 커뮤니케이션 시대를 상징한 개인주의 양상으로 사회연결망 그래프와 닮아 있다.

• **사회연결망 그래프**: 사회 연결망 분석에서 점은 보통 노드(node) 혹은 버텍스(ver-tex)라고 하며 선은 라인(line) 혹은 엣지(edge)라고 통칭한다. 연결관계를 나타내는 라인은 방향성이 있는 비대칭형(그림 17−1, a)과 방향성이 없는(undirected, 그림 17−1, b) 것으로 구분한다. 예를 들어 트위터의 팔로잉·팔로어관계는 방향성이 있는 비대칭형 연결관계이고 화살표가 있는 라인으로 표현한다. 페이스북 친구의 관계처럼 상호 연결관계만 있는 경우는 방향성이 없는 대칭형이며 화살표 없는 라인으로 표현한다.

연결망 그래프에서 선 위에 값이 부여된 경우에는 방향성뿐 아니라 관계의 질이나 강도도 표현한 경우로서 가치가 부여된 연결선이다.(그림 17−1, c)

이외에 루프(loop) 혹은 셀프 루프(self loop)라는 표현을 볼 수 있을 것이다. 이 경우는 연결관계를 나타내는 라인이 자신으로 귀결되는 경우다. 예를 들어 트위터 분석에서 라인을 한 메시지가 전달되는 경로로 본다면 본인이 작성한 글이 본인의 타임 라인에 게재되었을 때, 루프로 표현한다. 선거에서 한 후보자가 자신에게 투표한 경우도 이에 속한다.(그림 17−1, d)(조성은, p.96)

그림 17-1 라인의 종류

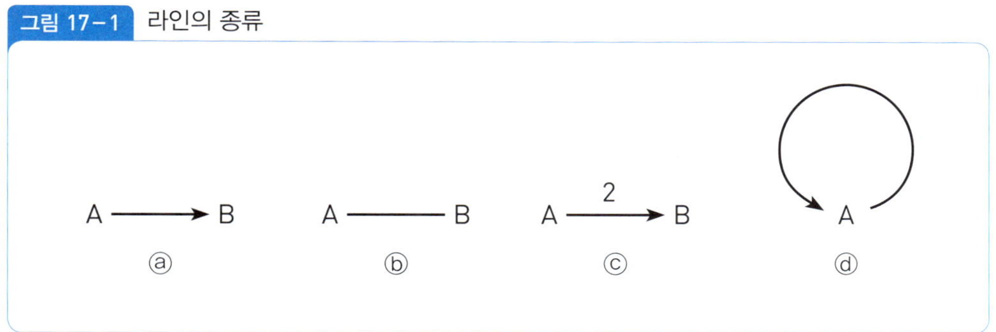

멱함수 법칙(power law)도 사회연결망의 근본 원리를 설명한다. 멱함수 법칙을 시각화한 멱함수 그래프는 종종 정규분포곡선(종 모양 그래프)과 비교되는데 정규분포곡선 모양에서 왼쪽으로 치우친 그래프를 상정하면 된다.(그림 17-2, a) 그림의 a부분은 다른 노드와의 연결이 적은 수많은 노드들이 차지한다. 트위터를 예로 들면 소규모의 팔로잉을 가진 수백만 명의 일반 트위터 이용자들이 이 부분에 위치한다.(그림 17-2, b) 가령 소설가 이외수(@oisoo 130만 이상의 팔로어)와 같은 유명인의 트위터가 이 자리에 위치한다. 왼쪽 머리 부분에 있는 대다수의 노드가 한 네트워크 안에서 연결될 수 있는 것은 오른쪽 긴 꼬리 부분에 위치한 소수의 노드들이 허브 역할을 하기 때문이다.(조성은, p.97)

그림 17-2 멱함수 분포

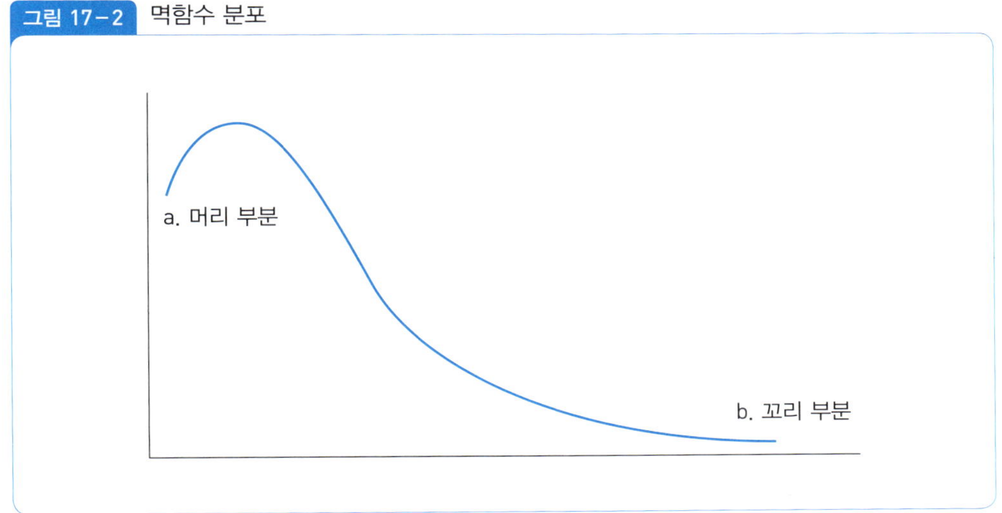

※ 출처: 김정은, p.98

페이스북 통계에 따르며 페이스북에서 4.74단계(Markoff & Sengupta, 2011)만 거치면 서로 아는 사람과 만날 수 있다고 한다. 집단주의 성향이 강한 고밀도 사회인 한국의 사회망 지수는 이미 2003년에 3.6단계에 불과했다.(김용학, 2007)

페이스북에는 이용자 자신의 페이스북 내 사회연결망 지수를 측정하는 앱을 가지고 있다.(six degrees application. facebook; http://apps.facebook.com/six_degrees_app/) 이는 사회관계에 대한 개인의 관심이 증가하고 있음을 보여 준다.

좁은 세상(small world) 법칙이란 한 사람이 다른 사람과 연결되는 연결망의 실험에서부터 유래한다. 연구에 따라 4인에서 6인이라고 한다. 쉬운 예로 내가 아는 사람이 동창에 직장 동료 그리고 동향 사람 등 500명이라고 한다면 이 500명이 다시 300명(친구가 중복될 테니까)을 거치면 150,000명이 되고 다시 한 번 300명을 거치면 45,000,000명으로 근 5천만 명인 우리나라 인구를 커버한다. 사회연결망은 다음 세대에 가족이나 사회 그리고 정치에 커다란 변화를 초래하게 된다.

Ⅱ 기계 커뮤니케이션

1. 커뮤니케이션 기술의 발전

정보기술의 발전에 따라 개인이 커뮤니케이션을 하는 수단과 대상의 범위가 넓어지고 내용도 다양해진다. 그 무엇보다 커뮤니케이션의 방식의 변화가 넓어지게 되는데 시현의 방법이 개선되고 커뮤니케이션 주체로서의 인간이 변질하게 된다.

❶ 시현의 방법들

먼저 실생활에 활용되는 개인 간 그리고 다자간 커뮤니케이션에서 화면에 시현되는 것으로 텔레프레젠스(telepresence)의 기술이 있다. 즉, 비주얼과 오디오를 통한 '나'의 디지털적 재구성으로 다양한 사람들과 시공간 제약 없이 인터렉션하는 유비쿼터스

(Ubiquitous) 생활을 누리게 된다. 몇 가지 예를 보자.

텔레컨퍼런스는 초기 형태로 다자간 화상회의 장치다. 재택근무가 가능하고, 병원에 가지 않고 원격진료를 받는다. 미국에서는 유럽–미국 간 다자간 전화회의를 스카이프(Skype)를 통해 진행한다. 온라인, 웹 컨퍼런스는 온라인 미팅 또는, 싱크로노우스(Synchronous) 메커니즘으로 불리며, 인터넷 망을 통한 가상환경에서 다자간 소통이 가능하다. 온라인 브레인스토밍(Brainstorming)은 구조적 토의(Structured Discussion)와 같은 툴들이 포함되어 보다 다양한 기능을 회의 중에 제공한다.

마침내 유비쿼터스 라이프(Ubiquitous Life)는 인간이 존재하지 않은 공간에서 마치 존재하는 듯 느끼며 위치, 움직임, 액션, 목소리 등이 공간을 넘어 전달되고 복제되며 결국 느껴지도록 만들어진다. 이에 필요한 기술은 어떤 것이 있을까.

먼저 코어 테크놀로지로서 비디오, 오디오 그리고 데이터 처리가 있다. 센서를 지닌 비디오 시스템은 사용자의 눈동자, 또는 머리 움직임을 측정하는 기본적인 기술을 갖춰 카메라는 센싱(Sensing)된 데이터에 따라 실시간으로 작동한다. 이 기술은 홀로그램과 실제사이즈를 비추는 비디오 시스템으로 객체를 원하는 장소에 모습이나 크기 그대로 나타나게 해준다. (Maso Interactive, Google 참조)

데이터 처리로는 사용자의 눈동자, 머리 움직임뿐만 아니라 손의 위치, 손동작에 따른 다양한 인터랙션, 다이얼로그적 해석이 가능하다. 센서가 장착된 글러브나 속도, 방향 등을 측정할 수 있는 관성측정장치(Inertial Measurement Unit) 등에 의해 리얼타임으로 수집된 데이터는 다양한 모듈에 의해 최적화 되어 처리되고 요구사항에 맞는 서비스를 제공한다. 로봇 기술은 텔레프레젠스의 종착지로서 사용자의 움직임을 복사하고 이를 실제 따라하며 요구에 따라 원거리 미션을 수행할 수 있는 능력을 포함한다.

증강현실(Augmented Reality)은 종국에 이머시브(Immersive) 환경, 즉 잠재적으로 몰입하게 하려는 것이다. 커뮤니케이션을 할 때 참석자들이 실제로 옆에 있는 것처럼 느끼고 그 상황에 푹 빠져 들도록 환경을 제공하는 것이 궁극적 목표이다. 원격의료 진료에서도 마찬가지다.

앞으로 홀로그래피(Holography)와 같이 물체에서 도출되는 빛을 기억, 재구성하는 테크놀로지는 잠재적, 순선적(seamless)인 환경에서 사용자 및 객체의 시공간적 재구성에 중요한 역할을 하게 될 것이다.

미국의 유명한 SF 드라마, 영화인 '스타트랙'에서는 컨퍼런스 시스템을 텔레포팅

(Teleporting)으로 표현했다. 텔레컨퍼런스를 비즈니스화하려 할 때 특히, 미팅·컨퍼런스를 자주하는 업체에게는 이득이 크다. 이동하는 시간 절약, 교통비 절감, 회의비 절감, 더 효율적인 회의 등 여러 비즈니스·사회적 기여 측면에서 이점이 존재한다.

요약하면 21세기의 특징은 자기의 정보를 언제 어디서나 남과 나누는 것이다. 그간은 서비스의 인지적 질을 높이는데 신경 써왔다. 이는 리얼 타임의 서비스와 연결된다. 가령 회의를 한다면 스마트폰이며 데스크 탑의 스크린이며 여러 기기들을 함께 활용할 것이다.

여기서 중요한 구성은 SIP(Session Initiation Protocol)에 기반을 둔 무선 랜의 활용이다. 다음 단계는 어떻게 수용한 정보를 유비쿼터스 환경으로 옮기느냐 하는 것이다. 인간에게 보다 나은 환경을 제공한다는 뜻에서 데이터 통신은 출발부터 학제 간(Inter disciplinary) 연구가 필요한 것이다. 인간, 사회, 경제, 언어학과 같은 소셜과학과 테크놀로지의 종합적 요구조건에 맞게 설계된 시스템은 가상의 공간과 실제 공간의 차이를 느끼기 전에 인간의 심리, 문화 상태에 따른 시스템 반응을 하도록 디자인되어야 할 것이다.

❷ 인간 커뮤니케이션 환경의 확장

앞으로는 인간과 기술이 융합되어 당분간은 인터넷에서의 생활이 주요하다. 그러나 2차적으로 10~20년 후에는 물리적인 공간과 가상에서의 공간에서 동시에 생활하게 된다. 그 때는 아이폰, 아이패드, 태블릿PC를 지나 새로운 기기로 교체되어 있다. 핸드폰에 달렸거나 손목, 안경에 붙은 프로젝터로 화면을 크게 보며 정보를 불러 수행하게 된다.

인터넷 다음으로 등장하는 것은 클라우드 컴퓨팅(cloud computing)이다. 웹의 발전으로 많은 오프 소스와 데이터 공유가 가능한 클라우드가 더 중요해진다.

2020 지능 인터페이스시장, 가상현실 교육, 광학 컴퓨팅, 바이오 컴퓨팅의 시장이 커진다. 인공지능이 발전하여 전자 애완동물이 실제 반려동물을 능가하고 마침내 전자생명체가 인권을 획득하게 된다.

인간의 커뮤니케이션은 가상공간 속에서 이루어지며 인간 간의 커뮤니케이션 이상으로 인간형 로봇(휴머노이드)을 통해 위안을 얻는 사람이 늘어난다.

2030 나노봇이 개발되어 두뇌는 물론 두뇌의 신경조직까지 스캔할 수 있어서 인간의 수명은 40~50년 증가할 것이다. 인간의 신경조직과 같은 컴퓨터가 나오고 신경 임플란트가 지각과 사고의 경험을 바꿀 것이다.

원거리 의료며 노인 도우미며 지능을 갖춘 로봇이 등장하게 될 것이다. 인간을 대신해 로봇과 커뮤니케이션을 하는 시간이 증가할 것이다.

2040 인간과 기계의 지능이 융합하게 되어 인간 대신 기계가 인간의 사고를 대신해 준다. 두뇌 스캔을 인식해 의식이나 사고를 읽는 기술이 나올 것으로 본다. 인간 커뮤니케이션 기술은 가상현실이 보편화 하고 인간과 기계가 네트워크화 된다.

인간은 지금의 컴퓨터에 연결하듯 두뇌에 각종 기기를 연결하여 더 이상 학습이 필요 없게 될 것이다.

이 시대에 인간은 더 큰 만족과 인간의 내면성을 확대하기 위해 더욱 자연 친화, 고급예술 감상, 창의적인 활동에 관심을 나타낼 것이다.

2050 인공 지능이 인간의 지능을 어떤 분야에서 능가할 수 있다.

인간은 일부 모험가들이 미래 탐구에 나설 것으로 보인다. (박영숙 외, pp. 68~76 종합)

앞으로 나타날 몇 가지 가상공간은 현실의 또 하나의 현실로 공존하게 된다. 하이퍼 세계라 할 이 세계에서는 가상현실, 증강현실, 뇌외 인간을 둘러 싼 여러 인간 유형물을 볼 수 있다.

• 하이퍼 세계(hyperworld): 이전의 표현은 사이버 스페이스였다. 현실세계의 시뮬레이션으로 가상세계에서 이루어지는 경제, 정치, 사회, 문화 활동의 총체다.

하이퍼 세계 안에서는 자신의 복제 인간을 만들어 놓고 자신이 원하는 방식대로 살아가고 가상 파트너와 사랑을 나눌 것이다. 또한 세계적으로 단체, 교회, 부족, 분산민족도 등장할 것이다. 이 세계에서는 세계적인 광대역 정보통신 네트워크, 위성통신망, 인트라넷 네트워크의 설치가 필요하다. 또 하이퍼 세계에 적합한 제품, 특히 통신 판매, 언론, 광고, 은행, 보험 등과 관련된 제품들이 새로운 형태로 나타날 것이다. 현실세계와의 경계선도 마저 허물어 질 것이다. (J. 아탈리, pp. 325~326)

• 가상현실(virtuality): 현 문명의 철학적 개념이나 도덕적 규범과 다른 어지러운 세

계가 열린다. 상상과 실제, 환상과 볼거리, 이상과 망상의 경계가 붕괴하는 현실을 받아들이지 못하는 사람은 정신 착란을 일으킬 것이다. 가상공간에서 현실 못지않게 일하고 소비하고, 여가를 즐기고 사랑을 하게 된다.

가상공간의 법은 현실과 다를 수밖에 없다. 지금의 방식으로는 더 이상 건강한 정신과 광기, 도덕성, 합리성, 법과 윤리를 구분할 수 없다. 가상세계의 존재 이유는 바로 현실세계에서 금지된 것을 허락하고 있기 때문이다. 더 나아가 복제 이미지 덕분에 실제와 가상세계의 폭은 더욱 좁아진다. 사람들은 자신의 가상 존재를 3차원 세계 속에서 또한 가상공간 안에서 그 후에는 실생활에서 갖게 되며 가상 존재를 통해 대리체험을 하거나 예감, 암시를 통해 무수한 모험을 하게 된다.(J. 아탈리 p.28) 먼 미래에 복제와 나노 기술 덕분에 가상과 실제가 완벽하게 융합하면 천년 동안 이어져 온 공간 개념은 무너질 수밖에 없다.

나노 기술의 발전으로 가상현실은 인간과 기계를 네트워크로 연결해 의사소통을 하게 하며 원거리 의료나 노인 도우미 등을 현실화 시킨다.

• 증강현실(augmented reality) : 가상현실(Virtual Reality: VR)은 배경과 자신과 배경 환경이 모두 현실이 아닌 가상의 이미지를 사용하는데 증강현실(Augmented Reality: AR)은 현실의 이미지나 배경에 3차원 가상 이미지를 겹쳐서 하나의 영상으로 보여준다. 증강현실은 그래서 혼합현실(Mixed Reality: MR)이라고도 한다. 한 예로 가상현실 격투기 게임은 나를 대신하는 캐릭터가 가상의 공간에서 가상의 적과 대결하지만, 증강현실 격투기 게임은 내가 '현실의 공간'에서 '가상의 적'과 격투기를 벌이는 셈이 된다. 인터넷을 통한 지도검색, 위치검색도 넓은 의미에서 증강현실의 한 형태다. 증강현실은 실제 현실과 가상세계를 융합해 사용자의 감각으로는 얻을 수 없는 정보를 제공한다.

기타 뇌의 본질과 그 복잡한 작용에 해당하는 새로운 수학 논리로서의 퍼지(fuzzy), 인간 기계의 융합을 통한 문화 창조의 사이버 펑크(cyber punk), 나노 로봇의 나봇, 인간을 닮은 휴머노이드, 사회 네트워크로 연결된 유비쿼터스 등의 새로운 형태의 인간과 현실 속에서 인간은 끊임없이 대상과 커뮤니케이션을 나누어야 한다.

❸ 미래의 커뮤니케이션 방식

미래의 커뮤니케이션 수단은 기존의 말, 글, 몸짓에서부터 눈동자, 표정, 냄새 등 몸

표 17-2	시대에 따른 정보의 변화
3차 산업혁명인 정보사회	단일 정보의 중요성
현 재	빅데이터의 사회로
앞으로	의미와 정보의 관련성 시대로

에서 나오고 홀로그램을 직접 만질 수 있을 뿐 아니라 홀로그램이 시청자를 만질 수 있게 된다. 촉각과 생각이 주 발신지가 된다. 현실과 가상의 경계는 사라지며 이 경우 인간은 자신의 정신적인 영상에 지나지 않는 존재가 되어 버릴 위험도 있다.

앞으로는 시멘틱 기술의 발전에 따라 기술은 우리를 '정보화 사회'에서 '관련성 사회'로 인도하는 파괴적인 트렌드가 진행되고 있다. 소프트웨어 개발 프로세스의 자동화를 통한 비용 절감, 복잡한 대규모 인프라에 대한 문제 해결, 정보와 어플리케이션의 상호 운영, 자동으로 이루어지는 지식 처리에 따른 생산성 향상, 불확실성과 수치를 추측하게 만드는 행동 시스템 구축 등 '관련성 사회'의 실현이 가져올 충격은 클 것이다.(와타나베 히로요시, pp.223~224)

충격이라 함은 발전의 면에서도 그러하지만 그와 달리 인간 접촉 대상에 대한 여러 종류의 감시가 따라올 것이다. J. 캔턴은 2020년경 사생활 침해에 이용될 주요 기술은 CCTV를 시작으로 금융정보 DB, 개인 DNA정보 기록의 게놈 DB, 교통 태그번호, 인터넷폰과 이메일 통신, RFID 칩, GSP 칩, 모든 물건의 인터넷 주소 칩 등을 든다.(J. 캔턴, p. 301) 더 나아가면 통신 감시에서, 행위는 물론 소비품, 추구하는 정보의 유목 등 24시간의 움직임은 물론 이 모든 것을 분석하는 빅데이터 분석을 통해 사고하는 방향까지 다 추적이 가능해지기 때문에 그에 대한 우려를 막을 방안이 함께 검토되어야 할 것이다.

2. 인간 대 기계 커뮤니케이션

인간이 다른 인간과 대면하거나 스마트폰 등의 간단한 기기를 통한 커뮤니케이션 시대가 다가오고 있다. 여러 전자기기를 이용하여 감성적 교환은 물론 인식을 넘어 인지 통신에 뇌를 통한 커뮤니케이션 방법도 시도되고 있다. 또한 인간은 인간만이 아닌 생물과도 교류를 할 수 있고 교류가 필요한 시대가 오고 있다.

해머링크는(Cees Hamelink)는 인간 커뮤니케이션의 미래에 대하여 인간 대 인간, 인간 대 기계 그리고 뇌파적 커뮤니케이션의 합리적 연구에 대해 설명하고 있다. (Cees Hamelink, waccglobal.org)

인간 커뮤니케이션은 기술과의 융합 통하여 장애물을 제거하여 왔다. 인간은 천사나 나무와 돌고래와도 소통할 수 있다는 거의 무한의 욕망을 갖추고 있다. 융합기술이 이런 의사소통 충동을 확장해 가고 있다. 국경을 넘은 다른 언어와의 소통에 기계 지능에 의한 스티어링 통신의 등장은 고급 음성 인식 및 즉석 번역의 해결책을 제공한다.

우리는 근 미래에 인간의 의사소통에 미치는 영향으로 어떤 양식(modalities)을 기대할 수 있을까? 인간-기계 통신, 기계 대 기계 통신, 일상과 죽은 사람, 뇌-뇌 의사소통 및 상호 종 통신 간의 통신까지도 예상해 볼 수 있을 것이다.

• **인간-기계 통신**(Human-machine communication): 사람들은 점점 기계 지능의 도움을 받아 의사소통을 하고 기계는 점점 인간의 기능을 해야 한다. 기계와 인간은 공존하면서 뛰어난 새로운 '지능'과 커뮤니케이트하는 법을 익혀야 한다.

• **기계 대 기계 통신**(Machine to machine communication): 새로운 형태 가운데 생물학적 시스템으로 지능형 나노봇 통신이 있다. 이는 장수와 불멸을 기대한다. 수십억의 '나노봇(nanobot)'은 우리의 몸과 뇌의 혈류를 통해 여행하며 우리 몸에서 그들은 DNA 오류를 교정하고, 독소를 제거하고, 물리적 웰빙 강화에 많은 작업을 수행한다. 결과적으로, 우리는 고령화 우려 없이 무한정 살 수 있다.

융합 기술은 이상인간 이상의 세상을 만들 수 있다. 문제는 어떻게 우주의 중심에서 인간이 코페르니칸적(Copernican) 변화를 맞아야 할 것인가이다.

• **사이버 불멸**(Cyber-immortality): 융합 기술의 발달은 인간이 사망의 장벽을 넘어 의사소통할 수 있는 가능성을 열 수 있다. 인공 지능 기술은 사람들이 퍼스낼리티를 유지한 채 죽은 후 자신의 삶을 계속하게 할 것이다. '컨버제니스트(Convergenists)'라는 의제는 인간 성능을 개선하기 위한 목표이고, 기술의 새 틀 spin-offs의 대부분은 인간 퍼스낼리티를 기록, 유지하는 데 유용하고, 퍼스낼리티를 지속시키며 궁극적으로 사이버 불멸(cyber-immortality)을 창조하려는 것이다. 이러한 발전과 함께 사람들이 죽었지만 전자적으로 '집적화(archived)'된 사람들과 통신할 수 있게 하는 것이다. 이는 종교계의 반대가 예상 된다.

아직 융합 기술이 인간복제 클론(clone)의 문제와 같은 화두를 던지지는 않았지만 종교지도자들과 신학자 그리고 죽은 사람들의 성격적 특성이나 휴머노이드, 지능 로봇에 대해 어떤 반응을 일으킬 것인지는 관심거리이다.

이런 개발의 성격은 노인이나 외로운 사람들이 소니 개 '아이보(Aibo)'와 같은 지능형 인공물이 가지고 있는 강한 감정적 유대를 통해 관찰할 수 있다. 아이보는 확실히 금속 장난감이지만, 실험을 통해 사람들이 빠르게 자신의 전자 애완동물에게 문제점과 개인적 관심을 함께 결부해 키워가는 것을 보게 된다. 과연 사람과 사람의 커뮤니케이션이 사람과 디지털 반려동물과의 관계 이상일지 어떨지는 고려해 볼 일이다.

• **텔레파시 통신**(Telepathic communication) : 융합 기술은 인간의 뇌 사이의 커뮤니케이션을 가능하게 한다. 인간의 두뇌와 기계 지능 사이의 커뮤니케이션에서 크게 보아 인간의 뇌는 우리의 기억과 인지 능력의 확장을 통해 작동 방법을 변경할 수 있다. 흥미로운 일은 효과적인 인간의 의사소통은 주로 우리의 실패의 기억에 의해 영향을 받는다.

• **크로스 종 통신**(Cross-species communication) : 인간은 역사 속에서 비인간인 동물을 파괴하는 경향을 보여 왔다. 이것은 서로 다른 종 사이를 근원적으로 분리해 합리화하면서 합법적으로 해 왔다. 이런 위상은 트랜스 인간의 의사소통이 불가능하다는 것을 강화해 왔다. 그러나 우리는 고래가 수백 마일 이상 떨어져 30분당 백만에서 일억 '비트'의 방대한 콘텐츠로 서로 소통을 하고 있는 것을 안다. 인간이 그들을 죽이거나 산업적으로 쉽게 처리하며 그들과 통신할 수는 없다. 그것은 사람들이 자신의 애완동물과 교신할 때, 죽일 의사 없이 돌보고 같이 지내는 걸 돌이켜 보면 흥미롭다. 적어도 심지어 동물과 식물과 같은 다른 지각 있는 존재에 대해 알게 되면 인간의 태도가 변경될 것이라는 결론이 가능하다.

사진 음향에 대한 연구는 대부분의 식물은 소리를 내는 것을 밝혀준다. 한 기록을 보면 깨어있는 장미의 소리에서는 바흐의 환상곡풍의 토카타(toccatas)와 같은 화음이 정기적으로 연속된다고 한다. 생물 연구에서는 음향이 식물의 성장에 다른 영향을 미칠 것이라는 것을 보여준다. 그리고 또한 음악이 달라지면 얼어 있는 물에서도 다른 수정체 모형을 일으키는 것이 입증되고 있다.

이 융합 기술이 더 발전하면 다른 생명체에서 유익한 소리를 듣고 또 다른 생물들을 위해 유익한 소리를 만들어 낼 수 있으리라는 기대를 갖게 한다. 아직 종(species) 간의 통신은 미흡하지만 발전하고 있다.

우리나라에서도 로봇에게 인간의 생각을 입히는 작업이 진행되고 있다. 두뇌 컴퓨터 인터페이스는 로봇의 팔다리를 움직이는 인공 기관의 제작이다. 인터넷은 앞으로 시멘틱 검색 엔진을 통해 원하는 바를 정확하게 골라 제시해 줄 것이다. 따라서 앞으로는 무엇인가를 알려고 찾는 것보다 내가 무엇을 알고 싶어 하고 무엇을 원하는지 결정하는 자신의 문제가 더 어려워 질 것으로 결국 각 개인의 문제로 귀인하게 될 것이다.

현재의 로봇 기술은 인식 기능의 로봇에 불과하다. 빨라도 2030년이 되어야 부분적으로 기계의 지능이 인간의 지능을 초월하는 일부 로봇이 나올 것으로 보고 있다. 똑똑하다는 것은 대답을 잘 한다고 똑똑하다는 것이 아니라 어떤 문제를 던지고 그것을 파악하고 해결하고 푸는 과정을 통해 나타난다.(유재범, 2012) 미래에 대해 지능 로봇이 나오기는 하지만 그 실현 시기는 사람마다 전망이 다르게 나타난다.

• 뇌의 미래: 뇌가 중심이 되는 세상이 오면 새로 얻은 신경생리학적 능력을 통해 우리의 운동 능력, 인식 능력, 인지 능력을 더 광범위하게 확장할 수 있을 것이고, 인간의 생각을 완벽하게 번역해서 나노 장치의 섬세한 조작이나 정밀한 산업 로봇 조작에 필요한 운동 명령을 옮기는 것도 가능해 질 것이다. 그런 미래가 오면 집에서 바다를 바라보며 편안한 의자에 앉아 키보드를 치거나 입 한 번 벙긋하지 않고 인터넷을 통해 전 세계 그 누구와도 자유로이 대화를 나누게 될지 모른다. 근육을 사용하지 않고 생각만으로 이루어지는 것이다.(M. 니콜레리스, p.14)

다음 단계는 뇌의 활성화 단계이다. 전기 폭풍이 오로라의 대뇌 피질을 가로 지르며 퍼져나가고 오로라의 운동 의도가 실시간으로 수학모델에서 해독되는 동안 수백 개의 활동 전위가 만들어 내는 소리와 불빛이 방안을 가득 채웠다. 오로라가 자기 생각의 최종 결과를 눈으로 확인하기도 전에 BMI(brain machine interface)가 오로라의 뇌활성으로부터 뽑아낸 운동 명령을 로봇 팔로 전달하고 있었다. 컴퓨터 화면에 새로운 목표물이 등장하자 로봇 팔이 텅빈 공간 속에서 오직 오로라의 눈과 뇌에만 그 위치가 등록된 목표물을 쫓아 움직이기 시작했다. 그러자 컴퓨터 커서를 통해 아름다운 곡선을 그리며 중앙으로 미끄러져 들어갔다. 기계 팔은 목표물을 차례로 움켜쥐었고 이 우아한 동작은 오로지 뇌의 수의적 활성만으로 만들어진 것이다. 마침내 오로라의 뇌가 자신을 가두는 생물학적 신체의 한계를 벗어나는 순간이었다.(M. 니콜레리스, p.236)

인간이 자신의 의식에서 벗어나면 껍질만 남게 되는데 그때는 진정한 나는 누구이며 자아는 어디에 존재하는지 한동안 혼란이 올 것이다.

미래 기술 발전에 따른 인간과 커뮤니케이션의 변화는 다음과 같다.

표 17-3 IT·BT·ET의 미래

기술	IT (정보통신 기술)	BT (바이오 기술)	ET (에너지·환경)
인간	휴먼 Human	트랜스 휴먼 Trans Human	포스트 휴먼 Post Human
시현	하이테크→ 스마트테크 홀로그램 전화 등 네오기관(세포로 장기 만들기)	인간로봇 슈퍼지능(뇌+컴퓨터) 인체단백질 인간복제	사이보그(1/2인간+1/2기계) 고도의 AI(인공지능) extropian(인간기계) 우주나비(우주촌) practal(무한과 혼돈의 자연세계)
커뮤니케이션	네트워크 통신	인간 대 기계의 사이버 통신	뇌와 기억과의 통신 인간 대 사자(死者)와의 커뮤니케이션

기술 발전에 따라 IT(Information Technology) 정보통신 기술 시대는 BT(Bio Techno-logy) 생명공학 시대로 다시 ET(Energy·Environment Technology) 에너지·환경 시대로 변하게 되는데 이 시대가 되면 우주의 원리인 물질의 원소에 대한 연구가 이루어진다.

휴먼 연구 시대에는 이전의 하이테크가 스마트테크로 변하게 되고 홀로그램 등의 전화를 이용하며 세포로 인간의 장기를 만들어 쓴다. 생명공학 시대에는 인간과 기계의 융합물인 클론(clone), 휴머노이드(humanoid), 싸이보그(cybog) 등이 슈퍼지능으로 인간 복제를 꿈꾼다. 다음의 ET 시대란 에너지·환경(Energy·Environment) 시대를 일컫지만 이는 바로 우주의 원리나 원소를 이해하는 시대다.

코르데이로는 조금 달리 NBIC(Nano·Bio·Information technology·Cognitive science) 단계로 나눈다. 나노기술, 생명공학, 정보통신, 인지과학이 급속히 융합을 통해 인간의 한계를 넘어갈 것이라고 한다.(H. 코르데이로, 2012)

커뮤니케이션 차원에서 보면 네트워크 통신 시대에는 인간이 전 세계 인간 혹은 다수의 인간과 접속하는 시대에서 인간 대 기계인간과 통신하는 시대이고 다음은 뇌와 기억 혹은 뇌와 죽은 사람의 기억과도 커뮤니케이션이 가능한 시대가 된다.

이러한 개발은 '인간'이란 무엇인지 다시 생각하게 하고 인간이 새 환경과 평화로운 공존을 위한 준비가 되어 있는지 여부이다.

3. 정보 기술의 기능 · 역기능

미래에는 문자화된 글이 점차 줄어들 것이다. 한 예로 2012년 중에 비즈니스위크 종이잡지는 사라진다. 전자 형태로 바뀐다. 웹, 컴퓨터 게임, 트위터, 페이스북 등은 문자를 쓰는 사람들의 습관을 바꾸어 놓았다. 점차 시각으로 옮아가고 있다.

이러한 전자에 의한 시각적 인지는 우리에게 생각할 능력과 조합·구성 그리고 분석의 능력을 점차 감소시킨다.

무엇보다 미래사회에 대한 개인적인 불안과 공포는 개인의 존재가 누군가에 의해 온전하게 감시를 받는다는 것이다. 지금도 휴대폰 회사 또는 신용카드 회사를 통해 개인의 주민등록번호며 전화번호가 수십만 건 유출되어 일반 판매회사에 제공된 사실이 있지만 앞으로는 이보다 더하게 모든 정보의 교환이며 개인의 행동과 사고까지 노출될 수가 있는 것이다. 현재는 온라인 상에서 실명인증, 성인인증, 연령확인 연계서비스 제공 등의 목적으로 주민등록번호, 신용카드번호, 휴대전화, 이메일수집 등이 보편화 되고 있다. 여기에 해킹에 의한 개인 정보 유출은 옥션 1,800만 건(2008.1), 넥슨 1,320만 건(2011. 11) 등 6개사에서 7천여 만 건이나 된다. 유출된 정보는 스팸, 전화사기, 명의도용 등 2차 피해로 이어진다.

미래에 모든 스마트폰이며 통신기기는 감시 하에 들어가 도청은 기본이고 나의 네트워크의 반경도 다 기록될 수 있다. 가지고 있는 주민증에는 스마트 칩이 있어서 나의 행동과 활동 범위가 고스란히 기록될 수 있다. 나의 이상이 기록되면 나의 행동 예측을 추정하는 것도 가능해져 미래의 프로화일러(profiler)를 예측할 수도 있을 것이다.

두뇌에는 칩이 들어가 있고 병이 있는 사람은 전기 침으로 치료를 받을 수 있다. 생각을 통제 받을 수도 있다. 천성적으로 참지 못하고 남을 해치는 범죄 유형의 소유자는 DNA 치료를 받을 수도 있다.

인간은 초정보사회의 그물망 안에서는 위약하며 정부와 보이지 않는 권력의 손안에 놓여 있을 수 있다. 미래사회에는 경제적으로는 훨씬 발전해 있어서 전쟁이나 사회 불안이 없을 것 같으나 여전히 네트워크의 감시, 교육기회의 공평, 정치 사회 참여에서의 공정성, 언론에서의 자유 등 여전히 싸우며 지켜야 할 일들이 계속 될 것이다.

이러한데 대한 사회적 예방장치는 어떻게 되어 있는가. 현재로서는 개인정보에 대해 미국에서는 1960년대 후반부터 정보프라이버시(Information Privacy)로 인식하였고, 독일은 '정보 자기결정권'이라는 독자적 기본권을 승인했다. 우리나라도 헌법재판소에서 2005년 '개인정보 자기결정권'을 헌법상의 독자적 기본권으로 승인했다.

'개인정보의 자기결정권'은 첫째, 개인정보의 처리에 대한 동의권, 둘째, 개인정보의 열람청구권, 셋째, 개인정보의 정정·삭제청구권, 넷째, 개인정보의 처리정지요구권을 포함하고 있다. 나아가 사상, 신념 등 민감정보, 주민등록번호 등 고유 식별의 처리제한을 강화하고 '개인정보 처리요구권'을 신설하고 유출통지 신고제도, 집단분쟁제도, 단체소송제도 도입 등으로 개인정보 자기결정권의 보장을 강화하고 있다. 사회적으로는 무용한 CCTV 설치 운영에 대한 규제강화책도 있다.

현재 상황에서 개인정보 하나에서만도 이러한 노력이 필요한 것인데 미래사회에서 일어날 개인의 정보관리나 인간로봇 등 사회적·윤리적 문제를 해결해가는 일이 그리 간단치는 않을 것이다. 정보시대에 정보가 많은 만큼 함께 토론해야 할 일거리 또한 많이 밀려오고 있다.

III 대면과 영성 커뮤니케이션

1. 대면 커뮤니케이션

인간이 대면하여 의미를 나눌 때 가장 즐겁고 의미를 비교적 정확하게 교환할 수 있다는 것은 커뮤니케이션의 기초며 변하지 않는 원칙이다.

대면 커뮤니케이션에서 상대를 인지하는 수단으로는 눈이 80%이고 목소리는 10%고 나머지 냄새, 촉각, 미각 등이다. 그러나 의미를 아는 데는 몸짓이 2/3이고 나머지가 목소리 등이다. 대면이라는 것은 그만큼 우리의 5감을 동원할 수 있어 다른 어떤 부분이나 대체 수단이 이를 넘어설 수는 없다.

목소리는 다른 장기, 예를 들면 눈이나 귀에 비해 늦게 늙는다. 혀가 밖에서 볼 수 있는 유일한 장기라고 하지만 소리가 나오는 목구멍은 그보다는 조금 더 깊은 속에 자리 잡고 있다. 그래서 비교적 목소리는 늦게 늙는다. 여러 문학 작품에서 보이듯 인간은 최후에 소리에 의해 구원 받는다. 이는 시각에 의한 인지는 뇌로 전해지지만 청각은 더 깊이 내장된 귀와 온몸으로 감지하는 경향이 있어서 우리에게 몸 깊이 수용되어 잠기게 되는 셈이다. (Vilem Flusser 디지털 사상가) 우리 몸은 물로 구성되어 있어서 소리가 몸 안 물 속에 녹아들게 된다는 논리다. 이런 인간의 본성에 따라 인간은 대면 커뮤니케이션의 중요성과 그 가치를 소홀히 할 수 없을 것이다. 이것이 기계가 인간을 대신하여 정보를 나누더라도 대면을 넘어설 수 없으리라는 한계에 대한 설명이다.

인간에게 있어서 가장 근접한 거리에서 자주 대화를 나눌 수 있는 기회를 가질 수 있는 대상은 가족이다. 다음으로 직장생활을 통하여 혹은 사회활동을 통하여 사회와 접촉한다.

• 가정: 인간은 점차 혼자 사는 사람이 늘어나는 추세라고 하지만 아직은 결혼을 통해 가정을 이루고 산다. 그러나 가정의 의미도 바뀌고 있다. 근간에 남미 국가나 미국 칼리포니아주는 동성 결혼을 합법화 했다. 그렇다면 다음에는 일부일처제의 붕괴가 예고된다. 20여 년 전 연구에서부터 제기되어 오다시피 미래의 가정은 다부다처인 '다중 동반자'의 가족도 생겨날 수 있을 것이다. 이런 상황이라면 아이를 낳을 시 아이에 대한 권리는 누구에게 있게 될까. 다시 모계 중심 사회로 회귀한다고 해도 이상하지 않을 것이다. 가정에서의 부부 간, 가족 간 커뮤니케이션의 변형을 예상할 수 있다. 그럼에도 구성원 간에는 결속력이 탄탄하든 각기 자유를 누리든 위기의 순간에 함께하는 프랙탈(fractal) 구조로 분산적이지만 끈끈하게 네트워크화 되어 있는 상태가 된다.

• 사회·민주주의: 앞으로 사회 커뮤니케이션의 형태로서의 정치와 민주주의는 어떻게 유지될까. 정치를 주도하는 선거는 광장 유세에서 라디오 토론 그리고 TV 토론을 거쳐 지금은 TV에다 인터넷 방송, SNS가 함께 어울려 있다.

지금 사회에서도 강남스타일의 유투브가 수백 종의 이종 스타일을 만들어 내듯 웹 2.0 시대에 이룬 자기만의 창작을 인터넷 통신에 올리는 수단은 앞으로 더욱 간단하고 쉬워질 것이다. 이러한 커뮤니케이션 기술과 참여방법의 개선은 첫째, 개인이라도 개인의 지식수준을 넘어 집단지성의 힘을 갖게 되고, 둘째, 단순히 정치에 참여하는 것이 아니라 집단의 힘으로 개혁의 동력을 지니게 되고, 셋째, 정치에 참여하는 것 자체가 사회적, 경제적, 문화적 변화를 유도하는 복합적인 작용을 가져오게 될 것이다. 단순한 참여이지만 여러 힘이 모이면 시너지효과를 이루고 참가에 대한 후방효과가 크다고 할 수 있다.

부수적으로 한 나라 안에서의 혁신은 세계의 작은 나라의 마을까지도 네트워크화 되어 있는 시점에서는 세계의 정치가 국민이 원하는 방향으로 개혁해 나갈 가능성이 크다는 희망을 가지게 해준다. 이는 단적으로 수직적이지 않은 수평 소통에서 오는 집단지성 다음에 오는 집단지혜로 대처해 가는 방법을 모두 알게 된다는 것을 말한다.

2. 본성과 신념

대면이든 사회적 커뮤니케이션이든 커뮤니케이션에서 주체성이 작동한다는 의미에서 개인차원의 본성 혹은 영성 그리고 사회적 차원에서의 신념이 문제가 된다. 자기 행동에 책임지는 사람들은 사회적으로 신념을 갖춘 사람들이다. 개인적으로 신념이 뚜렷한 사람들은 사회활동가이거나 철학자 그 중에서도 종교인이 가장 많다. 개인차원에서는 본성과 신념 그리고 신념이 사회적 운동으로 발전하는 과정에 종교의 형태가 생겨나고 있다.

종교의 형태로 발전한 사회운동 중에는 생태학 지지자들의 생태 종교가 있다. 자연은 선하고 인간은 악하다. 자연적인 것은 순수하고 타락하지 않았으며 성스럽다. 인간이 만든 것은 부당하고 더럽고 타락했다. 촛불행진과 연좌시위처럼 기독교의 성찬식도 신자의 공동체의식을 더욱 굳건하게 만들어 준다. 그리고 모든 종교에서 그러하듯이 이 종교 역시 금기음식을 통해 불결한 이방인들과 자기를 구분 짓는다. 구원을 약속해 주는 것은 오로지 '생태학적 순환'뿐이고 생태학적 순환은 개체가 무상함을 초월해서 자연의 영원한 순환 고리 안으로 들어갈 수 있게 해준다.(M. 호르크스, pp.406~407)

미국에서는 '영성적이지만 종교적이지 않은(Spiritual but not religious)' 사람들을 가리키는 줄임말로 'SBNR'을 사용한다. 이런 인구가 빠르게 증가하고 있어서 10년 안에 미국 인구의 25%를 점할 수 있다는 전망도 있다. 대학교육을 받은 화이트칼라이면서 정치적으로는 리버럴한 경우가 많다고 한다.

20세기 이전까지는 영성은 당연히 종교의 일부분이었지만 20세기 들어 영성이 분리되었다. 이는 종교의 세속화·세계화 속에서 만나게 된 것이다. 이들의 주장은 영성은 인간을 자유롭게 한다는 것이다. 따라서 종교의 종류도 불교, 힌두교 등이 들어오고 자연 종교의 복원이나 뉴에이지 종교가 부상하기도 한다. 이들은 여러 종교에서 실천돼 온 영성 고양기법을 시도해 보기도 한다. 가톨릭, 불교, 이슬람 등의 종교에서 발견되는 신비주의를 독서나 훈련을 통하여 직접 체험하기도 한다. 그 결과 '개인 맞춤형' 종교가 탄생한다.(중앙일보 중앙SUNDAY, pp.162~163)

자연에 귀의하는 것은 종교적 성격을 갖는다. 종교는 규율과 형식을 요구하지만 인간이 자연을 추구하는 것은 본성에 귀의하려는 것과 다르지 않다.

전자기술에 의한 새로운 커뮤니케이션의 장치가 인간에게 하나씩 접속될수록 인간은 그만큼 본성에 훼손이 가게 된다는 것 자체를 부정할 수는 없을 것이다. 이제는 그간의 과학적 결과를 통하여서도 이를 충분히 인정할 수 있는 바이다.

이에 따라 다시 한번 기술의 발전 과정에 학제 간 연구로 인문학자들의 참여가 필요하며 이는 인간 본성에 대한 존중에 따른 것이라 할 수 있다.

3. 인간과 영성·종교

커뮤니케이션 기술이 발달한 미래사회에서 종교는 어떤 위치를 가질까. 종교 그 자체의 위상보다는 인간이 사유하는 궁극의 도달점에 종교가 자리하고 있다는 보편적 관점에서 종교 문제가 떠오르는 것이다. 종교는 많은 사람에게 있어서 혼자 생각하고 혼자 신과 소통하는 방법을 일깨워 주는 규범인 셈이다. 본래 종교란 인간의 내면(internal) 커뮤니케이션의 한 종류다.

창조론(Creationism) 혹은 창조설은 인간과 삶, 우주가 신의 개입에 의해 구성된다는 주장을 뜻한다. '개입'은 완전히 무에서의 창조일 수도 있고, 전에 있던 혼돈에 질서를 부여하는 것일 수도 있다.

신학적 의미 기독교적인 창조론은 기독교 신학에서 다음과 같은 신학적 의미를 갖는다.

가. 다원론의 거부

신 이외의 모든 존재자는 신으로 인해 존재하게 된 것이므로, 신 이외의 어떤 다른 궁극적 원리의 실체가 있으리라는 주장은 거부된다.

신이 이루는 창조는 인간의 행위와 다르다. 인간의 물적 창조 행위는 어떤 재료를 변형시키거나 이전의 경험을 바탕으로 하여 구성할 수밖에 없다. 그러나 신의 창조는 신 외의 어떤 것에 의해서도 제한받지 않으므로 유일한 한계는 신의 본성 및 신의 선택뿐이다. '창조'라는 단어는 '무에서 유로'의 개념이며, 인간은 단지 '조합' 혹은 '생산'만이 가능하다.

나. 본질적 악의 거부

선한 신에 의해 창조된 어떤 것도 본질적으로 악하지 않다. 창조 구절에서 '보시기에 좋았더라' 라는 언급이 반복되며(창 1:10 등) 창조 후에는 '심히 좋았더라(창 1:31)'라고 한다. 즉, 창조된 처음의 피조 세계 안에는 악한 것이 없었으며 모두 선한 것들 뿐이었다.

다. 인간의 책임

물질세계가 본질적으로 악한 것이 아니므로, 인간은 물질세계의 나쁜 점을 들추어냄으로써 자신의 악한 행동을 정당화할 수 없다. 인간의 죄는 자유를 누리는 가운데 발생한 것이고, 이는 죄를 짓는 인간에게 책임이 있다. 성자가 성육신을 통해 지상에 나타났다는 것은 물질세계가 본질적으로 악하지 않다는 근거가 된다.

라. 유출적 일원론의 거부

기독교적 창조는 무로부터의 창조이므로, 물질세계는 신의 본성에서 유출된 것으로 신의 실체에서 분리된 신의 일부가 아니다. 피조물은 신의 실체와 확실히 구분되며 신에 의존적이고 유한한 것이다. 따라서 어떤 피조물이나 피조물들의 연합도 신과 같아진다는 것은 불가능하다. 따라서 우상을 숭배한다는 것은 터무니없는 일이다. (위키피디아, '창조론' 등 참조)

창조론은 진화론에 대하여는 반론을 편다. 현재 살고 있는 생물이 비슷하다는 것은 진화의 증거가 되지 않으며 진화의 중간 단계인 '연결고리' 화석이 매우 적다고 말한다. 두 가지 동물 종류의 특징을 갖고 있다고 해서 무조건 중간 단계의 생물은 아니며 동물의 종류는 최근에 와서 살아있는 동물들을 분류한 것이기 때문에 그 분류에 들기 애매하다고 해서 진화의 중간 단계라고 볼 수 없기 때문이라는 것이다. 시조새 등의 중간 단계라고 주장하는 동물은 멸종된 동물일 수도 있으므로 진화의 중간 단계라고 볼 수 없으며 요즘 화제가 되는 시조새 화석은 조작되었다고 한다. 창조론에 근거하면 생물의 진화란 이전에 있던 화석 등이 차례로 발견될 뿐 연속선상에서의 진화를 설명할 수 없다는 것이다.

창조론과 커뮤니케이션의 관계에서 창조론을 통하여 신성은 변하지 않으며 신에 의해 창조된 인간도 신의 일부가 아니라 신이 만든 것으로 신에 의존적인 것이라는 것이 확인된다.

여기서 신성은 변하지 않는 것이므로 신이 만든 인간의 본성도 바뀌지 않을 것이다. 그리고 인간이 아무리 새로운 것 이를테면 기계인간을 만든다 하여도 이는 이전의 경험을 바탕으로 하여 작성 및 표현을 할 수밖에 없다. 신성과 구분된다. 선한 신에 의해 창조된 어떤 것도 본질적으로 악하지 않다. 창조 구절에서 '보시기에 좋았더라'는 말이 이를 증명한다.

그러므로 창조론에 근거하면 인간의 커뮤니케이션 발전 역시 인간이 신성 안에서 개발한 여러 요소를 조합·구성 하는 것으로 앞으로 어떤 형태의 인간 변형(로봇인간 등)이 와도 신성과 본성은 변할 수 없는 것이고 그 근거는 신의 영역 안에서 인간이 선하게 존재되어 있기 때문이다.

종교는 인간 본성의 궁극적 가치로서 존재한다. 따라서 미래에 종교가 사라진다고 예측하는 많은 사람들은 인간이 정보의 숲에서 굳이 종교의 힘을 빌리지 않고도 자신의 존재를 확인할 수 있다고 믿기 때문이다. 그러나 그와 달리 신념의 궁극적 실재가 여러 종교의 형태로 나타날 가능성도 종교가 없어지는 만큼 생겨날 소지도 있다. 자기가 믿는 존재적 가치를 새롭게 구성하여 새로운 유사 종교를 만들거나 기존 종교의 변형을 통해 거대 기구가 아닌 소집단 모임으로 활성화 될 가능성이 있다.

앞으로도 세계 종교 인구의 변화는 크게 달라질 수는 없을 것이다. 다만 새로운 종교가 생겨나고 이단과의 구별이 점차 모호해 질 것이다. 각자 자신이 원하는 대로 여러 신학의 요소를 조합해서 새로운 종교가 생겨날 것이다.

4. 기계 대 인간 본성의 활성화

기계가 인간 커뮤니케이션의 보조기구의 범위를 넘어 주된 도구가 되어가는 시대가 되면 인간의 이성과 인간성에 대한 탐구가 동시에 제기될 것이다.

우리는 미래의 인간의 본성과 종교에 대해서는 찬반의 논의가 있는 것을 알 수 있다. 과학 기술 발전에 따라 인간성은 어떻게 변화할 것인가. 개인의 분자화가 강화될 것인가 아니면 사회적 집합이 더욱 활성화 될 것인가?

인간사회는 보이지 않게 역사를 통해 정-반-합의 운동을 보여 왔다. 작은 한 예는 스피드를 추구하는 자동차 포뮬러 1의 그랑프리 경주가 시작하면서 자전거길 그리고 올레길이 전국적으로 설치되고 또 많은 사람들이 즐기고 있는 것을 보면 알 수 있다. 사회의 변화스피드가 올라갈수록 거꾸로 올레길도 붐비게 되는 것이다. 건전한 사회를 이루려는 인간의 잠재력을 우리는 아직 신뢰할 수 있다. 마찬가지 논리로 개인이 분자화하여 단기간 내에 유투브 조회수가 10억여 건을 넘기는 만큼 집단으로 모이는 규모도 상응해 커질 수 있다는 개연성을 보이고 실제 2012년 10월 4일의 싸이(Psy)의 시청 앞 10만 관중 공연도 그 한 사례가 되고 있다.

그리고 만일 미래에도 종교가 존속한다고 할 때 종교는 개인 차원에서 머물 것인가 아니면 집단사회 차원으로 확대되어가는 운동이 더 거셀 것인가 하는 논의도 있다. 개인화 되는 미래사회는 종교가 아닌 개인적인 접촉 혹은 개인들의 작은 모임이 더욱 활발해 질 것이다. 그러나 네트워크의 힘을 통해 새로운 부족 형태의 종교 그룹도 이루어질 가능성이 크다.

사회의 순환이론을 주장하는 사람들은 앞으로 종교가 유지된다면 일신교에서 다신교로 변화가 일 것이라고 한다. 이는 오래된 종교의 부활을 의미한다. 그 근거는 정보산업의 발전은 모든 '아는 것'에 대해 '모든 것'을 제공하기 때문에 일부에서는 절대적 존재로서의 일신교가 아닌 다른 대상을 찾는 사람들이 늘어날 것이라는 주장이다. 그렇다고 한다면 종교 형태를 띤 유사 종교들이 나타날 수 있을 것이고 이는 원시시대의 애니미즘(annimism)적 종교의 부활을 뜻하기도 한다.

새로운 종교가 자꾸 생겨나고 이단과의 구별이 점차 모호해 진다. 각자 자신이 원하는 대로 여러 신학의 요소를 조합해 새로운 종교를 만들어 낼 것으로 보고 있다. 여기서 아탈리는 새로운 형태의 박애를 증진하고자 하는 신생교회가 끊임없이 생겨날 것이라는 가능성과 희망을 제시하고 있다.(J. 아탈리 p.272)

인간은 미래에도 종교나 종교와 유사한 모임을 통해 대면 커뮤니케이션의 기회를 늘이고 여전히 사유의 폭을 넓혀 가는 계기를 만들어 갈 것이다.

Ⅳ 인간·기계·본성의 조화로운 세계를 향해

1. 인간 본성과 영성

과학적 커뮤니케이션 발전은 보다 생물적인 인간 본성의 영성적 커뮤니케이션을 불러 올 것으로 보인다. 인간은 본질적으로 잡종이다. 호기심·흥미·깨달음·놀라움·경외심 같은 가장 인간적인 몇몇 감정은 우리 안의 컴퓨터와 동물이 결합돼 혼합 상태를 이룰 때, 즉 욕망과 이성을 어울릴 때 나타난다. 더불어 동물에 대한 인간의 우월성도 비판의 대상이다. '영혼'이 없다는 이유로 동물을 경멸하거나 우리는 이런 짐승의 후손이라는 점을 받아들이지 않으려는 태도는 우수한 인공 지능이 발달하면서 점점 수세에 몰리고 있다. 실제로 흔히 인간을 동물이나 컴퓨터와 구분 짓는 '영혼'조차 어디에 깃드는 것인지 논란이 계속되고 있고 일부 문화권에서는 식물의 '영혼'도 인정하고 있기 때문이다.

이런 이유로 우리에게 이성적인 좌뇌 교육인 수학을 강조하는 만큼 무용교육도 필요하다. 지금의 교육은 자라면서 점차 허리 아래가 아닌 허리 위쪽 머리를 중심으로 이루어지고 있는 것도 정상이 아니라는 것이다.(B. 크리스찬, 2012)

남녀 간에도 인지 능력과 커뮤니케이션 방법에서 차이가 난다. 남녀 간의 싸움도 90%는 언어싸움에서 온다고 태넌은 말한다. 남녀 간의 불화는 서로간의 성 방언을 이해하지 못하는 데서 비롯된다는 것이다. 남자는 말 그 자체를 중요시 하는데 비해 여자는 말의 속뜻을 생각하며, 여자는 대화를 통해 공감과 위로를 얻고자 하지만 남자는 해결책을 제시하거나 충고를 하려 든다고 한다.(D. 태넌, 2001)

동서양 간에도 차이는 있다. 리처드 니스벳은 동서양의 문화 차이는 사고방식의 차이에서 왔다고 설명한다. 한 예로 소와 닭과 풀이 그려져 있을 때 서양인은 소와 닭을, 동양인은 닭과 풀을 한 묶음으로 묶는 다는 것이다. 미국 어린이는 '범주적 사유'를, 중국 어린이는 '소가 풀을 먹는다'는 '관계적 사유'를 하기 때문이라는 것이다. 이런 것이 문화로 발전하여 서양인은 훨씬 더 세상을 통제 가능한 곳으로 여기며 동양인들은 환경을 바꾸기 보다는 스스로를 환경에 맞추려고 한다는 분석을 하고 있다.(R. 니스벳, 2004)

지금도 컴퓨터를 이용하여 과거 몇 백년간의 명곡들의 멜로디를 분석하여 주 멜로디를 만들고 이를 다시 컴퓨터로 변주하여 새로운 곡을 얼마든지 만들 수 있을 것이다. 그러나 그 곡은 사람에게 결코 감흥을 주지 못할 것이다. 사람은 지금까지 경험하지 못하던 것에서 감흥을 느끼기 때문이다. 이는 기계가 갖는 한계이고 기계가 결코 넘어설 수 없다는 명제를 다시 확인한다. 이는 말할 것도 없이 인간이 기계에 우선하다는 명제에서 출발하기 때문이 인간이 과학적 진화를 거듭해 왔지만 결코 변하지 않는 요소는 지금도 앞으로도 존재할 것이라고 여러 학자들은 증언한다.

인간의 기질과 욕망은 미래과학에서도 어쩔 수 없는 부분이라고 미치오카쿠는 말한다. 이는 '동굴거주자의 원리(Cave Man Principle)'인데 100년이 지나도 공연장은 건재할 것이다. 인간은 전해 듣는 것보다 물리적 체험을 선호하기 때문이다. 한마디로 '첨단 기술(high Tech)'도 '직접접촉(High touch)'을 이길 수 없다는 것이다. 다른 날로 현대기술도 인간의 본성에 질 수밖에 없다는 것이다.

인류의 기본 성향은 10만 년간 변하지 않았다. 종이 없는 사무실(문서 작성이나 결재의 디지털 처리), 사람 없는 도시(원격통신을 통한 업무처리) 등의 미래 예측이 빗나가는 것도 인간이 접촉과 직접대면을 선호하기 때문이다. 우리는 본성상 동료나 이성 앞에서 잘나 보이고 싶어 한다.

따라서 미래사회에서도 기계로 대치할 수 없고 인간이 수용할 수 있는 새로운 문화란 창의에 의해서 조성되는 문화일 것이다. 미래 직업에 대하여서도 예술가, 작가, 배우, 프로그래머, 지도자처럼 창성이나 예술적 재능, 지도력, 분석력 등에 기반을 둔 직종이 살아남을 것이다. 형태 인식과 종합상식에 관한 한 로봇은 인간을 능가하기 어렵기 때문이다.(미치오 카쿠, 2012)

• **영성**: 인간의 커뮤니케이션은 인지로부터 출발하지만 마지막에는 신념에 의해 결정한다. 일반적으로 인지는 태도를 만들고 태도는 신념으로 강화되고 신념은 사회의식과 결합하여 사조가 되고 이의 행동체계로서 이데올로기와 사상이 있다. 이런 사회 심리학적 층계와 달리 그 최후에 종교가 있다. 종교는 주위 사람이 죽는 것을 보면서 의심을 하고 그 위안으로서 종교에 접근한다. 종교는 개인 차원에서 사회화 되면서 질서를 갖추며 역사적으로 지역적으로 경계 없이 퍼져 나간다. 그리고 그 종교의 새 질서로 사회를 해석한다.

미래사회의 인간 커뮤니케이션의 본질은 기계를 통해 누구와 커뮤니케이션을 하느냐는 대상의 문제 이외에 자아 커뮤니케이션의 일환으로서 종교적 영성이 대두된다. 이는 종교가 일정 부문 인간의 행동과 사유의 질서를 제공하기 때문이다. 극히 자유로움에 비해 어느 범위 안에서의 자유로움을 택할 때 우리는 종교에 대한 가치를 인식하게 된다. 그리고 전통적으로 종교는 인간에게 영생과 평화를 심어주는 일이 파괴적인 일보다는 강하다는 것을 인정할 수 있다.

인류 문명의 발전에 있어서 믿음의 내적 표상으로의 메타 밈(Meta Meme)은 다양한 역할을 한다. 사회구성원을 더 높은 유대의 형태로 조직화하고 시간을 구조화하며 감정 이입과 문화적 정체성의 뒷받침이 되어 준다. 우리는 믿음을 통하여 우리 주변 환경과 결합한다. 믿음은 그 본래의 형태로서 반 엔트로피이다. 여기서 굳이 종교의 '원인'을 뇌 안에 신이 존재한다는 '신의 유전자'에서 찾는 새로운 '신경신학(Neurotheology)'까지를 생각할 필요는 없을 것이다. 다만 믿음을 사회적으로 해석하여 초월적인 지지지가 있으면 우리의 행동이 달라진다는 이유만으로도 믿음은 도움이 된다.(M 호르크스, p.400)

미래 커뮤니케이션의 궁극적 대상의 한 꼭짓점에 종교가 있고 종교는 인간의 커뮤니케이션과 사유에 여전히 한 축이 되어 있을 것이다.

이를 역사적인 흐름과 연관 시켜 설명해 볼 수 있다. 박허식은 고대 동양의 커뮤니케이션 형태를 신화적 커뮤니케이션 시대라고 하며 몇 가지 특성을 밝힌다.

첫째, 신화시대에는 커뮤니케이션은 '나-너' 간의 의사소통이 아니라 '타자를 나와 일치시킨' '나와 또 다른 나' 간의 의사소통으로 보았다.

둘째, 커뮤니케이션의 주 목적을 의견 공유에 둔 것이 아니라 서로간의 '차이'를 인정하기 위한 이해에 둠으로써 '스스로 그러하다'는 자연 의식을 의사소통의 궁극적 목적으로 하고 있다.

셋째, 고대 원시인들은 '관계'를 통해 사물을 읽었고 읽은 개별적 내용의 해석을 통해 의미를 찾고자 한 것이 아니라 이성이 용해된 과정을 통해 배열한 경험의 총체성에서 신비적 의미를 찾고자 했다.(박허식, p.50) 총체적 사유에, 생명 중심의 사유 그리고 3인칭이 배제된 '나-너'의 사유 그리고 감정 중심의 사유가 이루어지게 된 것이다.

역사적으로 커뮤니케이션의 발전이 고대 신화적 사유에서→종교적 사유→합리적(과학적) 사유로 이루어져온 과정이라 본다면 미래에는 다시 감성 혹은 본성 중심의 준종교적 사유로 회귀하는 현상이 나타날 수 있다.

2. 과학과 영성의 혼합·융합의 흐름

로봇화하는 기계적 인간과 인간 고유의 본성으로서의 커뮤니케이션 양상이 공존하게 된다면 어느 한편에서는 두 영역이 혼합·융합하는 양상도 보일 것이다. 과학과 종교가 융합한 사이언톨로지와 한국인의 '정' 커뮤니케이션은 그 좋은 예가 될 것이다.

❶ 사이언톨로지(scientology)

과학에 근거를 둔 새로운 유사 종교 형태의 새 종교로 사이언톨로지가 있다. 인간이 과학 기술을 잘 이용해 영혼을 맑게(clear) 만들면 인간의 잠재력 영혼은 세탄(thetan)이란 존재를 극대화 할 수 있다. 초보 신도들은 프리클리어(precleare)라고 칭하고 그들을 돕는 존재들을 오디터(auditor)라고 정의한다. 훈련을 통해 인간은 자아→가족→단체→인류→동물→우주→영혼→무한의 8단계 욕구를 이룰 수 있다. 최상의 단계에까지 이른 인간은 죽을 때 그 영혼이 신생아에 옮겨가기 때문에 무한대의 삶을 살 수 있다고 한다. 이는 경험적 영역을 넘어서는 궁극적 존재를 믿는다는 점에서 학문적인 의미로 종교에 해당하며 유일신 혹은 여러 신을 섬기는 다른 종교와 달리 이성·과학의 힘을 신성시 하는 것이다.(김윤성, p.8)

여기서 유의할 점은 자아에서 출발하여 사회를 거쳐 동물과의 교류 그리고 우주 영혼에 이른다는 것이다. 과학 시대에 이루어지는 새로운 커뮤니케이션의 행태가 근미래에 종교가 아닌 현실의 커뮤니케이션으로 다가올 수 있다는 것이다. 영성과 과학의 조화다.

현대사회에 산다는 것은 있거나 일어날 여러 문제에 무한히 직면한다는 것이다. 그러나 사이언톨로지는 그런 문제의 해결방법을 기본적으로 단순화하여 어떤 인간이든 그 능력의 범위 안에서 대처할 수 있다고 말한다. 커뮤니케이션이나 대인관계의 곤란, 늘 따라다니는 불안, 자신감 상실, 절망 … 이런 문제나 기타 여러 걱정으로부터 해방되는 능력은 여러 사람에게 태어날 때부터 갖추어져 있다는 것이다. 여러 위대한 종교는 여러 형태로 정신의 자유, 결국 물질적인 제한이나 고난으로부터 해방된 상태로의 희망을 안고 이어간다. 우리는 소란 속에 가득 차 고난에서 멀어지는 일을 희구하며 어떻게 새로운 상태에 도달할 수 있을까 생각하는 일이다.

사이언톨로지는 21세기 종교다. 사이언톨로지는 특정의 근본적 진리에서 발전하여 지식의 체계를 통해 이루어진다. 인간은 정신적 존재임으로 통상 상상하는 것을 저 앞에서 추월하는 능력을 받았다. 인간은 자신의 문제를 해결하고 목표를 달성하여 영속적인 행복을 손에 넣을 뿐 아니라 지금까지는 실현하리라고 생각하지 않았던 새로운 의식 상태에 이른다.

공식 홈페이지(www.scientology.org)에 따르면 사이언톨로지의 본질은 '응용 종교 철학(applied religious philosophy)'이다. 이들은 인간이 '영적 존재'이며 오디팅을 통해 인간의 능력을 향상시키고 삶을 개선할 수 있다고 믿는다. 사이언톨로지의 목표는 사람들을 청명한 상태로 만들어 전쟁, 범죄, 마약중독 등이 사라지게 하는 것이다. 그러나 다른 종교와 달리 신(神) 같은 초월적 존재를 상정하지는 않는다.

과연 사이언톨로지에 의해 보다 큰 자유로 향한 길이 보일 것인가. 사이언톨러지는 테탄을 이용해 인간의 악한 심성을 제거하면 정신 질환과 아픈 증상을 모두 치료할 수 있고 전쟁과 범죄, 마약이 없는 세상을 만들 수 있다고 가르친다. 이것은 미래 신경 치료의 전초를 보여준다.

이는 미래에 인간이 기계 공존하는 세계에 전개될 인간과 과학 그리고 영성의 융합 상태에서 전개되고 또 해결되어야 할 단초를 보여 주는 한 현상이라 하겠다. 그러나 여기에 부정적인 견해도 있다. 아직 믿을 수 없는 치료법이고 신도들을 이용한 돈벌이, 교세확장 등이라는 비난이다.

❷ 인간 본성

시대가 변해도 오랫동안 변하지 않고 또 쉽게 변하지 않을 전통적인 가치들은 각 문화 안에 내재하고 있다. 문화 인류학적 관점의 주장이라 할 수 있다. 비록 한국의 예이지만 각 나라는 문화적 전통에 따라 남에게 폐를 끼치지 않으려는 일본이며 관계를 중히 여기는 중국이며 기독교 정신의 유럽 국가 등 각 문화마다 특성이 있다. 한 예로 한국인의 전통적인 커뮤니케이션의 근간에는 체면, 정(情), 눈치 등의 가치가 내재하고 있다.

• **한국인의 커뮤니케이션 양식**: 체면이란 자신을 내세우는 허풍이 아니라 ㉮ 인간으로서의 도리를 행동으로 표하는 것, ㉯ 양심에 부끄럽지 않은 떳떳함, ㉰ 도덕적 의무 수행을 근간으로 하고 있다.

정이나 눈치 또한 부정적인 감정이 아니라 상황 판단을 고려한 인간적으로 스스로 손해를 보더라도 상대방과 그 상황을 존중하는 배려가 깔린 커뮤니케이션의 양식이라 할 수 있다. 이는 전통적인 폐습이 아니라 표현과 행동에서 오늘에 맞게 변용이 필요한 커뮤니케이션의 덕목이라 할 수 있다. 한 나라의 관습이 쉽사리 사라질 수 없을 것이기 때문이다. (임태섭 편저 참고, 1995)

미래 커뮤니케이션 본질	요 소	전통적인 커뮤니케이션의 가치
호(好)·호	참·그름	체 면
선택(選擇)·비선택(동의·비동의)	정 의	정
리(利)·불리	기능판단	눈 치

이런 커뮤니케이션의 특질 이외에도 한 민족이 가지고 있는 고유의 문화 유전자도 미래사회를 지지하는 문화 유전자로 작용하게 된다. 한국문화부는 9월에 한국문화 유전자에 대해 여론조사를 통하여 9월에 발표한 바 있다. 역동·끈기·예의·해학·곰삭음·흥·어울림·정(나눔)·자연스러움·공동체 문화로 이는 감성적이고 종합적인 우뇌와 분석적인 좌뇌의 작용을 적절히 아우르고 있다.

좌뇌적	우뇌적
끈기, 예의, 곰삭음, 어울림, 공동체	역동, 해학, 흥, 정, 자연스러움

앞으로 사람들의 분자화된 활동이 심화할 것인지 아니면 더욱 접촉을 중요시 할지는 사회문화적 풍토와 연관이 될 것이다. 지금은 개인 SNS가 강화되면 그에 상응해 광장 집회도 규모가 커지는 모습을 보이고 있다. 오늘날의 모임의 한 예를 보자.

과학론	간접 접촉	클 릭	기 질	유투브 (1대1, 1대 다수)	능력증강	복 제
창조론	직접 접촉	대 면	성 질	서울광장 10만 (10월4일 싸이공연)	능력한계	불복제

여기서 SNS 등 기계를 통한 언어의 발전이 각 민족의 언어를 살릴 것이지 아니면 작은 규모의 언어는 죽일 것인지 의문이며, 나아가 인간의 소리와 몸짓의 본성 언어와 기계 언어가 어찌 전개될 것인지 의문이 든다.

• 언어: 어떠한 언어도 세계적인 언어로 성장하지 못하고 오히려 다양한 방언으로 나뉠 것인가. 영어는 수천 개의 파생 언어(힌두어+영어인 힝글릿시 등)를 거느리며 앞으로 50년 동안 외교, 무역, 금융, 인터넷에서 제 1의 언어 자리를 고수할 것이다.

그리고 나서 획일화의 압력은 점차 사라질 것이다. 앞으로 문화 상품은 모든 소비자의 언어로 소개된다. 자유를 향한 언어의 대혼란은 일어날 것이지만 한 언어의 영향력은 그 언어를 사용하는 사람들의 수로 결정되는 것이 아니라 그 언어로 쓰인 명작 숫자

의 명성에 따라 좌우될 것이다.(J. 아탈리 p.201)

• **이미지 소통:** 의사소통의 패러다임에 전환이 올 것이다. 먼저 근미래에는 언어나 문자, 즉 문장이나 말의 수준을 벗어나는 영상의 메시지가 일반화 할 것이다. 지금 사진 사이트로는 플리커(flickr)가 있다. 앞으로는 이미지 소통 시대가 된다. 비언어정보의 일반화다. 이는 언어 이전의 인류 문화의 보편적 원리인 보고 느끼는 시대로의 환류이다. 그러나 원시적 형태이면서 기술의 지원을 받는 한 단계 높아진 '환상적 원시' 시대인 셈이다.(다사카 히로시, p.194 참조)

여기에서 인간 커뮤니케이션의 기본인 언어의 문제가 미래에 어떻게 전개될 것인가 하는 논의가 가능하다.

첫째 미래의 언어는 통일될 것인가 아니면 과학의 발전에 따라 각기의 언어들이 더욱 활성화 되어 각기의 언어가 자동 동시 번역과 통역이 이루어지는 사회가 될 것인가 이다.

2502년 세계의회에서 인류 공용어로 SRA(표준 미국어)를 채택하게 된다고 예측한다. 세계가 하나의 언어로 서로 통하게 됨으로서 여러 면에서 비용과 시간을 줄이는 일이 이루어 질 것이다.(M. 하트, 2005) 이렇게 되면 경제적으로도 통역·번역 서비스와 온갖 표지판, 브로슈어, 서류 등으로 인한 경비 절약도 막대할 것이다.

그러나 21세기 초반까지 영어는 가장 많이 쓰는 언어가 되지만 사용자 수로는 2위, 모국어로 쓰는 사람은 4위가 될 것이다. 영어는 사용지역에 따라 특유한 표현이 생겨나 다채로운 언어가 될 것이다. 나중에는 다양한 중국어가 무역에서 경쟁언어로 부상할 것이다. 시간이 조금 더 흐르면 자동번역기가 개발되어 언론과 문화에서 영어의 역할은 축소될 것이라 한다.(J. 아탈리, p.210) IT 기술의 발전은 곧 수많은 언어들을 쉽게 팔목의 작은 기기 하나로 상호 연결시켜주는 일은 결코 어려운 일이 아니다. 죽어가고 있는 여러 언어들이 활성화 될 가능성이 적지 않은 바이다.

또한 미래의 언어는 기계 언어 중심이 될까 아니면 인간 본성에 따른 고유 언어가 중심이 될까 하는 문제이다.

미래의 인간은 인공 지능으로 대체하지 않더라도 컴퓨터 칩을 인간 두뇌에 임플란트할 수 있다. 그러나 뇌에 이식하는 것을 원치 않는 사람도 있을 것이다. 사이버 나우(J. 글렌, 미래학자)는 지금의 컴퓨터가 옷의 형태로 바뀌는 것이기 때문에 저항 없이 선택할 것으로 보인다.

그러나 언어생활에서 언어, 지각, 언어생산, 언어습득에 있어서 양식적 조직화에 따라 조정을 받는 증거들이 있다. 화행의 청각적·시각적 운동, 운동 신경적 부수물들은 언어를 이해라고 말하는 인간 능력의 발전과 밀접하다.

그간 인간이 언어를 양식적인 형태로 발전 시켜 오면서 취한 것은 자연적인 선택으로 정신적 사건이 아닌 가시적인 동작을 취해야만 했던 것이다. '실제적 실체'가 구두화 된 언어와 기호화 된 언어의 연합에 대한 장애를 피하는 것을 도와주게 된다. (그림 17-3, 김영순, 2004, pp.119~121)

언어는 인간이 육체적으로 운동 신경체계의 움직임, 습성, 소비성, 교미를 위해 진화해 온 것으로 일정 부분 지각운동체계 능력을 구성해가는 노력은 필요하다. (스튜더트-케네디, 1986, p.101, 김영순, 재인용 p.120)

인간이 생물적 존재로서 인간다움을 스스로 길러가야 하는 것이다.

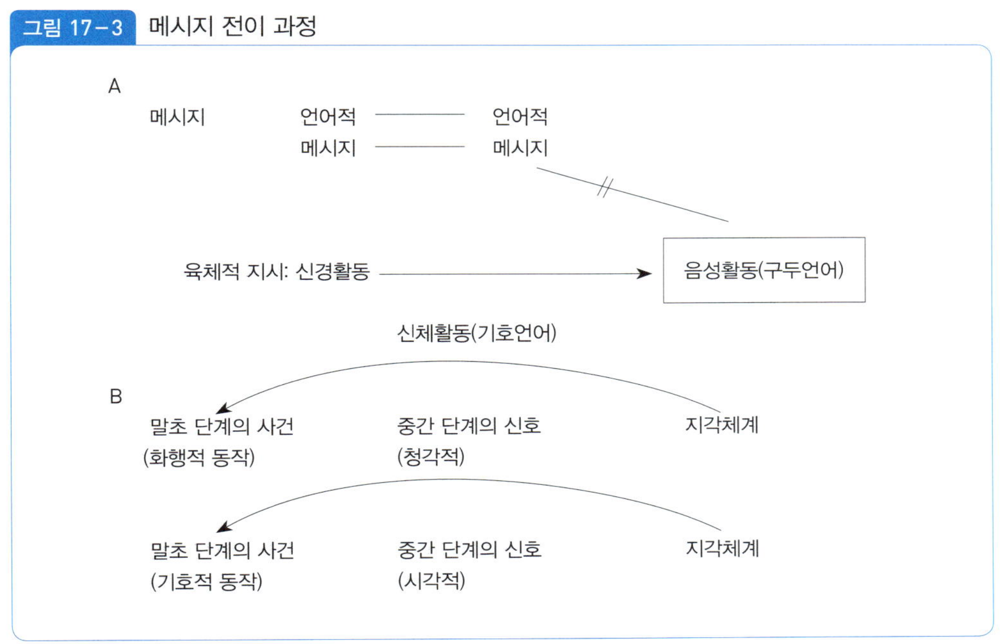

그림 17-3 메시지 전이 과정

※ 출처: 김영순, p.121

3. 인간·IT기술·영성 커뮤니케이션의 조화

미래사회는 미디어가 개인화하며 유토피아를 그려낼 수 있을 지 의문이다. 미래 커뮤니케이션의 세계는 어떤 방향으로 나가야 할까.

• **미디어의 개인화:** 미디어가 개인화되어 가면서 정보는 무한대로 확장된다. 그러나 배달시켜도 같은 품질의 음식을 먹을 수 있음에도 고급 식당에 가서 먹고 영화도 일부러 영화관에 가서 보듯 앞으로 인간의 미디어 접촉에서도 무료 인터넷이 아니라 유료의 고급 관심흥미 정보를 제공하는 사이트며 뉴스사는 계속 존재할 것이다.

이 중 UGC(User Generated Content)는 미래에도 콘텐츠 제작의 원칙으로 남을 것이다.

그러면서 지금까지 생활정보며, 오락거리, 지역뉴스 같은 비교적 가벼운 내용의 콘텐츠에서 정치·사회적으로 상당한 영향력을 행사하는 뉴스 생산자들도 개인 혹은 집단으로 생겨날 것이다. 그것은 지금의 트위터와는 다른 정보의 질 차원에서도 상당한 논리와 역사성을 가진 정보들일 수 있다.(R. 왓슨, p.127)

• **유토피아 대 디스토피아:** 앞으로의 기술이 유토피아를 건설해 줄 것인가 아니면 인간의 파괴를 가져올 것인가 하는 의문은 계속 될 것이다.

나노 기술은 무한 청정에너지를 주고, 유전자 공학은 의학의 발전을 촉진시키고, 식량난을 해소하고, 로봇은 인간의 노동을 대신하고 우주 항해 시대를 열 것이다.

디스토피아 세계를 우려하는 종교계 인사들은 인간 복제를 반대하고, 자기 복제가 가능한 나노 로봇들이 통제력을 상실하면 생명체를 파괴하여 지구를 잿더미로 만들 것을 우려하고 있다. 인간을 기계의 노예로 만들지 않을까 걱정한다. 특히 종교계에서는 인간 존엄성의 사실을 우려하고 있다. 인간에게 생명은 경외의 대상이며 인간 능력이 범접할 수 없는 신의 영역이었다.

여기서 미래를 위한 선택은 무엇인가? 레이먼드 커즈와일은 과학 기술도 공개적인 자유시장체제에 맡길 것을 주장한다. 가령 고도의 지능을 가진 AI(artificial intelligence, 인공지능)는 위험한 존재일 수 있으므로 법규의 제정이 필요하고 인간을 보호해야 한다는 법규 규정을 제정할 수 있다는 것이다.(R. 커즈와일, p.100)

미래 커뮤니케이션 변화에 대해 그림을 그려 보았지만 여기에 나타난 현상이 보편적 현실이 되기에는 또 다른 몇 세대를 거쳐야 할 것이다.

첨단 개인의 커뮤니케이션 방법이 일반 사회의 보편성을 뜻하는 것은 아니기 때문이다. 그러나 일반인이 입기에는 벅찬 패션쇼의 옷이 무용한 것이 아니라 변형되어 캐주얼로 재생되듯 앞서가는 커뮤니케이션 수단은 생활 속에서 그 영향력을 키워 갈 것이고 새로운 커뮤니케이션 형태를 창출해 갈 것이다.

• **미래 커뮤니케이션의 방향**: 미래학자들이 말하는 미래에서의 커뮤니케이션의 가능성은 어디에 있을까. 학자들의 큰 담론으로는 아탈리가 말하는 '도시 유목민'이 있다. 현대사회가 정착사회에서 유목사회로 이행을 보여준다는 것은 들뢰즈와 카타리의 저서 《천개의 마루》(Mille Plateau)에서 제시된 바 있다. 도시 유목민은 도시를 부유하면서 스스로 정체성을 끊임없이 바꾸어 가는 새로운 인류다.

아탈리가 말하는 유목민의 부류는 ㉮ 마음껏 자유로운 삶을 누리는 부유한 유목민, ㉯ 어쩔 수 없이 떠돌아다니는 가난한 외국인 노동자류의 유목민, ㉰ 부유한 유목민을 꿈꾸는 정착자들인 가상 유목민으로 나누고 있다.

그리고 개념으로서는 '레고' 문명이다. 어린아이가 레고를 조립하듯 그간 인류의 역사가 만들어낸 다양한 문명을 조립하면서 자기가 즐기는 것이다. 순수한 형태의 사상, 문화가 점차 사라지는 대신 다양한 문화가 모자이크 형태로 짜깁기 형태로 자기 현실로 이루어질 것이다.

또한 가치 추구에서는 그 어떤 형식에 구애되지 않고 모두 문화인은 자기를 표현하고 그것이 나와 맞을 때 받아드리게 된다. 2012년 유투브 8억 이상의 최다 조회수를 단기간 내에 이룬 싸이의 강남 스타일은 기존의 잘 정제된 k-pop이 아닌 유머 코드를 통한 자기를 버림으로써 남을 즐겁게 하는 인간 원초적인 감성을 담고 있다. 그러므로 미래의 문화는 그 어떤 세계적 유행이 아니라 자기 표현을 하면 되는 것이고 이것이 자기와 맞으면 받아 들이면 된다. 그리고 인터넷 상에서는 이를 자기류로 재생산해서 다시 남들과 공유하는 적극적 행동들이 나타나고 있다.

• **미래사회의 길**: 미래사회의 길은 우리 속에 내재하고 있다. 가령 산에 가서 제사를 지내거나 음식을 먹으려 할 때 '고시레' 하면서 음식의 일부나 술잔을 주위에 뿌린다. 그건 주위 동물에 대한 배려였다. 지금도 산에 도토리를 남기고 까치밥으로 감을 남기고 산에 올라 과자나 빵의 일부를 떼어 주위에 뿌리는 마음은 자연과의 조화를 위한 배려이다. 이러한 본성을 유지하는 연장선에서 자연성을 기계를 통해 '증강현실' 등으로 재현해 낼 것이다. 새로운 '기계적 현실'이 우리가 본래부터 추구하던 '자연의 모방'이

라면 우리의 미래 가상현실도 그리 험악하지는 않을 것이다.

J. 아탈리는 미래문명이 추구할 가치로 '박애'를 든다. 박애란 '사람들이 서로를 형제로 생각하고 자신이 원하지 않는 것은 타인에게 강요하지 않는 것'이다. 19세기에는 자유가 20세기에는 평등이 실현되었다면 미래에는 새로운 종교를 만들어 가며 그때 박애가 추구할 만한 가치로서 대두한다는 것이다.

J. 마틴은 일반 사람들의 소박한 대답을 통해 가치 있는 미래의 삶을 제시한다.

개인	우수한 교육, 보통교육,
	훌륭한 음악
	충분한 여가 시간
	도보여행이나 자연과 함께 하는 시간
정신	영적 가치들에 대한 관심
	유쾌하게 대화를 나눌 수 있는 모임
환경	꽃과 나무가 우거진 자연 친화 도시
	재미가 넘치는 사회

이상의 목표는 첫째 지구의 파괴 없이 달성할 수 있고, 둘째 비용이 크게 들지 않고, 셋째 일자리를 없애지 않으며 넷째 기술의 발전에 의한 변화와 상충하지 않는다는 것이다. (제임스 마틴, p.504)

그리고 미치오카쿠는 도덕적 판단력과 교육의 중요성을 강조하고 있다. 과학의 발전과 인간의 본성이 어우러지는 사회를 그리는 것이 미래사회의 바람직한 모형이다. 특히 그 가운데 인간이 인간과 한데 어울려 여러 예술적 화제를 가지고 커뮤니케이션의 즐거움을 나누는 사회가 미래사회의 인간 커뮤니케이션의 바람직한 한 모형이 될 것이다. (미치오 가쿠, 2012)

과학에는 예측과 로드 맵이 있어서 실험을 통하여 자기 진로를 수정해 간다. 인간에게는 그런 실험의 기회가 없다. 기술 변화와 함께 커뮤니케이션 양식 변화에 대하여 인간의 본성, 가치, 의지에 대한 대응에 유의해 나가야 할 것이다.

인간은 과학의 시대에 다시 원초적인 자연과 인간의 본성으로 돌아가려는 회생력에 의해 새로운 IT기술과 조화를 이룬 친자연적 증강현실의 커뮤니케이션 환경을 만들어 갈 것으로 기대한다.

참고문헌

- 김영순, 신체언어 커뮤니케이션의 기호학, 커뮤니케이션북스, 2004, pp.119~121.
- 김용학, 사회연결망 분석(개정판), 박영사, 2007.
- 나은영, 인간컴과 미디어, 한나래, 2002.
- 다사카 히로시 田坂廣志 Tasaka Hiroshi, 은영미 옮김, 미래를 예견하는 5가지 법칙, 나라원, 2009.
- 데보라 태넌 Deborah Tannen, 정영진 옮김, 남자를 토라지게 하는 말 여자를 화나게 하는 말, 한언, 2001.
- 레이먼드 커즈와일 Raymond Kurzweil, 유토피아를 향한 특이성이 온다, 미래혁명, 일송북, 2007, p.94.
- 리처드 니스벳 Richard E. Nisbett, 최인철 옮김, 생각의 지도, 김영사, 2004.
- 리처드 왓슨 Richard Watson, 김원호 옮김, 퓨처 파일, 청림출판, 2009. p.127.
- 마이클 하트 Michael H. Hart, 차재호 옮김, 서기 3000년, 해바라기, 2005.
- 마티아스 호르크스 Matthias Horx, 이수연 옮김, 위대한 미래, 한국경제신문, 2010, p.400.
- 미겔 니콜레리스 Miguel Nicolelis, 김성훈 옮김, 뇌의 혁명 Beyond Boundries, 김영사, 2012, p.14, p.236.
- 미치오 카쿠 家來道雄 Michio Kaku, 박병철 옮김, 미래의 물리학, 김영사, 2012.
- 박영숙·제롬 글렌·테드 고든, 유엔미래 보고서 3, 교보문고, 2011.
- 박허식, 동양의 고대 커뮤니케이션 사상, 커뮤니케이션 북스, 2008.
- 브라이언 크리스찬 Brian Christian, 최호영 옮김, 가장 인간적인 인간, 책읽는 수요일, 2012.
- 신지은·박정훈 외 3인, 세계적 미래학자 10인이 말하는 미래혁명, 일송북, 2007. = 세계가 접속하는 인류의 매트릭스, 제롬 C 글렌 Jerome Clay Glenn.
- 야라 예슈런 Yara Yeshurun, Current Biology, 2012. 11. 17일자
- 임태섭 편저, 정·체면·연줄 그리고 한국인의 인간관계, 한나래, 1995
- 와타나베 히로요시 渡邊弘美 Watanabe Hiroyoshi, 고윤희 옮김, 파괴적 트렌드, 웅진 씽크빅, 2008, pp. 223~224.

- 자크 아탈리 Jacques Attali, 편혜원·정혜원 옮김, 21세기 사전, 중앙 M&B, 1998, p.8.
- 제임스 캔튼 James Canton, The Extream Future, 김민주·송희령 옮김, 극단적 미래예측, 김영사. p. 301.
- 조성은, 사회연결망 분석기법, 한국언론학회, 융합과 통섭, 나남, 2012.
- 존 언더코플러 John Underkoffler D-IMPACT, SBS 서울디지털 포럼 사무국, 시공사, 2011. = 장덕진, 소셜 네트워크의 진화와 미래
- 짐 데이터 Jim Dater, 서울 강연 자료, 2009. 5. 29. 중앙일보 참고.
- 제임스 마틴 James Martin, 미래학 강의, 김영사, 2009, pp.499~501.
- 호세 코르데이로 Hose Cordeiro, 2012. 10. 15. 중앙일보 인터뷰.
- Marie D. Jones 2013, NJ: New Page Books, 2008.
- Studdert-Kennedy, M., Two cheers for direct realism, Journal of phonectics 14, pp.94~104, 1986.
- 김윤성, 한신대, 종교문화학, 2012.7.8~9, 중앙선데이, p.8.
- 유재범, 정부 인체감응 솔루션 연구단장, 조선일보, 2012.10.20~21, B4.
- 중앙일보 중앙 SUNDAY 미래 탐사팀, 청림출판, 2012, pp.162~163.
- Cees Hamelink, waccglobal.org 시스 Hamelink, waccglobal.org. Google.
- Maso Interactive, The future of Communication, Telepresence. Google 참조.

제 18 장

ICT(정보통신) 산업의 미래

I 미래 ICT 기술의 트렌드

1946년 최초로 ENIAC(Electronic Numerical Integrator And Computer) 컴퓨터가 개발되었는데 그때 당시는 진공관을 이용하였다. 그 후 반도체 기술의 비약적인 발전에 힘입어 컴퓨터의 용량은 엄청나게 증가하였음에도 불구하고 크기는 작아지고 가격은 싸게 되었다. 컴퓨터는 초기 메인 프레임 위주로 시작되었으나 크기가 작아지고 가격이 싸게 되면서 데스크탑용 개인용 컴퓨터로 발전하였다. 요즘은 휴대가 편리하고 컴퓨터 기능을 수행하는 스마트폰이 출현하였다.

초기에 컴퓨터는 독립적으로 사용되었다. 그 후 컴퓨터 통신 기술의 발달에 힘입어 컴퓨터는 인터넷 망에 연결되고 정보의 유통이 활발하게 되면서 현재와 같은 정보의 홍수시대를 맞이하게 되었다. ICT 기술은 인터넷뱅킹과 같은 금융거래, 상거래, 교육,

행정, 업무 추진 등 모든 분야로 확대 적용되기에 이르렀다. 우리는 정보사회에 살게 된 것이다.

ICT 기술은 현재는 물론 앞으로도 매우 빠른 속도로 발전하고 있다. 2030년이 되면 ICT 환경이 어떻게 변화될까.

1. 무어의 법칙으로 발전하는 하드웨어

ICT 기술의 발전을 주도하는 것은 컴퓨터이다. 컴퓨터는 하드웨어와 소프트웨어로 구성된다. 핵심하드웨어로는 정보를 가공하고 처리하는 프로세서와 정보를 저장하는 메모리가 있다. 소프트웨어는 운영체계(OS)와 응용소프트웨어로 나누어진다. 프로세서와 메모리의 역할은 다르지만 집적도 측면에서 발전되는 추세는 비슷하다. 두 핵심 소자의 집적도는 1970년대부터 현재까지 무어의 법칙에 따라 발전하고 있다(그림 18-1 참고). 무어의 법칙이란 인텔 공동 설립자인 고든 무어가 주장한 개념으로 마이크로칩에 저장할 수 있는 데이터의 양이 18개월 마다 2배씩 증가한다는 이론이다.

그림 18-1　무어의 법칙

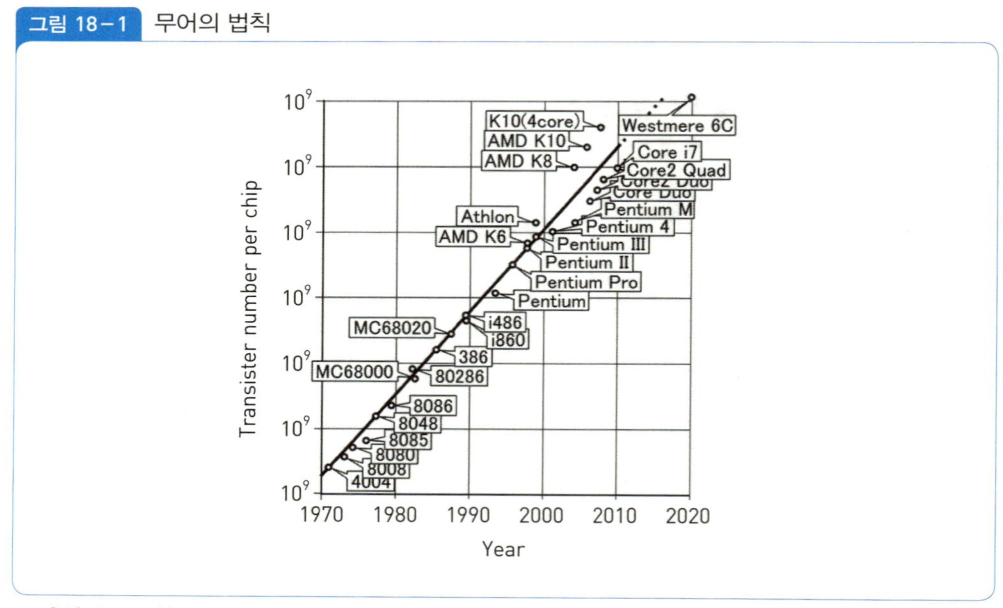

※출처: http://commons.wikimedia.org/wiki/File: Moores_law_(1970-2010).PNG#file

그러면 앞으로는 어떻게 될까. 하드웨어의 집적도는 웨이퍼를 가공할 수 있는 선폭으로 결정되는데, 30나노미터가 물리적인 한계로 여겼으나 20나노미터로 발전했고, 인텔은 10년 안에 5나노미터 공정기술을 실현할 수 있을 것이라고 한다. 20나노미터 선폭에서 흐르는 전류는 수십 개의 전자로 구성된다. 5나노미터 선폭에서 흐르는 전류는 십여 개의 전자로 그 숫자가 줄어들 것이다. 하나의 정보를 나타내는데 여러 개의 전자가 필요했는데 그 숫자가 점차 줄어들어 전자 1개가 1비트의 정보를 나타내는 단일전자소자(single electron device)로 발전해 갈 것이다. 이 단계를 넘어가면 2030년에는 실리콘을 뛰어 넘어 바이오 소자 등 새로운 물질을 이용하게 될 것이다.

2. 인간에 더욱 가까워지는 소프트웨어

컴퓨터가 처음 발명되었을 때는 기계 언어가 주로 사용되었다. 컴퓨터가 이해하기는 쉬우나 인간이 알아보기는 어려운 컴퓨터 언어를 사용하였던 것이다. 그래서 과거에는 프로그래밍을 하는데 인간에게 익숙하지 않은 명령어의 내용을 하나하나 잘 이해해야만 했던 것이다. 그런데 운영체계의 급속한 발전으로 다양한 응용프로그램이 가능하게 되었고, 인간이 사용하는 언어 수준에 버금가는 컴퓨터 고급 언어가 사용되기에 이르렀다. 현재 우리가 사용하고 있는 컴퓨터 언어는 과거에는 상상하기조차 어려울 정도로 발전하였다.

앞으로 소프트웨어는 인간이 일상생활에서 사용하는 언어와 거의 동등한 수준에서 컴퓨터 프로그래밍을 할 수 있게 될 것으로 예상된다. 각종 지능형 도구가 활용되고 인간이 사용하는 말을 그대로 컴퓨터가 이해하게 되는 수준으로 발전하게 될 것이다.

3. 편리해지는 UI(User Interface) : 생각만으로 컴퓨터를 제어

현재 컴퓨터를 사용하기 위해서는 컴퓨터 자판을 주로 이용하고 있다. 스마트폰의 경우 화면에서 직접 손가락 접촉을 통하여 제어한다. 음성인식 기술이 발달되어 음성으로 컴퓨터를 제어하기도 하고, 필기체로 컴퓨터를 제어하기도 한다. 그러나 아직까지 컴퓨터와 인간 사이 인터페이스는 불편한 것이 현실이다. 그런데 뇌-컴퓨터 인터페이스(BCI : Brain Computer Interface) 기술이 앞으로 비약적으로 발전하여 생각만으로 컴퓨터를 제어하는 시대가 올 것이다. 브라운대 연구진은 신체 마비 환자가 뇌파를 통해 컴퓨터 커서를 조정하는 데 이미 성공했다고 한다.

뇌-컴퓨터 인터페이스 수단으로서 뇌파는 신경세포들의 자발적인 전기적 활동을 측정하기 때문에 뇌 내부 정보처리에 대한 실시간 정보 제공이 가능하고, 일체의 물리적 동작을 필요로 하지 않은 가장 직관적인 인터페이스라고 할 수 있다. 뇌파를 쉽고 간편하게 측정할 수 있는 기술 및 인터페이스의 오작동을 막기 위해 잡신호를 제거하고, 뇌파를 정확하게 측정하는 기술이 요구된다. 뇌-컴퓨터 인터페이스는 차세대 유비쿼터스 기술의 핵심요소이며, u-헬스케어 산업 등 생체신호의 측정과 분석이 요구되는 다양한 산업의 원천기술로도 활용될 수 있다. 뇌-컴퓨터 인터페이스는 특히 신체 장애인을 위한 복지형 인터페이스로도 활용 가능하기 때문에 사용 범위가 매우 크다.

4. 빅데이터

지난해 세계에서 발생된 데이터 양은 총 1.8ZB(10의 21승)에 달한다고 한다. 빅데이터란 데이터 양이 너무 방대하기 때문에 쉽게 분석 불가능한 데이터를 슈퍼컴퓨터와 클라우드 컴퓨팅 기술을 이용하여 분석하고, 별로 관계없어 보이는 데이터 사이의 연관관계를 파악해 실제로 벌어지고 있는 내용을 알아내고 미래를 예측하는 최신 기술이다. 빅데이터는 대량의 데이터를 모으고, 모은 데이터를 분석하는 기술까지 포함한다.

과거엔 버려지던 데이터를 모아 저장하고, 분석함으로써 우리가 모르고 있던 사실을 알게 되거나(insight), 미래가 어떻게 변하게 될지 예측할 수 있는 것(foresight)이 바로 빅데이터이다. 빅데이터가 주목을 받는 이유는 잘만 분석하고 활용하면 효율적인 마케팅과 대안 등을 내놓을 수 있기 때문이다.

하둡은 대용량 데이터 처리 분석을 위한 플랫폼이다. 여러 개의 컴퓨터를 마치 하나인 것처럼 묶어 주어 분산처리를 수행하여 빅데이터 분석을 보다 쉽게 할 수 있도록 도와주는 프로그램이다.

소셜 네트워크 서비스(SNS)는 대표적인 빅데이터 생성 시스템 가운데 하나이다. 페이스북, 트위터, 카카오토크, 블로그 등에는 수많은 이야기가 올라온다. 이야기 하나하나는 독립적으로 생성되지만 이 이야기들을 모두 모아 분석하면 현재의 민심 동향이 어떤지, 누가 많이 회자되는지, 어떤 이슈가 호응을 얻고 있는지 등을 알 수 있다. 재선에 성공한 오바마 대선 캠프에서 예측 모델 과학자와 데이터 마이닝 분석가를 찾는 광고를 낸 적이 있다. 오바마 캠프는 빅데이터 전문가들을 대거 기용해 유권자들의 성향, 동향, 상대 후보의 주장에 대한 파급효과 같은 것을 알아내 선거전략에 적극 활용하기 위함이었다.

　게놈 프로젝트의 의료 기술 또한 빅데이터를 통해 발전하고 있다. 개인별 유전자 정보 자체가 엄청난 양의 빅데이터다. 슈퍼컴퓨터의 분석을 통해 어떤 유전자가 어떤 병을 유발하는지 정보를 얻을 수 있다. 왕따나 교권 침해와 같은 사회문제도 앞으로 빅데이터가 해결의 열쇠가 될 수 있다. 기업에 빅데이터 분석이 중요한 이유는 소비자의 성향 및 니즈를 파악할 수 있기 때문이다. 트위터나 페이스북에 올라오는 정보들은 개인마다 정보를 올리는 방식이 달라 정형화되어 있지 않는데 이러한 데이터들을 분석하는 것은 훨씬 난해하다. 미래에는 소셜 네트워크가 더욱 확산되고, 더 많은 정보들이 생성될 것이다. 빅데이터를 어떻게 다루고, 전략적으로 어떻게 그것을 사용할 수 있는지가 미래 기업의 경쟁력을 높일 수 있는 방법일 것이다. 빅데이터 관리는 앞으로 기업들에게는 하나의 큰 기회를 제공하고, 소비자들에게는 그들의 니즈를 더 빨리 기업이 만족시켜줄 수 있도록 하는 소비자와 기업의 연결점이 될 것이다.

5. 클라우드 컴퓨팅(cloud computing)

　클라우드 컴퓨팅은 인터넷 기반의 컴퓨팅 기술을 의미한다. 인터넷 상의 유틸리티인 데이터 서버에 프로그램이나 콘텐츠, 데이터를 두고 필요할 때 컴퓨터나 휴대폰 등에 불러와서 사용하는 웹 기반 소프트웨어 서비스이다. 사용자는 PC나 스마트폰, 태블릿 등 다양한 단말기를 인터넷을 통해 접속하여 원하는 작업을 할 수 있다. 클라우드 컴퓨팅은 인터넷 접속만 가능하면 고성능 기기가 아니어도 원격에서 작업을 수행할 수 있다.

　컴퓨터 네트워크 구성도에서 인터넷을 구름으로 표현한다. 이때 구름은 숨겨진 복잡한 인터넷 인프라 구조를 의미한다. 사용자는 이러한 복잡한 인프라 구조를 알지 못해도 클라우드 컴퓨팅을 이용할 수 있다. 그래서 이러한 서비스를 구름을 의미하는 클라우드로 불려진 것으로 추정된다.

클라우드 컴퓨팅의 개념은 1960년대 미국의 컴퓨터학자 존 매카시가 "컴퓨팅 환경은 공공시설을 쓰는 것과도 같을 것"이라는 개념을 제시한 데서 시작되었다. 1995년 제너럴 매직사는 AT&T 등의 통신사들과 제휴를 맺고 클라우드 컴퓨팅 서비스를 시작했다. 하지만 그때 당시는 소비자 중심의 웹 기반이 형성되지 않아서 실패했다. 클라우드 컴퓨팅이란 단어가 널리 퍼지기 시작한 것은 21세기에 들어와서이다. 하지만 초기 클라우드 컴퓨팅은 대부분 SaaS(Software as a Service)에 집중되었다. 1999년 세일즈포스닷컴은 구글 등이 개발한 기술들과 야후에서 개발한 업무용 애플리케이션을 접목시켜 클라우드 컴퓨팅 환경을 제공하고 시장에서 큰 성과를 올렸다.

클라우드 컴퓨팅을 도입하면 기업 또는 개인은 컴퓨터 시스템을 유지·보수·관리하는데 들어가는 비용과 서버의 구매 및 설치비용, 업데이트비용, 소프트웨어 구매비용 등 엄청난 비용과 시간·인력을 줄일 수 있다. 개별적으로 PC에 자료를 보관할 경우 하드디스크가 장애를 일으키면 자료가 손실될 수도 있지만 클라우드 컴퓨팅 환경에서는 외부 서버에 자료들이 저장되기 때문에 안전하다. 또한 저장 공간의 제약도 극복할 수 있으며, 언제 어디서든 자신이 작업한 문서 등을 열람·수정할 수 있다. 단점으로는 서버가 해킹 당할 경우 개인정보가 유출될 수 있다는 점이다.

미래는 클라우드 컴퓨팅이 한층 고도화되어 필요한 데이터에 접근하기가 쉽고 편리하게 이용할 수 있는 환경이 마련될 것이다.

II. 미래 컴퓨터 트렌드

1. 입고 다니는 컴퓨터

ENIAC(Electronic Numerical Integrator And Computer) 컴퓨터가 처음 발명된 것은 1946년이었다. 진공관 18,800개를 사용하였다. 무게는 30톤이었다고 한다(그림 18-2 참고). 그 후 트랜지스터의 발명과 집적회로(IC: Integrated Circuit), 고집적회로(LSI: Large Scale

그림 18-2 최초의 컴퓨터 ENIAC

※ 출처: http://commons.wikimedia.org/wiki/File%3AEniac_Aberdeen.jpg

Integration), 초고집적회로(VLSI : Very Large Scale Integration)의 발명으로 컴퓨터의 크기가 점차 작아지고, 가격도 싸지게 되었다. 개인용 컴퓨터 PC(Personal Computer)가 보급되고, 휴대가 가능한 노트북 컴퓨터가 나왔다. 휴대폰과 결합된 스마트폰의 출현으로 손 안에 들어가는 크기로 작아졌다. 지난 60여 년간 컴퓨터는 엄청난 발전을 하였다. 크기와 무게는 10만분의 1로 축소되었고, 성능은 10만 배 향상되었으며, 가격은 1만분의 1로 싸졌다.

구글은 최근 헤드마운트 디스플레이(HMD) 스마트 기기를 선보이기도 했다. 앞으로 컴퓨터는 더욱 작아지고 입고 다니는 옷의 각 부분에 내장되어 들고 다닌다는 느낌을 가질 수 없는 입고 다니는 형태이거나 손목에 차고 다닐 수 있는 컴퓨터로 발전해 나갈 것이다.

2. 삼킬 수 있는 컴퓨터

요즘 병원에서 건강진단을 할 때 위내시경이나 장내시경을 하고 있다. 그런데 현재

사용하고 있는 방식은 레이저 광을 이용하고 있으며, 광섬유와 광센서 부분을 제어하는 회로 등은 유선 방식이다. 그렇기 때문에 사람 몸 안에 내시경 장비를 삽입할 때 큰 고통이 따르고 여러 가지의 부작용이 일어나기도 한다.

그런데 이미 삼킬 수 있는 작은 크기의 컴퓨터가 개발되어 있다. 일부 국가에서는 사용되기도 한다. 알약 크기의 이 컴퓨터는 알약 먹듯이 삼키면 24시간 동안 몸속의 구석구석을 수만 장 분량의 사진을 찍어 밖으로 내어 보낸다. 밖에 설치된 서버는 몸 내부로부터 전송된 사진을 저장하고 분석하여 몸 내부의 건강 상태를 체크하게 된다.

3. 유비쿼터스 컴퓨팅 환경

컴퓨터라고 하면 흔히 우리 주변에서 많이 사용하고 있는 PC나 노트북, 태브릿PC 등을 연상한다. 그러나 미래에는 우리 눈에 잘 보이지 않을 만큼 작은 먼지와 같은 크기의 수많은 컴퓨터들이 우리 인간의 생활 영역 곳곳에 설치되어 온도와 습도, 압력과 중력을 측정하고, 위험인자를 알아내고, 화재를 감시하며, 환경오염을 측정하며, 교량의 안전도를 감시하는 등의 역할을 하게 될 것이다. 이를 유비쿼터스 컴퓨팅 환경이라고 한다.

유비쿼터스 컴퓨팅은 Mark Weiser(1952–1999)가 주창한 것으로 수많은 컴퓨터가 결코 사용자를 귀찮게 하거나 불편하지 않게, 조용히 자신을 이용해주기를 기다리는 이상적인 컴퓨팅 환경을 말한다. 이는 21세기 컴퓨터의 바람직한 모습으로서 외출시 시계를 차듯, 구두를 신듯, 옷을 입듯 의식하지 않고 자연스럽게 우리 일상생활에 파고들게 할 수 있는 것과 같다.

유비쿼터스 컴퓨팅은 미래에 산업 자동화, 환경감시, 재난예방, u헬스, 에너지절약 등 각종 사회문제 해결에 크게 기여 가능하고, 그린 ICT를 위한 인프라로서의 역할도 수행할 전망이다.

4. 상황인식 컴퓨터 환경

상황인식 컴퓨팅(contex–aware computing)은 1994년 Schilit 와 Theimer에 의해 처음

제시된 것으로 상황(context)이란 객체의 상태를 규정할 수 있는 객체의 위치(location), 식별(identity), 활동(activity), 상태(status), 시간(time) 등 다양한 정보를 포함한다. 상황인식 컴퓨팅 기술이 내장된 기기나 컴퓨터는 주변의 상황을 감지하여 적절하고 유용한 서비스를 제공하게 된다. 상황인식 서비스는 사용자가 처한 위치나 환경 등의 특정 상황을 인지하여 사용자의 요구에 부응하도록 제공되는 서비스이다.

상황인식 서비스 기술은 현실공간의 상황을 정보화하고 이를 활용하여 사용자 중심의 지능화된 서비스를 제공하는 기술 기반을 의미한다. 상황인식 컴퓨팅 기술은 상황의 특징 추출, 학습, 추론 등의 지능화된 기법을 적용하여 인간 중심의 자율적인 서비스를 가능하게 할 것으로 기대되며, 재난재해에 대한 실시간 감지 및 대응, 의료구호 등의 공공 서비스, 스마트홈 서비스, 네트워크 기반 지능형 서비스 로봇 등 다양한 분야에 걸쳐 활용될 전망이다.

5. 컴퓨터와 두뇌의 연결

뇌-컴퓨터 인터페이스(BCI: Brain-computer interface)는 뇌와 컴퓨터의 정보통신을 의미한다. 즉, 뇌의 활동이 컴퓨터에 직접 입력되어, 마우스나 키보드 같은 입력장치가 없이도 컴퓨터와 커뮤니케이션을 할 수 있는 장치를 만들어 가는 것이다.

BCI 기술은 운동신경에 장애가 있는 환자들이 컴퓨터를 사용하는데 매우 유용한 테크닉이 될 것이며, 정상인에게는 새로운 패러다임을 제공하게 될 것이다. 이를 위해서는 뇌의 특정 영역에서 원하는 뇌의 활동을 측정할 수 있는 기술, 뇌의 활동을 정량, 정성화하여 이를 분석하는 기술, 추가로 이를 통한 뇌와 컴퓨터의 프로토콜이 필요하다.

BCI 기술이 미래에 비약적으로 발전하게 되면 사람의 기억을 컴퓨터 저장장치로 옮겨 검색하거나 재배치하는 기술이 등장할 것이다. 현재 거짓말 탐지기를 이용하여 진실 여부를 판단하고 있는데 불확실하여 직접적인 증거 자료로 활용하는 데는 문제가 많은 상태에 있다. 미래에는 사람의 기억을 컴퓨터로 읽어 내게 되어 거짓 증언이 불가능해진다. 먼 훗날에는 컴퓨터에 저장된 데이터를 두뇌에 이식시키는 것도 가능하리라 본다. 이렇게 되면 지식을 암기하는 노력이 없어지게 되고 암기 위주인 현재의 교육 방법은 전면적으로 개편되어야 할 것이다.

6. 인간 지능 수준의 컴퓨터 출현

현재 우리가 사용하고 있는 컴퓨터는 처리 속도와 메모리 용량 측면에서는 매우 큰 발전을 하였다. 그러나 정보를 스스로 종합하고 판단하는 지능 측면에서는 수준이 매우 낮다고 할 수 있다. 현재 컴퓨터는 프로그램으로 사전에 정해놓은 업무만 충실히 처리하지 예상하지 않는 사건에 대한 대처 능력은 매우 약하다. 미국에서 사람과 컴퓨터가 체스 게임을 하여 최근에는 컴퓨터가 인간을 이기기도 하였다. 그러나 컴퓨터에 탑재된 프로그램은 어디까지나 소프트웨어 전문가의 소프트웨어의 성능에 따라 게임의 결과가 결정되는 것이다. 아직 컴퓨터가 인간처럼 스스로 생각하고 판단하는 능력은 아주 미약하다. 현재의 컴퓨터 지능 지수는 지렁이나 도마뱀 수준으로 평가되고 있다.

미래의 컴퓨터는 지능 측면에서 비약적인 발전이 예상된다. 양자 컴퓨터가 실용화될 경우 컴퓨터의 지적 능력은 급속히 향상되어 원숭이 혹은 거의 인간 수준에 도달할 것으로 예측된다. 인간 두뇌의 메커니즘 규명과 뇌 과학과 컴퓨터 공학이 연계되어 진화된 인공 지능과 로봇의 결합으로 인해 인류는 혁명적인 변화를 겪게 될 것이다. 오감 인지 컴퓨터 등 오감 정보 처리 기술의 발전으로 인지 기능이 컴퓨터에 추가될 것이다. 이렇게 되면 인간의 기억은 그 의미를 상실할 것이며, 2050년경에는 인간과 기계의 인지 경계가 사라지는 인지과학시대가 도래할 전망이다. 뇌와 컴퓨터의 저장 능력을 연결하여 뇌의 구조를 디지털로 저장하고 의식을 컴퓨터로 내려 받을 수 있어 궁극적으로 인간은 가상공간 속에서 영생하는 것이 가능하리라고 본다.

7. 가상현실(VR)과 증강현실(AR)을 넘어 대체현실(SR)시대로

가상현실(VR: Virtual Reality)는 이미 우리에게 익숙한 용어로 자주 사용하고 있는 기술이다. 대부분의 비디오 게임은 가상현실을 바탕으로 캐릭터를 조작하는 방식으로 이루어져 있다. 컴퓨터 그래픽 기술의 발전으로 가상현실(VR)은 현실에 존재하는 곳을 그대로 이식하기 시작했다. 가상현실(VR)은 아무리 정교하게 컴퓨터 그래픽으로 만들어낸다 하더라도 진짜가 아니라는 것을 인간은 알고 있다. 인간의 두뇌는 가상현실을 가짜라고 인식한다. 과학자들은 모션 캡쳐로 실시간으로 전신을 조작할 수 있는 가상현실 세상까지 만들어냈지만 인간은 진짜라고 여기지는 않는다.

증강현실(AR: Agmented Reality)은 스마트폰이 보급되면서 널리 알려지게 되었다. 증강현실 어플리케이션은 스마트폰의 보급과 비슷한 시기에 게임기에도 카메라가 장착되면서 증강현실이 가능하게 되었다. 게임기는 닌텐도의 Wii 돌풍으로 시작된 모션인식 게임 열풍 덕분에 새로운 게임 장르로 증강현실 게임을 선보였다. 휴대용 게임기에서도 증강현실을 활용하여 현실의 공간에 존재하지 않는 것을 재창조하여 게임기 디스플레이를 통해 보여주는 흥미로운 게임으로 발전했다. 증강현실이 아무리 발전할지라도 인간은 현실과 증강현실을 혼돈하지는 않는다. 어디까지나 만들어진 가짜라는 것을 알고 있다. 증강현실은 디스플레이를 통해 구현되기 때문에 진짜 자신이 들어가 있는 것은 아니라는 것을 느낀다.

대체현실(SR: Substitutional Reality)은 현실인지 비현실인지 체험하는 사람이 알 수 없게 된다. 기술의 발전으로 360도 촬영한 공간의 데이터를 가질 수 있게 되었다. 헤드마운트 디스플레이(HMD)를 장착한 유저는 HMD를 통해 세상을 보게 되는데 이때 과거에 같은 장소에서 촬영한 360도 영상을 플레이해주면 이것이 현실인지 과거인지 알 수 없게 된다. 지금은 시각과 음성만 대체현실로 인지하지만 나중엔 촉각과 후각까지 대체현실로 구현이 가능하다면 엄청난 기술이 아닐 수 없다. 과연 대체현실로 가게 되면 어떤 세상이 될지 궁금하다.

8. 완전한 기억(Total Recall)이 가능해지는 시대

2009년 발간된 'Total Recall'은 개인의 삶 전부를 디지털로 저장하여 전자기억화하는 미래를 다뤄 화제가 되었다. 마이크로소프트에서 1998년부터 시작하여 10여 년에 걸쳐 진행한 완전한 기억을 위한 시스템 개발 프로젝트의 추진내용은 현실화 가능성을 다루고 있다. 개인이 보는 것, 듣는 것, 말한 것, 방문한 웹사이트, 주고받은 이메일, 진료기록, 쇼핑내역 등이 모두 저장되어 필요한 때에 활용될 수 있는 사회모습을 전망한 것이다. 이 프로젝트의 결과는 전자적 기억과 경험의 축적을 통해 궁극적으로 개인의 삶의 모든 부분에서 필요한 지식을 활용할 수 있을 것으로 전망하였다. 해킹 당하는 경우 프라이버시 등의 문제가 야기될 수 있으나 모든 분야에서 정확한 관리가 가능하리라고 본다.

Ⅲ 미래 로봇의 역할

1. 삶의 반려자가 되는 로봇

산업 현장에서 로봇은 이미 오래 전부터 개발되어 이용해왔다. 근무 환경이 열악한 용광로 주변 작업이나 거대한 자동차 생산 공장은 로봇이 자동차 생산의 주역이다. 반도체 생산 공정에서도 정밀하고 신속한 동작은 모두 로봇이 담당하고 있다. 최근에는 매우 정밀한 수술이 필요한 의료 분야에도 로봇이 활용되고 있다. 지금까지는 인간의 힘을 대신할 로봇이 대세였다. 앞으로는 인간과 함께할 로봇을 만드는 것에 대한 관심이 높아지고 있다. 인간을 위해 서비스를 제공하고 인간과 함께 생활할 수 있는 로봇의 출현이 예상된다.

집에서 여유 시간을 함께 보내거나 공원 산책에 동행할 개를 키우는 애견족이 급증하고 있다. 개와 관련된 물품의 시장도 매우 커지고 있다. 개를 치료하는 병원, 개 미장원, 휴가철에 맡겨둘 개 호텔 등 관련 서비스도 계속 확장 되고 있다. 소가족화가 확대되면서 1인 가구도 급격하게 증가하고 있는데 사람이란 반려자 없이 혼자 산다는 것이 외로운 것이다. 그래서 개와 관련된 사업이 현재 계속 확장되고 있는 것이라고 본다.

그런데 앞으로는 로봇이 그 자리를 대신하게 되리라고 예상한다. 이미 일본에는 반려자 역할을 하는 로봇이 인기를 끌고 있다고 한다. 개는 생명체이기 때문에 수명이 정해져 있고, 질병에 걸리기도 한다. 특히 개의 털은 알레르기가 있는 사람에게는 큰 고통을 준다. 이에 반해 로봇은 생명체가 아니기 때문에 개를 키우며 겪게 되는 어려움을 상당 부분 피해 갈 수 있다.

2. 인간을 닮은 안드로이드 로봇의 출현

안드로이드 로봇은 '인간을 닮은 것(android)'이란 어원에서 짐작할 수 있듯이 사람처럼 생각하고 행동하며, 피부나 머리카락 등의 외형까지 사람과 거의 흡사한 로봇을 말한다. 생김새는 물론 부드러운 피부까지 인간을 쏙 빼닮고 감정을 표현하고 인간과 교감하는 로봇이지만 그 안에는 다른 로봇과 마찬가지로 각종 모터, 센서, 컨트롤러, 제어기 및 관련 소프트웨어가 장착되어 있다. 인간처럼 머리, 팔다리, 몸통 등 신체구조 외형만 인간과 닮은 형태를 취하는 휴머노이드 로봇이 있는데 안드로이드는 휴머노이드를 포괄하는 개념이다.

영화 터미네이터 같은 것이 안드로이드라고 할 수 있으며, 국내에선 지난 2006년 한국생산기술연구원이 개발한 인조인간 로봇 '에버원(Ever-1)'이 안드로이드 로봇에 해당한다고 볼 수 있다. 신들린 듯한 춤 솜씨를 뽐낸 안드로이드 로봇이 화제가 되기도 했고, 발렌타인 데이를 맞아 도쿄에 있는 한 백화점 쇼윈도우에는 안드로이드 로봇 마네킹이 등장하여 쇼핑객의 행동에 인터랙티브하게 반응하며, 웃고, 고개를 끄덕이고, 때로는 하품도 하여 주목을 받기도 하였다.

영국 BT(British Telecom) 미래 예측팀은 '21세기 말이 되면 기계들은 인간을 훨씬 능가하는 지능과 매력적인 성격을 가질 것이고 기계와 관계하는 것이 인간과 관계하는 것보다 더 즐거운 일이 될 것'이라고 예측하였다. 미래의 로봇은 스스로 인식하고 판단하는 인공 지능을 가지게 된다. 자유로운 골반 움직임을 뽐내며 거리를 활보하고, 주변 환경을 인식하며, 정보의 획득, 지능적 판단, 자율적인 행동 등의 인공 지능 기술을 이용하여 인간을 지원하고 어려운 상황에서 인간을 대신하거나 특수한 작업을 수행하는 인간에게 다양한 서비스를 제공하게 될 것이다.

3. 로봇의 다양한 활용 분야

원격 조종 카메라 로봇

이 로봇은 원격지에 있는 로봇을 자신이 직접 제어하면서 로봇에 달린 카메라를 통해 영상을 볼 수 있는 인터넷용 원격지 이동 로봇이다. 이 인터넷 원격지 이동 로봇은 원격지에서 로봇에게 전진, 후진 등의 명령을 내려 로봇의 눈을 통해 영상을 보게 된다. 이 로봇을 이용하면 로봇제어를 통해 외국에 있는 해변을 걸어 다니면서 주변을 구경한다든지, 관광지나 거리를 돌아다니면서 구경도 할 수 있는 그야말로 인터넷 실시간 공간으로의 탈바꿈이 가능하다. 로봇의 영상 전송이나 제어는 모두 무선으로 수행된다.

무인 자율주행 자동차

배트맨은 손목에 찬 작은 시계같이 생긴 것으로 배트카가 달려오게 하거나 무기를 발사하게 할 수 있다. 배트카는 혼자 알아서 배트맨이 있는 곳까지 달려올 수 있고, 좁은 길을 만나면 옆으로 비스듬히 기운 채 달릴 수도 있다. 배트맨의 까만 자동차 베트카는 정말 멋지다. SF영화에나 나옴직한 꿈의 자동차는 배트카처럼 부르면 달려오고 "자동운전모드"로 바꿀 수 있고, 접으면 부피가 반으로 줄어들고, 찌그러졌다가도 저절로 원상 복구되며, 운전자의 기분을 맞춰줄 줄 아는 감성을 가지고, 하늘을 날고, 음성을 알아듣는 자동차이다.

장애인의 재활을 돕는 로봇

미래의 로봇은 장애인들의 치료를 도와주는 것은 물론이고, 휠체어와 로봇팔을 이용하여 장애인들을 보조하는 데 활용될 것이다.

가사 보조용 로봇

현재 청소용 로봇이 가정에 보급되고 있다. 그러나 미래에는 가사 도우미 역할을 하고 심부름도 하는 로봇이 이용될 것이다.

그림 18-3   수술하는 로봇

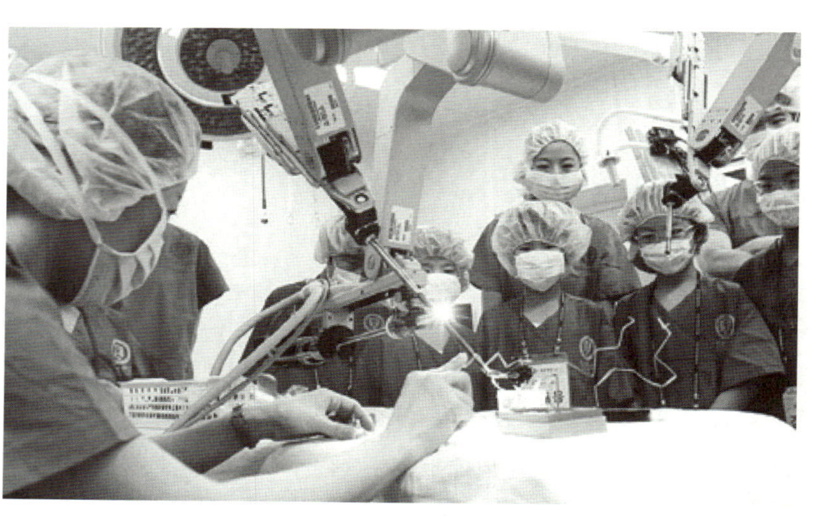

※ 출처: 전자신문 2011. 11. 14.

우주 탐사용 로봇

달 탐험 등에서 이미 로봇을 활용하고 있다. 앞으로 화성 등 인간이 생존하기 어려운 환경에서의 탐사 활동은 로봇이 담당할 것이다.

로봇을 이용한 수술

로봇은 정밀한 수술에도 활용되고 있다(그림 18-3 참고).

로봇 병사

현재 위험한 환경에서 전쟁 업무를 수행하기 위하여 로봇을 일부 이용하고 있다. 미래의 전쟁은 사람 병사를 대신하여 로봇 병사 사이의 전쟁으로 변모할 것이다(그림 18-4 참고).

로봇 컵 운동 경기

현재 초보적인 수준의 로봇 축구 등의 경기가 진행되고 있다. 미래에는 월드컵과 같은 축구, 배구, 야구 등 로봇이 경기하는 리그가 출현할 것이다.

그림 18-4 미래의 로보캅

※ 출처: 조선일보 2011. 8. 31.

Ⅳ 디스플레이 발전 트렌드

1. 접고 펼 수 있는 플렉서블 디스플레이

"백문이 불여일견"의 속담에서 알 수 있듯이 사람의 눈에 보이게 하는 기술이 매우 중요하다. 영상이 보이게 하는 방법으로 브라운관 형태의 디스플레이가 발명되어 이용되었다. 브라운관은 음극선관을 이용하기 때문에 부피가 매우 큰 단점이 있었다. 평판 디스플레이 기술로는 초기에 플라즈마를 활용한 PDP(Plasma Display Panel) 기술이 많이 이용되었다. 그 후 LCD(Liquid Crystal Display)로 발전되어 요즘 대부분의 영상기기에 이용되고 있다. 현재 유기 발광 다이오드(OLED : Organic Light−Emitting Diode)가 개발되어 스마트폰 등에 활용되고 있는데 점차 TV 수상기 등 대화면 기기에도 적용될 것이다.

현재 주목을 받고 있는 OLED 픽셀은 직접 빛을 내기 때문에 빛의 표현 범위가 LCD보다 더 크며 백라이트(Backlight)도 필요 없으므로 해상도가 뛰어나다. 또한 LCD에 비교하여 1,000배 빠른 응답 속도를 가지고 있으며 휠 수도 있다.

기존 OLED에서 액정을 싸고 있는 유리기판을 플라스틱 필름으로 대체하여, 접고 펼수 있는 유연성을 부여한 것이 플렉서블 디스플레이다. 얇고 가벼울 뿐만 아니라 충격에도 강하다. 또 휘거나 굽힐 수 있고, 다양한 형태로 제작이 가능하다는 장점을 갖고 있다.

플렉서블 디스플레이의 가볍고 깨지지 않는 특성 때문에 스마트폰 등에 우선 적용될 것으로 예상된다. 삼성전자가 금년 하반기에 플렉서블 디스플레이를 적용한 스마트폰을 출시 예정이었으나 현재 연기한 상태이다. 곧 출시될 것으로 본다. 향후 큰 화면 기술이 확보되면 노트북 컴퓨터, 모니터, TV 등의 모든 분야에 적용이 가능하다. 잡지, 교과서, 서적, 만화와 같은 출판물을 대체할 수 있는 전자책 분야와 접거나 말아서 휴대할 수 있는 초소형 PC, 새로운 휴대용 ICT 제품 분야가 플렉서블 디스플레이의 활용 분야가 될 수 있다. 이외에도 유연한 플라스틱 기판을 사용하므로, 질기고 구부림이 자유로워 다양하게 디자인을 표현할 수 있어 입고 다닐 수 있는 의류용 패션, 의료용 진단 분야에까지도 확대 적용할 수 있다. 궁극적으로는 종이와 가까운 형태로 종이처럼 접을 수도 있고 도배지처럼 벽에 발라 벽면 전체를 디스플레이로 활용할 수 있게 될 것이다.

2. 3D 입체 홀로그램

두 개의 레이저광이 서로 만나 일으키는 빛의 간섭효과를 이용하여 사진용 필름과 유사한 표면에 3차원 이미지를 기록한 것이 홀로그램(Hologram)이다. 이 이미지를 재생하는 기술을 홀로그래피(Holography)라 한다. 홀로그램은 1948년 영국의 물리학자 데니스 가보(Dennis Gabor)가 그 원리를 발견하여 노벨상을 받았고, 1960년대 레이저의 개발로 본격적인 홀로그램의 응용기술이 발전되었다.

홀로그램의 원리는 다음과 같다. 물체로부터 반사된 빛과 레퍼런스 빔으로부터 나온 빛은 상호작용을 통해 간섭패턴이라고 불리는 명암을 가진 복잡한 패턴을 형성하게 된다. 간섭패턴은 빛에 민감한 소재에 의해서 마스터 플레이트에 기록되고, 이렇게 해서 만들어진 마스터 홀로그램을 통해 프로덕션 마스터가 만들어지며, 이 프로덕션 마스터는 최종 홀로그램의 대량생산에 사용된다. 홀로그램 이미지는 그것을 만드는 데 사용된 레이저 광선과 똑같은 각도에서 비쳐졌을 때 볼 수 있게 된다.

빛이 물체에 조사되어 물체 표면과 빛의 상호작용(반사, 흡수, 투과 등)을 통해 산란되고, 산란된 빛은 빛의 강도와 위상 및 파장 정보를 동시에 가지고 있다. 사람의 눈은 산란된 빛을 감지하여 물체의 명암과 색채 및 입체감을 느끼게 된다. 물체의 명암은 산란된 빛의 강도에 따라 느끼고, 색채는 파장별 분광분포로 느끼며, 입체감은 상대적 광로차(optical path difference)로 인한 위상(phase) 정보로 느낄 수 있는 것이다.

홀로그램은 입체 영상을 표현할 수 있다. 위상 정보를 기록하기 때문에 일반 사진으로는 표현할 수 없는 입체 정보의 기록이 가능하다. 따라서 입체 영상을 필요로 하는 의료, 건축, 공학 등 다양한 분야에 응용 가능하다. 홀로그램의 원리에 입각하여 만들어지는 간섭 무늬는 독특한 광학적 특성을 보유하고 있으며 기존의 인쇄 방식으로는 표현이 불가능하기 때문에 진품 표시 또는 위조 방지용 라벨로서도 이용되고 있다.

미래의 디스플레이는 홀로그램을 활용하여 입체적으로 표현하게 될 것이다. 이렇게 되면 디스플레이 되는 물리적인 면은 없게 되고 공간에 영상을 생성하게 된다.

V ICT 산업 융합

1. 전자 지갑과 모바일 뱅킹

모바일 뱅킹은 인터넷 접속이 가능한 스마트폰을 이용해 언제 어디서나 은행의 잔액 조회, 계좌이체, 예금조회, 환율조회, 자기앞수표 조회, 거래내역 조회, 신용카드(크레디트카드) 거래, 현금서비스 등 다양한 서비스를 받을 수 있는 금융거래 서비스이다. 보안이 적용되어 안전하게 사용할 수 있다는 점에서 텔레뱅킹과 구분되고, 이동 중에도 사용이 가능하다는 점에서는 인터넷뱅킹과 구분된다. 또 별도의 인증서를 받지 않아도 서비스를 이용할 수 있고, 인터넷뱅킹 이용자도 원활하게 사용할 수 있기 때문에 활용도가 높아지는 추세에 있다.

현재 은행별로 각각 개별적인 서비스를 하고 있어 이용하는데 불편이 따르고 있다. 금융결제원과 17개 시중 은행이 은행권 공용 차세대 모바일 지갑 구축 사업을 추진하고 있다. 각각 분산돼 있던 모바일 송금과 입출금, 모바일 결제가 하나의 전자지갑으로 구현될 전망이다. 이렇게 되면 이용자는 하나의 앱만 다운로드 받으면 17개 은행의 모바일 결제 시스템과 금융 업무를 이용할 수 있다.

2. 첨단 ICT 입힌 디지털 섬유·패션

디지털 의류는 넓은 의미에서 섬유와 ICT가 융합된 것이다. 초기 디지털 의류는 군복과 같은 특수 용도로 개발되었으나 요즘에는 MP3 플레이어 내장 의류, 색깔이 변하는 의류, 헬스케어 의류 등 일상생활 용도의 의류가 개발되는 추세이다. 디지털 의류는 신소재 산업, 센서 산업 등 기술집약 산업의 활성화는 물론, 기존 전통 산업에 ICT 기술을 접목함으로써 섬유, 패션, 의류 산업의 확장과 활성화에 큰 역할을 할 것으로 전망된다.

디지털 의류를 제작하기 위해서는 전자 기술, 섬유 기술, 패션 기술 등이 복합적으로 요구되며 섬유-직물-의복 각 단계에서 ICT 기능을 통합하는 것이 가능하다. 최근 국내에서 처음으로 태양광 발전이 가능한 배낭·등산복 등 아웃도어 제품이 나왔다. 0.2mm 두께의 실리콘 박막을 이용하여 고무처럼 휘어진 상태에서도 전기를 만들어 충전이 가능하게 되었다. 3~5시간이면 스마트폰 등 배터리를 완전 충전 가능하다고 한다. 뿐만 아니라 심장박동수·혈압 등을 자동 체크해 주는 헬스케어 의류도 출시될 예정이라고 한다.

3. ICT 스마트 농업

농업에 ICT 기술을 접목시켜 과학적 영농을 구현하게 되면 생산성을 향상시킬 수 있다. 기존의 1차 산업 중심의 농업 기술에 자동제어·센서·광원·전자태그 등을 활용하여 생육제어를 통해 농작물이 자랄 수 있는 최적의 환경을 조성하여 생산성을 극대화할 수 있다. 뿐만 아니라 이력관리, 품질인증 등을 도입하여 유통과 소비 과정을 효율화하여 고부가가치를 실현시킬 수 있다.

해외 사례로 일본의 경우 센서와 카메라 등을 무선랜을 통해 서버와 연동시켜 원격지에서도 재배지의 정보를 실시간으로 확인 가능한 모니터링 시스템의 도입을 추진 중이다. 기업형 농업이 발달된 미국의 경우는 농업과 ICT의 융합은 더욱 다양하다. 센서를 통해 식물원이나 포도원의 토양온도, 습도, 일사량, 산소량 등을 웹상에서 확인할 수 있도록 하여 재배환경을 최적화함은 물론 소의 경우 전자태그와 바코드를 활용하여 소의 출생 시부터 제품으로 판매될 때까지의 전 과정이 추적될 수 있도록 하였다.

4. 스마트 국방

현대 전쟁은 정보전이다. 정보우위를 달성하기 위하여 아군의 정보, 정보에 기초한 프로세스, 정보시스템, 컴퓨터에 기초한 네트워크를 적들로부터 보호하고 적군의 정보, 정보에 기초한 프로세스, 정보시스템, 컴퓨터에 기초한 네트워크를 공격하는 일체의 행위가 정보전에 포함된다. 그리고 현대 전쟁은 전선이 따로 없다. 전후방 구분이 무의미하며, 민간도 공격 대상이 될 수 있다. 정보전의 파급효과는 정보통신 기반시설의 마비로 불특정 다수에 대한 피해가 핵전쟁에 버금가는 수준이다. 불특정 다수가 정보전 공격자로 정보체계를 공격하는 적으로는 국가뿐만 아니라, 국가에 불만을 품은 자도 될 수 있다.

미래는 네트워크 중심 전쟁(NCW: Network Centric Warfare)으로 변모한다. NCW란 센서로부터 슈터까지 네트워크로 연결하여 해저로부터 우주까지 센서, 네트워크, 무기체계를 연동시켜 정보 우위 지휘전달체계의 전쟁을 말한다.

사람이 탑승하지 않고 원격조종으로 비행하거나 스스로 움직이는 무인기는 2030년 이후 세계 전투기의 절반 안팎을 차지할 것으로 예상되고 있다. 지난 수년간 알 카에다 핵심간부들을 공격해 사망케 한 것도 프레데터 등 미국 무인기다. 우리나라도 무인 정찰기(UAV: Unmanned Aerial Vehicle) 시장에서 강국(强國)으로 떠오르고 있다. 틸트로터형 UAV는 이·착륙할 때는 헬리콥터처럼 제자리에서 뜨고 내리지만 하늘을 날 때는 일반 프로펠러 항공기처럼 고속으로 나는 무인기다. 시속 500㎞의 속도로 비행할 수 있다. ICT 융합 기술을 기반으로 개발된 UAV는 보통 수십~수백 ㎞ 떨어진 곳에서 원격조종으로 움직이기 때문에 데이터 전송능력 등 ICT 융합 기술이 중요하다.

씽씽 달리던 로봇이 앞에 험지가 나타나자 순식간에 '변신'한다. 동그란 바퀴에서 날개가 펼쳐지더니 성큼성큼 굴러가며 경사면을 거뜬히 넘어가 버린다. 영화의 한 장면이 아니다. 정찰 로봇이 마술처럼 실시간 변신하며 보여준다. 견마용 로봇은 산악지역이 많은 곳에서도 자유롭게 기동 가능하다. 무선통신 기술 기반의 영상감지 및 정찰 기능과 지뢰 등 위험물 탐지, 물자 이송 기능 등 다목적 원격제어 로봇이다.

5. 스마트 교육

ICT의 발전으로 인한 변화로 현재, 그리고 미래에 언제, 어디서나 정보에 접근할 수 있는 능동적인 컴퓨팅이 가능지면서 이런 영향으로 교육의 패러다임 역시 변화하고 있다. 교육의 수단이 기존의 텍스트 중심, 오프라인 중심에서 컴퓨터, 프로젝터에서 TV, PMP, DMB, 스마트폰 등으로 확대되었다. 인터넷을 통해 관련 지식과 정보에 접근하는 쌍방향 교육인 e-learning이 우리 사회에 깊숙이 자리 잡게 되었다. 기존의 전달자 중심의 일방적 교육에서 학습자 중심의 맞춤형 교육체제로의 변화에 따라 컴퓨터를 활용한 교육 혁신이 주목 받기 시작하였다.

컴퓨터에 익숙한 학생들이 전통적 교육 방식 보다 컴퓨터를 통한 교육에 더 친근함을 느끼고, 사용자가 능동적으로 학습을 주도할 수 있다는 장점은 학습자 중심의 맞춤형 교육체제에 부합하다. m-learning(Mobile Learning)은 핸드폰을 통해 인터넷에 접속하여 교육 서비스를 받을 수 있다. 사이버 학습을 중심으로 하는 e-learning과 이동성을 중시하는 m-learning을 거쳐 좀 더 이동성, 편재성, 접근성을 중심으로 한 u-learning이 등장하였다. 사이버 공간은 작게는 학교에서 교실수업을 보완하기 위해 정보통신 기술 활용 교육에서와 같이 보조적·도구적으로 활용되고 있으며 크게는 기업체의 사이버 교육, 사이버 대학에서의 강좌와 같이 완전한 교수체제로 활용된다.

6. ICT와 전기의 만남: 스마트 그리드

스마트 그리드란 전력 망에 ICT를 접목하여, 전력 공급자와 소비자가 양방향으로 실시간 정보를 교환, 에너지 효율을 최적화하며 새로운 부가가치를 창출하는 차세대 전력 망을 말한다. 양방향 전력 정보 교환을 통하여 합리적인 에너지 소비를 유도, 고품질의 에너지 및 다양한 부가서비스가 제공 가능해진다.

스마트 그리드가 구축되면 전기의 단가를 실시간으로 바꾸어 사용자가 자율적으로 전기 소비를 줄이게 하는 것이 가능해진다. 이러한 수요 반응 매커니즘이 동작하려면 양방향 통신과 스마트 미터에 기반한 AMI(Advanced Metering Infrastructure)가 필수적으로 요구된다. 스마트 미터를 중심으로 양방향 통신과 오픈 프로토콜 기반 원격 전력차단이 가능하고 실시간 요금제, 피크 요금제 등 다양한 요금제가 적용 가능해진다.

출력의 변동이 심한 신재생 에너지는 자유롭게 전력망에 연계 시킬 수 있는 스마트한 제어시스템을 필요로 하기 때문에 신재생 에너지 및 전기차 보급을 활성화하기 위해서는 기존의 전력망으로는 불가능하므로 스마트 그리드 구축이 꼭 필요하다.

기술 개발 성과의 실증 및 비즈니스 모델 개발을 위해 제주도를 실증단지로 지정하여 170여 개 민간 기업의 참여를 바탕으로 2013년까지 실시간 요금, 전기차 충전, 신재생 등을 실증할 민간 컨소시엄 구성을 완료하고 관련 기술의 상용화 촉진을 목표 추진하고 있다.

　스마트 그리드가 구축되면 전력 수요의 분산 및 제어가 가능해져 에너지 이용 효율의 향상이 가능해진다. 그로 인해 2030년까지 전력 수요 분산에 의한 최대 전력 10%를 감소시킬 수 있을 뿐만 아니라 신재생 에너지, 전기차 등 청정 녹색기술의 접목과 확장이 용이한 개방형 시스템으로 산업 간 융·복합을 통한 통합 신비지니스 창출이 가능하다.

7. 전자피부와 전자칩 인체 이식

　신체에 이상이 감지됐으니 정밀진단을 받으라는 것이다. 진단 결과 병명은 '부정맥'. 부정맥은 심하면 심장마비로 사망에까지 이르는 무서운 병이지만 보통 사람들은 발병 초기 심장에 이상이 있다는 것을 느끼지 못하는 경우가 많다. 부정맥을 초기에 발견할 수 있었던 것은 가슴 부위에 간단히 붙여놓은 '전자피부'가 생체 신호를 실시간으로 측정하고 그 결과를 바로 병원으로 전송해줬기 때문이다.

　앞으로 이 전자피부가 실용화 된다면 몸에 이상증세가 나타나면 바로 신호가 가서 병원으로 진찰을 받으러 오라고 전화가 가는 시스템이 갖추어질 수 있다. 그러나 현재 이 기술이 실용화되기 위해서는 아직 몇 가지 개발해야 할 점들이 있다. 무선으로 전송되는데 전송거리가 몇 cm밖에 되지 않는다는 점이다. 그런데 이 문제가 해결되면 생체 신호 측정 외에도 장애인용 의료기기나 게임에도 활용될 수 있다. 목에 전자피부를 붙이면 위, 아래, 왼쪽, 오른쪽처럼 간단한 단어를 소리낼 때 발생하는 근육의 움직임을 구별할 수 있기 때문에 이동식 휠체어나 육성으로 작동하는 게임에도 쓰일 수 있을 것이다.

　팔에다 신원정보, 재산정보 등을 처리해 줄 전자칩(IC)을 이식하여 넣고 다니는 세상이 올 것이다. 전자칩에는 주민번호, 주소, 지문은 물론 개인의 여러 가지 부가정보도 집적될 수 있다.

참고문헌

- 스마트 시대의 패러다임 변화 전망과 ICT 전략, NIA, 2010.12.
- 미래사회 변화 전망과 IT 산업의 기여 방향, 전자통신동향분석 제25권 제2호, ETRI, 2010.4.
- KISTI가 바라보는 미래 유망 기술 탐색, KISTI, 2012.5.8.
- 주요국의 미래 전망 및 ICT 활용 전략 연구, NIA, I-RER-09126, 2009.12.
- http : //futurepredictions.com/
- wikipidia
- wikimedia

제 19 장

인터넷의 미래

※ 출처: IT 융합기술개론, 진한도서, 2011

　　인터넷을 이용하면, 러시아의 한 시골소년이 방금 미국에서 있었던 오바마와 롬니의 토론을 유투브(Youtube)를 통해 볼 수 있다. 인터넷은 월드 와이드 웹(www)을 통해 국가의 경계를 넘는 「지구촌 정보 공유 시스템」을 구축하였다. 이제 전 세계는 기술, 경제, 사회, 문화를 폭넓게 수용하며 통합을 향한 항해를 하고 있다.

I　인터넷의 성장과 진화

1. 인터넷의 폭풍 성장

　　1990년 아치(archie), 1993년 베로니카(veronica), 1995년 알타비스타(altavista)와 야후(yahoo), 1998년 구글(Google), 그리고 한국의 다음(Daum), 네이버(naver)까지 상당히 익숙하면서도 한편으로는 아련한 이름의 사이트들인데, 이들은 바로 검색엔진 서비스들이다. 초창기 검색엔진 서비스는 사용자를 끌기 위한 무한경쟁을 시작했고, 이를 바탕으로 정보서비스 위주의 인터넷이 활성화되기 시작했다. 그리고 점차 인터넷 서비스는 구매, 게임, 운송, 레저 등 거의 전 산업에 접목되며 퍼져나갔다.

그림 19-1　전 세계 인터넷 이용자 수

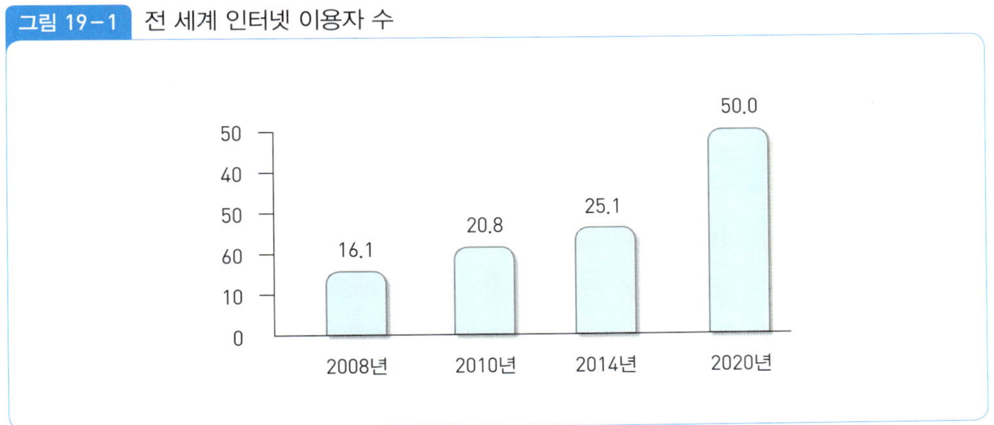

※ 출처: NSF(2010) 및 eTForecasts(2010) 재구성

서비스뿐만 아니라 하드웨어적 측면에서도 인터넷의 성장이 일어났다. 가장 먼저 ADSL서비스가 개시되어 집에서도 초고속 인터넷 접속을 언제든지 할 수 있게 되었다. 그리고 점차 3G서비스를 토대로 스마트폰이 대중화됨에 따라 장소에 상관없는 인터넷 접속도 가능하게 되었다.

이러한 하드웨어적, 소프트웨어적 진화로 인해 인터넷의 접근가능성이 높아지고 서비스의 질이 높아짐에 따라, 전 세계 인터넷 사용자 수는 폭발적인 성장, 이른바 '폭풍성장'을 하였다.

세계 인터넷 인구는 2010년 20.8억 명에서 2014년 25.1억 명으로 늘어나고, 2020년에는 인터넷 인구 50억 시대에 진입할 것으로 전망된다.

향후는 누구나 언제 어디서나 사용하는 유비쿼터스시대가 되는 것이다.

2. 인터넷의 진화

인터넷의 성장과 더불어 소통방식도 진화해 나갔다. 초기 인터넷은 서버/클라이언트와 같은 사용자의 일방적 접속 서비스 개념으로 시작하였다. 즉, 인간과 기계와의 일방향 소통이다.

그림 19-2   모바일 기기의 일인당 하루 평균 사용시간

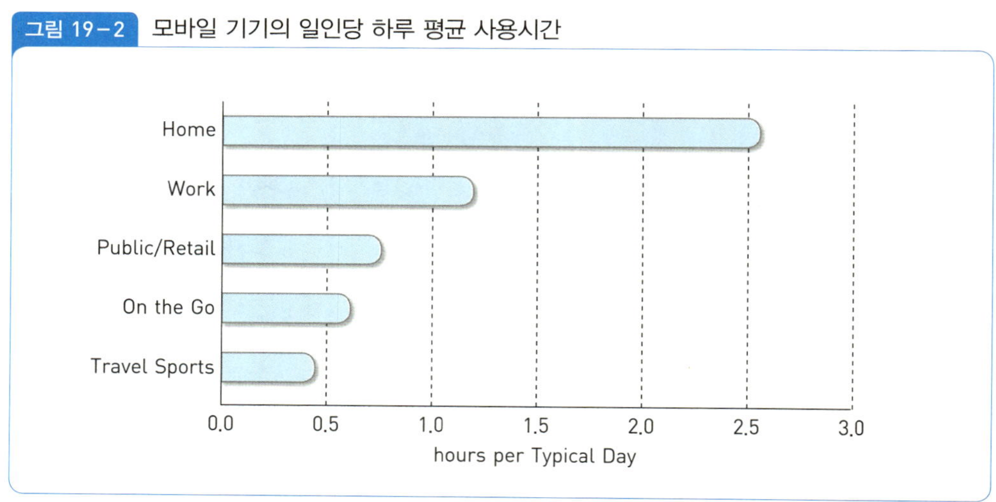

※ 출처: Cisco IBSG Mobile Study, 2012

그림 19-3

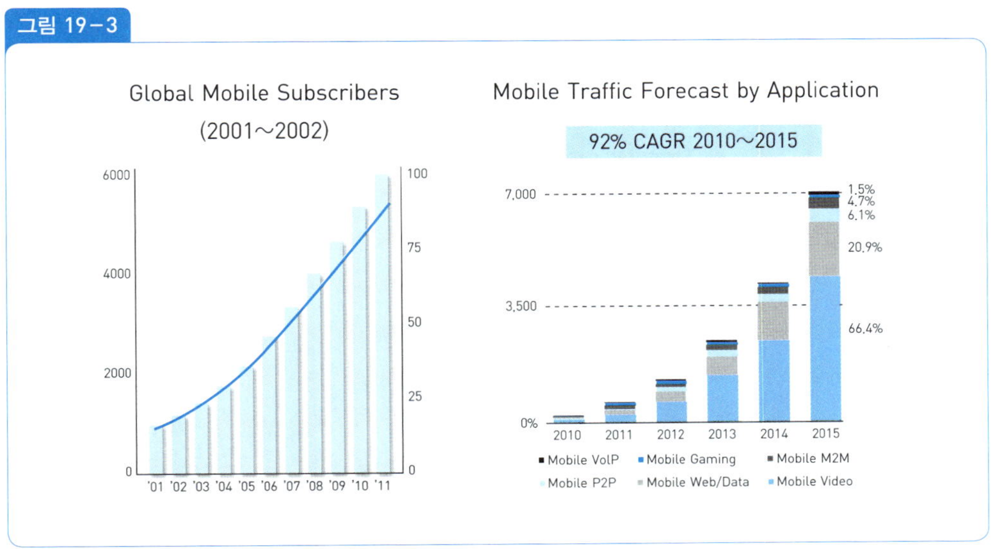

※ 출처: ITU World Telecommunication/CT Indicators database, Cisco VNI Mobile, 2011

  그러나 최근에는 SNS(Social Network Service)와 같이 누구라도 서비스 제공자가 될 수 있는 구조로 변화하였다. 그리고 점차 실시간 위주의 서비스로 진화하고, 장소에 상관없는 소통이 가능해지고 있는 추세다. 인간과 인간의 소통이 가능해진 것이다.

그림 19-4

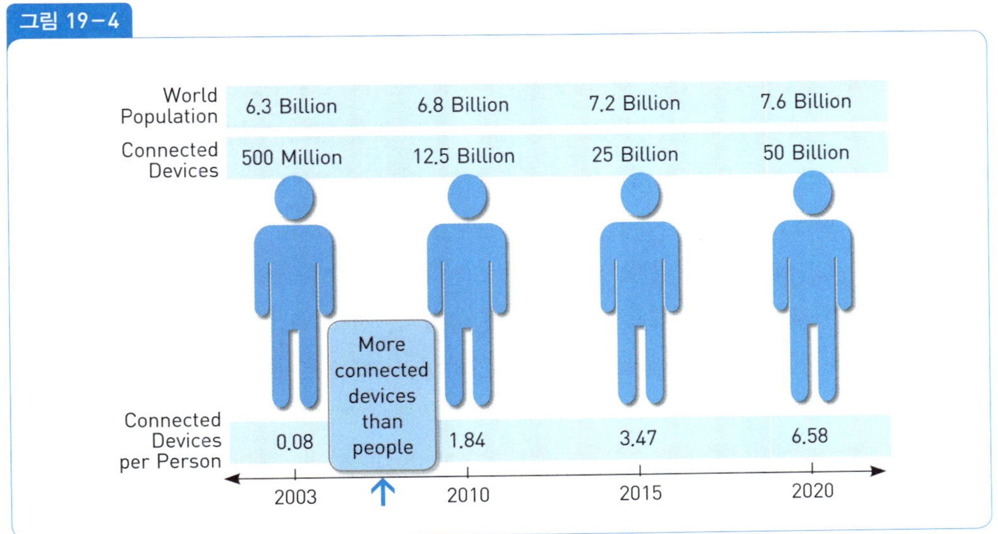

※ 출처: Cisco IBSG

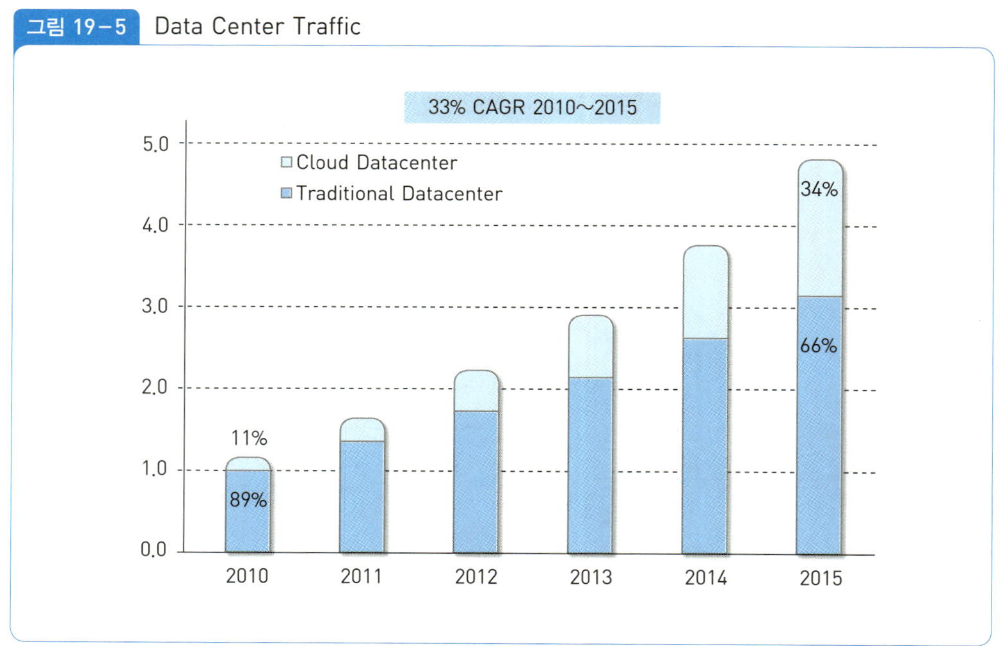

※ 출처: Cisco Global Cloud Index, 2012

　그와 더불어 기계와 기계 간(M2M)의 소통도 가능해지고 있다. 그 예로서 이동 차량이 인터넷을 통해 여러 환경 정보를 수집하는 것을 들 수 있다.

　이러한 인터넷 진화의 현황과 추세를 살펴보면 다음과 같다.

　현재 모바일 기기의 일인당 하루 평균 사용시간은 가정에서 2.5시간, 일터에서 1.2시간, 공공장소에서 0.8시간, 이동 시 0.6시간 등으로 총 약 5.5시간에 달한다.(미국 기준) 즉, 하루의 1/4을 모바일 기기에 관심을 두고 있다는 것이다.

　현재 직장 내 이동통신 기기의 업무 사용률이 60%에 달하고, 직장 내 스마트폰의 업무 활용률은 42%에 달하고 있다.

　이런 모바일 사용량의 추세를 보면 더더욱 놀랍다. 전 세계 이동통신 전화 가입자는 2001년 10억 명에서 2011년 60억 명으로 증가하였고, 앞으로 모바일 트래픽 연평균 증가율은 2015년까지 92%에 달할 것으로 예상된다.

　단순히 사용량의 증가에만 그치지 않고, 개인과 연관된 기기들도 많아질 것이다. 사물에 통신센서기능을 부착해 정보를 제공하는 사물지능통신 서비스가 확산될 것이다. 2010년 일인당 약 1.8개의 연결기기가 있었으나, 2015년에는 약 3.5개, 2020년에는 약

6.6개로 증가할 것이다.

위와 같은 추세에 따라 데이터가 폭발적으로 늘어날 것이다. 데이터 센터의 연평균 트래픽 증가율은 앞으로 2015년까지 33%에 달할 것으로 예상되며, 전체 트래픽 중 클라우드 트래픽의 비율이 2010년 11%에서 2015년 34%로 증가가 예상된다.

과거 30년의 분석을 통해 10년 후의 인터넷 미래를 전망해 본다면, 인터넷은 향후 에너지와 같이 인간의 생활과 뗄 수 없는 존재로 자리 잡을 것이다. 특히 협력적(Join) 성격을 띄게 되어 국가의 경계가 없는 세계 공통 시스템으로 진일보할 것으로 예상된다.

Ⅱ 인터넷 기술의 미래

1. 인터넷 네트워크의 미래

❶ 네트워크의 오늘과 내일

역사의 흐름을 바꿔 놓은 사건은 의도하지 않은 곳에서 시작되는 경우가 많다. 미국과 구 소련의 냉전이 한창이던 1960년대, 미국 국방부 고등계획국에서는 핵전쟁 같은 극단적인 상황에서도 살아남을 수 있는 네트워크를 연구하기 시작했다. 이 통신망의 이름은 ARPANET이며, 현재 인터넷 기술의 시초가 되었다. 후에 우여곡절 끝에 AR-PANET는 민간으로 이양하게 되었고, 결국 현재의 인터넷으로 발전하였다. 아이러니하게도, 현재 러시아 시골에서도 인터넷을 통해 미국에서 일어나는 일을 모두 알 수 있게 된 것은 참 재밌는 일이다.

이제 인터넷은 중동의 '쟈스민 혁명'이라는 새로운 변혁을 이끌었고, 일본 대지진 때는 긴급통신의 역할까지 훌륭히 해냈다. 이러한 통신의 발달로 2015년까지 모바일 기기의 수는 70억 대를 넘을 것이라 한다. 한마디로 사람보다 기기의 수가 많아지는 것이다.

가까운 미래에는 인터넷은 아주 보편적인 서비스가 될 것이다. 마치 우편이나 전화

그림 19-6 전 세계 인터넷 연결도 비교

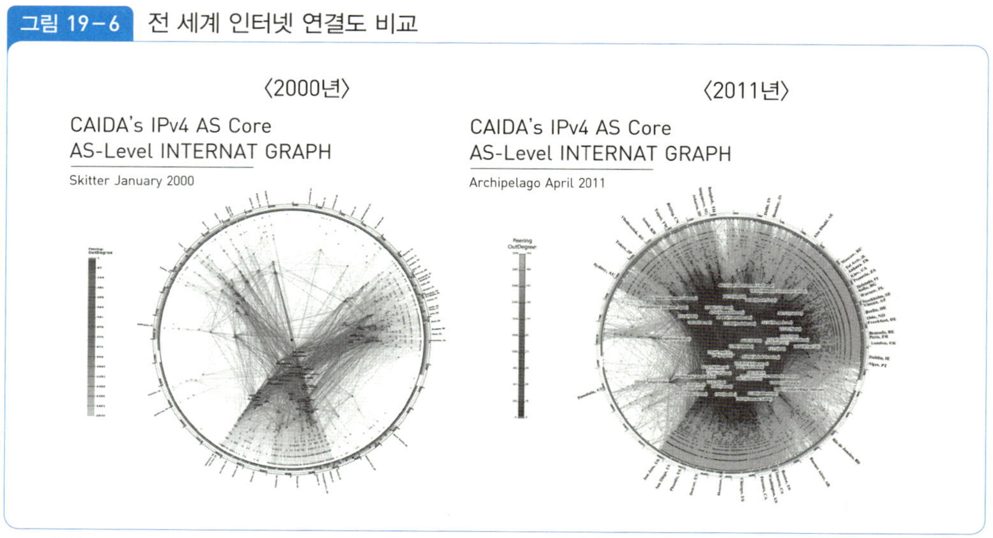

※ 출처: CAIDA.ORG

처럼 말이다. 이런 것이 가능하기 위해서는 네트워크의 뒷받침이 있어야만 한다. 이 네트워크는 기술이 발달하면서 투자와 확충이 꾸준히 진행될 것이다.

여기까지 읽어보면 아무 문제없이 인터넷이 발달될 것이라 예상할 수 있겠지만, 사실 인터넷 네트워크에는 여러 가지 큰 문제가 있다.

❷ 네트워크 사업자, 제조사, 이용자의 동상이몽

자, 그럼 현재 네트워크의 문제는 무엇일까? 바로 네트워크를 제공하는 사업자, 장비를 만드는 제조사, 최종적으로 이를 사용하는 이용자들의 입장이 서로 다르다는 점이다.

향후 50억 명의 인터넷 인구, 1,000억 대의 인터넷 접속기기, 고화질(HD) Video 콘텐츠 등 초대용량 서비스 및 무선 인터넷의 활성화로 인해 세계적으로 인터넷 트래픽의 폭증이 전망되며, 국내의 경우 2015년에는 2010년 대비 유선은 약 4배, 무선은 약 35배의 증가가 전망된다.

이에 따라 인터넷 서비스를 제공하는 인터넷 서비스제공자(ISP)는 거대해지는 망 관리에 곤혹을 치루고 있다. 특히 인터넷프로토콜(IP) 주소는 부족한데, 스마트폰 등 단말의 수는 폭발적으로 증가하고, 이에 따른 장비투자비와 유지보수비용은 증가하고 있기 때문이다. 게다가 수시로 발생하는 DDoS 공격을 방어해야 하고, 유해 트래픽을 차단해야 하며, 망 중립성의 부담까지 있다. 또 한정된 고객을 대상으로 서비스를 해야 하기 때문에 수익성장도 쉽지가 않다.

장비제조사도 곤란에 처한 사정은 마찬가지다. 폭발하는 트래픽을 수용하면서도 서비스사업자의 요구에 맞는 고성능 장비를 개발해야 하고, 이와 더불어 제조사와의 연동문제를 해결해야 한다. 이는 금전적, 기술적 측면에서 큰 부담이다.

이용자도 충분한 서비스 품질을 보장받기 어렵고, 다채로운 서비스가 부족하며, 비용이 너무 많이 나온다는 불만이 있다.

이 상황에서 모두가 진보된 네트워크를 원하더라도, 여러 비즈니스상의 이해관계가 얽혀 진보된 네트워크를 만들기는 쉽지 않다.

❸ 개방성과 안정성이 보장된, 유무선 통합 네트워크

현재의 네트워크는 '웹'이라는 말에서 알 수 있듯이 마치 거미줄과 같은 망처럼 생겼다. 여기서 정보를 전달하기 위해서는 잘게 쪼갠 데이터를 노드에서 노드로 전달하여 목적지까지 보내야 한다. 이를 패킷통신이라고 부른다. 과정은 단일 네트워크 장비에서 일어나며, 이에 따라 수많은 제조사의 각기 다른 장비들을 지나가게 된다. 그래서 장비 간 표준화된 방법(＝라우팅 프로토콜)으로 통신해야 한다. 이때 목적지와 출발지에 따른 경로설정은 라우팅 프로토콜에 전적으로 의지해야 하기에 사용자가 선호하는 경로로 전달이 어렵다. 게다가 현재의 네트워크에서 무선단말의 증가로 IP주소 소진이 가속화되고, 다른 네트워크 간(3G, 4G, 와이파이, 와이브로 등)의 데이터가 이동할 때 IP주소가 바뀌어 끊김없는 연결을 보장하기 어렵다. 여러 장비를 아우를 수 있는 개방형 기술표준이 없는 것은 망 관리자 입장에서도, 개발자 입장에서도 곤혹스럽다. 그래서 이제는 장비제조사와 제품의 종속에서 벗어나 통합적인 망 관리 기술에 대한 요구가 점점 증대되고 있다.

그 중 하나는 IPv6로서, 현재의 43억 개로 제한된 IPv4 주소의 고갈을 대체할 수 있는 방법이다. 이는 거의 무한대의 주소공간을 가지고 있어 네트워크의 확장성을 보장하며, 프로토콜 자체에서 보안성과 이동성도 지원하고 있어, 모바일 기기 폭발의 시대에 현실적 대안으로 거론되고 있다.

최근 활발히 연구 중인 소프트웨어 기반 네트워크(SDN: Software-Defined Networking)는 또 다른 대안이다. 이는 간단히 말하자면 소프트웨어를 통해 네트워크를 제어 및 관리하는 기술로, 네트워킹의 개념을 새로운 차원으로 업그레이드 시키는 시도로 평가 받고 있다. 이는 최소 5년 이후에야 시장을 기대할 수 있을 것으로 전망되지만 마이크로소프트, 구글, 버라이즌 등 외국기업과 KT 등 국내기업도 표준화 작업에 적극 참여하고 있는 각광받는 기술이다.

이러한 노력들을 볼 때 결국 미래의 네트워크는 개방성과 안정성이 보장되고, 유무선 네트워크가 통합되는 형태의 모습으로 진화할 것으로 전망된다. 이를 위해서는 기술의 진보도 중요하지만 이해관계자 간 협의와 공감대 형성도 중요한 요소이다. 그래서 미래의 네트워크는 기술적 우월성이 보장되고, 사업성의 여부, 정책추진이나 보안성 등 모든 것이 잘 맞아야만 안정적인 서비스로 제공되는 것이 가능할 것이다. 결국 네트워크는 '급격스런 진보는 없고, 천천히 꾸준히 진화 발전 된다'는 말을 실감하게 된다.

2. 인터넷 주소의 미래

우리가 편지를 보내거나 집을 찾아갈 때 주소를 알아야 하듯, 전 세계 홈페이지를 찾아가려면 IP주소를 알아야 한다. 그런데 IP주소는 202.30.50.88과 같이 숫자로 구성되어 있어 사람이 기억하기 어렵다. 이처럼 기억하기 어려운 IP주소 대신 abc.co.kr과 같이 영문, 한글, 숫자, 하이픈 등 사람이 기억하기 쉬운 문자로 표현한 것을 인터넷의 주소, 즉 도메인(Domain)이라 한다.

❶ 도메인의 미래

인터넷 주소인 ytn.co.kr을 살펴보자. 여기서 뒷부분인 co.kr은 한국 사이트에만 존재하는 것을 볼 수 있다. 이를 국가최상위도메인(ccTLD, country code Top Level Domain)이라 한다. 2009년 이후부터는 'ytn.한국'과 같이 영문 이외의 언어로 구성된 다국어 국가최상위도메인도 사용되고 있다. 2012년 6월 말 기준, 국가최상위도메인은 영문

그림 19-7 단계별 도메인 체계

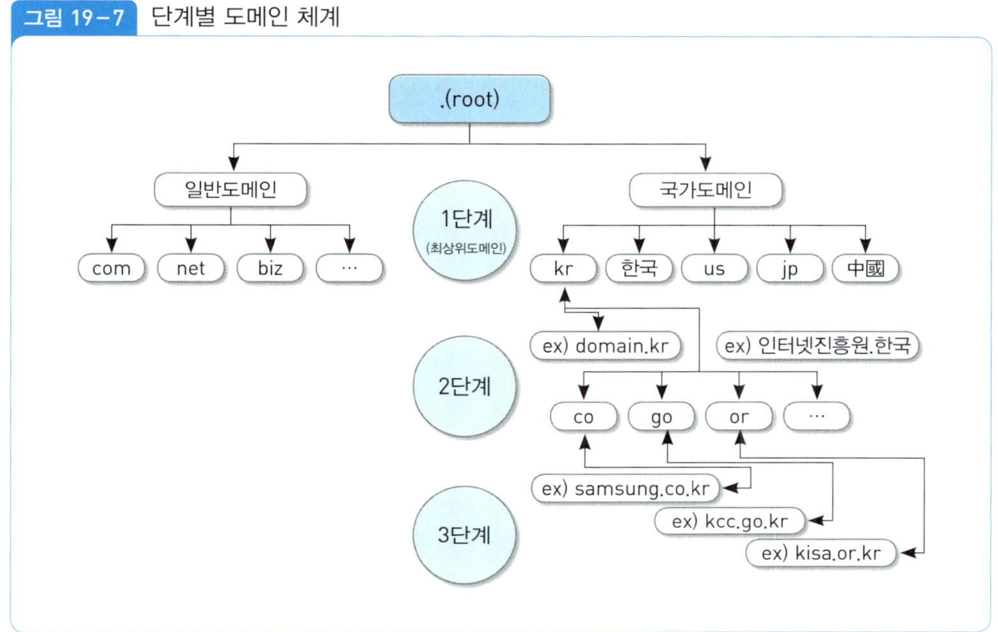

※ 출처: 한국인터넷진흥원, http : //domain.kisa.or.kr

247개와 다국어 31개가 있다.

반면 다른 도메인인 cnn.com을 살펴보자. 여기서 com은 국가를 의미하는 것이 아니다. 그래서 이를 일반최상위도메인(gTLD, generic Top Level Domain)이라 부른다. 일반최상위도메인은 .com, .net과 같은 3글자 이상의 영문으로 구성되어 있다.

정리하면 도메인은 국가최상위도메인, 일반최상위도메인 크게 두가지로 나뉘어지게 된다. 그리고 이러한 도메인의 총괄적 관리는 국제인터넷주소관리기관(ICANN : Internet Corporation for Assigned Names and Numbers)이 수행하고 있다.

ICANN은 국가최상위도메인의 경우 해당 국가의 공동체를 위해 등록정책을 스스로 정하여 운영하는 영역으로 정하고 있는데, 일반적으로 국제표준기구인 ISO 규칙에 따라 세계의 각 국가명을 영문약자 두 글자로 표현한다. 예를 들면 .kr(대한민국), .cn(중국) 등이 국가최상위도메인에 속한다. 일반최상위도메인(gTLD)은 ICANN이 생성 여부와 관리기관을 선정하고, 관리기관에 의해 정해진 등록 기준 및 정책에 따라 운영된다.

2012년 이전까지 일반최상위도메인은 제한적으로 생성되어 왔다. 하지만 ICANN은 일반최상위도메인 생성정책을 바꿨는데, ICANN이 정하는 기술, 재정능력 등 일정 조

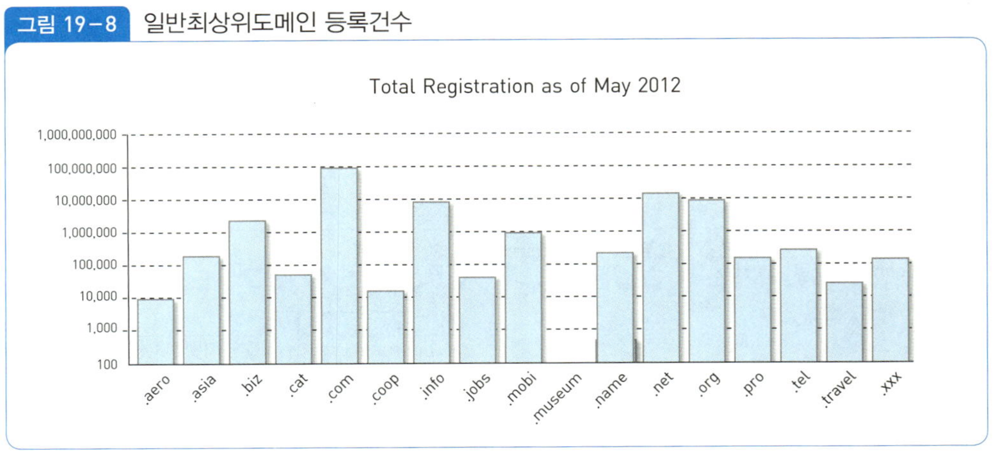

그림 19-8　일반최상위도메인 등록건수

※ 출처: 국제인터넷주소기구, https://charts.icann.org/public/index-registry-monthly.html

건만 충족하면 누구나 일반최상위도메인을 생성하여 사용할 수 있도록 하는 것이다. 이에 따라 2013년 이후에는 연간 1,000개 이상 생성될 수 있게 되었다. 향후에는 .samsung이나 .doosan과 같은 회사명 일반최상위도메인이나 .shop, .app과 같이 새로운 일반최상위도메인도 생성되어 널리 사용되는 것을 볼 수 있을 것이다.

　또한 기존에 일반최상위도메인은 영문만 있었지만 이제는 다양한 언어로 사용할 수 있게 되었다. 이제 한국어, 중국어, 아랍어 등 다양한 언어의 일반최상위도메인이 생성될 수 있다.

　그러나 과연 이들 도메인 중 .com의 아성을 무너뜨릴 도메인이 생겨날지는 의문이다. 2012년 6월 기준 전 세계적으로 가장 많이 사용되는 도메인인 .com은 1억 개 이상 등록되어 있으며 지속적으로 증가하고 있다. 1985년에 처음 등록을 시작한 .com은 1995년부터 2000년에 걸쳐 회사이름에 닷컴을 붙인 소위 '닷컴기업' 열풍을 일으키며, 인터넷 기반 기업 성장의 중심에 있었다. 2000년도 이후 닷컴버블이 무너지면서 일각에서는 당시 3,200만여 개였던 .com 도메인이 포화상태에 이르렀다고 예측했다. 웬만한 일반명사는 모두 등록이 되어 있었기 때문에 더 이상 이용자가 증가하지 않을 것이라는 주장이었다. 그러나 예측은 빗나갔고 .com은 글로벌 기업으로 이름을 알리고 싶은 IT기업들의 소망을 담아 여전히 도메인 업계의 1인자로서 입지를 지키고 있다. 사람들은 단어와 단어 사이에 하이픈(-)을 넣거나 단어 앞에 전자를 뜻하는 영어단어 electronic의 'e'를 붙이는 등 여러 합성어, 신조어를 활용하여 주소를 만들어 여전히 .com

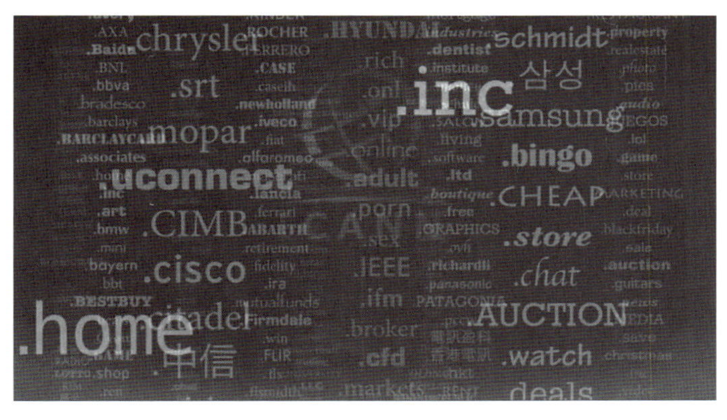

※ 출처: 국제인터넷주소기구, http://newgtlds.icann.org/en

도메인을 등록하고 있다.

.com 다음으로 많이 등록된 도메인은 독일의 국가최상위도메인 .de와 일반최상위도메인 .net이다. 이들은 각각 1,490만 개, 1,470만 개 이상 등록되어 있다. 하지만 .com과는 비교가 되지 않는 수치이다.

참고로 가장 적게 등록된 일반최상위도메인 .museum은 2012년 1월 기준 443건에 불과하다. 박물관을 대상으로 제한적으로 등록을 받고 있기 때문이다. 그런데 우리나라 국립중앙박물관의 도메인이름이 museum.go.kr, 프랑스 파리 루브르박물관의 도메인이름이 louvre.fr인 것에서 알 수 있듯이 사실 박물관들 사이에서 그다지 큰 인기가 없는 것으로 보인다.

여기서 알아둬야 할 것은 도메인마다 들어가는 돈, 즉 등록비가 있다는 것이다. 그렇다면 도메인별 가격은 얼마나 될까? 2012년 기준 도메인 1세대에 속하는 국가최상위도메인 co.kr이나 일반최상위도메인 .com 도메인이름 1개의 등록비는 2만 원 안팎이며, 등록비가 가장 비싼 .jobs가 25만 원 정도이다. 그러나 대중이 선호하는 도메인이름의 경우 미화 100만 달러 이상에 별도 거래되는 경우도 부지기수이다. 미국 경제 뉴스 사이트 비즈니스인사이더에 따르면, 여태까지 가장 비싸게 거래된 도메인은 sex.com으로서 무려 1,300만 달러(한화 약 180억 원)에 거래되었다고 한다.

도메인은 기존의 도메인과 새로운 도메인들이 생성과 소멸을 반복하면서 지속 성장해 나갈 것으로 보인다. 여러 도메인 브랜드의 발달로 도메인 가치의 차별화는 계속 될 것이다.

하지만 인터넷 도메인 주소의 미래가 밝은 것만은 아니다. 페이스북의 계정만으로도 서로 연락이 되고, 구글에서 키워드 몇 개를 입력하여 원하는 홈페이지로 이동할 수 있다. 결국 우리가 원하는 것은 정보로서, 다양한 방법을 통해 불러오기만 하면 되는 것이다. 그래서 도메인은 지금까지의 지속적인 발전을 담보할 수만은 없다.

❷ IP의 미래

IP는 인터넷의 역사다. IPv4 주소의 최대치는 43억 개(2^{32}개)이다. 하지만 인터넷은 중국·인도 등을 포함하여 전 세계의 서비스 인프라로 규모가 확대되고, 스마트 환경의 통신 기반으로 인터넷이 채택됨에 따라 기존의 IPv4 주소로 더 이상의 수요를 수용할 수 없는 상황에 도달하였다.

이를 해결하기 위해 이론적으로라면 더 많은 주소를 가진 IPv6(2^{128}개)가 적용되어야 하는 것이 올바른 수순이다. 하지만 IPv4는 산소호흡기를 달아 생명을 조금 더 연장하였다. 사설 IP주소 및 NAT 등 이른바 '중개자'의 개념을 확대 적용하여 IPv4 주소를 조금 더 늘린 것이다. 현재 시점에서는 중개자에 따른 오버헤드비용이 IPv6 도입비용보다 상대적 우세여서 산소호흡기는 계속 작동하는 중이다.

그러나 중개자 개념의 적용도 인터넷의 규모 확대 또는 진화에 대응하기에는 한계가 있다. 이에 따라 IPv4 주소의 거래가 병행하여 이루어지고 있다. 국가 및 대륙을 넘어 이루어지는 IPv4 주소거래를 안전하게 하기 위한 RPKI(Resource Public Key Infrastructure) 인프라 구축을 위해 모든 대륙별 인터넷등록기관(RIR: Regional Internet Registry)들이 상호협력하고 있는 중이다. 이들 공신력 있는 기관의 지원으로 주소거래가 제도권 내에서 이루어질 것으로 예상된다. 다만, 주소거래는 IPv4 주소 부족의 근본적 해결보다는 한시적인 돌파구 역할만을 수행할 것이다.

아마 IPv6는 더 이상 산소호흡기로 IPv4를 유지할 수 없는 시점, 즉 사설 IP주소로 적용할 수 없는 신서비스의 수요가 발생할 경우 적용될 것이다. 이는 아마 미래에 홈네트워크, 스마트케어 기기 등이 확대되어 광대한 통신 서비스가 확대되는 시점일 것이다.

❸ DNS의 미래

DNS는 전화서비스시스템에서의 전화교환기처럼 인터넷 상에서 이용자가 도메인 이름(www.kisa.or.kr)을 컴퓨터가 인식하는 IP주소(27.101.193.68)로 변환하여 주는 시스템이다. DNS는 인터넷주소의 근간으로 사용량 증가 및 안정성 향상을 목적으로 한다. 그렇다면 과연 DNS의 동작 방식은 어떨까?

과거 핸드폰이 없는 시절, 젊은이들은 소개팅 상대를 만나기 위해 약속장소에서 소개팅 상대를 직접 찾아야 했다. 그러기 위해서는 상대일 법한 사람에게 이름을 물어봐야 했다. DNS의 동작은 마치 이와 비슷한 방식으로 이루어진다. 소개팅 상대일 것만 같은 사람에게 다가가 이름을 묻듯이 인터넷 이용자가 도메인 이름에 접속할 때 이용자 컴퓨터는 DNS에게 해당 IP주소를 묻게 된다. DNS는 가장 위에 있는 루트부터 가장 아래에 있는 사용자도메인까지 위임체계를 따라 원하는 IP주소 정보를 찾을 때까지 차례대로 IP주소를 묻는 과정을 거치게 된다.

현재의 DNS 시스템은 도메인과 IP주소에 대한 검증 없이 통신이 이루어지므로 해커에 의한 데이터 위·변조가 발생하더라도 이에 대한 확인이 불가능하다.

이를 보완하기 위한 DNS 보안 확장 국제표준인 DNSSEC은 도메인과 IP주소에 대한 검증절차가 수행되므로 해커에 의한 데이터 위·변조시 이를 확인할 수 있다. 아마 미래에는 DNS의 성격을 갖는 다른 서비스도 추가될 것이다. 여러 코드를 해석해 주거나,

그림 19-10 DNS 작동원리

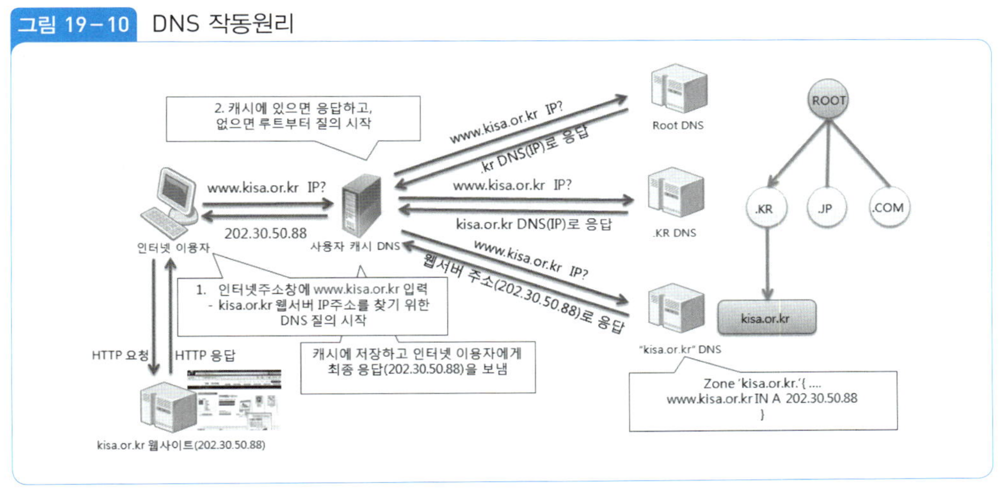

물체의 식별번호(OID) 등을 서비스해주는 체계를 들 수 있다. 그리고 이런 국제적인 서비스를 전담하는 기구도 탄생할 것이다. 이렇게 되면 모든 트래픽과 여러 서비스를 결합하여 전체를 아우르고, 통제할 수 있는 능력도 갖출 수 있게 될 것이다.

3. 인터넷 보안의 미래

요즘 정보 유출이 심각한 사회문제로 부각되고 있다. DDoS와 웜, 바이러스 등과 같은 악의적인 공격으로 인한 네트워크 피해는 점점 커지고 있다.

도대체 왜 이런 일이 매번 일어나는 것일까? 보안 담당자가 의지가 약해서 그런 것일까? 아니다. 그들은 많은 노력을 해 왔다. 현재 인터넷에서 새로운 보안 위협이 발생할 때마다 소프트웨어 패치 등의 형태로 보안 시스템을 열심히 개발해 왔다. 하지만 이러한 방식의 해결책은 결코 보안 위협에 대한 근본적인 해결 방안이 될 수 없었다. 인터넷 보안 위협의 근본적인 문제는 서로 운용을 위해 개방성을 지향해야만 하는 인터넷의 구조적 불완전성에서 오기 때문이다. 일례로 IPv4는 보안을 전혀 고려하지 않고 설계되었다. 따라서 미래 인터넷은 스팸, 웜, DDoS 공격 등 다양한 보안 공격으로부터 완벽하게 안전할 수 있도록 설계해야 한다. 그렇다면 어떻게 설계해야 할까?

❶ 미래 인터넷 보안 구조 기술 설계

미래 인터넷 보안은 현재 인터넷 보안과 다르게 초기 네트워크 설계 단계부터 보안을 고려한 형태로 진행되어야 한다. DDoS, 악성패킷, 바이러스, 개인정보 유출 위협

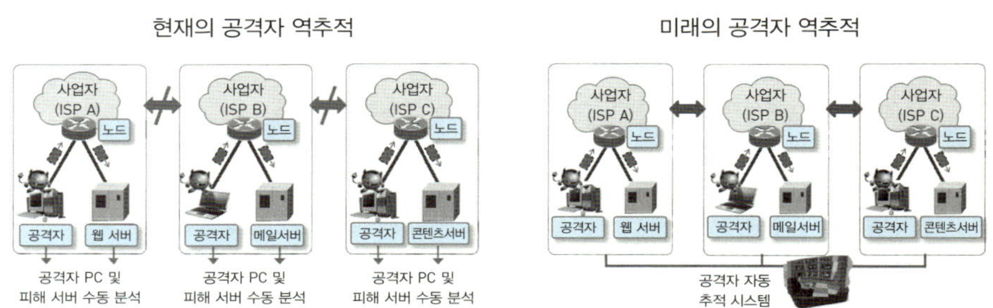

등 다양한 보안 위협을 원천적으로 방지 및 대처할 수 있는 기술로 개발이 진행되어야 한다. 따라서 현재 인터넷이 지닌 DDoS 공격 등에 대한 취약, 공격자 추적의 곤란 및 이로 인한 네트워크 복구의 어려움 등의 문제를 근본적으로 해결하기 위하여, 보안기능이 내재된 네트워크가 설계될 것이다. 분명 공격자의 실제 인터넷 주소를 자동으로 역 추적할 수도 있게 될 것이다.

❷ 미래 인터넷 보안 관련 표준화

미래 인터넷 보안과 관련된 표준화는 국제기구인 ITU, ISO, IETF 등에서 진행 중이다. 특히 ITU에서는 미래 네트워크 연구와 관련된 문제 정의, 요구사항 및 설계 목표 등을 기술하는 'Future Network : Problem Statement and Requirement' 표준 초안을 개발 중이다. 현재 미래 인터넷 관련 표준화 작업은 초기 단계에 있으며, 연구 및 개발을 통해 미래 인터넷 및 관련 기술들의 표준화 추진이 증가할 것으로 예상된다.

Ⅲ 미래의 인터넷 생활

1. 미래 인터넷 경제

인류는 이미 구석기 시대부터 불을 사용했고, 이를 활용해서 어둠을 밝혔을 뿐만 아니라 청동제품, 철기를 개발하여 인류 생활문화에 커다란 변화를 불러왔다. 불을 발견하고 이용하기 시작하면서부터 만물의 영장으로 발걸음을 내딛기 시작한다. 그리고 전기에너지를 실용화한 19세기 이후에는 또 한번 비약적 발전을 하게 된다. 전기를 이용하여 밤에도 일할 수 있게 되었으며, 기계를 이용하여 자원 활용 또한 극대화 되었다. 이렇게 하기까지 수천 년에서 수백 년이 걸렸다.

그런데 인터넷은 탄생한지 수십 년 남짓한 짧은 역사에도 불구하고 개인과 기업 및 국가 전반에 걸쳐 경제, 사회, 문화 등 모든 분야에 영향을 미치는 필수적인 기반구조로 부상하였다. 그리고 앞으로 있을 글로벌한 개방과 실시간 공유, 그리고 이용자들의 무한 참여를 기반으로 인류의 새로운 도전을 기다리고 있다.

1998년, 캐나다 오타와에서 열린 OECD 장관회의에서 전자상거래 활성화 및 온라인 활동 촉진과 관련하여 개인정보보호에 대한 논의가 이루어진 바 있다. 그리고 이 회의가 이루어진 10년 후, 2008년 서울 OECD 장관회의에서는 인터넷이 만들어가는 새로운 경제와 미래에 대한 논의가 전개되었다. 이 회의에서 '인터넷 경제의 미래'를 주제로 융합(convergence), 창의성(creativity) 및 신뢰성(credibility)의 글로벌 인터넷 경제의 실현을 위한 국제협력 과제가 도출되었고, 디지털 격차 등의 부작용에도 공동 노력의 필요성이 언급되었다. 이와 더불어 기존의 ITU와 ICANN이 함께 하는 인터넷 거버넌스회의(IGF) 등이 국제적인 차원에서 열리는 것이다.

위 사례는 인터넷 경제가 인류발전과 미래에 중요하게 자리매김되고 있다는 증거를 보여주고 있다. 짧은 기간 내에 인터넷은 인류의 산업과 경제에서 변화의 중심이 된 것이다. 보스턴컨설팅그룹(BCG)에서 발간한 연구보고서에 따르면, 2016년 G20 국가의 인터넷 경제 총생산액이 4조 2,000억 달러, 즉 4,746조 원에 달할 것이라는 전망이다. 주요 국가별 인터넷 경제 규모는 2010년에 미국 6.8천억 달러, EU가 6.2천억 달러, 중국이 3.3천억 달러이며, 2016년에는 EU 27개국이 1.1조 달러(10.6% 성장), 미국 1조 달러(6.5% 성장), 중국 8.5천억 달러(17.4% 성장)에 이를 것으로 전망했다. 한국의 경우, 인터넷 경제 총생산액이 2016년에 1,140억 달러로 성장할 것으로 전망되었고 이는 전체 GDP의 8.0%이다. 인터넷이 부의 새로운 원천이 되고 있는 것이다.

1985년에 최초 도메인이름이 생성된 이래, 여러 차례의 전쟁과 수많은 경제위기에서도 인터넷 경제는 지속적으로 성장해 왔다. 30여 년만에 인터넷 이용자는 전 세계 인구의 절반에 이르렀고, 앞으로도 다른 어떤 산업보다 크게 성장할 것이다. 스마트폰 등 다양한 기기의 개발과 이용 확대, 그리고 새로운 서비스의 태동으로 인터넷 경제는 앞으로도 비약적으로 변화 및 성장할 것이다.

2. 미래 인터넷 법률

1990년대 초 처음 인터넷을 법으로 규율할 당시에는 '인터넷'이라는 용어를 아는 사람이 거의 없었다. 그러나 이제는 어린아이도, 노인들도 아무런 거리낌 없이 '인터넷'이라는 용어를 사용하고 있을 정도로 인터넷은 일반 국민에게 생활화되어 있다. 그리고 이런 변화에 더불어 인터넷 관련 법도 많이 생겨났다. 전자정부, 전자상거래, 온라인 교육 등 인터넷 관련 법규가 상당수에 이른다. 그리고 이들 인터넷 법률은 향후 인터넷의 발전에 따라 다음과 같이 달라질 것으로 예상된다.

첫째, 인터넷에서의 각종 문제에 대한 법의 관여가 더욱 강해질 것이다. 인터넷은 오늘날 단순히 특정한 집단에서만 이용하는 정보시스템 간 통신수단에서 벗어나 사이버 스페이스라 부르는, 새로운 사회생활 영역이 되었다. 따라서 인터넷 자율규제에 의해서만 질서를 유지하기 어렵게 되었으며 법에 의한 관여가 불가피하게 되었다. 법의 관여는 단지 국가에 의한 간섭과 규제를 위한 것만이 아니라 사이버범죄, 개인정보보호 등에서 인터넷 이용자의 권리와 이익을 보호하기 위한 것 등 종류가 다양하다.

둘째, 인터넷에 관계되는 국제법이 더 많이 생겨날 것이다. 인터넷은 지금까지 그 글로벌한 성격에도 불구하고 개별 국가가 국내법으로 자기 영역 내에서 이를 규제하는 데 그쳤다. 따라서 해킹 및 컴퓨터바이러스 유포가 국제적으로 행해졌음에도 행위자가 피해국가에 있지 않은 이상 이를 제대로 제재할 수 없었다. 이러한 문제점을 해결하기 위하여 2000년대 초 사이버범죄협약을 제정하였으나 가입·비준한 국가 간에서만 효력을 갖는 한계가 있다. 이에 UN을 중심으로 세계 모든 나라들이 참여하는 국제사이버범죄조약을 마련하려는 움직임이 있다.

앞으로 인터넷에 관계되는 국제법은 각종 인터넷 거래와 관련하여서도 빠르게 증가할 것으로 보인다. 2000년대 초 유엔국제거래법위원회가 전자상거래모델법을 제정하여 이를 모델로 개별 국가의 관계 법률을 통일하고자 했다. 그러나 이는 개별 국가가 자율적으로 자국의 법률을 모델법에 따라 입법하는 방식으로 국제적인 효력을 갖는 통일법을 마련하는데 여러 가지 한계가 있었다. 따라서 향후에는 모델법 보다는 조약 내지 협약과 같이 직접적으로 국제적인 효력을 갖는 입법이 이루어질 것으로 예상된다.

셋째, 인터넷 법과 기존 법의 융합이 이루어질 것이다. 인터넷에 관계되는 법은 처음 등장할 당시 인터넷의 기술적 특성과 기존 생활 영역과의 괴리 등으로 독립한 별개의 법으로 마련되는 것이 보통이었다. 그러나 최근 인터넷, 즉 사이버 스페이스와 기존 생활 영역, 즉 리얼 스페이스와의 결합 내지 융합으로 관계 분야에서 법의 통합이 이루어지고 있다. 이러한 현상은 인터넷이 기존 생활 영역에서 일반적으로 이용됨으로써 더욱 심화될 것이다. 따라서 과거 별개로 존재하던 인터넷 관계 법률들이 기존의 법률에 편입되는 현상이 나타날 것이다. 예를 들자면 전자문서 및 전자서명에 관한 법규가 민법 등 기본 법률에 편입될 것이다. 그러나 전자서명 인증기관 및 전자문서 보관소 등 특수한 법률관계에 대해서는 그대로 특별법 형태가 계속하여 존재할 것이다.

인터넷에서 일상생활이 더 많이 이루어질수록 질서유지를 위하여 법의 관여 필요성이 더 커질 것이다. 그러나 인터넷 법의 마련과 집행에 있어서 인터넷의 자율과 자유를 최대한 지키기 위해서 인터넷 참여자들의 자율규제를 보호할 법을 마련하기 위하여 많은 노력이 필요하다.

 Ⅳ 마치며

인터넷은 이제 보편적 서비스이다. 이는 인류 역사의 가장 빛나는 창조물로서 정치, 경제, 사회, 문화 등 모든 분야에서 많은 공헌을 하였다. 그리고 인터넷의 미래 역시 대단히 밝다고 생각한다.

미래의 인터넷은 거의 모든 사물에 센서와 메모리 장치가 장착되어 인터넷으로 연결될 것이다. 그리고 물리적 공간과 디지털 공간이 점차 일체화 되어 갈 것이다. 시스템과 기기들이 사람의 상황에 맞는 행동을 언제 어디서나 실시간으로 수행하는 유비쿼터스형 서비스라 할 수 있다. 풍부한 영상 서비스를 제공하는 초광대역 네트워크 서비스의 세계도 될 수 있을 것이다.

이 변화는 매우 비약적으로 일어날 것이다. 너무나도 빠른 변화를 따라잡지 못하여 개인이나 기업의 생존이 어려운 상황에 놓이는 경우가 더 많아질 것이다. 아마추어와 프로의 경계가 흐려지는 일은 미래 인터넷에서는 매우 빈번히 발생하는 일일 것이다. 이를 대비하기 위해서 우리가 지녀야 할 마음가짐은 '소통'과 '공유'이다. 미래 인터넷 시대의 준비에서 가장 중요한 것은 수직적이고 폐쇄적인 패러다임에서 벗어나는 것이다.

그리고 변화의 과정에서는 기술이나 정보가 유출되는 경우도 있을 것이고, 인터넷 범죄 발생 등 새로운 윤리적 쟁점이 부각될 것으로 보인다. 이런 문제점을 최소화하고,

보완하기 위해서는 인터넷에 대한 많은 투자가 있어야 된다.

이러한 대비가 있다면 인터넷은 미래에도 다양한 서비스의 개발, 정보 격차의 해소, 삶의 질 향상 및 사회 통합의 역할을 충실히 할 것이라고 믿는다.

참고문헌

- European Commission, Future Internet 2020, 2009.5.
- Department for Business Innovation & Skills, Digital Britain, 2009.6.
- Towards the Future Internet, G. Tselentis et al.(Eds.) IOS Press, 2009.
- Commission of the European Communities, Internet of Things-An action plan for Europe, 2009.6.
- 한국전자통신연구원, 미래인터넷 기술 및 표준화 동향, 전자통신동향분석 제22권 제6호, 2007.12.
- 한국전자통신연구원, 미래인터넷 아키텍처 연구동향, 전자통신동향분석 제24권 제3호, 2009.6.
- 한국전자통신연구원, EU의 미래 ICT 전략 동향, 전자통신동향분석 제24권 2호, 2009.4.
- 한국정보화진흥원, 미래인터넷 추진 동향 및 시사점, 2009.5.
- 한국정보통신기술협회, Future Internet 동향과 전망, TTA Journal No.110, 2006.
- 정보통신연구진흥원, 유럽의 i2010 계획의 성과와 향후 추진 방향, 주간기술동향, 1359호, 2008.8.
- 정보통신연구진흥원, 미래 네트워크 기술동향, 주간기술동향 통권 1387호, 2008.3.
- 한국인터넷진흥원, 미래인터넷 저널, 2011.12.
- Boston Consulting Group, "The $4.2 Trillion Opportunity: The Internet Economy in the G-20", 2012.3.
- http://www.future-internet.eu
- http://77.238.10.46/blogs/futurecentre/tag/internet-with-things/
- http://fif.kr/
- http://www.geni.net/
- http://www.nets-find.net

스마트 산업의 미래

　최근 "스마트(Smart)"라는 단어는 스마트폰 이용의 확장으로 보다 더 친숙하게 다가오고 있다. 가트너 보고서에 따르면 지난 2010년 전 세계적으로 2억 8,900대에 불과했던 스마트폰 이용자 수는 2014년 9억 대로 폭발적으로 증가할 것으로 예측되고 있으며, 태블릿PC 또한 2011년 5,500만 대 규모에서 2014년에는 2억 대 규모로 급속히 늘어날 것으로 전망되고 있다. 과거 디지털 컨버전스는 디지털 기술을 이용하여 개별 산업에 IT를 적용하는 것이 중심이었다면, 스마트 컨버전스는 이러한 스마트폰, 태블릿PC 등에 고도화된 인텔리전스(Intelligence)를 추가하여 인터넷, 이동성(Mobility)를 십분 활용하는 사용자 중심의 새로운 가치와 비즈니스를 포괄적으로 의미한다고 할 수 있다. 따라서 스마트 컨버전스는 사용자·산업의 기존 프로세스를 혁신적으로 변화시키고 새로운 가치창출을 위한 거시적인 환경의 변화, 개방과 참여라는 고객 관점의 변화, 미래 사회문화의 트렌드를 포함, 결과적으로 다른 산업의 새로운 기초가 되고 기존 산업의 가치사슬 또한 지능적으로 변화시킬 수 있을 것으로 전망된다.

Ⅰ 미래 스마트 산업의 변화방향

1. 스마트 산업의 환경 변화(Environmental Changes in Smart Industry)

인류는 PC가 대중화되기 시작한 1980년대 이후 불과 30년 만에 정보기술의 혁명을 통하여 Web 2.0시대를 지나 Web 3.0시대를 맞이하고 있으며, Social 플랫폼, Mobile 플랫폼 등 플랫폼 비즈니스가 주축이 되고 있는 Web 3.0시대는 스마트 시대로 들어서는 초입 단계라고 할 수 있다. 향후 Web 4.0시대의 IT 패러다임은 아직 명확한 정의가 내려진 것은 아니나 Web 4.0은 Web, Mobile, SNS를 기반으로 기업활동 전반에 IT가 활용되어 수익성을 제고하고 새로운 비즈니스를 창출하는 등 기업경영 및 산업 전반에 엄청난 변화를 몰고 올 것으로 생각된다.

예를 들어, 과거에는 기업경영 및 마케팅이 주로 4P개념 기반에서 이루어졌는데, 4P는 Product(상품, 서비스, 포장, 디자인, 브랜드, 품질 등), Price(가격정책, 정찰제, 할인, 신용, 할부판매 등), Promotion(판매촉진, 광고, PR, 인적판매, DM 등), Place(유통경로, 재고, 운송 등)으로 세분화되어 시장을 정의하고, 소비자의 요구에 적용되는 마케팅을 의미한다.

그러나 스마트 시대에서는 이러한 마케팅 패러다임이 크게 바뀔 것으로 예상되는데 그 이유는 스마트 기기의 적극적인 활용을 통해 고객의 성향 및 구매·판매 습관 등에 대하여 사전적으로 인지하거나, 판매 및 구매에 따른 실시간 정보분석 등을 통해 거의 모든 제품·서비스에 대하여 맞춤형 판매와 구매가 일어날 수 있고, 또한 이에 따른 생산 및 유통 필요성도 실시간으로 사업자에게 전달되어 생산 스케줄링 및 공정에 영향

표 20-1 스마트 시대 및 시기별 IT 패러다임의 특징

구 분	기 간	특 징	제품·브랜드
PC 세대	1980-1990	운영체계(OS) 중심	IBM, Apple PC, MS Windows, DOS
Web 1.0	1990-2000	검색 포털(WWW)	Netscape, Yahoo, Lycos
Web 2.0	2000-2009	Web 플랫폼, 정보 Hub, 집단지성	Google, Wikipedia, Amazon
Web 3.0	2009-2014	Social 플랫폼, Mobile 플랫폼	Facebook, Twitter
Web 4.0	2014-	Hyber Mobile, Big Data, Cloud Services	전자제조업자, 정보사업자, 검색사업자 등

을 미치기 때문이다.

2. 스마트 산업 패러다임 변화의 핵심동인
(Core Drivers for Smart Industry Paradigm Shift)

앞에서 언급한 스마트 산업의 환경 변화에 기인한 미래의 스마트 산업의 패러다임 변화에는 여러 가지 다양한 견해가 있을 수 있겠으나, 미래의 스마트 산업은 과거 IT 패러다임과는 차별화되어 다음 네 가지 변화의 핵심동인을 바탕으로 급속히 전개될 것으로 생각된다.

❶ 소셜 네트워크 서비스(Social Network Service)

소셜 네트워크 서비스(Social Network Service 이하 SNS)는 사용자 간 자유로운 의사소통과 정보공유, 그리고 인맥확대 등을 통해 사회적 관계를 생성하고 정보의 생성자가 정보의 소비자가 되는 현상이 동시에 일어나게 하는 일종의 온라인 플랫폼을 의미한다. 이러한 플랫폼 기반의 가상화된 공간인 소셜공간은 개인과 개인의 차원을 넘어서 기업경영에서부터 정치, 경제, 사회, 문화까지 전 세계를 지배하는 거대한 영향력을 행사하게 되었다. 예를 들어, 튀니지 청년의 분신 및 SNS를 통한 저항은 자스민 혁명으로 확산되어, 23년 독재정권을 축출하고 인근 리비아 등의 독재국으로 그 여파가 확대되

| 그림 20-1 | SNS가 영향을 끼쳤던 사회현상 (자스민 혁명 & 미국 대선) |

※ 출처: 중앙일보, 2011. 9. 13, 오바마대통령 페이스북(www.facebook.com/barackobama)

었는데, SNS는 이러한 정치 혁명에 주도적인 역할을 하였다.

또한 2008년 및 2012년 미국 대선에서 오바마의 SNS 지원 그룹이 대통령 당선에 결정적인 역할을 하고, Facebook 및 Twitter에만 지원자들이 2천만 명 이상이 되는 것으로 보도되고 있다. 국내에서도 서울시장 선거 박원순 후보 당선은 '트윗당(SNS)'의 힘이라는 말이 나온 것처럼 (투표 인증샷 올리기 등 문화 정착) SNS의 영향력은 지속적으로 확대되고 있다.

SNS는 영향력이 커지는 만큼 이용자 수도 계속 늘어나고 있는데, 미국의 경우 47%의 미국 성인이 SNS를 이용하고 있으며, 73%의 미국 미성년자가 SNS를 이용하고 있고, 이는 2004년 55%에 비해 엄청나게 늘어난 수치라고 할 수 있다(Lehart et al., 2010). 한국 또한 이용이 급격히 증가하고 있는데, 페이스북(Facebook)과 트위터(Twitter) 이용자 수는 이미 2011년에 1천만 명을 돌파했다고 하며, 그 증가추세는 지속될 것으로 예견된다.

SNS는 광범위하고 동시에 특정 성향의 서비스 이용자들을 데이터베이스에 의해 파악하고 관리할 수 있다는 점에서 마케팅 활용가치가 날로 증가되고 있다. 왜냐하면 이같은 장점을 통해 기업에서는 저비용으로 표적집단에게 효율적으로 도달될 수 있는 맞춤형(Customized) 마케팅을 실행할 수 있기 때문이다. 델(Dell)은 SNS를 적극적으로 기업경영 전반에 활용한 회사인데, 트위터를 통한 상품 프로모션을 진행하고(33개 트위터 계정, 9개 블로그), 클라우드 소싱 기반 고객소통 플랫폼으로 고객아이디어 및 의견수렴을 통해 판촉전략을 수립하였다. 또한 SNS 효과 극대화를 위한 대규모 전담 센터를 신설하여 매일 2만 개 이상 소비자 패턴 및 의견을 반영하여 고객충성도 제고는 물론, 판매 확대를 꾀하고 있다.

그림 20-2 델(Dell)사의 SNS 마케팅 활용 (Idea Storm & Online Shop)

※ 출처: www.ideastorm.com, www.dell.com

한편, SNS는 마케팅 활용 뿐 아니라, 게임, 교육 등 다양한 분야에서 활용되어지고 있다. 예를 들어, 메리어트 호텔은 페이스북을 통해 소셜 게임 'myMarriott'를 배포, 구직자들이 게임을 통해 사전에 직무를 체험하고 구직자 간 소통할 수 있는 기회를 제공하고 있는데, 이러한 SNS 기반 게임·인적자원관리는 업무에 대한 사전 경험을 제공하여 신입사원들의 이직률 하락은 물론, 홍보 및 기업충성도 제고에도 기여하고 있다. 다양한 SNS의 활용은 스마트 패러다임의 한축을 담당하며 고객의 참여와 소통 등의 확대를 통해 새로운 가치를 창출할 것으로 생각된다.

② 스마트폰 기반의 모빌리티(Mobility)

스마트 기기의 핵심이 되는 스마트폰, 태블릿PC 등은 단말 자체에 Sensing, Communication, Memory/Processing 기능이 추가되어 움직이는 지능형 만능기기로 진화하고 있다. 이러한 모바일 단말기의 혁신적인 발전에 힘입어 스마트폰은 사람과 함께 느끼고, 인식하고, 반응하는 Mobile Life의 전달자 역할을 하게 되었다.

서울 강남구 선릉역 스크린 도어에 설치한 홈플러스 가상스토어는 전 세계 최초의 가상스토어로써 모바일폰 및 QR 코드를 이용해 주문하면 집으로 배송되는 형태로써 유통 산업에 스마트폰을 적극적으로 활용한 형태라고 할 수 있겠다. 애플의 음성 인식 기반 지능형 서비스 "Siri"는 먹고 싶은 음식을 말하면 가까운 식당정보를 자동적으로 검색해서 이야기해주고, 일정에 대하여 말하면 일정관리 앱(App)에 자동 등록하고, 메

 스마트 가상스토어 활용 (홈플러스 가상매장 & Shutterfly.com)

※ 출처: 홈플러스, shutterfly 홈페이지(www.shutterfly.com)

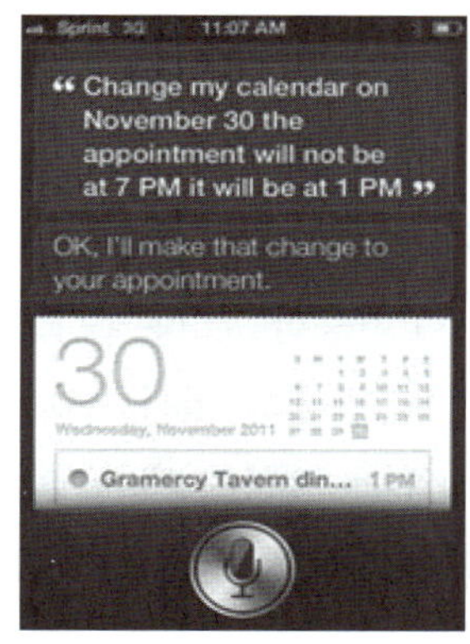

그림 20-4 스마트폰 기반의 인공지능 활용 (Siri & IKEA 가상현실 구매)

※ 출처: Apple 홈페이지, IKEA 홈페이지

일을 음성으로 전송하는 등 음성 인식과 인공 지능 기술을 기반으로, 인간의 행동을 모방하는 감성적인 접근으로 정보기기 이용을 편리하게 하고 있다.

한편 IKEA는 가상의 가구를 현실세계에 배치해보고 구매 여부 결정을 할 수 있는 구매의사결정 시스템을 스마트폰 기반으로 제작하여 고객의 구매를 돕고 있다. 이러한 기반에는 시간과 공간의 제약 및 현실과 가상의 구분이 없어짐을 의미하며, 그 근본에는 지능화된 이동성 높은 스마트폰이 자리하고 있는 것이다.

❸ 빅데이터(Big Data) 분석

빅데이터(Big Data)란 일반적인 데이터베이스 SW가 저장, 관리, 분석할 수 있는 범위를 초과하는 규모의 데이터를 의미하며, 단순한 DB가 아니라 업무수행에 초점을 맞춘 개념이다. Big Data는 다양한 종류의 대규모 데이터로부터 저렴한 비용으로 가치를 추출하고 (데이터의) 초고속 수집, 발굴, 분석을 지원하도록 고안된 차세대 정보 기술 및 아키텍처를 포함한다.

데이터는 21세기의 원유이며 기업 및 국가의 미래경쟁우위를 좌우하는 방안이라고 가트너는 정의하고 있으며, 특히 환경, 에너지, 식량 문제를 해결할 수 있는 대안이라고 제안하고 있다. 기업은 소비자 행동 및 시장변동 예측에 있어 Big Data 분석을 통해 비즈니스 모델을 혁신하고, 신사업 발굴 등을 통해 혁신을 지속할 수 있으며, 원가절감, 제품차별화, 투명성 증가 등을 통한 기업경쟁력 강화를 추구할 수 있다.

최근 Web과 모바일 기기, SNS의 사용과 함께 유통되는 정보량도 기하급수적으로 증가하게 되었는데, 세계적으로 매일 15 Petabyte(10^{21})의 정보가 생산되는데 이 수치는 미전역 도서관에 저장된 정보의 8배에 해당하는 수치이다. 또한 제조업에 Big Data 분석활용시, 상품개발 및 조립비용의 50%까지 절감이 가능한 것으로 보고 되었다.

뉴욕 국세청은 2,400만 명 납세정보 분석, 체납자 관리를 실시하여 5년간 8.9억 달러 추가 세수를 확보할 수 있었고, 캘리포니아 세코야 병원은 10만 명 이상의 환자에 맞춤형 진료를 실시하여 심장수술 환자의 사망률을 50% 감소 시켰으며, 테네시주 멤피스에서는 범죄정보를 분석, 우범지역 및 시기예측을 통해 추가비용 없이 범죄율을 30% 감소시킬 수 있었다고 한다.(Mckinsey, 2011) 이러한 사례에서 볼 수 있듯이 Big Data 분석은 생산성 향상은 물론, 경쟁력 강화를 통해 민간기업뿐 아니라 공공기관에서도 실제적인 스마트 시대를 도래하게 할 것으로 전망된다.

❹ 클라우드 컴퓨팅(Cloud Computing)의 확대

클라우드 컴퓨팅은 PC, 휴대폰, TV 등 다양한 IT기기 이용자들이 네트워크 접속을 통해 자신이 필요로 하는 만큼의 서버, 스토리지, 소프트웨어 등을 유틸리티 서비스 형태로 이용하는 방식이다. 클라우드 컴퓨팅 서비스에는 IT자원을 제공하는 인프라서비스(IaaS), 소프트웨어를 개발할 수 있는 토대를 제공하는 플랫폼서비스(PaaS), 애플리케이션을 제공하는 응용 소프트웨어서비스(SaaS)가 있고, 운용 모델은 사용자에 대한 서비스의 개방 여부에 따라 프라이빗 클라우드, 퍼블릭 클라우드, 커뮤니티 클라우드, 하이브리드 클라우드 등이 있다. 이러한 클라우드 컴퓨팅 서비스를 제공하기 위해서는 많은 기술이 필요한데 대표적인 기술로는 분산컴퓨팅, 가상화, 서비스 프로비저닝, 시스템 관리 등이 있다.

현재 클라우드 컴퓨팅 발상지인 미국을 비롯하여 영국, 일본 등 해외 선진국들은 클라우드 서비스의 시장 선점을 위하여 정부가 적극 지원하고 있으며, 아마존, 구글, 세일즈포스닷컴 등 세계적인 IT기업들은 클라우드를 활용한 다양한 기술과 서비스 모델을 속속 선보이고 있다. 또한 최근 클라우드 컴퓨팅은 분산 SW 플랫폼인 Hadoop을 이용하여 손쉬운 대량 데이터 처리, Application 제작 지원, 데이터 분산·병렬 고속처리가 가능해져 Big Data 처리환경의 중요한 인프라가 되고 있다.

Ⅱ 미래 스마트 산업의 발전상

1. 미래의 스마트 기술

미래의 스마트 산업의 범위는 무궁무진할 수 있다고 하겠다. IBM 등 세계 유수 기관들은 멀지 않은 미래에 적용이 될 수 있는 기술에 대하여 다양한 예상을 제시하고 있는데, 그 중 기본이 되는 몇 가지는 다음과 같다. 첫 번째로 미래에는 기계가 사람의 마음을 읽는 시대가 올 것으로 예상하고 있는데, 이는 기계가 인간의 뇌파를 읽어서 전달된 명령을 받아 직접 실행에 옮기는 시대를 의미한다. 두 번째로는 에너지를 스스로 자급해 사용하는 시대가 올 것으로 예상하고 있는데, 조깅, 자전거 등의 에너지로 가정, 사무실에서 사용하고 전기자동차의 전력을 집·사무실로 전용해서 쓰는 에너지 공유 개념이 실현될 것으로 예견하였다. 셋째로는 모든 정보시스템 이용에 있어서 인증서 혹은 패스워드가 필요없이 접속하는 시대가 올 것으로 예상하였는데, 이는 기존의 패스워드를 기억할 필요가 없어지고, 생체 인식 방식으로 대체하게 되는 것을 의미한다. 넷째는

그림 20-5 스마트 기술의 미래 (Smart City & Smart Defense)

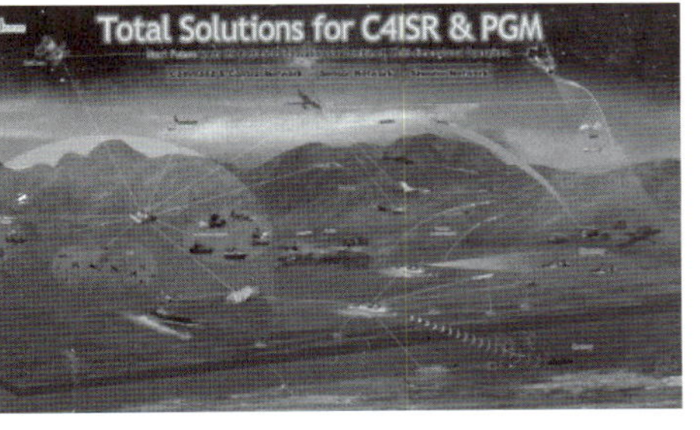

※ 출처: POSCO 경제경영 연구소, 스마트 무인기 기술개발사업단

정보격차(디지털 디바이드)가 없어진다고 예상하고 있는데, 5년 내 전 세계 인구의 80%가 휴대폰을 갖고 전 세계의 정보에 접속하게 되어 정보격차는 완화된다고 전망하고 있다. 마지막 다섯째로 스펨 메일이 Priority Mail이 되는 시대가 되며, 스펨 메일같은 버려지는 정보들이 다시 분석이 되어 고객맞춤형 정보로 재구성되어 다시 새로운 가치를 창출하게 되는 것을 뜻한다.

미래 기술이 융합되고 기존 삶과 접목되어 우리의 생활을 어떻게 스마트하게 바꿀 것인가는 상기 그림처럼 도식화될 수 있을 것이다. 도시 전체는 물론 환경문제, 인구문제, 사회문제 등 다양한 이슈들에 대하여 Smart Green City라고 하는 포괄적인 범주의 스마트 삶(Smart Life)가 제시될 수 있는데, 이에 대한 상세한 내용은 다음 장으로부터 하나하나 살펴보기로 한다.

2. 스마트 빌딩(Smart Building)

스마트 빌딩은 건물에 대한 기본 개념인, "인간이 거주하며 쾌적한 생활을 영위하기 위한 공간"이라는 차원을 넘어, 환경 및 에너지문제를 고려하여 인류의 생존과 지구환경문제에 기여하기 위한 건축 분야의 21세기 대안이라고 최근 연구결과에서 보고되고 있다. 스마트 빌딩은 인텔리전트 빌딩(Intelligent Building)의 개념에서 비롯되었는데, 인텔리전트 빌딩은 정보통신 기능을 활용하는 통합적이고 효과적인 빌딩제어시

그림 20-6   스마트 빌딩 활용 (포스코 ICT & 포스코 북경센터)

※ 출처: POSCO ICT

스템을 의미하며, 스마트 빌딩은 인텔리전트 빌딩의 효율적인 빌딩제어 뿐만이 아니라 에너지절약과 환경보전을 목표로 에너지 소비절약, 자원 재활용과 환경공해저감기술, 쾌적 실내 환경기술 등을 적용하여 자연친화적(Ecology)으로 설계·건설하고, 건물의 수명이 끝나 해체될 때까지도 환경에 대한 피해가 최소화되도록 하는 빌딩 개념을 의미한다. 또한 스마트 빌딩은 외부 벽면을 이용하는 광고·미디어 전달 기능까지 포함된 건축물로 빠르게 진화하고 있다.

최근 건설되고 있는 포스코 북경센터의 건물은 미래 스마트 빌딩의 모습을 볼 수 있는 좋은 사례가 될 수 있다. 포스코 북경센터는 2만㎡ 부지에 26층과 31층 규모의 건물 두 동으로 들어서는데, 그린 플랫폼 기반 첨단 기능이 포함되어 있으며, 감성 조명, 미디어 파사드, 그린 에코 월, 디지털 테마터널 등이 포함되어 있다. 기술적으로는 최근 스마트 빌딩은 에너지절감형 그린플랫폼 기반으로 체계적으로 진화하고 있으며, 스마트 빌딩의 조명은 에너지절감형 LED 기술 기반, 감성조명, 경관조명, 건물 외부에 미디어 파사드 도입으로 다양한 방향의 혁신적인 기능이 추가되고 있다.

3. 스마트 그리드(Smart Grid)

지구 온난화문제가 대두되면서 화석연료발전은 탄소배출이 중요한 원인으로 밝혀졌고, 이에 화석연료에 의지하지 않고 자연의 힘으로 전력을 생산하는 풍력, 태양광 발전이 전력 발전의 대안으로 대두되고 있다. 이에 IT기술을 전력의 발전, 송·배전 등의 효율적인 관리에 접목하여 환경 및 에너지문제를 해결할 수 있도록 하는 기술적 기반이 바로 스마트 그리드이다. 스마트 그리드 기술은 전력 산업에서 발전시스템의 효율과 생산성을 높이고 발전소 건설과 같은 비용을 줄이게 하며, IT에 의한 지능형 시스템의 도입과 함께 신재생에 기반을 둔 분산발전을 통한 전력발전원을 다양화시킬 수 있다. 즉, 예전처럼 중앙 발전소에만 의지하던 시절에는 사용량 증가에 따라 거대한 발전소를 다시 지어야 했고 많은 비용이 들었지만, 스마트 그리드를 활용하여 지역의 특성에 맞추어 신재생에너지 기반의 발전을 한다면 화석연료 발전소의 건설을 최소화할 수 있을 것이다.

최근 국내에서 태양광·풍력발전에서 생산된 전기만을 사용하고 섬 전체를 스마트

그림 20-7   스마트 그리드 활용 (가파도 마이크로 그리드 & 제주도 전기자동차)

※ 출처: POSCO ICT

그리드(지능형 전력망)로 실현한 제주 가파도 사례가 스마트 그리드의 적용을 위한 테스트 베드 형식으로 구축이 되었으며, 가파도는 '탄소 없는 섬(Carbon Free Island) 가파도'라는 슬로건으로 마이크로 그리드(독립형 전력망) 구축 준공식을 갖고 현재 본격적인 운영 중이다.

가파도의 경우 과거 디젤발전기에서 생산된 고가(1kWh당 300~5,000원)의 전기를 사용해왔는데, 가파도 사례는 탄소배출이 전혀 없는 태양광·풍력에서 생산된 값싼 전기만을 사용하는데다 전력망 관리체계 자체를 플랫폼화하여 향후 다양한 분야에 적용이 가능할 것으로 보여진다. 연간 1045kWh의 전력을 사용하는 가파도는 현재 150kW급 디젤발전기 3대와 30kW급 태양광발전기로 섬 전체 에너지를 충당해 왔다. 이를 250kW급 풍력발전기 2기와 22가구에 설치된 태양광(96kWh)발전으로 충당하고 있으며, 배전설비의 지능화로 전신주(130개)와 통신주(100개)는 모두 철거해 지중화 했다. 193가구(상업시설 포함)에는 AMR(단방향원격검침)과 홈 지능화기기 등 스마트홈을 구축해 운영센터에서 관리·제어한다. 또한 가파도는 신재생 에너지로 발전된 전기를 1MW급 ESS(Energy Storage System, 전력저장장치)에 저장하고 발전량이 부족한 경우 통신체계를 이용해 수용가의 전력사용을 효율적으로 관리하고 있다. 아울러 전기차 7대가 보급돼 주민과 방문객 이동 등에 활용하고 농기계 차량도 전기차로 전면 교체되는 등 가파도 사례는 한국에서 스마트 그리드를 통한 환경·에너지문제 해결의 중요한 계기가 될 것으로 전망된다.

4. 스마트 교통·자동차(Smart Transportation)

　교통문제는 특히 인구가 밀집된 도시에서 발생하고 있는데, 과밀화된 도시에서 반복되는 교통체증과 이로 인한 사회비용의 증가는 중장기적으로 에너지 낭비는 물론, 대기오염도 심화 및 종국적으로는 도시 성장의 발목을 잡을 수 있다. 이러한 교통문제에 대하여 적극적인 IT기술을 도입하는 스마트 교통, 스마트 자동차는 최근 괄목할 만한 발전을 이루고 있다. 실제로 스마트폰을 통해 원격시동이 가능하고 에어컨과 히터를 켤 수도 있으며, 차량을 도난당했을 때 자동으로 경찰에 신고 되어 위치추적이 가능해지는 기능이 탑재된 차량이 국내에 출시될 정도로, 국내 자동차·교통 등에 IT를 접목시키는 노력은 지속적으로 추진되고 있다. 우리 정부차원에서도 국토해양부는 올해 초 기존 도로교통 체계에 첨단정보 기술(IT)과 자동차 기술을 융합한 "스마트 교통체계(ITS)"를 2020년 전국도로의 30%로 확대하겠다고 발표했는데, 이 체계가 확대되면 교통혼잡·사고·물류비용의 절감으로 연간 11조 8,000억 원 이상을 절감할 수 있고, 배기가스 배출량의 12%가 감소할 것으로 분석되었다.

　한편 이러한 교통체계의 개선을 통한 스마트 교통은 기존의 도로체계를 단편적으로 개선하는데 그치는 것이 아니라 자전거, 자동차 등 개인교통과 대중교통을 편리함을 주면서도 끊김없이 이용할 수 있는 국가·도시 전체차원의 교통체계로 계획되어야 하며, 이를 이용하는 대중이 본인에 맞는 가장 적합한 교통수단 및 방법을 선택할 수 있는 방향으로 동시에 추진되어야 할 것이다.

　최근 교통혼잡 및 사회적 비용 절감을 목표로 하는 스마트 교통 시스템과 더불

그림 20-8 스마트 자동차 (Audi 인포테인먼트 & 구글의 무인자동차)

※ 출처: Audi 홈페이지(www.audi.com), CBSNEWS 2012. 5. 7

어, 다른 한축에서는 스마트 자동차개발에 대한 노력이 지속되고 있다. ETRI에 따르면, 스마트 자동차에는 자차센서, 인프라센서, 주변차량 센서정보 협력 기반의 능동적·통합적·자율적 주행상황 인식 기술 및 ACC·Lane Keeping·Blind Spot 등 다양한 ADAS(Advanced Driver Assistance System) 서비스를 지원·관리할 수 있는 ADAS 통합엔진, 대용량 차량 센서 데이터 전달을 위한 모듈화·분산화된 IP기반 통신 미들웨어 기술 등이 포함된다. 또한 초기의 자동차-IT융합이 내비게이션을 장착하고 차량에서 DMB를 볼 수 있는 단순한 일방향의 정보 전달이었다면, 이제는 교통정보를 무선으로 주고받으며 자동으로 차량 주행을 제어할 수 있는 수준으로 기능이 확대되고 있고, 외부와의 실시간 정보공유에 따른 인포테인트먼트(Infotaintment) 기능이 추가되고 있다.

포드사는 차량 간 충돌사고 예방 시스템을 연구 중인데, GPS과 와이파이 신호를 기반으로 다른 주행 중인 차량의 이동 속도를 파악해서 사고 발생을 미연에 방지하는 기능을 개발 중이며, 미 도로교통안전국 주관으로 포드사를 포함하며 7개 자동차 제조사들이 공동으로 차량 안과 밖의 다양한 센서를 통해 차량과 차량(Vehicle, V2V), 차량과 인프라(Infra, V2I) 간 통신을 이용하는 스마트 차량을 연구 중이라고 한다.

외부와 소통이 가능한 스마트 자동차는 다양한 형태로 개발되고 있다. 독일 아우디는 실시간 교통정보와 지정학적 위치정보를 바탕으로 스로틀 밸브를 자동으로 제어하고 기어변속을 가능하게 함으로써 연료효율을 최대화하고 이산화탄소 배출량을 최소화하는 시스템을 연구 중이다. 한편, 구글은 무인자동차 개발을 주도하고 있고 2010년 10월 처음 공개한 데 이어 미국 서부의 네바다주를 20만 마일(약 32만 1,800㎞)가량 주행하는 데 성공했는데, 가파른 굴곡 길로 유명한 미국 샌프란시스코 롬바드 거리도 무사고로 내려왔다고 한다. 구글 무인자동차의 핵심은 지붕 위 레이더를 포함해 전체를 뒤덮은 센서인데, 이들 센서가 차량에 탑재된 고성능 컴퓨터와 연결돼 차량 스스로 도로 상황을 판단하고 구글맵을 통해 주변 환경정보를 실시간 차량으로 전송하는 방식을 도입하고 있다.

5. 스마트 스페이스(Smart Space)

건축학 등에서의 공간의 개념은, 과거의 장소를 의미하는 물질적인 개념에서 정보기술을 적극적으로 활용하여 비물질적 가치의 중요성이 극대화되는 공간으로 그 의미

그림 20-9　스마트 스페이스 사례(광저우 아시안 게임 & 여수 엑스포)

※ 출처: 중앙일보 2010. 11. 13, 여수엑스포 조직위원회

가 확대되고 있는데, 비물질적 공간은 사람, 공간, 사물 등이 하나가 되어 연결되는 공간을 의미하고, 여기에 스마트 환경 인지 기술 기기들이 시각, 촉각, 후각, 청각 등 감각기관을 자극하여 (1) 유연성 있는 재료와 빛, 색채 등이 감각체계와 상호소통, (2) 사람의 행동이나 양식에 따라 기기들과 상호작용에 따른 상황 전달, (3) 일시적으로 공유하는 상호적 관계 제공, (4) 시간과 흐름에 따라 공간과 사람의 정보를 저장하여 공간이 수시로 진화하는 등의 가치를 제공하는 것으로 최근 건축학연구에서 정의되며, 스마트 스페이스의 기본적인 개념을 구성하고 있다. 이러한 스마트 스페이스를 실제적으로 구현하기 위해서는 Display 기술, IT 기술, 영상 기술, 동작감지 기술 및 음성, 촉감, 시점, 제스처 등을 감지할 수 있는 기술 및 다양한 기기를 통한 제어(운영)할 수 있는 양방향 기술 등이 요구된다. 아울러 스마트 스페이스는 각종 올림픽, 월드컵, 엑스포 등의 행사에 효율적으로 접목될 수 있다.

포스코 북경센터는 스마트 빌딩 및 스마트 스페이스를 극대화한 사례라고 할 수 있는데, 이동을 위한 통로를 지나면서 새로운 문화를 접하고 웃고 즐길 수 있는 공간을 구성하여 새로운 공간을 만들었다. 특히, 다양한 컨텐츠 표시, 사용자와 Interactive하게 대화할 수 있는 미디어 스크린 및 동작 Sensing 기능을 통해 한국뉴스, 음악방송, 한류소식, 한류동영상, 한국여행정보 및 공개 프로포즈, 사용자 메세지 등을 실시간 표시하는 새로운 공간으로 제공될 계획이다.

또한 스마트 Rest는 휴식을 통해 직원들의 집중력과 창의력을 향상시키는 체험공간을 제공하면서, 정보 기술을 통해 Fun공간·자연공간·휴식공간 등 다양한 체험공간을 제공하여 업무 스트레스를 잊으며 Refresh 활동을 통해 집중력과 창의력 회복을 도모하고 있다. 스마트 스페이스는 기존 공간을 감성공간으로 전환하여 새로운 가치를 부여하는 시도이며 그 미래 및 적용범위는 무궁무진하다고 하겠다.

6. 스마트 카드(Smart Card)

스마트 카드(Smart Card)는 일반적인 신용카드와 동일한 재질과 사이즈인 플라스틱 카드의 표면에 자체 연산 기능이 있는 8비트 또는 32비트 마이크로 프로세서(MPU)와 운영체제(COS), 그리고 안전한 저장영역으로서의 EEPROM(Electrically Erasable Programmable Read-Only Memory)이 내장되어 있는 집적회로(IC) 칩이 표면에 부착된 전자식 카드이다. 이러한 카드 타입의 스마트 카드는 최근 스마트폰 내부의 Virtual Card 형태로 진화하고 있으며, NFC(Near Field Communication)기반 비접촉식 카드는 물론, 생체정보를 활용하는 방향으로 확장되고 있다. 미국 정부는 스마트 카드에 지문 및 공인인증서를 저장하여 출입카드로 사용하는 것을 골자로 하는 연방 IT표준을 2012년 발표하였고, 비자·마스터 카드사는 신규 IC칩에 지문 및 공인인증서가 통합된 카드를 제공하고 있다.

한편, 애플·구글 등 스마트폰 제조사들이 터치스크린으로 패스워드·신용카드·계좌번호가 입력하던 방식이 해킹되면서 지문을 인증수단으로 채택하는 등 스마트 카드는 생체정보를 카드와 결합하는 방향으로 개발되고 있다. 한편 유아·노인 등의 저품질 지문영상, 배경·조명 변화 등에 따른 얼굴 인식 알고리즘의 인식률 가변성 등의 이유로 인하여 최근 지문·얼굴·홍채 등 다중생체인식기술(Multi-modal Biometrics)에 대한 상용화가 미국, 영국 등을 중심으로 활발히 진행 중에 있으며 향후 스마트 카드는 비접촉식 무선 기반 다중생체인식 등을 포함하는 카드로 발전할 것으로 전망된다.

7. 스마트 보안(Smart Security)

스마트 보안이란 개인, 기관, 국가 등의 안전을 위하여 센서와 시스템을 통합, 융합(분석), 대응할 수 있는 지능형 보안 솔루션과 플랫폼 및 서비스를 통칭한다. 특히 최근에는 물리적인 보안, IT 보안 등과 더불어 전자여권, 전자주민증 등 개인의 디지털화된 Identity의 전 세계적인 이용 확대로 스마트 보안의 적용 분야가 넓어지고 있다. 또한 미국 컨테이너 보안 의무화 2014년 발효예정 및 컨테이너 추적관제, 9·11테러 이후 미국을 포함한 세계항만물류의 안전 및 보안규제강화 등 산업시설에 대한 보안수요도 꾸준히 늘고 있으므로 스마트 보안은 개인뿐 아니라 산업 전반으로 확산될 것으로 사료된다.

과거 보안은 CCTV 등의 물리적인 연결을 통한 육안감시 체계였다면 향후 스마트 보안은 지능형 침입감시시스템을 적용하여, 우발범죄행위를 사전에 탐지하고, 무인감시시스템을 이용하여 24×7이 가능한 원격감시시스템을 의미하며, 한정된 인원으로 광범위한 구역을 효율적으로 감시할 수 있다. 스마트 보안 중 지능형 침입감지시스템은 영상분석 기술을 이용하여 위험상황을 판단하여 1차 경고방송을 하고, GPS 기반 위치정보 및 영상정보를 이용하여 관리자 및 기관에 정확한 상황을 알려주며, 위험 물체·요인을 자동 추적하여 더 이상의 피해를 막고 경찰, 소방서 등과 연계하여 통합적으로 위험에 대응하는 시스템으로 구성되어 있다.

또한 GPS와 CCTV를 통하여 어린이와 노약자의 실종을 예방하고, 범죄를 방지하는 노약자 안심서비스, 유아서비스 등을 제공하여 주민의 안전을 제고하는 기능을 보유하고 있다.

8. 스마트 스쿨(Smart School)

스마트 스쿨은 초중고 및 대학 수업에 IT기술을 적극 도입하여 학습효율을 높이고 학생·학부모·교육자 등 관련자들의 성과 및 만족도를 높이는 일련의 교육 IT시스템을 의미한다. 스마트 스쿨을 통해 학교 교실 수업의 근본적인 개선과 학교 선진화를 추구할 수 있고 (1) 교과 특성에 맞는 교실 환경 구축, (2) 학생의 능력 및 적성에 맞는 수준별·맞춤형 교육프로그램 운영, (3) 디지털 기반의 교육 자료 작성, (4) 디지털 교과서 등 다양한 방향의 스마트 스쿨 관련 기술의 도입이 가능하다. 최근 한국의 교과부가 추진 중인 스마트 스쿨 구축 사업이 오는 2015년을 기점으로 전면 도입될 계획이며 이를 위해 2015년까지 연평균 약 5,500억 원, 총 2조 2,000억 원의 자금을 투자, 전국의 모든 중·고등학교로 확대시킬 예정이다.

그림 20-10 스마트 스쿨 활용 (테블릿 교육기기 & 디지털 교과서)

※ 출처: 중앙일보 2012. 7. 26

9. 스마트 광고(Smart Advertisement)

과거 광고는 소비자들에게 무차별한 일방향의 성격으로 전달되어 왔다. 따라서 광고의 효율을 높이기 위한 다양한 마케팅적인 노력이 진행되어 왔는데, 스마트 광고는 소비자의 개인정보를 최대한 분석하여 제시하는 광고이며, 이러한 노력은 IT기술의 적극적인 활용으로 현재 급속히 확산되고 있다. 최근 사람의 성별을 스스로 구분해, 다른 내용의 광고가 나오는 '스마트 광고판'이 최근 영국 런던 옥스포드가에 위치한 버스 정류장에 실제로 설치되었는데, 버스를 기다리는 사람이 광고판 앞에 서면, 이 시스템이 작동되며 광고판을 보는 사람의 얼굴 분석을 통해, 남성인지 여성인지를 광고판 스스로 판단해 다른 내용의 광고를 내보내고 있다. 이 광고는 영국의 한 자선단체에 의해 설치되었으며, 보행자가 여성 혹은 소녀라면 스크린을 통해 여성 차별 문제를 호소하는 내용이 담긴 광고가 나오며, 남자라면 자선단체 홈페이지로 바로 연결되는 시스템이다. 한편, 국내에서도 참이슬 소주에 대한 스마트폰 앱이 개발되어 카메라를 대면 동영상이 재생되고 광고모델이 나와서 메시지를 전달하고 경품을 제공하는 게임에 연결되는 광고도 시행되었다.

또한 고객의 신체 치수와 같은 "아바타"를 통해 옷을 입어보고 구매를 결정케 함으로써 고객의 호기심을 유도하고 구매의 어려움을 줄여주는 3D 스캐너를 이용한 스마트 광고 및 소비자 중심 서비스도 추진되었으며, 이러한 다양한 마케팅 활동과 접목하여 스마트 광고 시장은 지속적으로 커지고 그 중요성도 더욱 확대될 것으로 예상된다.

 스마트 광고 활용 (진로 증강현실 광고 & ELORD 3D스캔)

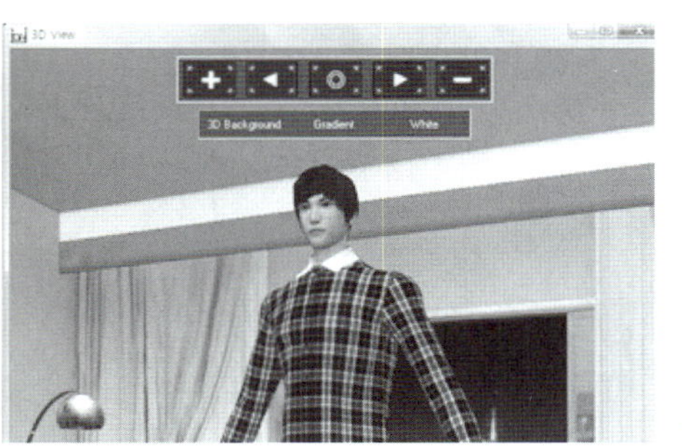

※ 출처: e-today 2011. 7. 5, 전자신문 2009. 3. 8

10. 스마트 로봇(Smart Robots)

로봇은 과거부터 많은 만화·영화에 등장하였고, 최근 컴퓨터 그래픽의 획기적인 발전으로 보다 생생하게 대중에 다가오고 있다. 인간처럼 대화하며, 인간적인 표정 및 감정 표출이 가능하며, 인간을 대신하는 격투기 선수로도 등장하는 등 만화나 영화에서는 인간보다 더욱 인간적인 로봇의 이미지를 사람들에게 각인시키고 있다. 그러나 실상은 아직 발전된 컴퓨터 그래픽에서 보여주는 인간적인 로봇의 동작, 감정, 표현 등과는 다소 거리가 있다.

과거 일본 업체들이 우월한 전자·제조역량을 바탕으로 로봇 제품을 만들어 대중에 공개한 적이 있었다. SONY사의 큐리오 로봇이 처음 나왔을 때 가격이 3,500~4,000만 원대였고, 직립보행으로 유명한 혼다의 ASIMO 로봇의 경우 대당 1억 7천만 원 정도의 가격을 형성했을 정도로 실생활에 이용되기에는 거리가 멀었다. 물론 국내에서 로봇형 무선 청소기 등이 일부 확산이 되었으나 아직도 단순한 기능에 머무르고 있으며, 더 지능적인 스마트 로봇의 확산은 다소 요원한 것으로 여겨왔다.

그러나 최근 이러한 로봇의 실생활의 괴리는 스마트폰의 확산으로 로봇의 활용 및 상용화에 새로운 전기를 마련하게 되었다. 즉, 음성 인식 기술, 인공 지능, 무인 자동차 조작, 물체 인식 기능, 위치 인식 기능 등이 스마트폰에서 가능해지므로 스마트폰 기반 혹은 스마트폰 플랫폼을 이용하는 로봇이 빠른 속도로 시장에 나올 가능성이 있는 것이다.

 스마트 로봇의 활용(SKT 교육로봇 및 혼다의 ASIMO 로봇)

※ 출처: IT today 2012. 8. 6, Honda 홈페이지(world.honda.com/ASIMO)

　우리 정부도 2012년 10월, 향후 10년 동안 3,500억 원을 들여 지난해 기준 2조원 규모인 로봇 시장을 2022년 25조 원의 주력 산업으로 키우려는 정책을 발표하였다. '로봇 미래전략 2022'의 4대 과제는 사회적 파급 효과와 기술적 도전 등을 고려해 극한 재난 대응 로봇개발, 로봇 헬스타운 조성, 인간 협업형 로봇 공장 구축, 인간 친화형 가사지원 로봇개발 등으로 확정하고 실생활 로봇 이용 제고는 물론, 한국형 로봇의 개발 선점을 통해 글로벌 시장 확대를 노리고 있다.

　아울러 민간 차원에서도 스마트 로봇 추진이 활발한데, 최근 SK Telecom에서는 스마트폰을 로봇에 장착해 두뇌로 사용하는 교육용 로봇을 선보였고, 로봇을 작동하는 소프트웨어도 스마트폰 용 앱(App) 형태로 되어있어, 안드로이드 운영체계를 활용하여 다양한 교육/오락/의료 등 적용될 수 있도록 하였다. 또한 다른 로봇업체는 스마트폰의 안드로이드 운영체계처럼 로봇 플랫폼을 이용자들에 제시하여 로봇 개발을 마치 스마트폰 앱 개발하는 것처럼 할 수 있는 확산전략을 추진하고 있다.

11. 스마트 공항(Smart Airport)

　미래의 스마트 공항은 기존의 공항기능에 정보기술, 바이오기술, 모빌리티, 스마트폰의 근접무선통신기술(NFC: Near Field Communication) 기능 등을 적극 추가/보완/이용하여, 고객의 편의성 및 공항 운영의 효율성을 제고하는 첨단 공항을 의미한다. 한편, 스마트 공항은 활주로는 물론, 주변시설, 주차장, 터미널, 승객편의시설, 계류장 등 방대한 지역에 대한 스마트한 안전을 동시에 제공하고 있다.

스마트 공항은 고객의 편의성을 상당히 높일 것으로 기대된다. 지금 보통 국제선 탑승을 위해서는 출발시간 기준 2시간 전에는 공항에 도착해야 하는데, 이는 탑승권 발급, 보안 검색대, 출입국 심사 등 많은 대기열을 거쳐 시간이 소요되기 때문이다. 최근 이러한 시간을 단축하기 위하여 휴대폰에 내장된 NFC 태그를 활용한 전자탑승권 실용화를 위한 연구가 진행되고 있다. 현재는 e-ticket 및 셀프 체크인 키오스크 등을 활용하고 있으나, 스마트 공항에서는 한 단계 더 첨단화되어 NFC 태그 휴대폰에 전자 탑승권을 발급받고, 발권창구 앞에서 시간을 낭비하지 않고 곧바로 출국심사로 향하는 것이 가능해질 것이다. 향후 바이오 인증 및 전자여권 기능이 스마트 기기에 통합되면 출국심사도 스마트폰과 홍채, 지문 등만을 보이고 바로 출국할 수 있을 정도로 스마트 공항의 고객 편의성은 높아질 것이다.

한편, 2001년 미국의 9·11테러사건 이후 전세계 공항에서는 안전 보안 등의 이유로 검색이 강화되어 고객의 불만이 가중되고 있는데, 9·11 테러 전에는 1시간 평균 350명이 통과했다면, 지금은 150명 수준으로 떨어졌다고 보고되고 있다. 국제항공수송협회에 따르면, 이러한 불편을 줄이기 위해 여행객들의 홍채와 전자여권으로 신원을 확인하고 단순히 걸어가기만 하면 모든 위험요소들이 탐지가 되는 시스템이 향후 10년 안에 스마트 공항으로 실용화될 것으로 전망하고 있다.

스마트 공항을 구축하는 데 있어서 한국의 인천공항은 다른 나라 공항보다 한발 앞서가고 있다. 인천공항은 국제공항협의회(ACI)로부터 7년 연속 국제공항서비스평가 세계1위를 유지하고 있는데, 그 비결을 살펴보면 Smart Airport 전략을 초기부터 도입한 것이 큰 요인으로 작용하고 있다. 즉, 국제표준의 공용여객처리시스템, 자동탑승시스템, 셀프 체크인 키오스크, 생체정보 인증기술을 활용한 자동출입국심사와 자동탑승시스템 등등을 초기부터 적극적으로 도입하였다. 인천공항은 국제민간항공기구(ICAO)의 여행객의 출입국 세계표준이 각각 45분인데 비하여, 이를 훨씬 상회하는 세계최고 수준의 출입국 처리시간(출국 19분, 입국 12분)을 보이고 있어, 다른 나라의 스마트 공항보다 앞서 나가고 있음을 볼 수 있다.

또한 스마트 공항 물류의 핵심인 BHS(Baggage Handling System)에서 또한 인천공항은 앞서가고 있다. 인천공항 1단계 지역의 BHS 총 길이는 21㎞로 수하물을 분당 90미

그림 20−13 스마트 공항의 자동 보안검색 및 인천공항 키오스크 모습

※ 출처: 채널A 뉴스 2012.09.24., 인천공항홈페이지(http://www.airport.kr)

터 속도로 분류 및 운송이 가능하며, 1∼2 단계 모든 BHS는 총 길이가 80km 이상 되고, 탑승동이 있는 2단계 지역은 거리가 더 멀어졌기 때문에 고속수하물 운송시스템으로 운행되는데 이 거리만 37km에 이를 정도로 인천공항의 BHS는 규모와 성능에서 앞서 나가고 있다. 현재 인천공항에 운영중인 BHS는 모든 종류의 수하물을 완전 자동으로 처리하고 항공기로 정확하게 수하물을 분류, 이송하는 틸티드 트레이 분류(Tilted Tray Sorter)시스템을 적용하고 있으며 승객의 수하물을 투입기준 각각 출발 15분, 도착 5분, 환승은 10분 이내에 수하물을 처리를 목표로 운영되고 있다. 한편, 인천공항은 2017년 예정인 제2여객 터미널 완공에 맞추어 공항운영 혁신(Smart Operation), 여객과 화물에 대한 서비스 혁신(Smart Service), 공항 종사자 업무방식의 혁신(Smart Work)이라는 3가지 변화를 바탕으로 스마트 공항으로의 또 다른 혁신을 준비하고 있다. 이러한 혁신은 진정한 스마트 공항의 출현을 앞당길 것으로 전망되며 그 만큼 더 여행객의 편의성과 효율성은 높아질 것으로 생각된다.

Ⅲ 미래 스마트 산업발전을 위한 제언

1. 스마트 산업발전

　지금까지 스마트 산업의 환경변화·구조변화의 동인 및 미래 스마트 산업의 발전 방향 중 중요한 일부 산업에 대한 개별적인 현황 및 미래모습에 대하여 각각 알아보았다.

표 20-2	스마트 미래를 위한 IT 적용 분야(산업별)
산업별	**스마트 컨버전스 적용 분야**
자동차	자동차 반도체, 스마트카 통합 플랫폼, 인간-차량 인터페이스(HMI), 자동주행 제어 지능형 서비스, 인포테인먼트 등
조 선	설계, 생산, 첨단운항 기술의 국산화, 선박 유지보수 글로벌화, 해상 광대역통신 선박지원, 해상플랜트, 디지털 야드 등
건 설	실시간 모니터용 다용도 센서, 건설자동화 로봇, 소재기술, 물류 공정관리 기술, 에너지 절감, 친환경, 지능화 기술 등
섬 유	지능형 스마트 섬유 개발, 자가 발전 섬유, 심전도, 호흡수, 운동량 측정 바이오 셔츠 등
국 방	통신·관제 시스템 핵심기술 개발, 무인항공기, 감시정찰체계, 지휘통제체계, 정밀타격체계의 보안, 감시, 전투로봇 등
항 공	레이더 설비, 관제, 비행, 지능형 공항, 레이더 소자, 센서 및 송수신 모듈, 위치정보송수신 단말기
의 료	차세대 의료용 진단기기 기술개발, 바이오 기술을 응용한 진단검사용 지능형 로봇, 혈관치료용 마이크로 로봇 등
교 육	온라인 미디어, 통합학습 콘텐츠의 교육포털, 개방형 플랫폼 개발, 협력 학습이 가능한 다목적 실감융합 학습 시스템
농 업	각종 센서로 작육 환경 모니터링, 작물생산·생육 환경 유지·제어시스템, 생산·유통 병충해 예측·진단 시스템 등
수산업	센서기반 양육시스템, 사료 공급량 제어, 성장도 비접촉식 측정, 초음파 위치발신기 부착 어종 분포 및 회유추적 등
전 력	스마트 그리드, 마이크로 그리드, 전력 제어, 스마트 커뮤니티, 송배전 감시 시스템, 스마트 미터 등
로봇(Robot)	인간형 로봇(Humanoid), 의료·건강 로봇, 교통·운반 시스템 로봇, 교육 로봇, 수질개선·측정 로봇, 클라우드 로보틱스 등
통 신	근거리통신(NFC), 사물통신(M2M), 실시간 컨테이너 화물추적 관제, 클라우드 컴퓨팅, Mobility, Big Data, SNS 등

※ 출처: 권희춘(2012) 추가 보완 재구성

물론 전 장의 내용이 스마트 산업의 모든 것은 아니며, 스마트화는 산업 전반에 걸쳐 다양하게 추진되고 있다.

스마트 컨버전스는 우리 산업 전반의 경쟁력 강화 및 발전에 기여할 것으로 생각되며, 우리 생존에 직접적인 영향을 줄 수 있을 것이다. 예를 들어, 그동안 사양 산업으로 인식되어왔던 농업 분야를 살펴보면, 우리나라 식량자급률(사료용 제외)과 곡물자급률(사료용 포함)은 각 51.4%와 26.7%으로 국제협력개발기구(OECD) 국가들 중 최하위 수준이며, 국민 1인당 농지면적(ha)도 0.04로 프랑스(0.32) 와 독일(0.15)에 비해 농지 보전 상태가 매우 열악한 실정이라고 한다.

농수산업 같은 1차 산업이 더 이상 사양 산업이 아닌, 당면한 식량안보문제이자 친환경 에너지와 지구 온난화 해소 관련 주요한 전략 산업으로 보는 시각이 필요하며, 이를 실현하기 위해서는 농업 분야의 스마트 컨버전스 기술적용이 우선 요구된다. 이러한 다양한 산업에 대한 스마트 컨버전스는 우리나라의 생존문제 및 사회문제 해결은 물론 국가차원 경쟁력 상승까지 해결할 수 있는 좋은 대안이 될 것으로 사료된다.

또한 다른 사회문제들인 출산율 저하에 따른 고령화 사회의 노동력 부족문제들을 지능화된 로봇을 통하여 해결한다든지, 화석연료 고갈과 기후변화에 따른 각종 폐해에 대응하는 스마트 에너지 시스템을 도입한다든지, 인류 최대의 적인 암 등 불치병의 감염 등에 대한 스마트 의료기기를 적용한다든지 등 향후 스마트 컨버전스가 적용될 수 있는 분야는 상기 언급한 산업에 국한되지 않고 무궁무진한 분야에 적용될 수 있을 것이다.

이제 당면한 스마트 컨버전스 활성화 및 글로벌화에 대한 선결과제에 대하여 몇 가지 제언을 하려 한다. 우선, 성공적인 스마트 컨버전스의 확산을 위해서는 무엇보다 산업별 스마트 컨버전스 정보의 표준화 및 정보화, 또 이를 가능하게 하는 법제도 개선이 필요하다고 할 수 있겠다. 사실, 스마트 컨버전스 관련 표준화는 단순한 국내 관점이 아니라, 초기에 중요한 국제표준을 선점함으로써 새롭게 열리는 한국형 스마트 컨버전스 기술의 수출에 있어서 중요하다. 즉, 통신규약뿐 아니라 세계화를 위해서 사전 단계부터 유력한 업체들과 정부가 컨소시엄을 구성하여, 한국의 스마트 컨버전스 기술이 글로벌 시장에서도 통용될 수 있도록 하는 정책이 필요하다고 하겠다.

두 번째는 특히 스마트 컨버전스 관련 산업육성을 위한 현실적인 지원책의 마련인데, 스마트 컨버전스와 관련하여 보조금 등의 지급 및 관련 기업·사용자에 대한 세금

혜택 등이 절실하다고 하겠다. 물론 우리나라는 세계 최초로 2011년에 산업융합촉진법을 제정 공포하고 시행하는 등 앞서가고 있지만, 지금은 정부와 기업뿐 아니라 각 분야 융합전문가들을 포함한 각 경제주체들이 생존 및 성장의 고민을 해결하는 차원에서 스마트 컨버전스 역량을 결집하여야 할 때라고 생각한다.

한국도 당면한 스마트 컨버전스 시대에 표준화 활동, 제도적인 육성 방안 등 전 국민의 역량이 결집된다면, 스마트 컨버전스에서도 글로벌한 성공을 거둘 것으로 생각하며, 스마트 컨버전스의 기술혁신으로 미래 스마트 산업에 대해서도 대한민국이 주도권을 잡을 수 있기를 진심으로 기원한다.

참고문헌

- 고경철, 스마트 로봇 시대를 대비하자, 경인일보, 2012.07.06.
- 권희춘, 급변하는 ICT 산업의 미래 스마트 컨버전스가 미래를 바꾼다, 월간 마이크로소프트웨어, 2012.7.
- 김미실·문정민, 스마트 공간에서 감성 디자인 특성에 관한 연구/건설사 미래 주택전시관을 중심으로, 한국실내디자인학회 논문집, Vol.20, No.6, 2011.12, pp.27-36.
- 미래기술연구회, 글로벌 메가트렌드로 본 IT산업 변화상과 5대 전략 과제, 전자신문, 2010.9.
- 박상동, 지속 가능한 개발을 위한 건축기술−친환경건축(Green Building) 기술의 개요와 현황−, 한국에너지기술연구원, 2012.
- 박수영, 국내 농수산업의 오늘과 내일−ICT 융합으로 스마트해지는 농수산업, 월간 마이크로소프트웨어, 2012.7.
- 박유리, 스마트 환경에서 IT 생태계의 의미와 시사점, IT R&D 정책동향, KISDI, 2012.
- 박정수, 한국 콘텐츠 산업의 위상과 국가전략 산업으로서 콘텐츠 산업, 미래전략포럼, 2012.
- 정보통신산업진흥원, The next big thing! 대한민국 산업, 기술 비전 2020, 2012.
- 지식경제부, 융합−스마트시대 IT 산업 주도를 위한 잰걸음, 제8차 IT 정책자문단회의, 2012.

- 지식경제부, '더 큰 대한민국'을 준비하는 IT 산업비전 2020(안), 2011.
- 월간자동화기술, 진화거듭하는 IT 융합 스마트십 2.0 구현 조선 산업 세계 1위 지킨다, 2012.6.
- 심재우, IT 품는 자동차, 어떻게 바뀔까? 중앙일보, 2012.06.19.
- 유영민, 스마트 시대 스마트 경영, Posco Research Institute, 2012.2.
- 이상일, 앱 스토어 기반의 스마트 로봇 시대 올까?, IT만담, 2010.9.30.
- 이종관, 스마트 미디어 시대의 광고산업 변화, 서울경제 이달의 이슈, 2012.
- 한국정보화진흥원, CIO Report 스마트 사회 구현을 위한 공간정보서비스 활용전략, 2010.
- Lenhart, Purcell, Smith, & Zickuhr, Social Media & Mobile Internet Use Among Teens and Young Adults, PEW Report, 2010.
- IBM, Next 5-in-5, 2011.11.
- INSEAD, The Global Information Technology Report 2012, World Economic Forum 2012.
- OECD, Digital Economy Papers No. 190, ICT Applications for the Smart Grid, OECD 2012.
- Thierry Van Landegem, ICT infrastructure as key enabler of Smart Cities, Alcatel-Lucent, Bell Labs, May 2012.
- ICT Automatisering, Smart Energy Service Platform: the basis behind intelligent energy applications, 2012.
- IDC Top 10 Prediction, IDC Predictions 2012: Competing for 2020, 2011.
- Warren Karlenzig, Chapter 8 Shanghai Manual, A Guide for Sustainable Urban Development in the 21st Century, 2012.
- ICT Policy Support Programme, Competitiveness And Innovation Framework Programme(CIP), 2012.
- Smart cities and communities − European commission brussels, 2012.7.

PART 5

제 5 부

미래 정부 · 도시

제 21 장

정부의 미래

　　미래 정부의 모습을 그려 보기 위해 전자정부의 발전과정을 중심으로 논의를 전개하려고 한다. IT 응용에 의한 정부의 변화가 진행되어 왔고, 앞으로도 급변하는 IT 환경이 정부와 민간의 관계를 혁신함으로써 정부의 모습을 크게 바꿀 것으로 예상하기 때문이다. 정부 내부는 물론 정부와 국민 사이의 상호작용에 IT 응용이 고도화되면서 정부의 모습이 달라지는 동력으로 작용한다. 전자정부를 위한 핵심요소인 정보공유가 일반화되면서 조직간 경계가 무너지는 힘이 발생하고 이것이 정부의 모습을 변화시킬 것이다. 이런 관점에서 우선 정부 모습의 변화 트렌드를 살펴보고, 이어서 정부의 모습을 변화시키는 원동력을 세 가지로 나누어 언급한 뒤에 미래의 정부를 가상정부와 플랫폼정부라는 개념으로 설명한다. 본 장의 내용은 정보통신정책연구원이 수행한 "21세기 한국메가트렌드 연구"의 결과, 관련된 신문 및 단행본 기고문을 중심으로 정리된 것이다.

I 정부 모습의 변화 트렌드

1. IT 고도화와 미래 정부의 모습

정부의 미래 모습을 살펴보기 위해 정부의 고유 기능 및 역할과 이를 달성하기 위해 필요한 조직 및 제도를 구분하는 것이 필요하다. 미래학자 피터 드러커는 다음과 같이 예측한 바 있다. "경제활동에 필요한 것은 뱅킹이지 은행이 아니다.""교육과 학습은 없어지지 않지만 학교는 없어질 수 있다." 역할과 기능은 반드시 필요하지만 수행기관이나 제도는 달라지고 변하고 있음을 의미한다. 이와 같은 논리를 미래 정부 모습에 적용하면? IT가 더 발전하고 전자정부가 더욱 고도화되면 미래의 정부는 어떤 모습을 보일까?

우리는 다음과 같이 답할 수 있다. IT 발전에 따라 정보공유와 시스템 연계가 자유로워지면서, 다양한 조직의 연관업무가 큰 비용을 들이지 않고도 필요에 따라 통합됨으로써 조직 사이의 경계가 무의미해지는 상태로 발전할 것이다. 이런 상태에 이르면 정부의 운영방법과 관련 제도도 크게 달라질 것이다.

지금까지 우리에게 익숙한 정부의 모습과 조직구조는 사라지고, 완전히 다른 모습의 정부를 보게 될 것이다. 드러커의 표현 방법을 빌리면 "국정관리(governance)가 필요한 것이지 꼭 현재 모습의 정부(government)가 필요한 것은 아니다"라고 주장할 수 있다.

미래 정부의 모습을 예측하기 위해 또 다른 질문을 만들어보자. 자본주의와 시장원리에 의해 우리는 주어진 한도 내에서 우리에게 최고의 만족을 제공하는 재화와 서비스를 선택하여 소비한다. 정부 서비스 또는 정부 그 자체는 이러한 방법으로 선택되어 사용될 수 없을까?

새로운 정부를 다음 선거 때까지 기다리지 않고 지금 당장에 "나의 정부"를 바꾸는 방법은 없을까? 지금처럼 정당들이 대통령 후보를 내고 선거일에 국민의 선택을 받는 것이 아니고, 아예 다수의 정당이 각각 정부를 구성한다. 국민은 대통령 선거 대신에 자기가 원하는 정부를 선택하고 거기에 세금납부 등 자기의 의무를 다하고, 또 권리를 주장한다. 다수의 정부는 더 많은 고객(국민)을 붙잡기 위해 서로 경쟁한다. 국민은 현재의 정부가 싫증나면 다른 정부를 선택하여 이동한다.

위의 이야기는 미래 정부의 모습을 예측하는 과정에서의 공상 같은 시나리오로서 현실의 정치제도 하에서는 실현가능하지 않은 정부의 형태이다. 그러나 현실 정부는 분명히 하나이지만, 국민은 "나의 정부"를 웹상에서 구축할 수 있다. 더하여, 대리인이 나타나 현실 정부의 여러 가지 기능과 서비스를 다양하게 묶고 원하는 국민에게 제공함으로써 정부의 역할을 대신할 수도 있다. 국민은 다수의 대리인 중에서 하나를 선택함으로써 정부를 선택하는 효과를 누린다. 이런 현상이 IT가 발전하고 현재의 인터넷 이용이 고급화되면서 일반화될 날이 멀지만은 않다. 이러한 제도가 더욱 발전하면, 정치 제도적·경제적 문제가 해결됨으로써 정말로 두 개 이상의 정부가 구성되어 정부는 경쟁하고 국민은 선택하는 형태로 발전할 수 있지 않을까?

이제는 좀 더 현실적인 정부의 변화를 예측하기 위해 이미 변화된 모습을 살펴보자. "군대, 이젠 가고 싶을 때, 가고 싶은 곳을 인터넷에서 골라 간다", "열차표 예매하듯 군대를 예약하세요", "국민이 감동하는 행정서비스", "납세서비스 혁신을 통한 국민감동 경영", 변하고 있는 정부의 모습을 홍보하는 책자에 등장하는 문구들이다. 과거 가장 권위적이고, 업무의 특성상 특히 공급자 위주의 정책을 펴 왔던 병무청과 국세청의 변화를 이렇게 묘사하고 있다.

IT 특히 인터넷의 보급과 확산은 다양한 전자정부 시스템을 만들어 내고, 이를 통해 공무원은 더 친절하게 국민에게 서비스할 수 있게 되며, 국민은 언제 어디서든 편리하게 정부에 접속하여 필요한 서비스를 받고, 원하는 정보를 얻을 수 있게 된다. 공무원의 친절운동과 함께 국민을 고객으로 간주하는 행정서비스가 IT를 기반으로 더욱 고도화되면서 미래 정부의 변화 트렌드로 자리 잡아가고 있다.

2. 정부의 역할 변화

정부의 미래 모습을 그려보기 위해 현재 정부기능의 변화 추세를 살펴볼 필요가 있다. 과거에는 개발 및 발전에 중점을 두어 주택건설, 신도시 개발, 산업진흥, 개발조장 등에 정부업무가 집중되었다. 그러나 지금은 국민들의 삶의 질에 대한 수요, 자연환경 보존에 대한 필요성 인식 등 범국가적 차원의 패러다임 변화가 지속되면서 정부의 역할 및 기능은 자연환경의 보존, 미래에 대한 대비, 개발보다는 보호, 국민 삶의 질 제고 등의 이슈로 변화하고 있다.

이러한 변화의 배경에는 경제사회의 새로운 패러다임이 자리하고 있다. 사회가 복잡화, 세분화, 전문화됨에 따라 각종 사회문제가 곳곳에서 발생하고 있고, 이를 해결하기 위해서는 사회의 각 주체 간 협력과 정부부처 간, 중앙정부와 지방정부 간의 파트너십이 강화되어야 한다는 주장과 연결되어 있다. 또한, 모바일 인터넷, 스마트폰 등 IT의 발달로 행정에 접근할 수 있는 채널이 다양화됨에 따라, 국민이 정부의 정책결정과 집행과정에 있어 적극적으로 참여하고 의사를 개진하고자 하는 욕구가 높아지고 있다.

경제사회의 패러다임 변화와 함께 IT의 발달과 행정과정에의 적용은 정부의 역할을 변화하게끔 하는 중요한 동인 중의 하나로 지목된다. IT의 발달로 인해 정부의 Back Office의 기능이 통합되고 Front Office의 기능이 확대되고 있다. 행정정보 공유를 통해 조직의 기능적 통폐합이 진행되는 과정에서 Back Office의 기능이 단순화 일원화되고, 모바일 단말기, 인터넷, 휴대폰 등을 통해 정부의 접근이 용이해짐으로써 단일창구 개념의 Front Office 기능도 더욱 확대되고 있는 것이다.

IT의 발달과 민간부문의 참여 욕구 증대는 공적영역의 민영화를 더욱 촉진시키고 있다. 인터넷을 통해 정부의 정보공개가 확대되고, 웹 기술의 발전은 개인의 공공영역의 접근성을 높였으며, 모바일 단말기 등을 통해 개인들의 정부 참여 기회가 증대되면서 정부투명성 및 효율화에 대한 요구가 일어나고 있다. IT의 발달과 민간의 참여 욕구 증대는 민간부문의 역할 확대를 가져오는 중요한 동인으로 작용하고 있다.

IT의 발전은 공공영역의 독점이 아닌 민간에서의 행정서비스 제공을 가능하게 한다. 사실 민간에 의한 행정서비스 제공이 보다 효율적인 영역이 다수 존재하며, 이러한 분야를 중심으로 공공서비스를 제공하는데 있어서 민간의 역할은 점차 증가할 것으로 전망된다. 동시에 많은 공기업이 민영화되어 민간영역이 점점 더 늘어나고, IT를 통한 업무 간소화, 효과성 제고, 조화로운 규제 개편 등으로 정부 크기는 축소된다. 디지털 경제로의 전환, 자유화 및 글로벌화 추세는 정부의 통제와 간섭을 점차 어렵게 하고 민간부문의 경제역량을 확대하게 된다.

IT의 발달과 행정과정에의 적용은 IT의 유비쿼터스화(u-IT)가 진행되면서 더욱 확대 발전되고 있다. 스마트폰을 이용한 모바일 인터넷의 활성화와 사물과 사물간의 인터넷을 가능하게 하는 기술발전, 그리고 적용분야의 확산은 민관융합서비스의 가능성을 실제로 현실화시키고 있다. u-IT를 활용하여 다부처 협력 서비스 및 민간과의 제휴 서비스 제공 기회가 증대되는 것은 물론, 시민 개개인의 환경적 변화와 상태를 파악하기가 용이해지고 있기 때문이다. 미래 공공영역의 변화과정에서 공공과 민간영역의 구분이 모호해지고 민간영역이 확대되며, 공공과 민간영역이 점차적으로 통합될 가능성이 높아지는 경향이 공공과 민간영역의 향후 변화방향으로 예측되고 있다.

II 미래 정부 변화의 동력

정부의 미래 모습을 그려내는 변화의 원동력은 [그림 21-1]에서 보이는 바와 같이 세 가지로 나누어 설명할 수 있다. 스마트 기술로 특징 지워지는 고도화된 ICT 기술을 기반으로 정보공유, 시스템 연계와 업무 통합, 그리고 공공 민간 협업의 활성화가 미래 정부의 모습을 그리는 것이다. 여기에서는 각각의 요소를 차례대로 설명한다.

1. 정보공유

정부의 기능과 형태 변화의 주역인 전자정부는 웹 사이트, 전산망, 데이터베이스, 전자문서, 정보공유 등 다양한 요소로 구성되어 있다. 이 중에서 전자정부가 추동하는 정부의 미래모습 변화와 밀접하게 연관되어 있는 요소가 정보공유이다. 정보공유는 국민 또는 기업으로부터 수집한 정보를 모든 관련 기관이 공동으로 이용하거나 재사용함으로써 업무 흐름을 단순화하고, 동일한 정보를 반복적으로 요구하지 않고도 업무를 처리할 수 있는 상태를 말한다.

정보공유는 정부업무 처리과정을 단순화시키고, 연관된 업무를 수행하는 기관의 업무흐름을 통합하여 정부업무의 효율성을 높인다. 더 나아가 대 국민 서비스 제공과정에서 수혜자의 신분과 재산상태 등을 확인하기 위한 구비서류의 필요성을 제거하여 민원인을 편리하게 한다. 정보공유가 전자정부의 최종단계에 이르러 정부의 미래 모습에

그림 21-1 정부 모습 변화의 동력

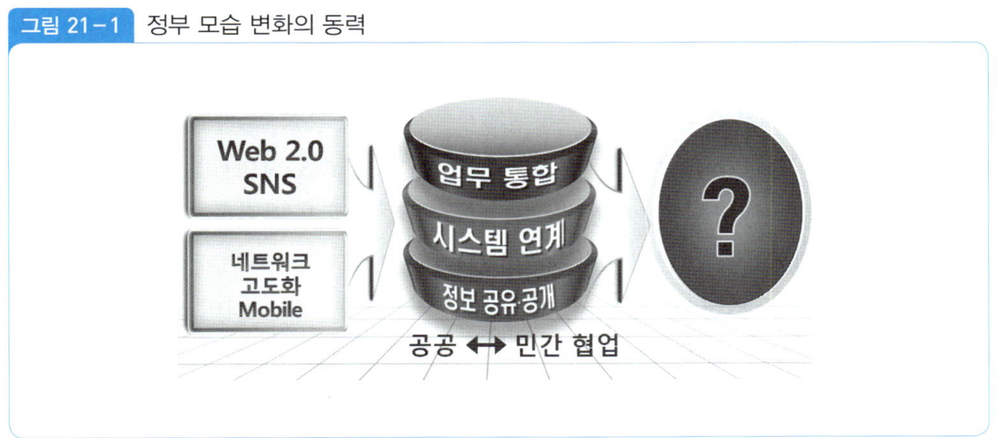

어떤 영향을 미치는가를 보기 위해, UN(2002), OECD(2003), IBM(Ramsey, 2004) 등이 구축한 전자정부 발전모델을 살펴볼 필요가 있다. 이들 발전모델은 전자정부 발전 모습을 서로 다른 관점에서 살펴보고 있지만, 마지막 단계의 공통점은 모두 정보공동이용을 전제로 한 업무 프로세스의 통합과 이음새 없는 정부업무 처리에 초점이 맞추어져 있다.

전자정부의 최종단계는 업무 프로세스를 혁신하여 생산성과 효율성 그리고 더 나아가서는 정부의 경쟁력을 높이고, 대민 서비스를 편리하게 제공하는데 초점이 맞추어져 있다. 그 중심 수단이 정보공유임을 각각의 발전모델 모두가 공통적으로 주장하고 있다.

IT는 정보공유를 촉진하고, 정보공유는 정보사회를 발전시키는 기본 동인이다. 미래 정부조직의 진화방향을 예측하는 과정에서 정보공유가 갖는 의미는 정보의 수집과 이용비용을 절감하고, 이는 조직의 규모와 운영방법을 결정한다는데 있다. 정보수집 및 이용과 관련한 비용절감 차원의 정보공유를 상정하면 미래의 공공 조직의 크기, 구성, 역할 또는 기능 그리고 이에 따른 서비스의 내용과 전달방법을 예측할 수 있다.

관련기관이 수평적으로 통합되고 정보공유가 용이해져서 정보수집과 이용에 따르는 비용이 감소하면 조직규모가 축소되거나 세분화된다. 그리고 아웃소싱을 위한 당사자 간의 거래비용이 감소함으로써 아웃소싱이 일반화된다. 수요자가 원하는 서비스와 제품이 생산됨으로써 부가가치가 높아지고 따라서 생산성도 향상된다.

앞서 언급한 전자정부 발전단계 중 IBM 모델의 마지막 단계인 On-Demand Government는 가장 높은 수준의 통합을 전제로 한다. 모든 업무과정이 조직 내부에서 처음부터 끝까지 통합되고, 더 나아가서 핵심 파트너, 주요 공급자 및 고객과도 통합된 상태이다. 그렇다면 그 다음 단계는 무엇일까?

On-Demand Government가 한 단계 더 진화하면, 가상통합이라는 새로운 개념이 주도하는 모습으로 변화될 것이다. 가상통합은 여러 기관이 관련된 정부의 서비스를 생산하기 위해 기관간 기능연계와 정보공유가 언제 어디서나 어떠한 형태로든 가상공간에서 필요에 따라 완전하게 이루어지는 상태를 말한다. 대민 서비스의 관점에서는 국민 개개인의 공공서비스에 대한 수요가 실시간으로 해결되는 "내 손 안의 정부"로 구체화된다.

내 손 안의 정부를 가능하게 하는 통합은 수직적 통합과 수평적 통합의 단계를 지난 다음 단계의 가상통합이다. 조직 내부의 수직적 통합을 완비한 후, 조직간 수평적 통합을 통해, 문제해결을 위한 관련 부처 혹은 부서 사이의 경계를 뛰어 넘는 수평적 협력 역량을 갖추고, 이에 따른 조직간 통합을 유도한다. 그리고 가상통합의 상태로 가는 것이다. 가상통합이란 수직적, 수평적 통합을 포괄하고 필요에 따라 모든 조직의 기능이나 업무가 연계되며, 언제 어디서나 필요한 만큼의 정보공유가 가능해진 상태이다.

가상통합 즉 언제 어디서나 필요한 만큼의 정보공유가 가능해진 상태를 김국현(2006)은 Web2.0 이후의 세계로 표현하면서, 조직의 미래를 다음과 같이 예측하고 있다. "인간 사이에 필요한 모든 정보를 주고받는 일이 완전히 자유롭고 한없이 쉬워진다면, 바꿔 말해 100% 순도의 직접적인 쌍방향 커뮤니케이션이 가능해진다면, 그동안 물리적 기술적 한계에 의해 형성된 다양한 구조들이 무너져 내릴 것이다." 100% 순도의 쌍방향 커뮤니케이션이 스마트 미디어를 중심으로 한 SNS를 통해 가능해지고 있다.

전자정부 발전모델의 최종단계는 필요한 모든 정보가 실시간으로 공유됨으로써 정부기능이 서비스 중심으로 통합된 단계이다. 그렇다면 마지막 단계 이후의 전자정부 발전모델은 무엇인가? 전자정부는 가상통합이 주도하는 모습으로 변화될 것이다. 여러 부처가 관련된 서비스가 막힘없이 생산되도록 정보공유가 가상공간에서 필요에 따라 완벽하게 이루어지는 상태를 말한다. 기관별 업무와 조직의 연계가 가상통합의 상태에 이르고, 정보 이용비용이 제로에 가까워지면, 기존 IT 기반의 전자정부는 현실 정부의 그림자가 아닌, 어느 정도의 실체를 갖는 정부로 발전한다. 이러한 단계의 정부를 가상정부라고 정의하고 미래 정부의 한 형태로서 다음에서 구체적으로 설명한다.

2. 시스템 연계 및 통합의 확산

시스템 연계 및 통합의 확산은 미래 정부로의 변화를 가장 잘 설명해주는 정부 변화 메가 트렌드이다. 미래 정부에서는 통합된 Back Office 기능을 통해 국민의 접근성이 향상된다. 즉, 언제 어디서나 접속이 가능하고, 보편적 서비스가 제공되며 실시간·상시 서비스가 가능해진다. 다양한 네트워크(유무선, 위성 등), 인터페이스의 융복합을 통한 인프라 고도화, 시스템 통합 등은 프로세스와 기능통합을 지향하는 전자정부를 고도화시킴으로써 이음새 없는 서비스를 가능하게 한다.

또한 지능화된 정부의 Front Office를 통해 개인화된 맞춤형 서비스가 제공된다. 지능화된 정보통신기술을 이용하여 정부는 사용자 상황과 특징에 따라 필요한 서비스를 먼저 알아서 제공한다. 국민이 원하는 서비스를 알아서 쉽고 편하게 이용할 수 있도록 해주는 수요자 중심의 맞춤형 전자정부 서비스이다.

시스템 연계는 미래 정부의 기본 프레임으로서 앞서 소개된 가상통합을 위한 중요한 기반이 된다. 가상통합을 기관 간 기능 연계와 정보공유가 언제 어디서나 어떠한 형태로든 가상공간에서 필요에 따라 완전하게 이루어지는 상태라고 할 때, 정보시스템간의 연계가 제대로 이루어지지 않고서는 가상통합이 불가능하다.

일반적으로 정보시스템 연계란 '다부처가 연관된 업무의 단절 없는 처리를 위하여 각 업무에 해당하는 자료들의 공유와 교환이 가능하도록 정보를 연동·변환·통합 및 전송하는 것'을 의미한다. 정보시스템을 통합하는 시스템 연계는 논리적인 방법으로의 통합을 의미한다. 물리적으로는 분산된 기존의 데이터베이스를 그대로 유지하면서 데이터베이스간의 논리적인 연결을 통해 공유된 정보를 마치 통합된 시스템처럼 사용할 수 있도록 하는 것이다.

통합은 정보 중심의 기능적 통합과 시스템 중심의 기술적 통합으로 구분하고, 기능적 통합은 다시 수평적 통합과 수직적 통합으로 구분한다. 수평적 통합이란 특정한 업무를 통합적이고 중단 없이 처리하기 위하여 업무프로세스 상에서 밀접한 관계가 있는 기능적 업무프로세스가 부처의 경계를 초월하여 병렬적으로 처리됨으로써 고객에게 원스톱 또는 단일창구(Single Window) 서비스를 제공하는 것을 의미한다. 예를 들면 여권발급 시스템에서 여권발급에 필요한 신청인의 신상 정보(주민, 세금납부, 병역, 신원 등)가 수평적으로 연계된 정보공유 시스템을 통해 확인됨으로써 신청인은 원스톱 서비스를 받는다.

수직적 통합은 부처 간의 정보공동 활용체계 구축 또는 정보기술의 활용으로 인한 업무재설계 결과로 각 기관 내 단위업무의 수직적 업무프로세스가 감축 또는 통합되는 것을 의미한다. 읍·면·동 사무소와 관계부처가 정보공동 활용체계를 구축함으로써 복잡한 출생신고 처리절차가 단순화 일원화되는 사례를 예로 들 수 있다. 읍·면·동 사무소에 출생신고가 이루어지면 관계기관에 자동으로 전달됨으로써 출생신고가 완료되는 시스템이다.

정보기술 활용이 고도화되어 거래비용이 감소하면 수직·수평적으로 분산되어 존재하는 다양한 조직과 개인들을 연계하여 업무의 효율성과 효과성을 향상시킬 수 있다. 미래의 정부 모습인 가상정부의 기본적인 역할은 정부 내의 조직간 경계를 무너뜨리고 나아가 민간부문의 자원과 능력을 연계하여 활용할 수 있는 여건을 만드는 것이다.

미래의 정부는 정보를 제공하는 웹 포털 중심의 Web1.0을 거쳐, 정보 생산·공유·협동·참여가 가능한 플랫폼으로서의 Web2.0 단계를 지나 개인별 맞춤 정보 제공이 가능한 Web3.0시대가 도래하면서 구체화 된다. 정부는 국민이 쉽게 접근할 수 있으며, 원하는 것을 충족시키기 위해 효율적이고 투명하게 반응할 수 있는 열린 정부의 모습을 갖춘다.

3. 정부-민간 협업 확대

미래의 정부는 정보를 단순히 관리하고 제공하는 역할에서 나아가 정보를 분석하고 가공하는 역할이 점점 더 중요해진다. 규칙과 절차에 따라 서비스를 제공하는 기계적이고 절차적인 행정에서 주민의 필요를 적극적으로 찾아 나서고 주민이 진정으로 원하는 서비스를 제공하는 역할로 진화하는 것이다. 국민과 기업이 원하는 서비스를 고객 관점에서 분석하고 제공하는 정부가 되기 위해서는 정부가 보유한 정보만으로는 한계가 있다. 정보공유의 범위가 공공기관 간에서 민간으로까지 확대되어야 한다.

정부의 정보가 민간에게 공개되고 정부의 정책방향에 대한 생각과 반응을 정부에 피드백 함으로써 국민의 생각에 더 가까운 정책과 서비스가 만들어진다. 반대로 민간의 정보와 생각이 정부에게 알려져서 정책을 결정하고 서비스를 생산하여 전달하는 정부의 방법이 좀더 적극적으로 변화되는 기반이 마련된다. 정부와 민간 사이의 정보가 공유되는 기반이 마련되면 정부와 민간의 협업이 확대되는 계기가 된다.

　미래에는 유기적이고 선제적인 정부의 활동이 증가하게 된다. 정부의 서비스 내용과 방식도 변화하여 민간부문과의 협력이 모든 정부기관의 주요한 의무가 되는 상황으로 바뀐다. 민간과의 협력이 중요해질수록 정부–민간 협력을 효율화하는 인프라와 체계가 구체화된다. 정부–민간 간 협력의 확대가 미래 정부의 기본 방향이 될 것임을 시사하는데 이는 양 그룹 사이의 정보공유와 체계적인 시스템 연계를 전제로 한다.

　정부 기관 간 정보공유와 시스템 연계는 전자정부를 시작한 초기부터 주요한 이슈였다. 반면 정부와 민간 사이의 정보공유와 연계는 새로운 기술 및 정부환경을 의미하는 Web2.0 또는 정부2.0의 개념을 중심으로 발전해 오고 있다. 스마트폰 기반의 모바일 인터넷과 새로운 미디어에 의한 SNS, 그리고 이를 중심으로 생성되는 빅데이터 환경이 미래 정부와 민간 사이의 협업을 확대시키면서, 다음에서 소개되는 미래 정부의 모습을 더욱 현실감 있게 만들어 간다.

　정부와 민간 사이의 협업 확대는 기술발전에 따른 양 부문 사이의 상호작용의 변화와 맥을 같이 한다. 상호작용 방법이 변화함으로써 전통적인 방법의 정부와 민간 간 소통양식이 변한다. 과거에는 일방향의 소통이 일반적이었던 반면에, 새로운 정부–민간 소통모형은 양방향 소통으로 바뀐다. 공공의 의사결정과정이 소통에 기반한 합리화를 추구함으로써 민간의 다양한 의견이 합의가 이루어진 상태로 반영되는 모형이 된다.

　정부–민간 협력이 확대되면 정부가 민간의 필요를 신청 전에 사전에 인지하여 해당 서비스를 제공하기도 하고, 민간이 정부의 서비스 생산과정에 참여하여 필요한 서비스를 창출하기도 한다. 이러한 모형에서는 전통적인 관료제도가 추구하는 기계적인 효율성은 물론 의사소통적인 합리성을 달성할 수 있게 한다. 꽉 짜인 틀에서의 정책결정과 서비스 생산을 넘어서서 개인적인 사정이나 환경까지도 반영하여 개인의 필요를 만족시킬 수 있는 정부의 모습을 그릴 수 있게 된다.

　공공–민간의 상호작용과 협업은 어떠한 형태이건 생각이나 정보를 주고받음을 통해 서로 다른 개인, 그리고 개인과 집단 간 이해의 공유를 위한 노력을 전제로 한다. 공공부문에 의해 생산되고 축적된 정보를 민간에게 공개하고 이를 민간이 독창적인 방법으로 이용하여 새로운 부가가치를 갖는 서비스를 생산함으로써 정부의 역할을 대신 할 수 있는 경우 우리는 이를 플랫폼정부라고 하고, 미래 정부의 모습으로서 다음에서 자세하게 논의하고자 한다.

Ⅲ 미래 정부의 모습

　　미래 정부의 모습을 그려 보기 위해 지금까지 우리는 전자정부 발전과정을 중심으로 논의했다. 정부 내부, 그리고 정부와 국민 사이의 상호작용에 IT 응용이 고도화되면서 정부의 모습이 달라지는 동력이 생긴다. 전자정부의 핵심요소인 정보공유가 일반화되면서 조직간 경계가 무너지는 힘이 발생하고 이것이 정부의 모습을 변화시킨다. 정보공유를 통해 정부의 모습을 실질적으로 변화시키는 요소는 시스템 연계이고 이를 통해 업무가 통합되는 현상을 설명했다. 그리고 정부와 민간의 협업이 정부 모습을 변화시키는 또 다른 요인이다. 통합의 단계와 종류를 설명하면서 가상통합이라는 개념을 도입하고 이를 통해 가상정부를 미래 정부의 모습으로 그려 보았다. 미래 정부의 구체적인 모습인 가상정부와 플랫폼정부를 설명하고자 한다. 플랫폼정부는 가까운 미래에 완성될 것으로 예상되는 정부의 모습이고, 가상정부는 좀 더 먼 장래에 만들어질 정부의 모습이다.

1. 플랫폼정부

　　정부-민간 협업이 활성화되고 정부가 기능의 일부를 민간에 맡기는 방법이 고도화되면서 플랫폼정부가 미래의 정부 모습으로 발전하고 있다. 웹사이트를 통해 저술활동을 하는 Tim O'Reilly는 플랫폼정부를 개념화시키기 위해 두 가지 형태의 정부 모습을 비유로 예시한다. 공공서비스를 정형화된 형태로 제공하는 기존 정부의 모습을 자판기에 비교하여 자판기형 정부라고 부른다. 자판기형 정부에서는 서비스의 종류와 형식이 사전에 법과 제도에 의해 정의되어 있고 서비스 생산은 정부 또는 정부가 위탁한 기관이 담당한다.

　　반면에 바자(bazaar)형 정부에서는 다수의 민간인들이 생산자로 참여하여 다양한 형태의 제품과 서비스가 생산되고 전달된다. 제품 및 서비스의 종류와 품질은 사전에 정해지지 않고 경쟁을 통해서 생산 및 판매가 이루어진다. 주어진 제품과 서비스의 품질과 가격은 경쟁의 중요한 요소로서 시장경쟁의 결과로 정해지는데 소비자의 관점에서 선택의 폭이 넓고, 다양성을 즐길 수 있게 된다.

플랫폼정부는 바자 형태의 정부와 비슷하다. 플랫폼이라는 개념을 설명할 때 플랫폼의 가장 전형적인 모습을 보이는 스마트폰을 예로 드는 경우가 많다. 누구든지 스마트폰이라는 발판 위에서 독창적인 서비스(앱)를 만들어 소비자에게 제공할 수 있다. 스마트폰 이전 모바일폰에서는 전화회사가 사전적으로 구축한 시스템의 서비스만 생산되는 것과 비교된다.

정부가 누구에게나 열린 플랫폼을 제공하여 정부 내부는 물론 외부의 일반인들이 플랫폼 위에서 필요한 서비스를 생산하고 소비할 수 있도록 함으로써 정부를 혁신한다. 프로슈머라는 형태의 민간시장의 변화를 정부에 이식한 UCG(User Created Government)라는 개념이 소개된 바 있는데(정국환 외, 2007), 플랫폼정부는 동 개념을 구체화시킨 정부의 한 형태라고 할 수 있다.

플랫폼정부의 핵심은 정부가 미처 생각하지 못했거나 정부가 충분한 자원이 없어 생산하지 못하는 서비스를 민간이 참여하여 생산한다. 민간으로 하여금 이러한 활동을 가능하게 하는 기본 발판, 즉 플랫폼은 정부에 의해 공개된 정보(open data)인 경우가 많다. 정부가 축적하여 체계적으로 관리하는 공공정보, 예를 들면 버스 관련 정보(정류소, 노선, 구간 등), 실시간 버스 위치정보, 버스도착 정보 등이다.

공개된 데이터가 중요한 이유는 그것이 외부인에 의한 혁신을 가능하게 하는 촉진제이기 때문이다. 이미 알려진 바대로 민간분야에서 인터넷 비즈니스 모델의 이윤창출의 핵심은 공개된 데이터이다. 이를 강조하기 위해 Tim O'Reilly는 Data is the "Intel Inside"라고 표현한 바 있다. 인터넷 비즈니스 모델에서 이윤 창출 원천은 데이터와 데이터로부터 가치를 생산하는 알고리듬이다. 인터넷 비즈니스 모델로 성공한 회사들의 대부분은 데이터를 중심으로 비즈니스 모델을 만들고 사업을 이루어 가는데 이는 인터넷 비즈니스 모델의 "Intel Inside"는 데이터임을 의미한다.

국민에게 먼저 다가가서 그들의 다양한 서비스 욕구를 충족시켜 주기 위해서는 납세나 병역의무 등과 같은 정형화된 행정정보를 통합하여 서비스를 생산하는 것만으로는 부족하다. 국민의 욕구 변화 추세나 기술발전 동향 등 비정형 정보의 공유와 분석이 필요하다. 이를 위해서는 필요한 정보를 수집하고 통합하여 분석까지 가능한 지식정부 혹은 지능형 정부가 되어야 한다. 여기에 더하여 유비쿼터스 정부의 대응능력을 바탕으로 사전인지 및 대응체계를 갖추어 실시간 맞춤형 서비스를 제공하는 것이다.

　　사전 인지하여 제공하는 서비스와 함께, 고객 서비스를 위한 창구통합, 고객의 서비스 이용 데이터를 활용한 고객관리 등이 서비스 고도화를 위한 수단으로 계속 발전할 것이다. 민간에서와 같이 정부도 IT를 응용하여 창구를 통합하고 시민 중심의 서비스로 전환시킴으로써 서비스 전달 방식을 획기적으로 개선하는 것이다.

　　오랫동안 민간시장에서만 가능한 것으로 생각되었던 고객만족 또는 고객감동의 서비스 제공이 이제 정부변화의 매우 중요한 트렌드로 인식되고 있다. 그 한가운데 정보기술이 자리하고 있다. 전자정부로부터 시작된 정부의 변화가 사전 인지형 고객맞춤 서비스로 발전하고 있는데 바로 여기에 미래 정부의 모습이 보인다.

　　개방을 전제로 한 공공－민간 협력의 또 다른 모습이 바로 플랫폼 전략이다. 정부의 정보를 개방하여 민간의 참여를 유도하고 이를 통해 민간의 혁신적인 아이디어를 정부의 행정에 적용하는 것이다. 민간에서 플랫폼 전략의 성공은 플랫폼 주관자인 기업이 자신의 핵심자산을 개방하고, 다른 기업의 자발적 참여를 통해 협력하는 생태계를 어떻게 조성하는가에 달려 있다. 마찬가지로 공공과 민간의 협업, 예를 들면 정부의 개방된 정보를 이용하여 민간이 창의적인 서비스를 생산하는 것과 같은 성공적인 생태계를 조성하는 것이 플랫폼정부가 성공하는 방법이다. 이러한 의미를 갖는 플랫폼정부가 미래 정부의 모습이다.

　　정부가 공급자적인 입장에서 서비스를 생산 전달하는 과정에서 추구하는 효율성은 고도화된 전자정부 시스템에 의해 완성되고 있다. 그러나 효율성 달성만이 정부의 목표가 되어서는 안 된다. 규칙과 절차 중심의 "법대로"가 추구하는 기계적인 효율성에 만족하지 않고 미래의 정부는 "인간적인 측면"을 가미한 효과성 극대화를 달성할 수 있어야 한다. [그림 21－2]에서와 같이 "법대로"에 의한 일방적 의사전달이 아니고, 법제

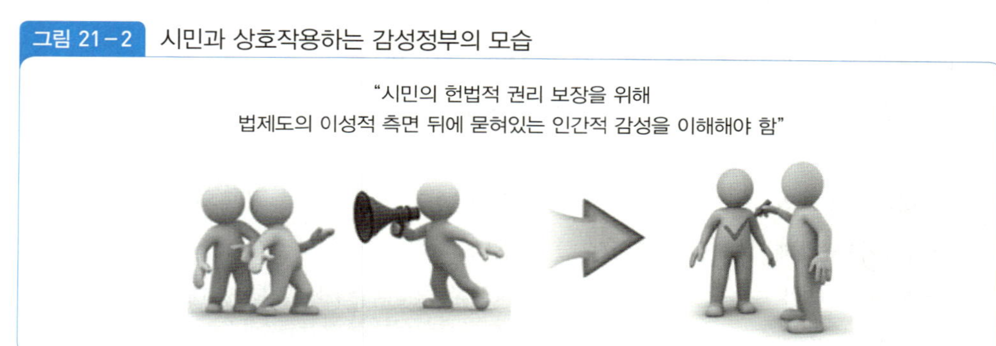

그림 21－2　시민과 상호작용하는 감성정부의 모습

도 뒤에 있는 인간의 감성을 이해할 수 있도록 시민과 상호작용하는 정부가 미래 정부의 모습이다.

정보공유를 통해 이루어지는 공공과 민간의 협업이 바로 이런 관점에서 논의된 연구 주제였다. 협업은 SNS 등 융합미디어를 통해 공공과 민간의 소통이 활성화됨으로써 더욱 효과적으로 달성된다. 정부의 공급자적인 관점의 서비스 생산 및 전달 방법은 이제 플랫폼 형태로 바뀔 것이다

SNS를 제공하는 소셜미디어는 누구나 참여할 수 있는 개방성과 다양한 채널로의 확장성을 갖춘 소통도구로서 플랫폼정부의 정의에 적절한 기능을 수행할 수 있는 미디어이다. 직접 얼굴을 대하지 않고도 특별한 관계에 있지도 않았던 사람과 관계를 맺고 소통하면서 사람들이 각자의 생각과 경험 그리고 자기의 주장과 의견을 서로 공유하고 정부의 정책이나 여론조사에도 영향을 끼친다. 스마트폰의 확산과 인터넷과 모바일 등의 결합으로 정부와 민간 사이의 소통과 협업가능성이 높아지고 있는데, 바로 여기에 플랫폼정부의 모습이 그려지고 있다. 소셜미디어는 의사소통 채널을 다양화하는 기능을 할 뿐만 아니라 플랫폼정부의 가능성을 높이는 등 질적 변화를 야기하고 있다.

플랫폼정부가 추구하는 바는 과거 지식정부 개념과 유사한 점이 있다. 정부 내부 및 외부의 지식을 공유하고 협력을 촉진하기 위해 정부지식시스템을 구축하고, 정부와 민간의 참여와 혁신을 촉진하는 협업채널을 구축한다. 공공정보를 개방하여 민간이 창의적인 방법으로 부가 서비스를 생산하도록 함으로써 가치창출을 주도하는 방향으로 정부의 일하는 방법을 혁신한다. 플랫폼 전략은 모아진 지식이나 정보를 누구나 이용할 수 있는 체계화된 장으로 만들고, 이를 활용하여 네트워크 효과를 창출하고 사업의 생태계를 구축하는 전략이다.

공공정보를 개방하여 플랫폼정부를 효과적으로 구축하기 위해서는 민간 활용도를 높일 수 있는 정보가 공개되어야 하고 이를 통해 민간의 자발적인 참여가 확대될 수 있는 인센티브가 충분하게 주어져야 한다. 개방된 공공정보를 민간에서 쉽고 빠르게 활용하여 독특한 특징을 갖는 서비스를 개발할 수 있는 표준을 만들어 주고, 참여하고자 하는 민간의 아이디어를 적극적으로 수용할 수 있는 환경을 만들어야 한다. 국민이 더 편리하게 사용할 수 있고 더 큰 만족을 가져오는 따라서 부가가치가 높은 서비스를 제공하는 것이다. 이러한 과정은 이용자 중심의 정보화 더 나아가 사람 중심 정보화를 구현하는 전략으로서의 의미를 갖는다.

2. 가상정부

미래 연구에서는 차세대 전자정부의 모습을 '가상정부'라는 개념으로 설명한다(정국환 외, 2007). 가상정부는 정부 내부의 주어진 기능을 수행하고, 민원인에 의해 신청된 서비스를 생산·전달하기 위해 관련된 정부조직이 칸막이 없이 마치 하나의 조직인 것처럼 연계되어 움직이는 것을 전제하고 있다. 이를 위해서는 우선 관련 시스템이 완벽하게 연계되어야 하고, 더 나아가 필요한 정보가 기관 사이에 막힘없이 공유되어야 한다.

정부와 민원인 사이의 정보도 자유롭게 공유됨으로써 정부가 민원인의 사정을 사전에 파악하여 필요한 서비스를 자동적으로 생산하고 제공한다. 더 나아가 민원인이 공공 서비스 생산과정에 참여하기도 한다. 공공과 민간의 협업이 완벽하게 이루어지는 상태를 의미한다. 이와 같은 협업이 이루어지는 수단과 장소로서 내 손 안의 정부 또는 개인화된 정부 웹사이트를 의미하는 MyGov를 상정하고 있다.

MyGov는 공공-민간 소통양식의 획기적인 변화를 가져오고, 컨버전스 기술을 종합하는 성격을 갖는 융합미디어로서 공공-민간 상호작용을 확대시킬 중요한 수단이다. MyGov를 통해 서비스를 신청하거나 제공받고, 정책과정에 참여할 수도 있으며 정보를 공유할 수도 있게 되는데 이는 공공-민간 소통양식의 변화와 상호작용의 확대에 의해 가능해지는 중요한 변화이다.

MyGov와 같이 융합미디어에 의해 지능화된 미래정부는 Front Office를 통해 개인화된 맞춤형 서비스를 제공한다. 즉 공공부문이 먼저 민간의 서비스 수요를 인식하여 국민이 원하는 서비스를 알아서 쉽고 편하게 이용할 수 있도록 수요자 중심의 맞춤형 서비스를 제공한다. 이러한 변화는 공급자와 수요자 관계의 패러다임 변화로 요약된다. 민간시장에서 소비자가 적극적 생산자 역할까지 수행하는 프로슈머의 개념이 확산하고 있는 바와 같이, 공공영역에서도 IT의 발달과 더불어 수요자인 국민이 정부 서비스를 창출하는데 적극적으로 참여하는 것이다.

전자정부가 고도화되면서 가능해진 공공-민간 협업은 앞서 설명된 바와 같이 미래 연구가 제안한 가상정부의 한 형태로 이해될 수 있다. 소통이 소통을 생산하는 융합미디어의 만능 소통기능, '100% 순도의 직접적인 쌍방향 커뮤니케이션' 등이 가상정부가 요구하는 완벽한 정보공유, 즉 가상통합을 가능하게 만들고, 이러한 기술적 환경이 공

그림 21-3 가상정부 상에서 이루어지는 생애주기 서비스의 모습

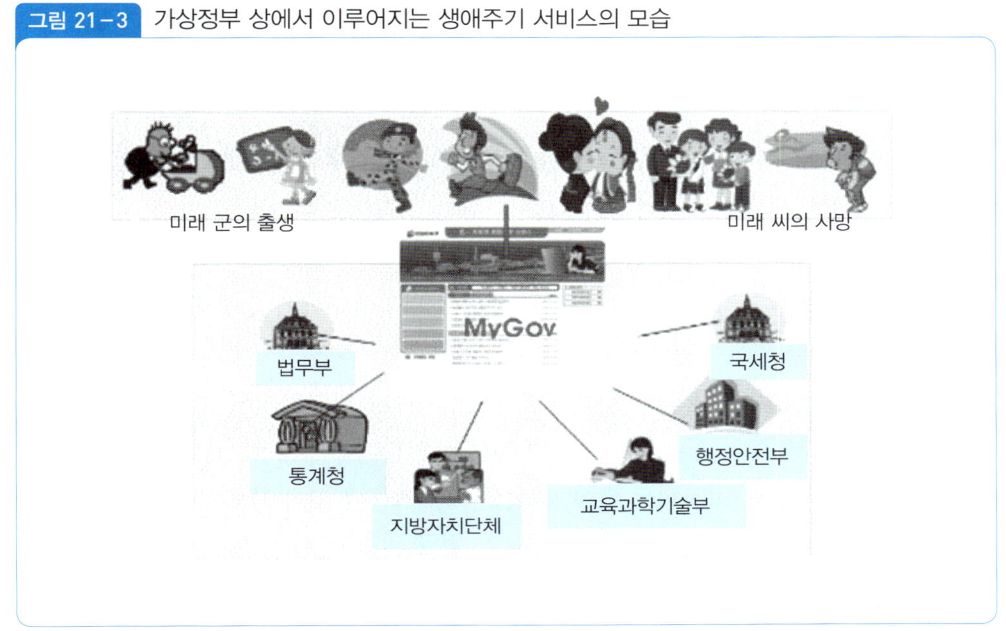

공-민간 협업 활성화와 정부모습의 혁신적 변화의 배경이다.

지금까지 전자정부 과정에서 응용된 IT가 단순히 업무를 효율화하는 수준을 넘어 정부와 국민 사이의 관계인 거버넌스에도 영향을 미친다는 의미이다. 가상정부는 지금까지 추진된 전자정부가 고도화되어 궁극적으로 도달하게 되는 정부이다. 정부조직 내의 기능부서별로 정보를 관리하고 업무를 수행하던 방식이 고객 중심의 서비스 지향적인 업무방식으로 바뀐다. 정보공유를 중심으로 업무프로세스를 재설계했던 전자정부가 목표로 했던 모습이다. 정부의 개별적인 기능조직이 고객 중심의 서비스를 지향하는 조직으로 바뀌고, MyGov라는 개인화된 단일창구를 통해 고객에게 서비스가 제공되면 고객 관점에서 정부는 가상조직이 되는 것이다.

[그림 21-3]의 중앙에 위치한 MyGov가 가상정부에서 정부와 국민과의 접촉창구이다. MyGov 아래쪽의 개별 정부조직은 물리적으로는 나뉘어져 있지만 논리적으로는 완전 통합, 즉 가상통합이 달성된 상태로 운영된다. '미래'군의 출생에서 '미래'씨의 사망 때까지의 생애주기 관련 정부서비스가 MyGov를 통해 자동으로 처리되고 전달되는 모습을 보이고 있다. 개인의 생애에서 발생하는 모든 정부관련 민원이 가상정부 시스템을 통해 통합된 형태로 처리되고 그 결과가 MyGov를 통해 개인에게 전달되고 개인의

의견이 반영되는 통로가 마련되는 것이다.

가상조직에서는 협업의 가능성이 대폭 확대된다. 특히 고객 중심의 서비스 제공을 위해 조직 내의 협업이 가능하도록 프로세스 지향적인 조직으로의 변화가 쉽고, 프로세스 지향적인 관계를 설정함으로써 조직 간 협업의 비용효과성도 높일 수 있다. 고객 중심의 프로세스 지향적인 서비스 방식을 다수의 조직으로 확대할 수도 있다. 개념적으로는 하나의 조직 내에서 단일 창구를 통하여 서비스가 제공되는 방식을 다수의 조직에 확대 적용하면 된다. 조직 간 협업을 통하여 단일창구에서 일괄적인 서비스가 제공되면 가상정부로 진화하는 것이다.

공공－민간의 협업 활성화를 위해 공공 민간 사이의 소통양식의 변화를 초래할 것으로 예상되는 개인화된 정부 홈페이지가 MyGov이다. SNS 등 신 융합미디어에 의해 MyGov의 소통 기능이 고도화되면 MyGov 자체가 새로운 미디어로 기능하게 되고 이를 통해 가상정부가 추구하는 서비스 생산 및 전달 기능이 더욱 지능적으로 발전하면서 변화된 새로운 정부의 모습을 보여 줄 것이다.

3. 미래 정부의 모습

미래의 정부를 예측하기 위해 전자정부의 핵심요소인 정보공유와 시스템 연계를 중심으로 우리의 논의를 전개했다. 뱅킹과 교육은 영원하지만 은행과 학교는 없어질 수도 있다는 비유가 암시하는 극단적인 정부의 변화 모습, 선거에 의해 정부를 바꾸는 대신 실시간으로 정부를 선택할 수 있는 제도, 그리고 감동을 주는 정부의 변화 모습을 그리면서 미래 정부를 예측해 보았다. 미래 연구가 꼭 과학적일 수는 없지만 미래의 모습을 가능하게 하는 기술진보와 응용가능성은 분석되어야 한다는 관점에서 두 가지 핵심요소를 논의했고, 이들 요소가 만들어내는 공공과 민간의 협업을 중심으로 변화의 방향을 예측했다.

전자정부가 고도화되어 정보공유 및 정보공개와 시스템 연계가 완벽하게 이루어지면 정부와 민간의 협업이 확대됨으로써 기존 정부의 모습은 플랫폼정부와 가상정부라는 개념으로 설명되는 형태로 바뀔 것이다.

가까운 미래에는 공개된 정보를 기반으로 공공기관이나 민간이 정부가 생각하지 못한 새로운 서비스를 창출할 수 있도록 하는 플랫폼정부가 새로운 정부의 모습으로 등장할 것이다. 오랫동안 민간시장에서만 있는 것으로 생각되었던 고객만족 또는 고객감동의 서비스가 가능해지고, 이러한 현상이 정부변화의 중요한 트렌드로 자리할 것으로 보인다. 지금도 부분적으로 그리고 아주 원시적인 방법으로 플랫폼정부의 특징을 갖는 정부서비스가 있지만 아직은 초기 단계이고 이러한 추세는 길게 이어질 것으로 보인다.

플랫폼 형태의 정부가 발전하면서 가상정부의 요소를 갖는 서비스가 더욱 활성화될 것으로 보인다. 정부와 시민 간에 뉴미디어에 의한 소통이 더욱 확대되면서 정부는 민원인 사정을 사전에 파악하여 필요한 서비스를 자동으로 제공하고, 민원인이 직접 공공서비스 설계 및 생산과정에 참여하는 정도가 더욱 빈번해진다. 이러한 협업은 내 손안의 정부 또는 개인화된 정부 웹사이트인 MyGov를 통해 이루어진다.

이를 위해 정부 내부의 조직은 가상통합의 상태를 갖게 된다. 정부조직 사이의 경계가 없어지고 기능이 통합됨으로써 정부의 업무가 시스템에 의해 자동으로 처리되는 상태에 이른다. 물리적인 정부의 기능이 가상정부가 만들어내는 완벽한 정보공유와 시스템 연계에 의해 대체됨으로써 정부의 모습은 획기적인 변화를 겪는다. 정부의 기능은 영속되지만 이를 위한 제도와 조직은 IT 응용에 의해 완전히 다른 모습을 갖게 됨을 의미한다.

참고문헌

- 김국현, Web 2.0의 경제학, 황금부엉이, 2006.
- 정국환·문정욱·권성미·김영미·노규성·정윤수, "가상정부로의 진화," 21세기 한국 메가트렌드 시리즈, 정보통신정책연구원, 2007.
- OECD, The E-Government Imperative, 2003.
- Ramsey, Todd, On-Demand Government : Continuing the E-Government Journey, IBM Press, 2004.
- Tim O'Reilly, http://ofps.oreilly.com
- UN, Benchmarking E-Government : Global Perspective, 2002.

제 **22** 장

첨단 미래도시 "만물 지능 녹색 도시"

　최근 대중매체에서 가장 많이 거론되는 단어로 '유비쿼터스', '녹색성장', '융합'이란 단어가 빠지지 않을 것이다. 현재 친환경 녹색성장 미래도시를 꿈꾸며, 다양한 사업과제와 정부의 지원 속에 미래도시의 청사진을 그리고 있지만, 정작 우리가 원하는 유비쿼터스 미래도시의 계획은 제자리걸음이다.

　전 세계 대부분의 스마트 또는 유비쿼터스 신도시의 계획을 보면 ITS(Intelligent Traffic Service) 첨단교통 시스템이나 CCTV를 이용한 방범 서비스 등 기존 첨단시스템에서 더 큰 비전을 보여주지 못하고 있다.

과연 살기 좋은 쾌적한 미래도시를 만들기 위해서 무엇이 필요한가?

I 유비쿼터스 첨단 미래도시의 개념

1. 배 경

쾌적한 삶의 환경은 시설투자, 주거환경, 범죄율, 교통, 교육의 질, 보건, 서비스 질 등에 영향을 미치고, 최첨단 과학기술을 응용하여, 도시 구성요소를 하나의 유기적 복합체로 보아, 새로운 도시 활동과 도시 구성요소, 청정자연 환경을 생태의 다양성, 순환성, 안정성이 지능적으로 조화된 도시공간 속에 인간편의와 모든 생태가 평화롭게 공존하는 미래형 도시를 꿈꾼다. 그리고 하나의 도시가 세워지고 새로운 사회 질서가 확립되기 위해 국가, 입법, 사법, 행정, 시민이 하나가 되어 제도를 확립하고 교통, 인프라, SOC 등 사회에 필요한 기반 시설과 비즈니스, 교육, 건강 등 행복한 삶의 질 향상이 서로 공존하는 것이 필요하다. 하지만 다양한 분야와 기술을 지능화하여, 융합하고 서비스를 구현하여, 생활 문화융합의 미래도시를 구축하기 위해 많은 문제점들이 있다.

대한민국 정부는 2012년 세계 선도 IT융합산업 1조 원대, 10개 창출을 목표로 하고, 국토해양부는 VC-10(Value creator) 연구개발 산업을 통해 6조 5천억이라는 세계 최대의 연구를 통해 세계 최고의 건설 미래성장 동력을 확보하기 위해 최선의 노력을 다하고 있다. 뿐만 아니라 행안부, 환경부 등 많은 미래도시 연구개발사업과 국가정책이 세계 최고의 창조적 혁신전략(또는 상품) 창출에 있지만 정말 불행하게도, 추진하는 정책입안자나 연구개발 제안 심의자가 세계 최고 혁신에는 다소 미흡했기에 결국 구호뿐인 정책과 나누어 먹기식 연구개발사업 및 정책으로 수 백조의 국가예산은 낭비되고, 결국은 15년째 2만 불 소득국가로서 첨단융합미래도시의 창조와 혁신에 맞는 도시발전을 이루기보다는 후진국형 산업형태 및 국가 도시발전을 답습하고 있다.

따라서 이러한 문제점들은 미래도시 계획 조직과 의사결정 및 정책입안자, 시행자 등의 미래도시 개발 및 전략지식에 대한 노력과 첨단 친환경 녹색 미래 도시의 창조성에 달려있지만 과거 IT강국 대한민국의 첨단 모바일 무선정보 통신 기술과 친환경 녹색 미래도시 간의 융합을 통한 새로운 기술로서, 모든 도시 산업을 창조적으로 혁신시키는 세계 최초의 만물지능 생명체 이론을 기반으로 유비쿼터스 미래도시의 희망비전을 제시하고자 한다.

2. U - city 현황

정보통신부(現. 방송통신위원회)는 'IT839전략'을 통해 유비쿼터스 사회 조성을 위한 정책을 마련하였다. 그 밖의 'u-Korea 기본계획과 구축활성화 기본계획'을 통해 범국가적 차원에 유비쿼터스 도시건설을 장려하고 있다. 행정자치부(現, 행정안전부)는 2007년 '지역정보화기본계획' 수립을 통해 도시기반, 행정생활, 산업, 환경 등의 지능화된 인프라와 기술 및 서비스를 통해 안정적이고 효과적으로 정보를 제공받을 수 있는 지원체계를 추진하고 있다.

또한 건설교통부(現, 국토해양부)에서는 2008년 '유비쿼터스도시계획 및 건설 등의 지원에 관한 법률'을 제정하고 유비쿼터스 기술을 도시공간에 접목시키고자 〈표 22-1〉과 같이, 지자체·도시개발사업자 등이 활발히 도입·추진 중인 유비쿼터스도시 건설계획이 시행착오 없이 소기의 성과를 달성할 수 있도록 효율적인 계획, 건설 및 관리·운영을 지원하는 법을 제정하여 그 효력이 강화되었다.

이러한 정부의 노력에도 불구하고, U-City 사업의 부진 원인을 살펴보면,

첫 번째 스마트 도시의 각종 인프라 하드웨어를 지능화하는 현재 전 세계적으로 통용되는 유비쿼터스 센서노드의 구성도와 성능을 살펴볼 필요가 있다. 스마트 더스트(Smart dust)개념으로 시작된 대부분의 센서들은 주변자료(Data)를 수집하여, 무수히 많은 센서노드 간 송·수신하고, sink node, gateway를 통해 main server로 전송하는 기존의 원격모니터링 개념 구현에 불과하다보니 "Communication Among Things" 사물 간 소통을 위한 Smart or Ubiquitous Infrastructures의 비전은 처음부터 구현이 불가능한 것으로 나타났다.

더욱 큰 문제는 도시 건설의 주인공인 토목, 도시, 건축 관련 설계, 시공사는 IT 융합기술에 대한 전문지식이 부족하고, 센서 네트워크를 통해 U-city를 플랫폼으로 구현하는 대부분의 SI회사들은 유비쿼터스의 핵심기술인 센서노드와 OS에 대한 심도 깊은 연구나 핵심기술이 부족할 뿐만 아니라 도시건설 인프라에 대한 창조적 전문지식 없이,

표 22-1 국내 신도시의 U-city 사업 추진 현황

신도시	구분	내용
인천 송도	구현서비스	교통, 방재, 의료, 교육, 행정, 물류, 유통 등
	추진계획	방송통신인터넷이 하나의 네트워크로 통합되는 All in ONE, Network 구축, RFID/USN의 시범단지, 무선 및 광네트워크기반 구축 등
용인 흥덕	구현서비스	방범/ 방재, 원격검침, 원격의료, 시설물관리, 생활안전 등
	추진계획	지하매설물 센터, 50Mbps 이상의 인터넷 망 구축
화성 동탄	구현서비스	생활안전, 기상환경, 교통정보, 공공행정, 자동검침, 무선제어, 무인전자경비, 지능형 빌딩 등
	추진계획	최첨단 정보통신 인프라 및 시스템 구비, 광케이블 구축, 도시정보시스템 구축, 광대역통신망
파주 운정	구현서비스	Public(green, blue, traffic, safety, prevention, health, portal, card, UIS), Living(home, learning, security, building, office), Experience(mobile portal, 체험관, BcN, WiBro) 등
	추진계획	FTTH/USN 기반 구축
성남 판교	구현서비스	u-방법CCTV, 독거노인 u-care, u-주차, 민원, 시정홍보로봇 등
	추진계획	통합관제센터는 성남시 전체에 대하여 추진
수원 광교	구현서비스	교통정보, 도시정보, 홈네트워크(원격 검침, 전자민원)등
	추진계획	교통정보, 도시정보, 홈네트워크(원격 검침, 전자민원)등

※출처: TOD 기반 u-city계획의 교통에너지소비량 추정모형 개발, 이계삼

형식적인 U-city구축을 추진하면서, 대한민국의 U-city는 그동안 국민의 기대에 못 미치고 있는 것이 현실이다.

따라서 본 저서에서는 올바른 개념의 편리하고 쾌적한 지능화 도시(Smart or Ubiquitous City)를 위해 신개념의 만물지능 센서 개념을 설명하고, 이를 이용한 만물지능 생명체 개념(Organic Things Embedded System)을 통해 유비쿼터스 첨단 미래 녹색 도시의 참된 방향을 제시하고자 한다.

3. 만물지능 스마트 센서노드 (Organic sensor node)

유비쿼터스 미래도시의 핵심이 될 만물 지능형 센서노드!!
과연 진정한 유비쿼터스 미래도시를 구축할 수 있는 것인가??

기존의 유비쿼터스 컴퓨팅을 구현하기 위한 유비쿼터스 센서 네트워크(USN)의 센서

그림 22-1   만물지능 센서 기본 개념

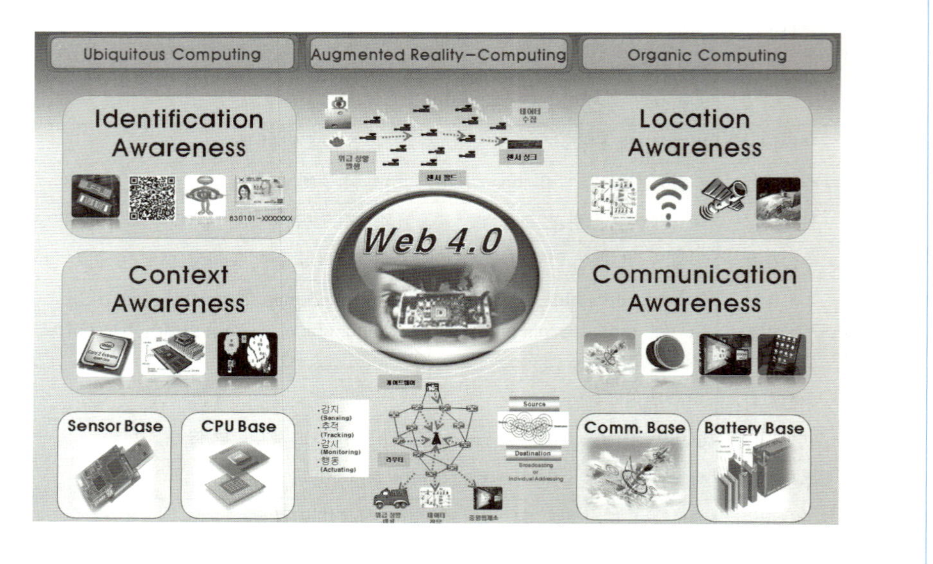

※ 출처: 한양대학교 첨단융합구조연구실(OTES)

노드는, 주어진 환경 또는 내재된 사물의 온도나 습도 같은 물리, 화학 변화량을 탐지(detect)하여, 증폭기를 거쳐 디지털 신호로 변환한 후 안테나를 통해 인접 센서노드와의 네트워킹으로 외부 메인 서버에 전송하기 위한 sink node와 gateway, router 등으로 구성되어, 광범위한 지역에서 수많은 센서노드 간의 다양한 네트워킹을 통해, 센서노드 간 데이터 전송을 위한 원격측정도구에 불과하였다.

그러나 유비쿼터스의 핵심개념인 "Communication among things," 즉 무생물인 사물 간 소통을 위해서는 사물이 사람처럼, 자신이 누구이며, 어디에 있고, 주변환경에 맞는 상황판단과 의사전달을 할 수 있는 생체모방형 센서노드를 만물지능형 센서노드(Smart sensor for Organic things, Organic Sensor)라 하여, 개체인지, 위치인지, 상황인지, 소통인지 목적에 맞는 다양한 서브센서보드와 중앙처리부(CPU, MCU), 통신보드 등으로 구성하여 임의 사물 및 제품, 시설 또는 구조물에 목적과 기능에 따라 내재(Embedded)되어 정해진 특정목적을 생명체 같이 지능화하게 된다.

만물지능 센서노드는 CPU의 firmware에서 센싱된 데이터를 목적과 기능의 상황인지와 비교, 판단하여 대상 사물 환경 또는 구조물의 목적과 기능을 스스로 극대화시켜

그림 22-2 만물지능 센서노드 구성도

– 무선 통신 센서노드 설계 및 제작

주요 구성: 무선통신을 위항 통신부(Bluetooth Ethernet)
칩셋을 컨트롤하고 데이터를 주고받기 위한 CPU부, ADC(24bit)qn, 시각등기화를 위한 RTC부, 센서의 DATA를 저장하기 위한 외부메모리부, 전권공급부로 구성.

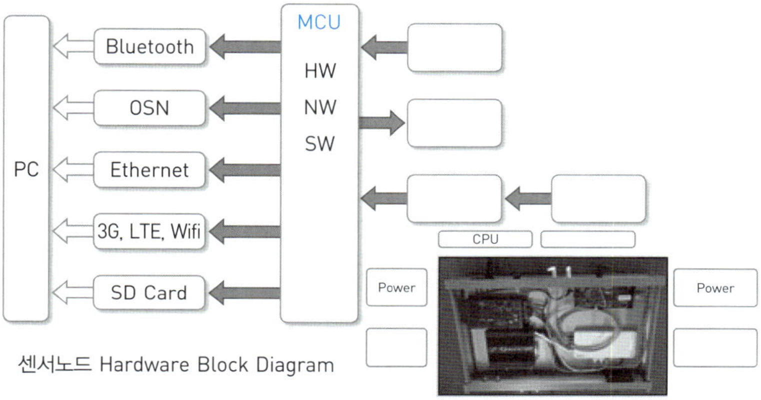

센서노드 Hardware Block Diagram

※ 출처: 한양대학교 첨단융합구조연구실(OTES)

주는 인간 생체 mechanism을 모방하여 인간이 느끼는 시각, 청각, 미각, 후각, 촉각 등 상황변화량을 만물지능 센서노드가 감지하고 뉴런·신경을 통해 두뇌로 전달되어지는 과정을 유·무선 통신네트워크로 대체하여, 두뇌(brain)의 종합상황판단에 따른 인체 구성요소의 반작용(response, action)을 대상 사물, 환경, 구조물의 구성요소 중의 소형 기계적 장치(MEMS)에 감응시켜 하드웨어와 소프트웨어, 네트워크의 융합으로 사물 간 커뮤니케이션을 수행하는 인간생체 개념의 만물지능 사물을 "Organic Things"라 명명하였다.

Organic Things는 대상 사물, 대상 환경, 대상 구조물, 모든 제도, 시스템, 소프트웨어 등을 각각의 특정지능 및 목적에 따라, 전체 순환·독립형태 경계(Organic boundary)로 이루어지는 전자적 생명복합체로 보아 경계 내의 모든 구성종속요소(sub-components)와 이웃요소(neighbor components)가 만물지능 센서 네트워크로 융합되어 대상 사물, 환경 스스로, 정해진 특정지능 최적화 커뮤니케이션을 위해 구성요소 간 피아의 개체인지와 위치인지, 상황판단 및 소통을 위한 상황인지, 소통인지 기반 위에 생물형 사물, 환경(Organic Things)의 특정기능, 목적을 실시간 스스로 지능적 최적화 시키는 대상사물 및 제도 전체 개념의 인간형 web 4.0 지혜(Wisdom) 창조물 하드플랫폼으로서, 대자연의 삼라만상 모든 구성요소를 모든 행성, 위성을 포함한 우주계로부터, 우주계의 한 행성인 지구, 지구상의 특정나라, 특정국가 중의 임의도시, 마을, 도시 속의 특정 인프라, 인프라 속의 각종 시설들, 시설 속의 각종 제품들, 부속 내부기관 등 모든 대상사물, 환경, 구조요소들을 전자 생명체화 하는 인간형 지능적 대화, 정보소통을 위한 개체인지, 위치인지, 상황인지, 소통인지 서브보드 기반의 차세대 만물 지능형 센서노드를 통해 보여줄 수 있다.

Ⅱ 만물지능생명체 이론

만물지능생명체 이론이란, 현재 발전을 거듭해 나가고 있는 Web2.0, SNS, RFID/USN, BBN, NFC/QR code, LBS/RTLS, Cloud computing, LTE, 집단지성 등 첨단 무선 통신 기술을 유비쿼터스 컴퓨팅 기술에 융합하여 모든 만물 대상, 즉 사람, 제품, 사물, 시설, 환경 속에 내재된 보이지 않는 센서 네트워킹을 통해, 사물 간의 커뮤니케이션(TTT)과 사물과 생태, 환경 커뮤니케이션(TTE), 사람과 사물 간 커뮤니케이션(HTT)을 수행하는 21세기 혁신적인 신문명 Organic Civilization을 선도할 수 있는 새로운 만물 지능개념의 창조적 파괴 기술로서, 기존의 원격모니터링과 유사한 유비쿼터스 센서 네트워크 시스템의 핵심요소인 센서노드의 기능을 변환한 위치인지, 개체인지, 상황인지, 소통인지 기반의 신개념 만물지능형 센서노드인 Smart Sensor for Organic Things(Organic Sensor)를 통해, 대상이 되는 사물, 제품, 환경, 시설 개체가 Hardware, Software & 무선(신경) 네트워크로, 유기적으로 융합된 인간 생체 개념의 만물지능 복합체로 정의하여, 모든 산업과 인류의 도시생활, 문명이 혁신적으로 변하는 Organic Computing의 신기원이다.

만물지능생명체(Organic Things Embedded System)의 어원은 사물이 생물처럼 구성요소가 유기적으로 조직(순환)되어, 생활(목적)기능을 가지게 된 복합체로서의 유기체(Organic Things)와 특정기능을 수행하는 전자(제품) 시스템을 뜻하는 임베디드 시스템

그림 22-3 Organic Computing Concept

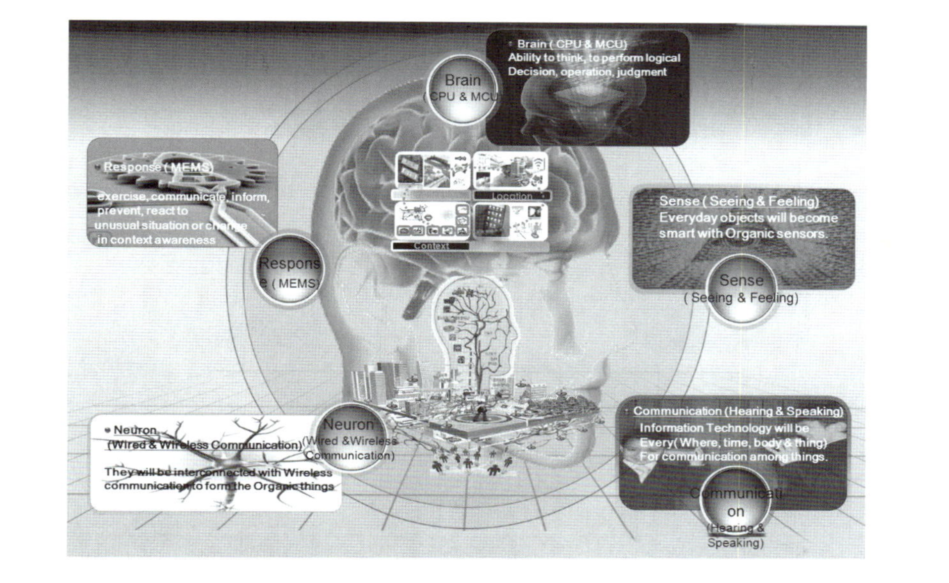

※ 출처: 한양대학교 첨단융합구조연구실(OTES)

의 합성어로서, 눈에 보이고 느끼는 대자연의 삼라만상 모든 구성요소들을 첨단 무선 정보통신 기술과 융합한 오감(Organic Sensor Network sensing)과 신경(Neuron : Wired & Wireless Comm), 두뇌(Brain : CPU, MCU), 혈액(도시 생명수, 물), 심장(Heart : Engine), 에너지(Food) 등으로 이루어지는 유기적 생명 복합체로 보아 사물, 환경 등 모든 대상 스스로, 언제 어디서나 시공간을 초월한 자신의 개체인지, 위치인지와 상황판단 및 소통을 위한 상황인지, 소통인지 기반위에 생물개념의 사물, 환경, 대상의 특정기능, 목적을 실시간 스스로 지능적 최적화 시키는 대상 사물, 제품, 시설, 환경 등 전체 개념의 인간형 Web 4.0 지혜(wisdom) 창조물 융합 플랫폼으로서 크게는 모든 행성, 위성을 포함한 우주계로부터 우주계의 한 행성인 지구, 지구상의 특정나라, 특정국가 중의

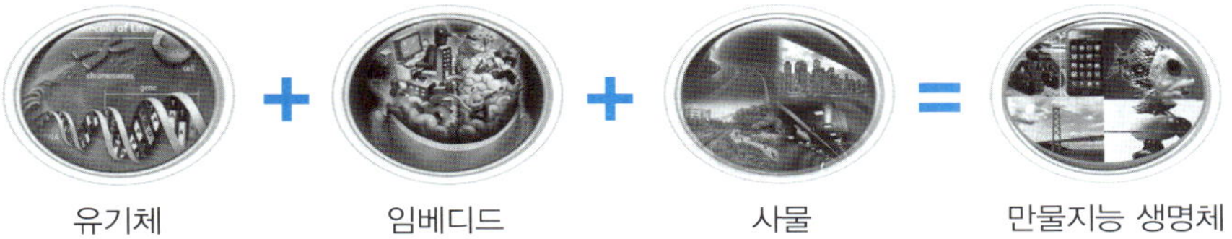

그림 22-4 만물지능생명체

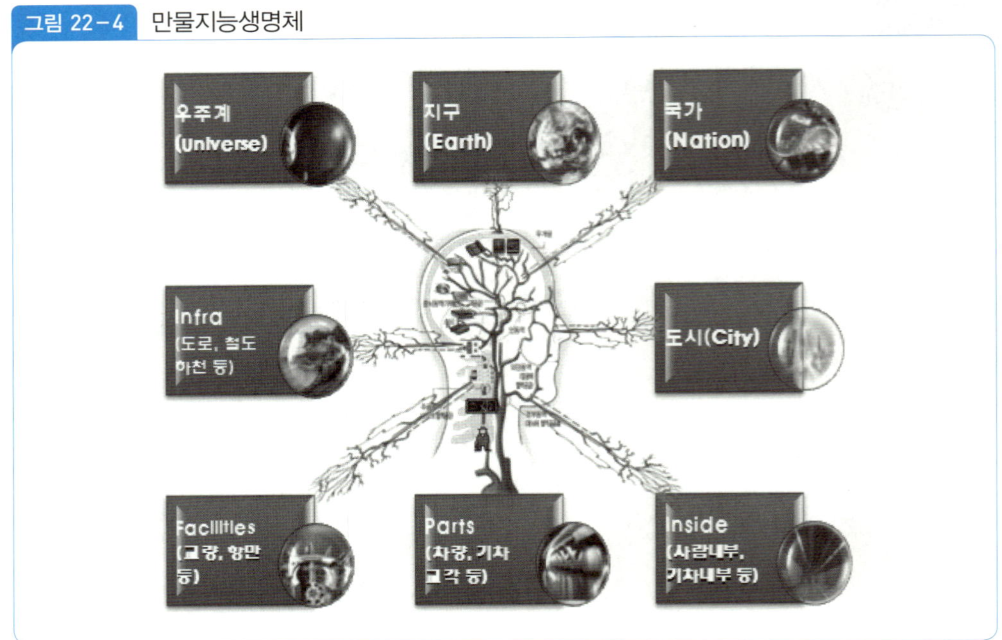

※ 출처: 한양대학교 첨단융합구조연구실(OTES)

특정도시, 도시 속의 도로, 철도, 항만, 공항, 상하수도 같은 특정 인프라, 인프라속의 교량, 터널, 상하수도 처리시설 같은 각종 시설들, 시설 속의 모든 부속제품, 부속 내부기관 등 모든 대상, 사물, 환경 하드웨어가 시공간을 초월한 인간형 지능적 대화, 정보소통을 위해 개체인지, 위치인지, 상황인지, 소통인지 기반의 제 4세대 만물지능형 센서노드와 스마트 인터페이스 소프트웨어, 생체신경 같은 유무선 정보통신 All band convergence(ABC) 네트워크로 융합되어진다.

만물지능생명체 개념은 인간과 자연·환경·시설이 공존하는 행복 또는 만족의 최적 평형 상황 속에 쾌적한 삶의 질을 극대화시키기 위한 하드웨어로서의 모든 대상물뿐만 아니라, 시공간 제약 속에 제한되었던 모든 형이상학적 논리추론과 제도, 시스템 같은 모든 소프트웨어 등도, 시공간을 초월한 지능적 인지, 추론을 위해, 언제, 어디서나 모든 사람 또는 최고의 전문가 집단이 참여, 개방, 공유하는 클라우드 컴퓨팅 기반의 가상현실공간의 집단지성 스마트 인터페이스의 결합이 요구되어진다.

Ⅲ 유비쿼터스 미래도시

만물지능 센서노드와 도시 인프라가 융합된 유비쿼터스 미래도시 만물 지능 첨단 녹색도시는 국가 또는 도시 관리주체(중앙 및 지방정부)가 쾌적한 탄소청정 도시의 행복한 삶의 질 향상을 위해 도시에 투입되는 에너지와 물질, 도시가 배출하는 폐기물과 폐열을 최소화하도록 지역단위, 건물단위, 시설단위 별로 지능화된 Web2.0 Organic Things 녹색 환경 속에 시공간을 초월하는 유비쿼터스 그린 IT기술을 융합하여, 에너지와 행복을 실시간으로 극대화 시켜주는 생물도시(Organic City)개념의 쾌적한 도시, 편리한 도시, 안전한 도시, 부유한 도시 임베디드 시스템으로 정의할 수 있다. 또한 Three-zero Infra(Carbon/Waste/Pollution), Three-saving Infra(Energy/Water/Resource), Three-space Infra(Green/Organic/Virtual)의 3가지 인프라를 통해 도시를 구성하는 에너지, 물, 탄소, 교통, 비즈니스 등 Smart Grid 시스템을 적용하여 보다 편리하고 쾌적한 도시를 만들 수 있다.

그림 22-5 만물지능생명체 Concept/Infra

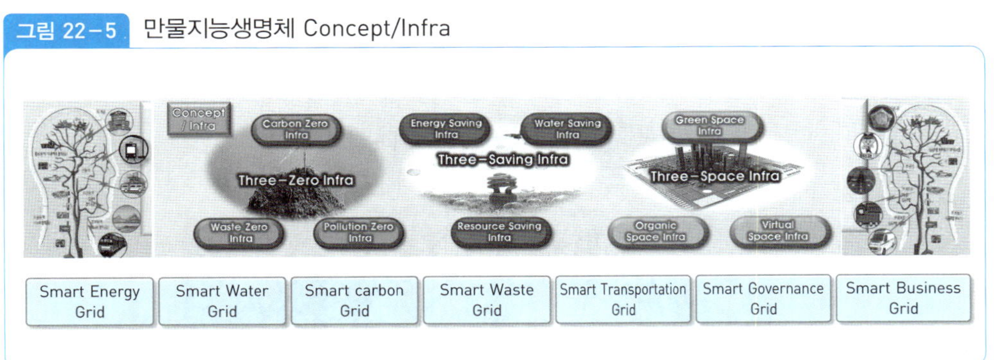

※ 출처: 한양대학교 첨단융합구조연구실(OTES)

1. 유비쿼터스 미래도시의 정의

유비쿼터스 미래도시의 목적은 행복극대화(Maximum happiness), 경제극대화(Maximum business), 녹색극대화(Maximum greeness)이다. 물리적 공간인 도시 공간 내에 유비쿼터스 만물지능 정보통신 기술을 활용하여, 도시 내의 수많은 Space, Things, People 간에 지능적 정보 교환이 가능한 공간으로서, Web2.0 도시공간 내에 환경부하를 감소하고, 엔트로피 증가를 악화시키기 위해 도시에 투입되는 물질 및 에너지 소비를 최소화하고, 재생가능물질 및 정정 에너지를 고려한 녹색 도시 인프라 속에 도시의 빗물처리, 순환·저류 기술을 통해 생태 및 자연이 인간과 함께 살아 숨쉬는 "Green-IT 기반의 생물형 첨단 친환경 탄소경제도시"를 말한다.

이를 위한 단계별 구현전략으로, 1단계 개체인지, 위치인지, 상황인지, 소통인지 기반의 Smart Sensor for Organic things 개발, 경제적 유·무선 표준통합망인 Organic ABC Communication Network 구축과 그 외로 스마트 인터페이스 모듈 개발과 알고리즘, 운영체제(OS) 개발, 2단계로 Organic things 대상에 따른 공간요소, 시설요소, 연계요소가 지능화 스페이스와 네크워크 개념으로 목적과 기능에 따라 생물개념으로 최

<table>
<tr><td>그림 22-6</td><td>소울 인프라 사례</td></tr>
</table>

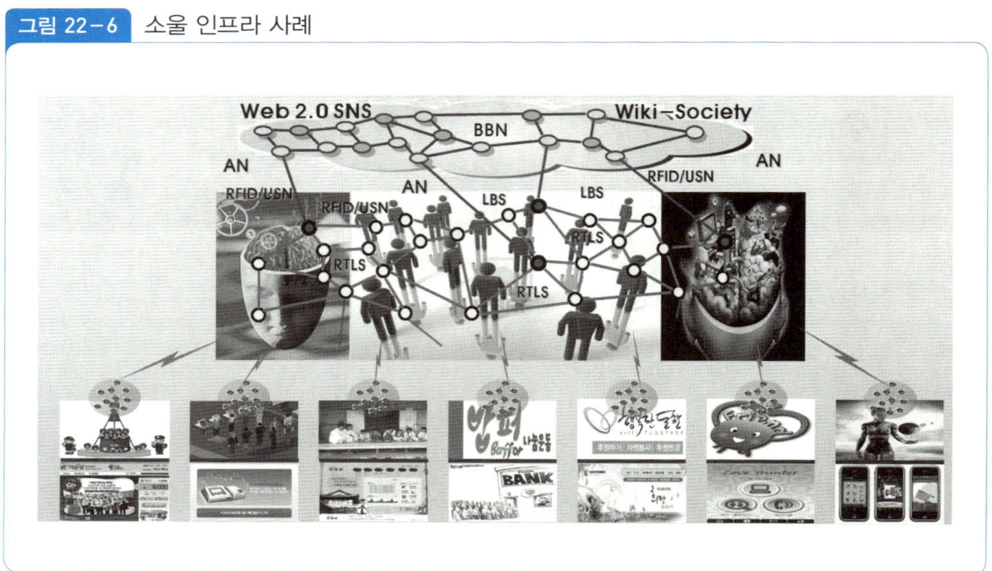

※ 출처: 한양대학교 첨단융합구조연구실(OTES)

적화 시키는 시설물 인프라(Infra entity) 설계, 3단계는 Organic things의 행복·만족·기능 최적화를 위한 형이상학적 맞춤형 컨시어즈 인프라인 soul entity 설계로 구성되어진다.

여기서 Soul Infra(魂知界)는 물질, 시설물개념의 형이하학적 하드웨어의 상응개념으로, 만물지능생명체 기반의 모든 대상에 대하여, Web 2.0 양방향 Social Network를 통해 만물지능생명체 모든 구성요소의 최적 지각(Optimum, 知覺)을 극대화시키는 형이상학적 조화, 대응, 민족, 행복 스마트 인터페이스SW 컨텐츠로서, 만물지능첨단녹색도시 Organic Green City의 경우 형이하학적 시설, 환경 인프라 엔티티(Infra Entity)가 생성한 최적의 정보, 지식을 도시구성원(시민) 간 아가페적 사랑과 정신적 최적의 행복과 만족을 언제, 어디서나 향유 할 수 있는 善(봉사, 기부, 선한 세상), 信(사회적 진실과 믿음), 禮(사회적 정의와 예의), 情(함께하는 나눔의 사회), 愛(사회적 약자와의 동행), 友(동질 계간 지능적 신뢰), 樂(정신적 즐거움의 승화)의 형이상학적 도시 행복, 감성 공유 컨텐츠 플랫폼이다.

2. 유비쿼터스 미래도시 구성

유비쿼터스 미래도시는 첨단 녹색생태 도시공간(Space)과 구성요소(시설, 사물, 인간)가 Web 2.0 양방향 유무선 유비쿼터스 센서 네트워크(오감 Sensor & 신경 Neuron)로 융합된 생물개념의 유기복합(Organic Living) 첨단도시로서, 지능형 녹색 주거, 사무, 자연, 공공, 가상, 사회기반 공간이(Space) 쾌적한 삶과 행복의 질 개선을 위해 web2.0 인간사회 Social Network기반의 양방향 정신적 행복을 추구하는 魂知系 플랫폼과 도시 사회 물적 구성요소간의 物知系가 유기적으로 생성, 순환, 조화되는 유기사물 생명체(Organic Things Embedded System) 개념의 미래형 첨단 녹색 생태도시이다. 크게 Housing, Working, Nature, Public, Infra, Cyber space로 나뉘며, 각각의 Space system을 통해 하나의 도시를 구성하게 되는 것이다.

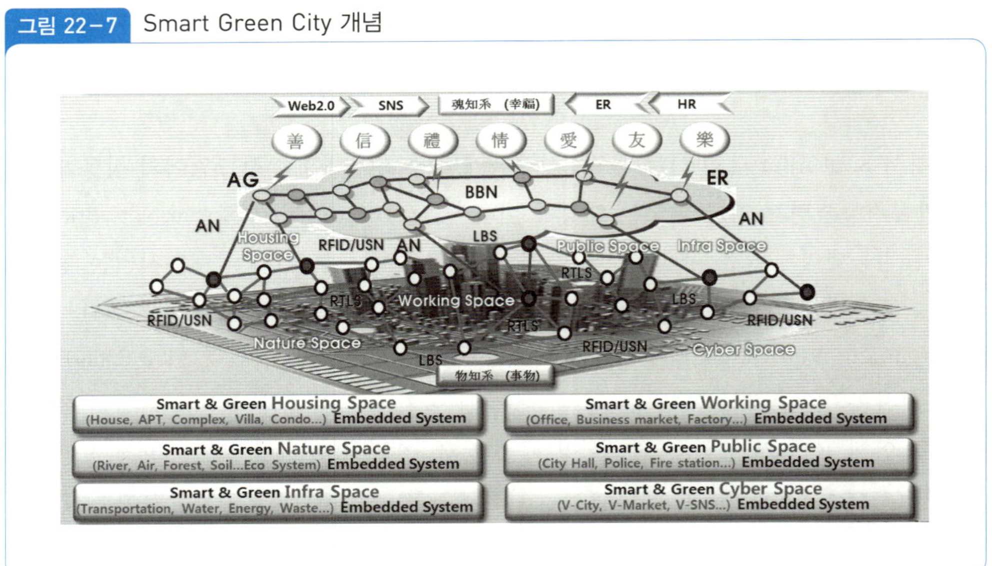

그림 22-7　Smart Green City 개념

※ 출처: 한양대학교 첨단융합구조연구실(OTES)

Ⅳ 유비쿼터스 미래도시의 주요 스마트 인프라

1. Infra space

Infra Space Organic System은 첨단저탄소 녹색지능도시 Green U-city의 web2.0 유무선 센서 네트워크(오감 Sensor & 신경 Neuron)로 융합된 생물개념의 시설, 공간 생명체 개념으로 그린 노마드 도시인의 쾌적한 행복의 질을 높이기 위한 그린-IT 융합 개체, 상황, 위치, 소통인지 기반의 지능형 도로, 철도, 하천, 교통, 상하수도, 물, 쓰레기, 에너지, 온실가스, 환경, 주거, 교육, 복지, 사회, 안심, 행정, 노동, 경제, 휴식(오락, 문화, 관광) 사회기반 생명(Living)체이다.

그림 22-8 Infra Space 개념

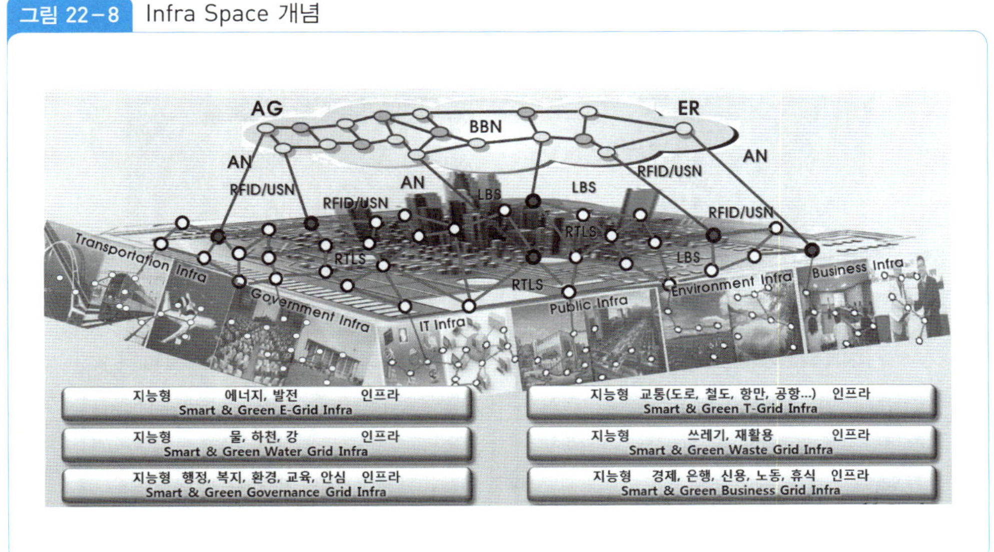

※ 출처: 한양대학교 첨단융합구조연구실(OTES)

2. Smart Transportation Grid

Smart transportation grid organic system은 첨단저탄소 녹색 생태도시 Organic City에서 관리자와 이용자가 Web 2.0 유무선 센서 네트워크로 융합된 생물개념의 첨단 도로 교통망으로 그린 스마트 도시 안의 쾌적한 공간이동 주행정보와 교통관련요소의 지능적 온실가스 저감을 위한 Green-IT 융합 개체, 위치, 상황, 소통인지 기반의 지능형 도로, 철도, 지하철, 항만, 공항, 자전거 등 만물지능생명체(Organic Things Embedded System)개념의 미래형 첨단 녹색 교통 관련 인프라 생체망이다. 전반적인 사회주요 교통기반시설을 통해 첨단 미래도시의 체계적인 인프라망 구축이 가능할 것이다.

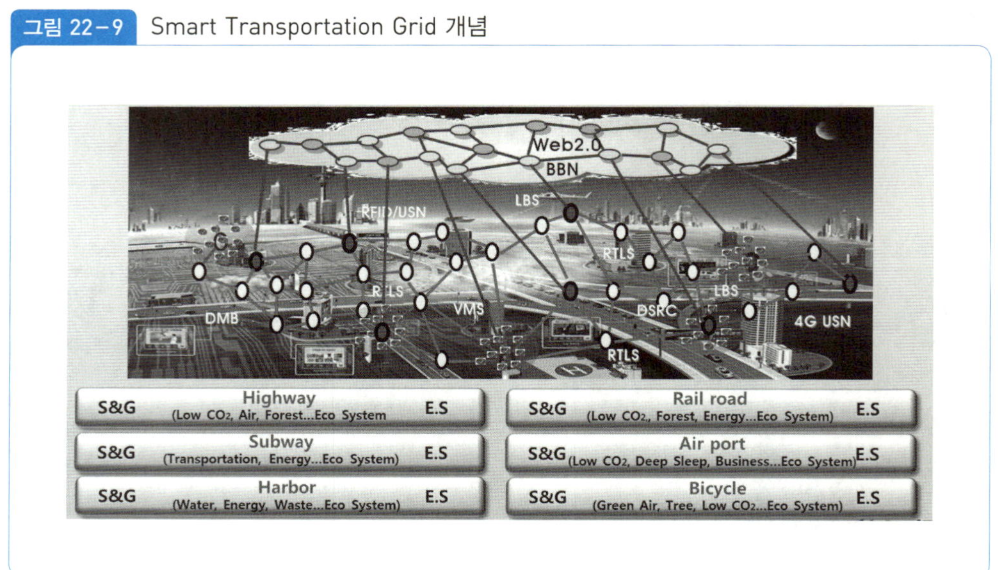

그림 22-9 Smart Transportation Grid 개념

※ 출처: 한양대학교 첨단융합구조연구실(OTES)

3. Smart Water Grid

스마트 워터 그리드 임베디드 시스템은 미래형 첨단녹색 지능도시 Organic City의 수자원 공급 공간요소와 연계요소가 Web2.0 양방향 유무선 유비쿼터스 센서·네트워크로 융합된 생물개념의 지능형 수자원 공급 유기복합체로서, 첨단개체인지, 위치인지, 상황인지, 소통인지 기반위에, 24시간 중단없는 깨끗한 수자원 공급을 위해 강우기상정보, 취수장, 배수장, 관망, 우수저류조, 재활용수 처리장 등 관련 공간 및 연계요소가 유기적으로 생성, 순화, 조화되는 만물지능복합체 개념의 양방향 수자원절약 및 탄소배출저감을 위한 미래형 첨단 Smart water grid 시스템을 말한다.

그림 22-10 Smart Water Grid 개념

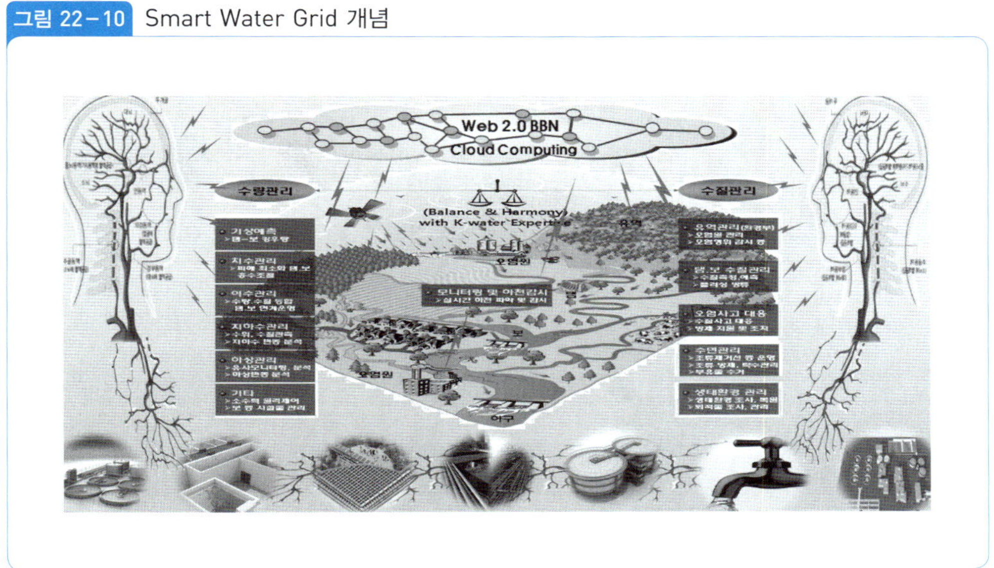

※ 출처: 한양대학교 첨단융합구조연구실(OTES)

4. Smart Waste Grid

유비쿼터스 첨단 IT기술과 Web 2.0 양방향 정보 공유 기술을 활용, CDM 사업기반 폐기물 온실가스 인벤토리를 구축하여 도시 내 가정, 빌딩, 업체, 공장 등과 같은 쓰레기 및 폐기물 생산자에 의해 배출되는 쓰레기 또는 폐기물을 CCTV와 U-중량시스템을 통해 모니터링을 실시한다. 도시 내 지속가능 개발을 위한 에너지 및 자원을 효율적으로 절감하기 위하여 쓰레기 및 폐기물 발생장소에서 간단한 IT 월패널의 지능형 쓰레기 관리 시스템(Smart Waste Meter)을 통해 재사용(Reusable), 재활용(Recycle), 바이오매스 및 열병합발전의 소각처리를 위한 쓰레기 및 폐기물을 분리 수거하고, 결과에 따라 Web2.0 양방향 무선 통신 기술에 의해 탄소포인트 및 인센티브를 부여하여 녹색자원 및 에너지 절감을 위한 신개념 양방향 쓰레기 및 폐기물 관리 시스템이다.

그림 22-11 Smart Waste Grid 개념

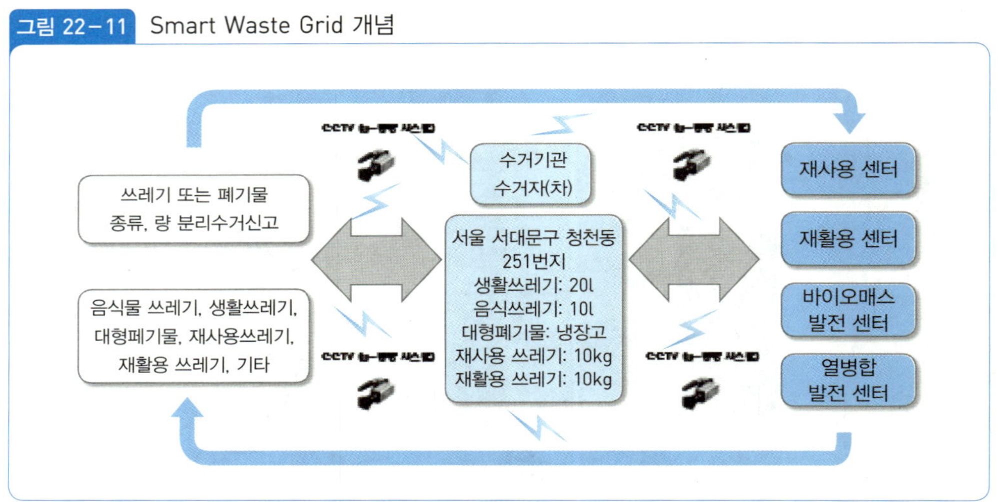

※ 출처: 한양대학교 첨단융합구조연구실(OTES)

5. Smart Governance Grid

Smart Governance Grid는 첨단 저탄소 녹색 생태도시 또는 지자체 (Green O-city)의 정책입안·시행자인 공무원과 공공기관, 관련시설 그리고 지역도시민이 집단 지성 Social Network Service와 Web 2.0 양방향 유비쿼터스 오감센서, 신경 뉴론 네트워크로 융합된, 도시공간 생물개념의 행정·복지·세무·민원관리 복합플랫폼으로 행정 구성요소별 Green-IT 융합 개체, 상황, 위치, 소통인지 기반위에 공공기관의 행정 업무 지능화, 맞춤형 대민 행정 컨시어즈 지능형 서비스와 최적의 경영·수익모델 창출을 지원하는 만물지능복합체 개념의 첨단기술융합 양방향 도시 교통, 환경, 에너지, 전기, 상하수도, 쓰레기, 주거, 교육, 의료, 복지, 세무, 방범, 방재, 노동, 투표, 관광 등 민원·행정을 위한 유기적(Organic) 지능형 도시운영·관리 생체복합망이다.

도시 내의 수많은 공간과 사물, 사람들 간에 지능적 정보 교환이 이루어지는 것으로 녹색 도시 인프라 속에 생태 및 자연이 인간과 함께 살아 숨쉬는 미래도시를 구축할 수 있다. 또한 만물지능 센서노드를 활용하여 미래도시 내에 첨단 지능형 인프라 시설 구축을 통해 에너지, 교통, Water, Waste, 복지환경, 경제를 한눈에 아우를 수 있는 미래

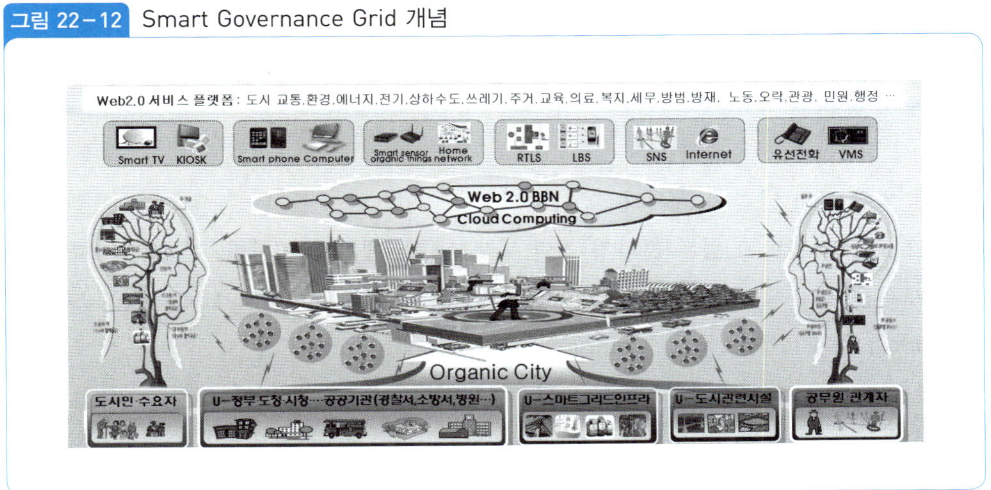

※ 출처: 한양대학교 첨단융합구조연구실(OTES)

도시 통합 인프라 서비스를 구축하는 것을 목표로 한다.

　최근 세계적으로 유명한 도시들은 각 도시마다 각양각색의 지리적 문화적 특징을 가지고 있다. 첨단 사회기반시설(SOC) 인프라 도시, 국제 비즈니스 도시, 생태환경도시, 교육·문화·복지 도시, 주거단지 도시 등으로 나뉘지만 인간의 편의성과 지속 가능성, 자연 순환성, 생물 다양성을 통해 인류, 역사, 문화, 자연이 서로 공존하여 하나의 도시를 구성하고 있다.

Ⅳ 결 론

현재 세계 여러 나라의 도시와 그 도시의 정책, 인프라, 시스템 등은 매우 정형화 되어 있고 요즘 각광받고 있는 친환경 첨단 녹색도시의 개념과는 거리가 멀다. 하지만 21세기 새로운 컴퓨팅 개념으로 떠오른 "Ubiquitous Computing"의 Ubiquitous Sensor Network의 문제점을 초월한 "Communication among things" 즉 사물 간 또는 사물과 생명체 간에 정보소통 및 공유가 가능한, 개체인지, 위치인지, 상황인지, 소통인지 기반의 Web 2.0 Smart Sensor for Organic things, 만물지능 소통센서인 Organic Sensor와 신경 뉴론 개념의 유무선 통신 네트워크의 융합을 통해 유비쿼터스 미래도시를 유기적 생명체로 탄생시킨 만물지능생명체(Organic Things Embedded System) 개념을 정립하고, 이를 신개념 녹색도시에 접목시킨 유비쿼터스 미래도시가 만물지능 첨단 녹색도시이다.

만물지능이론인 Organic Computing은 차세대 만물지능 녹색문명의 핵심기술로서, 모든 사업 및 생활 분야에서 우주 또는 지구상에 존재하는 모든 사물, 시설, 제품, 제도, 인간, 동·식물, 환경 간의 최적의 지능적 통섭 기능, 목적을 대상별 구성요소 간에 모든 하드웨어와 스마트 인터페이스 소프트웨어, Web 2.0 만인 소통 SNS, 만물지능 센서 네트워크(OSN) 및 클라우드 컴퓨팅 개념으로 다중융합하여, 최적 녹색 행복 복합체를 구현하는 기반으로 모든 전공 및 생활, 산업 분야에서 창조와 상상의 혁신적 만인, 만물지능 소통, 융합을 통해 친환경 녹색성장에 걸맞는 만물지능 녹색도시의 탄생을 가능하게 해줄 것이다.

참고문헌

- Organic Things Embedded System, 한양대학교 첨단융합구조연구실
- Smart Grid, 한양대학교 첨단융합구조연구실
- Smart Infra, 한양대학교 첨단융합구조연구실
- TOD 기반 u-City계획의 교통에너지소비량 추정모형 개발, 이계삼, 한양대학교 건설환경공학과 박사학위 논문집

교통 물류의 미래

현대 과학기술이 급속하게 발전함에 따라 교통물류 부문에서도 하늘을 나는 자동차(Flying Car), 지능형자동차, 전기자동차, 초고속철도, 무인항공기와 같은 과거에는 상상 속에 머물렀던 다양한 최첨단 교통수단들이 현실화되는 등 혁신적인 변화가 일어나고 있다. 과거 도시의 교통물류시스템은 승용차, 버스, 철도 등으로 매우 한정적이었고, 제공하는 서비스도 제한적이었다. 그러나 사회가 점점 고도화되고, 사회 구성원들의 요구사항이 다양해지면서 이를 충족시키기 위한 기존의 제한적이고 전통적인 교통물류시스템 이외에 지능형교통시스템(Intelligent Transport Systems), 차량(전기자동차 포함)공유시스템, 대중교통정보시스템(Bus Information System), 녹색물류운송시스템 등과 같은 다양한 분야의 첨단 기술들을 활용한 교통물류시스템들이 개발되고 있으며, 이를 통해 제공되는 교통물류서비스도 점차 고급화 및 다양화되고 있다.

다가오는 미래사회는 우리가 상상하는 것 이상으로 빠르게 변화되어가고, 다양한 사회문제를 야기할 것으로 예견된다. 이러한 사회문제는 교통물류 부문에도 새로운 변화를 요구하고, 미래의 교통물류체계도 현재 우리가 이용하고 있는 교통체계와는 전혀 다른 모습으로 변화될 것으로 전망된다. 이러한 상황에서 우리는 미래 교통물류의 변화를 보다 구체적으로 예견하고, 미래사회의 변화될 교통물류시스템에 적합한 미래 교통물류기술을 구상할 필요성이 제기되고 있다. 변화하는 미래사회에 능동적으로 대처하며, 미래사회의 새로운 성장을 선도하고, 사회 구성원들의 삶을 편리하고, 안전하고, 풍요롭게 만드는 新 교통물류기술의 개발이 절실히 요구된다.

Keywords : 지능형자동차(Intelligent Vehicle), 전기자동차(Electric Vehicle), 지능형교통시스템(Intelligent Transport Systems), 차량공유시스템(Car-Sharing System), 대중교통정보시스템(Bus Information System), 온실가스(Greenhouse Gas), 융합기술(Convergence Technology), 교통안전(Traffic Safety), 녹색교통(Green Transportation), 소형 개인용 항공기(Personal Air Vehicle), 유비쿼터스(Ubiquitous), 텔레메틱스(Telematics), 능동예방(Proactive Prevention), 교통관리(Traffic Management)

I 변화하는 미래사회와 교통물류의 진화

미래사회는 현재 우리가 살고 있는 사회와는 다른 형태로 발전하고 진화해 갈 것으로 예상된다. 현재 우리 사회가 겪고 있는 고령화로 인한 인구구조의 급격한 변화, 온실가스 배출로 인한 기후변화와 환경문제의 심화, 에너지·자원의 고갈, 과학기술 융합의 가속화 등과 같은 문제들이 미래사회에는 보다 시급한 사회문제로 부각될 것이다. 이에 따라 미래 교통물류체계는 변화된 미래사회에 효율적으로 대응할 수 있는 형태로 진화되어 갈 것이다. 인간구조의 변화 및 통행행태 변화, 교통부문 에너지 수급체계 변화 및 융합기술을 기반으로 하는 新 교통물류기술로 이어지는 주요한 변화를 겪을 것으로 전망된다.

1. 고령화 추세의 가속화와 교통안전·복지교통의 발달

유엔인구기금(UNFPA)의 2010년 세계 인구현황을 보면, 2010년 기준으로 세계 인구는 69억 명에서 2040년에는 88억 명으로 증가할 전망이다. 인구증가의 가장 큰 특징 중 하나는 지역과 국가를 막론하고 노인들의 숫자가 급속히 늘어나고 있는 '전 지구적 고령화 현상'이다. 고령인구의 기준인 65세 이상의 노인 인구는 2010년 7.6%에서 30년 후인 2040년에는 14.2%로 증가할 것으로 예상되어 고령화 추세는 앞으로도 더욱 가속화 될 전망이다.

우리나라는 현재 세계에서 가장 빠른 속도로 고령화가 진행되고 있다. 최근 2011년 통계청 자료에는 우리나라는 2000년 65세 고령자 비율이 전체 인구의 7.2%로 이미 고령화 사회로 접어들었고, 2010년 11%, 2020년 15.7%, 2030년 24.3%에서 2060년에는 40.1%로 고령인구 비율이 지속적으로 늘어날 것으로 전망되고 있다.

인구피라미드의 구조도 2010년 20대 이하가 전체 인구의 37.3%, 30~50대는 47.2%, 60대 이상이 15.5%로 중간 연령층이 많은 종형 구조였으나, 장래 인구피라미드 변화는 점차 아랫부분이 좁아지고, 윗부분(특히 고령)이 넓어지면서 2060년에는 20

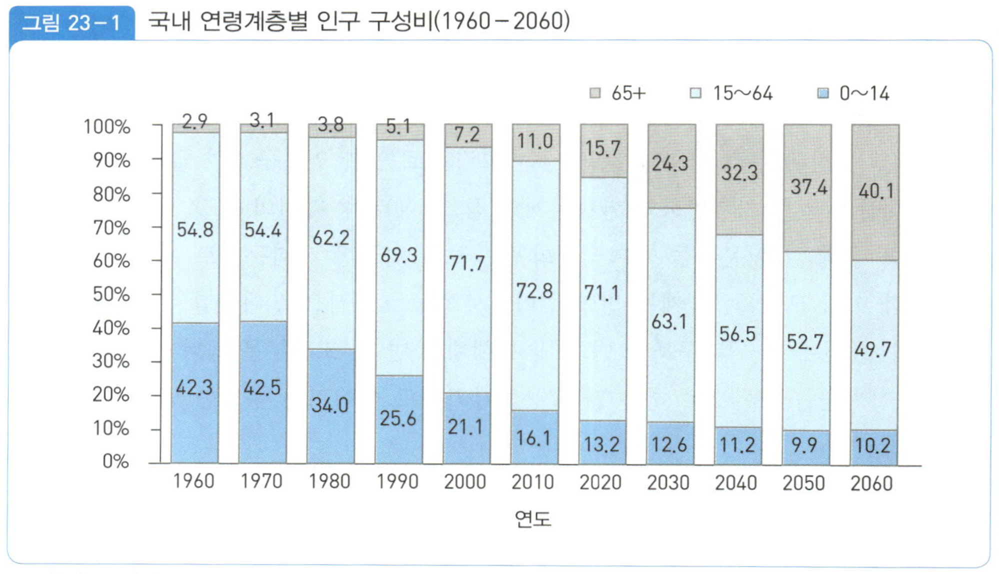

그림 23-1 국내 연령계층별 인구 구성비(1960-2060)

※ 출처: 통계청(2011)

대 이하는 21.8%로 감소하는 반면, 60대 이상이 47.4%로 가장 큰 비중을 차지하는 역삼각형의 항아리 구조로 변화 예상되고 있다.

고령화는 사회, 경제, 문화, 과학기술 등 다양한 방면에서 많은 영향을 미친다. 특히 교통부문과 관련하여 고령인구의 증가는 여가 및 쇼핑통행을 크게 증가시킬 것이다. 또한 고령인구의 특성상 보행 및 대중교통 이용 통행이 증가할 것으로 전망되어 도시지역을 중심으로 대중교통 서비스의 중요성은 더욱 강조될 것이고, 특화된 대중교통 서비스의 제공방안이 요구될 것이다. 더욱이 고령화의 급속한 진행은 고령인구를 위한 교통복지제도를 현행대로 운영 시 재원부족 등의 문제가 예상되어 장기적인 차원에서의 대책마련 및 새로운 교통복지의 제시가 요구된다.

미래사회는 현재의 운전가능 인구가 고령화됨에 따라 고령운전자의 통행도 현재보다 크게 증가할 것으로 전망되어 고령자의 교통안전 문제가 중요한 사회적 이슈로 대두될 것이다. 교통사고로 인한 많은 교통약자를 양산할 것이고, 그에 따라 교통안전에 대한 정책의 비중이 증가하여 안전하고, 효율적인 교통물류체계 구축, 교통시설·수단의 자동화·무인화·안전화 등 삶의 질 향상에 대한 요구수준이 계속적으로 증가될 것으로 전망된다.

그림 23-2 국내 성별 연령별 인구피라미드 (2010~2060)

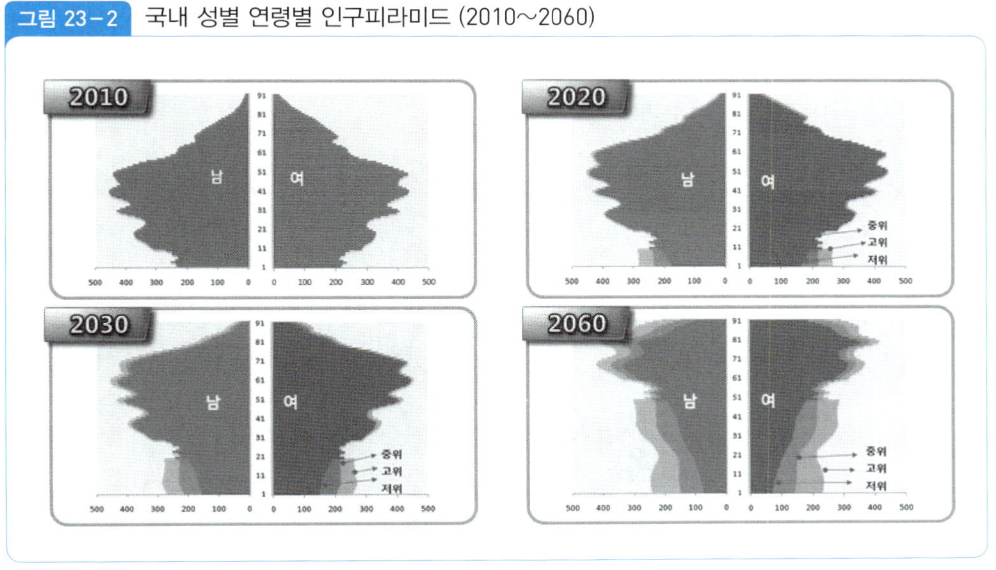

※ 출처: 통계청(2011)

2. 기후변화·에너지부족 심화와 녹색교통수단의 등장

지구의 환경오염 중 가장 심각하게 논의되고 있는 것 중의 하나가 온실가스 배출로 인한 기후변화 문제이다. 산업화와 도시화가 확대되고, 화석연료 사용이 늘어감에 따라 온실가스는 더욱 증가하고 있다. 이에 따라 20세기 이후 지구 온난화와 기후변화 속도도 더욱 빨라지고 있다. 현 상태가 계속되면 지구 기온은 2100년까지 최대 6.4℃ 상승될 것이다(IPCC, 2007). 이러한 기후변화의 영향은 식량, 물, 에너지 등 많은 부분에서 문제를 야기시킬 것이다.

세계적으로 산업이 고도화됨에 따라 에너지 수요는 최근 20년 동안 2배 이상 증가하였다. 특히 중국과 인도 등 신흥경제대국들의 경제가 급속하게 성장하고, 인구가 지속적으로 증가하여 도시화가 급진전됨에 따라 에너지 수요는 지속적으로 증가하고 있다. 그러나 에너지의 생산은 아직까지 화석연료로 한정되어 있기 때문에 에너지원의 고갈로 인한 자원의 무기화와 지구 온난화의 문제가 미래에는 한층 심화될 전망이다. 국제에너지기구(International Energy Agency)는 2006년에서 2030년까지 석유에 대한 국제수요가 40% 가까이 늘어날 것이고, 석유 생산은 이미 정점에 달했으며, 향후 40~70년 내에 석유가 바닥이 나게 될 것으로 전망하고 있다.

우리나라는 세계 10위의 에너지 소비국이자, 세계 5위의 원유 수입국이다. 우리의

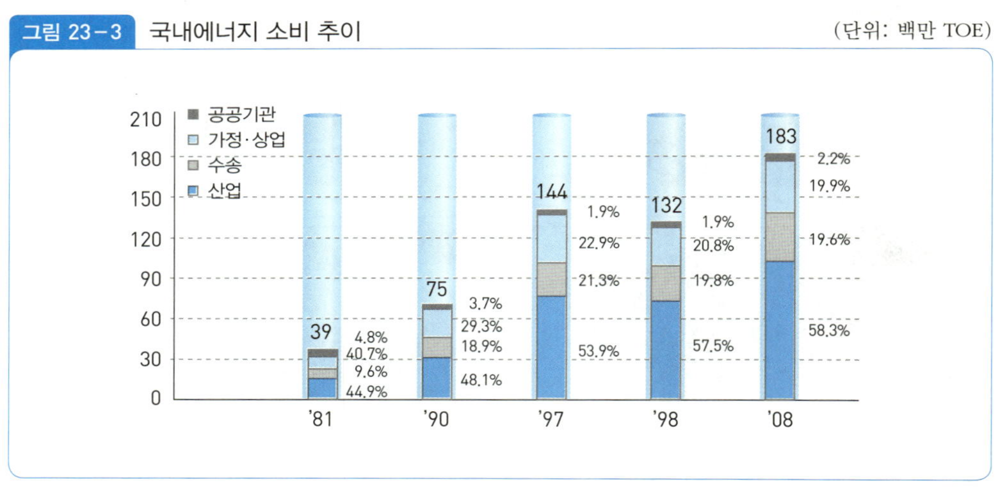

그림 23-3 국내에너지 소비 추이　　　　　　　　(단위: 백만 TOE)

※ 출처: 에너지경제연구원

그림 23-4 Nissan Leaf 전기자동차

※ 출처: http://en.wikipedia.org/wiki/File: Nissan_Leaf_aan_Amsterdamse_laadpaal.jpg

에너지 수요는 향후 연평균 1.6% 증가해 2030년경에는 3억 4천만 TOE에 달할 것으로 예상된다. 또한 특단의 에너지 대책을 마련하지 못할 경우, 에너지통계연보(2009년) 기준 약 97%인 에너지 수입의존도는 앞으로도 지속될 것이다. 따라서 향후 고유가 시대의 도래, 기후변화 이슈에 대한 대응, 에너지 안보 등 다양한 환경변화 요인에 적극적으로 대응해야 한다. 또한 신재생에너지, 에너지 효율화 기술 개발 등 지속가능한 에너지 체제로의 전환이 시급히 필요한 실정이다.

우리나라 전체 온실가스 배출량의 약 20%를 차지하는 교통부문에서도 많은 변화가 예상된다. 지구 온난화와 에너지 사용의 급속한 증가와 화석연료의 한정성 등으로 인한 에너지 문제로 교통의 위기가 도래하여 교통은 에너지를 소비하는 체제에서 에너지를 생산하는 체제를 구축하기 위한 미래의 교통체계로 전환이 예상된다. 교통기술 측면에서도 이러한 문제를 해결하기 위한 저공해와 에너지효율 향상을 겨냥한 기술의 요구가 증가할 것이다. 특히 가솔린과 전기를 함께 사용하는 하이브리드 자동차를 넘어서는 전기자동차와 연료전지를 동력원으로 사용하는 연료전지자동차 기술, 기존 가솔린의 연비와 오염을 개선하는 기술의 필요성이 증가할 전망이다. 더불어 교통기술과 정보통신기술을 결합한 에너지 효율화 기술개발이 중점적으로 개발되고 현장에 적용될 전망이다.

3. 과학기술과 교통물류기술 융합의 가속화

과학기술은 인류의 역사에서 사회 전반의 변화와 문명의 진보를 가져왔다. 18~19세기에 등장한 증기기관과 철도는 산업혁명을 이끌었고, 20세기 초반의 전기와 철강은 제2차 산업혁명을 유도했다. 나아가 20세기 후반의 컴퓨터와 인터넷은 정보화 시대를 열었다. 이러한 과학기술의 진보는 21세기에 더욱 속도를 내면서 인류와 세계의 대변혁을 주도할 것이다. 21세기의 과학기술 발전의 근간은 무엇보다 융복합화의 가속화에서 초래될 가능성이 높다. 정보통신, 생명, 나노 등의 분야에서 융합의 가속화가 일어나고, 이에 따른 과학기술 발전은 과거에 상상 속에서나 가능했던 일들을 현실화시킬 전망이다.

이 같은 과학기술의 융복합화는 교통부문에서도 과거에 경험하지 못했던 큰 변화를

표 23-1   과학기술의 발전에 따른 시대별 교통체계의 변화상

시대명	산업혁명 이전	산업혁명	근대 교통체계	포드시대	현대 교통체계	미래 교통체계
년도	~1800	1800~1870	1870~1920	1920~1970	1970~2010	2010~
교통수단	• 비기계식 운송수단 • 장거리 통행 제한	• 증기기관/ 철도 운송수단 • 장거리 정기운항 노선 도입	• 철도 전성기 • 연료 변화 (석탄→오일/전기) • 교통수단 대형화	• 내연기관 개발 • 개인승용차 증가 • 상업용 항공기 도입	• 교통수단 혁신 • 고속철도 개발 • 대형 여객수단 도입	?
교통체계	• 제국 중심 교통체계 - 로마 : 80,000km 도로망 - 중국 : 2,500km 운하망	• 증기기관 개발로 교통체계의 변화 • 항해기술 발전 (나침판 도입) • 철도발전과 운하시대 종료	• 도시인구 증가(Urban Sprawl) • Tramway 구축 시작 • 지하철 도입	• 도시팽창 및 Sub-urban-ization • 고속도로 시대 도입 • 이동 Flexibility 증가	• 도시 광역화 • 첨단기술과 교통의 접목 • 교통 위기 도래(에너지/환경)	?
그림						

※출처: http://people.hofstra.edu/Jean-paul_Rodrigue/downloads/Geog%2080%20Topic%202_A.pptx

가져왔다. 과학기술의 발전에 따라 교통수단은 마차, 범선 등에서 장거리 운송수단으로 바뀌고, 내연기관의 발명으로 개인승용차로 전환되며, 현대에 와서는 교통수단의 대형화와 고속화로 전환되고 있다. 특히 인류가 오랫동안 상상해왔던 하늘을 나는 자동차인 소형 개인용 항공기(Personal Air Vehicle)가 현실에서 구현되어 항공 및 교통전문가들의 주목을 받고 있다. 이러한 교통수단의 발전과 함께 교통체계의 변화 또한 도시인구 증가에 따른 도시의 팽창 및 광역화를 수용할 수 있는 교통 환경 조성 및 첨단 교통기술과의 접목이 활발히 이루어지고 있다.

과학기술과 교통물류기술의 융합이 가속화 되면, 교통수단의 첨단화로 공간상의 빠른 이동과 함께 이동에 소요되는 시간을 효율적으로 활용할 수 있도록 변화될 것이다. 특히 기존 자동차 기술에 IT 기술이 융합되면 지능형 자동차의 개발은 현재의 단계를 넘어서 새로운 단계로 진화할 것으로 전망된다. 예를 들어, 개인의 선호도를 반영한 맞춤형 서비스 제공 및 교통안전 기능 등이 강화될 것이고, 이와 같은 첨단 기술은 무인 주행시스템을 가능케 하여 출발지와 목적지 입력을 통해 차량은 주변차량과 지속적으로 통신하며, 탑승자를 안전하게 목적지까지 이동시켜 줄 것이며, 탑승자는 이동시간 동안 업무나 취미생활 등을 영위하며, 소중한 시간을 효율적으로 사용하게 될 것이다.

또한 IT 기술이 고속화 및 대용량화 되면서 유비쿼터스 환경이 실질적으로 조성될

그림 23-5 Terrafugia사의 하늘을 나는 자동차(Transition)

※ 출처: http://upload.wikimedia.org/wikipedia/commons/3/31/Terrafugia_-_2012_NYIAS_cropped.jpg

것으로 전망되며, 이에 따른 텔레매틱스 실현이 가능해지고, 스마트 워킹, 재택근무 등 다양한 형태의 텔레워킹에 대한 기술적 제약을 완화시켜 보편화가 가능할 것으로 보이고, 이는 일상에서 반복적으로 발생되는 통근 및 업무통행의 양적·질적 감소를 가져올 것으로 예상된다.

II 미래 교통물류기술 패러다임의 변화

미래의 교통물류기술은 앞서 제시한 변화하는 미래사회에 능동적으로 대처하며, 미래사회의 새로운 성장을 선도할 수 있어야 한다. 또한 단순히 사람과 화물의 공간적인 이동 수단으로써의 기능을 수행할 뿐만 아니라 미래 사회구조와 인간생활의 중심축으로써 사회 전체가 하나의 유기체로써 효율적으로 운영되고, 사회 구성원들의 삶을 여유 있고, 안전하고, 풍요롭게 만드는 국민공감형, 생활밀착형 기술로서 기능을 수행하여야 할 것으로 예상된다.

미래의 사회와 도시는 현재보다 고밀도·복합적으로 개발될 것이고, 그 속에 상주하는 구성원들을 연결하는 교통체계는 현재보다 복잡하게 구축되고 운영될 것이다. 무엇보다 현재 우리 사회가 겪고 있는 고령화 추세의 가속화, 기후변화·에너지부족 심화, 과학기술과 교통물류 융합의 가속화 등의 변화는 미래 교통물류기술 패러다임의 새로운 변화를 요구하고 있다.

1. 사고없는 안전한 교통체계(Safe Mobility)

미래의 교통물류기술은 교통사고를 사전에 예방하고, 교통사고로 인한 사망자를 제로화할 수 있는 안전한 교통체계로의 패러다임 변화가 요구된다. 최신의 전자, 통신, 제어 기술 등을 활용하여 교통체계에서 발생하는 사고 및 위험을 사전에 감지하고, 이에 상응하는 최적의 대응책(Countermeasures)을 취함으로써 사고를 최대한 예방하는 한편, 사고 발생 시에는 정밀한 사고원인 진단 및 분석을 통해 신속한 사고 처리 및 사고로 인한 피해도를 최소화하는 교통 이용자 안전을 최우선하는 안전한 교통체계로의 변화가 요구된다.

2. 막힘없는 스마트한 교통물류(Smart Mobility)

미래의 교통물류기술은 도로의 혼잡을 완화시켜 도로용량 및 물류의 수송능력을 2배 이상 증대할 수 있는 스마트한 교통물류로의 패러다임 변화가 요구된다. 교통공학기술과 관련 과학기술의 융합을 통하여 최적의 교통시스템을 구축하고, 이를 통하여 주어진 교통물류(도로/철도/항공/해운 포함)의 제한된 인프라와 수단의 기반 하에 가장 경제적이며, 효율적으로 사람과 물건을 원하는 목적지에 이동시킬 수 있는 스마트한 교통물류로의 변화가 요구된다.

3. 공해없는 깨끗한 교통환경(Eco Mobility)

미래의 교통물류기술은 교통물류 부문의 온실가스를 50% 이상 줄여 공해가 없고, 대체에너지의 개발 및 활용을 통한 에너지 낭비 없는 깨끗한 교통환경으로의 패러다임 변화가 요구된다. 기후변화와 에너지 위기에 대응하기 위한 탄소 저감형 교통물류체계 구축, 에너지 효율 개선기술, 전기자동차, 연료전지자동차 등의 녹색교통수단 및 관련 서비스의 제공을 위한 제반 정책과 기술개발을 통하여 지구온난화와 에너지부족 문제를 극복하는 깨끗한 교통환경으로의 변화가 요구된다.

4. 차별없는 공정한 미래교통(Welfare Mobility)

미래의 교통물류기술은 교통약자(고령자, 장애인 등)의 이동편의성을 증진시키고, 지역 불균형 성장으로 인한 교통서비스의 격차를 최소화하여 차별없고, 불편없는 공정한

그림 23-6　미래 교통물류기술 패러다임의 변화

	도로	대중교통	물류	철도	항공
Safe Mobility	사고없는 안전한 교통체계				
Smart Mobility	막힘없는 스마트한 교통물류				
Eco Mobility	공해없는 깨끗한 교통환경				
Welfare Mobility	차별없는 공정한 미래교통				

미래교통으로의 패러다임 변화가 요구된다. 누구나 원하는 시간, 원하는 곳에 최소한의 노력과 감내할 수 있는 비용으로 이동할 수 있는 효율적인 대중교통서비스의 구현과 비도시지역의 교통서비스를 개선하기 위하여 수요대응형 대중교통시스템 등 교통서비스의 질적인 강화를 통하여 선진국형 복지교통을 구현하는 공정한 미래교통으로의 변화가 요구된다.

Ⅲ 미래사회에 다가올 新 교통물류기술

　현재 직면해 있는 교통현실을 지혜롭게 극복하고, 변화하는 미래사회에 효율적으로 대응하며, 미래 교통물류기술의 4가지 패러다임 변화를 적극적으로 반영할 수 있는 주요 10대 교통물류기술을 정리해 보면 〈표 23-2〉와 같다.

　이번 장에서는 제시한 미래의 주요 10대 교통물류기술 중 대표적인 3개 기술의 연구개발 및 실생활 적용을 통해 변화하게 될 우리의 미래 모습은 어떠할 지 예견해 보고자 한다.

표 23-2 미래사회에 다가올 주요 10대 교통물류기술

구 분	교통물류기술	기술의 정의 및 필요성
Safe Mobility	교통사고 능동예방 및 대응시스템 기술	운전자 혹은 보행자의 부주의를 인식, 교통사고를 자동적으로 예방하고 대응하는 기술로서, 교통사고 대응에 대한 인간의 한계를 수용하고, 운전자로 인한 교통사고 제로화 달성
	재난/재해 대응 교통관리 기술	재난/재해로 인한 도로망이 단절된 경우 지속 가능한 교통서비스 제공을 위한 기술과 도로망 단절로 인한 교통부문 피해 최소화를 위한 교통관리 기술로서, 재난/재해 시 대국민 최소 교통서비스 제공 기반을 마련하고, 교통재난으로 인한 피해 규모 50% 절감
	스마트카 자율주행 및 안전성 향상 기술	자동차 및 정보통신 융복합 기반으로 도로상황 및 교통상황의 능동적 인식을 통해 첨단안전차량에 사고예방/회피 등 자율주행 및 안전기능을 향상시키는 기술로서, 교통사고에 의한 사망사고를 능동적으로 감소시키고, 국민의 안전한 교통안전환경 제공
Smart Mobility	차세대 차량-도로 연계 시스템 기술 (C-ITS)	차량↔도로(V2I) 및 차량↔차량(V2V) 양방향 통신에 기초한 차량과 도로 간 협업서비스가 가능한 차세대 C-ITS 기술로서, 도로용량 2배 증대 및 교통사고 사망자의 획기적 감소 달성
	지능형 항공교통 통합 관리·운영시스템 기술	스마트 센서를 활용한 전세계 여객/화물의 실시간 모니터링 및 운영관리를 위한 통합관리 운영시스템 기술로서, 안전하고 편리하며 경제적인 이용자 맞춤형 항공교통서비스를 실현하고, 항공교통 효율화를 통한 녹색항공교통 국가시스템 구축
	국가 통합물류 모니터링 및 정보관리시스템 기술	화물운송 실적신고 시 편의성 향상을 위해 웹기반, 정보연계 등을 활용하여 신고주체가 편리하게 신고할 수 있도록 하는 화물운송실적관리시스템 기술로서, 화물운송시장의 거래구조 투명화 및 시장환경 개선을 위한 운송실적정보의 통합관리기반 구현
Eco Mobility	친환경 차량제어 및 운영기술	승용차/버스/화물차 등을 친환경 차량으로 전환하고, 차량과 교통인프라를 실시간으로 연계해 에코드라이빙과 합리적 경로선택이 가능하도록 하는 에코차량-교통시스템 기술로서, 차량으로부터 배출되는 온실가스를 대폭 감축시키며, 비효율적 운행으로 인한 연료낭비를 줄여 친환경적이며, 경제적인 교통시스템 구축
	녹색물류 자동화 운송 시스템 기술 (AUTOCON)	기존 운송수단에 비해 에너지 효율을 극대화한 새로운 개념의 친환경 무인 대량화물 자동운송시스템 기술로서, 지속적 유류비 증가에 대비하여 정시성 및 안전성을 해치지 않으면서 물류비, 에너지 소비, 이산화탄소 배출을 획기적으로 저감
Welfare Mobility	통합대중교통 정보 및 지불시스템 기술 (Mobile All Transit)	스마트 ICT를 활용하여 전국 대중교통의 실시간 모니터링 및 통합운영관리를 가능케 하고, 대중교통 정보/예약/환승/지불을 하나로 실현하는 통합대중교통시스템 기술로서, 편리하고 경제적인 이용자 맞춤형 대중교통서비스를 실현
	다수단 복합연계기반 Cloud Transportation 기술	첨단 정보통신기술 및 차량기술이 접목된 통합 교통운영체계로 공유기반, 인터넷기반, 멀티모달의 저비용, 고효율의 새로운 교통시스템 기술로서, 개별 통행자의 상황과 선호를 고려한 경제적이고 편리한 최적의 맞춤형 교통서비스 제공 및 교통 네트워크의 효율성 향상과 교통시스템 자원 활용의 최적화 구현

1. 차세대 차량 - 도로 연계시스템 기술(C - ITS)

부산으로 출장을 떠나는 박씨는 몇 년 전 서해대교에서 발생한 교통사고로 목숨을 잃은 친구를 잊을 수 없다. 짙은 안개로 시야가 확보되지 않아 29중 충돌이라는 대형사고가 발생한 것이다. 하지만 이제는 새롭게 개발된 C-ITS 기술을 통해 위와 같은 위험을 미연에 방지해 안심이다. 전방 차량의 급정차 뿐만 아니라 보이지 않는 1㎞ 먼거리에서 앞차가 멈춰서도 차 안에서 경고음을 내 알려준다. 고속도로 CCTV 화면을 차량 내에서도 볼 수 있어, 어떤 상황인지도 미리 확인할 수 있다. 연휴나 명절 때마다 반복되던 '톨게이트 정체'도 이제는 옛말이다. 별도의 정차 없이 시속 100km가 넘게 달려도 자동으로 요금 정산이 된다. 차량–도로, 차량–차량 사이의 실시간 무선통신을 통해 운전자에게는 교통상황과 날씨, 최적 경로 등이 실시간 전달되고, 다양한 도로의 교통상황별 즉각적인 대응이 가능해져 고속도로 주행이 한결 편리하고 즐거워졌다.

기존의 첨단교통시스템(ITS)은 도로 소통정보 수집·제공 위주의 인프라가 대부분으로 사고예방 및 감소 등 능동적인 교통안전 지원을 위한 인프라 투자가 매우 부족하였다. 이에 따라 기존 도로에서 발생하는 돌발상황관리 등은 선(先) 발생된 교통사고·위험요소에 대한 후(後) 제공되는 수동적 안전서비스로서의 형태로 능동적 예방기능은 거의 전무한 상태였다. 최근 미국 및 유럽연합(EU)은 교통사고 사망자 "0" 비전을 최우선으로 주행 중 차량–도로 인프라(V2I) 및 다른 차량(V2V)과 상호 통신하여 운전자 대신 상황변화에 대한 인지반응 기능을 지닌 지능망 차량 기반 차세대 차량–도로 연계시스템(C–ITS) 연구 및 사업추진을 준비 중이며, 국제적으로 미–EU, 미–일, 일–EU 간 ITS 분야 MOU 체결 등 상호협력을 강화하고 공동연구 및 국제표준화를 추진 중이다. 최근 한국도 미국과 MOU를 체결하여 ITS 분야 국제협력 강화의 기반을 확보하였다.

C–ITS 기술은 차량과 도로의 실시간 상호 운영시스템(V2I 및 V2V) 효율화로 차간 간격이 기존대비 1/3까지 단축이 가능하여 도로확장 및 추가건설 등으로 가능했던 기존의 물리적 도로용량을 평균 2배 이상 증대할 수 있을 것으로 기대된다. 또한 차량이 주행하면서 도로 인프라 및 다른 차량과 끊김없이 상호통신하며, 교통서비스를 서로 교환 및 공유하기 때문에 다양한 도로의 교통상황별 즉각 대응이 가능해지고, 교통상황·장애물 경고, 추돌방지, 교차로 충돌방지, 차로이탈 경고 등의 Active Safety 서비스를 통한 교통안전이 한층 강화되어 교통사고가 현저히 감소할 것으로 기대된다.

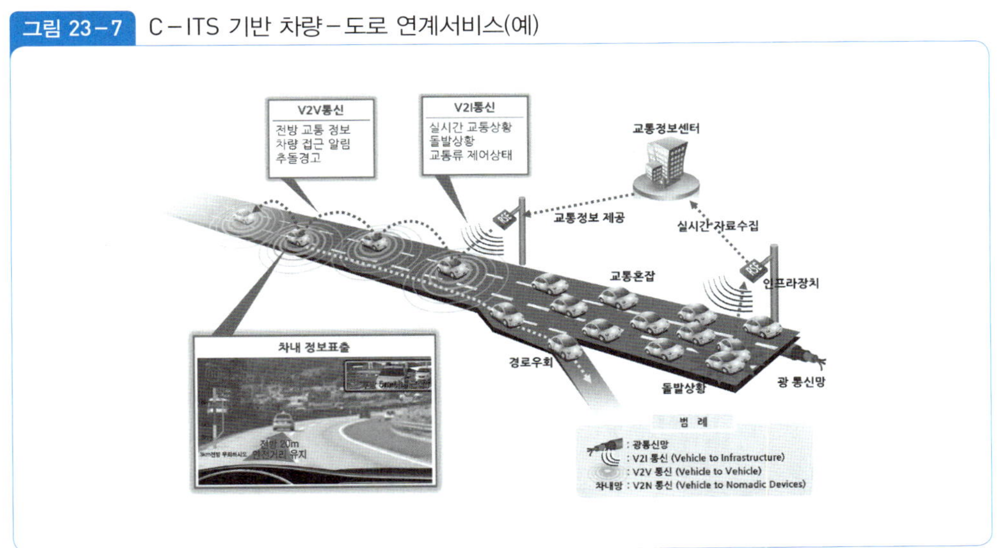

※ 출처: 지능형교통체계(ITS) 발전전략, 제27차 국가경쟁력강화위원회(2012.1)

2. 통합대중교통 정보 및 지불시스템 기술(Mobile All Transit)

서울 종로 중소기업에 근무하는 김과장은 옥천군청에 업무차 출장을 가게 된다. 지난 3년간 주로 자가용을 이용해서 출장을 다녀왔지만 전국적으로 재개편된 통합대중교통 정보 및 지불시스템으로 외국 여행 때처럼 KTX와 시외버스로 연계된 하나의 전자티켓(e-Ticket)으로 예약과 환승 발권을 편리하게 이용하였다. 특히 스마트폰에 저장되는 Mobile All Transit 서비스로 옥천군청에 2시간 30분 만에 도착하였으며, 비용은 1만 5천원이 지불되었다. 평소 자가용 이용 시 유류비 및 통행요금으로 드는 3만 7천원에 비해 2만 2천원을 절약하고, 여행시간은 자가용과 동일하게 걸렸다. 기존 대중교통으로 이동 시 3시간 반 이상 걸리던 여행시간이 1시간 이상 줄어든 것이다.

Mobile All Transit은 최근 확산되는 스마트 ICT 기술을 기반으로 전국 통합대중교통 정보 및 지불시스템을 구축하여 버스뿐만 아니라 철도, 항공, 해운에 이르는 모든 대중교통수단에 대한 실시간 모니터링 및 운영관리를 가능케 하고, 또한 각 수단의 출발·도착시간, 연계환승정보, 잔여석정보 등 다양한 실시간 정보를 연계하고, 하나의 통합된 예약·지불체계로 목적지까지 편리하게 이동할 수 있는 서비스를 제공한다. 무엇보다 지역간 이동하는 대중교통 이용자들에게 외국 여행 시 항공기 이용과 같은 하나의 발권 서비스를 제공하는 것으로, 출발지에서 목적지까지의 계획여정에 따른 여행일정(Itinerary)과 전자승차권(e-Ticket)을 최근 확산되는 스마트폰을 비롯한 모바일 기

그림 23-8 Mobile All Transit 개념도

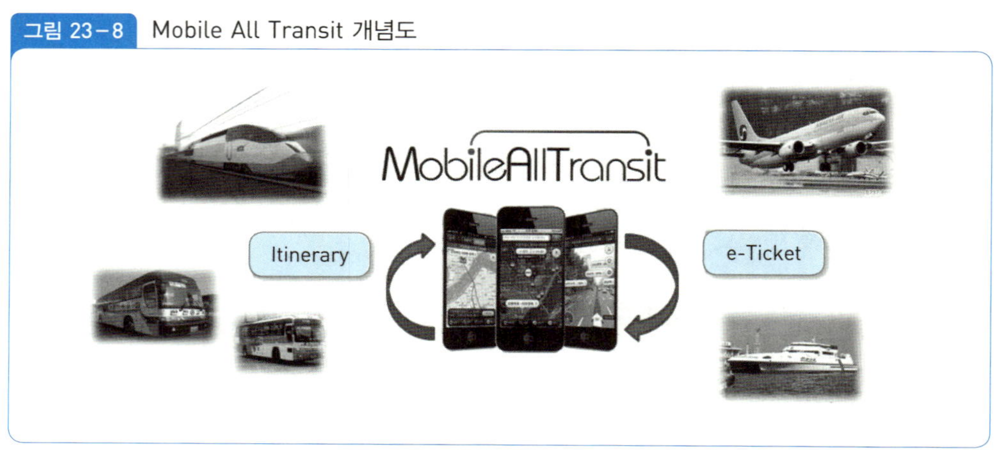

그림 23-9 Mobile All Transit 적용 후 기대효과

기에 제공하는 것이다.

Mobile All Transit은 대중교통 이용자를 위한 모바일 기반의 맞춤형 최적 대중교통 이용환경을 구축하는 것이다. 기존의 수단별 대중교통 정보검색 및 개별예약, 수단별 요금지불 및 지역간 통행 시 환승불가 등의 불편하고 이용하기 어려운 대중교통에서 원스톱으로 대중교통 정보검색, 통합예약, 요금통합지불 및 환승할인이 가능한 이용하기 편리하고 경제적인 대중교통으로 변환시키는 것이다. 이를 통해 궁극적으로 승용차 이용을 대중교통으로 전환하여 지구온난화를 대비한 녹색교통체계를 구현하는 것이다.

3. 녹색물류 자동화 운송시스템 기술(AUTOCON)

서울에서 부산까지 화물 운송업을 운영 중인 김씨는 이제는 더 이상 도로상에서 시간과 돈을 낭비할 필요가 없어졌다. 주로 화물차와 트럭 등을 통해 화물을 운송하던 시대에서 무인 대량화물 자동운송시스템(AUTOCON)의 시대가 열린 것이다. AUTOCON의 개발로 기존 운송수단에 비해 수송비 및 연료비 등 물류비가 절반 이하로 줄어들었다. 뿐만 아니라 운송시간도 상대적으로 훨씬 짧아졌고, 무엇보다 도로운송과정 중 발생하는 교통사고 위험이 현저하게 낮아진 점이다. 또한 도로 운송수단을 통해 발생했었던 이산화탄소 및 온실가스 배출을 획기적으로 감소할 수 있게 되어 국가의 녹색성장 정책에 이바지 하는 보람을 갖게 되었다.

물류비는 국가산업경쟁력을 좌우하는 핵심요소이다. 정부는 녹색교통수단(철도·해운 등) 수송분담률의 확대를 추진 중이나, 기존 국토면적이 협소하여 거의 70%에 달하는 도로수송 분담률의 획기적인 변화는 어려울 것으로 예상된다. 수송수단 자체에 대한 획기적이고도 근본적인 발상전환 없이는 교통물류부분의 이산화탄소 국가감축목표는 달성하기가 어려울 것으로 예상된다. 따라서 기존 도로 및 철도형태보다 효율성을 향상시킨 첨단수송시스템 기술개발이 물류선진국 중심으로 진행 중이며, 국내에서도 친환경 대량화물 자동수송시스템의 개발이 필수적이다.

AUTOCON은 기존 운송수단에 비해 차량기지 건설비와 연료비, 유지보수비 등을 획기적으로 감축할 수 있는 무인 대량화물 자동운송시스템이다. 기존 운송수단에 비해 탈선/충돌 등 사고 위험성이 현저하게 낮고, 정시성과 대용량 처리가 가능하며, 고밀

그림 23-10　녹색물류 자동화 운송시스템(AUTOCON) 개념도

도 보관시설이나 여타 수단과의 연계가 용이한 인터모달 시스템 기술이다. 따라서 그간 운송경제성이 낮아 운송이 불가능했던 국내외 벌크화물(철광석, 석탄, 양회, 양곡 등)의 새로운 운송 가능성을 제고시킴으로써 전 세계 벌크운송시장에 적용 가능할 것으로 기대된다. 특별히 AUTOCON은 새로운 공간(고속도로, 철도변 부지, 지하공간 등)을 활용하거나 신재생에너지(태양광, 태양열, 풍력에너지 등)를 활용할 수 있는 기술로서 에너지 소비와 이산화탄소 배출을 획기적으로 저감할 수 있는 신개념 친환경 운송수단으로서 이산화탄소 국가감축목표 달성에 크게 이바지 할 수 있을 것으로 기대된다.

Ⅳ　맺는말

　　교통은 국가발전의 중요한 밑거름이다. 과거 국가재건 및 고도경제성장 시대에는 SOC공급 위주의 하드웨어 기능측면이 강조되었다. 하지만 현재는 교통기능이 다변화·다양화·세분화 되고, 급속하게 변화하는 미래사회의 요구에 효율적으로 대응할 수 있는 새로운 교통의 기능이 절실히 요구되는 시점이다.

　　미래에는 고령화 추세의 가속화, 기후변화 및 에너지부족의 심화, 과학기술 융합의 가속화 등과 같은 다양한 변화들이 보다 시급한 사회문제로 부각될 것으로 전망된다. 이에 따라 향후 교통물류기술도 변화하는 미래사회에 능동적으로 대처하고, 미래사회

의 새로운 성장을 선도할 수 있기 위하여 "사고없는 안전한 교통체계(Safe Mobility)", "막힘없는 스마트한 교통물류(Smart Mobility)", "공해없는 깨끗한 교통환경(Eco Mobility)", "차별없는 공정한 미래교통(Welfare Mobility)"으로의 패러다임의 변화와 관련 교통물류기술의 시급한 개발이 필요하다.

이제는 미래 교통시스템의 바람직한 모습에 대해 많은 관심과 진지한 고민이 필요한 시점이다. 성공적인 미래 교통시스템의 구현을 위하여 세계적인 원천기술의 확보를 위한 선제적인 연구개발과 정책적 지원이 필요하다. 더불어 교통물류기술 분야의 국제협력 강화를 위한 기술 공유 및 전문가 교류 등의 노력도 요구된다. 또한 앞에서 도출된 주요 10대 교통물류기술들을 국가 R&D 과제로 조속히 실현할 필요가 있으며, 보다 실효성 있게 추진하기 위한 관련 법·제도의 수정·보완, 안정적 재원 조달, 책임 있는 행정체계 구축 등이 요구된다.

참고문헌

- 강연수 외, 국가경쟁력 강화를 위한 ITS 발전전략, 한국교통연구원, 2011
- 강연수 외, 교통부문 기술융합을 위한 장기전략 및 추진방안, 한국교통연구원, 2010
- 강연수 외, 미래교통을 주도하는 3대 구상, 한국교통연구원, 2010
- 과학기술 미래비전, 교육과학기술원, 한국과학기술기획평가원, 2010
- 김영호 외, 미래 교통시스템의 융합적 구상, 한국교통연구원, 2011
- 김영호 외, 2030 교통정책 혁신방안, 한국교통연구원, 2012
- 김태형 외, 미래사회 인구구조 변화에 대비한 도로교통정책 연구, 한국교통연구원, 2012
- 문영준 외, 전국 통합 대중교통 정보 및 지불시스템 구축, 한국교통연구원, 2012
- 미래연구백서 Future Research White Paper 2011, 한국정보화진흥원, 2011
- 박영숙 외, 유엔미래보고서 2025, 교보문고, 2011
- 성낙문 외, 교통강국 실현을 위한 10대 교통물류기술, 한국교통연구원, 2012
- 제2차 국가교통기술개발계획(2009~2013) 수립 연구, 국토해양부, 한국교통연구원, 2008
- 홍다희 외, 스마트 모빌리티 기반의 미래 교통서비스 구축방안, 한국교통연구원, 2011
- 2013~2017 건설교통 R&D 중장기계획, 국토해양부, 한국건설교통기술평가원, 2012

PART 6

제6부

미래 교육·의료

제 24 장

교육의 미래

　미래학자들은 2020~2060년의 40년을 공익에 터한 새로운 교육의 시대가 펼쳐질 것으로 전망하고 있는데, 이 시기는 과학기술의 발달에 따라 초 고령사회가 펼쳐질 것으로 전망되는 시기이기도 하다. 그러므로 20세기의 인류가 자신의 의지와 무관한 환경에서 태어나고 자랐다면, 이 시기에는 의식 성형을 통해 제1의 인생에 이은 제2의 인생을 자기 주도적으로 계획하고 준비하여 살아갈 수 있는 인생이 펼쳐질 것이며, 교육은 인류가 발전적 생애 전환에 필요로 하는 것들을 제공해주는 역할을 수행하게 될 것으로 전망된다.

　따라서 이 장에서는 이러한 관점을 고려하여 미래 사회와 교육을 전망해보고 미래의 인재상과 인기 직업에 초점을 맞추어 미래 교육의 패러다임 변화를 전망해본 다음 미래 교육의 방향을 제시해보고자 한다.

I 미래 사회와 교육의 전망

1. 의식기술의 시대

과학기술이 눈부시게 발달함에 따라 인류의 수명은 연장되고 이에 따라 교육의 모습 또한 많은 변화를 요구받고 있다. 미래학계에서는 만일 인류의 문명이 지금처럼 평화적이면서 안정적으로 발전할 경우, 2020년대에는 새로운 교육의 시대가 펼쳐질 것으로 전망하고 있다. 그러나 이 시기의 교육은 아쉽게도 오늘날의 교육과는 전혀 다른 모습으로 전개될 것이라고 한다. 지금처럼 사범대학이나 교육대학에서 집중적으로 교사교육을 받은 선생님들의 비중은 급속도로 줄어들고, 대신 각 분야별로 전문성을 인정받고 학교와 교실이 아닌 자신만의 특별한 공간에서 활동하는 멘토형 교사가 늘어나게 될 것으로 전망하고 있다. 그렇다면 교육의 모습을 이렇게 변화시키는 결정적인 요인은 무엇인지, 그리고 이러한 변화의 경계는 어디쯤인지를 가늠해볼 수 있다면 교육의 미래 트렌드를 설정하는데 기준점으로 활용될 수 있을 것으로 보인다.

❶ 교육에서의 킬러애플리케이션

킬러애플리케이션(killer application)이란 등장하자마자 다른 경쟁 제품을 몰아내고 시장을 완전히 재편할 정도로 인기를 누리는 상품이나 서비스를 일컫는 말로 사용되고 있다. 처음에는 정보공학 분야에서 주로 사용되는 개념이었지만 지금은 사회 전반에 걸쳐 폭 넓게 사용되고 있다.

하드웨어의 관점에서는 유비쿼터스(Ubiquitous Computing) 환경의 구축을 교육에서의 대표적인 킬러애플리케이션으로 들 수 있다. 시간(anytime)과 장소(anywhere)의 제약을 받지 않으면서 자유롭게 정보를 활용할 수 있는 글로벌 네트워킹 시스템이 구축됨에 따라 학교교육은 빠르게 위축될 것으로 전망된다. 왜냐하면 학교교육은 정해진 시간과 정해진 장소에 학생들이 적어도 2명 이상 모여 주었을 때 교실과 교사의 역할이 주어지기 때문이다. 이러한 이유로 교실에서 이루어지고 있는 집단 학습은 모든 학

표 24-1 메모리 기술의 발달에 따른 교육환경의 변화와 전망

기 간	메모리 기술		미래 사회와 교육의 변화 (사용자 층)
1980~1989	10^{03}	Kilo	키보드 중심의 명령어 중심 컴퓨터 (전문가)
1990~1999	10^{06}	Mega	마우스 중심의 팝업메뉴의 등장 (교수+교사)
2000~2004	10^{09}	Giga	검색엔진과 포털 사이트의 웹 1.0 (교사+학생)
2005~2009	10^{12}	Tera	이동성이 강화된 웹 2.0 (교사+학생+학부모)
2010~2014	10^{15}	Peta	실용학습(just in time learning), U learning, 글로벌 사이버대학, 바이오 컴퓨팅의 시대
2015~2019	10^{18}	Exa	음성인식이 강화된 소통형 컴퓨터, 고도의 과학지능 서비스(H/W+S/W+Mind-ware)
2020~2024	10^{21}	Zeta	맞춤형 개별학습, 고도의 인공지능사회, 과학적 특이점의 시대 진입(Scientific Singularity)
2025~2029	10^{24}	Yotta	세계통합교육과정의 시대
2030~	10^{27}	Kilo Yotta	기계를 위한 교육과정이 개발/운영되는 시대, 기계 지능의 측정을 통해 인류와 역할 분담, 화학적 방법으로 두뇌의 지적 능력 강화

생들이 만족할 수 있는 학습활동을 기대하기는 어렵다. 1명의 교사가 모든 학생들의 눈높이와 관점을 배려해줄 수 없기 때문에 집단의 정규분포에서 중간 그룹의 학생들에게 초점을 맞추고 수업을 진행할 수밖에 없는 것이 오늘날 학교교육의 현실이다. 그러나 〈표 24-1〉에서와 같이 메모리 반도체 기술의 발달로 인해 2020년쯤이면 전통적인 집단학습체제인 학교교육에서도 모든 학생들이 자신의 수준에 맞는 맞춤형 개별학습이 실현될 수 있을 것으로 보인다. 그리고 선생님들의 역할 또한 학습지도(teaching)보다 학습관리(management)가 더 강조될 것으로 전망된다.

소프트웨어의 관점에서는 'Cyber Contents'를 대표적인 킬러애플리케이션으로 들 수 있다. 사이버 콘텐츠 기술을 이용하게 될 경우 앞서 제시한 집단학습의 약점을 간단하게 해결할 수 있게 된다. 이처럼 인류가 모듈식 사이버 콘텐츠를 개발하여 활용할 경우 종이를 거의 사용하지 않고서도 수준별 개별학습이 가능해지고 내용의 수정이 불가피한 상황에서도 개정판의 서책형 교과서를 새롭게 제작할 필요가 없게 된다. 교육용 콘텐츠 산업은 꾸준히 발전하여 〈표 24-1〉에 제시한 바와 같이 2020년대 초반에는 맞춤형 개별학습의 시대를, 후반에는 세계통합교육과정의 시대를 열어가게 될 것으로 전망된다.

❷ 교육에서의 특이점

특이점(singularity)이란 어떤 기준을 정해놓았을 때, 그 기준이 적용되지 않는 점을 이르는 말로 자연과학 분야에서 주로 사용되고 있다. 현대 인류의 지식과 경험 그리고 기술로서는 예측하거나 설명할 수 없는 상황이나 현상을 포괄적으로 표현하는 말이다.

과학기술의 발달은 〈표 24-2〉에 제시한 바와 같이 인류의 생활권에도 영향을 미치게 된다. 고전 물리학법칙이 적용되던 과거의 인류는 자동차, 기차, 선박, 비행기 등의 교통수단을 이용하여 지구 대기권 범위 내에서 수평으로 이동하는 삶을 살아온 반면, 빛의 속도에 도전하고 이를 정복해나가는 미래 시기의 인류는 대기권을 넘어 행성간의 이동이 일반화되는 수직 이동의 삶으로 전환될 것으로 전망된다. 이러한 변화는 인류의 사고와 활동뿐만 아니라 교육에도 영향을 미칠 것으로 보인다. 학교와 교육은 지표면에 고정된 물리적인 공간을 넘어 저 넓은 우주 공간으로 확대되게 될 것이다.

그렇다면 '교육에 있어서의 특이점은 어느 시점이며 어떠한 변화가 예상될 것인가?'라는 의문이 들 수 있다. 현재로서는 2020년이 가장 가까운 특이점이 될 것으로 예상된다. 그리고 2030년이 되면 2040년이, 2050년에는 2060년이 각각 특이점이 될 것으로 보인다. 다가오는 2020~2060년의 40년을 새로운 교육의 시기로 미래학자들은 예측하고 있다. 인류 역사상 교육이 가장 번창하는 이 시기에는 학교시설, 교육과정과 학사일정, 교사와 학생의 개념이 상상하기 어려울 정도로 변화될 것으로 보인다. 뿐만 아니라

표 24-2 과학기술의 패러다임과 교육의 특이점

기간	~1940	1940 ~1980	1980 ~2000	2000 ~2020	2020 ~2040	2040 ~2060	2060 ~2100	2100~
과학기술 패러다임	고전물리학법칙의 시대 (만유인력, 중력 등)			전자기력 의 시대	광속도전 의 시대	광속의 시대	광속초월 의 시대	시간여행 의 시대
생활권	지구 대기권의 시대			전환기	태양계의 시대		은하시대	우주시대
사회 특성	생산강조 사회	소비장려 사회	문화/연예 사회		새로운 교육/ 공익사업의 사회		우주활동 사회	
시대특성	종교 주도의 사회		혼돈/전환기		과학기술 주도의 사회			
생활양식	지표면의 수평 이동 생활				우주공간의 수직 이동 생활			
삼세구분	과 거		현 재		미 래			

장수의 시대에 진입함에 따라 종교가 인류 문명에 미치는 영향력이 상대적으로 약화되고 그 자리를 과학기술이 주도하게 됨으로써 교육 콘텐츠 또한 많은 변화가 예상된다.

❸ 의식기술시대의 교육

교육이라는 단어에는 이미 미래의 의미가 포함되어 있으므로 지금부터 2030년까지의 시기를 가장 잘 대표할 수 있는 용어로 의식기술시대를 선정하였다. 의식(consciousness)이라 함은 사람이 깨어 있는 현실세계에서 체험하는 모든 심리 작용과 그 내용을 포함하는 경험이나 현상의 의미를 가지고 있으며 반대의 개념을 무의식 또는 잠재의식이라 한다. 의식기술(cyberdelics)은 일반적으로 「Conscious Technology」로 표기하는데, 여기에서 의식기술은 인공두뇌학(cybernetics)과 환각을 일으키는(psychdelic)이란 두 단어의 합성어로서의 의미를 갖는다. 따라서 의식기술이라 함은 머릿속에 떠오르는 생각이나 상상을 인류가 오감으로 느낄 수 있도록 실제 또는 가상현실로 구현시켜주는 컴퓨터 기술로 정의할 수 있다. 그러므로 의식기술의 시대라 함은 인류의 과학, 기술, 인문학, 신학, 예술 등이 첨단 컴퓨터의 인공두뇌기술과 다양한 형태로 결합하여 지식, 정서, 의지, 체험의 흐름을 가상공간에서 인식하고 느끼게 해줄 수 있는 시대 정도로 정의할 수 있다.

지금까지의 교육이 기억력과 암기력에 기반을 두고 인지 능력을 강화하는 학습활동에 초점을 맞추고 진행되었다면 미래의 교육은 한마디로 의식 교육이라 정의할 수 있다. 의식 교육은 크게 의식의 성찰(introspection), 의식의 성형(remodeling), 의식의 훈련(training)으로 구분될 수 있는데, 의식의 성찰과 훈련은 오늘날의 교육과 겹치는 부분이 많은 반면 미래의 교육에서는 '의식의 성형'이 상대적으로 중요하게 부각될 것으로 전망된다. 왜냐하면 인류의 수명이 점점 연장됨에 따라 단 한번뿐인 인생이란 개념은 사라지고 제2의 인생, 제3의 인생이란 개념이 2020년대에는 등장할 것으로 전망되기 때문이다. 제1의 인생은 나의 의지보다는 출생 지역과 가정의 출생 환경에 의해 결정되는 경우가 많지만 제2의 인생은 「의식의 성형」을 통해서 얼마든지 나의 의지대로 설계하여 보람되고 신명나는 삶을 살아볼 수 있기 때문이다.

의식 성형의 관점에서 윌리암 제임스(William James, 1842~1910)가 주창한 의식의 흐름(Stream of Consciousness)을 빌어 교육적 함의를 정리해보면 다음과 같이 여섯 단계

1단계	생각이 변하면 태도가 바뀌고,	제1의 인생에 대한 의식 성찰의 단계
2단계	태도가 변하면 행동이 바뀌고,	의식 훈련의 형성기
3단계	행동이 변하면 습관이 바뀌고,	의식 훈련의 발전기
4단계	습관이 변하면 성격이 바뀌고,	의식 훈련의 성숙기
5단계	성격이 변하면 인격이 바뀌고,	의식 훈련에서 성형으로의 전환기
6단계	인격이 변하면 인생이 바뀐다.	의식 성형의 완성단계 (제2의 인생)

로 구분해볼 수 있다.

사람들은 누구나 아름다운 몸매와 외모를 갖고 싶어 하는데 그러한 욕구가 유난히 강한 사람들은 성형외과에 가서 자신의 신체를 더욱 더 아름답게 꾸미고 싶어 한다. 그러나 미래에는 신체적 성형보다 심리적 성형이 더 부각될 것으로 전망된다. 지금의 인생보다 더 아름답고 보람된 제2의 인생을 계획하고 실현하기 위해서는 의식의 성형이 반드시 요구되는데, 이러한 과정은 체계적인 교육을 통해서 보다 효과적으로 이루어질 수 있기 때문이다.

2. 평생학습의 사회

2030년이 되면 학력이나 재정, 지역이나 시간의 구애를 받지 않고 자신이 원하는 교육을 자유롭게 받을 수 있는 평생학습의 사회가 펼쳐질 것이라고 한다. 물론 오래 전부터 이러한 개념이 형성되지 않았던 것은 아니다. 다만 우리의 의식 속에 존재했을 따름이다. 그러나 다가오는 의식기술의 시대에는 대학의 졸업장이 상대적으로 유리한 일자리를 선점할 수 있을 것이라는 기대효과가 약화되고 자신의 삶을 더욱 더 알차고 행복하게 꾸려나갈 수 있는 지혜와 경험을 습득하는 경로로 변하게 될 것으로 전망된다.

이러한 트렌드가 현재의 교육 시스템과 유기적인 연계를 가지고서 변화해 갈 것이라는 전제 아래 미래의 평생학습 모형과 교육과정을 제시하면 〈표 24-3〉과 같다.

정서 중심의 모자교육과정이란 갓 태어난 영아가 최소한 생후 1년간은 어머니의 사랑과 보살핌을 받을 수 있도록 범국가적인 차원에서 제도적, 행정적, 재정적 지원 시스템을 구축하여 운영되는 교육과정을 의미한다. 감각 중심의 놀이교육과정이란 정부와 기업 및 각종 사회단체가 참여하는 현행 탁아소나 어린이집 형태에 교육적 놀이를 강조하는 수준에서 운영되는 교육과정으로 감각기관을 체계적으로 발달시킬 수 있는 교육 시스템을 국가의 교육기관에서 구축하여 산모들에게 제공해줄 필요가 있다. 적응 중심의 통합교육과정은 현재 운영되고 있는 1년의 유치원 과정을 3년으로 확대하여 사회 적응력과 학습 수행능력을 함양하는데 중점을 두는 교육과정으로 생활에 필요한 기본적인 감각 활동에 초점을 맞추고 어린이의 활동 범위를 가정에서 교육기관으로 확대한다.

활동 중심의 통합교육과정은 담임교사의 자율권을 최대한 보장하고, 지정된 교과서보다는 국가 수준에서 발달 단계에 맞는 방향과 최소 성취기준만을 제시하고 담임교사의 책임아래 놀이나 체험 등과 같은 활동 중심의 교육이 이루어질 수 있는 기반을 조성하는 것이 무엇보다도 중요하다. 생활 중심의 주제별 선택교육과정은 언어와 수리 과목을 기본 교육으로 하고 나머지 교육활동을 의생활, 식생활, 주생활, 여가생활, 문화생활, 레저생활, 정보생활, 경제생활 등과 같이 교육과정을 생활 중심으로 운영한다.

진로 중심의 교과군별 선택교육과정은 언어, 수리, 과학 등과 같은 도구 교과를 제외한 나머지 교과들을 일과 직업의 관점에서 재구성하여 자신의 적성과 능력에 맞는 진로를 스스로 자각, 탐색할 수 있도록 운영한다. 특히 도구 교과는 나이나 학년보다는 학생의 수준별로 선택할 수 있도록 하고, 진로 관련 교과는 수준에 관계없이 선택적으로 이수할 수 있도록 한다. 교과 중심의 교과별 선택교육과정은 현재 적용되고 있는 고등학교 교육과정의 틀을 유지하되 대학 진학 및 취업과 관련된 선택과목을 다양화하고 대학 선이수(AP: Advanced Placement) 과목을 개설하여 대학의 교육과정과 유기적으로 연계하는 교육의 기회를 제공하고, 국제공통대학 입학자격시험(IP: International Baccalaureate)과 관련된 강좌를 개설하여 글로벌 마인드 형성을 유도함과 동시에 자신의 적성을 고려하여 외국의 대학으로 진학하고자 하는 학생들에게도 유용하게 활용될 수 있도록 한다.

취업 중심의 응용/심화 교육과정은 여러 학문 분야가 유기적으로 연계될 수 있도록 학문 영역을 대학이 자율적으로 재편성할 수 있는 여건을 조성하고, 재편성된 학부 또는 학과의 자율성을 최대한 존중하되 국제 경쟁력을 갖출 수 있도록 강의의 질과 교수의 연구 능력을 극대화 하는데 중점을 둔다. 특히 각 대학의 단과대학, 학부 또는 학과별로 브랜드 이미지를 자체 개발하여 신입생을 모집하게 한 후, 4년 뒤에 브랜드 이미

표 24-3 의식기술시대의 평생학습 모형

진로교육	현행교육과정(교과중심)		학년	나이(만)	학년	미래교육과정(발달중심)			진로교육	평생학습모형
										⑮ 교육의 지방자치와 교육청의 평생학습지원체계 구축
유지/개선		취업후교육		퇴직~		취업후교육	노후중심	여생설계교육과정	여생준비	⑭ 건강한 여행 설계를 위한 교육체계 구축
							재취업중심	재활교육과정	진로준비	⑬ 퇴직자/장애자를 위한 재취업 교육체계 구축
				22~퇴직			직무중심	유지/강화교육과정	유지/개선	⑫ "평생직업" 능력을 개발하는 교육체계 구축
진로준비	대학/전문대학	고등교육	16	21	16	고등교육	취업중심	응용/심화교육과정	진로준비	⑪ 국제경쟁력 있는 대학교육 구현
			15	20	15					⑩ 실무능력과 취업률을 고려한 대학교육 구현
			14	19	14					
			13	18	13					
진로준비	고등학교	중등교육	12	17	12	중등교육	교과중심	교과별 선택 교육과정	진로준비	⑨ 서민/소외계층을 배려하는 교육
			11	16	11					
			10	15	10					
진로탐색	중학교	중등교육	9	14	9	중등교육	진로중심	교과군별 선택 교육과정	진로탐색	⑧ 선행학습/과외가 필요 없는 학교교육
			8	13	8					⑦ 안전사고 없는 학교환경 구축
			7	12	7					
진로탐색	초등학교	초등교육	6	11	6	초등교육	생활중심	주제별 선택 교육과정	진로탐색	⑥ 공교육을 통한 영어 완전학습 구현
			5	10	5					⑤ 발달 중심의 교육과정을 통해 진로교육 강화
			4	9	4					
진로인식/자각			3	8	3		활동중심	통합 교육과정	진로인식/자각	
			2	7	2					
			1	6	1					
	유치원	취학전교육	K3	5	K3	취학전교육	적응중심	통합 교육과정	진로인식/자각	④ 출발점에서의 교육 평등권 구현
			K2	4	K2					③ 무상 육아교육 기반 확충
			K1	3	K1					
	어린이집 보육원 탁아원	취학전교육	13	2	13	취학전교육	감각중심	놀이 교육과정	환경인식	② Care-Mom 제도 확립
			12	1	12					① 적극적인 출산 장려 정책 전개
			11	0	11		정서중심	모자 교육과정		
교육체계(현행)			학년	나이(만)	학년	평생학습체계(미래)				

※출처: 류청산(2011), 인류의 미래와 교육, p.134

지를 준거로 취업률과 졸업생의 만족도를 고려하여 대학 평가를 실시한 다음 그 결과를 일선 학교와 언론에 공개함으로써 대학교육의 내실화를 꾀한다.

　　직무 중심의 유지/강화 교육과정은 현재 맡고 있는 직무를 충실히 수행하면서 새롭게 변화되는 업무에 적응할 수 있도록 '평생직업'능력을 개발하는 교육체계를 구축하는데 중점을 둔다. 특히 자기 주도적으로 주어진 일자리 환경에 적응하고 추가적으로 필요한 지식이나 경험을 스스로 학습할 수 있는 능력을 개발할 수 있는 평생학습 여건을 조성한다. 재취업 중심의 재활교육과정은 퇴직자나 장애자 등을 대상으로 살아가는데 필요로 하는 돈을 벌겠다는 생계형보다는 자신의 인생을 보다 보람되고 행복하게 해줄 수 있는 일이 무엇인가를 고민하는 가치관형의 재취업 교육체계를 구축하는데 중점을 둔다. 앞서 언급한 의식의 성찰과 훈련, 그리고 의식의 성형 교육 또한 이 단계와 연계하여 실시할 필요가 있을 것으로 보인다.

　　노후 중심의 여생설계 교육과정은 개인이 자신의 건강한 여생을 설계하고 어떻게 하면 좀 더 편안한 죽음을 맞이할 수 있을까를 성찰하고 결정할 수 있도록 돕는 교육체계를 구축하는데 중점을 둔다. 미래사회에서는 정년 이전의 삶보다도 정년 이후의 삶이 더 가치 있고 긴 여정이 될 수도 있음을 고려하여 이 시기를 제2 인생의 전환점으로 활용할 수 있는 체계적인 교육시스템이 구축될 필요가 있다.

3. 세계통합교육과정을 이용한 사이버학습의 시대

　　정보기술의 발달로 인해 고등교육분야에서는 사이버 대학이, 초·중등 교육에서는 세계통합교육과정이 각각 미래교육의 메가트렌드가 될 것으로 전망된다. 〈표 24−1〉에 제시한 바와 같이 인류의 메모리 반도체 기술이 요타(Yotta;1024) 수준에 도달하는 2025년 쯤 되면 음성인식 기술을 바탕으로 인류의 언어를 자유자재로 말하고, 듣고, 읽을 수 있는 컴퓨터가 등장하여 원하는 작업은 물론 서로 다른 언어를 사용하는 상대방과 실시간 소통할 수 있는 통번역 시스템이 구축될 것으로 전망된다. 이에 따라 인류 공통의 교육 콘텐츠들이 하나의 통합된 교육과정으로 개발되어 활용될 수 있을 것으로 보인다.

　　이 교육과정에서 다루게 될 주요 교육내용은 인성, 환경, 인권, 노동, 반부패, 생활

기술, 스포츠, 예술, 언어, 수리, 과학, 사회, 세계사, 세계지리 등으로 구성될 것으로 전망된다. 그러나 이러한 것들 중에는 과학과 정보기술에 의해 대체될 수 있는 것이 있는가 하면, 대체될 수 없는 것들도 있는데, 그 기준은 몸으로 직접 체험하면서 학습할 수 있는지의 여부이다. 예컨대 스포츠와 예술 관련 콘텐츠들이나 생활기술을 이용하여 실생활에 유용한 것들을 만들어보는 활동들은 아무리 컴퓨터 기술이 발달하더라도 대체되기 어려운 속성을 가지고 있는 교육 콘텐츠인 반면 수학과 이론과학, 세계사와 세계지리 등은 사이버 상에서 제공되는 3D 학습 콘텐츠를 이용하여 쉽게 대체될 수 있는 속성을 가지고 있다.

사이버 콘텐츠를 이용하여 세계통합교육과정이 구축될 경우 급변하는 과학기술과 정보를 신속하게 수정하여 교육현장에서 활용할 수 있다는 장점과 함께 지구의 숲 환경을 보호할 수 있다는 점에서 시사하는 바가 크다고 할 수 있다. 그리고 이러한 통합교육과정이 적용될 콘텐츠의 우선순위를 선정하는 기준으로는 범용성과 가변성을 들 수 있다. 가장 가변성이 높은 교과는 과학과 기술교과이며 범용성이 높은 교과는 수학이다. 따라서 사이버 콘텐츠에 의해 대체될 콘텐츠가 상대적으로 많은 교과는 수학, 이론과학, 이론기술, 세계사와 세계지리를 포함한 사회교과, 그리고 전 세계의 인종이 사용하고 있는 모든 언어 등을 들 수 있다.

4. 상상력과 집단지성에 기반을 둔 실용학습의 시대

의식기술의 시대에는 상상력을 기반으로 하는 창의력과 감성교육이 대세라고 한다. 물론 기억력과 상상력을 별개로 구분하는 것 자체가 무의미할 수도 있다. 엄밀히 말하면 기억력보다는 상상력에 중점을 두는 교육의 시대가 될 것이라는 견해가 타당할 것으로 생각된다.

그러나 지금처럼 과학기술이 발전해 나아갈 경우 다가올 미래에는 기억력 기반의 인지능력과 운동능력, 그리고 감각능력 등 거의 모든 분야에서 인류가 로봇들을 통제하면서 지구촌의 주인 자리를 지키기 위해서는 기계가 할 수 없는 그런 능력을 강화할 필요가 있는데, 이러한 능력의 대표적인 것 중 하나가 바로 상상력인 것이다. 따라서 예술 관련 교과나 생활문제 해결과 관련된 학습활동을 강화함으로써 인간 본연의 장점인 상상력과 창의력을 키워나가는 교육을 강화하는 것이 곧 미래를 대비하는 길이라 생각된다.

버나 교수가 주창한 집단지성(pack intelligence)을 최근 들어 미래학자들은 「Collective Intelligence」로 표현하는데, 이것은 다양한 분야의 전문가들이 굳이 같은 시간에 동일한 장소에 모일 필요 없이 각자의 활동 공간에서 네트워킹 시스템을 활용하여 실시간으로 공통 관심사를 가진 다른 사람과 사이버 공간에 모여 쟁점이 되는 현안 문제를 토론하면서 합리적인 결론을 도출해 낼 수 있다는 의미로 해석될 수 있다. 첨단의 과학기술분야에서는 이미 이러한 방식으로 지성을 융합하고 있다. 따라서 학교교육에서도 미래 교육의 메가트렌드인 집단지성의 기본 능력을 배양하기 위해서는 토론의 규칙과 방법은 물론 브레인스토밍 등과 같은 다양한 방식을 동원하는 토론식 수업을 강화할 필요가 있다.

그런데 개개인의 상상력과 창의력이 집단지성으로 연출되기 위해서는 그 방향이 중요한데 의식기술의 시대에는 실용성 또는 적시성(just in time)이 방향타 역할을 할 것으로 전망된다. 과거에는 언젠가 쓸모가 있을 것이라는 판단아래 힘들게 학습(learn)하였지만, 이제는 쓸모가 없게 되어 버리고(unlearn), 다가올 미래에는 그때그때 필요로 하는 지식이나 경험을 실용학습(just in time learning) 방식으로 습득하는 형태로 학습의 개념이 진화할 것이라고 한다. 미래학회에서는 실용학습을 적시학습이란 용어로 표기하고 있는데, 조선 중후기에 태동하였던 조선의 실학이 '지금 당장 나에게 필요로 하는 것을 배우는 것'으로 정의되었던 점을 고려한다면 적시학습보다는 실학 또는 실용학습이 적절한 우리말 표기라 할 수 있다.

실용학습 또는 적시학습은 집단지성을 위한 중요한 접근 도구임과 동시에 미래형 학습방법이기도 하다. 따라서 학교교육이 이러한 미래 교육의 메가트렌드를 따라잡기 위해서는 기본적인 문제해결 능력과 문제 해결에 필요한 정보에 효과적으로 접근할 수 있는 능력을 개발하는데 중점을 둘 필요가 있다. 예를 들자면 자신에게 지금 당장 필요로 하는 정보가 무엇인지 설정한 다음에 그 이유를 논리적으로 밝힌 후 정보를 탐색하고 습득해가는 정보 검색 대회를 활성화 하는 것도 하나의 방법이 될 수 있을 것으로 판단된다.

5. 경험 중심의 감성교육 시대

앞에서 언급한 바와 같이 지금처럼 과학기술이 발전해 나아갈 경우 다가올 미래에는 인류가 기억력 기반의 인지능력과 운동능력, 그리고 감각능력 등 거의 모든 분양에서 로봇들에게 뒤처지게 될 것이라고 한다. 따라서 인류가 로봇들을 통제하면서 지구촌의 주인 자리를 지키기 위해서는 기계가 할 수 없는 그런 능력을 강화시킬 필요가 있는데, 이러한 능력의 대표적인 것 중의 하나가 바로 경험에서 나오는 감(感)과 매우 주관적인 속성을 가지고 있는 감성(感性)을 들 수 있다. 이 둘의 공통적인 속성은 표준화가 매우 어렵다는 점이다. 인류의 능력들 중에서 반복적인 특성과 표준화의 특성을 가진 것들은 모두 로봇과 기계에 의해 추월당하게 될 것이기 때문이다.

아무리 과학기술문명이 발전한다고 해도 시행착오와 실패를 포함한 다양한 경험을 통해 형성되는 마음속의 느낌을 기계와 로봇이 가질 수는 없을 것이다. 예컨대 피아노를 연주할 때, 같은 곡을 연주하면서도 연주자에 따라서 듣는 사람의 마음에는 다른 느낌이 전달될 수도 있다. 그러나 연주 로봇은 음과 박자를 정확하게 연주할 수는 있을지 몰라도 감정을 이입한 연주는 어려울 것으로 판단된다. 특히 시행착오와 실패의 개념이 로봇에 형성되기까지는 상당히 많은 시간을 걸릴 것으로 보인다. 한마디로 장인정신의 계승 차원에서 이루어졌던 '도제교육의 형태'로 경험 중심의 감성교육을 정리해볼 수 있다.

그러므로 이러한 미래 교육의 메가트렌드를 강화하기 위해서는 학생 개개인의 개성을 존중하고 살려주는 교육을 실시해야 하며, 하나의 사물이나 현상을 두고서 옳고 그름을 따지기 보다는 다양한 생각을 할 수 있는 교육의 기회를 최대한 제공할 필요가 있다.

Ⅱ 미래 교육의 패러다임

1. 유망 직종과 인기 직업의 변화

20세기 후반에 학창시절을 보낸 세대들의 공통적인 특징은 정해진 판에서 자신의 능력을 인정받을 수 있도록 훈련되었다는 점이다. 다시 말하면 인생에 필요로 하는 학습량이 절대적으로 정해져 있고 그 내용은 오늘날의 10개 교과로 구분되어 교과서 안에 들어 있으며, 이 내용들을 효과적으로 암기하여 기억을 잘 하는 순서대로 성적을 부여받았던 세대들을 의미한다.

그리고 이들은 보수, 권력, 명예를 추구할 수 있는 직업이 좋은 직업이라고 교육받아 왔다. 이와 관련된 진로결정 요인의 패러다임 변화를 정리해보면 〈표 24-4〉와 같다.

근무 조건과 관련된 패러다임에서는 20세기의 경우 일정한 일터에서 가정의 생계를 꾸려 가는데 필요로 하는 재화를 획득할 목적으로 일하는 정규직이 트렌드였다면, 미래에는 재화보다는 자신의 흥미와 적성에 맞는 일을 조직과 공간의 제약 없이 자기 주도적으로 일할 수 있는 비정규직이 트렌드가 될 것으로 전망된다. 또한 20세기에는 정년의 개념이 내포된 평생직장에서의 제너럴리스트가 트렌드였다면, 미래에는 자신의 의지가 허락하는 그 순간까지 계속해서 일을 할 수 있는 평생직업의 스페셜리스트가 대세일 것으로 보인다.

취업의 통로에 있어서도 대학과 직업교육 관련 기관들의 역할이 약화되고 학력과 출신지역, 그리고 남녀노소를 막론하고 채용하고자 하는 분야에 대한 실무적인 능력과

표 24-4 진로결정 요인의 변화

구 분	20세기(과거/현재)	21세기(미래)
진로 선택의 기준	보수·권력·명예	시간, 흥미, 안전, 디지털, 자연
	보수·권력·명예	정보/생명/나노 공학, 환경, 보건
근무 조건	생계형 풀타임 정규직	철학형 파트타임 비정규직
정년의 유무와 전문성	평생직장(제너럴리스트)	평생직업(스페셜리스트)
취업의 통로	대학 및 직업교육기관	사이버 게임장(Role Playing)

경험을 최우선으로 하며 그 다음으로 일에 대한 열정을 확인한 후 이 두 가지 조건이 충족되면 바로 채용될 것으로 전망된다. 매력적인 최고의 직업을 선택하는데 결정적인 역할을 했던 대학 졸업장이 미래사회에서 이처럼 무력해진다면, 대학의 새로운 기능과 역할 변화의 방향을 어떻게 잡아야 할 것인가는 대학의 교수들과 운영자들이 신중하게 고민해야 할 과제인 것만은 틀림없는 사실이다.

2. 학교의 이미지와 학습 환경의 변화

20세기 후반의 학교 이미지는 어둡고 칙칙한 도서관과 교실이 떠오른다. 그래서인지 수업을 안 하는 날이거나, 한 시간의 수업이라도 자습을 하게 되면 너무도 기쁘고 행복했던 기억을 한번쯤은 가지고 있다. 그리고 국어, 영어, 수학, 과학 등의 교과가 그 중심에 있었다. 그러나 미래의 학교는 〈표 24-5〉에 제시한 바와 같이 희망적이다. 이제 더 이상 학교는 공부하는 곳이 아니라 집에서 하기 어려운 실기나 실습을 하고 다양한 체험 활동을 경험하는 곳이며, 또한 놀이와 사교의 장이 될 것으로 전망되기 때문이다.

학생들의 학습 환경에 있어서도 많은 변화가 예상된다. 지금까지는 학습 공간 하면 학교와 교실이 떠오르고, 그곳에서 교육활동을 주도하는 사람 하면 역시 학생보다는 선생님이 떠오른다. 그리고 학습의 형태도 학습 성취도의 효율성 보다는 경제적 효율성을 중시하는 집단학습의 형태로 진행되어 오고 있으며, 이러한 특성들 때문에 대부분의 수업활동은 교사와 칠판이 주도하는 이론 중심의 강의식 교수법이 대세가 될 수밖에 없었다.

그러나 다행히도 미래에는 〈표 24-6〉에 제시한 바와 같이 학생이 원하는 장소에서 학습할 수 있는 사이버 스쿨링과 학교에 가지 않고 집에서 할 수 있는 홈스쿨링이 강화될 것으로 보인다. 이에 따라 교사 대신 시스템과 학습 콘텐츠가 교육활동을 주도하

표 24-5 학교의 이미지 변화

구 분	20세기(과거/현재)	21세기(미래)
공간(교실,운동장)	공부하는 곳(교과서 위주)	실습, 실기, 체험, 놀이 사교의 장
중심교과	도구/주지 교과 강조(언어,수리,과학,사회)	실습/체험 교과 강조(도덕,생활,체육,예술)
교육중점사항	학력중심의 지-덕-체순으로 강조	인성중심의 덕-체-지순으로 강조

표 24-6 학습 환경의 변화

구 분	20세기(과거/현재)	21세기(미래)
학습공간	학교와 교실	유비쿼터스 공간
교육활동	교사 중심	시스템/매체중심 (아바타)
학습의 형태	집단학습 (Grouped)	개별학습 (Mentoring)
평가의 형태	지필평가 중심	지필평가의 소멸
교사의 역할	학습 지도/교수	학습 관리/평가/상담/멘토
교사 : 학생 비율	교사 : 학생=1 : 다수	교사 : 학생=다수 : 1

게 되고, 학습의 형태는 멘토링 기능이 강화된 맞춤형 개별학습이 대세가 될 것으로 전망된다. 또한 더 이상 지필 평가를 시행하지 않게 되며 교사의 역할은 학습 지도 활동에서 학습의 관리와 평가 그리고 진로의 상담과 삶의 멘토로서의 역할이 강화될 것으로 보인다. 가장 특이한 변화는 교사와 학생의 비율이다. 교사 중심의 학교 통계가 학생 중심으로 전환되어 학생 1인당 약 12명 정도의 멘토형 교사가 배정될 것으로 전망된다.

여기에서 멘토형 교사라 함은 사회의 다양한 분야에서 그 능력을 인정받은 사람들 중에서 교육에 관심이 많은 사람들에게 부여되는 일종의 교사 자격증이다. 그리고 그들에게는 기본적으로 많은 학생들이 배정된다. 다만 정해진 시간에 정해진 장소에서 공부하는 것이 아니라 학생 개개인이 자기주도적으로 학습을 진행하다 장애에 부딪혔을 때, 그 내용과 관련된 멘토 교사에게 통신망으로 접속하여 가르침을 받는 형태이기 때문에 교사의 입장에서도 배정된 학생의 수는 다수이고, 학생의 입장에서도 배정된 교사의 수는 다수인 형태의 운영 시스템이라 설명할 수 있다.

3. 미래의 인재상

다산 선생은 인재를 조기에 관찰하고 발견하여 군왕에게 천거하는 것을 고을 수령의 주요 임무 중 하나로 목민심서에 명시하고 있는데 오늘날의 관점에서 그 기준을 정리해보면 〈표 24-7〉과 같다. 요약해보면 과거의 인재가 갖추어야 할 기본적인 능력은 바로 암기력과 기억력이었다. 어쩌면 그 시대에는 오늘날처럼 컴퓨터와 메모리 기술이

표 24-7 다산 정약용의 영재 판별 기준

구 분	기준(하루에 학습할 수 있는 능력)	비 고	
상등(上等)	3~4천의 한자를 10회 반복 학습 후, 암송이 가능한 자	신동(神童) 수준	An Infant Prodigy
중등(中等)	2천여 한자를 20회 반복 학습한 후, 암송이 가능한 자	천재(天才) 수준	A Genius
하등(下等)	1천여 한자를 20회 반복 학습한 후, 암송이 가능한 자	수재(秀才) 수준	A Brilliant Mind

발달하지 못하였기 때문에 암기력과 기억력을 인간의 가장 중요한 두뇌 활동으로 생각하였을 것이라는 점은 충분히 이해가 된다. 조직이나 국가의 주요한 의사결정을 내리기 위해서는 일단 머릿속에 많은 지식이 들어 있어야 좀 더 정확하고 신속하게 처리할 수 있기 때문이다.

그러나 오늘날 우리는 정보공학의 눈부신 발전으로 인해 단순기억은 대부분 메모리 반도체를 대신 이용하고 있다. 그런데도 불구하고 우리의 교육은 아직도 암기력과 기억력에 지나치게 의존하고 있는 것은 아닌지 돌이켜 볼 필요가 있다.

이번에는 인도의 성인 모한다스 간디(Mohandas Gandhi)의 철학 속에 담긴 인재상을 살펴보기로 한다. 간디가 암살당하기 직전에 손자인 아룬 간디에게 전해준 교훈이 있는데, 이 말은 간디가 죽은 뒤에 손자가 정리하여 간디의 묘비석 뒤에 새겨 넣었다. 이것을 정리하여 우리말로 표현해보면 다음과 같다. 아룬 간디의 입장에서 볼 때 할아버지의 교훈 중에서 (3)번과 (4)번의 의미가 비슷하다고 판단하여 (8)번을 추가하여 8개가 되었다고 한다.

Sermons on Mahatma Gandhi's Seven Social Sins
"인류와 국가를 어렵게 하는 7가지 사회악"

(1) Politics without Principles　　　　　　(원칙 없는 정치)

(2) Commerce without Morality　　　　　(도덕성 없는 비즈니스)

(3) Wealth without Work　　　　　　　　　(노동 없는 부)

(4) Pleasure without Conscience　　　　　(양심 없는 쾌락)

(5) Knowledge without Characters　　　　(인격 없는 지식)

(6) Science without Humanity　　　　　　(인간성 없는 과학)

(7) Worship without Sacrifice　　　　　　(헌신 없는 신앙)

(8) Rights without Responsibilities　　　　(책임 없는 권리)

그런데 여기에서 공통으로 사용된 단어를 살펴보면 'without'이라는 단어가 있는데 이 단어에서 'out'을 아웃시키고 나면 미래의 인재상으로 활용할만한 중요한 덕목으로 탈바꿈됨을 알 수 있다. 궁극적으로 인류는 환경의 재앙을 예방하고 종족간의 갈등을 해소함으로써 자멸을 피해 새로운 인류 문명 시대를 열어갈 수 있을 것으로 판단되는데, 간디의 교훈을 인류 공영을 위한 미래 인재상으로 재정리해보면 다음과 같다.

<u>"인류 공영을 위한 인재상"</u>

(1) Morality, Principles: 도덕성을 바탕으로 규정과 원칙을 지킬 수 있는 사람

(2) Conscience, Work & Wealth: 양심적으로 일하여 정당한 부를 축적할 수 있는 사람

(3) Humanity, Science, Sacrifice: 헌신적인 자세로 인문과 과학이 조화로운 사람

(4) Responsibilities: 권리보다는 책임을 더 중요하게 여길 수 있는 사람

인류가 멸망의 길을 피해 공동 번영의 길을 가기 위해서는 평화와 지구 환경의 보전에 교육의 초점을 맞추고 미래의 인재상을 설정한 다음 글로벌 인재를 양성할 필요가 있다. 따라서 미래학, 철학, 심리학, 경영학, 성공학 등에서 제시하는 인재상을 종합하여 선언적/추상적 관점과 실천적/구체적인 관점으로 구분하여 정리하면 다음과 같다.

선언적 추상적 인재상	종교, 이념, 국가, 민족 간 갈등 해소를 통해 지구의 평화를 수호하며 환경을 보호하고 지킬 수 있는 인재 [Peace & Ecology]
실천적 구체적 인재상	(1) 홍익인간형 인재 [Altruism] (2) 상상력과 창의력을 바탕으로 통찰력을 갖춘 인재 [Insight] (3) 인문학, 자연과학, 신학이 조화로운 인재 [Consilience] (4) 창의적이고 호소력 있는 소통능력을 갖춘 인재 [Communication] (5) 자기 주도적인 학습능력과 인내심을 겸비한 인재 [Self Directed Learning & Endurance] (6) 도덕성과 책임감을 갖춘 인재 [Conscience & Responsibilities] (7) 강한 성취동기를 가지고 새로운 것에 대한 실행 능력을 갖춘 생각 에너지가 넘치는 열정적인 인재 [Energizer] (8) 실용학습시대에 요구되는 집단지성을 겸비한 인재 [Collective Intelligence & Just in Time Learning]

인류의 평화와 지구 환경을 보호하기 위한 첫 번째 덕목으로 이타심(altruism)을 제시하였는데, 이는 우리나라 교육과정의 교육이념인 '홍익인간'과 일맥상통하는 개념이다. 홍익인간이란 '널리 인간 세계를 이롭게 한다.'는 뜻으로, 우리나라의 건국 시조인 단군

의 건국이념을 뜻하는 말이다. 그리고 고조선이 개국한 이래 오늘날까지 대한민국 교육의 최고 이념으로 자리매김하였으며, 미래에도 우리 민족이 혼의 민족 또는 의식의 민족임을 포괄적으로 제시해주는 상징적인 용어로 사용될 것이라 기대된다.

인간은 태생적으로 동물적 생존본능을 가지고 태어난 후, 사회화의 과정을 거치면서 남을 배려하는 마음을 갖게 된다. 그래서인지 '나쁜 사람'이란 '나 뿐인 사람'의 줄임말이며, 이는 곧 이기적인 사람, 동물적인 생존본능이 강한 사람을 두고 하는 말이라고 한다. 따라서 '나쁜 사람'의 반대말은 이타적인 사람, 좋은 사람, 착한 사람 등으로 생각해볼 수 있는데, 이를 한 마디로 표현해보면 '나눌 사람'으로 정의할 수 있다. 그러므로 부모와 교사는 교육을 통해 태생적으로 '나 뿐인 사람'을 남을 배려할 줄 아는 '이타적인 사람'으로 변화시켜 사회에 내보내라는 특명을 받은 사람들이며, 홍익인간 정신을 구현하라는 소명에 대한 활동을 교육이라 정의할 수 있다. 홍익인간 이념을 미래형이라 하는 이유도 바로 여기에 있다.

Ⅲ 미래 교육의 방향

1. 대학 교육의 미래

2020년 이후가 되면 전 세계적으로 20여 개의 명문 사립대학만이 지금처럼 토지 기반의 대학을 유지하고 대부분의 대학들은 사이버대학으로 전환되거나 기업에 흡수되어 기업의 목적에 맞게 운영될 것이며, 이도 저도 아닌 대학들은 인류의 교육사에서 영원히 사라지게 될 것이라고 한다. 학습자의 관점에서는 매우 긍정적일 수도 있지만, 재정을 지원해야 하는 정부와 운영을 담당하게 될 대학 당국의 입장에서는 매우 불편한 진실로 다가오고 있다는 점을 간과해서는 안 될 것이다.

2011년 7월에 캐나다 밴쿠버에서 개최된 세계미래학회에 참가한 미국의 미래학자들은 한결같이 "현재 미국의 주립대학에 연방 또는 주정부가 지원하는 예산이 총 예산의 10% 이하로 떨어졌으며, 2025년 이후가 되면 국민의 세금을 거두어 고등교육에 투입

표 24-8　정보사회의 관점에서 본 대학의 미래 시나리오

시　기	정보사회의 가속화에 따른 고등교육의 전망
2010~2014	현재의 대학들이 향후 5년동안 사이버 대학(satellite university)으로 전환 될 것이며,
2015~2019	서책형 교과서 없이 학습이 진행되는 대학(bookless university)으로 변화하고,
2020~2024	학생들이 자기주도적인 시간계획과 자신의 바이오리듬에 맞는 학습계획을 수립하여 공부하는 학사 일정이 없는 대학(no calendar university)으로 변화한 후,
2025~2029	지리적, 경제적인 여건과 관계없이 전 세계 어디에서든지 수강할 수 있는 지구촌의 모든 인류에게 개방되는 대학(all have access university)으로 발전하게 될 것이다.

※출처: 류청산, 2011a, p.239

하는 예산은 0%를 향하게 될 것이다."라고 주장하였다. 다가올 의식기술의 시대에 "한반도에는 과연 몇 개의 대학이 토지 기반으로 살아남을 수 있을 것인가?"란 질문에 대한 대응방안으로 7가지의 시나리오를 구상해보았다.

2002년 7월에 많은 미래학자들이 미래 사회에서 미국의 대학교육이 어떻게 전개될 것인가를 예측해보기 위해 휴스턴 대학교에서 워크숍을 개최하였으며, 주요 연구방법으로는 하먼 박사의 팬 시나리오 기법(Fan Scenario Approach)이 활용되었다. 연구 결과 여러 가지의 시나리오들이 제시되었는데 그 중에서 가장 예측력이 높을 것으로 전망되는 시나리오는 〈표 24-8〉과 같다.

그러나 우리나라는 단일 민족, 단일 언어를 기반으로 민족 고유의 독자적인 문화를 구축하고 있기 때문에 미국, 캐나다, 호주 등과 같이 다민족으로 구성된 이민 국가들에 비해 상대적으로 다문화와 지구촌 단일 문화권에 대한 인식과 필요성이 강하게 부각되

표 24-9　우리나라 대학교육의 미래 시나리오

관　점	모　델	제1블록 (2010-2014)	제2블록 (2015-2019)	제3블록 (2020-2024)	제4블록 (2025-2029)
(개성/수월성)	예　측	학점교류 대학	입학시험 없는 대학	학생 요구에 부응하는 대학	멘토형 대학
	대　안	학점교류 대학	통학하지 않는 대학	학생 요구에 부응하는 대학	멘토형 대학
기업 (이윤/효율성)	예　측	산학협동 강화대학	다문화 대학	기업이 운영하는 대학	특성화 대학
	대　안	산학협동 강화대학	경험중심 학위대학	기업이 운영하는 대학	브레인 칩 대학
		산학협동 강화대학	경험중심 학위대학	기업이 운영하는 대학	특성화 대학
정부 (복지/평등성)	예　측	평생학습 대학	입학시험 없는 대학	다양성이 강조되는 대학	감성대학
	대　안	평생학습 대학	다문화 대학	다양성이 강조되는 대학	멘토형 대학

※출처: 류청산, 2011a, p.296

지 않고 있는 실정이다. 따라서 대학교육의 큰 흐름은 〈표 24-8〉과 같이 진행될 것으로 예상되지만, 우리나라의 실정에 맞는 대안 모델을 탐색해볼 필요가 있다.

　따라서 하면 박사가 주창한 '팬 시나리오 기법'을 활용하여 대학교육의 미래를 예측한 결과를 '정보사회'라는 범주로 놓고, 학습자·기업·정부의 관점에서 예상되는 우리나라 대학교육의 미래에 대한 시나리오를 구안하여 정리하면 〈표 24-9〉와 같다.

2. 미래 교육의 콘텐츠 구성 방향

　우리나라, 필리핀, 인도 등과 같이 다른 나라에 의해 식민통치를 받은 경험이 있는 나라들의 교육 현장을 살펴보면 대부분의 교과에서 매 차시별로 기능이나 지식으로 시작하여 기능이나 지식으로 마무리되는 공통점을 찾아볼 수 있는 반면, 다른 나라를 지배해본 경험이 있는 영국, 독일, 미국 등의 교육을 분석해보면 기능과 지식에 비전과 철학이 조화롭게 어우러져 있음을 느낄 수 있다.

　〈표 24-10〉에 제시된 바와 같이 지나치게 학습량이 강조되는 우리나라의 교육에 의식기술의 시대를 향한 비전과 철학이 결합되어 조화를 이루는 통섭 지향의 벡터형 실용학습(just in time learning)이 구현될 수 있다면 인류의 미래를 책임질 훌륭한 인재를 키워낼 수 있을 것으로 기대된다.

표 24-10	미래 교육 프로그램의 콘텐츠 구성 방향
과　거 현　재	기억 지향의 스칼라(Scalar)형 교육 (기능, 지식 위주의 반복학습)
미　래	통섭 지향의 벡터(Vector)형 교육 (기능, 지식＋비전, 철학 이 조화를 이루는 실용학습) ⇧　　　⇧ 스칼라　　방　향

※ Vector ＝Scalar(학습량)＋Direction(방향)

3. 학계의 동향과 미래 교육의 방향

학술적 관점에서 볼 때 미래 인재상과 미래 교육의 핵심 개념은 통섭과 융합이다. 미국에서는 미래 사회에 수요가 증가할 것으로 예상되는 과학기술분야의 인력을 양성하기 위하여 STEM(Science, Technology, Engineering, and Mathematics) 교육을 강화하고 있으며, 우리나라에서는 이에 예술 분야를 포함시켜 STEAM 교육을 실시하고 있지만 학문 분야의 융합 방식에 있어서는 다소 한계가 있어보인다. 따라서 융합인재와 관련된 학제간 연구를 일컫는 유사 용어들을 정리하면 〈표 24-11〉과 같다.

융합 학문적 접근법의 기원은 그리스시대로 거슬러 올라간다. 산업혁명 이전의 시기까지는 형이상학적 차원에서 거론되다 산업혁명 이후의 기계화 시대, 자동화 시대를 거치면서 산업과 사회의 전반에 걸쳐 폭 넓게 활용되기 시작하였으며, 20세기 중반 이후의 본격적인 우주개발 경쟁이 시작되면서 과학기술분야의 대학과 연구소에서 실용적으로 활용되기 시작하였다. 특히 20세기 후반에 유전공학과 정보공학의 눈부신 발달로 인해 이러한 학제간 연구는 지구촌 대학의 학위 취득 형태에도 많은 변화를 가져오게 하는 역할을 하게 되었다.

통합 학문적 접근법은 융합 학문적 접근법과 거의 비슷한 개념으로 1994년부터 사용되기 시작한 용어이다. 문화와 인종 등과 같은 인류학적 관점에서 다양한 분야의 전문가들이 참여하여 사회적 현안 문제에 대한 해결 방안을 모색하고자 할 때 주로 이용되

표 24-11 학제간 연구법의 분류

접근방식	적용사례
Interdisciplinary Studies 융합 학문적 접근(STEM)	우주개발경쟁 (예: 기계공학＋곤충학)
Transdisciplinary Studies 통합 학문적 접근	융합학문적 접근에 인류학적 관점이 추가되는 경향
Multidisciplinary Studies 연합 학문적 접근	자연/응용과학과 인문/사회과학이 연계되는 경향
Crossdisciplinary Studies 교차 학문적 접근	전혀 무관할 것으로 여겨지는 학문 분야간 연계
Intradisciplinary Studies 내적통합 학문적 접근	단일 학문(교과) 내에서 상호 독립적 관계를 설정한 다음 연관성을 찾아내어 연계

는 기법이다. 특히 지구촌 교육의 현안 문제를 해결하기 위한 접근방법으로 유네스코나 비교교육학회 차원에서 많이 활용되고 있다.

연합 학문적 접근법은 세계 제2차 대전 당시 미군과 로키드(Lockheed)사가 협력하여 항공기를 개발하는 과정에서 처음으로 소개되었다. 그 후 1960년대에는 영국에서 국가 기반 시설을 기획하고 건설을 추진하는 과정에서 건축, 공학, 사회학, 지질학, 조사통계학, 행정학, 경제학 등의 분야 전문가들이 모여 프로젝트를 구성하여 추진하는 데 이용되었다. 최근에는 컴퓨터 보안과 관련된 분야에서 활용되고 있는 추세이다. 또한, 이 연구의 접근 방식은 주로 미래를 예측하기 위해 언어와 전공이 다양한 전문가들이 프로젝트 또는 연합체를 구성하여 역할을 분담한 다음 연구를 추진하는 형식으로 진행된다.

교차 학문적 접근법은 주어진 문제를 해결하거나 특정 학문 분야의 발전을 위하여 전혀 관계가 없을 것으로 보이는 학문 분야를 연계하여 연구를 진행하는 접근 방법으로 물리학과 음악, 정치학과 문학 등을 예로 들 수 있다.

내적통합 학문적 접근법은 하나의 학문영역 내에서 상호 독립적인 관점의 영역을 설정한 다음 그 영역들 간의 관계를 새롭게 설정하여 새로운 대안을 모색하거나 현안 문제의 해결 방안을 수립하는데 이용되는 접근법이다.

교육학과 미래학은 심리학, 언어학, 인류학, 사회학, 행동과학, 자연과학, 응용과학 등이 어우러진 대표적인 복합 학문임과 동시에 융합 학문이라 할 수 있다. 미래학은 인류의 미래에 대한 긍정적인 측면보다는 부정적인 면에 초점을 맞춘 예측과 함께 대안을 제시한다. 그리고 그 대안은 교육을 통해 구현된다. 그러므로 교육학은 미래학의 대안이라 할 수 있다. 그리고 과학기술은 결국 인류를 하기 싫은 노동으로부터 해방시켜 주는 방향으로 발전시켜 나아갈 것이다. 그 결과 하루 중 일을 하지 않아도 되는 시간이 점점 늘어나고, 수명 또한 연장됨에 따라 인류는 넘쳐나는 시간 속에 묻히게 될 것이다. 따라서 이러한 시간을 좀 더 보람되고 행복하게 활용할 수 있도록 안내하고 이끌어 주어야 할 부분 또한 미래 교육의 몫이다. 그러므로 우리는 국가를 넘어 지구촌의 관점에서, 학교교육의 경계를 넘어 전 생애에 걸친 평생학습이라는 복지적 관점에서 의식기술시대의 교육을 설계하고 추진할 필요가 있다.

참고문헌

- 류청산(2011a). 인류의 미래와 교육. 서울: 강현출판사.
- 류청산(2011b). 정보기술의 발달에 따른 고등교육의 미래 시나리오. 정보와 사회, 19. 한국정보사회학회.
- 박영숙, 제롬 글렌, 테드 고든(2011). 유엔미래보고서 3. 교보문고.
- 박영숙, 제롬 글렌, 테드 고든(2010). 유엔미래보고서 2. 교보문고.
- 박영숙(2010) 미래교육보고서. 서울: 경향미디어.
- 박영숙, 제롬 글렌, 테드 고든(2009). 유엔미래보고서 1. 교보문고.
- 박영숙, 제롬 글렌, 테드 고든(2007). 전략적 사고를 위한 미래 예측. 교보문고.
- Cynthia G. Wagner(2011). Moving from Vision to Action. World Fututr Society.
- Daniel Bell & Stephen R. Graubard(Ed.)(1997). Toward the Year 2000 – Work in Progress. MIT Press.
- David Pearce Synder(2011). Education Summit – Defining the "New Normal" for Education. World Future 2011.
- Edward E. Gordon(2011). Education Summit – A New Education Vision; Re-Inventing School to Employment Systems for Knowledge Based Global Economies. World Future 2011.
- Edward E. Gordon(2011). Education Summit – A New Education Vision; Re-Inventing School to Employment Systems for Knowledge Based Global Economies. World Future 2011.
- George Frideman(2009). The Next 100 years – A Forecast for the 21th Century. Random House.
- George Frideman(2011). The Next Decades. Random House.
- Gerome C. Glenn & Theodore J. Gordon(2009). Futures Research Methodology, version 3.0. The Millennium Project.
- Irving H. Buchen(2011). University 2050: Academic Reconfigured. Moving from Vision to Action. World Future Society.
- James H. Irvine, Sandra Schwarzbach(2011). The Top 20 Plus 5 Technologies for the World Ahead. The Futurist, May~June 2011, pp.16~24.

- James A. Dator(2008). Advancing Futures. Seoul;Yemoon.
- John Maxwell(2002). Your Road Map Success. Nelson Business.
- Kieran Egan(2011). Education Summit-Learning in Depth; A Simple Innovation That Can Transform Schooling. World Future 2011.
- Laurence Shatkin(2008). 10 Best College Majors for Your Personality. Indianapolis : JIST Works.
- Niels Chr. Alstrup(2011). Education Summit − Education as a Service. World Future 2011.
- Richard Wood, Helen L. Burz(2011). Education Summit − A New Century : A New Instructional Paradigm. World Future 2011.
- Thomas Lombardo(2011). Integrative, Holistic, Widdom-Based Future Education. Moving from Vision to Action. World Future Society.
- Thomas Lombardo(2011). Education Summit − Education the Wise Cyborg of the Future. World Future 2011.
- Tom P. Abeles(2011). Education Summit − Deconstructing the Education Monopoly in the United States. World Future 2011.
- Tom Lombardo(2011). Education Summit − Education the Wise Cyborg of the Future. World Future 2011.
- Vernor S. Vinge(2000). A Fire upon the Deep. TorBooks.
- Vernor S. Vinge(2000). A Deepness in the Sky. TorBooks.
- W.F.S.(2011). Education. Outlook 2011, p.3. Maryland; World Future Society.
- W.F.S.(2011). Timeline for the Future. Special Reports, p.14. Maryland; World Future Society.
- W.F.S.(2011). Urgent Warnings, Breakthrough Solution. World Future Society.
- W.F.S.(2011). Special Report. World Future Society.
- W.F.S.(2010). Science and Technology. The Futurist Outlook 2011. World Future Society.
- Willis W. Harman(1979). An Incomplete Guide to the Future. W.W. Norton Publisher.
- Job Information Seeking & Training (http : //www.jist.com)

- Scenario Building−The Harman Fan
  (http : //www.infinitefutures.com/tools/sbharman.shtml)
- Technology & Future, Humanity+(http : //humanityplus.org/)
- The Chronicle of Higher Education (http : //chronicle.com)
- The Futurist (http : //www.wfs.org)
- The Millenium Project (http : //www.korea2050.net)
- The Millenium Project (http : //www.millennium−project.org/)
- The Occupational Information Network (http : //www.onetcenter.org/)
- Wikipedia (http : //en.wikipedia.org/wiki/)
- World Future Society (http : //www.wfs.org/)

제 **25** 장

의료서비스 산업의 미래

　2030년까지 우리가 상상할 수 있는 미래의 세계는 지난 2000년까지 인류가 만들어 온 변화와 문명보다 양적으로나 질적으로 크게 압도하는 상상할 수 없는 변화를 가져 올 것으로 예상된다. 특히 기술문명이 극도로 발전함에 따라 인류의 정체성과 사회성 도 우리가 지금까지 겪어보지 못한 방향으로 변화할 것으로 예상된다. 인구의 25%는 65세 이상의 노인 인구들이 차지할 것이고 기후변화 역시 사람들이 살고 있는 지구환 경에 많은 변화를 초래할 것으로 예상된다.

　이런 인구구조의 변화나 자연환경의 변화는 지금까지 우리가 생각하지 못한 건강 이나 질병생태계에 많은 변화를 초래할 것으로 예측된다. 특히 노인 인구에게 발생하 는 만성 성인병들은 모든 나라에서 사회경제적인 부담을 크게 안겨줄 것으로 예측된 다. 그렇지만 급속히 발전하는 과학기술의 혁명은 새로운 해결책도 우리들에게 가져다 줄 것으로 기대된다. 정보통신기술을 비롯하여 나노기술이나 바이오기술의 발전에 따 라 의료서비스기술도 융합기술의 토대위에서 혁명적으로 발전할 것이다. 따라서 2030 년대에도 인류는 새로운 질병의 도전에도 불구하고 빠르게 발전하는 과학기술에 힘입어 의료서비스 산업은 새로운 건강증진시스템과 첨단의료 서비스를 제공하면서 인류가 건강하고 쾌적한 생활을 누릴 수 있도록 할 것이다.

I 미래의 의료 환경과 변화요인들

1. 고령화 사회와 질병 양상의 변화

2030년까지는 선진국은 물론 동남아시아, 아프리카 등의 많은 나라들도 의료서비스의 발전과 영양상태가 호전되면서 빠르게 고령화 사회로 들어갈 것이다. 특히 고령화 사회로 진입한 선진국과 중진국에서는 질병의 발생양상도 빠르게 성인병 질환 중심으로 바뀌어 나갈 것이며 이러한 현상은 2030년대에도 점점 가속화 될 것이다. 즉 암, 고혈압, 심장질환, 뇌신경질환 등이 많이 발생할 것이며 개인은 물론 사회적으로도 재정적 부담을 가중 시킬 것이다. 경제선진국 그룹인 OECD 국가는 인구의 22%가 65세 이상이 될 것이며, 특히 미국 같은 선진국은 성인의 50%가 만성병에 걸리게 된다. 더욱이 세계 최대 인구를 자랑하는 중국이 6년 뒤로 선진국을 쫓아 노령화 사회로 들어가고 있다. 이처럼 전 세계가 노령화현상을 보이면서 경제도 활력을 잃게 되면서 인류의 삶의 질에도 중대한 도전이 닥칠 것으로 예상된다.

2. 기후변화와 인류의 건강 생태계

19세기 증기기관에 의한 산업혁명이 시작된 후 화석연료의 막대한 소모는 결과적으로 대기 중의 탄산가스농도를 증가시켜 지구온난화를 급속도로 진행시키고 있다. 지구 곳곳이 기온 상승과 동반하여 만년설이 녹아내림으로서 이차적으로 해수면의 상승과 더불어 지구 곳곳에서 예측하기 힘든 이상기후와 재난을 일으키고 있다. 아울러 대기 온도가 올라감에 따라 인간이 살아가는 지구의 환경생태계도 건강에 위협을 주는 방향으로 악화되고 있다. 이러한 급격한 환경생태계의 악변화는 각종 전염병을 일으키는 박테리아나 바이러스의 서식환경과 새로운 변이종 병원성 미생물들의 출현을 더욱 조장할 것이다. 새롭게 발생하는 병원성 미생물에 의한 질환들은 기존의 병에 비하여 치료하기가 어려운 경우가 많고 빨리 퍼져나가는 특성을 가지고 있어서 순식간에 지구 전체를 공포에 휩싸이게 할 수 있다. 특히 밀림과 수많은 동식물들이 어우러져 살고 있는 중앙 아프리카지역들은 새로운 변이종 바이러스가 나올 수 있는 지역으로 주목받고 있다.

그리고 계속되는 온난화 때문에 일어나는 대기 중의 기온 상승은 인류가 살아가기 힘들 정도로 신체에 스트레스를 줄 것이며 질병에 대한 저항력도 떨어트릴 것이다. 또한 지구에서 일어나는 기후변화는 지구 곳곳에서 경작지나 산림의 사막화를 촉진시켜 궁극적으로는 인류의 생존에 절대적으로 필요한 물과 식량 자원의 위기를 초래하고 있다. 그 결과로 많은 나라에서 사막화를 막지 못하면 물이나 식량 부족 현상이 계속 될 것이며 그로 인해 전염병의 유행도 증가할 것이다. 또한 식량이 부족해지면 사람들이 질병에 대한 저항력이 약해지고 이차적으로 감염질환 등 각종 질병에 희생당할 수 있는 가능성이 높아지게 된다. 따라서 이런 문제를 원천적으로 극복하기 위하여 농업생산기술과 더불어 환경보존 관련 기술이나 재생 가능한 에너지개발에 막대한 투자가 일어날 것으로 예측된다.

3. 가치관과 인간생활양식의 변화

미래에는 인류의 생활양식도 크게 변할 것이다. 대가족에서 소가족으로 변하고 점차 독거가족들의 세대가 증가할 것이다. 사회의 모든 구조나 관습도 혼자 사는 것이 하나도 불편 없게 될 것이며 가족들에 대한 정의나 가치관도 변할 것이다. 따라서 가족을 이루기 위해서 반드시 결혼을 하지 않아도 되는 상황이 올 것이며 가족 간에 반드시 혈연관계가 존재하는 경우도 점차 줄어드는 상황이 일어날 것이다.

동성끼리의 결혼도 점차 사회적으로 용인되며 이에 따른 성생활의 변화는 성병의 증가를 가져오고 있다. 그러나 의학기술의 발달은 치명적인 바이러스성 질환도 점차 정복해나갈 수 있을 것으로 기대된다. 지금까지 개발되지 못한 C형 간염바이러스나 후천

성면역결핍증(AIDS)에 대한 백신 개발도 성공하여 성생활과 관련된 바이러스성 전염병의 공포에서 벗어날 수 있을 것이다.

또한 각종 이동수단의 발달과 더불어 개인들이 차량을 소유하는 비율은 더욱 증가할 것이고 건물 내의 복도나 도로가 자동으로 움직이는 구간이 많아질 것으로 예측된다. 따라서 많은 사람들이 결과적으로 운동이 부족하게 되어 이로 인한 근력이나 체력의 감소를 가져오고 각종 성인병들이 증가할 것이다. 따라서 의료서비스는 질병을 치료하는 역할을 넘어서 일반인들의 건강증진 서비스가 더욱 중요해질 것이다.

또한 가족 규모의 축소와 독거가정이 늘어나면서 정신적인 소외의식도 더 가중될 것이다. 따라서 사람들의 정신건강이나 뇌신경질환에 대한 관리가 중요해질 것이며 적절한 의료서비스가 제공되지 않으면 개인은 물론 공동생활 환경에도 영향을 미칠 것이다. 또한 20세기부터 만연한 약물중독이 지금보다 크게 증가할 것이기 때문에 중독문제에 대처할 수 있는 의료서비스나 재활치료가 지속적으로 제공되지 않으면 안 될 것이다.

4. 첨단기술의 융합과 의료서비스혁신

우리 몸의 구조를 살펴보면 대략 60조에서 100조 개의 세포들로 구성된 경이로운 구조로 되어 있다. 그와 동시 몸 안이나 몸 표면에는 거의 같은 숫자의 박테리아나 바이러스가 붙어있어서 숙주인 사람을 죽이지 않고 서로 도와가면서 공생하고 있는 거대한 집단생명체라는 것이 밝혀지고 있다. 이렇게 많은 세포들이나 미생물과 같이 공생하는 구조로 이루어져 있지만 한 치의 오차도 없이 개체로서 완벽한 기능을 발휘하고 돌발 사태에 즉시 대처하는 위기관리능력을 발휘하는 것이 바로 인체의 오묘하고도 과학적인 체계이다. 이와 같이 생명체나 기능에 관련되는 과학적인 기전들이 밝혀지는 것은 전부 20세기 들어서 발전하기 시작한 분자생물학을 비롯한 첨단과학의 힘에 의한 것이다.

즉 인체는 신이 아니면 디자인할 수 없을 정도로 정교하고도 경이로운 대상 그 자체이기 때문에 인체의 구조나 기능을 완벽히 이해하게 되면 새로운 과학이 창조되고 혁신적인 의료서비스가 나올 수 있게 될 것이다. 따라서 2030년대에는 우리 몸 안에서 이루어지는 생명현상과 유전자에 의한 명령체계, 세포들의 미세생태계, 뇌의 기능과 구

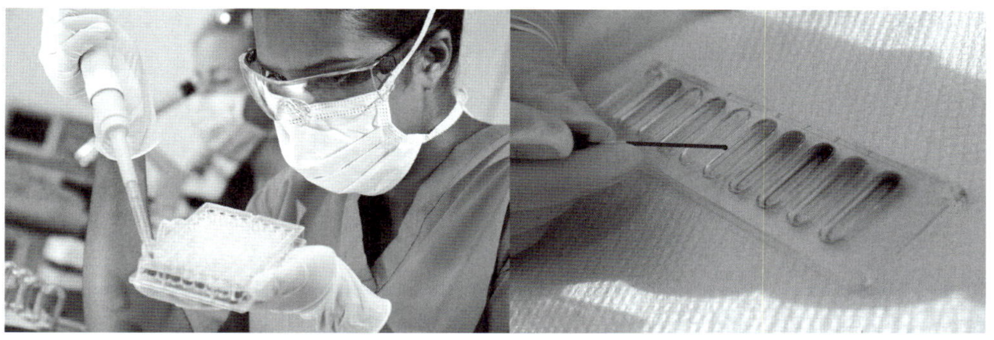

조를 혁신적으로 밝혀낼 수 있을 것으로 기대된다. 그 과정에서 중요한 역할을 하는 시스템생물학의 발전은 질병에 대한 새로운 기전과 치료방법에 대한 우리들의 인식체계를 크게 확장시킬 것이다.

이러한 유전체학이나 나노기술, 시스템생물학, 정보기술 같은 새로운 과학지식들은 새로운 진단 방법이나 약물 개발에도 크게 기여할 것이다. 또한 그 결과로 바이오테크놀로지 산업도 더욱 활성화될 것으로 기대된다. 현재 이 분야에서 활약하고 있는 시애틀의 리로이후드 박사는 심지어 피한방울만 채취하여 단백질 성분을 분석하면 우리 몸을 구성하는 모든 장기들의 이상 유무를 파악해낼 수 있는 융합기술을 개발하고 있고 2030년대에는 실용화될 수 있을 것으로 기대된다.

또한 인간유전체과학의 발전은 개인들의 유전자분석 서비스가격을 대폭 낮추어 모든 사람들이 부담 없이 이용할 수 있는 시대를 실현할 것이다. 따라서 환자들이 자신의 유전적 특성에 맞추어 최적화된 맞춤형 건강의료서비스를 받을 수 있게 될 것이다. 이러한 첨단 과학기술과 의학의 융합은 좀 더 안전하고 부작용은 적으면서도 효과는 더 좋은 의료서비스를 제공하는데 크게 기여할 것이다.

인간유전체분석프로젝트를 처음 시작했던 1990년대에는 인간의 유전체 염기서열을 분석하는데 20억 달러가 들었다. 그러나 2030년대에는 100달러 이하로 떨어지게 되어 누구나 자신의 유전체정보를 알 수 있게 될 것이다. 이와 같은 개인들의 유전정보기반의 맞춤형 건강서비스는 앞으로 정확한 예측과 예방의료서비스를 가능하게 할 것이다. 즉 자신들의 유전정보가 예시해주는 취약한 질환들을 예방할 수 있는 서비스가 가능해질 것이다.

2030년대에는 지금 한창 연구되고 있는 나노기술을 비롯하여 줄기세포 기술 등이 본격적으로 의료분야에서도 활용될 것이다. 특히 줄기세포에 기반을 둔 조직공학 기술은 각종 만성질환의 원인이 되는 노쇠한 조직이나 장기를 다시 젊은 조직으로 대체시키는 맞춤형 조직재생 서비스를 제공할 수 있게 할 것이다.

Ⅱ 디지털 네트워크사회와 스마트 의료서비스

다가올 2030년대에는 정보통신기술, 나노기술 등의 첨단기술의 물결이 의료기술에도 본격적으로 접목되어 새로운 의료서비스시대를 열어나갈 것이다. 모든 사람들은 물론 물체나 기계와도 인터넷과 근거리 통신망과 인공지능형 네트워크로 서로 밀접하게 연결될 것이며 모든 정보가 실시간으로 공유되는 스마트 정보화 사회가 될 것이다. 또한 병원에서 사용하는 모든 건강관리 기록이나 치료기록은 모두 멀티미디어를 활용하는 차세대 전자의무기록 시스템이 보급되어 디지털의료서비스를 가능하게 하는 핵심 요소가 될 것이다. 또한 모든 사람들이 자신들의 의료정보나 건강정보를 클라우드컴퓨팅 서비스를 제공하는 서버에 자신만의 건강기록부를 갖게 될 것이다.

그리고 필요한 경우 건강기록부는 언제나 병원이나 의사나 의료서비스를 제공하는 사람들과 공유할 수 있어서 환자들이 안전하고 효율적인 의료서비스를 받을 수 있게 될 것이다. 전자 의무기록은 필요한 경우 환자들의 상태를 언제 어디서나 파악하고 공유할 수 있기 때문에 기존의 아날로그 서비스시대에서 볼 수 있는 반복되는 검사나 뒤늦은 정보 전달로 인해서 초래될 수 있는 불편함도 크게 감소 시킬 수 있다. 이런 효율적인 스마트 의료서비스는 궁극적으로는 막대한 의료비용도 저비용구조로 바꿀 수 있을 것으로 기대하고 있다.

또한 2030년대에는 의료서비스는 환자와 의사, 병원과 집이 서로 연결되어 언제 어디서나 가능하고 필요한 경우 의료서비스를 받을 수 있는 유비쿼터스 의료서비스시대로 갈 것이다.

1. 디지털 홈과 원격의료 및 건강관리서비스

미래에는 주택이 단순히 쾌적한 주거공간의 개념을 넘어서 집에서 일도 할 수 있고, 따라서 건강도 관리할 수 있는 복합기능을 갖는 공간으로서 다시 태어날 것이다. 주거공간도 기술의 발전에 따라 지금보다는 훨씬 건강친화적인 스마트건축이 대세를 이룰 것이다. 또한 각종 감지기에 의해 거주인에게 발생할 수 있는 각종 돌발 사태를 감지하고 응급기관이나 가족들에게 알릴 수 있는 네트워크시스템이 잘 갖추어진 디지털 홈으로 바뀔 것이다. 즉 우리가 살고 일하는 공간은 전부 인공지능형 디지털공간으로 바뀔 것이다. 심지어는 살고 있는 사람들의 감정이나 기분상태까지 파악해서 적절한 서비스가 제공되는 시대가 될 것이다. 침실에서는 수면 패턴을 모니터링 할 수 있는 침대와 수면을 최적화시키기 위한 실내조명이나 수면유도를 위한 음악과 휴식을 위한 명상시스템이 갖춰질 것이다.

화장실이나 거실에는 거주인의 건강 상태를 모니터링하거나 넘어지는 등 사고를 감지할 수 있는 안전 시스템이 작동하고, 만일의 경우 응급실이나 소방서와 자동적으로 연락이 되는 시스템이 제공될 것이다. 화장실은 소변과 대변이 자동적으로 분석이 되는 스마트변기가 설치될 것이며, 혈압이나 맥박, 혈중산소포화도 등을 잴 수 있는 시스템이 설치되어 웬만한 개인 클리닉에서 할 수 있는 검사를 집에서도 할 수 있게 될 것이다. 즉 누구나 집에 홈클리닉을 만들고 자신의 건강을 자신이 책임지고 관리할 수 있게 될 것이다. 만일 이상이 있으면 전화나 화상연결시스템이나 스마트폰으로 언제든지 전문가의 도움을 받을 수 있을 것이다.

따라서 미래에는 웬만한 병이 아니면 구태여 병원이나 의사를 찾지 않아도 되는 시대가 될 것이다. 모바일의료서비스가 보편화되면서 몸에 이상증세가 있으면 의사를 휴대폰이나 이동통신기기들을 가지고 연결하여 서비스를 받을 수 있을 것이다. 의사가 요구하는 대로 사진이나 자신의 바이털사인을 측정하여 보내면 원격으로 진단할 수 있는 병이 점차 늘어나고 있다. 최근에는 많은 회사들이 각종 스마트폰 액세서리를 개발해서 시장에 내놓기 때문에 웬만한 검사는 다할 수 있을 것으로 예측된다.

2. 모바일컴퓨팅시대와 유비쿼터스 의료서비스

20세기말부터 불기 시작한 휴대용 전화 통신기기들은 사람들이 길을 가거나 차량으로 이동하는 상태에서도 일상적으로 업무가 가능한 모바일 네트워크 사회를 만들고 있다. 따라서 집에 있을 때는 디지털벽이나 평면TV 등이 정보허브가 되고 이동할 때는 쉽게 착용하거나 주머니에 넣을 수 있는 스마트모바일 기기들이 움직이는 정보터미날이나 모바일컴퓨터역할을 할 것이다. 즉 모바일 기기들의 강력한 힘과 저렴한 가격은 책상 위의 거추장스러운 컴퓨터를 대신하여 언제 어디서나 가지고 다닐 수 있는 모바일네트워크 시대를 대중화시키고 있는 것이다.

따라서 2030년대에는 공간이 지능을 갖게되는 울트라 모바일네트워크 시대가 구현될 것이며 모바일 건강서비스도 빠르게 증가할 것이다. 그리고 몸에 쉽게 부착하거나 몸 안에 심을 수 있는 바이오센서기술들이 고도로 발전할 것이다. 그 결과 우리 몸과

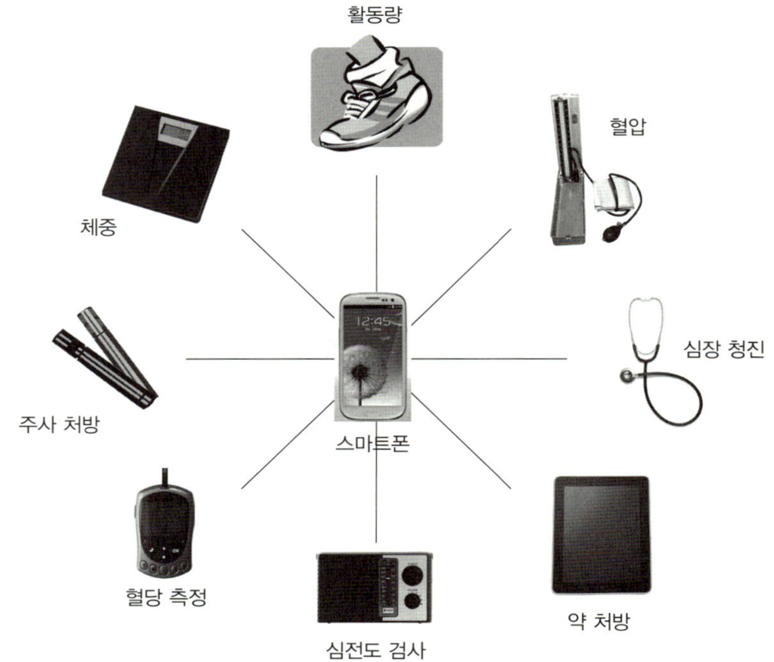

전문가들이 모바일센서네트워크로 연결되어 항상 모니터링 되고 관리되는 디지털신경망을 구축할 것이다. 이런 디지털신경망은 기술발전과 더불어 더욱 정교해지고 편리하게 발전하여 우리들에게 보다 더 건강한 삶을 보장해 줄 것이다.

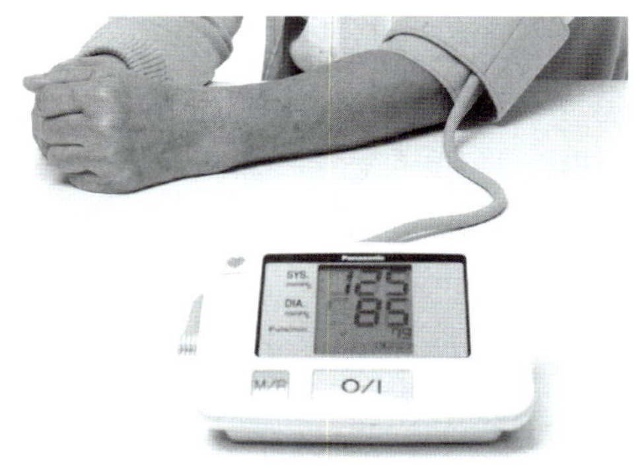

이미 원격의료서비스를 제공하는 업체들이 더욱 편리한 가정용 의료기기들과 측정기술들을 개발하고 있다. 또한 원격진료와 함께 원격처방이나 환자의 사후 관리도 더 편리하게 이용할 수 있는 방향으로 기술이 더욱 발전할 것이다. 또한 원격의료서비스는 국경을 넘어 국제간에 이루어질 수 있으며 관련 업체들은 국제 의료시장에도 쉽게 진출할 수 있을 것이다. 원격으로 관리할 수 있는 질환이나 종류도 특별히 제한 할 필요가 없을 정도로 모든 질환에서 가능해지고 있다. 또한 유비쿼터스 의료서비스는 기존의 전통적인 병의원에서 제공하는 서비스시장과 더불어 새로운 시장을 창출함으로써 의료서비스 마켓과 경제에도 새로운 활력을 불어 넣을 수 있을 것이다.

3. 디지털시대의 의사와 환자의 역할 변화

서로 치밀하게 연결된 미래의 네트워크 사회에서는 의사와 환자와의 관계도 과거 일방적인 관계에서 쌍방향으로 많은 변화가 일어날 것이다. 정보나 지식이 의료서비스 제공자인 의사에게 독점되어 있었을 때는 환자는 일방적으로 서비스를 받는 입장이 되었으나 지식 정보사회에서는 병원과 의사가 가지고 있던 주도권이 지식과 정보로 무장된 환자에게 넘어가게 된다. 일반 사람들은 점차 의사나 병원에 대한 정보를 쉽게 검색할 수 있게 된다. 그리고 의료서비스내용에 대해서도 소비자들의 평가에 의해서 공개되기 때문에 환자들은 사전 정보나 다른 사람들의 평가의견을 참작하여 마음에 드는 의사를 골라서 진료를 받을 수 있다. 즉 미래에는 소비자중심의 의료시대가 활짝 열리면서 의료서비스시장에서 가장 강력한 주체는 소비자가 될 것이다.

따라서 병원들이나 의사들은 스스로 환자들과 소통할 수 있는 통로나 기회를 늘리려고 애를 쓰지 않으면 고객과의 관계를 유지하기 어렵게 된다. 따라서 고객을 만족시키지 못하는 의사나 병원들은 시장에서 도태되고 오직 환자들에게 감동적이고 즉각적인 서비스를 제공하는 의사나 병원만 살아남을 수 있을 것이다. 따라서 의사들은 네트워크사회와 접근하기 위한 모바일 앱이나 각종 스마트기기들을 적극적으로 활용할 것이다. 즉 병원안에서는 물론 움직이면서도 환자들과의 네트워크를 관리하면서 먼저 고객에게 다가가는 능동적인 의료서비스 매니저가 되지 않으면 안 된다. 또한 의사와 환자가 소통할 수 있는 기술적 수단도 크게 확대될 것이다. 그 결과 환자나 일반인들은 필요하면 언제 어디서나 의료전문가들과 쉽게 접속할 수 있게 될 것이다.

또한 환자들이 이미 상당한 수준의 의료관련 정보와 지식을 가지고 있기 때문에 의사들의 일방적으로 내리는 명령이나 지시는 더 이상 효과가 없을 것이다. 의사들은 전문가의 입장에서 환자와 대등하게 이야기를 들어주고 상황에 맞게 조언을 해주는 조력자의 위치나 건강코치로서의 역할이 더 커질 것이다. 따라서 미래에는 병에 걸려서 오기 보다는 건강한 생활을 위해서 조력이나 조언을 받으러 오는 환자들도 크게 증가할 것이다.

따라서 병원도 예방서비스나 생활습관 관리나 코칭에 더 많이 시간을 투자하여야 될 것이고 병원건축도 그런 서비스에 알맞게 설계되고 관련 서비스도 대폭 늘어날 것이다. 또한 미래에는 병원에도 서비스의 변화에 따라 다양한 새로운 직종들이 크게 늘어나게 될 것이다. 즉 의사 외에도 예방서비스나 생활습관 훈련 등을 위한 예방의료 전문가, 영양사, 예술치료사, 명상치료사, 운동처방사들이 같이 일할 수 있는 기회가 더욱 많아질 것이다. 또한 의료직종 외에도 진료를 뒷받침하는 첨단과학자들이나 엔지니어들이 진료팀의 일원으로서 일하게 될 것이다.

Ⅲ 새로운 의료서비스의 출현

2030년대에는 의료서비스는 첨단기술의 발전 덕분에 지금까지 보지 못했던 의료서비스들이 가능해질 것으로 기대된다. 분자생물학, 유전체공학, 나노공학, 컴퓨터공학,

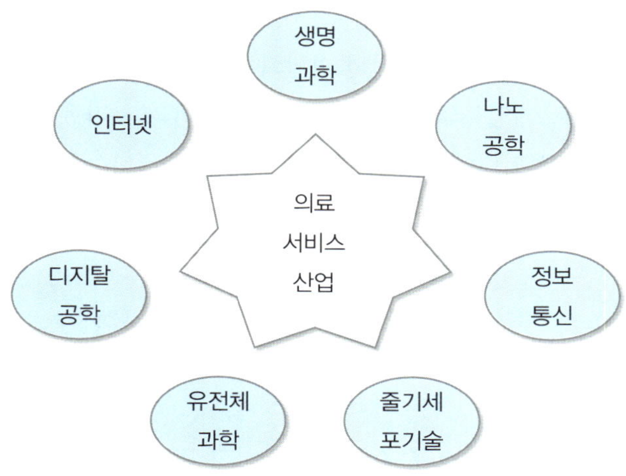

로봇공학, 인터넷기술 등의 융합발전은 의료서비스의 질의 개선은 물론 지금까지는 볼 수 없었던 의료서비스를 가능하게 하여 인류가 좀 더 건강한 삶을 살 수 있도록 해줄 것이다.

1. 맞춤형 의료서비스

유전체 분석기술의 발달로 개인유전자분석시대가 앞당겨질 것이다. 이로 인해 모든 사람들이 저렴한 가격으로 자신의 유전자 구조를 알 수 있게 될 것이다. 유전자분석결과는 각 개인들의 질병에 걸릴 위험도를 정확하게 예측할 것이며 미리 발병을 예방하기 위한 예방조치들을 제공받을 수 있게 될 것이다. 또한 개인들이 갖고 있는 유전자 구조에 대한 개인별 차이는 질병 치료전략이나 약을 처방할 때도 맞춤형 서비스를 제공하는데 결정적인 자료가 될 것이다. 이런 서비스는 유전체연구와 더불어 발전한 약물유전체학의 덕분에 가능해진 첨단 의료서비스들이다. 따라서 과거처럼 결과가 어떻게 나올지 모르는 상태에서 약 처방을 받는 시대에서 개인의 유전적 특성에 맞추어 약을 처방받음으로서 부작용을 최소화하면서도 효과는 더 좋은 의료서비스를 받게 될 것이다.

이런 서비스가 가능하도록 뒷받침하는 유전정보 분석방법의 혁명은 대용량 유전정보를 처리할 수 있는 자동화된 분석기기의 발달과 생물정보학의 발전 때문에 가능해졌다고 할 수 있다. 앞으로 개인들의 임상정보와 함께 개인의 분자유전학적인 정보가 통합되어 시스템적으로 분석되면 건강상태나 질병문제를 해결하는 패러다임도 혁명적으로 변화될 것이다.

2. 예측 및 예방의료서비스

아직도 인류는 높은 의료서비스 수준에도 불구하고 많은 질병이 임상적으로 나타나기 전까지는 그 사실을 모르고 있다. 또한 과거에는 영양결핍 때문에 사람들의 생명이 짧아졌지만 경제와 문화가 발전함에 따라 오히려 영양의 과잉섭취가 문제가 되고 있고 항생제나 백신의 출현으로 정복될 수 있을 줄 알았던 전염병은 조금도 줄어들지 않고 있다. 오히려 새로운 균주나 바이러스의 출현과 더불어 사람들의 생활문화가 바뀌면서 전에는 없었던 전염병이 여전히 창궐하고 있는 것이다. 그러나 2030년대에는 과학기술의 발전으로 전 세계에서 일어나는 질병이나 새로운 세균과 바이러스 출현 등에 대하여 실시간으로 모니터링 하는 네트워크가 완벽하게 갖추어질 것이다. 또한 새로운 균주나 내성균에 대한 새로운 항생제나 나노기술을 활용한 치료제가 개발되어 새로운 균들로부터 인류의 건강을 지켜줄 수 있을 것이다. 새로운 백신 생산기술의 발전으로 백신의 생산이나 종류도 크게 증가하여 해마다 크게 발생하는 전염병과의 전쟁에서도 상당한 성과를 이룰 것으로 예측된다.

특히 2030년까지는 예방의학서비스가 전통적인 전염병에만 국한될 것이 아니라 매년 폭발적으로 증가하는 성인병 영역에서도 중요한 역할을 할 것이다. 개인들의 건강이나 음식섭취나 영양 상태를 모니터링하여 개인들에게 성인병이나 난치병의 발생위험을 주기적으로 경고하는 서비스도 보편화될 수 있을 것이다. 뿐만 아니라 건강증진에 필요한 운동이나 방법을 개인들이 가지고 다니는 스마트폰을 이용하여 할 수 있을 것이다. 암을 비롯한 각종 난치병도 스스로 예방할 수 있도록 생활습관 관리도 스마트기기로 해줄 수 있다. 뿐만 아니라 난치병도 발생 초기에 완치시킬 수 있는 통합의료서비스도 제공될 것이다.

그리고 앞으로 다가오는 2030년대에는 문명의 빠른 발달이 가져오는 문화적인 충격 때문에 발생하는 가족과 가정생활의 변화와 함께 정신신경적인 질환도 계속 증가할 것으로 예측된다. 또한 뇌신경학의 발전으로 2030년대에는 뇌에 관한 연구에서 커다란 성과를 이룰 것으로 기대된다. 그 결과로 많은 뇌신경질환의 발생 원인이나 치료법에서 많은 진전이 있을 것으로 기대된다. 미래에는 모든 지역에서 수명연장 사회로 들어가면서 치매, 우울증, 성격장애, 사회부적응증 등 같은 질환이 대폭 증가할 것으로 생각된다. 따라서 이런 질환들의 치료에 많은 사회적 비용이 수반되고 가정이나 국가적으로도 커다란 문제가 되기 때문에 예방의료서비스가 더욱 중요해질 것이다. 또한 가정에서도 이런 질환들에 대한 예방이나 진단 및 치료가 원격적으로 제공될 수 있을 것이다.

3. 맞춤형 재생의학서비스

모든 병은 결국은 인체를 구성하고 있는 각종 세포와 조직, 그리고 장기들의 노화현상에 의하여 발생한다. 예를 들면 65세가 되면 젊은 20대보다 신체 기능이 절반으로 줄어든다. 즉 콩팥이나 심장 같은 중요한 장기들의 기능들이 절반 이하로 줄어드는 것이다. 따라서 사람들은 첨단의학의 힘으로 노쇠해진 장기를 다시 활력 있게 재생시키는 것에 대한 열망이 높아지고 있다. 또한 기능이 떨어져 더 이상 장기로서의 역할을 못하는 경우에는 다른 사람들의 건강한 장기를 이식 받고 싶어 한다.

그러나 장기를 공여할 수 있는 뇌사자나 살아있는 사람들이 공여할 수 있는 장기도 한계가 있다. 그 결과 전 세계적으로 이식 받을 장기가 없어서 생명을 잃는 사람들이 해마다 증가하고 있다. 다행히 지난 20여 년 동안 발전해온 조직공학이나 줄기세포기술 때문에 이 분야에도 서광이 비쳐오고 있다. 지금의 과학수준으로도 우리 몸속으로부터 세포의 일부분을 채취하여 특정단백질과 화학적으로 처리하면 다양한 세포로 분화능력을 가진 줄기세포를 만들 수 있다. 이렇게 맞춤형으로 만든 줄기세포를 잘 활용하면 타인의 장기를 이식받을 때 관찰되는 면역거부반응 없이 노쇠한 장기세포를 부분적으로 대체시킬 수 있고 조직공학기법 사용하여 얼마든지 새로운 장기를 만들어낼 수 있게 될 것이다.

최근까지는 3차원 조직배양을 통하여 인체기관들이나 그 부분조직을 만들었으나 앞으로 다가오는 2030년대에는 3차원 프린트를 이용하는 제조기술들이 더욱 발전하여 인공조직이나 인공장기 가격도 크게 내려갈 것으로 전망된다. 이런 서비스는 궁극적으로 노령화사회에서 경제적으로 어려운 노인 인구들이 다시 경제적으로 활동할 수 있는 사회인으로 충분한 기능을 갖게 하는데 의료기술이 크게 기여할 수 있음을 의미한다. 현재 실제로 실험실에서 만들 수 있는 인체조직이나 장기가 이미 20종을 훨씬 넘어서고 있다. 따라서 2030년대에는 인체 장기들을 인공적으로 저렴하게 만들어 서비스할 수 있는 보디샵 시대를 실현할 수 있을 것이다.

4. 로봇기술과 나노공학의 융합의료서비스

2030년대에는 몸에 부착하거나 몸에 이식할 수 있는 신체기능을 대체하거나 증진시킬 수 있는 로봇시스템도 발전하여 노령사회에서 볼 수 있는 사람들의 약해진 신체기능을 크게 향상시킬 수 있을 것으로 예상된다. 이미 부분적으로 약해진 신체적 기능을 되살리고 강화시킬 수 있는 착용형 로봇이 나오고 있다. 또한 앞으로 고령화 사회에서 많이 필요한 재활치료사 같은 전문 인력을 대신하여 나이 많은 환자들이나 기능장애자들의 재활서비스를 도와주는 사람과 유사한 로봇의 이용도 증가할 것으로 예측되고 있다.

좀 더 진화된 지능이 높은 전문 로봇은 의사를 대신하여 실제로 진료에 참여할 수 있을 것이며 원격 수술도 수행할 수 있을 것이다. 특히 나노기술은 유전체분석기술의 대중화에도 기여할 뿐만 아니라 인공망막 등을 비롯하여 각종 인공장기를 만들어내는 데에도 기여할 것이다. 나노크기의 각종 생리기능측정 로봇들이 몸에 부착되거나 혈관 안에서 혈액과 같이 순환하면서 몸의 건강상태를 모니터링 할 수 있을 것이다. 이와 같이 융합기술 덕분에 발전할 새로운 의료기술들은 새로운 융합산업과 일자리를 만들어낼 수 있을 것으로 기대된다.

5. 난치성 뇌질환 정복

2030년대에는 분자생물학과 뇌신경과학이 발전함에 따라 과거 그 원인을 정확히 몰라서 단지 증세완화치료에 그쳤던 난치성 뇌질환 치료에 많은 진전이 있을 것이다. 또한 각종 영상진단방법들도 크게 발전하여 뇌세포대사질환이나 정신질환에 관련된 해부학적인 이상이나 관련 유전자들의 기능 이상을 분자의학 수준에서 파악할 수 있게 될 것이다. 따라서 지금까지 우리가 알고 있는 뇌의 해부학적 구조에 대한 지식도 지금보다 100배 이상 정밀해질 것으로 기대된다. 또한 신경세포와 신경세포사이의 신경전달에 관한 종합적인 지도가 상세히 작성되어 각 질환별로 관련된 신경전달시스템들이 모두 파악되어 ·임상에 활용될 것이다. 이렇게 뇌의 구조와 기능에 대한 지식의 획기적인 발전에 따라 지금까지 그 원인을 몰랐던 정신분열증, 우울증, 자폐증 등의 치료 방법에서도 획기적인 진전이 있을 것으로 기대된다.

참고문헌

- http : //www.technologyreview.com
- The Future of Healthcare – there's an app for that. By Chuck Farkas and Tim van Biesen. Bain & Company, 2012
- Connected Health by Jodt Ranck Gigaom Books 2012
- Cracking the Code by Jim Mellon & Al Chalabi. John Wiley & Sons, Ltd 2012

제 26 장

인간 몸의 미래(포스트휴먼)

　생명체는 몸 없이 살지 못한다. 각 생명체는 각자가 속한 환경 속에서 살아가기에 가장 적당한 형태를 가지고 있다. 인간은 지구상에 존재하는 복잡한 생명체 중 가장 뛰어난 존재이다. 미래에 우리 인간은 어떠한 형태의 몸을 가지고 있을 것인가? 미래를 향하여 변하여 가고 있는 우리 몸에 관한 변화를 살펴본다.

 I 과학기술 발전과 몸의 개념적 변화

1. 몸의 개념 변화

❶ 몸의 개념

과연 '몸'이란 무엇일까? 당연히 알고 있을 것으로 생각하는 이 질문에 답을 하기가 의외로 쉽지 않다. 인간으로 살아가면서 누구나 "나는 누구인가?" 그리고 "생명이란 무엇인가?"라는 인간의 본질에 관한 의문을 가져본 적이 있을 것이다. 철학자들은 오랫동안 정신과 몸을 분리하여 생각하여 왔다. 몸을 매개로 존재하고 살아가는 인간에게서 몸이 없다면 살아있다고 생각하기 어렵다. 반대로 몸만 있고 정신이 없는 경우도 살아있다고 하기 어려울 것이다. 그렇다면 몸과 정신 중 인간의 본질에 더 가까운 것은 무엇일까? 왜 철학자들은 몸에 비하여 정신을 더 우월하게 취급하였던 것일까? 요즈음 사람들이 몸에 열광하고 있는 이유는 무엇일까?

사람은 수정란으로부터 시작하여 신생아, 소아, 청년, 성인, 노인을 거쳐 사망에 이르는 일생 동안 여러 가지 다른 형태의 몸을 가지고 살아가지만 어느 누구도 이러한 다른 형태의 몸이 본질적으로 다르다고 생각하지 않는다. 조금 더 큰 차원에서 보자면 오랜 시간 동안 생명체는 더 좋은 특성을 가진 생명체로 진화를 해왔고, 그 진화의 정점에 인간이 존재하고 있다. 그렇다면 현생 인류가 가장 진화된 생명체일까? 아니면 더 진화할 것인가? 만일 인간이 더 진화를 한다면 어떠한 형태의 생명체가 될 것일까?

이 글은 바로 이러한 질문에서 출발한다. 인간은 그 존재가 시작된 순간부터 건강하게, 하고 싶은 일을 하면서, 오래 살기 위한 노력을 기울여 왔다. 그러한 목표의 일부는 생물학적 진화에 의하여 지구상에서 가장 뛰어난 생명체인 *Homo sapiens*라고 불리는 현생 인류의 형태로 이루어졌다. 그리고 일부는 과학기술의 발달에 의하여 만들어진 여러 기술들이 인간의 몸을 보조함으로써 달성되어 왔다. 현대의 과학기술은 너무나 빨리 발달하고 있어 조만간 과학기술이 인간의 능력을 초월하는 시대가 구현될 것이 확실시된다. 현재의 변화 속도를 유지한다면 발달된 과학기술은 인간의 몸에 어떠한 변화를 가져오게 될 것인가? 본고에서는 그리 멀지 않은 미래인 2030년에 이루어질 것으로 생각되는 여러 변화들 중에서 "인간의 몸"을 중심으로 한 변화에 대하여 고찰하고자 한다.

❷ 과학혁명과 몸

현재 인류는 지식정보사회에 살고 있다. 그동안 인류는 수렵사회, 농경사회, 산업사회를 거쳐 왔고, 각 변화 시기마다 '혁명'이라 부를 만한 큰 사회적 사건을 겪었다. 인류역사의 3대혁명이라고 일컬어지는 도시혁명, 그리스혁명, 그리고 과학혁명은 아직도 우리의 생활에 많은 영향을 끼치고 있다. 17세기 유럽을 중심으로 일어난 과학혁명과 연이어 18세기로 이어지는 과학의식과 계몽사상의 발전은 신을 중심으로 하던 중세사회로부터 인간을 세상의 중심으로 놓는 인본주의 사회로의 변화를 일으켰다. 이러한 사회적 변화는 인간의 본질에 관한 인식에도 심대한 영향을 끼쳤다.

과학혁명의 핵심적 의미는 그리스시대 이후로 정립된 사회 철학적 이론들이 중세에 급격하게 발달한 기술력과 독특하게 결합하여 자연에 대한 새로운 과학적 탐구방법을 제시한 것이라 할 수 있을 것이다. 과학적 방법론에 의한 탐구는 자연뿐만이 아니라 정치 사회 문화 교육의 모든 면에서 강력한 영향을 끼쳤다. 기술과 운송방법의 발달, 시장의 확대와 생산의 증가, 이에 따른 봉건체제의 붕괴 그리고 절대왕정국가로부터 근대국가로의 이행, 근대적 과학교육의 실시 및 대학교의 설립, 르네상스, 종교개혁 등이 모두 직간접적으로 과학혁명의 영향을 받았다고 할 수 있다.

과학혁명은 사람들이 생각하는 방식에도 큰 영향을 끼쳤다. 가장 중요한 것은 신으로부터 벗어나 인간을 중심에 놓고 생각하게 된 것과 인간의 몸을 생물학적 기계로 간주하여 객관적인 분석의 대상으로 삼게 된 것이라고 생각한다. 베잘리우스(Andreas Vesalius, 1514~1564)가 인간의 몸을 이해하기 위하여 동물이 아닌 인간의 사체를 직접 해부하기 시작한 것, 윌리암 하베이(William Harvey, 1578~1657)가 실험을 통해 사람의 몸 속에 있는 혈관을 통해 혈액이 순환하고 있다는 것을 증명한 것(그림 26-1), 말피기(Marcello Malpighi, 1628~1694)가 현미경을 사용하여 모세혈관이 실재로 존재하는 것을 눈으로 확인한 것 들은 인간의 몸을 마냥 신비하게만 취급하던 과거의 관습을 바꾸어 인체도 과학적 탐구의 대상임을 보여준 것이라 할 수 있다. 아울러 데카르트(Rene Des-

그림 26-1 William Harvey의 실험

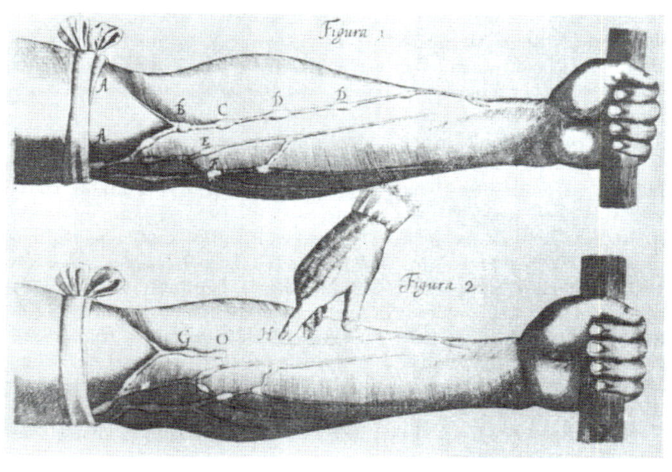

※ 토니켓으로 손을 묶은 후 불거져 나오는 정맥을 손으로 눌러 봄으로써 피가 흐르고 있다는 것을 증명하였다.
※ 출처: Obtained from Wikipedia Commons. From Venebild aus Harvey's Exercitatio.

cartes, 1596~1650)의 "나는 생각한다. 고로 존재한다.(Cogito ergo sum)"라는 명제는 단순히 절대진리에 도달하는 사유의 중요성을 강조하는 철학적 영향력 외에도 인간의 몸을 뼈와 근육, 살과 혈관 등 기계적 원칙이 적용되는 단순한 생물학적 물질덩어리로 인식시키는 데 중요한 역할을 하였다. 이 때문에 "기계론적 인간관"이 현대 사회를 무의식적으로 지배하게 되었다. 현대 의학에서 외과술이나 이식과 같은 분야의 눈부신 발전은 특히 인간의 몸을 정신의 지배를 받는 하부구조로서 인식하여 기계의 부속품처럼 고장이 나면 바꿀 수 있다고 생각하게 한 데카르트적 철학의 영향을 받았다고 생각한다.

❸ 현대 과학기술과 몸

20세기는 "과학과 기술의 시대"라고 한다. 이렇게 부르는 이유는 20세기에 들어오면서 인류의 과학기술문명이 상상을 뛰어넘는 속도로 발전했기 때문이다. 현대의 과학기술문명 수준은 인간 생활의 거의 모든 영역에서 이미 우리의 상상력을 뛰어넘는 수준에 도달하였다. 나노테크놀로지를 이용한 로봇, 인공 지능, 유전자 조작, 초광대역 네트워크, 슈퍼컴퓨터, 미지 영역(우주, 해양, 등) 탐사의 확대, 새로운 대체에너지의 개

발, 인간 수명의 증대 및 의학의 발전(새로운 치료법, 이식, 노화, 줄기세포, 복제 등) 등은 과거 우리가 공상과학소설 속에서 볼 수 있었던 것들을 현실 속에서 구현해가고 있는 예 중 일부에 불과하다. 인간 복제와 같이 일부 윤리적 논의로 인해 기술개발에 제동이 걸려있는 제한적인 분야를 제외하고 다양한 분야의 과학기술은 앞으로도 그 속도를 더해가며 발달할 것으로 생각한다.

1980년대 출현한 개인 컴퓨터의 보급과 정보기술의 발달은 정보의 전파 및 공유 속도를 급속히 증가시켜 현대 사회를 지식정보사회로 변화시키는 데 큰 역할을 했다. 정보의 양적 확대와 정보교환의 급격한 증가는 새로운 정보의 획득과 관리 역량이 세상을 지배하는 사회를 만들게 된 것이다. 2005년도에 개최된 '서울 디지털 포럼'에서 UN 밀레니엄 프로젝트 의장이며 국제미래학회 공동회장인 제롬 글렌(Jerome C. Glenn)은 지식정보사회의 다음에 다가올 사회를 이야기 하면서 "의식과 기계 사이의 구분이 무의미해지는 의식기술(conscious technology)이 지배하는 사회"인 의식기술사회가 될 것이라고 하였다.

우리 주변에서 일어나는 것들을 잘 살펴보면 우리 사회가 이미 의식기술사회로 접어들고 있음을 보여주는 것들을 많이 찾아볼 수 있다. 의식기술사회의 일반적 특징으로 거론되는 것은 컴퓨터가 도구가 아닌 동료의 역할을 수행할 정도로 생활에 없어서는 안 될 필수품이 되는 것, 인공지능 기술이 발달해 컴퓨터의 분석 능력이 인간 뇌의 사고와 유사해지는 것, 나아가서는 컴퓨터가 스스로 프로그램을 작성할 수 있게 되고 결국에는 기계의 지식이 인간의 지식을 초월하게 되어 인공뇌가 개발되는 것, 교육을 통해 배울 수 있는 모든 지식을 컴퓨터에서 쉽게 얻을 수 있게 됨으로써 교육의 무용론이 출현하게 되고, 모든 언어의 즉시 번역이 가능하게 되어 언어 교육도 불필요한 세상이 되는 것, 아울러 신체적으로도 인간의 능력을 초월하는 로봇이 출현하는 것 등이다.

2. 이미 변화되는 몸에 대한 증거들

❶ 가상현실의 구현

초고속 통신기술과 디스플레이 장치의 발달로 특징지을 수 있는 스마트기술을 이용하면 지리적 혹은 시공간적 격차를 줄여 멀리 떨어져 있는 친구나 가족과도 원하는 때에 쉽게 접촉할 수 있게 된다. 이러한 시공간적 장벽의 극복은 현재보다 가족이나 동료의 중요성을 높이게 되고, 일을 함에 있어서도 직장과 가정의 구분이 없어지는 현상을 발생시킨다. 시공간적 장벽의 극복은 더 나아가서 가상현실의 구현으로 발전한다. 가상현실은 이미 사이버공간을 통하여 구현되기 시작하였다. 사람들은 사이버공간 속에서 현실보다 더 구체적인 경험을 할 수 있다. 심지어는 실제 현실에서는 겪을 수 없는 것조차 경험할 수 있게 된다. 직접 여행을 하지 않고도 유적지나 관광지를 방문한다거나 세계의 다양한 사람들을 사이버공간 속에서 만나 교제를 나눌 수 있게 된다. 최근 많은 학술대회들이 사이버공간 속에서 실시간으로 이루어지고 있는 것도 한 예이다. 가상현실의 구현으로 교육, 경제, 정치 등 인간 활동의 상당부분이 가상현실 속에서 이루어지면서 실제 현실과 가상현실이 융합되는 현상이 나타난다. 영화 '매트릭스(The Matrix, 1999, Warner Brothers)'를 보면 극단적이기는 하지만 가상현실 개념을 이해할 수 있다.

❷ 부족한 몸의 기능적 보완

통신기술의 발달은 가상현실에서 몸이 중요한 역할을 할 수 있도록 해주는 것 이상으로 몸의 기능을 개선하는 데 큰 역할을 한다. 생각으로 작동하는 기계와 인체의 일부분을 사용하는 통신기술이 발달되면서 사람의 부족한 기능을 기계가 담당하게 된다. 뇌파로 인공 손가락이나 전동휠체어를 움직이는 기술은 이미 개발되어 있다. 컴퓨터나 기타 생각에 따라 작동하는 기기들을 사용하여 몸이 불편한 장애인들이 생각만으로 물건을 옮기거나 불을 켜고, 창문을 여닫을 수 있다. 또, 뇌에 이러한 장치를 심어두게 되면, 생각을 컴퓨터나 다른 음성기기를 활용해 소리로 바꾸어 의사소통을 할 수도 있고, 감정도 표현할 수 있다. 우리나라에서도 인간의 감성을 인식하여 정서적으로 상호 교감하는 IT/컴퓨터 제품에 대한 특허가 늘어나고 있다.

몸에 기기를 붙이고 다니는 일도 많아진다. 경찰이나 어린아이들은 목걸이 형태의 CCTV를 달고 다니면서 주변의 모든 것을 녹화한다. 이를 활용해 범인의 체포도 쉬워지지만 개인의 사생활 침해의 우려도 높아진다. 최근에 개발된 퍼스널라이프로그(PLL, Personal Life Log)는 초소형 카메라, 녹음기 등을 이용해 개인의 일상생활을 무의식적으로 기록하고 분석하는 시스템이다. 이 시스템은 복잡한 일상생활을 기록하고 분석하거나, 기억력을 회복시키는 등에 활용된다.

　사람의 삶을 도와주는 로봇도 등장한다. 산업사회에서는 산업현장에서 연속동작을 하는 자동화 로봇(automated robot)이나 멀리 떨어진 장소의 사람에 의해 조정되어 일을 수행하는 원격로봇(teleoperated robot) 등이 많이 활용되었다. 곧 그 단계를 지나 주변 환경의 변화를 인식하고 사람이 조종하지 않아도 스스로 판단하여 반응하는 자율로봇(autonomous robot)이 로봇의 주종을 이루게 된다. 로봇의 역할도 군용, 경찰용, 산업용으로 활용되는 것으로부터 인간의 삶을 도와주는 쪽으로 바뀐다. 고령자나 거동이 불편한 장애인들이 입거나 몸에 장착함으로써 걷는 것을 보조해주는 로봇과 같이 인간의 수행능력의 일부를 보조하거나 아예 자신을 대신하여 일을 하는 로봇이 보편화된다. 이 때문에 휠체어에 의지해야만 했던 사람도 걸어 다닐 수 있게 되고, 건강한 사람도 이러한 로봇을 입으면 아주 무거운 짐을 나를 수 있게 된다. 영화 '서로게이트(Surrogates, 2009, Buena Vista)'는 사람을 대신하여 출근하고 일을 하는 로봇의 문제를 다루고 있다. 미래에서는 네트워크에 기반을 둔 지능형 로봇이 주종을 이루게 된다. 한국전자통신연구원(ETRI)에서 개발한 '디지털 지니'는 초고속 유무선 네트워크를 활용하여 유비쿼터스, 홈 네트워킹이 가능하여 사람의 위치, 체온 혈압과 같은 인체의 정보를 초고속 통신망으로 취합 전달하게 하고 필요에 따라 디지털 기기 등이 이에 적절한 대응을 하도록 해 준다.

Ⅱ　몸의 진화에 대한 전망

1. 수명의 연장

❶ 수명 연장의 현상과 이유

　미래의 사람들이 현재 우리들보다 훨씬 오래 살게 될 것이라는 것에 대한 이견은 없을 것이다. 유엔에서는 2030년에 인간의 평균수명이 100세가 될 것이며, 장수하는 사람은 130세까지 살 수 있을 것으로 예측하였고, 이에 따라 59세까지를 청년, 70대까지를 장년, 그 이후를 노년이라고 해야 한다는 주장도 나온 바 있다. 수명연장 현상은 너무 빨리 일어나고 있어 사회 전체가 고령사회 혹은 초고령사회로 변화하는 것을 우려할 정도이다.

　수명이 늘어나는 데에는 의료기술의 발달, 경제상황의 개선, 사회적 의식 변화 등 여러 요인이 있겠지만, 기본적으로는 줄기세포, 각종 첨단기술, 로봇의료수술, 생명공학, 유전자치료, 장기이식 등을 통한 질병의 예방 및 치료법의 획기적 변화가 큰 영향을 끼칠 것으로 생각한다. 손상된 장기나 인체 조직은 다른 동물의 것으로 바꾸어 생명을 연장시킬 수 있다. 예를 들면 미니돼지는 면역 거부반응을 일으키는 유전자를 제거한 후 무균 상태로 사육한 것으로 면역 거부반응이 일어날 염려가 없고 다량을 확보할 수 있다. 만일 동물의 장기를 직접 사용하는 것이 마음에 들지 않으면, 필요한 동물의 장기로부터 세포만을 인위적으로 제거한 후 환자에게서 직접 분리하거나 역분화시킨 줄기세포를 이식하여 환자에게 맞추어진 새로운 맞춤장기를 만들거나 시신의 장기를 활용할 수도 있다. 장기기증을 한 사람이 사망한 후 시간이 경과하여 장기를 활용할 수 없는 경우, 세포를 인위적으로 제거한 장기를 틀로 사용하여 환자에게 맞는 맞춤형 장기를 생산할 수도 있다.

❷ 수명 연장 그 이후

　사람이 아프지 않고 오래 살게 되면서 다른 측면에서 중요한 변화가 나타나게 될 것이다. 오래 사니까 일찍 결혼해서 아이를 낳는 일이 줄어든다. 늦게 결혼하여도 젊을 때 보관해 둔 정자나 난자를 사용하여 아이를 낳을 수 있다. 이상하게 들릴지 모르지만 아예 좋은 유전자를 가지고 있는 정자나 난자를 사용하여 아이를 낳는 일도 많아진다. 자식을 낳는 데에 결혼이 필수적인 것은 아니다. 생명공학이 발전되면서 엄마나 아빠 혼자만 있어도 줄기세포로부터 만들어진 난자와 정자를 사용하여 언제든지 아이를 낳을 수 있게 되어 혼자 살면서 아이를 키우는 가정이 늘어난다. 심지어는 아빠 엄마가 모두 없는 아이도 생긴다.

　더 나아가서 발달된 유전자 조작 기술을 사용하면 현재보다 더 좋은 자질을 갖춘 인간으로 개조하거나 심지어는 새로운 생명체를 만들어 내는 것도 가능해진다. 또 인공

지능기술을 이용하여 인간이 아니면서도 인간과 동일한 의식과 감정을 갖고 스스로 프로그램을 만들면서 진화하는 새로운 인간스러운 생명체가 창조되어 진짜 인간과 같이 생활하게 된다. 이러한 진화된 혹은 새로 창조된 인간은 다양한 정보기기를 이용하여 주변 환경으로부터 인간에게 필요한 정보를 수집하고 통신기술을 통해 인간과 교통함으로써 보다 삶을 윤택하게 만드는 소위 인간과 환경의 밀접한 대화가 늘어난다. 이러한 환경과의 밀접한 대화는 우리 주변에 이미 '유비쿼터스'나 '웹3.0' 등의 이름으로 구현되고 있다.

오래 살다보니 사는 것 자체보다는 살아있는 동안 누리는 삶의 질이 더 중요한 관심사로 등장한다. 만족하지 못하는 삶에 대한 저항으로 자살이 늘어나 사회 문제가 되며, 죽음을 보다 고상하게 맞이하려는 안락사, 존엄사, 소생치료거부 등이 늘어난다.

2. 포스트휴먼과 포스트휴머니즘

① 포스트휴먼

지식기반사회에서 의식기술사회로 넘어가게 되면서 인간은 단순히 오래 사는 것 이상의 것을 요구하게 된다. 즉, 과거에는 단순히 생명을 연장하는 것에서 만족하였지만 이제는 "어떻게 오래 사는가?"하는 삶의 질이 더 중요한 의미를 갖게 된다. 이런 과정 속에서 나오는 개념이 포스트휴먼(posthuman, 사람뒤 인류)과 트랜스휴먼(transhuman, 바뀌는 인류)이라는 개념이다.[1]

포스트휴먼이란 "인간이 굉장히 진화되어 현재의 기준으로는 인간으로 생각할 수 없는 훨씬 앞선 기능을 갖고 있는 미래의 인류 혹은 구조나 인간성이 현재와는 상당히 변화된 상태의 가상적인 사람." 즉 현재 인류가 가지고 있는 문제점을 해결한 새로운 종을 말한다. 모든 미의 기준에 딱 맞는 아름다운 몸매를 가졌고, 죽지 않으며, 설사 야생동물에게 잡아먹히거나 죽게 되더라도 조금만이라도 흔적이 남아있으면 무제한적으

---

1 트랜스휴먼과 포스트휴먼은 우리말로 번역된 용어가 아직 없다. 포스트휴먼은 현생 인류인 사람의 다음 단계에서 나타나는 인류라는 의미에서 '사람뒤인류', 그리고 트랜스휴먼은 현재 새로운 인류로 진화과정 중에 있는 인류라는 의미에서 '바뀌는인류'라고 불러보았다.

로 돈을 들이지 않고도 다시 살려낼 수 있는 그런 영생의 존재이다. 이러한 포스트휴먼의 개념은 인간 개개인이 자신의 능력과 가능성을 최대한 효율적으로 실현시키고자 하는 미래 사회에 맞는 개념이라 할 수 있다.

❷ 트랜스휴머니즘

포스트휴머니즘(posthumanism, 사람뒤 인류만들기)[2] 혹은 트랜스휴머니즘은 "과학기술 등 여러 방법을 사용하여 인간의 한계점을 극복하기 위한 비전과 태도"를 말한다. 위키피디아에서는 "보편적으로 사용되는 과학 기술을 이용하여 늙지 않으면서 인간의 지적, 육체적, 정신적 능력을 강화함으로써 근본적으로 인간의 조건을 변화시키고자 하는 가능성과 바람을 구현하기 위한 국제적이고 지적인 문화운동이다."라고 정의하고 있다. 포스트휴먼으로 변화되어 가는 진화의 중간단계에 있는 인류를 트랜스휴먼이라고 한다.

트랜스휴머니즘은 이미 사회의 여러 곳에서 관찰할 수 있는 현상이다. 가장 쉬운 예를 들어보면, 성형수술을 해서 신체의 일부를 바꾸어 자신이 생각하는 것보다 완성되고 아름다운 형태로 변화시키거나 귀걸이나 코걸이 등 인공물을 사용해서 미적으로 부족한 부분을 보충하는 것을 들 수 있다. 장애인의 부족한 기능을 보조하기 위한 로봇에 대하여는 위에서 이미 언급하였다.

더 나아가면 미래사회에서 사람이 모든 것을 다 해야 할 이유가 없다. 특히 가상현실을 활용하는 경우에는 사람을 대신할 대상이 반드시 필요하다. 여기에 익숙해지면서 실제 현실에서도 사람을 대신하는 대상이 나타난다. 트랜스휴머니즘은 단순히 몸의 기능적 개선이 아닌 인간 전체의 개선(human enhancement)을 목표로 하고 있다. 인간의 기능을 개선할 수 있는 과학기술은 모두 활용이 가능하다는 의미이다. 이런 의미에서 '로봇'과 '사이보그'에 주목할 필요가 있다. 로봇은 사람을 대신하여 사람이 직접 하기 힘든 여러 가지 일들을 수행하도록 만들어졌다. 사이보그는 과학기술을 사용하여 본질적으로 생물체의 특성과 기계적 특성을 합하여 만들어진 것으로 생물체이면서 기계이기도 한 경계에 위치한다. 따라서 인간과 기계의 장점을 다 사용할 수 있는 존재이다.

---

2 포스트휴머니즘(posthumanism)은 여러 의미로 사용될 수 있는 데 여기서는 인간의 지적, 신체적, 정신적 개선을 목표로 하는 기술인 트랜스휴머니즘(transhumanism)과 동의어로 사용한다.

사람의 의사에 따라 사람이 하던 대부분의 일을 대신한다는 의미에서 로봇이나 사이보그는 인간 기능을 향상시키는 매우 중요한 수단이 된다.

3. 몸의 진화의 사회 문화적 영향

❶ 인간과 기술의 융합

현재는 로봇이 사람의 부족한 능력을 보완하고 있다. 그리고 멀지 않은 미래에 사이보그가 사람과 따로 존재하면서 사람의 부족한 능력을 메워주게 될 것이다. 과학기술의 발달은 궁극적으로 인간과 기술의 융합이라는 형태로 나타난다. 현재 우리가 경험하는 있는 인간-기술 융합의 대표적인 예는 "스마트"라는 말로 표현되는 현상이다. 정보산업의 발달은 단순히 정보의 빠른 전달만이 아니고 정보를 통하여 인간과 주변의 기기 혹은 환경을 이어주게 되었다. 스마트화는 인간의 본질과 특성을 그대로 기계나 환경에 전이시켜 구현하는 것으로 과거 인간이 직접 해야 했던 상당히 많은 부분을 기계에 떠넘기게 한다. 그 결과, 인간의 삶 속에서 기계를 배제하고는 정상적인 생활이 어려워지게 된다. 바꾸어 말하면 인간 중심의 사회가 인간-기계 복합체 중심으로 바뀌는 현상을 스마트화라고 할 수 있다. 이러한 스마트화는 과거에 가지고 있던 단순히 오래 살면 된다는 개념에서 건강하게 더 나아가서는 인간의 욕구를 구현해가면서 오래 살 수 있도록 바꾸어가는 과정이라고 할 수 있다.

현재는 단순히 외부의 기계를 활용하는 단계를 지나 인간의 몸 속에 인공물을 설치함으로써 인간의 기능을 회복시키거나 증강시키는 단계에 있다. 관절염 치료을 위해 인공관절수술을 받았거나 백내장 치료를 위해 인공렌즈를 삽입한 경우를 생각해 보자. 이런 인공물은 분명 유기물로 된 생명체의 구조물이 아니면서도 우리 몸의 일부가 되어 사용된다. 이것이 인공물(이것이 기능이 있다면 기계)과 인간의 융합이다. 이러한 인공물과의 융합과정을 통하여 사람은 생물학적 진화과정을 통해 이루어 온 것보다 훨씬 빠르고 효율적으로 기능을 향상시킬 수 있다.

과학기술을 인간의 몸에 구현함으로써 사람의 능력을 계발하고 건강을 확장시키는 것을 심하게는 기계화라고 표현할 수도 있다. 이렇게 기술의 도움을 받아 인간의 욕구를 실현하는 것에 대한 비판도 있다. 근본적으로 미래학자들의 예견이 틀릴 수 있다고 주장할 수도 있다. 가장 대표적인 예로 그레고리 스톡(Gregory Stock)과 같은 학자는 기계화보다는 유전적 조작이나 대사과정이나 인체의 생화학적 조절을 통함으로써 인간의 기능을 강화시키는 것이 더 실현가능성이 높다고 주장한다. 유전적 조작으로 우성 유전인자를 갖도록 개량하면 인류가 아무리 발달해도 인간의 기본적인 특징인 생물학적 특성에서 벗어나지 않기 때문에 기계화된 포스트휴먼은 나타나지 않는다고 하는 것이다. 물론 이런 유전자 조작에 대한 반대의 의견도 있다. 예를 들면 생명체는 매우 복잡한 환경 속에서 살고 있기 때문에 유전자 조작은 상당히 많은 경우 잘못된 결과를 만들어내고, 이 때문에 궁극적으로 인간의 능력을 향상시키는 데 한계가 있다는 것이다(그림 26-2). 이런 의미에서 보면 결국 기계의 힘을 빌리는 것이 더 실제적인 것처럼 생각된다.

이와 반하여 레이몬드 쿠르즈바일(Raymond Kurzweil) 등은 기계가 인간의 능력을 넘어서는 특이점(singularity) 시점이 곧 다가온다고 주장한다(그림 26-3). 즉 기계화는 인

그림 26-2 생명체복합계 나선 (Biocomplexity spiral)

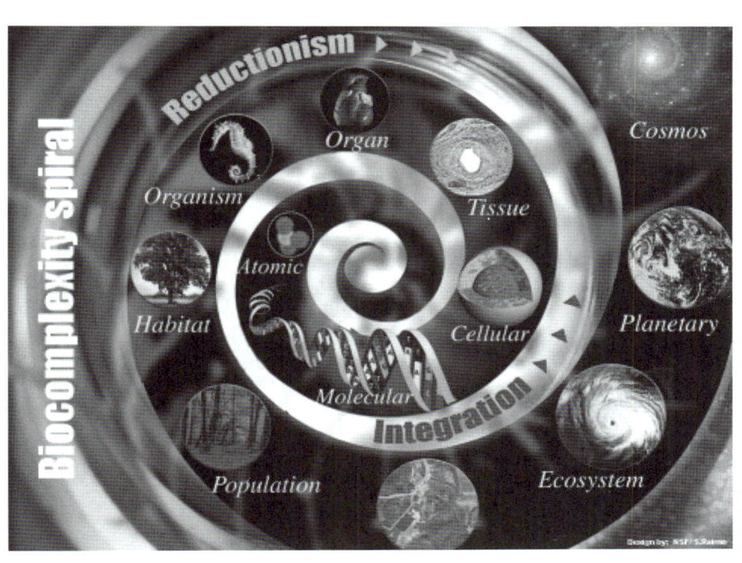

※ 다양한 생명체들은 각자의 환경속에서 존재할 때 매우 다양한 수준의 복잡성이 있음을 보여주는 그림.
※ 출처: Obtained from Wikipedia Commons. From U.S. National Science Foundation.

그림 26-3 특이점으로의 변화 (Countdown to Singularity)

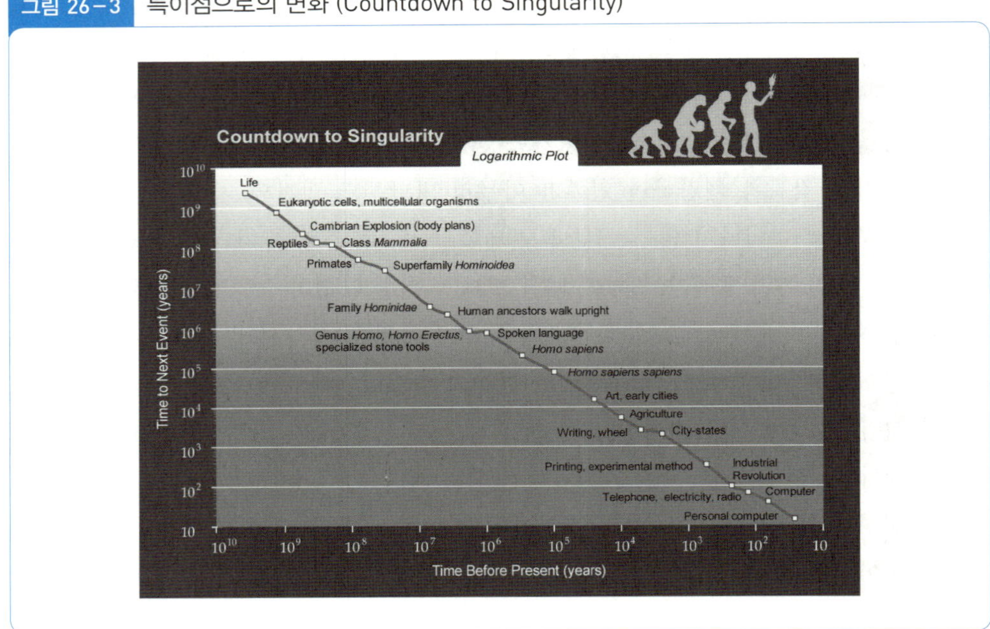

※ 주요 변화를 로그스케일의 시간으로 표현.

※ 출처: Obtained from Wikipedia Commons. Courtesy of Ray Kurzweil and Kurzweil Technologies, Inc.

간의 생물학적 한계를 극복하는 데 필수적이라는 것이다. 우리는 이미 컴퓨터 워드프로세서, 자동차에 사용되는 네비게이션, 모든 정보의 소통의 통로로 이미 자리를 잡은 스마트폰 등에서 인간의 능력을 벗어나는 기계 기술의 이점을 누리고 있다. 이처럼 기술이 인간의 능력을 초월하는 특이점 현상은 급속도로 보편화될 것으로 보인다.

과학기술이 인간과 기계의 융합의 형태로 나타나게 되면 인간이라는 존재의 개념에 심한 변화가 일어날 것이 예측된다. 서양의 고대나 중세 기독교시대에서는 신이 인간의 모든 생각과 생활을 지배하였다. 르네상스 시대를 겪으면서 신보다 인간의 가치를 중심으로 끄집어낸 근대적 각성으로 근현대사회가 만들어졌다. 현대에 들어오면서 기계가 인간의 위치를 넘보고 있지만 아직까지는 인간과 기계의 차별적 구분은 존재하고 있다. 트랜스휴먼을 통해 이러한 구분이 모호해지고 특히 인간의 몸을 대상으로 벌어지는 환경이나 기기와의 일체화 현상은 인간의 존재에 대한 개념을 흔들어 놓게 한다. 미래에는 인간보다 기계가 더 중심에 위치하는 사회가 될 수도 있다. 그런 경우 우리는 인간, 몸, 마음 등에 대하여 어떻게 이해해야 할까? 데카르트의 "Cogito ergo sum"

이라는 개념에서 출발한 현대에서는 몸과 마음이 분리되고, 몸을 마음에 의해 지배되는 생물학적 기계로 인식하는 것이 보편적이라면, 미래에서는 몸은 환경과 관계를 하는 중간 연결고리로서의 역할을 수행하고 마음은 몸과 환경 사이에서 일어나는 상호작용으로 이해되게 될 것이다. 이 상황에서 몸에 장착된 인공물은 마음을 구체화시키는 도구로서 몸과 일체화된다. 과거의 인간은 몸속에 마음이 공존하는 일체였고 데카르트적 사고 하에서는 정신이 몸을 지배하는 분리된 객체였다면 미래에는 마음이나 정신은 몸이 아닌 환경이나 기계나 인공물 속에 존재함으로써 이들을 확장된 몸으로 인식하게 될 때 비로소 제 의미를 갖게 될 것이다. 예를 들면 언어(통역기), 컴퓨터, 사이버 세계, 로봇을 비롯하여 인간을 주변 환경과 이어주는 다양한 인공물들이 인간의 몸과 일체화되어 존재하면서 더 이상 인간과 별도로 존재하는 기계가 아니고 확장된 인간의 몸의 일부로 인식되는 것이다.

이러한 현실 세계 외에도 현실과는 별도로 존재하면서 현실과 분리하기 어려운 가상현실세계가 있다. 예를 들면 잘 알려져 있는 비행훈련시뮬레이션이나 2012년 6월 "E3 2012"에서 선을 보인 가상현실게임인 "둠 3 BFG" 등이다. 특히 가상현실게임에서 사용되는 '오큘러스 리프트(Oculus Rift)'는 사용자의 머리 움직임에 따라 게임 화면이 움직이는 가상현실을 구현하고 있다. 또, 사람들은 사이버 공간 속에서 자신을 대신하는 '아바타(Avatar)'와 함께 일상생활을 영위할 수 있다. 가상현실 속에서 집을 짓기도 하고, 아바타와 함께 운동을 하거나, 가상현실을 통한 교육, 심지어는 여러 질병의 치료도 할 수 있다. 이러한 아바타 역시 또다른 형태의 트랜스휴머니즘의 예라고 할 수 있다. 2012년 2월 러시아 모스크바에서는 "지구의 미래 2045년 회의(Global Future 2045 Congress)"가 개최되었고, 인류의 미래가 어떻게 변화할 것인가에 대한 논의가 있었다. 이 회의에서는 2045년을 인류의 새로운 시대가 열리는 시기(2045 A New Era for Humanity)로 규정하고 구체적으로는 인간 개인의 의식을 인공대리체로 전사시키는 인공두뇌의 개발을 목표로 제시하였다. 이들은 2020년까지는 원격 제어되는 인간의 몸을 닮은 로봇, 2025년까지는 사람의 생명이 다할 때 인간의 뇌를 이식하는 아바타, 2035년까지는 인간의 성격을 구현할 수 있는 인공뇌를 장착한 아바타, 그리고 2045년에는 홀로그램형 아바타의 구현을 목표로 하고 있다. 로봇의 단계를 거쳐 궁극적으로는 홀로그램형 혹은 나노로봇으로 만들어진 아바타형 포스트휴먼을 만들고자 하는 것이다(표 26-1).

표 26 - 1	2045년 새인류 탄생까지의 로드맵
연 도	주요 내용
2012-2013	• 국제 경제사회적 위기가 심해짐 • 트랜스휴머니즘을 지지하고 구현하고자 하는 단체 출현
2013-2014	• 사람의 생명을 극적으로 연장시키는 인공지능기술을 연구하는 센터 출현 • 영원한 생명을 위한 경쟁 시작
2015-2020	• 뇌-컴퓨터 인터페이스를 통하여 생각의 지배를 받는 아바타(Avatar)가 만들어지고 자동차처럼 보편화 됨
2020	• 사람을 대신하여 생산현장에서 일하거나 가정에서 하인으로 일하는 안드로이드 로봇이 보급됨 • 생각의 통제를 받는 아바타가 가상현실을 통해 세계 어느 곳에든 존재할 수 있게 됨(telepresence)에 따라 출장, 비행자동차 등이 없어짐 • 신체 속에 이식되거나 피부에 뿌리는 생각으로 통제하는 이동통신이 보편화됨
2020-2025	• 뇌기능을 보조하면서 주변 환경과 상호작용을 하도록 보조하는 자동시스템 • 뇌를 아바타에 이식함으로써 죽지 않고 새로이 연장된 삶을 살 수 있게 됨
2025	• 모든 종류의 감각을 조절기로 전달할 수 있는 개량형 아바타를 만듦
2030-2035	• ReBrain : 뇌의 기능을 회복시키는 기술 개발. 의식의 원리가 밝혀짐
2035	• 사람의 인격을 별도의 대리체에 성공적으로 이식하게 되어 인공지능체를 활용한 영생 (cybernetic immortality)이 가능해짐
2040-2050	• 홀로그램으로 만들어진 몸과 함께 나노로봇으로 만들어진 몸을 사용하여 어떠한 형태로든 변신이 가능해짐
2045-2050	• 과학기술의 발달로 사회구조가 현재와는 완전히 변화함. 즉, 모든 공간으로의 확장이 가능해짐에 따라 전쟁이나 폭력이 없어지고 사람은 영적인 자기계발에 집중하는 새로운 인류가 됨

※출처: 이 표는 Transcend 웹사이트의 내용을 정리하여 만든 것임. (http://www.transcend.ws/?p=4038)

Ⅲ 몸의 기능향상과 윤리

　　인간의 능력을 개발하기 위한 노력들에 대하여 일차적인 비판은 "인간이 생명체를 변형 혹은 창조하는 것이 타당한가?"라는 것이다. 2002년 바티칸공회에서는 인간은 신의 형상대로 만들어진 것이기 때문에 인간의 유전적 특성을 변형시켜서 저급한 인간을 만드는 것은 비도덕적인 행위이고 인간의 능력을 넘어서는 초인간의 창조는 생각할 수 없는 것이라고 하였다. 유전자 조작을 통한 인간의 생물학적 진화에 대한 시도는 여러

나라에서 법으로 제한하고 있고 사람을 대상으로 유전자 조작을 시도하는 것은 헬싱키 선언을 어기는 것으로 간주된다. 그렇지만 공동창조의 개념을 동원하여 인간 유전자 조작이 현재보다 더 나은 인간의 창조를 위하여 허락되어야 한다고 하는 주장도 있다.

영화 GATTACA(1997, Columbia pictures)에서는 유전자의 질에 의하여 인간의 계급이 구분되고 유지되는 계급사회가 그려져 있다. 영화 속에서 양질의 유전자를 가진 집단과 그렇지 못한 집단은 완벽한 유전자를 가지기 위한 유전자 조작을 하였는지의 여부로 구분할 수 있다. 그러나 실제로는 유전자 조작이 항상 긍정적인 결과를 가져올 것이라고 생각하기 어렵다는 점과 유전자 조작으로 확실히 좋은 유전자만 가려낼 수 있다고 해도 경제적 여유가 있는 집단만 시술이 가능하기 때문에 결과적으로 이미 힘이 있는 집단을 더 힘 있게 만들 것이라는 경제사회적 이유 때문에 우성인자를 강화하기 위한 유전자조작은 금해야 한다는 의견이 많다.

2009년 미국 과학재단(US National Science Foundation)에 제출된 "인간기능향상의 유전학, 25개의 질문과 답"이라는 보고서에서는 인간의 기능향상과 관련되어 기본적으로 제기될 수 있는 다양한 질문들에 대한 조사 결과를 제시하고 있다. 그러나 이러한 문제는 아직까지는 극히 일부의 개인에 해당하는 것이어서 앞으로 구체적인 윤리적 논의가 이루어지려면 앞으로도 수년은 더 있어야 할 것으로 예측된다.

트랜스휴먼과 관련된 윤리적 논의에서 가장 중요한 전제는 인간을 "변화하지 않는 것" 아니면 "변화시켜서는 안 되는 것"으로 간주하는 기존의 윤리적 개념에서 벗어나야 한다는 것이다. 즉, 현재의 윤리적 개념을 트랜스휴먼에 적용시키는 것이 타당한가의 논의에서 출발할 필요가 있다. 이미 사회적으로 문제가 된 유전자 조작의 경우 생명을 조작하는 것과 관련된 현재의 윤리적 비판들이 인간의 생명을 연장시키고 보다 풍요롭게 한다는 트랜스휴먼의 개념에서 보면 수용할 수도 있다는 논의가 가능하다. 따라서 단순히 "그렇다" 혹은 "아니다"의 이분법적 접근보다는 바람직한 미래를 향하여 보다 열려있는 논의가 이루어져야 할 것이다.

Ⅳ 맺는말

현재 인류의 과학기술은 포스트휴먼의 방향으로 진화하고 있다. 그렇다면 이러한 변화의 방향은 맞는 것인지, 맞는다면 바람직한 포스트휴먼의 모습은 어떠한 것인지가 궁금하다. 과거의 문학작품 속에 등장하는 포스트휴먼은 프랑켄슈타인(Frankenstein)과 같이 매우 암울하고 공포스럽고 불확실한 괴물의 형태로 등장한다. 프랑켄슈타인은 일부는 생물학적 특성을 가지고 있고 일부는 소생시키는 과정에서 기계의 특성을 부여받게 된 인간의 창조물이다. 아직 완전한 포스트휴먼의 상태에 이르지 않았기 때문에 우리는 로봇, 사이보그, 그 외의 다른 형태의 포스트휴먼에 대하여 감성적으로 이와 유사한 느낌을 가지고 있다.

"'인간(human)'이 '인간이 아닌 것(non-human)'과 다른 점이 무엇인가?" 혹은 더 직접적으로 "'인간'이란 것은 무엇인가?"라는 질문에 대하여 간단하고도 명확한 답을 내는 것은 쉽지 않다. 전통적으로 인간은 자연에 대한 관리 및 통제를 하는 위치에 있었다. 이 때문에 인간은 스스로 인간이 아닌 다른 것들보다 우월하고 뛰어난 차별되는 존재로 인식하여 왔다. 생물학적으로 연약한 인간이 이러한 지위를 누릴 수 있었던 이유는 많겠지만 한 가지 중요한 이유는 인간이 도구를 사용하는 점일 것이다. 도구는 인간이 자연을 지배·관리하는 수단이었고, 인간의 능력을 극대화하고 인간의 자유를 늘려주는 수단이었다. 산업화되면서 출현한 기계는 최초에는 인간의 도구로 사용되어 인간에 힘을 보태어 주었다. 이러한 기계가 점차 산업현장에서 인간을 대체하면서 오히려 인간을 지배하게 된다. 영화 '모던타임즈(Modern Times, 1936, United Artists)'는 이렇게 기계에 종속되어 있는 인간을 잘 묘사하고 있다. 최근 컴퓨터가 출현하면서 기계는 도구로서의 역할과 개념을 넘어서 인간과 동등하거나 혹은 그 이상의 역할을 수행하는 존재로 등장한다. 인간은 기계를 단순한 도구로 생각하는 시기에서 벗어나게 된다.

설상가상으로 다윈으로부터 시작된 진화론은 인간이 도덕성, 의식, 종교 등을 가지고 있다는 것 외에 동물과 생물학적으로는 별 차이가 없다고 주장한다. 철학적으로는 데카르트의 기계론적 인간관이 인체를 단순한 생물학적 기계로 인식시키게 됨으로써 의학에 있어서도 그 영향을 받아 의학기술의 발달과 더불어 신체의 일부인 장기나 팔다리를 이식하거나 새로운 생명체를 복제하는 것 등을 가능하게 하였다. 기계가 인간과 동등하거나 우수할 수 있다는 가능성을 알게 된 것과 인간조차 생물학적 기계라는 인식은 실제 생물학적 몸과 기계적인 몸의 융합을 실현시키게 된다. 나아가서 인간의 생물학적 한계성을 기계적 특성을 활용하는 과학기술에 의존하여 극복하려는 경향이 나타난다. 이것이 트랜스휴머니즘이다. 이러한 배경에서 보면 인간을 생물학적이거나 물질적 특성으로 정의하는 것은 미래에서는 별 의미가 없어 보인다. 포스트휴먼이 사이보그, 아바타, 아니면 다른 형태를 가지고 있든지 상관없이, 또 그 구성하는 요소가 얼마나 생물학적인지 혹은 기계적인지 상관없이 인간으로서의 특성을 지키고 있는 한 그것은 인간의 후예임에 틀림이 없다고 보아야 할 것이다. 그렇다면 인간으로서의 특성은 과연 무엇일까?

Ust는 트랜스휴머니즘의 발전 방향에 대하여 "… 트랜스휴머니즘은 인간만이 가지고 있는 특징인 지성, 용기, 호기심 또는 창조력 등에 근거를 두고 … 한편으로는 더 오래 살고 싶은 욕망과 다른 편으로는 자상함, 측은함 등(지극히 인간적인 요소)이 조화된 상태로 발전해 갈 것(의역)"으로 예측한 바 있다. 미래의 인간이 가지고 있는 인간으로서의 특징은 물질적이거나 생물학적 특성이 아니라 고도의 정신문화적인 특성이라는 것이다. 의식기술사회인 미래에 적당한 인간에게 가장 중요한 것은 결국 정신과 문화이다. 트랜스휴머니즘을 무신론적 개념이며 기계화를 통한 비인간화라고 생각하는 주장에도 불구하고 시사하는 바가 적지 않다고 생각한다.

참고문헌

- 메리 셜리 (Shelley, Mary). 2008. 프랑켄슈타인. 임종기 옮김. 서울 : 문예출판사.
- 박영숙, 제롬 글렌, 태드 고든. 2008. 미리 가본 1018년 유엔미래보고서. 서울 : (주)교보문고.
- 신지은, 박정훈 외 3인. 2008. 세계적 미래학자 10인이 말하는 미래혁명. 서울 : 미래를 준비하는 글들.
- 앨 고어 (Gore, Al), 어윈 제이콥스 (Jacobs, Irwin), 진대제 외. 2005. 세계 디지털 리더 60인이 말하는 유비쿼터스의 최전선. SBS 서울디지털포럼 엮음. 서울 : 미래M&B.

- 엄창섭. 2010. 미래사회에서의 인간. 국회도서관보, 2010년 1-2월, 33-39.

- 전영길. 2009. 지식사회, 무엇을 의미하는가? 국회도서관보, 2009년 6월, 42-49.

- "웹 3.0시대 뉴비지니스 전략." 2009. 한경비지니스, 11월 9일, 24-32.

- "윤리적 논란 부른 인공 정자." 2009. 한경비지니스, 11월 9일, 14.

- 『조선일보』, 2010. 신성장 동력 휴먼 테크놀로지, 1월 1일.

- 안철용. 2009. 나를 알아주는 컴퓨터? [online] [Cited 2012.10.10] 특허청 홈페이지 http : //www.kipo.go.kr [특허청 보도자료 자료번호 58]

- Allhoff, Fritz; Lin, Patrick; Moor, James & Weckert, John : Ethics of Human Enhancement : 25 Questions & Answers. NSF report. 2009. [Online] [Cited 2012.10.10] www.humanenhance.com/NSF_report.pdf.

- Bostrom, Nick. 2003. "The transhumanist FAQ Version 2.1." [Online] [Cited 2012.10.10] http : //www.transhumanism.org/resources/FAQv21.pdf

- Bostrom, Nick. 2005. "A history of transhumanist thought" (PDF). [Online] [Cited 2012.10.20.] http : //www.nickbostrom.com/papers/history.pdf

- Bostrom, Nick. 2010. "Trnashumanist Ethics." [Online] [Cited 2012.10.10] www.nickbostrom.com/ethics/transhumanist.pdf

- Jotterand, Fabrice. 2010. At the roots of Transhumanism : From the Enlightenment to a Post-Human Future. J. of Medicine and Philosophy, 35 : 617-621.

- Koch, Tom. 2010. Enhancing Who? Enhancing What? Ethics, Bioethics, and Transhumanism. J. of Medicine and Philosphy, 35 : 685-699.

- Kurzweil, Raymond. 2005. "The Singularity is Near."

- Miah, Andy. 2007. 『Posthumanism : A Critical History.』 Chapter in Gordijin, B. & Chadwick, R. 2007. "Medical Enhancements & Posthumanity." New York : Routledge.

- SBS 서울디지털포럼 사무국, IT기자클럽, 엮음. 2006. 『Being Intelligent』. 서울 : 미래의창.

- Stock, Gregory. 2002. Redesigning Humans : Our Inevitable Genetic Future.

- Transcend : "Global Future and the Technological Singularity : A New Era for Humanity". [Online] [Cited 2012.10.20.] http : //www.transcend.ws/?p=4038

- Ust, Daniel. 2001. "What is posthumanism?". [Online] [Cited 2012.10.10] http : //uweb.superlink.net/~neptune/Posthuman.html

- Wikipedia. 2012. "Transhumanism". [Online] [Cited 2012.10.20.] http : //en.wikipedia.org/wiki/Transhumanism

ㄱ

ㅈ

제 1 장 글로벌 미래 변화 트렌드

제롬 글렌(Jerome Glenn)

학력 American University 학사, Antioch Graduate School 석사
학력 University of Massachusetts 박사
경력 유엔미래보고서(State of the Future) 2,000년부터 발간
경력 유엔 밀레니엄프로젝트 회장
현) 국제미래학회 공동회장
현) 세계미래의회(World Futures Council) 의장
현) 세계미래연구기구협의회 회장/클린콘텐츠운동 국제자문위원

제 2 장 기술·인문 융합의 미래

이남식

학력 카이스트 대학원 산업공학 석사
학력 카이스트 대학원 산업공학 박사
경력 제8~10대 전주대학교 총장
경력 전주한지문화축제조직위원회 위원장
현) 국제미래학회 공동회장
현) 계원예술대학교 총장
현) 기술인문융합창작소 소장

임병혁

학력 한양대학교 대학원 금속공학 석사
학력 성균관대학교 대학원 기술경영학 박사과정
경력 한국산업기술재단 로드맵기획팀 책임연구원
경력 하이닉스 반도체 메모리연구소 선임연구원
현) 기술인문융합창작소 실장

제 **3** 장 아시아의 미래와 한국의 역할

박진

학력 미국 하버드대학교 케네디스쿨 행정학석사(MPA)
학력 영국 옥스포드대학교 정치학박사(D.Phil.)
경력 대통령 공보, 정무비서관
경력 국회외교통상통일위원장
현) 국제미래학회 자문위원
현) 한영협회 회장
현) 한미협회 부회장

제 **4** 장 과학기술의 미래

차원용

학력 서울정보통신대학원대학교 공학박사
학력 연세대 경영대학원 석사(MBA)
경력 지식경제부 산업융합촉진법 추진위원
경력 교육과학기술부 미래융합기술포럼 위원
현) 국제미래학회 미래과학기술위원
현) 고려대/이화여대 Campus CEO 과정 겸임지도교수
현) KAIST IP영재기업인육성과정 겸임교수

제 **5** 장 기후에너지산업의 미래

박영숙

학력 성균관대학교 사회복지학과 박사과정수료
학력 University of Southern California 교육학석사
경력 주한영국/호주대사관 29년 문화공보실장 수석보좌관 근무
경력 미래예측 특강, 방송 및 언론 칼럼리스트/ 정부기관 미래전략위원
현) 국제미래학회 국제협력위원장
현) 연세대학교 생활과학대학 주거환경학과 미래예측강사
현) (사)유엔미래포럼대표

제 **6** 장 세계 경제의 미래

최윤식

학력 University of Houston Clear Lake 미래학 석사
학력 University of Phoenix 경영학 박사
경력 전문 미래학자(Professional Futurist)
현) 국제미래학회 미래경제예측위원
현) 아시아미래협회장
현) 아시아미래인재연구소장

제 **7** 장　기업 경영의 미래

엄길청

학력 한양대학교 및 대학원 졸업
학력 프랑스 국제정치학교(HEI-HEP) 수료
경력 한화경제연구소 기업분석실장
경력 Asia infoserve Research Ltd. 공동대표
현) 국제미래학회 미래경영위원장
현) 경기대학교 경영전문대학원 교수
현) 글로벌 도시경영 포럼 대표

제 **8** 장　광고의 미래

김병희

학력 서울대 국어국문학과 문학사
학력 연세대 광고학석사, 한양대 광고학박사
경력 미국 일리노이주립대 교환교수
경력 광고회사 선연 카피라이터
현) 국제미래학회 미래광고위원
현) 서원대학교 광고홍보학과 교수
현) 제15대 한국PR(홍보)학회 회장

제 **9** 장　한국문화의 미래

이민영

학력 전주대학교 대학원 석사
학력 우석대학교 대학원 박사
경력 국제펜클럽 한국본부 회원
경력 전주대학교 대외협력홍보실장
현) 국제미래학회 대외협력위원회 공동위원장
현) 한국미래문화연구원장
현) 대통령소속 사회통합위원회 지역협의회 위원

제**10**장　콘텐츠산업의 미래

이기현

학력 서울대학교 인문대학 철학과 졸업
학력 프랑스 국립 파리 제7대학 사회학 석사 및 박사
경력 (전)한국방송영상산업진흥원 정책연구팀/경역기획팀장
경력 서울대, 서강대, 한양대 강사
현) 국제미래학회 미래콘텐츠위원
현) 한국콘텐츠진흥원 정책연구실장
현) 한-EU 문화협력위원회 자문위원

제**11**장 디자인의 미래

이순종

학력 서울대학교 미술대학 응용미술학과 및 대학원 졸업
학력 미국 일리노이공대 대학원 디자인 학부 졸업
경력 한국디자인학회 회장
경력 2005 제 1회 광주디자인비엔날래 총감독
현) 국제미래학회 미래디자인위원장
현) 서울대학교 미술대학 학장
현) 한국 디자인단체 총연합회 회장

제**12**장 인문 지식 · 정보의 미래

이상규

학력 경북대학교 인문대학 학사/석사
학력 경북대학교 대학원 박사
경력 전국립국어원장
경력 동경대학교 객원교수
현) 국제미래학회 미래인문위원장
현) 경북대학교 국어국문학과 교수

제**13**장 종교의 미래

김세원

학력 고려대학교 국제통상학 박사
학력 뉴욕주립대 기술경영학 석사
경력 고려대학교 국제대학원 초빙교수
경력 동아일보 파리특파원
현) 국제미래학회 미래통상위원장
현) 외교통상부 자체평가위원 의전자문위원

제**14**장 출판의 미래

정윤희

학력 건국대학교 대학원 문화콘텐츠학과 박사과정 중
경력 월간 〈출판저널〉 편집장
현) 국제미래학회 미래출판위원
현) (주)출판저널문화미디어 대표이사, 월간 〈출판저널〉 발행인
현) 세명대학교 미디어창작학과 겸임교수

제**15**장 미디어의 미래

안종배

학력 서울대학교 졸업 학사, 연세대학교 언론홍보대학원 석사, 미시건주립대 석사
학력 경기대학교 디지털마케팅 박사, 미국 UCLA 포스트과정 수료
경력 호서대 벤처대학원 교수, 언론중재위원회 중재위원
경력 국회 디지털뉴미디어포럼 운영위원장
현) 국제미래학회 학술위원장(미래미디어위원장)
현) 한세대 미디어영상학부 교수/국회 스마트컨버전스 연구회 운영위원장
현) 유비쿼터스미디어콘텐츠연합 대표/클린콘텐츠국민운동본부 대표

제**16**장 언론의 미래

최창섭

학력 서강대학교 영문학과 졸업
학력 호주 Latrobe University 언론학박사
경력 MBC방송문화진흥회 이사
경력 한국언론학회장
현) 국제미래학회 자문위원
현) 서강대학교 명예교수
현) 지역신문발전위원장

제**17**장 휴먼 커뮤니케이션의 미래

김광옥

학력 서울대학교 문리대, 서울대신문대학원
학력 경희대 대학원 신문방송학과, 경희대 대학원 신문방송학과
경력 수원대학교 법정대학장
경력 (사)한국방송학회 회장
경력 씨티대학교(런던) 방문연구교수
현) 국제미래학회 미래휴먼컴위원장
현) 수원대학교 언론정보학과 명예교수

제**18**장 ICT(정보통신) 산업의 미래

임주환

학력 서울대학교 공과대학 석사
학력 독일 Braunschweig 공대 박사
경력 한국전자통신연구원(ETRI) 원장
경력 한국디지털케이블연구원 원장
현) 국제미래학회 미래IT위원장
현) 고려대학교 세종캠퍼스 객원교수

제**19**장 인터넷의 미래

서재철

학력 한양대학교 공과대학 학사/석사
학력 숭실대학교 공학박사
경력 전 한국정보문화진흥원 문화진흥부장
경력 한국인터넷진흥원 인터넷주소관리센터장
현) 국제미래학회 미래인터넷위원
현) 한국인터넷진흥원 수석연구위원
현) 한국정보통신기술사회 부회장, 한국인터넷진흥협회 감사, 닷아시아 이사

제**20**장 스마트 산업의 미래

이주연

학력 인하대학교 대학원 경영학박사(MIS Ph.D)
경력 한국산업정보학회 회장(Chairman)
경력 SK C&C 전략마케팅본부장(상무이사/Vice President)
경력 Oracle, Public Service Industry Division(상무급/Director)
현) 국제미래학회 미래솔루션위원회 위원장(Chairman)
현) 포스코ICT 그린사업부문장/컨버전스사업본부장(전무이사)
현) 아주대학교 공과대학 겸임교수(Adjunct Professor)

강상백

학력 University of Missouri – St. Louis(경영학박사)
학력 University of Illinois at Urbana-Champaign(경제학석사)
경력 한국전자통신연구원(ETRI) 연구원
경력 LG Telecom 단말데이터본부(부장)
현) 국제미래학회 미래솔루션위원회 위원
현) SK C&C Dubai Office/General Manager
현) 한양대학교 경영대학 겸임교수

제**21**장 정부의 미래

정국환

학력 서울대학교 경제학과 졸업
학력 미국 워싱턴대학교(시애틀) 경제학박사
경력 한국전산원
경력 행정자치부 전자정부 국장
현) 국제미래학회 미래정부위원
현) ITU-D 전자정부분과위원장
현) 정보통신정책연구원 선임연구위원

제22장   첨단 미래도시 "만물 지능 녹색 도시"

조병완

학력 한양대학교 토목공학사
학력 Univ. of Florida 공학박사 토목구조
경력 한양대학교 토목공학과 학부장
경력 한양대학교 공학대학 부학장
현) 국제미래학회 미래도시위원장
현) 유비쿼터스 최고위과정 원장
현) 유비쿼터스 미래도시학회 회장

제23장   교통 물류의 미래

김경철

학력 서울대학교 환경대학원 도시계획학과 석사
학력 서울대학교 대학원 교통관리 행정학 박사
경력 서울특별시 교통개혁단장
경력 CEO of Veolia Transport Korea
현) 국제미래학회 미래교통물류위원장
현) 한국교통연구원 원장
현) Deputy Secretaty General of CITYNET
    (인간정주관리를 위한 UN후원 국제협력기구 부사무총장)

김태형

학력 한양대학교 대학원 교통공학과 공학석사
학력 미국 메릴랜드대학교(UMCP) 토목공학과 교통공학박사
경력 서울시정개발연구원 연구원
경력 한국건설교통기술평가원 교통전문위원
현) 한국교통연구원 교통시스템통합기술연구실 연구위원
현) 한국ITS학회 논문집, 대한토목학회 학회지 편집위원

문영준

학력 아주대학교 대학원 산업공학과 공학석사
학력 미국 일리노이대학교(UIUC) 토목공학과 교통공학박사
경력 국방과학연구소 연구원
경력 UIUC Post Doctoral Research Associate
현) 국가과학기술위원회 거대공공기술전문위원
현) 2018 평창동계올림픽조직위원회 수송체계 전문위원
현) ISO/TC204 국제표준위원회 WG17 Convenor

제**24**장   교육의 미래

류청산

학력 서울대학교 대학원 교육학석사
학력 서울대학교 대학원 교육학박사
경력 대통령직속 미래기획위원회 교육연구위원
경력 전국국공립대학교 교수회연합회 공동회장
현) 국제미래학회 미래교육위원장
현) 홀리스틱 홈스쿨링 연구소 소장
현) 사단법인 교육과학강국실천연합 공동대표

제**25**장   의료서비스 산업의 미래

이제호

학력 서울대학교 의과대학교 졸업
학력 서울대학교병원 전문의과정 수료
경력 대한의학유전학회장
경력 대한유전자세포치치료학회 회장
현) 국제미래학회 미래유헬스위원장
현) 인제대학교 일산백병원 산부인과 교수

제**26**장   인간 몸의 미래(포스트휴먼)

엄창섭

학력 고려대학교 의과대학, 의학박사
학력 미국국립보건원 심장-폐-혈액연구소, 박사후연수
경력 고려대학교 의과대학 학장직무대행
경력 두레성서경제훈련원 원장
현) 국제미래학회 미래의료과학위원장
현) 고려대학교 실용해부연구소 소장
현) (사)한국현미경학회 회장

미래가 보인다(글로벌 미래 2030) 집필 기획회의 후 기념

미래가 보인다(글로벌 미래 2030) 집필 초고 회의 후 기념

미래가 보인다(글로벌 미래 2030) 저술 편집리뷰회의 후 기념

국제미래학 학술포럼 후 기념

미래가 보인다 - 글로벌 미래 2030

초판발행	2013년 1월 23일
중판발행	2013년 11월 25일

지은이　　국제미래학회 공저
　　　　　안종배, 제롬 글렌, 이남식, 박 진, 차원용, 박영숙, 최윤식, 엄길청, 김병희
　　　　　이민영, 이기현, 이순종, 이상규, 김세원, 정윤희, 최창섭, 김광옥, 임주환, 서재철,
　　　　　이주연, 정국환, 조병완, 김경철, 류청산, 이제호, 엄창섭
펴낸이　　안종만

편　집　　우석진·김효선
표지디자인　김지은
기　획　　조성호
마케팅　　강상희
제　작　　우인도·고철민

펴낸곳　　(주) 박영사
　　　　　서울특별시 종로구 평동 13-31번지
　　　　　등록 1959.3.11. 제300-1959-1호(倫)
전　화　　02)733-6771
f a x　　02)736-4818
e-mail　　pys@pybook.co.kr
homepage　www.pybook.co.kr
ISBN　　978-89-6454-377-1 03000

정　가　　26,000원